Accedi
ai **servizi riser**

COLLEGATI AL SITO **EDISES.IT**

ACCEDI AL **MATERIALE DIDATTICO**

SEGUI LE **ISTRUZIONI**

amazon

Se hai acquistato sul sito **amazon.it**, riceverai via mail il **codice personale** necessario per registrarti al sito **edises.it** e accedere ai **servizi** e **contenuti riservati**.

Attenzione! L'invio del codice personale avviene contestualmente all'acquisto.
In caso di **mancata ricezione**, controlla le caselle di antispam e posta indesiderata o contatta il **servizio clienti** assistenza.edises.it

L'**accesso ai servizi riservati** ha la durata di **un anno** dall'attivazione del codice e viene garantito esclusivamente sulle edizioni in corso.

Per attivare i **servizi riservati**, collegati al sito **edises.it** e segui queste semplici istruzioni

Se sei registrato al sito

- clicca su *Accedi al materiale didattico*
- inserisci email e password
- inserisci le ultime 4 cifre del codice ISBN: 5050
- inserisci il **codice personale** ricevuto via mail da Amazon per essere reindirizzato automaticamente all'area riservata

Se non sei già registrato al sito

- clicca su *Accedi al materiale didattico*
- registrati al sito o autenticati tramite facebook
- attendi l'email di conferma per perfezionare la registrazione
- torna sul sito **edises.it** e segui la procedura già descritta per *utenti registrati*

EdiSES edizioni

3000 Quiz

Ampia **raccolta di quesiti** tratti da **prove reali** e **15 simulazioni d'esame**
per la preparazione ai **test di ammissione**

INGEGNERIA

editest

EdiTest – 3000 Quiz per Ingegneria – X Edizione

I Edizione 2007

9 8 7 6 5 4 3 2 1 0
2025 2024 2023 2022 2021

Le cifre sulla destra indicano il numero e l'anno dell'ultima ristampa effettuata

Grafica di copertina, progetto grafico e fotocomposizione: curvilinee

Stampato presso: PrintSprint S.r.l. – Napoli

per conto della EdiSES edizioni S.r.l. – Piazza Dante, 89 – Napoli

ISBN 978 88 9362 505 0 **www.edises.it**

PREFAZIONE

Rivolto a tutti i candidati agli esami di ammissione in **Ingegneria** e discipline affini, questo volume costituisce un utile strumento di preparazione.

Il testo contiene numerosi **quesiti suddivisi per materia e argomento**, tratti in parte dalle **prove svolte degli ultimi anni**, che vertono sull'intero **programma d'esame** favorendo uno studio sistematico di tutte le materie previste (Logica, Matematica, Fisica, Chimica, Inglese) e un'**agevole assimilazione dei concetti**.

Un'ampia parte è dedicata alle **simulazioni d'esame**, utili per esercitarsi nella soluzione di quiz analoghi a quelli che vengono realmente somministrati e per una **verifica trasversale delle conoscenze**. Tale parte contiene quindici esercitazioni. Le prime dieci, composte da 50 quiz ciascuna, sono di tipologia e struttura analoga al test ufficiale del CISIA (Consorzio Interuniversitario Sistemi Integrati per l'Accesso), sia in versione cartacea (TIP) che online (TOLC-I), le ultime cinque, costituite da 30 domande di inglese, sono realizzate in modo simile alla prova di conoscenza di lingua inglese anch'essa elaborata dal CISIA per il TOLC-I.

Il **codice personale**, contenuto nella prima pagina del volume, consente di accedere a una serie di servizi riservati ai clienti tra cui:

- il **software di simulazione online** (infinite esercitazioni per materia e simulazioni d'esame gratuite);
- **spiegazioni in aula virtuale** di numerosi quesiti, facilmente individuabili nel testo tramite una specifica icona ;
- **materiali e contenuti extra**.

Tutti i materiali e i servizi associati al volume sono accessibili dall'**area riservata** che si attiva mediante registrazione al sito **edises.it**. Per accedere alla tua area riservata segui le istruzioni riportate nella pagina seguente.

ISTRUZIONI PER ACCEDERE AI SERVIZI ON-LINE

Collegati al sito edises.it

• Se sei registrato al sito

- clicca su *Accedi al materiale didattico*
- inserisci email e password
- inserisci le ultime 4 cifre del codice ISBN, riportato in basso a destra sul retro di copertina
- inserisci il tuo **codice personale** per essere reindirizzato automaticamente all'area riservata

• Se non sei già registrato al sito

- clicca su *Accedi al materiale didattico*
- registrati al sito o autenticati tramite facebook
- attendi l'email di conferma per perfezionare la registrazione
- torna sul sito **edises.it** e segui la procedura già descritta per *utenti registrati*

INDICE GENERALE

MATERIE D'ESAME

SEZIONE 1 | Logica

SEZIONE 2 | Cultura matematico-scientifica

SEZIONE 3 | Lingua straniera

SIMULAZIONI D'ESAME

TEST CISIA

TEST INGLESE

MATERIE D'ESAME

LOGICA

CAPITOLO 1 Logica verbale

CAPITOLO 2 Ragionamento critico

CAPITOLO 3 Logica numerica

CAPITOLO 1
Logica verbale

1.1 • I sinonimi

1) Individuare tra le alternative proposte un sinonimo del seguente termine: AVALLARE.

A. Permettere
B. Garantire
C. Accodare
D. Perorare
E. Incavare

2) Individuare tra le alternative proposte un sinonimo del seguente termine: PATETICO.

A. Insofferente
B. Sereno
C. Mesto
D. Dubbioso
E. Veloce

3) Individuare tra le alternative proposte un sinonimo del seguente termine: ENDEMICO.

A. Riprovevole
B. Diffuso
C. Certo
D. Raro
E. Probabile

4) Individuare tra le alternative proposte un sinonimo del seguente termine: VAGLIARE.

A. trascurare
B. custodire
C. decidere
D. esaminare
E. rinviare

5) Individuare tra le alternative proposte un sinonimo del seguente termine: IMPLEMENTARE.

A. Serbare
B. Mandare
C. Scardinare
D. Attivare
E. Costruire

6) Individuare tra le alternative proposte un sinonimo del seguente termine: ESAUSTIVO.

A. Finito
B. Esaurito
C. Lavato
D. Sdoppiato
E. Completo

7) Individuare tra le alternative proposte un sinonimo del seguente termine: EUFEMISMO.

A. Femminismo
B. Vandalismo
C. Serbare
D. Perifrasi
E. Operare

8) Individuare tra le alternative proposte un sinonimo del seguente termine: GLABRO.

A. Liscio
B. Limpido
C. Aperto
D. Sereno
E. Pulito

9) Individuare tra le alternative proposte un sinonimo del seguente termine: PAVENTARE.

A. Piastrellare
B. Minare
C. Temere
D. Coprire
E. Impaurire

10) Individuare tra le alternative proposte un sinonimo del seguente termine: ELUDERE.

A. Eleggere
B. Affrontare
C. Aprire
D. Evitare
E. Accogliere

11) Individuare tra le alternative proposte un sinonimo del seguente termine: PLEONASTICO.

A. Indispensabile
B. Vario
C. Superfluo
D. Chiuso
E. Utile

12) Individuare tra le alternative proposte un sinonimo del seguente termine: PRAGMATICO.

A. Sincero
B. Concreto
C. Vivace
D. Curioso
E. Astratto

13) Individuare tra le alternative proposte un sinonimo del seguente termine: EMPIO.

A. Vuoto
B. Irriverente
C. Religioso
D. Calmo
E. Emozionato

14) Individuare tra le alternative proposte un sinonimo del seguente termine: REDIGERE.

A. Abbattere
B. Scrivere
C. Sorreggere
D. Eseguire
E. Cancellare

15) Individuare tra le alternative proposte un sinonimo del seguente termine: ATAVICO.

A. Favorevole
B. Primitivo
C. Stropicciato
D. Semplice
E. Prioritario

16) Individuare tra le alternative proposte un sinoimo del seguente termine: CONCIONE

A. arringa
B. acconto
C. giudizio
D. riepilogo
E. riunione

17) Individuare tra le alternative proposte un sinonimo del seguente termine: LAIDO.

A. Ributtante
B. Sconcio
C. Turpe
D. Sudicio
E. Pulito

18) Individuare tra le alternative proposte un sinonimo del seguente termine: DICOTOMICO.

A. Sincero
B. Vero
C. Aperto
D. Chiaro
E. Duplice

19) Qual è il sinonimo di *panacea*?

A. Benda
B. Focaccia
C. Fasciatura
D. Pane raffermo
E. Rimedio universale

20) Qual è il sinonimo di *stocastico?*

A. Finito
B. Adoperato
C. Impattato
D. Casuale
E. Colorato

21) Qual è il sinonimo di *cadenza*?

A. Precipizio
B. Rialzo
C. Ritmo
D. Instabilità
E. Ribasso

22) Qual è il sinonimo di *ricettivo*?

A. Culinario
B. Sensibile
C. Respinto
D. Fatturato
E. Contraccettivo

23) Qual è il sinonimo di *ferino*?

A. Esordiale
B. Festivo
C. Conclusivo
D. Curiale
E. Animalesco

24) Qual è il sinonimo di *basito*?

A. Accigliato
B. Vizzo
C. Sciupato
D. Attonito
E. Ilare

25) Qual è il sinonimo di *alterco*?

A. Ostacolo
B. Scelta
C. Testardaggine
D. Albagia
E. Litigio

26) Qual è il sinonimo di *ravvivare*?

A. Rassettare
B. Nascere
C. Rianimare
D. Riesumare
E. Rivivere

27) Qual è il sinonimo di *redimere*?

A. Riporre
B. Misurare
C. Mettere
D. Rassettare
E. Liberare

28) Qual è il sinonimo di *sancire*?

A. Dissanguare
B. Santificare
C. Stabilire
D. Passare attraverso
E. Sacrificare

29) Qual è il sinonimo di *indefesso*?

A. Superficiale
B. Stanco
C. Sottosviluppato
D. Integerrimo
E. Instancabile

30) Qual è il sinonimo di *vetustà*?

A. Vecchiezza
B. Divieto
C. Esuberanza
D. Parsimonia
E. Lontananza

31) Qual è il sinonimo di *incongruente*?

A. Irrilevante
B. Cospicuo
C. Contraddittorio
D. Incontinente
E. Misero

32) Qual è il sinonimo di *ingerenza*?

A. Capacità di ingerire
B. Assimilazione
C. Digestione
D. Intromissione
E. Gestione

33) Qual è il sinonimo di *prototipo*?

A. Schema
B. Originale
C. Esemplare tipo
D. Cellula
E. Tipologia

34) Qual è il sinonimo di *debellare*?

A. Riempire
B. Mietere
C. Imbottire
D. Sconfiggere
E. Combattere

35) Qual è il sinonimo di *balìa*?

A. Inganno
B. Spillone
C. Potere
D. Levatrice
E. Badante

36) Qual è il sinonimo di *tralcio*?

A. Ramoscello
B. Brano
C. Traliccio
D. Impedimento
E. Insulto

37) Qual è il sinonimo di *dozzinale*?

A. Pari
B. Numerico
C. Esiguo
D. Abbondante
E. Ordinario

38) Qual è il sinonimo di *altèro*?

A. Estraneo
B. Superbo
C. Umile
D. Remoto
E. Elevato

39) Qual è il sinonimo di *concomitanza*?

A. Coincidenza
B. Fusione
C. Compagnia
D. Sovrapposizione
E. Slittamento

40) Qual è il sinonimo di *farraginoso*?

A. Confuso
B. Arrugginito
C. Insidioso
D. Inceppato
E. Surreale

1.2 • I contrari

41) Indicare il contrario di *evasivo*:

A. destabilizzante
B. preciso
C. elusivo
D. suggestivo
E. sfuggente

42) Indicare il contrario di *sollecito*:

A. veloce
B. negligente
C. ostile

D. avaro
E. vietato

43) **Indicare l'unico contrario di *eludere* tra:**

A. affrontare
B. tergiversare
C. occultare
D. ingannare
E. compromettere

44) Individuare il termine contrario della parola indicata di seguito: DEMAGOGO.

A. Selvaggio
B. Vigliacco
C. Agitatore
D. Coscienzioso
E. Credulone

45) Individuare il termine contrario della parola indicata di seguito: SFARZOSO.

A. Maestoso
B. Ospitale
C. Ristretto
D. Composto
E. Dimesso

46) Individuare il termine contrario della parola indicata di seguito: LOGORROICO.

A. Ascetico
B. Prolisso
C. Avulso
D. Sintetico
E. Ripetitivo

47) Individuare il termine contrario della parola indicata di seguito: COGENTE.

A. Penoso
B. Ben cotto
C. Gelido
D. Freddo
E. Rinviabile

48) Individuare il termine contrario della parola indicata di seguito: ERESIA.

A. Sacro
B. Apertura
C. Ortodossia
D. Sincerità
E. Divisione

49) Individuare il termine contrario della parola indicata di seguito: PERVICACE.

A. Attaccato
B. Creato
C. Pratico
D. Temerario
E. Arrendevole

50) Individuare il termine contrario della parola indicata di seguito: NEMESI.

A. Schiettezza
B. Ricorrenza
C. Vuoto
D. Perdono
E. Chiusura

1.3 • Le proporzioni verbali o analogie concettuali

51) grafomane : x = y : canto. Una sola delle soluzioni completa correttamente l'eguaglianza di rapporti:

A. x = libro; y = opera
B. x = melomane; y = scrittore
C. x = scrittura; y = lirica
D. x = scrittura; y = melomane
E. x = scrittore; y = musicista

52) Quale tra le coppie di termini proposti completa logicamente la seguente proporzione verbale?
x : provvisorio = stabile : y

A. x = frettoloso y = prorogato
B. x = futile y = improrogabile
C. x = accidentale y = posticipato
D. x = inessenziale y = procrastinabile
E. x = fugace y = prolungato

53) Se scuola sta ad x come ospedale sta ad y, cosa sono rispettivamente x ed y?

A. x = insegnante, y = paziente
B. x = studente, y = insegnante
C. x = studente, y = medico
D. x = impiegati, y = operai
E. x = studente, y = paziente

54) Quale tra le coppie di termini proposti completa logicamente la seguente proporzione verbale?
x : branco = briganti : y

A. x = transumanza y = lupara
B. x = iene y = banditismo
C. x = orda y = saccheggio
D. x = leoni y = latitanza
E. x = lupi y = masnada

55) Joyce: Dublino = x : Lubecca = Bulgakov : y
Quale delle coppie di parole proposte completa correttamente l'uguaglianza?

A. x = Th. Mann; y = Mosca
B. x = Brecht; y = Berlino
C. x = Goethe; y = Dublino
D. x = Mosca; y = Tolstoj
E. x = Amsterdam; y = Puskin

56) Romanticismo sta a Foscolo come x sta ad y:

A. x = Voltaire; y = Dadaismo
B. x = Ungaretti; y = Futurismo
C. x = D'Annunzio; y = Pascoli
D. x = Surrealismo; y = Monti
E. x = Futurismo; y = Marinetti

57) Individuare la coppia di termini che completa la proporzione.
Sbadiglio : sonnolenza = x : y

A. x = viso; y = espressione
B. x = risata; y = buonumore
C. x = sogno; y = dormire
D. x = impazienza; y = ribellione
E. x = raffreddore; y = starnuto

58) determinismo : libertà = x : y
Quale delle coppie proposte si adatta meglio alla proporzione?

A. x = colpevolezza; y = innocenza
B. x = predeterminazione; y = onniscienza
C. x = certezza; y = probabilità
D. x = congettura; y = scienza
E. x = comprensione; y = azione

59) intonso : libro = ________ : ________
Scegliere tra le coppie sotto elencate quella che completa correttamente l'uguaglianza.

A. ignoto : vero
B. gas : inerte
C. insondabile : mistero
D. intatto : colpito
E. inviolato : suolo

60) Quali tra i termini proposti completano correttamente la seguente proporzione?
"lancetta : orologio = x : y"

A. x = fertilizzante; y = contadino
B. x = ala; y = aereo
C. x = canile; y = vaccinazione
D. x = nuvola; y = vento
E. x = biblioteca; y = libro

61) Scegliere nella espressione x : grande = poco : y, la coppia x ed y più plausibile in modo che, tra le varie alternative, il rapporto tra il primo e secondo

termine sia simile o analogo a quello tra terzo e quarto.

A. x = ieri, y = oggi
B. x = piccolo, y = molto
C. x = vuoto, y = pieno
D. x = gallina, y = uovo
E. x = abbastanza, y = sufficiente

62) Scegliere nell'espressione x : vino = conchiglia : y, la coppia x ed y più plausibile in modo che, tra le varie alternative, il rapporto tra il primo e secondo termine sia simile o analogo a quello tra terzo e quarto.

A. x = semi, y = sabbia
B. x = foglia, y = mollusco
C. x = grappolo, y = valva
D. x = uva, y = mare
E. x = botte, y = perla

63) Quali tra i termini proposti completano correttamente la seguente proporzione?
"scala : x = y : foglio"

A. x = piolo; y= risma
B. x = quaranta; y = asso
C. x = 40; y = jolly
D. x = tris; y = fiori
E. x = re minore; y = carta

64) Quali tra i termini proposti completano correttamente la seguente proporzione?
"giornale : emeroteca = x : y"

A. x = giornalaio; y = custode
B. x = albero; y = giungla
C. x = quadro; y = pinacoteca
D. x = giardino; y = sedia
E. x = enoteca; y = vino

65) Quale tra le coppie di termini proposti completa logicamente la seguente proporzione verbale? "x : litografo = chitarra : y"

A. x = ritratto; y = metronomo
B. x = stampa; y = liutaio
C. x = affresco; y = accordi
D. x = scultura; y = plettro
E. x = ipotassi; y = violino

66) Quali tra i termini proposti completano correttamente la seguente proporzione? "Manzoni : Adelchi = x : y"

A. x = Pirandello; y = Questa sera si recita a soggetto
B. x = Leopardi; y = La cavallina storna
C. x = Il piacere; y = D'Annunzio
D. x = Pascoli; y = L'infinito
E. x = Verdi; y = La cavalcata delle valchirie

67) Quali, tra i termini proposti, completano correttamente la seguente proporzione verbale?
"triangolo : x = y : cubo"

A. x = piramide; y = quadrato
B. x = geometria; y = algebra
C. x = tre; y = rettangolo
D. x = solido; y = piano
E. x = angoli; y = lati

68) Quale, tra i termini proposti, completa correttamente la seguente proporzione?
"musicista : orchestra = studente : x"

A. x = insegnanti
B. x = aula
C. x = classe
D. x = truppa
E. x = amici

69) Quali, tra i termini proposti, completano correttamente la seguente proporzione?
"Taranto : x = Terni : y"

A. x = Abruzzo; y = Molise
B. x = Campania; y = Puglia
C. x = Puglia; y = Umbria
D. x = Milano; y = Bologna
E. x = Emilia Romagna; y = Basilicata

70) Quale, tra i termini proposti, completa correttamente la seguente proporzione? "pittore : pennello = scultore : y"

A. x = fornello
B. x = pialla
C. x = forbici
D. x = sega
E. x = scalpello

71) Quali, tra i termini proposti, completano correttamente la seguente proporzione? "pizzaiolo : pizza = x : y"

A. x = scalpello; y = falegname
B. x = statua; y = scultore
C. x = architetto; y = abitazione
D. x = pennello; y = colore
E. x = tela; y = cavalletto

72) Quale, tra i termini proposti, completa correttamente la seguente proporzione? "faggio : albero = gramigna : x"

A. x = erba
B. x = frutto
C. x = fiore
D. x = animale
E. x = fungo

73) Quali, tra i termini proposti, completano correttamente la seguente proporzione? "rinvenire : recuperare = x : y"

A. x = mangiare; y = bere
B. x = strofinare; y = sfregare
C. x = esplicativo; y = illuminato
D. x = vivere; y = mancare
E. x = disegnare; y = dipinto

74) Quale, tra i termini proposti, completa correttamente la seguente proporzione? "propenso : x = devoto : infedele"

A. x = ostile
B. x = attento
C. x = positivo
D. x = fedele
E. x = affettuoso

75) Quale, tra i termini proposti, completa correttamente la seguente proporzione? "due e cinquantaquattro : pollice = tre e settecentottantacinque : x"

A. x = gomito
B. x = gallone
C. x = yard
D. x = pollice
E. x = piede

76) Quali, tra i termini proposti, completano correttamente la seguente proporzione verbale? "camicia : x = y : suola"

A. x = bottone; y = cuoio
B. x = giacca; y = stringhe
C. x = manica; y = scarpa
D. x = maglietta; y = calzino
E. x = cotone; y = pianta

77) Quali, tra i termini proposti, completano correttamente la seguente proporzione? "Renzo Tramaglino : I promessi sposi = x : y"

A. x = Edmondo De Amicis; y = Cuore
B. x = Malerba; y = Le avventure di Tom Sawyer
C. x = Geppetto; y = Le avventure di Pinocchio
D. x = Salgari; y = Le avventure di Pinocchio
E. x = Gargantua; y = I promessi sposi

78) Quali, tra i termini proposti, completano correttamente la seguente proporzione? "cuoco : mestolo = x : y"

A. x = cacciavite; y = bullone
B. x = geometra; y = fiore
C. x = chirurgo; y = bisturi
D. x = ingegnere; y = studio
E. x = cucina; y = ingresso

79) Quale, tra i termini proposti, completa correttamente la seguente proporzione? "porcino : fungo = pesca : x"

A. x = frutto
B. x = fusto
C. x = fiore
D. x = pianta
E. x = foresta

80) Quale, tra i termini proposti, completa correttamente la seguente proporzione? "Lima : Perù = Oslo : x"

A. Svezia
B. Ucraina
C. Finlandia
D. Norvegia
E. Islanda

81) Quali, tra i termini proposti, completano correttamente la seguente proporzione? "Bergamo : x = Foggia : y"

A. x = Lombardia; y = Puglia
B. x = Abruzzo; y = Lombardia
C. x = Piemonte; y = Cuneo
D. x = Lombardia; y = Sicilia
E. x = Basilicata; y = Veneto

82) Quali, tra i termini proposti, completano correttamente la seguente proporzione? "libro : biblioteca = x : y"

A. x = pinacoteca; y = quadro
B. x = quaderno; y = aula studio
C. x = mobile; y = cassetti
D. x = piatto; y = bicchiere
E. x = quadro; y = pinacoteca

83) Quali, tra i termini proposti, completano correttamente la seguente proporzione? "annoiarsi : x = divertirsi : y"

A. x = circo; y = teatro
B. x = sbadiglio; y = risata
C. x = università; y = corso
D. x = sillogismo; y = acronimo
E. x = ragionamento; y = cinema

84) Quali, tra i termini proposti, completano correttamente la seguente proporzione?
"Manzoni : Il Conte di Carmagnola = x : y"

A. x = Verga; y = La coscienza di Zeno
B. x = Petrarca; y = Il Conte di Montecristo
C. x = Shakespeare; y = Re Lear
D. x = Pirandello; y = Andromeda
E. x = Monti; y = Amleto

85) Quali, tra i termini proposti, completano correttamente la seguente proporzione? "Messina : Sicilia = x : y"

A. x = Sardegna; y = Sassari
B. x = Sondrio; y = Piemonte
C. x = Trieste; y = Veneto
D. x = Cagliari; y = Calabria
E. x = Brindisi; y = Puglia

86) Quale, tra i termini proposti, completa correttamente la seguente proporzione?
"clorofilla : pigmento = mercurio : x"

A. x = gas
B. x = vetro
C. x = metallo
D. x = pasta
E. x = termometro

87) Camilleri : Montalbano = x : y

A. x = Il visconte dimezzato; y = Italo Calvino
B. x = Rousseau; y = Candido
C. x = Renzo; y = Manzoni
D. x = Joyce; y = Alla ricerca del tempo perduto
E. x = Stendhal; y = J. Sorel

88) Individuare la coppia che completa correttamente l'uguaglianza:
x : Molly Bloom = y : von Aschenbach

A. x = Londra; y = Berlino
B. x = Dublino; y = Vienna
C. x = Parigi; y = Milano

D. x = Dublino; y = Venezia
E. x = New York; y = Trieste

89) Olimpo : dei = ________ : ________

A. Paradiso : vita eterna
B. Eden : beatitudine
C. cielo : nuvole
D. Parnaso : Muse
E. calvario : croci

90) Cosmo : galassia = ________ : ________

A. vento : correnti
B. nuvole : fumo
C. terra : sabbia
D. stelle : pianeti
E. foresta : albero

91) Coerenza : armonia = ________ : ________

A. costanza : continuità
B. integrazione : concordia
C. dissonanza : rumore
D. frequenza : sonorità
E. convergenza : rapporto

92) Autonomia: dipendenza = ________ : ________

A. garanzia: disimpegno
B. dominio: tirannia
C. libertà: soggezione
D. redenzione: espiazione
E. autarchia: dittatura

93) Sbadiglio : noia = ________ : ________

A. cammello : deserto
B. alterco : rissa
C. bicicletta : veicolo
D. elettricità : scossa
E. pianto : dolore

94) Spergiuro : verità = ________ : ________

A. tradimento: fedeltà
B. coraggio: paura
C. avvocato: cliente
D. pazienza: indecisione
E. magia: stregoneria

95) Oppresso : libero = ________ : ________

A. triste : gioioso
B. infelice : irritato
C. mare : fiume
D. montagna : collina
E. cavallo : asino

96) Completare i termini mancanti della proporzione:
x : pasta = pomodoro : y

A. x = oliva, y = verdura
B. x = grano, y = salsa
C. x = pesca, y = cucina
D. x = riso, y = vino
E. x = salsa, y = cipolla

97) Completare i termini mancanti della proporzione: insolito : x = y : lento

A. x = capace, y = solito
B. x = forte, y = corpo
C. x = leggero, y = veloce
D. x = indolente, y = leggero
E. x = veloce, y = solito

98) Quale tra le coppie di termini proposti completa logicamente la seguente proporzione verbale:
x : serenità = conciliazione : y

A. x = avvenenza y = rammarico
B. x = oblio y = intesa
C. x = inquietudine y = diverbio
D. x = tolleranza y = intolleranza
E. x = boria y = cruccio

99) Quali tra i termini proposti completano correttamente la seguente proporzione? "Asia : continente = x : y"

A. x = senso; y = vista
B. x = verde; y = blu
C. x = ocra; y = indaco
D. x = sapore; y = salato
E. x = giallo; y = colore

100) Quali tra i termini proposti completano correttamente la seguente proporzione? "suono : immagine = x : y"

A. x = udito; y = vista
B. x = udito; y = tatto
C. x = tatto; y = gusto
D. x = udito; y = gusto
E. x = elice; y = cornea

1.4 • Le classificazioni concettuali

101) Individuare, tra le alternative proposte, il termine da scartare:

A. tuttavia
B. ma
C. oltre
D. però
E. mentre

102) Individuare, tra le alternative proposte, il termine da scartare:

A. polmone
B. fegato
C. stomaco
D. intestino
E. dente

103) Individuare, tra le alternative proposte, il termine da scartare:

A. paraplegico
B. ematologo
C. dermatologo
D. pediatra
E. otorinolaringoiatra

104) Individuare, tra le alternative proposte, il termine da scartare:

A. annuncio
B. comunicato
C. segnalazione
D. avviso
E. avvisaglia

105) Individuare, tra le alternative proposte, il termine da scartare:

A. pentagono
B. trapezio
C. esagono
D. tetraedro
E. triangolo

106) Individuare, tra le alternative proposte, il termine da scartare:

A. neutrone
B. atomo
C. protone
D. bottone
E. elettrone

107) Individuare, tra le alternative proposte, il termine da scartare:

A. briga
B. celia
C. burla
D. scherno
E. beffa

108) Individuare, tra le alternative proposte, il termine da scartare:

A. ticcoso
B. avaro
C. tirato
D. tirchio
E. spilorcio

109) Individuare, tra le alternative proposte, il termine da scartare:

A. dentale
B. redento
C. dentato
D. dentellato
E. tridente

110) Individuare, tra le alternative proposte, il termine da scartare:

A. casuale
B. avventizio
C. ordinario
D. fortuito
E. estemporaneo

111) Individuare, tra le alternative proposte, il termine da scartare:

A. politeismo
B. divisionismo
C. simbolismo
D. cubismo
E. impressionismo

112) Individuare, tra le alternative proposte, il termine da scartare:

A. oboe
B. clavicembalo
C. sassofono
D. clarinetto
E. tromba

113) Indicate quale delle seguenti parole è eterogenea rispetto alle altre:

A. cornea
B. iride
C. patella
D. cristallino
E. retina

114) Individuare, tra le alternative proposte, il termine da scartare:

A. lidio
B. dorico
C. ionico
D. tuscanico
E. corinzio

115) Individuare, tra le alternative proposte, il termine da scartare:

A. animali selvatici vaganti
B. discesa pericolosa
C. attraversamento pedonale
D. divieto di sosta
E. caduta massi

116) Individuare, tra le alternative proposte, il termine da scartare:

A. seta
B. lino
C. cotone
D. lana
E. nylon

117) Individuare, tra le alternative proposte, il termine da scartare:

A. Cimabue
B. Giotto
C. Caravaggio
D. Pinturicchio
E. Bruegel

118) Individuare, tra le alternative proposte, il termine da scartare:

A. Tamigi
B. Tigri
C. Volga
D. Senna
E. Danubio

119) Individuare, tra le alternative proposte, il termine da scartare:

A. De Pisis
B. Boccioni
C. Velazquez
D. Picasso
E. Fattori

120) Individuare, tra le alternative proposte, il termine da scartare:

A. Richelieu
B. Francesco Giuseppe
C. Luigi XIV
D. Carlo Alberto
E. Vittorio Emanuele II

121) Individuare, tra le alternative proposte, il termine da scartare:

A. Picasso
B. Mirò
C. Monet
D. Kafka
E. Renoir

122) Individuare il termine la cui etimologia NON segue la stessa "logica" degli altri:

A. refrigerio
B. artico
C. perfrigerazione
D. raffreddamento
E. frigorifero

123) Individuare, tra le alternative proposte, il termine da scartare:

A. Robespierre
B. Campanella
C. Rousseau
D. Voltaire
E. Beccaria

124) Individuare il termine da scartare:

A. cellulare
C. ferro da stiro
C. netbook
D. fotocamera digitale
E. i-pod

125) Indicare l'unica parola specifica dell'ambito biomedico:

A. antinflativo
B. antifrastico
C. antitetico
D. antimicotico
E. antinomico

126) Individuare il termine NON congruente con gli altri:

A. impressionismo
B. astrattismo
C. decostruttivismo
D. surrealismo
E. cubismo

127) Le parole qui elencate riguardano lo stesso ambito, eccetto una:

A. antagonista
B. trama
C. decisionista
D. protagonista
E. intreccio

128) Quale, tra i termini che seguono, non è coerente con gli altri?

A. Futurismo
B. Simbolismo
C. Decadentismo
D. Verismo
E. Liberismo

129) Identificare tra i seguenti termini quello NON coerente:

A. paradentosi
B. paracadutista
C. parafrasi
D. parapsicologia
E. paradigma

130) Uno degli esempi riportati va escluso dall'elenco perché non omogeneo agli altri:

A. se verrai, vedrai
B. non so se valga la pena
C. se tu sapessi!
D. se lo mise in tasca
E. mi chiedo se ti piacerebbe questo regalo

131) Una delle seguenti parole non possiede la curiosa caratteristica delle altre:

A. ingegni
B. radar
C. ebbe
D. fiuto
E. aveva

132) Individuare nella seguente serie il termine NON omogeneo:

A. poema
B. ballata
C. endecasillabo
D. sonetto
E. canzone

133) Individuate il termine etimologicamente anomalo:

A. panlogismo
B. panteista
C. panflettista
D. paneuropeo
E. panpsichismo

134) Individuate il termine anomalo:

A. mielato
B. mieloso
C. mieloma
D. mellifero
E. mellifluo

135) Individuare il termine anomalo:

A. politico
B. poligamo
C. polimorfo
D. politecnico
E. politeismo

136) Individuare nella seguente serie il termine NON omogeneo:

A. filodendro
B. georgofilo
C. filigrana
D. filarmonia
E. necrofilia

137) Individuate il termine etimologicamente anomalo:

A. eufonico
B. euclideo
C. euforico
D. eupeptico
E. euritmico

138) Individuate il "don" anomalo rispetto agli altri quattro:

A. don Giovanni
B. don Abbondio
C. don Rodrigo
D. don Carlos
E. don Gesualdo

139) Individuare nella seguente serie il termine etimologicamente NON OMOGENEO:

A. olocausto
B. olimpico
C. ologenesi
D. olografo
E. olistico

140) Individuare il termine etimologicamente incongruente:

A. telecomandato
B. telepatico
C. telefonico
D. teleologico
E. telegenico

141) Quale delle parole elencate NON è affine per significato alle altre?

A. Epitaffio
B. Epigramma
C. Epistéme
D. Epigrafe
E. Epigrafia

142) Quattro delle seguenti parole hanno una radice etimologica comune. Individuate quella anomala:

A. antipatia
B. antiquario
C. antibiotico
D. antifonario
E. antiemetico

143) Quale delle parole sotto elencate è etimologicamente anomala?

A. Interdentale
B. Addentato
C. Incidentale
D. Dentellato
E. Tridente

144) Individuare il termine la cui etimologia NON segue la stessa "logica" degli altri:

A. idrovoro
B. divorare
C. mellivoro
D. vorace
E. famelico

145) Individuare il termine la cui etimologia NON segue la stessa "logica" degli altri:

A. antonomasia
B. omonimia
C. pronominale
D. toponomastica
E. omofonia

146) Si individui il termine che NON appartiene alla sfera semantica degli altri quattro:

A. futurismo
B. fauvismo
C. espressionismo
D. epicureismo
E. divisionismo

147) Individuare, tra le alternative proposte, la parola da scartare:

A. motonave
B. automobile
C. bicicletta
D. motocicletta
E. motocarro

148) S'individui il termine che non appartiene allo stesso campo semantico degli altri quattro:

A. abbagliare
B. abbarbagliare
C. accecare
D. abbacinare
E. abbrumare

149) Qual è la parola da scartare?

A. Rinvigorire
B. Spossare
C. Fiaccare
D. Affaticare
E. Logorare

150) Qual è la parola da scartare?

A. Scimpanzé
B. Ghiro
C. Orso
D. Pipistrello
E. Scoiattolo

1.5 • Le prove di vocabolario

151) Il significato di *espellere* è:

A. lasciare la patria
B. mandare in esplorazione
C. cacciare fuori
D. strappare la pelle
E. accogliere

152) Un significato di *parvenza* è:

A. apparizione improvvisa
B. somiglianza vaga

C. equivoco
D. trascuratezza
E. dissolvenza

153) Qual è il significato di *meandro*?

A. Ansa formata da un fiume
B. Pianta ornamentale
C. Legno esotico
D. Tipo di anfibio
E. Animale della savana

154) Nella frase: "Luisa mi ha spiegato il problema in modo affatto persuasivo", *affatto* vuol dire:

A. per niente
B. del tutto
C. piuttosto
D. poco
E. discretamente

155) Qual è il significato della parola *coalizione*?

A. Coordinamento di testi
B. Raccolta di oggetti
C. Alleanza per il conseguimento di fini comuni
D. Costrizione
E. Assembramento

156) Qual è il significato di *masserizie*?

A. Vasto podere con fabbricati
B. Enorme ammasso di rifiuti
C. Struttura per contenere stoviglie
D. Insieme di mobili e suppellettili di una casa
E. Covone di fieno

157) Qual è il significato di *moldavo*?

A. Importuno, molesto
B. Proprio della Moldavia
C. Proprio della mola del mulino
D. Titolo del sovrano dell'India orientale
E. Nome di un dente dell'arcata superiore

158) Qual è il significato di *spianare*?

A. Fare la spia
B. Rendere piano
C. Rompere il silenzio
D. Agitarsi rumorosamente
E. Districarsi

159) Un significato di *ottundere* è:

A. aggirare
B. ostruire
C. smussare
D. pretendere
E. affermare

160) Con *profilassi* si definisce:

A. l'insieme di misure da prendere per evitare il sopraggiungere di malattie
B. lo studio delle caratteristiche di personalità a partire dalle espressioni facciali
C. l'abolizione dei metodi contraccettivi
D. la valutazione del rendimento scolastico nella scuola media
E. l'insieme di misure prese dallo Stato per livellare la bilancia dei pagamenti

1.6 • Inserzione logica di termini in un contesto

161) Completare la seguente frase: *I soci ordinari possono deliberare di ________ all'Accademia venti accademici italiani e altrettanti stranieri.*

A. prodigare
B. disgregare
C. promulgare
D. segregare
E. aggregare

162) Completare la seguente frase: *Il ferro si lega a una proteina, la transferrina, che viene sintetizzata dal fegato ed è ________ al trasporto degli ioni ferrici nel circolo sanguigno*

A. supposta

B. anteposta
C. proposta
D. imposta
E. preposta

163) Completare la seguente frase che si potrebbe leggere in un referto medico: ***Si è provveduto ____________ di un basalioma nella regione temporale sinistra.***

A. all'escissione
B. all'accezione
C. all'eccezione
D. all'accessione
E. all'esecrazione

164) Completare la frase con l'unico aggettivo pertinente: ***restare ____________ per la sorpresa.***

A. inaudito
B. indifferente
C. emerito
D. sollecito
E. attonito

165) Completare la frase con l'unico verbo pertinente: ***La legge non può ____________ nelle decisioni personali di un adulto tranne che queste non arrechino danno ad altri.***

A. intercalare
B. intromettere
C. interferire
D. interporre
E. interdire

166) "L'uomo è in fondo un animale ____________. Noi lo conosciamo solo in quello stato di ammansimento e di domesticità che è detto civiltà: perciò ci spaventano le rare esplosioni della sua vera natura. Ma fate che vengano tolte le catene dell'ordine legale, e nell'anarchia l'uomo si mostrerà quale esso è". In base al senso generale di questa affermazione di A. Schopenhauer, reintegra nello spazio vuoto l'unica coppia di aggettivi corretta:

A. incauto e sprovveduto
B. selvaggio e feroce
C. coerente e prevedibile
D. buono e altruista
E. prevedibile e abitudinario

167) "Perciò io penso che il ____________ non nasca dal rimpianto di una mala azione già commessa, ma dalla visione della propria colpevole disposizione. La parte superiore del corpo si china a guardare e giudicare l'altra parte e la trova deforme. Ne sente ribrezzo e questo si chiama ____________. Anche nella tragedia antica la vittima non ritornava in vita e tuttavia il ____________ passava. Ciò significava che la deformità era guarita e che ormai il pianto altrui non aveva alcuna importanza. Dove poteva esserci posto per il ____________ in me che con tanta gioia e tanto affetto correvo dalla mia legittima moglie? Da molto tempo non m'ero sentito tanto puro."

I. Svevo, *La coscienza di Zeno*

In questo testo uno stesso termine ricorre per quattro volte: qual è?

A. bene
B. pensiero
C. dolore
D. rimorso
E. coraggio

168) Completare la frase con l'unico sostantivo pertinente: ***gli enti locali devono fronteggiare l'attuale crisi ____________ nel settore manifatturiero.***

A. dell'indulto
B. del condotto
C. dell'edotto
D. del ridotto
E. dell'indotto

169) Completare la seguente frase con l'unica congiunzione pertinente: "E fin qui, ____________ a parlare sia il direttore di un festival culturale che si annuncia imponente, al punto da coinvolgere l'intero Nordest d'Italia, potrebbe sembrare d'essere ancora immersi nella tradizionale filosofia produttiva "made in Veneto"

D. Fertilio Corriere della sera, 8.4.2010

A. cosicché
B. poiché
C. benché
D. affinché
E. finché

170) La ____________ è la scienza che studia i sintomi morbosi per interpretarli; la ____________ è la scienza che descrive gli stati morbosi e ne fa la storia.
Inserite nella frase la coppia di parole opportune:

A. bioetica / anamnestica
B. semeiotica / patologia
C. patologia / diagnostica
D. diagnostica / bioetica
E. patologia / semeiotica

171) "Eccoti: ____________ un veleno anche più pestifero del tuo per le anime umane; e ne uccide in questo odioso mondo più che questi intrugli che t'è vietato vendere. Io a te ho venduto un veleno, non tu a me...".

Shakespeare, *Romeo e Giulietta*, atto V, scena 1

Con queste parole Romeo si rivolge allo speziale che gli ha venduto un veleno. Scegliete l'espressione che, secondo logica, completa correttamente la frase:

A. il mio pugnale
B. la mia riconoscenza
C. il mio nome e il mio casato
D. il cuore
E. l'oro

172) "Per ____________ s'intende la consegna, da parte dello Stato richiesto allo Stato richiedente, di una persona ricercata, o perché oggetto di una sentenza di condanna definitiva ad una pena detentiva o ad una misura di sicurezza privativa della libertà personale, o perché oggetto di una ordinanza di custodia cautelare in carcere".

www.giustizia.it

Tra quelli che seguono, qual è il termine da inserire nello spazio vuoto?

A. Abdicazione
B. Estradizione
C. Surroga
D. Contumacia
E. Denuncia

173) "Le passioni generano spesso altre passioni a loro contrarie. L'avarizia produce talvolta la prodigalità; e la prodigalità l'avarizia; si è spesso irremovibili per ____________ e audaci per timidità".

La Rochefoucauld, *Le massime e altri scritti*, tr. it. Mondadori, 1950, massima 11, p. 56.

Dalla riflessione riportata abbiamo eliminato un sostantivo. Lo si reintegri, con UNA delle seguenti alternative, rispettandone la logica e il significato:

A. ostinazione
B. temerarietà
C. debolezza
D. avversione
E. ambizione

174) "CAMERIERE: Con la cena gradisce il vino bianco o il rosso?
GEORGE: Non importa. Sono ________".

J. A. Paulos, *Penso, dunque rido. L'altra faccia della filosofia*, tr. it. Feltrinelli, Milano, 2004, p. 69.

Si individui la conclusione che restituisce senso umoristico alla scenetta:

A. daltonico
B. astemio
C. raffreddato
D. anoressico
E. bulimico

175) Dal brano seguente, abbiamo espunto qualcosa. Lo si reintegri logicamente con UNA delle alternative sottostanti. "Più si è dotati spiritualmente, più si trova che ci sono uomini originali. La gente comune non trova affatto ____________tra gli uomini".

Tratto dal *Pensiero 465* di B. Pascal, tr. it. La spiga, Milano, 2002

A. differenze
B. somiglianze
C. affinità
D. ambiguità
E. rivalità

176) Dal brano seguente, abbiamo espunto qualcosa. Lo si reintegri logicamente con UNA delle alternative sottostanti. "Ciascuno provi ad esaminare il proprio pensiero. Lo troverà rivolto interamente al passato o al futuro. Non pensiamo quasi mai al presente e se ci pensiamo, è solo per prenderne la forza per disporre del futuro. Il presente non è mai il nostro fine. Il passato e il presente sono i nostri mezzi: solo l'avvenire ____________ . Così non viviamo mai, ma speriamo di vivere e preparandoci sempre ad esser felici, inevitabilmente non lo siamo mai".

Tratto dal *Pensiero 43* di B. Pascal, tr. it., La spiga, Milano, 2002

A. è grigio
B. è ignoto
C. è il nostro fine
D. c'è negato
E. è il nostro incubo

177) Don Abbondio, dopo le terribili minacce che aveva ricevuto da parte di Don Rodrigo, era colto da angoscia e non sapeva quale soluzione trovare per evitare da un lato le ire di quel potente e per fronteggiare dall'altro le richieste ____________, che sarebbe venuto l'indomani mattina. Completare il brano con UNA delle alternative sottostanti:

A. del Padre Cristoforo
B. di don Rodrigo
C. del Nibbio
D. di Renzo
E. del Griso

178) Dal brano seguente abbiamo eliminato qualcosa. Lo si REINTEGRI, rispettandone la logica e il significato, con UNA delle alternative sottostanti. "[...] Tanto perde colui il quale muore vecchissimo che colui il quale muore giovanissimo, perché è soltanto ____________che ci può esser tolto, dato che soltanto questo possediamo e nessuno può perdere ciò che non possiede."

Marco Aurelio, *I ricordi*, X, 28, Einaudi, Torino, 1968

A. il passato
B. il presente
C. il divino
D. il futuro
E. l'eterno

179) Quale delle parole sottoindicate deve essere inserita nella frase seguente perché essa abbia senso compiuto? "Nonostante il suo comportamento potesse far pensare che egli non fosse che un superficiale esibizionista e che la sua opera fosse vuota e mirasse soprattutto *ad épater les bourgeois*, Salvador Dalì curava con attenzione la sua arte e le sue opere mostrano una profonda ____________".

A. alterigia

B. unicità
C. concretezza
D. coerenza
E. malinconia

180) L'isola è una colonia, sebbene in molte aree sia ___________ e non riceva ordini dalla madre patria.

A. autonoma
B. indifferente
C. collegata
D. sottomessa
E. distante

181) Per Mirò l'arte divenne un rituale ___________: carta e pennello erano per lui oggetti particolari e lavorava con essi come se compisse un rito religioso.

A. appassionato
B. sacro
C. esoterico
D. profondo
E. criptico

182) Un raro ___________ scoperto recentemente potrebbe in futuro essere utilizzato in agricoltura per proteggere i raccolti da alcune delle più frequenti malattie e per incrementare la produzione. Il ___________ è stato isolato nel 1987 ed i suoi effetti sono stati studiati sia in laboratorio sia sul campo in oltre 40 specie di vegetali, dai cereali agli eucalipti. Il ___________, che è in grado di formare spore o corpi fruttiferi, colonizza le radici della pianta e ne accelera la crescita. In ciascuna delle specie saggiate, il ___________ ha mostrato di saper prevenire gravi malattie delle radici causate da altri ___________. Apparentemente il ___________ secerne una molecola con proprietà antibiotiche nei confronti di altri ___________ competitori. Un'altra proprietà peculiare del nuovo ___________ è quella di riuscire ad infettare ogni specie di pianta su cui è stato provato.
Dal testo è stata eliminata una sola parola che ricorre 8 volte. Di quale delle seguenti parole si tratta?

A. plasmide
B. fungo
C. imenottero
D. virus
E. batterio

183) Il 13 ottobre 1765 un giovane viaggiatore scozzese, (...) James Macdonald, arrivava a Ginevra per incontrare Voltaire. Portava con sé un piccolo libro, comparso oltre un anno prima e rapidamente giunto, con quella che veniva ora offerta al patriarca dei Lumi, alla quarta edizione. Fu così che Voltaire seppe di _ (1) _ e della sua opera _ (2) _ e fu così che nel decennio successivo si occupò di casi giudiziari e scrisse in favore delle vittime dell'ingiustizia scritti sempre più finalizzati, anche in senso tecnico, ad una vasta riforma dei diritto penale.

Liberamente tratto dalla prefazione al *Commentario* di Voltaire, ed. Ibis, 1994

Scegliere la coppia di parole che completano correttamente la frase citata:

A. (1) Montesquieu (2) lettere persiane
B. (1) Rousseau (2) Emile
C. (1) Cesare Beccaria (2) Dei delitti e delle pene
D. (1) Jonathan Swift (2) Una modesta proposta
E. (1) Lessing (2) Nathan il saggio

184) Completare correttamente la frase seguente: "L'__, ultima meraviglia della tecnica dei raggi laser, inventata già da Dennis Gabor negli anni Cinquanta, realizza una rappresentazione fotografica tridimensionale a colori".

A. iconografia

B. iperrealismo
C. ecografia
D. tomografia
E. olografia

185) Nella frase "Il monte _____ sono salito" va inserito al posto dei puntini:

A. che
B. sul quale
C. da cui
D. per cui
E. di cui

186) Completare correttamente la frase seguente: "Se avessi avuto meno coraggio, le tue parole mi _____ a desistere dall'impresa".

A. inducessero
B. avessero indotto
C. avevano indotto
D. indurranno
E. avrebbero indotto

187) Indicare quale delle alternative seguenti completa in modo corretto la frase: "Non _____ lo spiritoso, adesso non _____ il momento!".

A. faresti; mi pare
B. farai; sarà
C. fare; è proprio
D. essere; è ancora
E. pare; crederti

188) Completare correttamente la frase seguente: "Se voi _____ più attenti, non fareste questi errori sciocchi".

A. fosse stati
B. steste
C. sarete
D. stesse
E. stasse

189) Completare correttamente la frase seguente: "Stasera _____ restiamo a casa tranquilli: io e te soli!".

A. c'è ne
B. ce n'è
C. ce né
D. cene
E. ce ne

190) Completare la frase "Per non essere interrogato tu _____ un mucchio di scuse".

A. aduresti
B. adurresti
C. adducetti
D. addussi
E. adducesti

191) Completare con il termine più appropriato la frase: "Ci sono funghi che _____ la morte".

A. procurano
B. producono
C. contraggono
D. simulano
E. risolvono

192) Completare correttamente la frase seguente: "Signora, _____ pure i fiori che le piacciono di più!".

A. sceglia
B. sceglie
C. scegli
D. scielga
E. scelga

193) Individuare l'alternativa che completa correttamente la frase "Se fossi io il marito _____".

A. l'avessi perdonata
B. la perdonai
C. la perdonassi
D. la perdonerei
E. l'avevo perdonata

194) Completare correttamente la frase seguente: "Se voi _____ un po' in silenzio, capireste meglio".

A. staste
B. stavate
C. steste
D. stesse
E. stiate

195) Individuare la forma verbale che completa correttamente la frase seguente: "Benché non gli _____, tuttavia si arrogò quel titolo".

A. era dovuto
B. aveva riconosciuto
C. fosse stato riconosciuto
D. era stato riconosciuto
E. sarà stato riconosciuto

196) Completare con il termine più appropriato la frase: "La lezione di oggi _____ sulla poetica del Carducci".

A. finirà
B. terrà
C. verterà
D. spiegherà tutto
E. causerà

197) Completare con il termine più appropriato la frase: "Venendo non ho _____ molto traffico".

A. incrociato
B. provato
C. ottenuto
D. rischiato
E. visto

198) Completare con il termine più appropriato la frase: "In previsione della neve, sulle piste già _____ i preparativi".

A. suggono
B. sogliono
C. si addicono
D. corrono
E. fervono

199) Completare correttamente la frase seguente: "La commissione incaricata valuterà attentamente il contenuto della _____ correttiva di cinque milioni di euro".

A. trama
B. tassa
C. spesa
D. manodopera
E. manovra

200) Individuare l'alternativa che completa correttamente la frase: "Ti _____ un regalo, se _____ così gentile da accompagnarmi in stazione".

A. farei – fossi
B. farò – saresti
C. facessi – saresti
D. farei – saresti stato
E. farei – sei stato

201) Completare la frase: "Si dice che nel mondo esistono dei _____ di ciascuno".

A. sosia
B. sosii
C. sosie
D. sosi
E. doppi

202) Completare correttamente la frase seguente: "Il turismo si disegna nel territorio, che diventa ambiente e _____ Le attività debbono essere pianificate con rispetto per la tradizione, tenendo conto delle specificità, pur con un percorso culturale riconducibile a standard più ampi".

A. bosco
B. natura
C. paesaggio

D. tutela
E. risorsa

203) Individuare l'alternativa che dà alla frase seguente senso compiuto e corretto: "Sarebbe utile che _____ un esperto a valutare la difficile contesa".

A. intervenisse
B. sia intervenuto
C. interverrebbe
D. interveniva
E. fosse intervenuto

204) Individuare l'alternativa che completa correttamente la frase: "Di certo _____ il lavoro se _____ per tempo".

A. avesse finito – avrebbe iniziato
B. avrebbe finito – avesse iniziato
C. finirebbe – inizierà
D. finiva – avrebbe iniziato
E. finirà – avesse iniziato

205) Completare la frase: "È un vero peccato che _____ proprio oggi".

A. piova
B. piove
C. pioverebbe
D. pioveva
E. piovve

206) Quale delle seguenti voci verbali completa correttamente la frase: "Ha dilapidato tutto il suo patrimonio malgrado _____ una notevole ricchezza"?

A. possedesse
B. possedeva
C. possiederebbe
D. avrà posseduto
E. possiede

207) Completare con una proposizione comparativa la frase: "Ti telefonerò _____".

A. dopo aver risolto questo problema
B. come mi hai chiesto
C. qualora ci siano novità
D. quando ne avrò voglia
E. anche se sarà tardi

208) Individuare l'alternativa che completa correttamente la frase: "Mi _____ accompagnato, se non _____ rotta la macchina".

A. avesse – si fosse
B. aveva – si era
C. avrebbe – si fosse
D. avrebbe – si sarebbe
E. avrà – si sarebbe

209) Completare con una proposizione avversativa la frase: "Torneremo a casa _____".

A. a lasciare i pacchi
B. ma non sperare di trovare ciò che cerchi
C. per giocare a carte
D. quando comincerà a piovere
E. contro ogni aspettativa

210) Individuare, tra le alternative proposte, quella che completa correttamente la frase seguente: "Quei tessuti trattati in modo da diventare impermeabili all'acqua si dicono _____".

A. idrorepellenti
B. idratati
C. idropulsori
D. idrofili
E. idrometrici

211) Completare la frase: "Se domani piovesse, non _____ andare al mare".

A. si potesse
B. si potrà
C. si può
D. si poteva
E. si potrebbe

212) Nella frase "La richiesta ______ il Ministro deve dare risposta" va inserito al posto dei puntini il pronome:

A. dove
B. cui
C. di cui
D. dalla quale
E. che

213) Quale delle alternative seguenti completa in modo corretto la frase: "Lo aiuterei volentieri, se mi ______ tutta la verità"?

A. racconterebbe
B. racconta
C. raccontava
D. raccontasse
E. avrebbe raccontato

214) Completare la frase: "Il ragazzo ______l'elenco di tutti i compagni".

A. redesse
B. redisse
C. redette
D. redigette
E. redasse

215) Nella frase "Il cane ______ è stata amputata una zampa" va inserito al posto dei puntini il pronome:

A. cui
B. che
C. di cui
D. del quale
E. a che

216) Completare con il termine più appropriato la frase: "Luigi ______passare intere serate al computer".

A. verte
B. compie
C. suole
D. fa in modo
E. fa

217) Completare l'espressione "______ sabato prossimo".

A. si ci può incontrare
B. si incontriamo
C. si ci incontra
D. ci si incrontriamo
E. ci si può incontrare

218) Completare correttamente la frase seguente: "Volevo assaggiare la torta, ma non ______ più nemmeno una fetta".

A. ce n'era
B. ce nera
C. c'è ne era
D. c'è nera
E. c'è n'era

219) Completare correttamente la frase seguente: "Ha espresso quei concetti come se ______il professore".

A. sarebbe stato
B. era
C. era stato
D. sarebbe
E. fosse stato

220) Individuare l'alternativa che completa correttamente la frase: "Io ______ molto di più, se ne ______ capace".

A. faccio – sarei
B. farei – sarò
C. facessi – fossi
D. farei – sarei
E. farei – fossi

1.7 • Le prove di comprensione di brani

221) "Possiamo dire che due vocazioni opposte si contendono il campo della letteratura attraverso i secoli: l'una tende a fare del linguaggio un elemento senza peso, che aleggia sopra le

cose come una nube, o meglio un pulviscolo sottile, o meglio ancora come un campo d'impulsi magnetici; l'altra tende a comunicare al linguaggio il peso, lo spessore, la concretezza delle cose, dei corpi, delle sensazioni. Alle origini della letteratura italiana – e europea – queste due vie sono aperte da Cavalcanti e da Dante. L'opposizione vale naturalmente nelle sue linee generali, ma richiederebbe innumerevoli specificazioni, data l'enorme ricchezza di risorse di Dante e la sua straordinaria versatilità (...).
Nella *Vita Nova*, Dante tratta la stessa materia del suo maestro e amico, e vi sono parole, motivi, concetti che si trovano in entrambi i poeti: quando Dante vuole esprimere leggerezza, anche nella *Divina Commedia*, nessuno sa farlo meglio di lui; ma la sua genialità si manifesta nel senso opposto, nell'estrarre dalla lingua tutte le possibilità sonore ed emozionali e d'evocazione di sensazioni, nel catturare nel verso il mondo in tutta la varietà dei suoi livelli e delle sue forme e dei suoi attributi, nel trasmettere il senso che il mondo è organizzato in un sistema, in un ordine, in una gerarchia dove tutto trova il suo posto. Forzando un po' la contrapposizione potrei dire che Dante dà solidità corporea anche alla più astratta speculazione intellettuale, mentre Cavalcanti dissolve la concretezza dell'esperienza tangibile in versi (...).
L'essermi soffermato su Cavalcanti m'è servito a chiarire meglio (almeno a me stesso) cosa intendo per "leggerezza". La leggerezza per me si associa con la precisione e la determinazione, con la vaghezza e l'abbandono al caso (...). La gravità senza peso di cui ho parlato a proposito di Cavalcanti riaffiora nell'epoca di Cervantes e di Shakespeare: è quella speciale connessione tra melanconia e umorismo, che è stata studiata in *Saturn and Melancholy* (...). Come la melanconia è la tristezza divenuta leggera, così lo humour è il comico che ha perso la pesantezza corporea, quella dimensione di carnalità umana che pur fa grandi Boccaccio e Rabelais (...).
Melanconia e humour mescolati e inseparabili caratterizzano l'accento del Principe di Danimarca che abbiamo imparato a riconoscere in tutti o quasi i drammi shakespeariani sulle labbra dei tanti avatars (cioè incarnazioni) del personaggio Amleto. (...) Non è una melanconia compatta e opaca, ma un velo di particelle minutissime d'umori e sensazioni, un pulviscolo d'atomi come tutto ciò che costituisce l'ultima sostanza della molteplicità delle cose. Confesso che la tentazione di costruirmi uno Shakespeare seguace dell'atomismo lucreziano è per me molto forte, ma so che sarebbe arbitrario. Il primo scrittore del mondo moderno che fa esplicita professione d'una concezione atomistica dell'universo nella sua trasfigurazione fantastica, lo troviamo solo alcuni anni dopo, in Francia: Cyrano de Bergerac".

Italo Calvino, *Lezioni Americane. Lezione I: Leggerezza*

1) Don Chisciotte, l'eroe di Cervantes, è malinconico e insieme comico.
2) Tristezza e umorismo caratterizzano il linguaggio di Amleto.
3) È suggestivo, ma sarebbe una forzatura illecita, leggere Shakespeare come un seguace dell'atomismo classico.
4) Amleto, principe malinconico ma dotato di humour, è unico e inconfondibile nel teatro shakespeariano.
5) Sulla via aperta da Cavalcanti ci sono Cervantes e Shakespeare. Altra è la via aperta da Dante.

UNA sola delle seguenti possibilità può essere RIGOROSAMENTE dedotta dal testo di Calvino.

A. Solo 5
B. Solo 4
C. Sia 2 sia 1
D. Sia 1 sia 3
E. Sia 3 sia 5

222) "Nulla è più affascinante di un antico mistero... Chi era Jack lo squartatore? Shakespeare era Shakespeare? L'enigma storico più gustoso della mia professione, la paleontologia, risale a un quarto di secolo fa. Nel 1953, l'uomo di Piltdown fu definitivamente considerato una frode sicura, perpetrata da uno sconosciuto. Da allora il mio interesse per questo caso non è mai diminuito. In questo articolo, più che chiederci ancora una volta "chi è il colpevole", affronteremo quella che per me è una questione più interessante dal punto di vista intellettuale: come è possibile che qualcuno abbia accettato l'uomo di Piltdown (un uomo dotato di un cranio moderno e di una mascella non modificata di scimmia antropomorfa)?... sono un lettore appassionato di racconti del mistero e non potrò esimermi dall'esprimere la mia opinione su questo enigma... L'ipotesi senza dubbio più interessante è quella che vede nell'affare di Piltdown una burla, messa in atto con una comunicazione alla società britannica di geologia nel dicembre 1912 e spintasi troppo in là, più che un imbroglio vero e proprio. Ma, a parte il divertimento e la polemica, rimane aperta la prima e più importante questione: come è possibile che per più di quarant'anni in ambito scientifico si sia dato credito all'uomo di Piltdown e se ne sia discusso? Si trattava di una creatura improbabile fin dall'inizio, e già nel 1913 David Waterston del King's College di Londra aveva affermato molto chiaramente che quel cranio era umano, mentre la mascella era di scimmia antropomorfa. "A mio parere – concludeva – attribuire la mascella e il cranio allo stesso individuo sarebbe altrettanto folle che cercare di attaccare il piede di uno scimpanzé alle ossa di una coscia e di una gamba essenzialmente umane". La spiegazione corretta era stata a portata di mano fin dall'inizio, ma la speranza, il desiderio e il pregiudizio impedirono che fosse accettata".

Stephen Jay Gould,
Il pollice del panda

Una sola delle seguenti affermazioni è rigorosamente deducibile dal testo riportato.

A. Jay Gould si interroga soprattutto sui motivi che hanno indotto l'autore della frode, o burla, ad agire
B. Jay Gould si chiede perché e come i colleghi scienziati abbiano dato a lungo credito all'affare dell'uomo di Piltdown
C. Nessun paleontologo, in quanto scienziato, ha dato veramente credito alla storia dell'uomo di Piltdown
D. Le passioni negli scienziati non sono mai tanto forti da impedire loro di riconoscere la verità
E. Per una quarantina d'anni nessuno denunciò apertamente l'errore o sospettò la frode nella faccenda di Piltdown

223) "Fra coloro 'che non leggono' i più accorti impareranno a parlare intorno: eccelleranno nell'arte inflazionistica del commento, nella pratica restringitiva della scheda, nella caccia alla citazione intelligente, sapranno maneggiare lo scalpello dell'analisi lineare e diventeranno esperti nella sapiente navigazione fra i 'brani scelti', che conduce sicuramente al diploma di maturità, alla laurea, persino al dottorato... ma non necessariamente all'amore per il libro".

Daniel Pennac, *Come un romanzo*

Una sola delle seguenti affermazioni è rigorosamente dedotta dal testo sopra riportato.

A. Chi non ama i libri può benissimo imparare a condurre analisi accorte e a compilare eccellenti schede riassuntive
B. L'amore per la lettura aborrisce da ogni forma di interpretazione critica o di commento dei libri
C. Orientarsi tra i brani antologicizzati è scolasticamente utile ma è sicuro segno di scarso amore per il libro
D. Le citazioni intelligenti non interessano assolutamente mai chi ama la lettura
E. Analisi, commenti, schede sono i nemici più acerrimi dell'amore per la lettura

224) "I recenti casi di cronaca relativi alle aggressioni di cani all'uomo, hanno fatto emergere la necessità di ulteriori interventi legislativi. È inutile, però, considerare alcune razze canine pericolose a priori, poiché i cani diventano pericolosi non per propria indole, bensì in base al trattamento che ricevono dal proprio padrone. Ciò significa che un cane, a prescindere dalla razza, può diventare pericoloso se maltrattato, mentre può non diventarlo se trattato bene sin dalla nascita. Una legge specifica sulle razze canine considerate pericolose è, pertanto, inefficace".

Quale delle seguenti affermazioni esprime il messaggio principale del brano precedente?

A. È inutile considerare alcune razze canine pericolose a priori
B. Una legge specifica sulle razze canine considerate pericolose è inefficace
C. Nessuna legge è in grado di condizionare il comportamento dei cani
D. I cani diventano pericolosi in base al trattamento che ricevono
E. Dovrebbero esistere norme più restrittive che regolino il possesso dei cani

225) "La natura imita l'arte, secondo un paradosso di cent'anni fa. Ma è, appunto, solo un paradosso. Prendiamo il misterioso fattaccio di Milano. Una giovane giornalista viene aggredita sulle scale di casa da due criminali italiani, costretta ad aprire, malmenata, legata a un termosifone. È poi derubata di tutto? No, ed è la prima complicazione. I due (ed è la seconda) non toccano i soldi, ma frugano nella scrivania, buttano all'aria i documenti, se ne vanno dopo aver riempito di carta la bocca della vittima. Arriva il marito, giornalista anche lui. Ha problemi (terza complicazione) di mobilità. Ma con lui si sposta anche (quarta complicazione) una scorta della polizia, l'uomo è un esperto di questioni terroristiche, riceve continue minacce di morte, è amico di Arafat, forse ha contatti coi Servizi Segreti. E dove scrive? Su "Famiglia Cristiana", quinta complicazione. Mentre la moglie (complicazione sesta), è collaboratrice della rivista "Polizia moderna". Ce n'è abbastanza per indagare, come si dice, in tutte le direzioni, in troppe direzioni. È questo che l'arte non fa, quando sia praticata come si deve. Goffi, irritanti, tediosi sono quei romanzi in cui l'autore procede per accumulazione, continua a rovesciarti addosso indizi totalmente contraddittori, particolari stravaganti, effettacci dozzinali, personaggi maggiori e minori che non legano, piste e contropiste che si accavallano, colpi di scena che schizzano via dalle dita. L'arte, l'artigianato, non possono permettersi gli eccessi. Solo la natura, la vita, vanno dove vogliono, s'ingorgano dove vogliono, complicano a piacere le loro trame senza curarsi di verosimiglianza, coerenza, plausibilità; e scrivono, è vero, pagine e pagine di romanzo. Ma di un brutto romanzo".

Carlo Fruttero – Franco Lucentini, *Un giallo con troppe complicazioni*, su *La Stampa*, 28/5/99

UNA SOLA delle osservazioni che seguono è conseguente all'analisi dalla quale Fruttero e Lucentini sottopongono uno sconcertante fatto di cronaca.

A. Il fatto che la vittima della violenza sia una giovane giornalista dà precise indicazioni sull'identità degli aggressori
B. L'accumulo di indizi che aprono piste di indagine diverse suscita un'attenzione tutta speciale su questa triste vicenda
C. Troppo spesso i giornalisti si compiacciono di complicare, soffermandosi su particolari del tutto irrilevanti, le già complicate vicende che registra la cronaca
D. I romanzieri sanno bene che perché una storia sia avvincente e abbia fortuna deve essere straordinariamente ricca di colpi di scena
E. Spesso la realtà è più incredibilmente complicata e appare quindi meno verosimile dell'invenzione romanzesca

226) "Il più celebre dipinto del XX secolo nasce come illustrazione di un fatto storico: il bombardamento nell'aprile del 1937 della piccola città di Guernica da parte di aerei tedeschi alle dipendenze dei franchismi durante la guerra civile spagnola. Picasso prende spunto da questo episodio, certo drammatico, ma in fondo marginale, per dipingere una tela di vaste dimensioni e farne il manifesto di denuncia contro gli orrori di tutte le guerre, come aveva fatto centotrenta anni prima Goya. Per ottenere questo scopo Picasso non dipinge di getto, ma studia approfonditamente la composizione, analizzando ogni singolo dettaglio in una lunga serie di disegni preliminari, di studi, di prove e di ripensamenti. Le scelte formali sono radicali: il dipinto è praticamente monocromo, come i film e i documentari del tempo, per eliminare ogni possibile seduzione del colore e rendere asciutto e diretto il messaggio mentre, dal punto di vista stilistico, Picasso sceglie il secco e sintetico cubismo. Nel dipinto si mescolano con grande efficacia notazioni quasi di cronaca (lo strazio provocato dalle bombe) con simboli ripresi dal repertorio tradizionale: un uomo caduto stringe una spada mozzata come un antico greco, il cavallo ferito che nitrisce e ricorda modelli dell'arte antica e rinascimentale, l'enigmatico toro appartiene da secoli al folclore spagnolo. Tutta la scena è illuminata da una lampadina che penzola in alto, allusiva del desiderio di 'far luce' su quanto è avvenuto, non lasciare che cada l'ombra dell'oblio. Picasso riesce a essere al tempo stesso realistico e allusivo: non a caso, l'artista volle che la grande tela venisse esposta nel 1951 nel Palazzo Reale di Milano, squarciato dalle bombe durante la seconda guerra mondiale".

In base a quanto si legge nel brano, è possibile affermare che in "Guernica":

A. viene raffigurata la piccola città bombardata durante la prima guerra mondiale
B. vi sono esclusivamente elementi figurativi realistici, al limite della cronaca
C. convivono elementi figurativi realistici e simbolici
D. viene utilizzata la tecnica della policromia

E. sono scrupolosamente rispettate le regole della prospettiva

227) In base a quanto si legge nel brano, in "Guernica" la scelta della monocromia è stata dettata a Picasso dall'intento di:

A. fare del dipinto un manifesto di denuncia contro gli orrori della guerra
B. utilizzare il secco e sintetico cubismo
C. sedurre lo spettatore con giochi di colore
D. porsi in modo originale rispetto alle opere cinematografiche e documentaristiche dell'epoca
E. trasmettere un messaggio diretto e asciutto

228) In base a quanto si legge nel brano, l'autore accosta l'opera di Picasso a quella di Francisco Goya perché in entrambe le opere:

A. è possibile riscontrare un'accesa fantasia e uno spirito visionario
B. ogni singolo dettaglio emerge attraverso una serie di disegni preliminari, di prove e di studi
C. emerge la stessa condanna degli orrori della guerra
D. risalta l'identità non solo dell'oggetto, ma anche delle tecniche compositive tipiche del cubismo
E. coesistono elementi figurativi realistici e simbolici

229) In base a quanto si legge nel brano, è possibile dedurre che la struttura compositiva di "Guernica" è:

A. artificiosa e incomprensibile al primo impatto
B. lineare e ben definita
C. studiata e classica
D. complessa e ben articolata
E. semplice, poiché tutte le figure sono appiattite sullo stesso piano

230) La curiosità, l'intenso desiderio di sapere, non compare nella materia morta, e sembra non essere caratteristica neppure di certe forme di organismi viventi, che, proprio per tale ragione, a gran fatica riusciamo a considerare come viventi. Un albero non mostra curiosità per il suo ambiente, almeno in modo per noi riconoscibile; lo stesso vale per una spugna o un'ostrica: il vento, la pioggia, le correnti dell'oceano apportano loro ciò di cui abbisognano, ed essi ne traggono quello che possono. Se il caso fa sì che ciò che giunge a loro siano il fuoco, un veleno, dei predatori o dei parassiti, essi muoiono stoicamente e tacitamente come sono vissuti. Tuttavia, fin dai primi stadi dell'evolversi della vita, alcuni organismi svilupparono un moto indipendente; ciò costituì per loro un progresso enorme dal punto di vista del controllo dell'ambiente.
Il moto indipendente di cui parla l'autore del brano è un atto di liberazione:

A. dalle correnti dell'oceano
B. dal controllo dell'ambiente
C. dal fuoco
D. dal caso
E. dai predatori

231) Perché, secondo l'autore del brano, si fa fatica a considerare esseri viventi una spugna o un'ostrica?

A. Perché muoiono stoicamente
B. Perché si nutrono passivamente
C. Perché vivono tacitamente
D. Perché sono esseri inanimati di per sé
E. Perché non mostrano curiosità per il loro ambiente

232) Chi porta alle spugne ciò di cui abbisognano?

A. Il fuoco e le correnti dell'oceano
B. Il vento, la pioggia e le correnti dell'oceano

C. I predatori e i parassiti
D. Il vento, le correnti dell'oceano e il fuoco
E. Il vento, il veleno e i predatori

233) "Il cinema è un'arma magnifica per esprimere il mondo dei sogni, delle emozioni, dell'istinto. Il meccanismo creatore delle immagini cinematografiche è, per il suo stesso funzionamento, quello che ricorda meglio, tra tutti i mezzi d'espressione umana, l'attività dello spirito durante il sogno (...) le immagini appaiono e scompaiono come nel sogno grazie a 'dissolvenze'; il tempo e lo spazio diventano flessibili, si allargano o restringono a volontà".

L. Buñuel, *Gli argomenti umani*, Napoli, 1969

Dal brano, secondo l'autore, si evince che il cinema:

A. è l'arte della "dissolvenza" in quanto privilegia immagini fluttuanti e soluzioni spaziali e temporali immaginarie
B. si avvicina di più delle altre arti al mondo dello spirito per l'immaterialità e i mezzi di cui si avvale
C. grazie alla possibilità di dissolvere le immagini o di montarle in sequenze che superano lo spazio e il tempo è l'arte più vicina al sogno
D. è un'arte istintuale come dimostrano le alterazioni nella successione delle immagini e nel concetto di tempo e di spazio
E. riesce a rappresentare il mondo dei sogni mediante immagini e scene irreali che producono emozioni a livello istintuale

La realtà del Caravaggio

Della fondamentale motivazione stilistica della luce del Caravaggio si è largamente parlato, e se ne sono cercate le fonti nella cultura lombarda dove in parte si trovano; ma l'insorgenza del luminismo caravaggesco risulterebbe inspiegabile senza lo stimolo e l'urgenza di comunicare un contenuto simbolico. Intendo simbolico in senso intenzionale, programmatico.
Da questo intento simbolico può essere infine considerata distinta ma comunicante la componente espressiva ed "emozionale": tutto ciò che il luminismo caravaggesco dice ed esprime anche al di là delle più immediate intenzioni. Non hanno dunque un messaggio univoco ma un coacervo di messaggi, nel quale certo hanno la loro parte gli stessi connotati psichici dell'intensità religiosa ed umana di Caravaggio, della sua passionalità, come e soprattutto, in stretta connessione di trauma, l'eco delle inquinanti novità del pensiero post-copernicano in una nuova immaginazione esistenziale e cosmica. Finché al centro anche topografico dell'universo restavano la terra e l'uomo, era naturale relazionare questo mondo-ombelico ad un Dio-testa che lo osservava dall'alto. Quando i mondi e i centri diventano plurimi e sfuggenti, o solo si insinua il sospetto che lo siano, anche il luogo di Dio fluttua nell'universo, e se Dio un luogo ha, non può essere che dentro di noi e dentro alle cose. Non è certo un caso che il Caravaggio, al chiaro e ordinato disegno dello spazio rinascimentale che ha un centro e un perimetro, e che è misurabile attraverso la prospettiva, sostituisca fondali ciechi, uno spazio d'ombra insondabile, dove la luce, bucando, crea uno o più centri irrelati ad un qualsiasi perimetro o ad una distinta periferia («Iddio è spera intelligente, il cui centro è in ogni loco, la circumferentia in nessuno», secondo la proposizione ermetica e neo platonica che Bruno rilanciò con più drastico significato). Né par dubbio che l'angoscia e il disorientamento siano i connotati

espressivi delle grandi ombre divoranti, delle luci consunte nelle opere estreme: le vicende umane lo confermano.
Ma se tutto ciò esiste nell'opera di Caravaggio a livello globalmente espressivo, sarei cauto nel riconoscere questi stessi ingredienti nella ricetta simbolica, in quello che ritengo sia cioè il significato programmatico del luminismo caravaggesco. Non credo infatti che la sua luce-ombra voglia alludere al Dio e all'universo bruniani; tanto meno ci può soccorrere, in questo senso, la dottrina della luce del Patrizi, che forse è più estranea di quella bruniana (con cui ha tuttavia in comune la componente neoplatonica ed ermetica) al pathos espressivo di Caravaggio, e neanch'essa potrà interessare il livello simbolico delle sue intenzioni rappresentative. È solo, la dottrina del Patrizi, un documento dell'importanza e dell'attenzione che si votava alla luce nella speculazione neoplatonica del tempo. Tanto vale, allora, rifarci ancora ai neo-platonici *Dialoghi d'Amore* dove si attribuisce alla luce una decisa preminenza anche formale ed estetica nell'analisi della bellezza, contestando le classiche proporzioni.
Risalendo tuttavia all'indietro, la tesi neo-platonica della luce come "sostanza", essenza delle cose corporee e «corpo incorporeo» rimanda alla matrice agostiniana, che è quella, credo, realmente operante in presa diretta sull'immaginazione luministica del Caravaggio. In sant'Agostino, la valutazione della luce come sostanza è inestricabilmente connessa alla luce come metafora e al suo significato morale di estrazione gnostica: la luce è attributo di Dio e come tale è anche principio di bene, oltre che "lume" ovvero guida, illuminazione: assunto centrale nel pensiero di Agostino è l'assoluta dipendenza dell'intelletto umano da Dio in quanto luce di verità.
Per san Tommaso, vanto della mente umana sarà il «lume naturale», che rende capace l'uomo di conoscere, ben distinto dal *lumen gloriae* e dal *lumen gratiae*: premessa questa, in qualche modo, del razionalismo umanistico. Invece per sant'Agostino la conoscenza è pura «visione di Dio», perpetua illuminazione: questa posizione era evidentemente più consona al clima dogmatico della Controriforma. La luce della conoscenza e la luce della grazia sono tutt'uno, dono che scende dall'alto.
Se allora un significato simbolico nella luce di Caravaggio sussiste, questo va ricercato in qualcosa di più basico ed elementarmente religioso, nella vecchia simbologia gnostica (ma anche alchemica, secondo il modello del *Genesi*) del male come tenebra, e nella sua contrapposizione al bene, come la morte si contrappone alla vita.

234) Nella pittura del Caravaggio, la luce:

A. ha due significati distinti ma correlati
B. ha solo un significato stilistico
C. ha solo un significato simbolico
D. è una eredità delle tecniche pittoriche precedenti
E. serve solo a creare uno sfondo

235) La visione del Caravaggio è influenzata da:

A. fattori esclusivamente tecnici
B. la filosofia della tarda scolastica
C. la concezione tolemaica del mondo
D. le idee estetiche del razionalismo
E. la nuova cosmologia copernicana

236) Nella teoria di sant'Agostino la luce:

A. è simbolo del lumen naturale
B. è solo un fenomeno naturale

C. è principio della conoscenza e della grazia
D. non ha alcun significato mistico
E. deriva dalla creazione del sole

237) I fondali del Caravaggio:

A. rivelano una certa fretta compositiva
B. mettono in rilievo i primi piani
C. creano uno spazio d'ombra
D. stabiliscono una razionale prospettiva
E. sono ricchi di molteplici colori

238) Nel luminismo caravaggesco il contrasto luce/ombra:

A. ha una funzione puramente tecnica
B. serve a definire meglio le figure
C. è sempre molto sfumato
D. serve a creare l'illusione della profondità
E. riflette l'antitesi bene/male

239) "Ronald E. Smith, assieme ad alcuni colleghi dell'Università di Washington [...] ha elaborato l'ipotesi che gli studenti molto ansiosi, messi in condizione di ridere durante gli esami, debbano non solo sentirsi più a loro agio, ma anche dare prestazioni più brillanti. [...] I risultati della ricerca di Smith e collaboratori confermano l'ipotesi che l'umorismo abbia proprietà tranquillanti. Infatti, per gli studenti poco ansiosi l'aggiunta dell'umorismo [nella formulazione delle domande d'esame] non ha, praticamente, alcun effetto (è ovvio che gli spunti ridicoli non rendono la prova più facile); per gli studenti molto ansiosi, invece, si nota un netto miglioramento dei risultati, che diventano addirittura superiori a quelli dei compagni con un'ansia limitata. Concludendo: se un giovane ritiene che l'ansia possa far peggiorare il proprio rendimento in un'interrogazione o in un esame, gli sarà utile pensare a qualcosa di comico".

Mario Farné, *Guarir dal ridere. La psicobiologia della battuta di spirito*, Bollati Boringhieri, Torino, 1998, pp. 12-13

Si riconosca, fra le seguenti, l'UNICA notazione che R. E. Smith e collaboratori potrebbero sottoscrivere:

A. la formulazione in termini umoristici delle domande d'esame non darebbe alcun apprezzabile vantaggio a studenti poco ansiosi
B. l'iniezione di modeste dosi d'umorismo potrebbe comportare distrazione e rivelarsi controproducente al fine del superamento degli esami
C. quanto più uno studente è preda dell'ansia tanto più si rivela incapace di cogliere gli spunti umoristici dei quesiti cui è chiamato a rispondere
D. la probabilità di superare un esame cresce in misura inversamente proporzionale al senso umoristico del candidato
E. la probabilità di superare un esame cresce in misura direttamente proporzionale al livello d'ansia del candidato

240) "I bambini insicuri e ansiosi tendono a disegnare figure piccole che occupano timidamente soltanto una parte ridotta dello spazio a disposizione. [...] L'assenza di braccia nei disegni di bambini oltre i sei anni può denotare timidezza, passività, o immaturità intellettuale. [...] Le mani nascoste sono state interpretate come un'espressione di sensi di colpa. [...] Le proporzioni esagerate delle mani sono viste come il simbolo di tendenze aggressive se la figura è un autoritratto. Quando la figura rappresenta invece un genitore o chi fa le sue veci, le mani accentuate possono indicare aggressività subita, anticipata o temuta. [...] Nei disegni di bambini insicuri si osserva di frequente l'instabilità della figura, che oscilla sul sostegno insufficiente di piedi piccoli".

Joseph H. Di Leo, *I disegni dei bambini come aiuto diagnostico*, tr. it. Giunti, Firenze, 1992, pp. 47-60

Solo UNA delle considerazioni seguenti può ritenersi CORRETTAMENTE dedotta dalle premesse contenute nel brano riportato. La si individui:

A. il bambino che si rappresenta con le mani troppo piccole teme probabilmente di subire atti violenti ad opera delle figure parentali
B. le braccia nascoste e i piedi piccoli delle figure disegnate indurrebbero a pensare ad un bambino affetto da spiccati sensi di colpa
C. il disegno di una figura di grandi dimensioni che occupa un'ampia porzione del foglio farebbe pensare ad un bambino ben adattato e libero dall'ansia
D. rappresentando i genitori come figure dalle mani nascoste il bambino opera un'inconsapevole attribuzione della responsabilità delle violenze subite
E. attribuendo nei disegni mani enormi ai genitori o a coloro che ne fanno le veci, i bambini tradiscono le proprie accentuate tendenze aggressive

241) "Esistono molteplici forme di memoria che hanno sede in zone diverse del cervello: la *memoria procedurale* che riguarda le nostre abilità percettive e motorie, e la *memoria dichiarativa* o *esplicita*, distinta in memoria semantica, cioè la capacità di ricordare quanto sappiamo, e memoria episodica, la capacità di ricordare gli eventi. Si deve poi distinguere tra *memoria a breve termine* e *memoria a lungo termine*. Quest'ultima trattiene le informazioni per un lungo lasso di tempo, grazie anche a meccanismi emotivi di consolidamento".

La capacità di andare in bicicletta anche dopo molti anni che non la si usa più può essere attribuita a:

A. memoria semantica
B. memoria procedurale
C. memoria esplicita
D. memoria episodica
E. memoria visiva

242) "La sindrome fenilchetonurica o PKU è la più comune malattia pediatrica congenita dovuta a deficienza enzimatica, causata da diversi tipi di mutazioni recessive a carico di un gene localizzato sul cromosoma 12. Essa è legata all'incapacità di metabolizzare l'amminoacido fenilalanina. Il gene infatti codifica per un enzima che converte in tirosina l'amminoacido fenilalanina. In assenza di tale enzima la fenilalanina si accumula nel sangue e nelle urine, o viene trasformata in acido fenilpiruvico che causa seri danni al sistema nervoso centrale, ritardo mentale e morte precoce. La malattia può essere tenuta sotto controllo mediante una dieta povera di fenilalanina. Gli stati americani ed europei hanno istituito indagini su tutti i neonati per la diagnosi precoce della PKU".

Dalla lettura del brano si può affermare che:

A. il termine fenilchetonuria indica presenza di alti tassi di fenilalanina nel sangue e nelle urine
B. l'amminoacido tirosina si converte in fenilalanina grazie ad un gene localizzato sul cromosoma 12
C. una dieta povera di fenilalanina causa seri danni al sistema nervoso centrale e ritardo mentale
D. la PKU è una malattia genetica dominante dovuta all'alterazione di un singolo gene

E. gli stati americani ed europei raccomandano una dieta povera di fenilalanina per prevenire la PKU

243) "La capacità di provare dolore non può essere rimossa, ma capita, di rado, che qualche individuo ne sia privo dalla nascita. Una vita senza dolore potrebbe sembrare fortunata, ma non lo è. I bambini che non provano dolore non sono a disagio neppure quando stanno a lungo nella stessa posizione: la conseguente mancanza di movimento impedisce al sangue di arrivare alle articolazioni, che nell'adolescenza sono già deteriorate. Le persone che non possono sentire dolore muoiono quasi tutte prima dei trent'anni. Anche i dolori diffusi, o il semplice malessere, sono adattivi. Spingono all'inattività completa, e non solo al riposo delle parti danneggiate. [...] L'inattività favorisce anche, probabilmente, l'efficacia delle difese immunitarie, il ripristino dei tessuti danneggiati e altri adattamenti. I medicinali che fanno sentire meglio una persona malata interferiscono con questi benefici. Una sensazione di benessere indotta dai farmaci può indurre ad attività che interferiscono con gli adattamenti difensivi o con la guarigione".

Randolph M. Nesse e George C. Williams, *Perché ci ammaliamo*, Einaudi, Torino, 1999, p. 46

DUE delle seguenti proposizioni traggono le conclusioni del discorso riportato: le si riconosca.
1) la somministrazione di farmaci può talora risultare controproducente; 2) il dolore fisico, di per se stesso, è comunque qualcosa di sgradevole; 3) chi non sopporta il dolore tende a permanere nella stessa postura; 4) a qualche essere umano la sorte preclude la capacità di provare dolore; 5) a dispetto delle apparenze una vita senza dolore non è una vita fortunata; 6) la capacità di provare dolore non può essere rimossa.

A. La 2 e la 6
B. La 2 e la 3
C. La 2 e la 4
D. La 3 e la 4
E. La 1 e la 5

244) "Nei giardini europei di ogni epoca e stile, fino alla metà del XIX secolo circa, i labirinti erano un elemento essenziale per superare l'uniformità delle varie parti e raggiungere [...] un certo grado di varietà anche in uno spazio estremamente ridotto. [...] La differenza stava nella loro destinazione, nelle particolarità della loro semantica. Nei giardini monastici medievali i labirinti simboleggiavano la vita complessa e intricata dell'uomo. I sette peccati capitali e le sette virtù teologali incontravano l'uomo lungo questo percorso. [...] Pietro I costruì labirinti in tutti i giardini pietroburghesi più famosi, adornandoli immancabilmente con gruppi scultorei ispirati alle favole di La Fontaine. [...] Pietro [il Grande] voleva istruire i suoi sudditi alla cultura secolare europea, indispensabile ai Russi per poter comunicare liberamente con gli stranieri colti. Ma già sotto Pietro i labirinti avevano anche un altro scopo – il divertimento. Pietro amava portare nel labirinto i suoi ospiti e obbligarli a uscirne da soli. Nel periodo romantico i labirinti erano un pretesto per allungare l'itinerario delle passeggiate e cominciarono a cedere il posto ai parnasi [...]".

Dmitrij Sergeevic Lichacev, *La poesia dei giardini*, tr. it. Einaudi, Torino, 1996, pp. 34-35

SOLO UNA delle considerazioni sottostanti si attiene alle affermazioni di Lichacev. La si individui:

A. ai labirinti dei giardini potevano essere attribuite valenze simboliche ma non certo educative e ludiche

B. mirava sempre all'omogeneità del paesaggio e alla brevità delle passeggiate, la predisposizione di labirinti nei giardini
C. la predisposizione di labirinti nei giardini pietroburghesi rispondeva alla sola esigenza dell'istruzione del popolo russo
D. al variare delle epoche storiche, permanevano immutate le funzioni attribuite ai labirinti nei giardini
E. i labirinti dei giardini poterono simboleggiare le vicissitudini e gli erramenti cui si trova esposta l'esistenza umana

245) "Nelle favole di Hans Christian Andersen l'«infelicità emerge man mano che la scrittura diventa più padrona di sé. E anche nei racconti canonici è sempre possibile la doppia lettura: una ingenua, appunto per ragazzi, con finale apparentemente edificante; e una più sottile, più desolata, che spinge a una diversa, se non proprio opposta, interpretazione dell'esito conclusivo. È il caso di uno dei più famosi racconti: il brutto anatroccolo diventa un meraviglioso cigno, ma il lettore adulto è autorizzato a leggere tale metamorfosi come una implacabile sconfitta. La stessa cosa succede al Pinocchio di Collodi, che alla fine si trasforma in bravo ragazzo, fatto di carne e ossa: il burattino è morto, e con lui la gioia di vivere con innocenza e spensieratezza".

Vincenzo Cerami, "Così Andersen mise in fiaba il male di vivere", *Specchio, p. 60,* supplemento a La Stampa del 19-3-2005

La trasformazione del brutto anatroccolo in cigno può essere anche letta, in senso NON edificante, come un'implacabile sconfitta per... (Si scelga la MOTIVAZIONE che rispetta lo spirito delle parole di Cerami):

A. gli altri cigni, data la particolare bellezza del nuovo venuto e il favore da lui incontrato presso i bambini
B. il lettore, che vede smentite le sue ragionevoli aspettative circa l'immancabile, tragica fine del brutto anatroccolo
C. gli altri anatroccoli e tutti gli altri animali, che in precedenza avevano continuamente deriso e maltrattato il brutto anatroccolo
D. il brutto anatroccolo, per il quale la metamorfosi in cigno vale il passaggio da gioia, innocenza e spensieratezza al loro contrario
E. il brutto anatroccolo: non lui ma il cigno in cui ha avuto la fortuna di trasformarsi riesce a farsi accettare dal prossimo

246) "Il contrasto tra Rousseau e Nietzsche può essere illustrato proprio dal diverso atteggiamento che l'uno e l'altro esprimono rispetto alla naturalità e artificialità dell'uguaglianza e della diseguaglianza. Nel discorso sull'origine della diseguaglianza, Rousseau parte dalla considerazione che gli uomini sono nati uguali, ma la società civile, vale a dire la società che si sovrappone lentamente allo stato di natura attraverso lo sviluppo delle arti, li abbia resi diseguali. Nietzsche, al contrario, parte dal presupposto che gli uomini siano per natura diseguali (ed è un bene che lo siano, perché fra l'altro una società fondata sulla schiavitù come quella greca era, proprio in ragione dell'esistenza degli schiavi, una società evoluta) e soltanto la società, con la sua morale del gregge, con la sua religione della compassione e della rassegnazione, li ha resi tutti eguali. Quella stessa corruzione, che per Rousseau ha generato la diseguaglianza, ha generato, per Nietzsche, l'uguaglianza. Là dove Rousseau vede diseguaglianze artificiali, e quindi da condannare e da abolire perché in contrasto con la fondamentale eguaglianza della natura, Nietzsche vede un'eguaglianza artificiale, e quindi da esecrare in quanto riduttiva della benefica diseguaglianza che la natura ha voluto regnasse tra gli uomini. L'antitesi non potrebbe essere più radicale: in nome dell'eguaglianza naturale, l'egualitario condanna la diseguaglianza sociale; in nome della diseguaglianza naturale, l'inegualitario condanna l'uguaglianza sociale. (...) L'idea qui formulata, secondo cui la distinzione tra sinistra e destra corrisponde alla differenza tra egualitarismo e inegualitarismo (...) si pone ad un tale livello di astrazione che può servire tutt'al più a distinguere due tipi ideali. (...) Ripeto ancora una volta che non sto dicendo che una maggiore eguaglianza è un bene e una maggiore diseguaglianza un male. Come ho detto sin dall'inizio, sospendo ogni giudizio di valore (...). Del resto, se l'eguaglianza può essere interpretata negativamente come livellamento, la diseguaglianza può essere interpretata positivamente come riconoscimento della irriducibile singolarità di ogni individuo. Non c'è ideale che non sia acceso da grande passione. La ragione o meglio il ragionamento che adduce argomenti pro e contro per giustificare le scelte di ciascuno di fronte agli altri, e prima di tutto di fronte a se stessi, viene dopo. Per questo i grandi ideali resistono al tempo e al mutar delle circostanze e sono, l'uno all'altro, irriducibili. La spinta verso una sempre maggiore eguaglianza tra gli uomini è, come aveva osservato nel secolo scorso Tocqueville, irresistibile. (...) Mai come nella nostra epoca sono state messe in discussione le tre fonti principali di diseguaglianza, la classe, la razza, il sesso. La graduale parificazione delle donne agli uomini, prima nella piccola società famigliare, poi nella più grande società civile e politica, è uno dei segni più certi dell'inarrestabile cammino del genere umano verso l'eguaglianza".

Norberto Bobbio, *Destra e Sinistra*, Donzelli, Roma 1994

UNA sola di queste deduzioni è conseguente al testo riportato. Quale?

A. Le contrastanti concezioni di "stato di natura" di Rousseau e Nietzsche sono state assunte come fondamento di diversi progetti ideali
B. Se l'adesione al partito dell'eguaglianza è per lo più passionale, aderire al partito opposto è generalmente frutto di un procedimento, pur discutibile, di analisi razionale
C. Il vedere nella diseguaglianza il riconoscimento della irriducibile singolarità dell'individuo caratterizza il nicianesimo che, in quanto sconfitto dalla storia, è destinato a scomparire
D. Ai movimenti di sinistra, in quanto caratterizzati dall'utopia egualitaria, Bobbio riconosce una funzione inequivocabilmente e innegabilmente più positiva che ai movimenti di destra
E. Che la storia proceda verso una sempre maggiore eguaglianza implica che la concezione ispirata a Nietzsche, che sostiene la diseguaglianza, prima o poi cesserà di esistere

247) "In una certa regione il numero assoluto di soggetti che è stato guarito da una condizione morbosa, che definiremo come U, sempre mortale se non trattata, è molto elevato, ma varia da uno all'altro dei centri specializzati. Data l'importanza anche sociale della malattia U, il numero di questi centri è progressivamente aumentato negli ultimi vent'anni e attualmente è ritenuto sufficiente a trattare, secondo schemi condivisi e regolarmente aggiornati e controllati, tutti i pazienti che nella regione si ammalano della malattia in questione. La differenza del numero assoluto dei soggetti guariti nei diversi centri è però significativa, e ha probabilmente radici complesse".

Il testo GIUSTIFICA peraltro UNA SOLA delle seguenti ipotesi esplicative, quale?

A. Una mancata aderenza ai protocolli di terapia da parte di alcuni centri
B. L'insufficiente specializzazione di alcuni centri
C. Un differente aggiornamento dei diversi centri
D. Il diverso anno di inizio dell'attività del centro
E. L'effetto di schemi terapeutici diversi

248) "Arrivare a una comprensione del Furioso, non dico piena ma ricca, non è facile, come non lo è per ogni libro che abbia molte facce diverse. Occorrerebbe (...) poter afferrare la ricchezza poliedrica del mondo ariostesco nella sua molteplicità sfaccettata (...). E bisognerebbe poter apprezzare la maestria con cui il narratore struttura la sua opera intrecciando tanti fili e portandoli tutti avanti con perspicua chiarezza; (...) Bisognerebbe insomma possedere una cultura letteraria acquisita con il lavoro di una vita e insieme una umanità intelligente e una sensibilità acuta per l'arte (...) Un patrimonio quasi impossibile da mettere insieme, e chi può sperare di possederlo? Solo gli sciocchi possono sperare di raggiungere tanta profondità di comprensione perché in possesso di questa o di quella competenza settoriale, o perché asserviti all'ultimo metodo venuto di moda. Ma è sufficiente, per un'opera come l'Orlando Furioso, anche accontentarsi di meno, assai meno. Procurarsi le informazioni indispensabili, liberarsi di ideologismi e preconcetti scolastici, e leggere... con il gusto di leggere, sapendo che un'opera letteraria è frutto, e quindi può esser fonte, di mille interessi e piaceri diversi: godere con umiltà di quelle invenzioni, di quel narrare sapientemente orchestrato, di quella musicale armonia. Io, purtroppo, so poco o niente di musica, ignoro le nozioni elementari necessarie ad analizzare la struttura di un brano, e sono, lo so, incapace di spiegarmi tecnicamente le emozioni che mi procura l'ascolto. Ma non per questo rinuncio a sentir musica, anzi! Ascolto e riascolto, conscio che tanto di quell'arte e del godimento che essa potrebbe procurarmi mi è precluso per sempre; ma tuttavia ascolto, e godo quello che natura e cultura consentono. Non dovrebbe esser lo stesso per chi è poco esperto di letteratura, ma non per questo è disposto a rinunciare alla ricchezza di conoscenze e di gioia che un'opera letteraria come il Furioso racchiude?".

Giuseppe Petronio, *Il piacere di leggere*, Oscar Mondadori

UNA SOLA delle seguenti affermazioni è rigorosamente DEDUCIBILE dal testo di Giuseppe Petronio, quale?

A. È un atto di presunzione pretendere di esaurire la conoscenza del Furioso grazie alla padronanza di tecniche interpretative anche molto aggiornate
B. È sufficiente per apprezzare il Furioso un orecchio naturalmente educato a cogliere la sapiente orchestrazione della narrazione
C. È inutile, per chi ama la musica e la vuole godere, procurarsi le nozioni necessarie a comprenderne la struttura
D. È possibile godere della lettura del Furioso anche senza alcuna preparazione preventiva

E. Natura e cultura permettono di godere un'opera d'arte tanto a chi non ha competenze tecniche quanto a chi ne ha

249) "Sulla memorizzazione di immagini "visive" venne fatto da A. de Groot un esperimento relativo al gioco degli scacchi. Egli dispose i pezzi secondo posizioni prese da partite effettivamente giocate e mostrò la scacchiera ai soggetti per cinque secondi; poi tolse i pezzi e chiese ai soggetti di ricostruire le posizioni. I maestri e i grandi maestri furono capaci di ricostruire le posizioni (con circa 20-24 pezzi sulla scacchiera) quasi senza errori, mentre i principianti riuscirono a mala pena a sistemare in modo corretto qualche pezzo e i giocatori di medio calibro si collocarono a metà tra i campioni e i principianti. Ma il fatto notevole fu che quando si mostrarono ai maestri e ai grandi maestri altre scacchiere con lo stesso numero di pezzi disposti a caso, la loro capacità di ricostruire le posizioni non si rivelò maggiore di quella dimostrata dai principianti di fronte alle partite vere; i principianti, invece, si dimostrarono mediocri come lo erano stati precedentemente".

Herbert A. Simon, *Le scienze dell'artificiale*, Il Mulino, Bologna 1988

L'esperimento condotto avalla UNA SOLA delle seguenti ipotesi, quale?

A. L'informazione sulla scacchiera è meglio memorizzabile per i maestri perché registrata sotto forma di relazioni sensate e conosciute tra i pezzi
B. I campioni di scacchi hanno doti speciali per memorizzare le immagini visive
C. I fenomeni di visualizzazione dipendono essenzialmente dalla struttura neurologica individuale
D. Se non un maestro, un grande maestro può sicuramente registrare fino a 24 pezzi di informazione in cinque secondi
E. Oltre ad una eccezionale capacità di memorizzazione, i maestri degli scacchi possiedono una particolare capacità di concentrazione

250) "Ci sono diversi modi possibili di leggere Marshall McLuhan a poco più di trent'anni dalla pubblicazione originale di *Understanding Media*, che in italiano venne tradotto come *Gli strumenti del comunicare* perché media, nel 1967, era ancora una parola sconosciuta ai più... Leggere *Gli strumenti del comunicare* significa sentirsi invitati non ad accogliere delle idee ma a completarle, non a seguire un testo ma a starci dentro, un po' come certi cult movies sembrano piuttosto un invito a travestirci con i loro abiti che a seguire una storia. (...) Leggendolo attentamente ci si rende conto che l'asistematicità di McLuhan è più apparente che reale, e che al fondo quello che egli propone è una vera e propria filosofia della storia. Secondo McLuhan, si può leggere l'intera storia umana come una successione di forme di comunicazione (...). La prima rottura, in una socialità primitiva fatta di comunicazione essenzialmente verbale, è stata rappresentata per McLuhan dalla scrittura. Mentre nell'oralità la comunicazione è sempre partecipata, richiede non solo la compresenza, ma anche la co-attività di diversi interlocutori, la scrittura separa radicalmente l'emissione del messaggio dalla sua ricezione (...). L'alfabeto fonetico completa questa trasformazione (...). La scrittura prima, l'alfabeto fonetico poi, segnano il passaggio da società 'fredde' (con questo termine, preso dal linguaggio jazzistico, McLuhan definiva le forme di comunicazione partecipative, che trasmettono messaggi incompleti e invitano il ricettore a completarli) a società 'calde', basate su forme di comunicazione non partecipative, affidate generalmente a un solo senso, che bombardano la mente del ricettore con messaggi 'completi' e immutabili. Da allora, sulla base della dialettica 'caldo/freddo' si può, secondo McLuhan, riscrivere per intero i cicli della storia umana: alla calda antichità classica fa seguito un medioevo raffreddato dal ritorno delle società occidentali a forme di comunicazione in larghissima prevalenza orali; questo a sua volta si rovescia, con la stampa, in un'epoca di nuovo calda. Con la stampa, secondo McLuhan, che alla 'Galassia Gutenberg' ha dedicato uno dei suoi libri più noti, la separazione fra azione e reazione si esaspera ulteriormente (...). Alla fine dell'Ottocento, con l'elettrificazione, si ha di nuovo un rovesciamento (...); il telegrafo prima, poi il telefono e la radio, ci riportano alla simultaneità, ci propongono dei messaggi che non solo consentono, ma richiedono la nostra partecipazione, creano una possibilità di contatto di tipo orale, ma esteso all'intero pianeta (...). Il raffreddamento inaugurato da Edison viene coronato, secondo McLuhan, dalla televisione, medium apparentemente passivizzante ma che in realtà richiede un'alta partecipazione dello spettatore (...). Del personal computer McLuhan, morto nel 1980, non fece in tempo a occuparsi, ma è evidente a chi legga l'ultimo capitolo degli Strumenti che per McLuhan l'informatizzazione completava la fase di raffreddamento della civiltà avviata da Edison (...). È una filosofia della storia che deve molto a Marx, (...) ma McLuhan attribuisce la funzione rivoluzionaria non al movimento organizzato, ma alla forza stessa delle cose, al messaggio che sta nei media. Di qui il tono profetico, ma al tempo stesso conservatore. McLuhan si è proposto come profeta di una rivoluzione che c'è già stata, teorico radicale di uno sradicamento che è nei fatti. Per questo la parola chiave di McLuhan è 'consapevolezza' e i suoi testi si offrono come strumenti per prendere consapevolezza di quello che già è, per capire quello che, in fondo, già sappiamo".

Peppino Ortoleva,
L'uomo e il suo messaggio

Tra le affermazioni qui riportate individuare la sola coerente con il pensiero di McLuhan.

A. Da Edison fino al PC si conclude e culmina la fase di allontanamento dalla comunicazione orale primitiva, di cui si è ormai persa ogni caratteristica
B. La diffusione della stampa, la Galassia Gutenberg, ha permesso una personalizzazione dell'acquisizione del sapere
C. Più della radio, la televisione, affidandosi quasi esclusivamente alla vista, invita ad una recezione passiva e acritica
D. L'alfabeto fonetico rese possibile un nuovo tipo di comunicazione, più freddo perché meno condizionato dalla gestualità
E. *Gli Strumenti del comunicare* di McLuhan può essere considerato una forma di comunicazione fredda, in quanto le idee che vi sono espresse esigono di essere completate dal lettore

251) "Non è chiaro se l'effetto serra esista veramente e riscaldi la Terra ma di certo la polemica sull'argomento è rovente, come dimostra lo scontro in corso negli Usa sul film 'L'alba del giorno dopo', che mentre scrivo deve ancora uscire. Non esistono dubbi sul fatto che le attività antropiche causano l'emissione di anidride carbonica nell'atmosfera, dubbi e polemiche sorgono tuttavia quando si intende valutare sulla base di misure e di modelli teorici l'impatto che questa emissione ha sul clima. (...) In tempi ormai remoti la Terra ha subito variazioni climatiche brutali e ben documentate, basti pensare all'era glaciale, variazioni certo non legate all'attività dell'uomo. Lungo l'arco dei secoli la radiazione solare potrebbe subire o avere subito variazioni tali da alterare il clima terrestre ben al di fuori delle competenze del protocollo di Kyoto. Siamo condannati alla navigazione a vista e rimango scettico sia davanti al catastrofismo demagogico e scontato dei profeti di sventura sia verso il futuro radioso dei trionfalisti".

Tullio Regge, *Effetto serra. Un imprevisto ci salverà*, La Stampa, 29/4/2004

UNA SOLA delle seguenti affermazioni È AUTORIZZATA dall'articolo citato di Tullio Regge.

A. È cosa ben chiara per uno scienziato che il protocollo di Kyoto è un espediente demagogico scientificamente irrilevante
B. Le radiazioni solari non influenzano le variazioni climatiche
C. La convinzione che le attività antropiche causino emissione di anidride carbonica nell'atmosfera non ha alcun fondamento scientifico
D. Mai comunque sulla Terra si sono verificate variazioni climatiche evidenti e importanti come nel nostro tempo
E. La valutazione dell'impatto sul clima dell'emissione di anidride carbonica nell'atmosfera è dubbia e controversa

252) "Fa attenzione alle forme con cui costruisce il contadino. Perché sono patrimonio tramandato dalla saggezza dei padri. Cerca però di scoprire le ragioni che hanno portato a quella forma. Se i progressi della tecnica consentono di migliorare la forma, bisogna sempre adottare questo miglioramento. [...] Sii vero. La natura sopporta soltanto la verità. Va d'accordo con i ponti a travi reticolati in ferro, ma rifiuta i ponti ad archi gotici con torri e feritoie. Non temere di essere giudicato non moderno. Le modifiche al modo di costruire tradizionale sono consentite soltanto se rappresentano un miglioramento, in caso contrario attieniti alla tradizione. Perché la verità, anche se vecchia di secoli, ha con noi un legame più stretto della menzogna che ci cammina al fianco".

Adolf Loos, *Parole nel vuoto*, Adelphi, Milano 1990

UNO SOLO dei giudizi sotto riportati È a rigore ricavato dal discorso di Loos. Quale?

A. La natura ama la verità e accoglie male i frutti della tecnologia
B. Nelle forme tradizionali popolari c'è un senso che merita di essere riscoperto
C. Chi non comprende il senso della tradizione non può essere un vero innovatore
D. Siamo sempre più legati alle menzogne di moda che alle verità fuorimoda
E. Gli strumenti moderni impongono sempre una modernizzazione delle forme

253) "Molti [...] sosterrebbero che il modo migliore per aiutare i poveri è favorire la crescita dell'economia. Essi credono nell'economia del trickle down o permeabile, quella cioè che, goccia a goccia, dovrebbe prima o poi far arrivare i vantaggi della crescita anche ai poveri. La teoria economica del trickle down non è mai stata molto più di una credenza, un articolo di fede. Nell'Inghilterra del XIX secolo, l'indigenza sembrava in aumento anche se, nel complesso, il paese prosperava. La crescita degli anni Ottanta in America ci fornisce l'esempio drammatico più recente: in pieno progresso economico, i più poveri hanno visto ridursi ulteriormente i loro redditi reali. [...] E quando lasciai la Casa Bianca per andare alla Banca mondiale, portai con me lo stesso scetticismo nei confronti di questo tipo di politica: se non aveva funzionato negli Stati Uniti, perché mai avrebbe dovuto funzionare nei paesi in via di sviluppo? Se da una parte è vero che non è possibile ridurre in modo significativo la povertà senza una crescita economica sostenuta, non è vero l'opposto: non è detto che la crescita vada a vantaggio di tutti. Non è vero che l'alta marea solleva tutte le barche...".

Joseph E. Stiglitz, *La globalizzazione e i suoi oppositori*, Einaudi, Torino 2002

Quale delle seguenti affermazioni È COERENTE con il pensiero di Stiglitz?

A. La diminuzione della povertà non è un problema che riguardi l'economia
B. Crescita economica e diminuzione della povertà non sono correlate
C. Crescita economica e diminuzione della povertà sono inversamente proporzionali
D. La crescita economica è condizione necessaria a contrastare efficacemente la povertà
E. La crescita economica è condizione sufficiente a contrastare efficacemente la povertà

254) "È famoso come poeta dialettale piemontese, ma di professione faceva il medico. Edoardo Ignazio Calvo nacque a Torino il 13 ottobre 1773, nella casa dove suo padre visitava i pazienti. Per il figlio desiderava un futuro simile. Le insistenze paterne furono tali che si iscrisse alla facoltà di Medicina e si laureò con una tesi in latino sullo scorbuto. Sebbene avesse affrontato quegli studi controvoglia, alla professione si dedicò con intelligenza e capacità; proprio mentre curava i malati di tifo nell'antica sede dell'ospedale San Giovanni Battista, contrasse anche lui l'infezione, morendone esattamente due secoli fa. Nonostante [...] l'intensa attività letteraria (scrisse favole esopiche e satire politiche) trovò anche il tempo di scrivere un interessante lavoro scientifico a proposito di piante e animali velenosi, in cui si schierava contro le false credenze da Plinio in poi, e faceva una rassegna rapida delle testimonianze attendibili sui veleni presenti in natura".

Anna Buoncristiani, *Il poeta che sperimentò il vaccino antivaiolo*, Tutto Scienze-La Stampa, 28/4/2004

UNA SOLA delle seguenti considerazioni È AUTORIZZATA dall'articolo citato. Quale?

A. Il tifo era, nei secoli scorsi, una malattia sempre mortale
B. Non era possibile per un figlio, nei secoli passati, ribellarsi all'autorità paterna
C. L'esercizio di un'attività intensa in campo medico assorbe tutte le energie di chi vi si dedica generosamente
D. Capitava, nel '700, che uno studioso, pur giovane, desse un contributo originale alla cultura sia scientifica sia letteraria
E. Il ricorso alle erbe in campo medico, è sempre sicuro, in quanto fondato su incontrovertibili esperienze millenarie

255) "Dopo Mario Draghi arriva Antonio Catricalà. Dopo la Banca d'Italia, anche l'Antitrust bastona le banche per i costi troppo alti dei conti correnti. 'I correntisti spendono in media 182 euro l'anno, molto di più che nel resto d'Europa' accusa l'autorità presieduta da Catricalà, che da un anno ha ricevuto dall'istituto di via Nazionale la competenza della tutela della concorrenza bancaria e che ieri ha diffuso le conclusioni della sua indagine conoscitiva sul caro sportello. Tale indagine ha preso spunto da un'analisi avviata congiuntamente dalle due autorità e poi proseguita e approfondita autonomamente dall'Antitrust. Del resto anche la Banca d'Italia, come ha fatto sapere sabato il Governatore, ha sviluppato il suo monitoraggio. E non v'è dubbio che l'esito di entrambe le verifiche e dello studio fatto recentemente dalla Commissione di Bruxelles confermino, seppur con cifre e parametri diversi, la circostanza che il correntista italiano è penalizzato rispetto agli altri cittadini europei. Per l'Antitrust, che sollecita la portabilità del conto corrente, allo sportello in Italia si spendono in media circa 182 euro all'anno, contro per esempio i 35 euro dell'Olanda o i 65 di Belgio e Regno Unito, i 99 della Francia o i 108 della Spagna. E ciò perché il "nostro sistema creditizio è meno competitivo". La vera sorpresa sta nella scoperta fatta dagli uomini di Catricalà. E cioè la minore convenienza per il cliente dei conti correnti a canone, ovvero a costo fisso mensile o annuale, pubblicizzati dalle banche come i più economici. Dall'indagine infatti è emerso che i conti meno costosi sono in nove casi su dieci quelli 'a consumo', seguiti dai conti a canone con operazioni illimitate e infine, i più cari, quelli a canone con operazioni limitate. I più convenienti in assoluto, con costi inferiori del 60%, sono comunque i conti online. È stato fatto anche un sondaggio per tipologia familiare: i nuclei monoreddito spendono in media da 177,2 a 208,8 euro l'anno. Quelle bireddito circa 196,3 euro. I giovani in cerca del primo impiego 76,3 euro e i pensionati 96,6 euro".

Stefania Tamburello, *Caro-sportello, antitrust contro le banche*, Corriere della sera

In base al brano è deducibile che Antonio Catricalà:

A. è succeduto a Mario Draghi alla presidenza dell'Antitrust
B. presiede l'Antitrust
C. presiede una banca
D. è il presidente dell'Antitrust e della Banca d'Italia
E. presiede la Banca d'Italia

256) In base a quanto riportato nel brano, quale tra le seguenti affermazioni è esatta?

A. I conti correnti spagnoli forniscono un reddito inferiore rispetto ai conti correnti olandesi
B. È sempre più vantaggioso essere un correntista italiano che un correntista olandese
C. Nel Regno Unito i costi dei conti correnti sono sensibilmente più alti che in Belgio
D. Il costo medio per tenere aperto un conto corrente è superiore in Spagna che in Francia
E. I conti correnti a canone, ovvero a costo fisso mensile o annuale, sono i più economici

257) "Hong Kong, Singapore, Taiwan, Cina, Malaysia, Thailandia, Indonesia, Filippine, India, tutto il Centro e il Sudamerica, Australia, Nuova Zelanda, Sudafrica, Paesi europei dell'ex blocco comunista (Russia, Ungheria, Repubblica Ceca, Slovacchia e così via). A esclusione dei primi tre – che comunque sono tradizionalmente inclusi nell'area degli emergenti perché molto dipendenti dalle economie vicine e per l'alta volatilità dei loro mercati azionari – sono questi i Paesi emergenti, caratterizzati da un reddito pro capite inferiore alla media (secondo i dati della World Bank) e da un tasso di crescita dell'economia sensibilmente più elevato di quello dei Paesi già sviluppati: negli anni '90 il Pil dei Paesi asiatici è cresciuto al ritmo del 10% annuo, e la previsione della World Bank è che nel XXI secolo il tasso di sviluppo sia vicino al 7,5%, cioè tre volte la crescita stimata dei Paesi occidentali. Lo sviluppo in America Latina e nell'Est europeo, sebbene di molto inferiore a quello dei Paesi asiatici, dovrebbe essere doppio rispetto a quello dei Paesi occidentali. Gli investitori spaventati dalle borse emergenti dovrebbero ricordare che alla fine dell'Ottocento gli stessi Stati Uniti erano considerati dai ricchi europei un grande Paese emergente. Investirvi era un'avventura ai limiti dell'azzardo: frodi e fallimenti (inclusi quelli di alcuni enti pubblici come lo Stato del Mississippi) erano all'ordine del giorno. Ciononostante gli Stati Uniti sono emersi come la più forte economia mondiale e Wall Street si è rivelato il maggior investimento del XX secolo. Allo stesso modo, alla fine degli anni '60 il Giappone era un mercato emergente (o riemergente dalla sconfitta della seconda guerra mondiale); grazie alla determinazione e alla imprenditorialità dei suoi abitanti, ha prodotto un miracolo economico che lo ha proiettato rapidamente nel club delle grandi potenze. Un investimento di 10.000 dollari nella borsa giapponese nel 1962 si sarebbe trasformato in un capitale di 1,5 milioni di dollari alla fine del 1997, nonostante la pessima performance del Kabuto-cho (la borsa di Tokyo) negli anni '90".

Marco Liera e Andrea Beltratti,
Capire la borsa. Guida all'investimento,
Il Sole 24 ore

Quale di queste affermazioni è esatta, relativamente al brano?

A. Le economie emergenti garantiscono margini di guadagno molto alti
B. Nessun Paese africano appartiene alla sfera delle economie emergenti
C. Taiwan appartiene più che altro per convenzione, oltre che per la volatilità del suo mercato azionario, ai Paesi considerati emergenti
D. I tassi di crescita dei vari Paesi emergenti sono determinati dalla World Bank
E. Le Repubbliche islamiche appartengono anch'esse ai Paesi emergenti

258) Quale tra le seguenti affermazioni è ricavabile dal testo?

A. L'economia europea si avvia ad un lento declino
B. Nel corso del Novecento l'economia degli Stati Uniti ha fatto un tale balzo in avanti da superare quella europea
C. Sebbene abbiano un'economia in forte crescita, i Paesi asiatici non potranno mai superare gli Stati Uniti che sono la maggiore potenza economica mondiale
D. In futuro dovrebbe essere l'Africa la nuova economia emergente
E. Il prodotto interno lordo dell'America Latina cresce a un ritmo inferiore rispetto a quello dell'Europa dell'Est

259) Il Giappone:

A. non ha mai conosciuto tra il '62 e il '97 momenti di cattivo andamento della propria economia
B. è un Paese troppo piccolo per poter contare a livello globale pur avendo oggi un'economia piuttosto forte
C. tra il '62 e il '97 ha più che centuplicato il valore del proprio mercato azionario

D. è un paese con forti tradizioni politiche e sociali
E. ha conosciuto un miracolo economico nella seconda metà del Novecento grazie alla competitività delle sue tecnologie digitali

260) "Con la diffusione del cristianesimo, nel terzo e nel quarto secolo, l'educazione liberale impostata sui canoni greci – che aveva contraddistinto un uomo (e a volte una donna) di cultura durante i precedenti ottocento anni – venne sempre più considerata inadatta per i cristiani. Nel 415 Ipazia, una studiosa di matematica nota per la sua erudizione e per la sua bellezza, venne brutalmente assassinata da una banda di monaci al servizio dell'arcivescovo San Cirillo. Nel 529 l'Accademia di Atene, fondata da Platone circa mille anni prima, fu chiusa dalle autorità ecclesiastiche perché era troppo 'pagana'. Nell'Europa occidentale il declino della cultura fu accelerato dalle ripetute invasioni degli ostrogoti, dei visigoti, dei vandali e degli unni. Gli unni di Attila invasero l'Italia settentrionale nel 452. Roma stessa venne conquistata nel 476 dai goti di Odoacre e l'ultimo imperatore romano, Romolo Augustolo, fu da essi deposto. In seguito, ci furono poche opportunità per studiare la geometria e l'astronomia, dal momento che queste discipline possono essere apprese soltanto attraverso un costoso processo educativo formale, che richiede tempo, sforzi e insegnanti preparati. Presupposti di questo genere esistono solo quando c'è un'élite sufficientemente benestante e interessata a investire nello studio il tempo, il denaro e gli sforzi necessari. Nella nuova Europa cristiano-barbarica, con le sue élite militari ed ecclesiastiche, la cultura astratta aveva scarsa importanza. E per questo, senza un mercato di insegnanti e di studenti, non potevano svilupparsi istituzioni per l'apprendimento. L'Europa feudale, dopo tutto, non aveva bisogno di una matematica che andasse oltre i conti da mercato. Non è tanto l'assenza della matematica e della scienza in una società a essere sorprendente, ma piuttosto il fatto che tali forme di cultura si siano sviluppate di tanto in tanto in qualche luogo. L'oscurità che scese sull'Europa fu aggravata dalla conquista araba dell'Africa settentrionale e dell'Asia occidentale dopo il 622, evento che provocò l'interruzione degli ultimi legami commerciali tra l'Europa e le società più progredite dell'Oriente, isolando in questo modo il continente nella sua ignoranza. Il dominio totale del cristianesimo, una religione mistica con una teologia illogica, sfavorì lo sviluppo del pensiero logico anche (e forse soprattutto) presso i pochi che sapevano leggere. In confronto allo splendore intellettuale dell'Età Ellenistica, è come se in Europa, durante il Medio Evo, fosse stata 'spenta la luce'. A noi, che ci troviamo a vivere cinquecento anni dopo il Rinascimento, il fatto che l'Europa sia gradualmente uscita dalla sua ignoranza può sembrare un segno dell'inevitabilità del progresso. Ma anche se a un certo momento deve esserci stata una qualche apertura verso la conoscenza secolare, la rivoluzione scientifica che seguì può essere attribuita alla fiamma della matematica greca che fu tenuta accesa in Oriente. E la sopravvivenza di questa fiamma non era per niente inevitabile, anzi. Costantinopoli rimase la capitale dell'impero bizantino dopo la caduta di Roma. Romana quanto a struttura politica, greca quanto a lingua, cristiana quanto a religione, continuò a essere uno dei centri più importanti della cultura cristiana per più di mille anni. Tuttavia, la religione estese sempre più il suo dominio sulla vita intellettuale, e per quanto le antiche opere di Euclide e di Tolomeo fossero conservate nelle biblioteche, sempre meno furono coloro che si dedicarono al loro studio".

Secondo l'autore del brano, la diffusione della religione cristiana ha:

A. permesso la conservazione delle opere antiche
B. portato cultura e conoscenza in Europa
C. spostato l'attenzione degli studiosi dalla scienza all'etica
D. favorito lo studio della geometria e dell'astronomia
E. causato il declino della cultura scientifica

261) "Il cinema si esprime attraverso immagini in movimento, unite a una colonna sonora. L'illusione del movimento è data dal fatto che sullo schermo vengono proiettati 24 fotogrammi al secondo, a una velocità tre volte superiore al tempo di persistenza di un'immagine sulla retina (pari a 1/10 di secondo); in un tempo così rapido, naturalmente, l'occhio non riesce a distinguere separatamente ogni singolo fotogramma, ma li fonde insieme ricevendo l'impressione del movimento. L'immagine ha una forte adesione alla realtà, il movimento e il sonoro l'arricchiscono e ne rendono più viva ed efficace la fruizione. In questo modo il cinema giunge al ricevente in modo diretto, producendo l'impressione di trovarsi ad assistere all'azione nel momento stesso del suo svolgimento, di non essere di fronte a una finzione, ma alla realtà. Gli spettatori che hanno assistito alla prima proiezione pubblica (28 dicembre 1895) dell'arrivo di un treno alla stazione in uno dei primi filmati dei fratelli Lumière, gli inventori del cinematografo, fuggirono spaventati. Oggi il pubblico non è più così ingenuo, ma ugualmente si appassiona, come se fosse vera, alla storia proiettata sullo schermo, anche se riconosce la differenza fra immagine filmica e realtà ripresa, ben conosce come sia determinante il ruolo dell'autore (il regista) che rielabora i materiali di base, e sa che il cinema apre la porta su un'altra dimensione, del tutto immaginaria. La soggettività del cinema si manifesta su due piani: innanzitutto il mondo rappresentato è il risultato della fantasia e dell'elaborazione dell'autore; ma la soggettività interviene anche nel rapporto fra lo spettatore e quanto è proiettato sullo schermo, poiché ciascuno di noi coglie in modo personale la situazione rappresentata, la integra con quanto sa già e con le aspettative che si è costruito, e in questo modo partecipa alla definizione del senso del film".

Dal brano è possibile dedurre che il significato di un film:

A. è universale
B. non è univoco
C. non può essere diverso da quello progettato dal regista
D. è univoco
E. si presta a un'unica interpretazione

262) "Gli spin-off sono le scissioni di rami d'azienda, operazioni poste in essere per massimizzarne il valore. La scissione di una parte dell'attività (magari quella più profittevole e/o a maggiori potenzialità) può infatti essere interpretata positivamente dal mercato, che vede con maggiore chiarezza e focalizzazione un particolare business che altrimenti resterebbe in una situazione di opacità. Tipici esempi di scissioni sono gli spin-off dei rami immobiliari delle aziende (Unim scissa dall'Ina), ma anche delle attività su Internet degli ex monopolisti delle telecomunicazioni (Terra Networks da Telefonica de España oppure T-Online da Deutsche Telekom). Nelle operazioni di spin-off la creazione di valore può essere spettacolare ma talvolta eccessiva: valga per tutti l'esempio di Palm dalla 3Com del marzo 2000. 3Com è un'azienda californiana con due linee business: la prima è il computer networking, in cui subisce la durissima concorrenza del numero uno mondiale, Cisco. La seconda è la produzione di Pda (personal digital assistant), computer tascabili senza fili che hanno avuto uno straordinario successo a partire dal 1995: un business nel quale la 3Com è sempre stata leader mondiale con il marchio Palm Pilot. Nel novembre 1999 3Com, quotata al Nasdaq, ha una capitalizzazione di Borsa di oltre 10,5 miliardi di dollari. L'attesa dello spin-off di Palm fa salire la capitalizzazione fino a 42 miliardi all'inizio del marzo 2000. 3Com effettivamente scorpora la divisione Palm collocandone in borsa il 5% (e rimanendo proprietaria del restante 95%) giovedì 2 marzo 2000, a un prezzo di 38 dollari per azione. Il debutto di Palm al Nasdaq è spettacolare: la matricola apre le contrattazioni toccando un massimo a 165 dollari, per poi ripiegare in chiusura a 95. Un prezzo sufficiente a valutare Palm 53,4 miliardi, più di quanto valesse la 'mamma' 3Com".

Marco Liera e Andrea Beltratti, *Capire la borsa. Guida all'investimento*, Il Sole 24 ore

Secondo il brano:

A. la scissione di un ramo d'azienda che coinvolse Palm avvenne perché 3Com intendeva valorizzare un marchio già forte sul mercato
B. il marchio Palm nasce come spin-off nel momento in cui 3Com decise di investire nella propria produzione di Pda
C. il debutto di Palm al Nasdaq è deludente
D. 3Com decise di creare uno spin-off per valorizzare un marchio che sul mercato si era indebolito dopo aver conosciuto un notevole successo a partire dal 1995
E. il marchio Palm Pilot era uno spin-off di 3Com già prima del marzo 2000; a partire da quella data, cambiò nome in Palm

263) "Tutti noi siamo convinti di saper distinguere immediatamente e senza ambiguità, tra vari oggetti, quelli naturali e quelli artificiali: una roccia, una montagna, un fiume o una nube sono oggetti naturali; un coltello, un fazzoletto, un'automobile sono oggetti artificiali. Ma appena si analizzano tali giudizi ci si accorge che essi non sono né immediati né del tutto obiettivi. Sappiamo che il coltello è stato forgiato dall'uomo per un uso, per una prestazione progettata in precedenza. L'oggetto materializza quindi l'intenzione preesistente da cui ha tratto origine e la sua forma è giustificata dalla prestazione a cui era destinato ancor prima della sua effettiva realizzazione. Nulla di simile per il fiume o per la roccia che sappiamo o pensiamo modellati dal libero gioco di forze fisiche alle quali non sapremmo attribuire alcun 'progetto'. Tutto ciò naturalmente è valido se si ammette il postulato fondamentale del metodo scientifico secondo cui la Natura è oggettiva e non proiettiva".

Se si ammette il postulato fondamentale del metodo scientifico citato nel brano:

A. gli oggetti naturali possono essere considerati artificiali se usati per un fine determinato
B. la natura non agisce con un "progetto"

C. gli oggetti naturali sono modellati dal libero gioco di forze fisiche
D. è sicuramente corretta la distinzione fra oggetti naturali e artificiali
E. in natura tutto avviene per caso

264) "Io vorrei dire a questa generazione:
imparate a memoria qualche verso di verità o bellezza.
Potrebbe servirvi nella vita.
Mio marito non ebbe niente a che fare col fallimento della banca: (...)
fu mandato in prigione e io rimasi con i bimbi,
a doverli nutrire, e vestire e mandare a scuola.
E io lo feci, e li avviai nel mondo ben puliti e robusti,
e tutto per la saggezza del poeta Pope:
– Recita bene la tua parte, in questo consiste l'onore –"

Edgar Lee Masters, *Spoon River Anthology*, trad. Fernanda Pivano, Einaudi, Torino

La signora George Reece, di cui questo è l'epitaffio, esprime qui la concezione che ha Edgar Lee Masters della vita e dell'arte, concezione che noi possiamo così interpretare (INDICARE l'affermazione INCONGRUENTE col testo citato):

A. noi uomini siamo come attori a cui è stata assegnata una parte. Che sia da protagonista o da comparsa non importa, importa interpretarla bene
B. chi è colpito dalla sventura e offeso dall'ingiustizia è costretto a subire gli eventi, e proprio per questo viene spinto alla disperazione
C. non è vero, come talora sembra, che siamo del tutto impotenti di fronte al destino: il poeta saggio ci insegna che sta a noi decidere se viverlo con viltà o con dignità
D. la poesia, se è rivelazione di una verità nella forma della bellezza, può costituire una inestimabile ricchezza per chi ne comprende e ne fa proprio il messaggio
E. nel mondo nessuno è padrone del proprio destino, ma tutti possono scegliere come viverlo ed è questo che conta

265) "Negli ultimi cento anni l'acidità della pioggia e della neve nella zona Est degli Stati Uniti e nel Nord dell'Europa è aumentata di più di 30 volte, con il risultato che il pH dei laghi e dei fiumi in queste zone è diminuito da 5,6 a circa 5,0. La pioggia acida si forma nell'atmosfera per reazione dell'acqua con gli ossidi di zolfo e azoto derivanti dalla combustione del carbone e del petrolio, che contengono appunto piccole quantità di zolfo e di azoto. Così la pioggia diventa in realtà una soluzione diluita di acidi fosforico e nitrico".

Quale delle seguenti affermazioni NON può essere dedotta dalla lettura del brano precedente?

A. Nell'acqua piovana è contenuto acido solforico
B. L'acido solforico si forma per interazione dell'acqua con ossidi di zolfo
C. Nell'acqua piovana è contenuto acido nitrico
D. Il pH dei laghi e dei fiumi è diminuito di 30 volte nelle zone interessate dalle piogge acide
E. Gli ossidi di zolfo e di azoto derivano dalla combustione di impurità contenute nel carbone e nel petrolio

266) "Abbiamo incontrato scienziati che amano abbastanza la propria disciplina da non volerla privare dell'intelligenza delle donne. Ancora troppo pochi. Era il Natale del 2000, in Italia si discuteva dell'esito della Commissione Dulbecco che doveva suggerire se e come autorizzare la ricerca sulle cellule staminali. Per una donna il dibattito aveva una comicità surreale: ventiquattro signori, alcuni votati al celibato, litigavano sull'eventuale uso di embrioni senza consultare chi normalmente li fa, li partorisce, li accudisce e li trasforma in persone umane.
Basta dare un'occhiata alle ricerche sulle carriere femminili nei centri di ricerca statali, per vedere che le donne non contano. Anche nelle discipline in cui sono più numerose degli uomini, non fanno 'massa critica', smentendo così la teoria che sta dietro alle pari opportunità. Rimangono bassa manovalanza, quasi mai raggiungono posti di responsabilità. Rispetto al mondo della letteratura e delle arti, dove l'autorevolezza intellettuale e la creatività delle donne non sono più messe in discussione, il mondo scientifico è piuttosto conservatore. Dalla pubblicazione nel 1997 su 'Nature' dell'articolo di Christine Wennerås e Agnes Wold, biologhe dell'università di Göteborg, si sa che gli esperti chiamati dal Consiglio svedese per la ricerca medica ad approvare i progetti finanziati con fondi pubblici applicano alle candidate un fattore di discriminazione di 2,6. Nel senso che le ricerche proposte da donne ricevono finanziamenti soltanto se ottengono un punteggio di 2,6 volte superiore a quelle proposte da uomini. L'effetto di questa prassi, diffusa ovunque e non solo nella Svezia delle pari opportunità, è stato da un lato la discriminazione, dall'altro il perpetuarsi fino a pochi anni fa di una ricerca medica scriteriata, proprio nel senso di priva di criteri oggettivi, per cui il corpo-standard era quello maschile. I genetisti hanno propagandato questa visione.
Dopo la pubblicazione nel febbraio scorso della mappa del genoma, sono diventati più cauti. Era ora. Il libro *The Century of the Gene* elenca i vicoli ciechi imboccati storicamente dai genetisti. È emblematico James Bonner che nel 1965 pubblica un trattato sull'embriogenesi. A proposito dello sviluppo dell'embrione, Bonner ne colloca il programma genetico nel nucleo dello spermatozoo. Nella sostanza, questa posizione non rappresenta una novità: dopo duemila e passa anni, Bonner prende ancora per buona la tesi che Eschilo, nelle Eumenidi, attribuisce ad Apollo: «Non è colei che ha partorito, la madre del bambino che si dice sia stato da lei stessa generato: ella ha solo nutrito il seme che le è stato insediato. Vero creatore è colui che ha cosparso il seme»".

L'argomento centrale del brano è:

A. l'atteggiamento maschilista diffuso nel mondo della ricerca scientifica
B. le rivendicazioni femminili circa la gestione del potere nel mondo della ricerca scientifica
C. il confronto tra la situazione femminile nel campo delle arti e nel campo economico/scientifico
D. la ricerca scientifica nei centri di ricerca statali
E. la differenza intellettuale tra uomo e donna

267) Quale delle seguenti affermazioni NON è concorde con quanto sostenuto nel brano?

A. L'assunto della ricerca di James Bonner sull'embriogenesi ha radici culturali molto lontane nel tempo
B. Nell'università di Göteborg le ricerche proposte da uomini sono più

facilmente finanziate con fondi pubblici rispetto a quelle proposte da donne
C. La commissione Dulbecco aveva come oggetto la ricerca sulle cellule staminali
D. La pubblicazione della mappa del genoma non ha per nulla modificato la visione maschilista vigente in ambito scientifico
E. Secondo Apollo il vero creatore di un bambino è colui che ha cosparso il seme

268) In base al contenuto del brano, si può affermare con certezza che chi lo ha scritto:

A. è un genetista
B. detesta la letteratura greca
C. ha studiato all'università di Göteborg
D. lavora in un laboratorio svedese
E. considera le ricercatrici scientifiche meno potenti dei loro colleghi maschi

269) Perché nel brano la ricerca medica è definita "scriteriata"?

A. Perché tendenzialmente conservatrice
B. Perché priva di criteri oggettivi
C. Perché dimentica le sue radici umanistiche
D. Perché finanziata secondo criteri eticamente scorretti
E. Perché rivolta a premiare studi condotti da maschi

270) Secondo quanto espresso nel brano, da cosa risulta smentita la teoria delle pari opportunità?

A. Dal maschilismo preponderante anche nel campo della ricerca
B. Dal fatto che, secondo una ricerca, i progetti delle donne ricevono un punteggio discriminato di un fattore pari a 2,6 rispetto ai progetti degli uomini
C. Dal fatto che nelle discipline scientifiche il conservatorismo maschile è ancora preponderante
D. Dal fatto che la ricerca medica adotta ancora quello maschile come "corpo-standard"
E. Dal fatto che, anche nelle discipline in cui sono più numerose dei colleghi maschi, le donne non riescono a raggiungere in misura significativa posti di responsabilità

271) "...tra le cattive abitudini del pensiero scientifico occidentale possiamo annoverare le posizioni che chiamiamo atomismo, riduzionismo e determinismo. Dietro queste c'è l'idea che le totalità debbano essere comprese scomponendole nelle loro unità basilari, che le proprietà di unità microscopiche possano generare e spiegare il comportamento dei loro risultati macroscopici, che tutti gli eventi e gli oggetti abbiano cause precise, prevedibili e determinate. Queste idee ci sono state utili nello studio degli oggetti semplici, che sono costituiti di pochi componenti e che non sono influenzati dalla storia... Ma gli organismi sono molto di più che un semplice amalgama di geni. Essi hanno una storia che ha importanza e le parti che li compongono interagiscono tra di loro in maniera complessa. Gli organismi sono costituiti di geni che operano di concerto, influenzati dall'ambiente, tradotti in parti che la selezione vede, e in parti che sono ad essa invisibili."

Stephen Jay Gould, *Darwiniana*, in *Il pollice del panda*

Una sola delle seguenti affermazioni È DEDUCIBILE dal testo riportato.

A. La concezione atomista deve essere assolutamente rinnegata quando si studiano gli organismi complessi

B. Cercare le cause che spiegano e permettono di prevedere i fenomeni è sempre inutile nell'ambito della scienza biologica
C. Un organismo non è mai riducibile ai suoi componenti e pertanto deve essere studiato solo in una prospettiva storica
D. Lo studio degli organismi richiede criteri che non coincidono sempre con quelli del determinismo scientifico
E. La concezione determinista della scienza classica non ha alcuna utilità quando si debbano spiegare fenomeni biologici

272) "La tattica dell'onorevole Giolitti è stata sempre quella di una politica conservatrice fatta per mezzo dei condottieri dei partiti democratici: sia lusingandoli e addomesticandoli per mezzo di qualche attenzione individuale (siamo arrivati già alle nomine senatoriali) sia, quando si tratti di uomini personalmente disinteressati, come Turati e Bussolati, conquistandoli con qualche riforma che non intacchi seriamente gli interessi economici e politici dei gruppi dominanti nel governo. (...) Giolitti migliorò o peggiorò la situazione elettorale in Italia? La risposta non è dubbia per chi voglia giudicare senza le traveggole dell'amicizia. La trovò e la lasciò nell'Italia settentrionale quale si andava via via migliorando. La trovò cattiva e la lasciò peggiore nell'Italia meridionale."

G. Salvemini, *Il ministro della malavita e altri scritti sull'Italia giolittiana*, Feltrinelli, Milano, 1962

Delle seguenti considerazioni UNA sola è RIGOROSAMENTE DEDOTTA dalla tesi esposta da Salvemini. Quale?

A. Giolitti non riuscì a conquistare i condottieri più disinteressati dei partiti democratici
B. La politica di Giolitti non ebbe alcuna influenza sul costume politico dell'Italia meridionale
C. Le concessioni di Giolitti ai partiti progressisti non furono tali da intaccare seriamente gli interessi della classe dominante
D. Giolitti si impegnò a migliorare il costume elettorale solo nell'Italia settentrionale
E. I giudizi su Giolitti sono stati per lo più condizionati dalla benevolenza di chi gli fu amico

273) "Erra chi crede che la vittoria delle imprese consista nello essere giuste o ingiuste, perché tutto dì si vede il contrario: che non la ragione, ma la prudenza, le forze e la buona fortuna danno vinte le imprese. È ben vero che in chi ha ragione nasce una certa confidenza, fondata sulla opinione che Dio dia la vittoria alle imprese giuste, la quale fa gli uomini arditi e ostinati: dalle quali due condizioni nascono talvolta le vittorie. Così l'avere la causa giusta può per indiretto giovare, ma è falso che lo faccia direttamente".

Francesco Guicciardini, *Ricordi*, n. 147

UNO SOLO dei motivi elencati NON È rilevante, secondo Guicciardini, per il buon esito di un'impresa. Individuatelo:

A. l'ostinazione a perseguire una meta che si crede giusta
B. il fatto che la causa che si difende sia oggettivamente giusta
C. la fiducia in un Dio giusto
D. la determinazione nel lottare per ciò che si crede giusto
E. la buona sorte

274) "Chiunque scriva di storia è necessariamente obbligato a scegliere solo una piccola quantità delle testimonianze disponibili, e se questo viene fatto con onestà, si tratta di una prassi tanto ineccepibile quanto inevitabile. La necessità di semplificare ci ricorda tuttavia che la falsificazione si ottiene più facilmente attraverso le omissioni anziché per esplicite affermazioni. L'interpretazione del passato implicherà sempre una semplificazione, talvolta anche un eccesso di semplificazione (e di conseguenza la distorsione), ma esiste comunque una garanzia nel fatto che in seguito altri storici potrebbero criticare qualunque interpretazione non tenga conto di testimonianze pertinenti in grado di offrire una differente versione dei fatti".

Denis Mack Smith, *La storia manipolata*, Laterza, 2000

UNA SOLA delle norme operative qui elencate PUÒ essere dedotta dalla concezione espressa nel passo citato di Mack Smith.

A. Uno storico onesto deve operare delle scelte tra le testimonianze che ha a disposizione
B. Uno storico onesto deve essere rigorosamente obiettivo nel pronunciare giudizi
C. Uno storico onesto non ha il diritto di operare scelte tra le testimonianze che ha a disposizione
D. Uno storico onesto non deve mai far ricorso a semplificazioni
E. Uno storico onesto non deve tralasciare nessuna testimonianza

275) "Sul *Corriere della sera* di qualche giorno fa c'era la notizia che su Internet grandi motori di ricerca metteranno a nostra disposizione milioni di libri e ci si domandava se questo avrebbe comportato la scomparsa delle biblioteche a cui siamo abituati da secoli. [...] Ma il vero grande pericolo di questa trasformazione mi sembra un altro: [...] Chi farà la scelta? Quali criteri seguirà nel prendere e nello scartare? Alcune previsioni è facile farle. La storia è sempre stata scritta da chi ha il dominio politico, culturale e tecnologico. Egli ha imposto la sua lingua e la sua visione del mondo. [...] Oggi chi deciderà cosa è importante leggere e che cosa non lo è? Coloro che dominano la cultura mondiale con la loro potenza e con la loro lingua: gli anglosassoni. [...] Questo e non altro è il pericolo. La perdita di tutto ciò che è diverso, deviante, non capito, non visto, rifiutato. Perciò io dico ai governi, agli studiosi di tutti i paesi del mondo: per favore, salvate il nostro passato. [...] Lottate per inserire nella grande biblioteca tutto ciò che potete del vostro patrimonio nazionale, nella lingua originale. Tutto, non solo quello che vi pare buono e quello che vi pare cattivo ora. Perché saranno gli storici, gli studiosi, gli uomini del futuro a decidere cosa era o non era importante. La Chiesa cattolica medioevale non avrebbe messo il *Corano* tra i libri da salvare e oggi gli integralisti islamici non vi metterebbero la *Divina Commedia* [...]".

Francesco Alberoni, *Pubblico e privato*, Corriere della sera, 26/4/2004

Individuate, tra le considerazioni sotto elencate, LA SOLA RIGOROSAMENTE DEDOTTA dal testo citato di Alberoni.

A. Il Corano e la Divina Commedia sono opere a forte rischio di scomparsa
B. È naturale che su Internet non tutte le testimonianze del passato vengano conservate, e a ciò bisogna rassegnarsi e adeguarsi
C. Nella biblioteca di Internet, l'unico problema del lettore è quello di scegliere quale leggere tra milioni di test

D. La scomparsa delle biblioteche tradizionali può e deve essere contrastata in tutti i modi
E. Gli italiani, come altri, dovrebbero battersi per salvare il proprio patrimonio culturale e la propria lingua

276) Tra le novelle di Verga "La chiave d'oro" è una delle più belle e delle meno conosciute. Ecco il racconto di Verga riassunto da Sciascia: un povero ladro di olive viene ammazzato da un campiere, nella proprietà di un canonico; il campiere, una specie di mafioso, scappa: e il canonico resta a far fronte alla "giustizia", cioè a un giudice che arriva minaccioso accompagnato da medico, cancelliere e sbirri. Fatto il sopralluogo, il Giudice accetta "un boccone": vale a dire un pranzo abbondante e accurato, che finisce col caffè "fatto con la macchina" e un moscadello vecchio "che avrebbe resuscitato un morto" (ma non quel povero morto rimasto sotto l'olivo). Il giorno dopo, un messo viene a dire al canonico che il Sig. Giudice aveva perso nel frutteto la chiave dell'orologio: "e che la cercassero bene che doveva esserci di certo". Il canonico capisce, compra una bella chiave d'oro da due onze, la manda al Giudice: "e il processo andò liscio per la sua strada", il canonico indenne, il campiere indultato poi da Garibaldi. E il canonico usava poi dire al Giudice: "Fu un galantuomo! Perché invece di perdere la sola chiave, avrebbe potuto farmi cercare anche l'orologio e la catena" ... E alla non fatta giustizia del Giudice borbonico, succede l'indulto di Garibaldi. La parabola si compie spietatamente, tremendamente, con questa frase: "nel frutteto sotto l'albero vecchio dove è sepolto il ladro delle ulive, vengono cavoli grossi come teste di bambini".

da L. Sciascia "*Cruciverba*"

UNA sola delle seguenti affermazioni è deducibile dal testo.

A. L'indulto è un atto contrario alla giustizia
B. La chiave dell'orologio del giudice è stata persa nel frutteto durante il sopralluogo
C. L'unica persona onesta del racconto è il canonico; non ha compiuto reato
D. Il Giudice non accetta dal canonico nulla se non l'offerta di un pranzo
E. Garibaldi ristabilisce il rispetto delle leggi in Sicilia

277) "Credo di poter affermare che nella ricerca scientifica, né il grado di intelligenza né la capacità di eseguire e portare a termine con esattezza il compito intrapreso, siano i fattori essenziali per la riuscita e la soddisfazione personale. Nell'una e nell'altra contano maggiormente la totale dedizione e il chiudere gli occhi davanti alle difficoltà: in tal modo possiamo affrontare problemi che altri, più critici e più acuti, non affronterebbero... Il fatto che l'attività svolta in modo così imperfetto sia stata e sia tuttora per me fonte inesauribile di gioia, mi fa ritenere che l'imperfezione nell'eseguire il compito che ci siamo prefissi o ci è stato assegnato sia più consona alla natura umana così imperfetta che non la perfezione".

R. Levi Montalcini,
Elogio dell'imperfezione.

Quali sono, per la Montalcini, le doti essenziali per lo scienziato che vuole riuscire nella ricerca e trarne soddisfazione? (una sola risposta è rigorosamente deducibile dal testo).

A. Atteggiamento vigile e autocritico
B. Intelligenza e distacco
C. Passione e coraggio
D. Acume intellettuale ed efficienza
E. Forte coscienza dei propri limiti

278) "Non essendosi potuto fare in modo che quel che è giusto fosse forte, si è fatto in modo che quel che è forte fosse giusto". "Non essendosi potuto render forte la giustizia, si è giustificata la forza".

Pascal, *Pensieri*

I pensieri citati di Pascal possono essere definiti:

A. aforismi filosofici
B. affermazioni di principi etici
C. valutazioni comportamentali individuali
D. ammonizioni morali
E. riflessioni sulla storia dell'umanità

279) "Naturalmente li omini boni desiderano sapere; so che molti diranno questa essere opra inutile, ... omini i quali hanno solamente desiderio di corporal ricchezze, diletto, e interamente privati di quello della sapienza, cibo e veramente sicura ricchezza dell'anima; perché quant'è più degna l'anima che il corpo, tanto più degne fien le ricchezze de l'anima che del corpo. E spesso quando vedo alcun di questi pigliare essa opra in mano, dubito non sì come la scimia sel mettano al naso, o che mi domandino se è cosa mangiativa".

Leonardo da Vinci

Questo pensiero di Leonardo contiene una esplicita (UNA interpretazione è SBAGLIATA):

A. definizione dei valori propriamente umani
B. riflessione sulla natura dell'uomo
C. polemica con chi non crede nel valore del sapere
D. esortazione accorata a coltivare lo spirito
E. valutazione dei diversi tipi di ricchezze

280) Sempre più ricercatori italiani studiano in parte o *in toto* all'estero. Senza contare coloro che pur vivendo in Italia, esportano nel mondo la propria competenza nei settori più diversi, dalla filosofia alla scienza, alla tecnologia. Il problema è che non vi è solo una globalizzazione dell'economia, ma anche quella della scienza e della ricerca ed il ricercatore va dove vi sono più fondi e migliori condizioni di lavoro. Se non si interviene in Italia sulle risorse, sulle strutture e sul sistema di valutazione non sempre meritocratico, ha senso solo parziale parlare di:

A. brevetti in scadenza
B. fuga e mancato rientro dei cervelli
C. durata temporale dei brevetti
D. edilizia universitaria
E. riordino degli enti di ricerca

281) Fino ai primi anni Ottanta le case editrici di libri erano considerate parte di un segmento dai confini ben definiti all'interno del settore editoriale e si caratterizzavano per logiche gestionali particolari. I due elementi in comune fra l'editoria libraria, periodica e quotidiana erano le caratteristiche del contenuto (l'informazione, sotto forma di testo e immagini) e l'utilizzo della carta come supporto per trasferire le informazioni. I volumi delle tirature, la diversa durata del ciclo produttivo e le caratteristiche fisiche del prodotto determinavano strutture aziendali e processi molto dissimili tra loro. La principale differenza fra i prodotti dei tre segmenti era rappresentata – oltre che dalle caratteristiche fisiche – dalla durata del ciclo di vita dei singoli titoli, connessa alla frequenza di aggiornamento delle informazioni contenute. La necessità di sostituire il prodotto sul punto vendita con diversa frequenza aveva inoltre portato alla specializzazione dei canali di distribuzione: l'edicola per i titoli e le testate ad altissima rotazione, la libreria per i prodotti di catalogo. Il relativo isolamento delle case editrici di libri, la limitata possibilità di sfruttare sinergie fra i libri e gli altri prodotti editoriali da parte dei gruppi editoriali, la matrice culturale omogenea degli editori, la specificità delle professionalità richieste hanno contribuito al consolidamento di regole di funzionamento tipiche, spesso poco attente alle implicazioni economico-finanziarie delle scelte aziendali. Le strategie di molte case editrici anteponevano il raggiungimento di obiettivi sociali all'ottenimento di risultati competitivi ed economici. Parte degli editori reputava che la natura del prodotto non consentisse alle case editrici una gestione secondo economicità, mentre altri ritenevano che la "povertà" strutturale del settore non consentisse alle imprese grandi guadagni, ma neppure grandi perdite.

In base a quanto sostenuto nel brano, all'inizio degli anni Ottanta:

A. i diversi segmenti dell'editoria erano accomunati, dal punto di vista gestionale, solo dai contenuti e dai canali distributivi
B. all'interno del settore editoriale esistevano tre segmenti distinti caratterizzati da logiche gestionali diverse
C. il settore editoriale era uniformemente governato dalle stesse logiche editoriali
D. gli editori di libri erano isolati dagli altri editori che avevano basi culturali diverse tra loro
E. gli editori di libri e gli altri editori erano accomunati dalle stesse basi culturali

282) In base a quanto riportato nel brano, quale dei seguenti NON è uno dei motivi che determinano strutture aziendali diverse tra l'editoria libraria, quella periodica e quella quotidiana?

A. La specializzazione dei canali di distribuzione
B. Le testate ad altissima rotazione
C. I risultati economici
D. I volumi delle tirature
E. La diversa durata del ciclo produttivo

283) Nel brano si afferma che negli anni Ottanta:

A. le consistenti perdite economiche che caratterizzavano le case editrici portarono all'abbandono del perseguimento di obiettivi sociali
B. esistevano gli stessi canali distributivi per tutti i prodotti editoriali
C. le case editrici, vittime di un totale isolamento, operavano in un sistema di funzionamento che aveva come unico fine il risultato economico
D. le case editrici presentavano un ciclo produttivo dalla medesima durata
E. esistevano diversi canali distributivi in relazione ai differenti prodotti editoriali

284) Talete, il filosofo greco, aveva osservato, verso il 600 avanti Cristo, che una resina fossile che si trovava sulle rive del Baltico, che noi chiamiamo ambra e i greci chiamavano "elektron", acquisiva la capacità di attrarre piume, fili, batuffoli di lanugine, quando veniva strofinata con un pezzo di pelliccia. Fu l'inglese William Gilbert, lo studioso del magnetismo, a proporre per primo di chiamare tale forza attrattiva "elettricità", appunto dal greco "elektron". Egli scoprì che, oltre all'ambra, altri materiali, come il vetro, acquistavano proprietà elettriche se li si strofinava.

Chi fu il primo a proporre l'impiego del termine "elettricità"?

A. Lo studioso greco del magnetismo Gilbert
B. Sia Talete che Gilbert
C. Lo studioso inglese Talete
D. Il filosofo greco Talete
E. Lo studioso inglese Gilbert

285) Quali materiali, oltre all'ambra, acquistano proprietà elettriche se si strofinano?

A. Piume
B. Fili di cotone
C. Vetro
D. Legno
E. Pelliccia

286) Alla base del film c'è l'idea, che può essere originale oppure ispirarsi ad altre forme artistiche e letterarie; in quest'ultimo caso, l'idea andrà opportunamente rielaborata per poterla realizzare cinematograficamente, attraverso immagini in movimento. In ogni caso, al centro della storia che verrà sviluppata, ci deve essere un conflitto esteriore (tra personaggi, fra ambiente e personaggio ecc.) oppure interiore (sul piano morale, esistenziale, ideologico ecc.), per determinare la tensione drammatica del film. L'immagine filmica deve essere funzionale alla narrazione: ciascuna inquadratura racconta e comunica emozioni, da sola e in sequenza con altre inquadrature. Nel passaggio dall'idea alla stesura della sceneggiatura si definiscono sempre più precisamente l'argomento, i luoghi, l'epoca, i personaggi, le azioni. La sceneggiatura descrive tutte le scene in cui si dipana il film, le azioni e le battute dei personaggi. Preparatorio al film è lo Story board, che rappresenta, tramite vignette, tutte le scene. In genere la narrazione cinematografica condensa la storia, utilizzando frequentemente l'ellissi ed eliminando i momenti meno significativi, dato che il film dura mediamente da un'ora e trenta minuti a tre ore, pur se la storia narrata dura anni o secoli. A volte si può scegliere se far coincidere "tempo della storia" e "tempo della narrazione", costruendo il film in tempo reale, come avviene in *Mezzogiorno di fuoco* di Fred Zinnemann del 1952. Le battute, data la limitata durata di un film, devono essere particolarmente ricche di significato e sintetiche; attraverso di esse si stabiliscono i legami fra i personaggi, si comprendono antefatti, si svelano segreti; talvolta chi parla resta fuori campo, come accade per la voce del narratore nelle sequenze girate in soggettiva o nei documentari. Il registro adottato (solenne, scientifico, familiare, gergale ecc.) connota i personaggi e contribuisce all'ambientazione. Alcuni registi, tuttavia, preferiscono avere solo un canovaccio e procedere alla definizione della sceneggiatura nel corso delle riprese.

Secondo l'autore del brano, in un film i conflitti:

A. sono accompagnati da un'immagine filmica funzionale
B. contribuiscono all'ambientazione
C. sono utili per vivacizzare le sequenze in soggettiva
D. vengono espressi dalla voce fuori campo
E. possono essere esteriori o interiori

287) Secondo quanto si può dedurre dal brano, l'idea alla base di un film:

A. è originale se non è ricavata da altre opere artistiche o letterarie
B. è ellittica
C. trae sempre spunto da storie già raccontate

D. non deve mai trarre spunto da altre forme artistiche o letterarie
E. è sempre originale

288) "La scimmia è proverbiale per la sua curiosità. Il suo piccolo cervello affaccendato non può fare a meno di interessarsi a tutto ciò che è alla sua portata; e sotto questo aspetto, come sotto molti altri, l'uomo non è che una superscimmia. Il cervello umano è il pezzo di materia organizzato nel modo più meraviglioso di tutto l'universo conosciuto; la sua capacità di ricevere, organizzare e immagazzinare dati supera enormemente le necessità ordinarie della vita".
Secondo quanto sostenuto nel brano, perché l'essere umano si può definire una "superscimmia"?

A. Perché il cervello umano ha la stessa quantità di neuroni di quello di una scimmia
B. Perché ha la sua stessa capacità di ricevere e immagazzinare dati
C. A causa della sua curiosità, aspetto che ha in comune con le scimmie
D. Per l'organizzazione del suo cervello
E. Perché l'uomo deriva dalle scimmie

289) Il cervello umano:

A. è curioso come le scimmie
B. ha la stessa capacità di organizzare i dati delle scimmie
C. ha capacità superiori rispetto alle necessità ordinarie della vita
D. riceve e organizza solo i dati necessari alla vita
E. organizza l'universo in modo meraviglioso

290) Per che cosa è proverbiale la scimmia?

A. Per la sua curiosità
B. Perché è simile all'uomo
C. Per il suo cervello piccolo
D. Per la sua capacità di ricevere e immagazzinare dati
E. Per la sua capacità di saltare

291) "Per i creatori di miti tutti gli aspetti della natura erano essenzialmente umani per la loro imprevedibilità. Per maestosi e possenti che fossero le personificazioni, per sovrumani che apparissero i poteri di Giove o di Ishtar o di Iside o di Marduk o di Odino, queste divinità erano anche, proprio come i semplici esseri umani, frivole, capricciose, emotive, capaci di comportamenti violenti per motivi di poco conto, sensibili alle lusinghe come bambini. Fintantoché l'universo era controllato da tali divinità arbitrarie e imprevedibili, non vi era alcuna speranza di poterlo comprendere, ma solo una vaga speranza di poterselo rendere amico. Invece, secondo il nuovo modo di vedere dei pensatori greci di un'epoca più tarda, l'universo era una macchina governata da leggi inflessibili".
Secondo quanto si può dedurre dal brano, chi era Marduk?

A. Una divinità
B. Un semplice essere umano
C. Un pensatore greco
D. Un pianeta
E. Un bambino

292) Perché non si riteneva possibile comprendere le leggi che governavano il mondo, all'epoca dei miti?

A. Perché le divinità erano maestose e possenti
B. Perché l'universo era una macchina governata da leggi inflessibili
C. Perché neanche gli dei riuscivano a governarlo
D. Perché il mondo era soggetto alle misteriose leggi dell'universo
E. Perché le divinità erano arbitrarie e imprevedibili

293) Quale caratteristica, secondo l'autore, si adatta alla personalità di divinità come Giove o Ishtar?

A. La comprensione
B. L'inflessibilità
C. La frivolezza
D. La cattiveria
E. L'umanità

294) In un'epoca imprecisata, verso il 3500 avanti Cristo, fu inventata la ruota (forse, all'inizio, una ruota da vasaio per foggiare il vasellame); nel giro di qualche secolo, certo entro il 3000 avanti Cristo, si applicarono le ruote alle slitte, il che consentì di far rotolare i carichi, anziché trascinarli. La ruota, pur non essendo essa stessa una fonte diretta di energia, rese possibile un risparmio energetico attraverso la riduzione dell'attrito. All'incirca nella stessa epoca si cominciarono a usare primitive zattere e piroghe, che consentivano di utilizzare l'energia della corrente dei fiumi per il trasporto di carichi. Forse attorno al 2000 avanti Cristo si cominciarono a usare le vele per sfruttare il vento.

L'invenzione della ruota permise di:

A. trascinare i carichi anziché farli rotolare
B. fare a meno degli animali per i lavori più duri
C. avere un risparmio energetico
D. sfruttare l'energia del vento
E. creare un'altra fonte diretta di energia

295) L'impiego delle vele per sfruttare il vento ebbe inizio:

A. attorno al 2000 a.C., insieme all'introduzione della ruota
B. entro il 3000 a.C., insieme all'introduzione delle zattere e delle piroghe
C. molto prima del 3000 a.C., quando ancora non era stata scoperta la ruota
D. dopo il 2000 a.C., insieme all'applicazione della ruota alle slitte
E. dopo il 3000 a.C., dopo l'introduzione della ruota

296) Secondo l'autore del brano, le prime ruote furono verosimilmente impiegate per:

A. le piroghe
B. far rotolare i carichi
C. le slitte
D. il trasporto lungo i fiumi
E. il vasellame

297) Deve esser stata la pentola a pressione a suscitare in Papin l'idea di utilizzare il vapore facendogli compiere del lavoro. Egli introdusse un po' d'acqua in fondo a un tubo e la convertì in vapore riscaldandola. Il vapore, espandendosi energicamente, sospingeva verso l'alto uno stantuffo. La prima persona che tradusse quest'idea in un congegno utilizzabile in pratica fu però un ingegnere militare inglese, Thomas Savery. La sua macchina a vapore poteva essere usata per pompare l'acqua di una miniera o di un pozzo, o per far funzionare una ruota idraulica: pertanto egli la chiamò "l'Amica del Minatore". Era però pericolosa (perché la pressione elevata del vapore poteva far scoppiare recipienti e tubi) e aveva un basso rendimento (perché il calore del vapore andava perso tutte le volte che si raffreddava il contenitore).

Che cos'è l'Amica del Minatore?

A. Una macchina a vapore utilizzabile solo nelle miniere
B. Una ruota idraulica a basso rendimento
C. Una turbina elettrica

D. Una macchina a vapore polifunzionale
E. Una macchina idraulica

298) Quale fu l'intuizione di Papin sulla pentola a pressione?

A. Capire che la pressione elevata del vapore poteva far scoppiare recipienti e tubi
B. Capire che il calore del vapore andava perso tutte le volte che si raffreddava il contenitore
C. Usare il vapore per compiere del lavoro
D. Creare un congegno utilizzabile per scopi militari
E. Riscaldare un tubo usando uno stantuffo

299) Chi inventò l'Amica del Minatore?

A. I greci
B. Savery e Papin
C. Gli inglesi
D. Savery
E. Papin

300) "Il reddito di una nazione è la somma dei redditi di tutti gli abitanti di quel Paese. Un Paese dove la maggior parte della gente è povera sarà dunque un Paese povero o un Paese a basso reddito. Ciò è vero anche se nel Paese vi sono alcune persone che sono ricche o anche molto ricche".
In base a quanto riportato nel testo:

A. un Paese in cui la maggior parte della gente è povera sarà un Paese a basso reddito, indipendentemente dalla presenza o meno di persone ricche. Il reddito di una nazione, infatti, è costituito dalla somma dei redditi di tutti gli abitanti del Paese; pertanto, in un Paese povero, questo reddito sarà molto basso
B. non necessariamente la presenza di alcune persone che sono ricche o anche molto ricche, significa che il reddito nazionale del loro Paese sia sopra la media. Se vi sono anche dei poveri, poiché il reddito di una nazione è la somma dei redditi di tutti i suoi abitanti, il Paese potrebbe non essere ricco
C. sebbene in un Paese povero vi siano anche alcune persone ricche o molto ricche, ciò non vuol dire che il reddito di quel Paese si alzerà, ma rimarrà sempre un reddito piuttosto basso. Infatti, l'andamento del reddito è determinato dalla somma di tutti i redditi degli abitanti di quel dato Paese e se la popolazione è generalmente povera, il reddito non potrà essere alto
D. il fatto che in un Paese vi siano persone anche molto ricche, non significa che si tratta di un Paese ricco. Infatti, il reddito di una nazione è la somma dei redditi di tutti i suoi abitanti: se in maggioranza essi sono poveri, il Paese sarà a basso reddito
E. per valutare la ricchezza di una nazione, bisogna sommare i redditi di tutti i suoi abitanti poveri. Si potrebbe scoprire che un Paese in cui vi sono persone che sono ricche o anche molto ricche, è un Paese a basso reddito

RISPOSTE CORRETTE

1) B	51) D	101) C	151) C	201) A	251) E
2) C	52) E	102) E	152) B	202) E	252) B
3) B	53) E	103) A	153) A	203) A	253) D
4) D	54) E	104) E	154) B	204) B	254) D
5) D	55) A	105) D	155) C	205) A	255) B
6) E	56) E	106) D	156) D	206) A	256) D
7) D	57) B	107) A	157) B	207) B	257) C
8) A	58) C	108) A	158) B	208) C	258) B
9) C	59) E	109) B	159) C	209) B	259) C
10) D	60) B	110) C	160) A	210) A	260) E
11) C	61) B	111) A	161) E	211) E	261) B
12) B	62) E	112) B	162) E	212) B	262) A
13) B	63) A	113) C	163) A	213) D	263) B
14) B	64) C	114) A	164) E	214) E	264) B
15) B	65) B	115) D	165) C	215) A	265) D
16) A	66) A	116) E	166) B	216) C	266) A
17) D	67) A	117) E	167) D	217) E	267) D
18) E	68) C	118) B	168) E	218) A	268) E
19) E	69) C	119) C	169) C	219) E	269) B
20) D	70) E	120) A	170) B	220) E	270) E
21) C	71) C	121) D	171) E	221) E	271) D
22) B	72) A	122) B	172) B	222) B	272) C
23) E	73) B	123) B	173) C	223) A	273) B
24) D	74) A	124) B	174) A	224) B	274) A
25) E	75) B	125) D	175) A	225) E	275) E
26) C	76) C	126) C	176) C	226) C	276) A
27) E	77) C	127) C	177) D	227) E	277) C
28) C	78) C	128) E	178) B	228) C	278) E
29) E	79) A	129) B	179) D	229) D	279) D
30) A	80) D	130) D	180) A	230) D	280) B
31) C	81) A	131) D	181) B	231) E	281) B
32) D	82) E	132) C	182) B	232) B	282) A
33) C	83) B	133) C	183) C	233) C	283) E
34) D	84) C	134) C	184) E	234) A	284) E
35) C	85) E	135) A	185) B	235) E	285) C
36) A	86) C	136) C	186) E	236) C	286) E
37) E	87) E	137) B	187) C	237) C	287) A
38) B	88) D	138) B	188) B	238) E	288) C
39) A	89) D	139) B	189) E	239) A	289) C
40) A	90) E	140) D	190) E	240) C	290) A
41) B	91) B	141) C	191) A	241) B	291) A
42) B	92) C	142) B	192) E	242) A	292) E
43) A	93) E	143) C	193) D	243) E	293) C
44) D	94) A	144) E	194) C	244) E	294) C
45) E	95) A	145) E	195) C	245) E	295) E
46) D	96) B	146) D	196) C	246) A	296) E
47) E	97) E	147) C	197) E	247) D	297) D
48) C	98) C	148) E	198) E	248) A	298) C
49) E	99) E	149) A	199) E	249) A	299) D
50) D	100) A	150) A	200) A	250) E	300) D

CAPITOLO 2
Ragionamento critico

2.1 • I sillogismi

1) "I ladri sono disonesti – i ladri sono uomini – dunque ________ sono disonesti". Si individui il corretto completamento del sillogismo proposto.

A. alcuni onesti
B. alcuni ladri
C. tutti gli uomini
D. alcuni uomini
E. tutti gli onesti

2) "Nessuna margherita è un animale – ogni cane è un animale – dunque ________ è una margherita". Si individui il corretto completamento del sillogismo proposto.

A. nessun cane
B. ogni animale
C. qualche animale
D. ogni margherita
E. qualche margherita

3) "Tutti i gatti sono istintivi e tutti gli animali istintivi sono mammiferi. Alcuni mammiferi possono nuotare. Dunque ______". Una sola delle deduzioni qui elencate completa correttamente il sillogismo:

A. gli animali che possono nuotare sono mammiferi
B. è impossibile che alcuni gatti non possano nuotare
C. tutti i mammiferi sanno nuotare
D. non è impossibile che alcuni gatti possano nuotare
E. è impossibile che alcuni gatti possano nuotare

4) "Nessun cane è alato. Alcuni animali sono alati". Indicare con quale delle seguenti conclusioni può essere completato il sillogismo proposto.

A. Alcuni cani sono animali
B. Alcuni animali alati sono cani
C. Nessun essere alato è un cane
D. Alcuni animali non sono cani
E. Alcuni esseri alati non sono animali

5) "Tutti i marescialli sono valorosi – nessun valoroso è delinquente, dunque ______ è maresciallo". Si individui il corretto completamento del sillogismo proposto.

A. nessun delinquente
B. qualche maresciallo
C. ogni delinquente
D. qualche delinquente
E. ogni maresciallo

6) "Nessun diamante è un essere parlante – qualche animale è un essere parlante – dunque _____ non è un diamante". Si individui il corretto completamento del sillogismo proposto.

A. nessun animale
B. qualche animale
C. ogni essere parlante
D. ogni diamante
E. ogni animale

7) "Tutti i leoni mangiano le verdure – alcuni felini non mangiano le verdure. Dunque ______ non sono leoni". Si individui il corretto completamento del sillogismo proposto.

A. le verdure

B. alcuni leoni
C. alcune verdure
D. i felini
E. alcuni felini

8) "Tutti i dentisti sono ricchi. Nessun ricco è una persona triste. Quindi _____ è un dentista". Si individui il corretto completamento del sillogismo proposto.

A. qualche ricco
B. quasi tutti i ricchi
C. ogni ricco
D. soltanto un ricco
E. nessuna persona triste

9) "Tutti i molussi hanno il perto, i tungsteni hanno il perto, quindi i tungsteni sono molussi". Il sillogismo proposto è _____

A. verosimile
B. vero
C. inesistente
D. vero o falso a seconda del significato di tungsteni
E. falso

10) "Nessun ingenuo è cattivo – qualche cattivo è adulto – dunque _____ non è ingenuo". S'individui il corretto completamento del sillogismo:

A. ogni cattivo
B. qualche adulto
C. qualche ingenuo
D. ogni adulto
E. qualche cattivo

11) "Tutti i condottieri sono coraggiosi; nessun coraggioso è dissimulatore; dunque ________ è condottiero". Si individui il corretto completamento del sillogismo:

A. nessun dissimulatore
B. qualche dissimulatore
C. nessun coraggioso
D. ogni dissimulatore
E. qualche condottiero

12) "Nessun minerale è animato – qualche esistente è animato – dunque ________ non è minerale". S'individui il corretto completamento del sillogismo:

A. ogni minerale
B. qualche minerale
C. ogni animato
D. qualche esistente
E. ogni esistente

13) "Tutti i piccioni mangiano le fave – alcuni uccelli non mangiano le fave – dunque ________ non sono piccioni". S'individui il corretto completamento del sillogismo:

A. alcune fave
B. tutti gli uccelli
C. le fave
D. alcuni uccelli
E. alcuni piccioni

14) "I bugiardi sono ingiusti – i bugiardi sono uomini – dunque ____ sono ingiusti". Si individui il corretto completamento del sillogismo:

A. alcuni bugiardi
B. i bugiardi
C. alcuni uomini
D. alcuni giusti
E. tutti gli uomini

15) "Nessuna pianta ha le ali – tutti gli alberi sono piante – dunque _______ ha le ali". Si individui il corretto completamento del sillogismo:

A. qualche pianta
B. ogni pianta
C. qualche albero
D. nessun albero
E. nessuna pianta

16) "Ogni uomo è mammifero – qualche animale è uomo – dunque _______ è mammifero". Si individui il corretto completamento del sillogismo:

A. ogni animale
B. ogni uomo
C. qualche uomo
D. ogni mammifero
E. qualche animale

17) "Nessun calciatore è zoppo – alcuni uomini sono zoppi – dunque ______ non sono calciatori". Si individui il corretto completamento del sillogismo:

A. tutti gli uomini
B. alcuni calciatori
C. alcuni uomini
D. alcuni zoppi
E. tutti gli zoppi

18) "Nessuna pianta è animale – ogni uomo è animale – dunque _______ è pianta". Si individui il corretto completamento del sillogismo:

A. qualche animale
B. ogni animale
C. qualche uomo
D. ogni pianta
E. nessun uomo

19) "Tutti gli eccessi sono biasimevoli – alcune passioni non sono biasimevoli – dunque _______ non sono eccessi". S'individui il corretto completamento del sillogismo:

A. alcuni eccessi
B. tutti i biasimevoli
C. alcune passioni
D. tutti gli eccessi
E. tutte le passioni

20) "Tutti i notai sono ricchi. Nessun ricco è una persona insicura. Quindi _______ è un notaio". Si individui il corretto completamento del sillogismo:

A. soltanto un ricco
B. qualche persona insicura
C. ogni ricco
D. qualche ricco
E. nessuna persona insicura

2.2 • Le negazioni

21) "È sbagliato negare che è falso che lo studente non abbia studiato". Basandosi sulla precedente affermazione, individuare quale delle seguenti alternative è esatta.

A. Si può affermare con certezza che lo studente ha studiato
B. Lo studente ha studiato
C. Lo studente è stato verosimilmente punito dal professore
D. Non si sa se lo studente abbia studiato
E. La frase proposta non ha senso

22) "Non è possibile dubitare della necessità di impedire che Marco non vada in palestra". Qual è il corretto significato della precedente affermazione?

A. L'affermazione proposta è priva di un senso logico
B. È necessario che Marco non vada in palestra
C. È necessario che la palestra impedisca a Marco di andarci
D. È necessario che la palestra permetta a Marco di andarci
E. È necessario che Marco vada in palestra

23) "Non è possibile negare la falsità della tesi secondo la quale il cerchio non è una figura perfetta". Qual è il corretto significato della precedente affermazione?

A. È falso affermare che il cerchio sia una figura perfetta
B. Non è possibile sapere con certezza se il cerchio sia una figura perfetta o meno

C. È corretto affermare che non si può sapere se il cerchio è una figura perfetta
D. Il cerchio non è una figura perfetta
E. Il cerchio è una figura perfetta

24) "È corretto negare che è vero che la *Dama con ermellino* non è stata dipinta da Leonardo da Vinci". Sulla base dell'affermazione proposta, quale delle frasi seguenti non è errata?

A. Non si può affermare che la "Dama con ermellino" sia stata dipinta da Leonardo da Vinci
B. La "Dama con ermellino" non è un dipinto
C. Non si sa chi abbia dipinto la "Dama con ermellino"
D. La "Dama con ermellino" è stata dipinta da Leonardo da Vinci
E. La "Dama con ermellino" non è stata dipinta da Leonardo da Vinci

25) La negazione logica della proposizione "Non è permesso ai minori di 18 anni di frequentare il parco comunale dalle ore 20.00 alle ore 8.00" è ...

A. chiunque può frequentare il parco comunale dalle ore 8.00 alle ore 20.00
B. il parco comunale è chiuso dalle ore 20.00 alle ore 8.00
C. solamente i minorenni possono frequentare il parco comunale dalle ore 20.00 alle ore 8.00
D. chiunque può frequentare il parco comunale dalle ore 20.00 alle ore 8.00
E. i maggiorenni possono frequentare il parco comunale dalle ore 20.00 alle ore 8.00

26) La negazione della frase "tutti sono alti e almeno uno non è triste" è ...

A. "qualcuno è alto o nessuno è triste"
B. "esiste almeno uno non alto e triste"
C. "tutti quelli che sono alti sono tristi"
D. "nessuno è alto e almeno uno è triste"
E. "qualcuno non è alto o tutti sono tristi"

27) "Non si può escludere che, se Umberto non avesse sostituito la ruota, l'auto avrebbe subito molti danni". In base alla precedente affermazione, quale delle seguenti è certamente vera?

A. È possibile che l'auto avrebbe subito molti danni qualora Umberto avesse sostituito la ruota
B. Se l'auto avesse subito molti danni, è possibile che Umberto non avrebbe sostituito la ruota
C. L'auto avrebbe riportato molti danni se Umberto non avesse sostituito la ruota
D. È possibile che l'auto avrebbe subito molti danni qualora Umberto non avesse sostituito la ruota
E. È possibile che l'auto non abbia subito alcun danno, sebbene Umberto abbia sostituito la ruota

28) La negazione della frase "gatto che miagola non graffia" è ...

A. "tutti i gatti che non miagolano non graffiano"
B. "esiste almeno un gatto che miagola e graffia"
C. "tutti i gatti che miagolano graffiano"
D. "esiste almeno un gatto che non miagola e graffia"
E. "tutti i gatti che non graffiano miagolano"

29) "I carabinieri non avevano avuto la possibilità di escludere che il locale potesse essere utilizzato per coprire serate a luci rosse". In base alla precedente affermazione, quale delle seguenti è certamente vera?

A. Il locale veniva utilizzato per coprire serate a luci rosse

B. È possibile che il locale potesse essere utilizzato per coprire serate a luci rosse
C. Il locale veniva utilizzato per addestrare le giovani a prostituirsi
D. Non è possibile che il locale potesse essere utilizzato per coprire serate a luci rosse
E. I carabinieri avevano la certezza che il locale venisse usato per coprire serate a luci rosse

30) Negare l'affermazione: "chi ama la propria città la tiene pulita".

A. Ci sono cittadini che amano la loro città e la puliscono
B. C'è almeno un cittadino che pulisce la propria città ma non la ama
C. C'è almeno un cittadino che ama la propria città ma non la tiene pulita
D. Non c'è alcun cittadino che ami e pulisca la sua città
E. Chi pulisce la propria città la ama

31) C'è una casa con almeno due porte; si consideri l'affermazione:
Esiste una chiave che apre tutte le porte di casa, ma non la porta della cantina.
Indicare quale tra le seguenti frasi costituisce la negazione dell'affermazione riportata sopra.

A. Per ogni chiave, esiste una porta che non è quella della cantina che viene aperta da quella chiave
B. Esiste una chiave che apre tutte le porte di casa, compresa quella della cantina
C. Nessuna chiave apre tutte le porte
D. Esiste una chiave che non apre nessuna porta, se non quella della cantina
E. Per ogni chiave, o esiste una porta che non è quella della cantina che non viene aperta da quella chiave, oppure quella chiave apre la porta della cantina

32) "L'esame grafologico non ha consentito di dimostrare l'impossibilità che l'autore della lettera minatoria sia la persona arrestata". Qual è il corretto significato della precedente affermazione?

A. L'esame grafologico ha dimostrato che l'autore della lettera minatoria non può essere la persona arrestata
B. È molto probabile che l'autore della lettera minatoria sia la persona arrestata
C. L'esame grafologico non ha dimostrato che l'autore della lettera non è la persona arrestata
D. L'esame grafologico ha dimostrato che l'autore della lettera è la persona arrestata
E. È impossibile che l'autore della lettera sia la persona arrestata

33) Alessandro afferma: "Se Rossi parte in pole position arriva primo". Quale delle seguenti proposizioni è la NEGAZIONE di quella di Alessandro?

A. Rossi può non vincere anche se parte in pole position
B. Se Rossi non parte in pole position non vince
C. Rossi può non partire in pole position e non vincere
D. Rossi può arrivare primo anche se non parte in pole position
E. Rossi non vince mai ogni volta che parte in pole position

34) "Non si può escludere che, se Marta non avesse vinto la lotteria, il marito l'avrebbe lasciata". In base alla precedente affermazione, quale delle seguenti è certamente vera?

A. È possibile che il marito di Marta l'avrebbe lasciata qualora lei non avesse vinto la lotteria

B. Se il marito di Marta l'avesse lasciata, è possibile che lei non avrebbe vinto la lotteria
C. È possibile che il marito di Marta l'avrebbe lasciata, qualora lei avesse vinto la lotteria
D. Se il marito di Marta non l'avesse lasciata, è possibile che lei avrebbe vinto la lotteria
E. Il marito di Marta l'avrebbe lasciata se lei non avesse vinto la lotteria

35) "Non si può escludere che, se Matteo non avesse chiamato la polizia, il ladro l'avrebbe fatta franca". In base alla precedente affermazione, quale delle seguenti è certamente vera?

A. È possibile che il ladro l'avrebbe fatta franca qualora Matteo non avesse chiamato la polizia
B. Il ladro l'avrebbe fatta franca se Matteo non avesse chiamato la polizia
C. È possibile che il ladro l'avrebbe fatta franca, qualora Matteo avesse chiamato la polizia
D. Il ladro l'avrebbe fatta franca, se Matteo avesse chiamato la polizia
E. Se il ladro l'avesse fatta franca, è possibile che Matteo non avrebbe chiamato la polizia

36) "Non si può escludere che, se Bruno non avesse perso il biglietto, l'addetto alla sicurezza l'avrebbe fatto entrare nel cinema". In base alla precedente affermazione, quale delle seguenti è certamente vera?

A. Se l'addetto alla sicurezza avesse fatto entrare Bruno nel cinema, è possibile che quest'ultimo non avrebbe perso il biglietto
B. Se l'addetto alla sicurezza avesse fatto entrare Bruno nel cinema, sicuramente quest'ultimo non avrebbe perso il biglietto
C. È possibile che l'addetto alla sicurezza avrebbe fatto entrare Bruno nel cinema, qualora quest'ultimo avesse perso il biglietto
D. È possibile che l'addetto alla sicurezza avrebbe fatto entrare Bruno nel cinema qualora quest'ultimo non avesse perso il biglietto
E. L'addetto alla sicurezza avrebbe fatto entrare Bruno nel cinema se quest'ultimo avesse mostrato il biglietto

37) "Non si può escludere che, se Rita non avesse avvertito del ritardo, i genitori si sarebbero preoccupati". In base alla precedente affermazione, quale delle seguenti è certamente vera?

A. Se i genitori si fossero preoccupati, certamente Rita non avrebbe avvertito del ritardo
B. I genitori si sarebbero preoccupati se Rita avesse dimenticato di avvertire del ritardo
C. È possibile che i genitori si sarebbero preoccupati, qualora Rita avesse avvertito del ritardo
D. È possibile che i genitori si sarebbero preoccupati qualora Rita non avesse avvertito del ritardo
E. Se i genitori si fossero preoccupati, è possibile che Rita non avrebbe avvertito del ritardo

38) "È senza dubbio corretta la teoria che nega la verità dell'affermazione secondo cui è possibile che la vita esista su altri pianeti". Dalla precedente affermazione si deduce che:

A. la verità è che la vita esiste su altri pianeti
B. gli astronomi effettuano osservazioni regolari e scientifiche
C. la vita esiste su altri pianeti
D. la vita non può esistere su altri pianeti

E. è possibile che la vita esista su altri pianeti

39) "Non si può escludere che, se Paolo non avesse lasciato a casa la macchina fotografica, la vacanza sarebbe stata indimenticabile". In base alla precedente affermazione, quale delle seguenti è certamente vera?

A. Se la vacanza fosse stata indimenticabile, Paolo non avrebbe lasciato a casa la macchina fotografica
B. È possibile che la vacanza sarebbe stata indimenticabile, qualora Paolo avesse lasciato a casa la macchina fotografica
C. La vacanza sarebbe stata indimenticabile se Paolo avesse avuto con sé la macchina fotografica
D. È possibile che la vacanza sarebbe stata indimenticabile qualora Paolo non avesse lasciato a casa la macchina fotografica
E. Se la vacanza fosse stata indimenticabile, è possibile che Paolo non avrebbe lasciato a casa la macchina fotografica

40) "La testimonianza del giardiniere non ha permesso di dimostrare l'impossibilità che Francesco amasse Maddalena". Qual è il corretto significato della precedente affermazione?

A. La testimonianza del giardiniere ha dimostrato che Francesco odiava Maddalena
B. È impossibile che Francesco non amasse Maddalena
C. La testimonianza del giardiniere non ha dimostrato che Francesco non amava Maddalena
D. È impossibile che Francesco amasse Maddalena
E. La testimonianza del giardiniere ha dimostrato che Francesco amava Maddalena

41) "L'esame del curriculum vitae non ha consentito di dimostrare l'impossibilità che il candidato possegga i requisiti per l'assunzione". Qual è il corretto significato della precedente affermazione?

A. L'esame del curriculum del candidato ha dimostrato che il candidato possiede i requisiti per l'assunzione
B. L'esame del curriculum del candidato ha dimostrato che il candidato non può possedere i requisiti per l'assunzione
C. L'esame del curriculum del candidato non ha dimostrato che il candidato può possedere i requisiti per l'assunzione
D. L'esame del curriculum vitae non ha dimostrato che il candidato non possiede i requisiti per l'assunzione
E. È impossibile che il candidato possegga i requisiti necessari per essere assunto

42) "Non si può negare che siano improponibili sia l'annullamento totale che la conferma totale dei risultati di quei dispositivi elettronici che impediscono agli automobilisti di violare impunemente i limiti di velocità". Qual è il corretto significato della precedente osservazione?

A. Nessuna delle altre alternative è corretta
B. Gli automobilisti possono violare impunemente i limiti di velocità
C. È proponibile l'annullamento parziale dei risultati di quei dispositivi elettronici che impediscono agli automobilisti di violare impunemente i limiti di velocità
D. I risultati di quei dispositivi elettronici che impediscono agli automobilisti di violare impunemente i limiti di velocità sono totalmente inaffidabili

E. È inaccettabile vietare agli automobilisti di violare impunemente i limiti di velocità

43) "Almeno una delle case di Parigi ha le tegole rosse". Negare questa affermazione significa affermare che:

A. a Parigi almeno due case hanno le tegole rosse
B. a Parigi quasi tutte, ma non tutte, le case hanno le tegole rosse
C. Parigi è l'unica città senza una casa con le tegole rosse
D. a Parigi tutte le case hanno le tegole rosse
E. a Parigi nessuna casa ha le tegole rosse

44) "È sbagliato non ammettere che le precauzioni prese non sono bastate per impedire il rovesciamento della barca". Basandosi sulla precedente affermazione, individuare quale delle seguenti alternative è esatta.

A. Si può affermare che le precauzioni prese sono state sufficienti per impedire il rovesciamento della barca
B. La barca si è rovesciata nonostante le precauzioni prese
C. Bisogna ammettere che non è stata presa alcuna precauzione per impedire il rovesciamento della barca
D. Le precauzioni che si possono prendere per impedire il rovesciamento di una barca sono inefficaci
E. Grazie alle precauzioni prese la barca non si è rovesciata

45) "In base alle notizie in suo possesso, il giornalista ha scritto che non è falsa l'ipotesi secondo cui l'incendio non è doloso". Basandosi sulla precedente affermazione, quale delle seguenti alternative è vera?

A. Sicuramente l'incendio non è doloso
B. L'incendio è doloso in base alle notizie in possesso del giornalista
C. L'incendio non è doloso in base alle notizie in possesso del giornalista
D. Non vi è nessun elemento valido per sostenere che l'incendio non sia doloso
E. Le notizie in possesso del giornalista lo hanno indotto in errore

46) "Non è possibile negare l'inesistenza di un'automobile dotata di freno a mano idraulico". Qual è il corretto significato della precedente affermazione?

A. Esiste almeno un'automobile dotata di freno a mano idraulico
B. Non esiste alcuna automobile dotata di freno a mano idraulico
C. Nessuna automobile è dotata di freno a mano meccanico
D. Tutte le automobili sono dotate di freno a mano idraulico
E. Le automobili dotate di freno a mano idraulico sono più diffuse di quelle dotate di freno a mano meccanico

47) "È assurdo contestare che è sbagliato non riconoscere che il film di Antonio è stato visto da molte persone". Basandosi sulla precedente affermazione, individuare quale delle seguenti alternative è esatta.

A. Il film di Antonio non è stato visto da molte persone
B. Molte persone hanno visto il film di Antonio
C. Non si può evitare di negare che non sia corretto non affermare che il film di Antonio sia stato visto da molte persone
D. Non è possibile stabilire se il film di Antonio sia stato visto da molte o poche persone

E. Il film di Antonio è stato contestato da molte persone

48) "È assurdo negare l'inesistenza di un testimone che abbia assistito al delitto della contessa". La precedente affermazione significa che:

A. si è in presenza di un caso poliziesco molto intricato
B. il delitto della contessa è stato visto da almeno un testimone
C. è sicuro che non esiste una persona che non sia stata testimone del delitto della contessa
D. non esiste alcun testimone che abbia assistito al delitto della contessa
E. al delitto della contessa hanno assistito molti testimoni

49) "Non si può non negare che il signor Rossi non manifesti in modo non chiaro la sua avversità verso il signor Verdi". Se la precedente affermazione è vera, allora è vero che:

A. il signor Rossi non manifesta in modo non chiaro la sua avversità verso il signor Verdi
B. il signor Rossi non può manifestare in modo non chiaro la sua avversità verso il signor Verdi
C. il signor Verdi è ostile al signor Rossi
D. il signor Rossi manifesta in modo non chiaro la sua avversità verso il signor Verdi
E. il signor Rossi manifesta in modo evidente e aperto la sua avversità verso il signor Verdi

50) La negazione di "ogni cane abbaia" è:

A. c'è un cane che non abbaia
B. se non abbaia non è un cane
C. ogni cane non abbaia
D. nessuna delle altre risposte
E. c'è un cane che abbaia

51) La frase "Non garantisco che sia insostenibile negare il contrario della veridicità delle mie affermazioni" significa:

A. io dico sempre il vero
B. io non conosco la verità
C. io mento
D. io posso dire il vero
E. io non so mentire

52) "Non esiste alcun elemento probatorio che consenta di eliminare la possibilità che l'imputato sia estraneo al fatto". Dalla precedente affermazione si deduce che:

A. l'imputato è estraneo al fatto
B. è possibile che l'imputato sia estraneo al fatto
C. è impossibile che l'imputato sia estraneo al fatto
D. vi sono prove sull'estraneità dell'imputato al fatto
E. l'imputato non è estraneo al fatto

53) "Non si può escludere che, se Davide non avesse perso gli occhiali, l'esecuzione del pezzo musicale sarebbe stata perfetta". In base alla precedente affermazione, quale delle seguenti è certamente vera?

A. È possibile che l'esecuzione del pezzo musicale sarebbe stata perfetta qualora Davide non avesse perso gli occhiali
B. È possibile che l'esecuzione del pezzo musicale sarebbe stata perfetta, qualora Davide avesse perso gli occhiali
C. L'esecuzione del pezzo musicale sarebbe stata perfetta se Davide avesse avuto con sé gli occhiali
D. Se l'esecuzione del pezzo musicale fosse stata perfetta, è possibile che Davide avrebbe trovato gli occhiali
E. Non si può escludere che, se Davide avesse perso gli occhiali, l'esecuzione

del pezzo musicale non sarebbe stata perfetta

54) "È assurdo contestare che è sbagliato non riconoscere che la mostra dei quadri di Picasso è stata visitata da molte persone". Basandosi sulla precedente affermazione, individuare quale delle seguenti alternative è esatta.

A. Non si può evitare di negare che non è corretto non affermare che la mostra dei quadri di Picasso è stata visitata da molte persone
B. La mostra dei quadri di Picasso è stata contestata da molte persone
C. Molte persone hanno visitato la mostra dei quadri di Picasso
D. Non è possibile stabilire se la mostra dei quadri di Picasso sia stata visitata da molte o poche persone
E. La mostra dei quadri di Picasso non è stata visitata da molte persone

55) "L'esame dei reperti ritrovati non ha consentito di dimostrare l'impossibilità che il gioiello scoperto sia d'oro". Qual è il corretto significato della precedente affermazione?

A. L'esame dei reperti ritrovati ha dimostrato che il gioiello scoperto non può essere d'oro
B. È impossibile che il gioiello scoperto sia d'oro
C. L'esame dei reperti ritrovati ha dimostrato che il gioiello scoperto è d'oro
D. L'esame dei reperti ritrovati non ha dimostrato che il gioiello scoperto non è d'oro
E. L'esame dei reperti ritrovati ha dimostrato che il gioiello scoperto non è d'oro

56) "Non si può escludere che, se Francesco non avesse perso il denaro, la trattativa si sarebbe risolta con un successo". In base alla precedente affermazione, quale delle seguenti è certamente vera?

A. Se la trattativa fosse stata un successo, è possibile che Francesco avrebbe trovato il denaro
B. È possibile che la trattativa sarebbe stata un successo, qualora Francesco avesse perso il denaro
C. La trattativa sarebbe stata un successo se Francesco avesse avuto con sé il denaro
D. È possibile che la trattativa sarebbe stata un successo qualora Francesco non avesse perso il denaro
E. Non si può escludere che, se Francesco avesse perso il denaro, la trattativa non sarebbe stata un successo

57) "Non si può escludere che, se Livio non si fosse ferito, la gara di atletica l'avrebbe vinta lui". In base alla precedente affermazione, quale delle seguenti è certamente vera?

A. La gara di atletica sarebbe stata vinta da Livio se fosse stato sano
B. Se la gara di atletica fosse stata vinta da Livio, quest'ultimo non si sarebbe ferito
C. È possibile che la gara di atletica sarebbe stata vinta da Livio qualora Livio non si fosse ferito
D. Se la gara di atletica non fosse stata vinta da Livio quest'ultimo sicuramente non si sarebbe ferito
E. È possibile che la gara di atletica l'avrebbe vinta Livio qualora Livio si fosse ferito

58) "Non si può escludere che, se Matteo non si fosse infortunato, avrebbe vinto". In base alla precedente affermazione, quale delle seguenti è certamente vera?

A. È possibile che Matteo avrebbe vinto qualora egli non si fosse infortunato

B. È possibile che Matteo avrebbe vinto, qualora egli si fosse infortunato
C. Se Matteo avesse vinto, è possibile che egli sarebbe stato esente da infortuni
D. Matteo avrebbe sicuramente vinto qualora egli non si fosse infortunato
E. Matteo avrebbe vinto se egli fosse stato esente da infortuni

59) "Nessun computer può sostituire il cervello umano". Se la precedente affermazione è FALSA, allora si può essere certi che:

A. non esistono computer che possono sostituire il cervello umano
B. esiste almeno un computer che può sostituire il cervello umano
C. esistono diversi computer che possono sostituire il cervello umano
D. il cervello umano è insostituibile
E. c'è solo un computer che può sostituire il cervello umano

60) "La visita ortopedica non ha consentito di dimostrare l'impossibilità che il legamento del pollice sia rotto". Qual è il corretto significato della precedente affermazione?

A. La visita ortopedica ha dimostrato che il legamento del pollice non può essere rotto
B. La visita ortopedica ha dimostrato che il legamento del pollice non può essere integro
C. La visita ortopedica ha dimostrato che il legamento del pollice è rotto
D. La visita ortopedica non ha dimostrato che il legamento del pollice non è rotto
E. La visita ortopedica non ha dimostrato che il legamento del pollice è rotto

61) "Non si può negare la falsità della tesi secondo la quale gli ufo non esistono". Qual è il corretto significato della precedente affermazione?

A. L'esistenza degli ufo è falsa
B. Gli ufo esistono
C. Non si deve dire che gli ufo esistono
D. È impossibile sapere con certezza se esistano o meno gli ufo
E. Gli ufo non esistono

62) È stata respinta la prova che nega che A è uguale a B, ma non è stata acquisita alcuna prova del contrario. Quindi:

A. A è sicuramente diverso da B
B. A è sicuramente uguale a B
C. A potrebbe essere uguale a B
D. A è diverso da B al 100%
E. A è uguale a B al 99%

63) "Non è impossibile che la bottiglia ritrovata sulla spiaggia possa contenere un messaggio". In base alla precedente affermazione, quale delle seguenti è certamente vera?

A. La bottiglia ritrovata sulla spiaggia potrebbe contenere un messaggio
B. La bottiglia ritrovata sulla spiaggia conteneva un messaggio
C. La bottiglia ritrovata sulla spiaggia non conteneva un messaggio
D. Non è possibile che il messaggio nella bottiglia fosse leggibile
E. La bottiglia ritrovata sulla spiaggia non poteva contenere un messaggio

64) Si consideri il famoso detto popolare: "Non tutte le ciambelle riescono col buco". Quale delle seguenti proposizioni è la NEGAZIONE di questo asserto?

A. In tutte le ciambelle è presente almeno un buco
B. Non tutti i dolci in cui è presente un buco sono ciambelle

C. In tutte le ciambelle non è presente alcun buco
D. In alcune ciambelle non è presente alcun buco
E. Non tutti i dolci in cui non è presente un buco sono ciambelle

65) Negare che "ogni uomo ha un nemico" equivale a dire che:

A. tutti gli uomini non hanno nemici
B. nessun uomo ha un nemico
C. esistono uomini senza nemici
D. tutti sono nemici di ogni uomo
E. ogni uomo non ha un nemico

66) Negare che "ogni cane ha almeno un padrone" equivale a dire che:

A. esistono cani senza padroni
B. ogni cane non ha un padrone
C. nessun cane ha un padrone
D. tutti sono padroni di ogni cane
E. tutti i cani non hanno padroni

67) Negare che "ogni gatto miagola" equivale a dire che:

A. c'è un gatto che miagola
B. se non miagola non è un gatto
C. ogni gatto non miagola
D. nessun gatto miagola
E. c'è un gatto che non miagola

68) Negare che "ogni uomo ha un cane" equivale a dire che:

A. tutti gli uomini non hanno cani
B. tutti i cani sono di ogni uomo
C. esistono uomini senza cane
D. ogni uomo non ha un cane
E. nessun uomo ha un cane

69) Dal punto di vista logico, negare che "ogni uomo ha un amico" equivale a dire che:

A. nessun uomo ha un amico
B. ogni uomo non ha un amico
C. esistono uomini senza amici
D. tutti gli uomini non hanno amici
E. tutti sono amici di ogni uomo

70) Negare la frase "Tutti gli arbitri vestono di nero" significa affermare che:

A. almeno un arbitro non veste di nero
B. almeno un arbitro veste di bianco
C. tutti gli arbitri vestono di bianco
D. numerosi arbitri non vestono di nero
E. qualche arbitro veste di nero

2.3 • Le deduzioni logiche

Implicazioni logiche

71) "I bambini sono buoni. Alcuni genitori sono alti. Chi è buono dorme. Non tutti i nonni bevono il caffè. Chi dorme sogna. Chi beve il caffè non dorme". Individua la conclusione corretta.

A. Alcuni bambini bevono caffè
B. I genitori sognano
C. I bambini sognano
D. Le persone alte sono genitori
E. I genitori bevono più caffè dei nonni

72) "Tutti i baristi sono affabili; Amedeo è un ottimista; tutte le persone ottimiste sono affabili". In base alle precedenti affermazioni, quale delle seguenti è necessariamente vera?

A. Amedeo è un barista
B. Tutti i baristi sono ottimisti
C. Chi non è un barista non è affabile
D. Nessun barista è ottimista
E. Amedeo è affabile

73) "I gatti sono ladri. Alcuni ladri vanno in giro di notte. I nottambuli vanno in giro di notte". Individuare la conclusione corretta.

A. È possibile che alcuni gatti siano nottambuli

B. I gatti derubano i nottambuli
C. Tutti i nottambuli sono ladri
D. I ladri miagolano
E. Tutti i gatti sono nottambuli

74) "Tutti gli attori sono vanitosi. Lorenzo è un attore". In base alle precedenti informazioni, quale delle seguenti affermazioni è certamente vera?

A. Lorenzo è vanitoso
B. Nessuna delle altre alternative è corretta
C. Tutte le persone vanitose sanno recitare
D. Lorenzo non è vanitoso
E. Tutte le persone vanitose sono attori

75) "Tutti gli attori di teatro sono artisti preparati; Sara è un'artista preparata; tutti gli artisti preparati hanno frequentato numerose scuole d'arte". In base alle precedenti affermazioni, quale delle seguenti è necessariamente vera?

A. Sara non ha frequentato numerose scuole d'arte
B. Chi ha frequentato numerose scuole d'arte è un artista preparato
C. Chi non ha frequentato numerose scuole d'arte non può essere un attore di teatro
D. Sara è un'attrice di teatro
E. Chi ha frequentato numerose scuole d'arte non può essere un attore di teatro

76) "Tutti i motociclisti sono estroversi. Valentino è audace. Tutti i motociclisti sono audaci". In base alle precedenti affermazioni, quale delle seguenti è necessariamente vera?

A. Valentino è estroverso
B. Nessun motociclista è audace e introverso
C. Valentino è un motociclista
D. Nessun motociclista è audace ed estroverso
E. Tutti gli estroversi sono audaci

77) "Tutti i baristi sono loquaci. Paolo è un barista". In base alle precedenti informazioni, quale delle seguenti affermazioni è certamente vera?

A. Paolo è loquace
B. Nessuna delle altre alternative è corretta
C. Paolo non ama bere
D. Tutte le persone loquaci sono baristi
E. Paolo ama bere

78) "Tutti gli avvocati sono buoni oratori. Alessandro è un buon oratore". In base alle precedenti informazioni, quale delle seguenti affermazioni è necessariamente vera?

A. Gli oratori sono più eloquenti degli avvocati
B. Nessuna delle altre risposte è corretta
C. I buoni oratori sono tutti avvocati
D. Alessandro non è un avvocato
E. Alessandro è un avvocato

79) "Tutti i medici lavorano in ospedale. Cesare lavora in ospedale". In base alle precedenti informazioni, quale delle seguenti affermazioni è necessariamente vera?

A. Cesare non è un medico
B. Cesare è un barelliere
C. Chi lavora in ospedale è medico
D. Cesare è un medico
E. Nessuna delle altre risposte è corretta

80) "Enrico è muscoloso; tutti gli atleti sono muscolosi; Daniele è un atleta". In base alle precedenti informazioni, quale delle seguenti affermazioni è necessariamente vera?

A. Enrico è un atleta
B. Chi è muscoloso è un atleta
C. Daniele è meno muscoloso di Enrico
D. Enrico è più muscoloso di Daniele
E. Daniele è muscoloso

81) "Tutti i calzolai sono meticolosi; Massimo è fortunato; tutte le persone fortunate sono meticolose". In base alle precedenti affermazioni, quale delle seguenti non è necessariamente vera?

A. Tutte le alternative sono vere
B. Massimo è un calzolaio
C. Massimo è meticoloso
D. Chi non è meticoloso non può essere un calzolaio
E. Non esistono persone fortunate non meticolose

82) "Fabio è intelligente; tutti i professori sono intelligenti; Pietro è un professore". In base alle precedenti informazioni, quale delle seguenti affermazioni è necessariamente vera?

A. Le persone intelligenti sono tutte professori
B. Pietro e Fabio lavorano nella stessa scuola
C. Tutte le persone intelligenti sono abili insegnanti
D. Pietro è intelligente
E. Fabio è un professore

83) "Tutti i pasticcieri sono grassi; Antonio è grasso; tutte le persone grasse sono socievoli". In base alle precedenti affermazioni, quale delle seguenti è necessariamente vera?

A. Chi non è socievole non è un pasticciere
B. Antonio è un pasticciere
C. Chi è socievole è grasso
D. Alcuni pasticceri sono magri
E. Chi non è socievole può essere grasso

84) Se tutti gli uomini hanno la barba e tutti i militari sono uomini, quale affermazione fra le seguenti è vera?

A. Tutti gli uomini fanno il servizio militare
B. Tutti gli uomini non hanno la barba
C. Tutti i militari non hanno la barba
D. Tutti i militari hanno la barba
E. Solo i militari portano la barba

85) "Tutti i vigili del fuoco sono atletici; Piero è coraggioso; tutte le persone coraggiose sono atletiche". In base alle precedenti affermazioni, quale delle seguenti è necessariamente vera?

A. Tutti i vigili del fuoco sono coraggiosi
B. Piero è atletico
C. Tutte le persone coraggiose sono vigili del fuoco
D. Piero è un vigile del fuoco
E. Non esistono vigili del fuoco coraggiosi

86) "Stefano è una persona paziente; tutti i cacciatori sono persone pazienti; Carlo è un cacciatore". In base alle precedenti informazioni, quale delle seguenti affermazioni è necessariamente vera?

A. Carlo è una persona paziente
B. Le persone pazienti sono cacciatori
C. Chi non caccia è impaziente
D. Stefano è un cacciatore
E. Stefano e Carlo sono cacciatori

87) "Marco ama i dolci; chi è magro non ama i dolci; chi è attivo è magro". Se le precedenti affermazioni sono vere, allora è certamente FALSO che:

A. le persone che amano i dolci non sono magre
B. Marco è attivo
C. chi è attivo non ama i dolci
D. non tutte le persone magre sono attive
E. Marco non è magro

88) "Tutti i cuochi amano la buona cucina. Tutti gli attori mangiano spesso al ristorante. Chi ama la buona cucina mangia spesso al ristorante". Se le precedenti informazioni sono vere, quale delle seguenti affermazioni è necessariamente vera?

A. Chi ama la buona cucina non può essere un attore
B. Tutti i cuochi mangiano spesso al ristorante
C. Chi mangia spesso al ristorante è un attore o un cuoco
D. Chi ama la buona cucina è un cuoco
E. Tutti gli attori amano la buona cucina

89) "Tutti i parrucchieri sono simpatici; Mauro è simpatico; tutti i parrucchieri sono baffuti". In base alle precedenti affermazioni, quale delle seguenti è necessariamente vera?

A. Mauro è un parrucchiere
B. Tutte le persone simpatiche sono baffute
C. Nessun parrucchiere è simpatico e privo di baffi
D. Tutte le persone baffute sono simpatiche
E. Mauro è baffuto

90) "Anna ha i capelli neri. Tutte le persone con i capelli neri sono simpatiche". Se le precedenti informazioni sono vere, quale delle seguenti affermazioni è necessariamente vera?

A. Anna è simpatica
B. Le persone simpatiche si chiamano Anna
C. Le persone simpatiche non hanno i capelli neri
D. Le persone che si chiamano Anna non sono simpatiche
E. Le persone con i capelli neri si chiamano Anna

91) "Giuseppe è sardo; tutte le persone con i capelli neri sono italiane; tutti i sardi sono italiani". Se le precedenti informazioni sono vere, quale delle seguenti è necessariamente vera?

A. Giuseppe ha i capelli neri
B. Tutte le persone con i capelli neri sono sardi
C. Tutti i sardi si chiamano Giuseppe
D. Tutti i sardi hanno i capelli neri
E. Giuseppe è italiano

92) "Cosimo è milanese; tutte le persone con gli occhi celesti sono italiane; tutti i milanesi sono italiani". Se le precedenti informazioni sono vere, quale delle seguenti è necessariamente vera?

A. Tutti i milanesi si chiamano Cosimo
B. Tutti i milanesi hanno gli occhi celesti
C. Cosimo ha i capelli neri
D. Tutte le persone con gli occhi celesti sono milanesi
E. Cosimo è italiano

93) "Giacomo ama la marmellata. La marmellata è un dolce. Chi ama la marmellata adora la montagna". Se le precedenti affermazioni sono vere, quale delle seguenti è necessariamente vera?

A. Giacomo mangia marmellata solamente quando va in montagna
B. Chi ama la marmellata non può non amare i dolci
C. Giacomo adora tutti i dolci
D. Giacomo adora la montagna solamente quando mangia la marmellata
E. Giacomo adora la montagna

94) Se "Francesco va a scuola e tutti i bambini che vanno nella stessa scuola hanno il motorino", quale delle seguenti affermazioni è vera?

A. La mamma di Francesco deve comprare un motorino

B. Francesco non usa mai il motorino
C. Francesco usa sempre il motorino
D. Il motorino di Francesco è nero
E. Non si può dire che Francesco non abbia il motorino

95) "Tutti coloro che amano la natura sono felici; Gennaro ama la natura; chi è felice non si ammala mai". Se le precedenti informazioni sono corrette, quale delle seguenti affermazioni NON rappresenta una conclusione corretta?

A. Gennaro non si ammala mai
B. Gennaro è felice
C. Chi è felice ama la natura
D. Gennaro non si ammala mai perché è felice
E. Gennaro è felice e non si ammala mai

96) "Tutti gli argentini amano il tango. Diego ama il tango". In base alle precedenti informazioni, quale delle seguenti affermazioni è certamente vera?

A. Diego non è argentino
B. Gli argentini non amano il tango
C. Nessuna delle alternative è corretta
D. Le persone che amano il tango sono tutte argentine
E. Diego è argentino

97) "Tutti i pompieri sono coraggiosi. Tutti i marinai sono coraggiosi. Tutti i marinai amano il mare". Se le precedenti informazioni sono corrette, quale delle seguenti informazioni addizionali consentirebbe di concludere che tutti i pompieri amano il mare?

A. Tutte le persone coraggiose amano il mare
B. Tutti i marinai sono anche pompieri
C. Chi ama il mare è un marinaio
D. Tutti i pompieri sanno nuotare
E. Non ci sono pompieri che siano anche marinai

98) "Andrea è una persona simpatica; tutti i giovani sono simpatici. Gino è un giovane". In base alle precedenti informazioni, quale delle seguenti affermazioni è necessariamente vera?

A. Andrea è giovane
B. Andrea e Gino sono giovani
C. Le persone simpatiche sono giovani
D. Chi non è giovane è antipatico
E. Gino è una persona simpatica

99) "Annamaria ama le patatine fritte; chi è magro non ama le patatine fritte; chi è attivo è magro". Se le precedenti affermazioni sono vere, allora è certamente FALSO che:

A. Annamaria non è magra
B. non tutte le persone magre sono attive
C. le persone che amano le patatine fritte non sono magre
D. Annamaria è attiva
E. chi è attivo non ama le patatine fritte

100) "Un recente studio ha mostrato che negli ultimi 20 anni il peso medio degli italiani è salito del 5%. Più in particolare, il peso medio dei cittadini del Centro-Nord è cresciuto del 6%, mentre quello dei cittadini del Meridione è cresciuto del 3%". Quale delle seguenti conclusioni può essere dedotta dalle informazioni riportate sopra?

A. I cittadini del Centro-Nord sono più numerosi dei cittadini del Meridione
B. Nessuna delle altre alternative è corretta
C. Alcuni cittadini del Centro-Nord sono immigrati dal Meridione
D. I cittadini del Centro-Nord hanno un peso medio superiore rispetto ai cittadini del Meridione

E. I cittadini del Centro-Nord sono mediamente aumentati di peso di 3 chilogrammi in più rispetto ai cittadini del Meridione

101) "Tutti i professori sono colti; Maurizio è colto; tutti i professori sono affascinanti". In base alle precedenti affermazioni, quale delle seguenti è necessariamente vera?

A. Tutte le persone affascinanti sono colte
B. Nessun professore è colto e privo di fascino
C. Maurizio è affascinante
D. Tutte le persone colte sono affascinanti
E. Maurizio è un professore

102) "Tutte le amiche di Alessandra sono veliste, e tutte le veliste sono abbronzate". Determinare, sulla base di queste sole informazioni, quale delle seguenti deduzioni è corretta.

A. Lisa non è abbronzata, quindi non è una delle amiche di Alessandra
B. Lisa non è velista, quindi non è abbronzata
C. Lisa è abbronzata quindi è una amica di Alessandra
D. Lisa non è amica di Alessandra, quindi non è abbronzata
E. Lisa è una velista abbronzata, quindi è amica di Alessandra

103) "Tutti gli studenti amano i libri. Chi partecipa ad assemblee è sovente un rivoluzionario. Alcuni rivoluzionari sono studenti". Se le precedenti affermazioni sono vere, quale delle seguenti deduzioni è infondata?

A. Chi ama i libri è un rivoluzionario
B. Alcuni studenti è probabile che partecipino ad assemblee
C. Chi partecipa alle assemblee può amare i libri
D. Non si può dire che chi studia non ama i libri
E. È possibile che alcuni rivoluzionari amino i libri

104) Al termine dell'ultima riunione di condominio, ognuno dei 12 inquilini seduti intorno al tavolo ha gridato: "Voi state tutti mentendo!". Ammesso che non si possa dire contemporaneamente il vero e il falso, quanti sono i coinquilini che dicono il vero?

A. 1
B. 2
C. 6
D. 0
E. 12

105) "Il Presidente Rossi promette che, se verrà eletto, non aumenterà le tasse per i cittadini". In quale dei seguenti casi si è certi che il Presidente Rossi non ha mantenuto la promessa?

A. Il Presidente Rossi non viene eletto e le tasse per i cittadini non aumentano
B. Il Presidente Rossi viene eletto e le tasse per i cittadini aumentano
C. Il Presidente Rossi non viene eletto e le tasse per i cittadini diminuiscono
D. Il Presidente Rossi viene eletto e le tasse rimangono invariate
E. Il Presidente Rossi non viene eletto e le tasse per i cittadini aumentano

Date le premesse, è vero che

106) "Se gli studenti si applicano, conseguiranno la promozione". Se quanto affermato è vero, quale delle seguenti affermazioni è sicuramente vera?

A. Se uno studente è promosso, allora si è applicato

B. Se uno studente è promosso, non è detto che si sia applicato
C. Verranno promossi solo gli studenti che si sono applicati
D. Se uno studente non si applica, verrà bocciato
E. Verranno bocciati tutti gli studenti che non si sono applicati

107) Se non è vero che è necessario essere maschio per essere alto più di 1.70 m, allora sarà sicuramente vero che:

A. è sufficiente essere maschio per essere più alto di 1.70 m
B. i maschi e le femmine sono più alti di 1.70 m
C. non è sufficiente essere maschio per essere più alto di 1.70 m
D. almeno una femmina è più alta di 1.70 m
E. è necessario non essere maschio per essere più alto di 1.70 m

108) Se l'affermazione "tutti i piloti sono persone colte" è FALSA, quale delle seguenti proposizioni è certamente vera?

A. Alcuni piloti non sono persone colte
B. Almeno un pilota non è una persona colta
C. Almeno un pilota è colto
D. Nessun pilota è una persona colta
E. I piloti leggono poco

109) "Non esiste torta senza ciliegina". Se la precedente affermazione è FALSA, quale delle seguenti affermazioni è vera?

A. Ogni torta ha una ciliegina
B. Esiste almeno una torta senza ciliegina
C. Tutte le torte sono senza ciliegina
D. Nessuna torta ha la ciliegina
E. Non vi sono ciliegine senza torta

110) "Se Francesco lavora, allora Anna non fa le pulizie". Se l'argomentazione precedente è vera, quale delle seguenti è certamente vera?

A. Anna e Francesco fanno le pulizie insieme
B. Se Anna fa le pulizie, allora Francesco lavora
C. Mentre Anna lavora, Francesco fa le pulizie
D. Se Francesco non lavora, allora Anna non fa le pulizie
E. Se Anna fa le pulizie, allora Francesco non lavora

111) Se non è vero che in ogni città italiana c'è almeno un rione in cui tutti i residenti sono stranieri allora si può affermare che:

A. in ogni città c'è almeno un residente italiano in tutti i rioni
B. c'è almeno una città italiana che ha almeno un residente italiano in ogni rione
C. in ogni città c'è almeno un rione in cui tutti i residenti sono italiani
D. c'è almeno una città che ha solo residenti italiani in ogni rione
E. in ogni città vi sono residenti italiani in tutti i rioni

112) "Non esiste una piazza senza fontana". Se la precedente affermazione è falsa, quale delle seguenti è necessariamente vera?

A. Esiste almeno una piazza con una fontana
B. Esiste almeno una piazza senza fontana
C. Tutte le piazze hanno una fontana
D. Tutte le piazze non hanno una fontana
E. Nessuna piazza ha una fontana

113) "Strada scivolosa in caso di versamento di olio". Se la precedente af-

fermazione è vera, allora è possibile dedurre che:

A. se non c'è un versamento di olio la strada non è scivolosa
B. se c'è un versamento di olio la strada non è scivolosa
C. se non c'è un versamento di olio la strada è scivolosa
D. se c'è un versamento di olio la strada è scivolosa
E. se c'è un versamento di olio non è detto che la strada sia scivolosa

114) "Renato indossa un paio di scarpe da ginnastica in questo momento". In base alla precedente informazione, quale delle seguenti affermazioni è sicuramente esatta?

A. Renato non fa mai ginnastica
B. Renato porta sempre le scarpe
C. Renato è spesso a piedi nudi
D. Renato non è a piedi nudi
E. Renato fa spesso ginnastica

115) "Se Michele rimane a lavorare allora Rossella studia con Cristina". Se la precedente affermazione è vera, allora è sicuramente vero che:

A. se Michele è rimasto a lavorare, significa che Rossella non ha studiato con Cristina
B. se Michele non rimane a lavorare allora Rossella non studia con Cristina
C. se Rossella ha studiato con Cristina, vuol dire che Michele è rimasto a lavorare
D. se Rossella non ha studiato con Cristina, significa che Michele non è rimasto a lavorare
E. Rossella studia con Cristina solo se Michele rimane a lavorare

116) "Chi non rispetta il codice della strada viene sanzionato amministrativamente". In base alla precedente affermazione, è necessariamente vero che:

A. chi non viene sanzionato amministrativamente ha rispettato il codice della strada
B. chi non viene sanzionato amministrativamente non è detto che non abbia rispettato il codice della strada
C. il codice della strada è rispettato da tutti
D. chi rispetta il codice della strada non viene sanzionato amministrativamente
E. chi viene sanzionato amministrativamente non ha rispettato il codice della strada

117) Se l'affermazione "Tutti i fiumi italiani hanno regime torrenziale" è falsa, quale delle seguenti proposizioni è necessariamente vera?

A. Almeno un fiume italiano non ha regime torrenziale
B. Nessun fiume italiano ha regime torrenziale
C. Almeno un fiume italiano ha regime torrenziale
D. Almeno due fiumi italiani non hanno regime torrenziale
E. Alcuni fiumi polacchi hanno regime torrenziale

118) Se l'affermazione "nessun contadino è sereno" è falsa, quale delle seguenti alternative è necessariamente vera?

A. Alcuni contadini sono sereni
B. Tutti i contadini sono sereni
C. Nessun contadino è agitato
D. Tutti i contadini sono agitati
E. Almeno un contadino è sereno

119) "Se i candidati si applicano, conseguiranno l'idoneità". Sulla base dell'af-

fermazione precedente, quale delle seguenti affermazioni è vera?

A. Se un candidato non si applica, non conseguirà l'idoneità
B. Conseguiranno l'idoneità solo candidati che si sono applicati
C. Se un candidato consegue l'idoneità è possibile che si sia applicato
D. Tutte le affermazioni sono vere
E. Se un candidato si applica, conseguirà il massimo risultato

120) Se "Archimede era un genio" allora è certo che:

A. dopo di lui non sono esistiti più geni
B. è esistito almeno un uomo che era un genio
C. solo i matematici greci erano geni
D. Archimede è l'uomo più intelligente che sia mai esistito
E. i greci erano dei geni

121) "Francesca prenderà un 8 se e solo se non commetterà errori di distrazione". Se la precedente affermazione è vera allora è certamente vero che:

A. se Francesca non commetterà errori di distrazione, non prenderà 8
B. se Francesca commetterà solo qualche errore di distrazione, allora prenderà 8
C. se Francesca non prenderà 8, non riuscirà a conseguire a fine anno la media dell'8
D. se Francesca non prenderà 8, vorrà dire che avrà commesso errori di distrazione
E. se Francesca commetterà un solo errore di distrazione, allora prenderà 8

122) Se "in una libreria ci sono diversi scaffali con libri di matematica e di chimica; negli scaffali dove ci sono almeno due libri ce ne è almeno uno di chimica" allora è vero che:

A. se in uno scaffale c'è un solo libro, questo è di chimica
B. il numero dei libri di matematica in uno scaffale è sempre inferiore al numero di libri di chimica
C. in uno scaffale che contiene due libri potrebbero non esserci libri di matematica
D. uno scaffale che contiene tre libri ne ha sempre due di matematica
E. in uno scaffale che contiene due libri c'è necessariamente un libro di matematica

123) "Chi non ha studiato, viene bocciato". In base alla precedente affermazione, è necessariamente vero che:

A. chi viene bocciato non ha studiato
B. chi non viene bocciato ha studiato
C. chi ha studiato può essere bocciato
D. chi ha studiato non viene bocciato
E. è sufficiente aver studiato per non essere bocciato

124) "La pallavolo è uno sport molto seguito a Cuba, ma ultimamente non riscuote più l'attenzione che aveva in passato". Quale delle seguenti affermazioni è vera, in base alle informazioni fornite?

A. A Cuba oggi ci sono sport più seguiti della pallavolo
B. A Cuba in passato c'era più interesse per lo sport
C. La pallavolo è lo sport più amato dai cubani
D. La pallavolo oggi non si pratica più a Cuba
E. La pallavolo in passato a Cuba riscuoteva maggiore interesse

125) Ugo dice: "Se questa sera non lavoro vengo al pub. Se Mara è tornata da Milano porto anche lei". La sera, al pub non c'è nessuno. Sicuramente:

A. Ugo lavora e Mara non è tornata da Milano
B. Mara è tornata da Milano e Ugo non lavora
C. Mara era stanca e Ugo ha rinunciato
D. Ugo lavora
E. Mara non è tornata da Milano

Date le premesse, non è necessariamente vero che

126) "Arturo andrà a sciare se e solo se comprerà gli scarponi". In base alla precedente affermazione, quale delle seguenti non è necessariamente vera?

A. Se Arturo non comprerà gli scarponi, non andrà a sciare
B. Se Arturo non comprerà gli scarponi allora non andrà a sciare
C. È sufficiente che Arturo compri gli scarponi perché vada a sciare
D. Se Arturo è andato a sciare allora ha comprato gli scarponi
E. Anche se Arturo comprerà gli scarponi, potrebbe non andare a sciare

127) "Paolo avrà una salute di ferro se e solo se prenderà le medicine". In base alla precedente affermazione, quale delle seguenti non è necessariamente vera?

A. Anche se Paolo prenderà le medicine, potrà non avere una salute di ferro
B. Se Paolo non prenderà le medicine, non avrà una salute di ferro
C. È sufficiente che Paolo prenda le medicine per avere una salute di ferro
D. È necessario che Paolo prenda le medicine per avere una salute di ferro
E. È sufficiente che Paolo non prenda le medicine per non avere una salute di ferro

128) "Solo se la rappresentazione teatrale è in atto, gli spettatori non parlano a voce alta". In base alla precedente affermazione, quale delle seguenti non è necessariamente vera?

A. Se la rappresentazione teatrale non è in atto, gli spettatori parlano a voce alta
B. Se gli spettatori non parlano ad alta voce significa che la rappresentazione teatrale è in atto
C. È sufficiente che la rappresentazione teatrale non sia in atto perché gli spettatori parlino a voce alta
D. Se gli spettatori parlano a voce alta allora vuol dire che la rappresentazione teatrale non è in atto
E. Se gli spettatori parlano a voce bassa allora vuol dire che la rappresentazione teatrale è in atto

Date le premesse, è falso che

129) "Sergio, Claudia, Nico e Adamo possiedono ciascuno un solo animale. I loro animali sono un coniglio, un canarino, un tigrotto e un pesce palla. L'animale di Nico ha 4 zampe; quello di Sergio ha il pelo; Adamo ha un uccellino e sia Claudia sia Nico non possiedono tigrotti". Quale delle seguenti affermazioni è falsa?

A. Adamo ha un canarino
B. Claudia ha un pesce
C. Sergio ha un coniglio
D. Sergio ha un tigrotto
E. Nico ha un coniglio

130) "I beati stanno giocando contro gli ubriachi. I beati hanno già vinto più partite degli ubriachi". Se gli ubriachi vincessero la partita in corso, quale delle seguenti affermazioni risulterebbe necessariamente falsa?

A. Gli ubriachi perderanno sicuramente la prossima partita
B. Il numero delle partite vinte dagli ubriachi potrebbe essere maggiore

rispetto al numero delle partite vinte dai beati
C. Gli ubriachi potrebbero sopravanzare i beati vincendo anche la prossima partita
D. Il numero delle partite vinte dagli ubriachi potrebbe comunque restare inferiore rispetto al numero di partite vinte dai beati
E. Il numero delle partite vinte dagli ubriachi potrebbe uguagliare il numero di partite vinte dai beati

131) Nel deserto ci sono 3 accampamenti:
- l'accampamento X si trova a 30 km ad ovest rispetto all'accampamento Z;
- l'accampamento Y si trova a 40 km a sud rispetto all'accampamento X;
- la distanza tra l'accampamento Z e l'accampamento Y è di 50 km.

La capacità di trasmissione radio varia da accampamento ad accampamento. Il segnale radio dall'accampamento X copre un raggio di 10 km; dall'accampamento Y copre un raggio di 20 km e dall'accampamento Z copre un raggio di 40 km.
Quale delle seguenti affermazioni NON è corretta?

A. Un soldato che riceve un segnale dall'accampamento X capta sempre il segnale dall'accampamento Z, ma non capta mai il segnale dall'accampamento Y
B. È possibile che un soldato capti un segnale trasmesso dall'accampamento Y e dall'accampamento X, ma non possa captare un segnale dall'accampamento Z
C. È impossibile per un soldato in pattugliamento nel deserto captare un segnale trasmesso da tutti e tre gli accampamenti
D. È possibile che un soldato capti un segnale trasmesso dall'accampamento Y e dall'accampamento Z, ma non possa captare un segnale dall'accampamento X
E. Un soldato che riceve un segnale dall'accampamento Y può non essere in grado di captare un segnale dall'accampamento Z e neanche di captare un segnale dall'accampamento X

132) "I sostenitori del vitalismo 'scientistico' sono stati numerosi ed annoverano nelle loro file scienziati di grande valore. Ma, mentre una cinquantina d'anni or sono i vitalisti si reclutavano fra i biologi (il più noto dei quali, H. Driesch, abbandonò l'embriologia per dedicarsi alla filosofia), oggi essi provengono soprattutto dalle scienze fisiche, come Elsasser e Polanyi. Ed è comprensibile che la stranezza degli esseri viventi abbia colpito i fisici in misura ancor maggiore dei biologi. Per quanto riguarda, ad esempio, Elsasser, il suo atteggiamento è in sintesi il seguente: le proprietà strane degli esseri viventi, l'invarianza e la teleonomia, non violano probabilmente la fisica, ma esse non sono spiegabili appieno in termini di forze fisiche e di interazioni chimiche, rilevate dallo studio dei sistemi non viventi. È dunque indispensabile ammettere che alcuni principi i quali si sommerebbero a quelli della fisica, operano nella materia vivente e non nei sistemi non viventi, dove di conseguenza essi, come principii elettivamente vitali, non possono essere reperiti. Sono questi principi (o leggi biotoni che, per usare la terminologia di Elsasser) che è necessario chiarire".
Sulla base della lettura del testo sopra riportato, quale delle seguenti affermazioni è FALSA?

A. Il vitalismo scientistico tenta di spiegare le proprietà strane degli esseri viventi, quali l'invarianza e la teleonomia

B. I sostenitori del vitalismo scientifico al giorno d'oggi provengono prevalentemente dalle scienze fisiche
C. Elsasser definisce "leggi biotoniche" i principi che operano nella materia vivente
D. Elsasser sosteneva che tutti i fenomeni viventi sono spiegabili in termini di interazioni chimiche e forze fisiche
E. Elsasser ammette che alcuni principi sommantisi alle leggi della chimica e della fisica operano nella materia vivente e non nei sistemi non viventi

133) "Secondo il critico d'arte Giovanni Morelli, attivo negli ultimi decenni del XIX secolo, particolari considerati di solito senza importanza, o addirittura triviali, 'bassi', forniscono una chiave privilegiata per accedere ai prodotti più elevati dello spirito umano. «I miei avversari – scriveva ironicamente Morelli – si compiacciono di qualificarmi per uno il quale non sa vedere il senso spirituale di un'opera d'arte e per questo dà una particolare importanza a mezzi esteriori, quali le forme della mano, dell'orecchio, e persino, horribile dictu, di un così antipatico oggetto qual è quello delle unghie». Ma questi dati marginali sono, per Morelli, rivelatori, perché costituiscono i momenti in cui il controllo dell'artista, legato alla tradizione culturale, si allenta per cedere il posto a tratti puramente individuali, «che gli sfuggono senza che egli se ne accorga»".

Carlo Ginzburg, *Miti, Emblemi, Spie*

Le frasi sotto riportate sono state tutte, meno una, tratte dal saggio su Morelli del quale qui è stata citata una parte significativa. Individuare, perché incongruente, la frase indebitamente inserita:

A. I grandi artisti non sono influenzati dalle norme della tradizione, a cui per lo più si contrappongono
B. Data l'attenzione evidente per gli elementi inconsci dell'attività dell'artista, si può comprendere come Morelli abbia interessato Freud
C. I nostri piccoli gesti inconsapevoli possono rivelare il nostro carattere più di qualunque atteggiamento formale
D. Se la realtà è opaca, esistono zone privilegiate – spie, indizi – che consentono a un osservatore attento di decifrarla
E. Grazie al suo metodo indiziario Morelli fu in grado di proporre nuove attribuzioni nei principali Musei d'Europa

Date le premesse, si può dedurre che

134) Thomas Malthus scrisse nel "*Saggio sui principi della popolazione*" che la crescita di popolazioni di piante o animali, ivi compreso l'uomo, segue una progressione geometrica, mentre la capacità di aumentare le fonti di cibo segue una progressione aritmetica.

Quale delle seguenti risposte è logicamente collegata all'affermazione di Malthus?

A. Non esiste conflitto tra progressione aritmetica e progressione geometrica
B. Una popolazione in espansione si appropria delle fonti di cibo di altre popolazioni
C. Una popolazione in espansione scatena l'aggressività delle popolazioni confinanti
D. Le popolazioni si espandono occupando spazi appartenenti ad altre popolazioni confinanti più deboli
E. Le fonti di cibo limitano automaticamente l'espandersi di una popolazione

135) Da "Chi dorme non piglia pesci" segue logicamente:

A. chi piglia pesci non dorme
B. chi piglia pesci dorme
C. nessuna delle altre alternative proposte
D. chi non piglia pesci dorme
E. chi non piglia pesci non dorme

136) L'italiano che afferma che tutti gli italiani sono sempre bugiardi dice:

A. una affermazione perfettamente verificabile
B. il vero
C. una bugia
D. niente di nuovo
E. una cosa ovvia

137) "Dopo mesi di indagini, la guardia di finanza ha arrestato un professionista coinvolto in un giro di tangenti". Da quanto esposto, una sola delle deduzioni ricavate è indiscutibile:

A. qualcuno ha giocato sulla sua ingenuità
B. la sua è stata una debolezza passeggera
C. era in combutta con uno o più complici
D. tutti i professionisti sono corrotti
E. c'è stato un errore di persona

138) In un romanzo il nipote "con la sua ritrosa ironia" dice allo zio: "Tu, zione, corteggi la morte". Se ne deduce correttamente che:

A. lo zio desidera morire
B. lo zio teme che il nipote voglia la sua eredità
C. il nipote parla della morte come di una donna sgradevole
D. il nipote proietta sullo zio un suo desiderio inconscio
E. il nipote desidera la morte dello zio

139) Di un gruppo di persone si sa che non è vero che "tutti i maschi sono originari della Sicilia". Se ne può dedurre che in quel gruppo:

A. tutte le persone originarie della Sicilia sono femmine
B. c'è almeno un maschio che non è originario della Sicilia
C. tutte le femmine sono originarie della Sicilia
D. c'è almeno una persona originaria della Sicilia che non è maschio
E. c'è almeno una femmina che non è originaria della Sicilia

140) Lucia, Francesco e Roberta parlano dei loro viaggi futuri. Lucia afferma: "Se Roberta andrà a Londra, anch'io andrò a Londra". Francesco afferma: "Esattamente due di noi andranno a Londra". Da queste affermazioni possiamo dedurre con certezza che:

A. Lucia andrà a Londra
B. Lucia non andrà a Londra
C. Roberta e Lucia andranno a Londra
D. Roberta andrà a Londra
E. Francesco andrà a Londra

141) Se tutti gli elefanti hanno la proboscide e nessun quadrupede ha le piume, possiamo affermare che:

A. nessun elefante ha le piume
B. tutti i quadrupedi hanno le piume
C. tutti i quadrupedi hanno la proboscide
D. alcuni elefanti hanno le piume
E. nessun quadrupede ha la proboscide

142) "In un villaggio egiziano tutti i camerieri sono tedeschi e tutti i tedeschi sono biondi". Ne consegue che:

A. alcuni camerieri tedeschi sono biondi
B. tutti i biondi sono tedeschi

C. tutti i tedeschi sono camerieri
D. tutti i biondi sono camerieri
E. tutti i camerieri sono biondi

143) "Strada scivolosa in caso di ghiaccio". Se la precedente affermazione è vera allora è possibile dedurre che:

A. se c'è ghiaccio la strada non è scivolosa
B. se non c'è ghiaccio la strada è scivolosa
C. se non c'è ghiaccio la strada non è scivolosa
D. se c'è ghiaccio la strada è scivolosa
E. la strada è scivolosa solo in presenza di ghiaccio

144) Se tutti gli elefanti hanno la coda e nessun quadrupede ha le ali, possiamo affermare che:

A. tutti i quadrupedi hanno la coda
B. alcuni elefanti hanno le ali
C. alcuni quadrupedi hanno la coda
D. nessun quadrupede ha la coda
E. nessun elefante ha le ali

●●○ Condizione necessaria

145) "Se e solo se c'è umidità, apro la finestra". In base al precedente assunto, quale delle seguenti affermazioni è certamente vera?

A. Quando apro la finestra non è detto che ci sia umidità
B. A volte, anche se c'è umidità, non apro la finestra
C. Se apro la finestra c'è sempre umidità
D. Quando apro la finestra non so se c'è umidità
E. Se apro la finestra significa che c'è umidità

146) "Solamente dopo la riunione Aldo e Giacomo possono andare a cena". Se la precedente informazione è corretta, quale delle seguenti affermazioni NON rappresenta una conclusione corretta?

A. Anche se la riunione è terminata, può darsi che Aldo e Giacomo non siano andati a cena
B. Se la riunione è terminata, allora Aldo e Giacomo sono andati a cena
C. Se Aldo e Giacomo sono andati a cena, allora la riunione è terminata
D. Se Aldo e Giacomo non sono andati a cena, allora la riunione non è terminata
E. Se la riunione non è terminata, allora Aldo e Giacomo non possono andare a cena

147) Imparerai che per un intervallo *I* di numeri reali vale la seguente proprietà: *I* è compatto se e solo se è chiuso e limitato. Senza che tu debba conoscere il significato dei termini in oggetto, scegli tra le seguenti affermazioni l'unica che consegue necessariamente dalla proprietà enunciata.

A. Se *I* è limitato ma non compatto, allora *I* è chiuso
B. Se *I* non è chiuso oppure non è limitato, allora *I* è compatto
C. Se *I* è chiuso oppure è limitato, allora *I* è compatto
D. Se *I* è chiuso e compatto, allora *I* non è limitato
E. Se *I* non è limitato, allora *I* non è compatto

148) "Soltanto se vi è silenzio, Luca riesce ad addormentarsi". In base alla precedente affermazione, è necessariamente vero che:

A. se vi è silenzio, sicuramente Luca riesce ad addormentarsi
B. è sufficiente che vi sia silenzio perché Luca riesca ad addormentarsi

C. se Luca non riesce ad addormentarsi, significa che non vi è silenzio
D. Luca riesce ad addormentarsi anche se non vi è silenzio
E. se non vi è silenzio Luca non riesce ad addormentarsi

149) "Solo se conservati nel congelatore, i surgelati non subiscono alterazioni". In base alla precedente affermazione, quale delle seguenti alternative non è necessariamente vera?

A. Se non sono conservati nel congelatore, i surgelati subiscono alterazioni
B. Condizione necessaria perché i surgelati non subiscano alterazioni è che siano conservati nel congelatore
C. Se non vengono conservati nel congelatore, i surgelati subiscono alterazioni
D. I surgelati alterati non sono stati conservati nel congelatore
E. I surgelati non alterati sono stati conservati nel congelatore

150) "Se e solo se mangio i dolci, ingrasso". In base alla precedente informazione, quale delle seguenti affermazioni è certamente vera?

A. A volte, anche se mangio i dolci, non ingrasso
B. Quando ingrasso non è detto che io abbia mangiato i dolci
C. Se mangio dolci dimagrisco
D. Ingrasso solo prima di mettermi a dieta
E. Quando ingrasso è perché ho mangiato i dolci

151) "Solo se avvolti nella carta stagnola, gli alimenti cotti al forno non si deteriorano". In base alla precedente affermazione, quale delle seguenti non è necessariamente vera?

A. Le altre deduzioni sono tutte vere
B. Gli alimenti cotti al forno che si deteriorano non sono stati avvolti nella carta stagnola
C. Se non vengono avvolti nella carta stagnola, gli alimenti cotti al forno si deteriorano
D. Condizione necessaria perché gli alimenti cotti al forno non si deteriorino è che siano avvolti nella carta stagnola
E. Gli alimenti cotti al forno che non si deteriorano sono stati avvolti nella carta stagnola

152) "Se e solo se nevica, accendo il camino". In base alla precedente informazione, quale delle seguenti affermazioni è certamente vera?

A. Se accendo il camino significa che nevica
B. Quando accendo il camino non sempre sta nevicando
C. Accendo il camino solo dopo aver raccolto la legna
D. Se non accendo il camino significa che nevica
E. A volte, anche se nevica, non accendo il camino

153) "Solo se vado a dormire presto, rendo al massimo sul lavoro". In base alla precedente affermazione, è necessariamente vero che:

A. se vado a dormire tardi, sicuramente rendo al massimo sul lavoro
B. è possibile che renda al massimo sul lavoro anche se non vado a dormire presto
C. se non rendo al massimo sul lavoro, significa che non sono andato a dormire presto
D. se vado a dormire presto, sicuramente rendo al massimo sul lavoro
E. se non vado a dormire presto, non rendo al massimo sul lavoro

154) "Solamente dopo aver lavato la macchina si può lucidarla". Se la precedente informazione è corretta, quale delle seguenti affermazioni non rappresenta una conclusione corretta?

A. Se la macchina è stata lucidata allora è stata lavata
B. Se la macchina non è stata lucidata allora non è stata lavata
C. È possibile che, dopo aver lavato la macchina, non si possa lucidarla
D. Se la macchina non è stata lavata allora non può essere lucidata
E. Perché la macchina sia lucidata, è necessario che sia prima lavata

155) "Solo se l'amministratore mi procura le chiavi, posso aprire i cancelli". In base alla precedente affermazione, è necessariamente vero che:

A. se non posso aprire i cancelli, significa che l'amministratore non mi ha procurato le chiavi
B. se l'amministratore mi procura le chiavi, sicuramente posso aprire i cancelli
C. se l'amministratore non mi procura le chiavi, non posso aprire i cancelli
D. è impossibile aprire i cancelli se l'amministratore mi procura le chiavi
E. è possibile aprire i cancelli anche se l'amministratore non mi procura le chiavi

156) "Se e solo se la Polizia scorterà il pullman dei tifosi, l'ordine pubblico nella città sarà garantito". In base alla precedente affermazione, è necessariamente vero che:

A. se la Polizia scorta il pullman dei tifosi, l'ordine pubblico nella città non sarà garantito
B. se la Polizia non scorta il pullman dei tifosi, l'ordine pubblico nella città non sarà garantito
C. anche se il pullman dei tifosi viene scortato dalla Polizia, l'ordine pubblico nella città potrebbe non essere garantito
D. non è sufficiente che il pullman dei tifosi venga scortato perché l'ordine pubblico sia garantito nella città
E. per garantire l'ordine pubblico nella città, occorre che la Polizia scorti il pullman dei tifosi fino alla stazione dei treni

157) "Solo se la nave lancia l'SOS, arrivano i soccorsi". In base alla precedente affermazione, è necessariamente vero che:

A. se la nave non lancia l'SOS, i soccorsi non arrivano
B. se non arrivano i soccorsi, significa che la nave non ha lanciato l'SOS
C. se la nave lancia l'SOS, sicuramente arrivano i soccorsi
D. è possibile che arrivino i soccorsi anche se la nave non lancia l'SOS
E. è impossibile che arrivino i soccorsi se la nave lancia l'SOS

158) "Solo se Luisa telefona, Stefano le dà un passaggio in automobile". In base alla precedente affermazione, è necessariamente vero che:

A. è possibile che Stefano dia a Luisa un passaggio in automobile anche se lei non telefona
B. se Luisa non telefona, Stefano le dà un passaggio in automobile
C. se Stefano non dà un passaggio in automobile a Luisa, significa che lei non ha telefonato
D. se Luisa non telefona, Stefano non le dà un passaggio in automobile
E. se Luisa telefona, sicuramente Stefano le dà un passaggio in automobile

159) "Se torno a casa presto, vado a giocare a tennis". In base alla precedente affermazione, è necessariamente vero che:

A. vado a giocare a tennis solo se torno a casa presto
B. se vado a giocare a tennis, significa che sono tornato a casa presto
C. se torno a casa tardi, non vado a giocare a tennis
D. se torno a casa tardi, vado a giocare a tennis
E. se non sono andato a giocare a tennis, vuol dire che non sono tornato a casa presto

160) "Solo se l'insegnante assente telefona entro le ore nove, il preside provvede a chiamare un supplente". In base alla precedente affermazione, è necessariamente vero che:

A. è possibile che il preside provveda a chiamare un supplente anche se l'insegnante assente non telefona entro le ore nove
B. se l'insegnante assente non telefona entro le ore nove, il preside provvede a chiamare un supplente
C. se il preside non provvede a chiamare un supplente, significa che l'insegnante assente non ha telefonato entro le ore nove
D. se l'insegnante assente telefona entro le ore nove, sicuramente il preside provvede a chiamare un supplente
E. se l'insegnante assente non telefona entro le ore nove, il preside non provvede a chiamare un supplente

161) "È necessario che il tram sia in orario affinché Sabina arrivi in tempo al lavoro". Se la precedente informazione è vera, allora è possibile dedurre che:

A. se il tram non è in orario allora Sabina arriva in tempo al lavoro
B. se il tram non è in orario allora Sabina non arriva in tempo al lavoro
C. se Sabina non arriva in tempo al lavoro allora il tram non è in orario
D. se il tram è in orario allora Sabina arriva in tempo al lavoro
E. se Sabina arriva in tempo al lavoro allora il tram non è in orario

162) "Solo se il camino è acceso, si avverte l'atmosfera natalizia". In base alla precedente affermazione, è necessariamente vero che:

A. se il camino è acceso, sicuramente non si avverte l'atmosfera natalizia
B. se non si avverte l'atmosfera natalizia, significa che il camino non è acceso
C. se il camino non è acceso, non si avverte l'atmosfera natalizia
D. si può avvertire l'atmosfera natalizia anche con il camino spento
E. nessuna delle alternative è corretta

Condizione sufficiente

163) L'affermazione "quando mangio troppo mi viene mal di stomaco" implica che:

A. a volte capita che non abbia mal di stomaco pur avendo mangiato troppo
B. se ho mal di stomaco vuol dire che ho mangiato troppo
C. se non mi viene mal di stomaco allora non ho mangiato troppo
D. o mangio troppo o mi viene mal di stomaco
E. non ho mal di stomaco pur avendo mangiato troppo

164) Quale delle seguenti proposizioni equivale a dire che "condizione sufficiente affinché la proposizione Q sia vera è che sia vera la proposizione P"?

A. Se P è vera, allora Q è vera
B. Se Q è vera, allora P è vera
C. Se P è falsa, allora Q è falsa

D. P è vera se e solo se Q è vera
E. P è falsa se e solo se Q è falsa

165) "Se il mandorlo è in fiore, la rosa marcisce. Se la begonia marcisce il papavero sboccia. Inoltre o il mandorlo è in fiore o la begonia marcisce". In base alle precedenti affermazioni è sicuramente vero che:

A. il mandorlo è in fiore e il papavero sboccia
B. la rosa marcisce o il papavero sboccia
C. il papavero sboccia
D. la rosa marcisce e il papavero sboccia
E. la rosa e la begonia marciscono

166) "Se lascerò accesa la mia lampada troppo a lungo, la lampadina si fulminerà". Se la precedente affermazione è vera, quale delle seguenti alternative è necessariamente vera?

A. Se non lascerò la lampada accesa troppo a lungo, la lampadina non si fulminerà
B. Se la lampadina non si è fulminata, allora non ho lasciato la lampada accesa troppo a lungo
C. Se la lampadina si è fulminata, vuol dire che ho lasciato la lampada accesa troppo a lungo
D. Se la lampadina si è fulminata, allora non ho lasciato la lampada accesa troppo a lungo
E. Se la lampadina non si è fulminata, allora non è detto che io non abbia lasciato accesa la lampada troppo a lungo

167) "È sufficiente che piova perché i prezzi della frutta e della verdura diminuiscano". Se la precedente informazione è vera, quale delle seguenti affermazioni è certamente vera?

A. È necessario che piova perché i prezzi della frutta e della verdura diminuiscano
B. Se i prezzi della frutta e della verdura diminuiscono significa che è piovuto
C. È possibile che i prezzi della frutta e della verdura diminuiscano senza che sia piovuto
D. Se non piove allora i prezzi della frutta e della verdura non diminuiscono
E. Se i prezzi della frutta e della verdura aumentano significa che è piovuto

168) Condizione sufficiente, ma non necessaria, affinché al Liceo Pitagora l'anno scolastico si concluda con una festa è che le interrogazioni terminino entro la fine del mese di maggio. Determinare quale delle seguenti situazioni è INCOMPATIBILE con l'affermazione precedente.

A. Nel 2006 uno studente è stato interrogato il 4 giugno, e poi c'è stata la festa
B. Nel 2008 le interrogazioni sono terminate a marzo, e poi non c'è stata la festa
C. Nel 2010 uno studente è stato interrogato il 3 aprile, e poi non c'è stata la festa
D. Da quando esiste il Liceo Pitagora la festa c'è stata ad anni alterni
E. Nel 2003 uno studente è stato interrogato il 4 giugno, e poi non c'è stata la festa

169) "Se Gabriella è in ufficio, allora Tommaso è all'asilo nido". Se l'argomentazione precedente è vera, quale delle seguenti è certamente vera?

A. Se Gabriella è in ufficio, allora Tommaso non è all'asilo nido
B. Se Tommaso non è all'asilo nido, allora Gabriella non è in ufficio
C. Se Tommaso è all'asilo nido, allora Gabriella è in ufficio
D. Gabriella e Tommaso non possono mai essere all'asilo nido insieme

E. Se Gabriella non è in ufficio, allora Tommaso non è all'asilo nido

170) "Se Luigi continua a fumare, si ammalerà". Se l'affermazione precedente è vera, allora è vero anche che:

A. se Luigi non si ammalerà, significa che ha smesso di fumare
B. se Luigi si ammalerà, sarà a causa di un tumore
C. se Luigi smette di fumare, vivrà a lungo in buona salute
D. se Luigi si ammalerà, sarà a causa del fumo
E. se Luigi non si ammalerà, significa che non ha smesso di fumare

2.4 • Relazioni d'ordine: le parentele

171) "Sonia ha una sorella di nome Concetta ed un fratello di nome Michele, che ha sposato la sorella del marito di Sonia". Che relazione c'è tra Concetta e la moglie di Michele?

A. Sono sorelle
B. Sono cognate
C. Sono semplici conoscenti
D. Sono consuocere
E. Sono cugine acquisite

172) Se il padre di Luigi è fratello della madre di Marco, in che rapporto di parentela è Marco con la madre di Luigi?

A. Nipote
B. Cognato
C. Fratello
D. Cugino
E. Zio

173) Paola non ha sorelle. Chi è la sorella del figlio del nonno materno della figlia di Paola?

A. Paola stessa
B. Una cugina di Paola
C. Non esiste tale persona
D. La mamma di Paola
E. Una zia di Paola

174) "Mario è il secondogenito di una coppia con due figli, e sua moglie è figlia unica. Uno dei nonni del figlio di Mario ha una figlia che si chiama Francesca, la quale ha due anni meno di Mario". Date queste premesse, chi è la Francesca di cui si parla nel testo?

A. Una figlia di Mario
B. La moglie di Mario
C. La sorella di Mario
D. La madre di Mario
E. Una zia di Mario

2.5 • Relazioni d'ordine: le età

175) Franco è più giovane di Sandro; Alessio è più giovane di Franco ma è più vecchio di Marco. Chi è il più giovane dei quattro ragazzi?

A. Alessio
B. Sandro
C. Marco
D. Franco
E. I dati non sono sufficienti per rispondere

176) "Se Antonio, Mario e Luca sono tre fratelli: Antonio è maggiore di Mario, questi è minore di Luca che, a sua volta, è meno grande anche di Antonio", si ha che:

A. Mario è il più piccolo
B. Antonio è il più piccolo
C. Luca è il più grande
D. Mario è il mediano
E. Antonio e Mario sono coetanei

177) "J è più anziano di K ma più giovane di L. K e L sono entrambi più gio-

vani di M. N è più anziano di J. Se le precedenti informazioni sono corrette, X è più anziano di J se è anche vero che: 1) X è più anziano di N; 2) N è più giovane di L e X è più giovane di M; 3) X e M hanno la stessa età". Quali sono le condizioni sicuramente corrette?

A. Solo 1)
B. 1) e 3)
C. 1), 2) e 3)
D. Solo 3)
E. Solo 2)

178) "Laura ha tre sorelle, Flavia, Sara e Alice, e due fratelli, Diego e Vincenzo. Si sa che:
1) Diego è il maggiore di tutti;
2) Vincenzo è più grande di Sara e Flavia (non necessariamente in quest'ordine) ma più piccolo di Laura e Alice (non necessariamente in quest'ordine)".
In base alle informazioni precedenti è FALSO affermare che:

A. Laura è più grande di Sara
B. Flavia è più piccola di Alice
C. Alice non può essere la terza in ordine di età
D. Alice è più grande di Sara
E. Sara non può essere la seconda in ordine di età

2.6 • Relazioni d'ordine: collocazione di oggetti e/o individui

179) Se Mirco è più vicino ad Assunta che non a Benedetta, e Assunta è più vicina a Mirco che non a Benedetta, allora Benedetta è più vicina:

A. a nessuno
B. ad Assunta
C. le informazioni fornite non consentono di stabilirlo con certezza
D. sia a Mirco che ad Assunta
E. a Mirco

180) La maestra d'asilo mette in fila indiana sei bimbe, i cui nomi sono: Anna, Bianca, Claudia, Diana, Eva, Federica. Sapendo che Eva viene subito dopo Federica, che Bianca è la seconda della fila e che fra lei ed Anna vi è una sola bambina, si dica chi è l'ultima della fila.

A. Eva
B. Federica
C. Claudia
D. Anna
E. Diana

181) Al *Festival di San Romolo* la canzone di *Malva* riceve più voti di quella dei *Dromedari*, che a sua volta riceve più voti di quella di *Tito Acciaio*. La canzone di *Fred Fedeli* riceve più voti sia di quella dei Dromedari che di quella dei *Cognati Simili*.
Quale delle seguenti affermazioni è sicuramente corretta?

A. La canzone di *Malva* riceve più voti di quella dei *Cognati Simili*
B. La canzone di *Malva* riceve più voti di quella di *Fred Fedeli*
C. La canzone dei *Cognati Simili* riceve più voti di quella dei *Dromedari*
D. La canzone dei *Dromedari* riceve più voti di quella dei *Cognati Simili*
E. La canzone di *Fred Fedeli* riceve più voti di quella di *Tito Acciaio*

182) Se A viene prima di C, E viene prima di C, C viene prima di D e A viene prima di E, una delle seguenti affermazioni è falsa (F) mentre tutte le altre sono vere (V):
1) A è la prima della serie
2) E viene dopo D
3) E non è l'ultima della serie

4) E viene prima di D
5) L'ordine non è alfabetico
Quale tra le seguenti è dunque la sequenza corretta?

A. 1:V 2:V 3:V 4:V 5:F
B. 1:F 2:V 3:V 4:V 5:V
C. 1:V 2:V 3:V 4:F 5:V
D. 1:V 2:V 3:F 4:V 5:V
E. 1:V 2:F 3:V 4:V 5:V

2.7 • Abilità a ordinare eventi cronologici

183) Se oggi è lunedì, qual è il giorno successivo al giorno che precede il giorno prima di domani?

A. Sabato
B. Mercoledì
C. Martedì
D. Domenica
E. Lunedì

184) Se oggi è giovedì, qual è il giorno precedente al giorno che segue dopodomani?

A. Venerdì
B. Lunedì
C. Martedì
D. Domenica
E. Sabato

185) Nell'affollatissimo bar di Mario, ogni mattina il signor Rossi, il signor Verdi ed il signor Bianchi vanno a prendere un caffè. Il signor Rossi arriva sempre per primo e non ha fretta, il signor Verdi arriva sempre per secondo ed ha fretta, mentre il signor Bianchi arriva sempre per terzo ed ha molta fretta. I tre clienti, non appena hanno bevuto il proprio caffè, vanno via, pertanto possono incontrarsi al bar oppure no. Mario conosce le necessità dei suoi tre clienti abituali e cerca di soddisfarle, compatibilmente con la necessità di servire anche gli altri avventori. Pertanto, egli serve prima il signor Bianchi (che ha molta fretta), poi il signor Verdi (che ha fretta) e poi il signor Rossi (che non ha fretta).
In quale ordine sicuramente Mario non ha potuto servire i tre clienti abituali?

A. Sig. Rossi, sig. Bianchi e sig. Verdi
B. Sig. Rossi, sig. Verdi e sig. Bianchi
C. Sig. Bianchi, sig. Verdi e sig. Rossi
D. Sig. Bianchi, sig. Rossi e sig. Verdi
E. Sig. Verdi, sig. Rossi e sig. Bianchi

186) Gabriele si allena in piscina ogni lunedì, mercoledì e sabato. In uno dei rimanenti giorni della settimana Gabriele gioca a calcio. Sapendo che il giorno dopo gli allenamenti di nuoto Gabriele non svolge alcuna attività fisica, qual è il giorno in cui gioca a calcio?

A. Domenica
B. Mercoledì
C. Giovedì
D. Martedì
E. Venerdì

2.8 • Test di logica concatenativa

187) "Delle tre banche d'affari ABI, EBI e OBI almeno due sono svizzere. Si sa, inoltre, che se ABI è svizzera anche EBI lo è, che se OBI è svizzera lo è anche ABI, e che tra EBI e OBI almeno una è non svizzera". In base a queste informazioni, quale delle seguenti è sicuramente vera?

A. ABI non è svizzera e EBI è svizzera
B. OBI non è svizzera e EBI è svizzera
C. EBI non è svizzera e OBI è svizzera
D. ABI, OBI e EBI sono svizzere
E. OBI è svizzera e EBI non è svizzera

188) Aldo, Bruno, Carlo, Donato ed Eugenio durante una gita pernottano in una locanda dove hanno a disposizione tre camere singole e una doppia. Nessuno vuol dormire con Eugenio, perché russa troppo sonoramente. Aldo accetta di dividere la camera doppia solo con Carlo o con Bruno. Bruno dice che andrà nella doppia solo con Donato. Se ne deduce, necessariamente, che:

A. uno dei due, tra Aldo e Bruno, dormirà sicuramente nella camera doppia
B. Aldo e Bruno dormiranno nella camera doppia
C. nella camera doppia dormirà Aldo oppure Donato
D. Eugenio, Carlo e Donato dormiranno nelle camere singole
E. Eugenio, Aldo e Bruno dormiranno nelle camere singole

2.9 • Relazioni insiemistiche

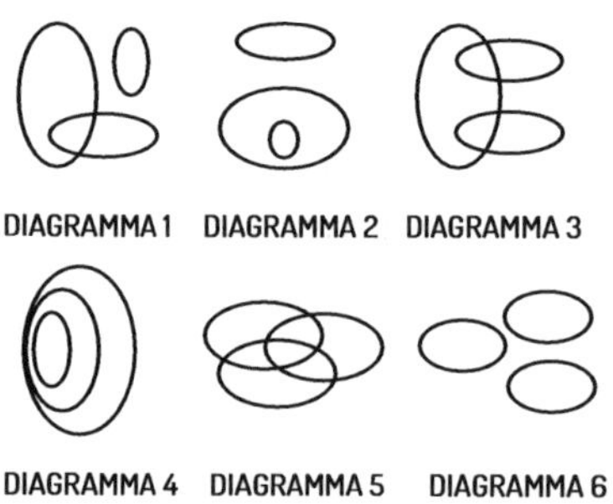

189) Individuare quale diagramma soddisfa la relazione insiemistica esistente fra i tre termini seguenti: Tramvieri, Edicolanti, Persone di nome Giorgio.

A. Diagramma 1
B. Diagramma 6
C. Diagramma 3
D. Diagramma 4
E. Diagramma 2

190) Individuare quale diagramma soddisfa la relazione insiemistica esistente fra i tre termini seguenti: Riviste settimanali, Edicole, Pubblicazioni periodiche.

A. Diagramma 3
B. Diagramma 5
C. Diagramma 4
D. Diagramma 1
E. Diagramma 2

191) Individuare quale diagramma soddisfa la relazione insiemistica esistente fra i tre termini seguenti: Elefanti, Animali, Baobab.

A. Diagramma 2
B. Diagramma 1
C. Diagramma 3
D. Diagramma 4
E. Diagramma 5

192) Individuare quale diagramma soddisfa la relazione insiemistica esistente fra i tre termini seguenti: Numeri positivi, Numeri negativi, Operazioni.

A. Diagramma 5
B. Diagramma 1
C. Diagramma 3
D. Diagramma 2
E. Diagramma 6

193) Individuare quale diagramma soddisfa la relazione insiemistica esistente fra i tre termini seguenti: Fotografie, Dipinti, Cornici.

A. Diagramma 6
B. Diagramma 4
C. Diagramma 5
D. Diagramma 1
E. Diagramma 3

194) Individuare quale diagramma soddisfa la relazione insiemistica esistente fra i tre termini seguenti: Deputati, Avvocati, Senatori.

A. Diagramma 1
B. Diagramma 3
C. Diagramma 5
D. Diagramma 2
E. Diagramma 6

195) Individuare quale diagramma soddisfa la relazione insiemistica esistente fra i tre termini seguenti: Feste religiose, Natale, Festa del lavoro.

A. Diagramma 4
B. Diagramma 2
C. Diagramma 6
D. Diagramma 5
E. Diagramma 3

196) Individuare quale diagramma soddisfa la relazione insiemistica esistente tra i tre termini seguenti: Satelliti, Pianeti, Stelle.

A. Diagramma 3
B. Diagramma 1
C. Diagramma 2
D. Diagramma 6
E. Diagramma 4

197) Individuare quale diagramma soddisfa la relazione insiemistica esistente fra i tre termini seguenti: Sigarette, Accendini, Tumori.

A. Diagramma 6
B. Diagramma 2
C. Diagramma 1
D. Diagramma 3
E. Diagramma 5

198) Individuare quale diagramma soddisfa la relazione insiemistica esistente fra i tre termini seguenti: Minorenni, Biondi, Bruni.

A. Diagramma 3
B. Diagramma 1
C. Diagramma 4
D. Diagramma 6
E. Diagramma 2

199) Individuare quale diagramma soddisfa la relazione insiemistica esistente fra i tre termini seguenti: Ristoranti, Locali pubblici, Camerieri.

A. Diagramma 5
B. Diagramma 4
C. Diagramma 2
D. Diagramma 3
E. Diagramma 1

200) Individuare quale diagramma soddisfa la relazione insiemistica esistente fra i tre termini seguenti: Americani, Architetti, Sportivi.

A. Diagramma 1
B. Diagramma 2
C. Diagramma 6
D. Diagramma 5
E. Diagramma 4

201) Individuare quale diagramma soddisfa la relazione insiemistica esistente fra i tre termini seguenti: Belgi, Inglesi, Nazioni.

A. Diagramma 1
B. Diagramma 2
C. Diagramma 6
D. Diagramma 4
E. Diagramma 3

202) Individuare quale diagramma soddisfa la relazione insiemistica esistente tra i tre termini seguenti: Uomini con i capelli rossi, Poeti, Libri.

A. Diagramma 4
B. Diagramma 2
C. Diagramma 6
D. Diagramma 1
E. Diagramma 3

203) Individuare quale diagramma soddisfa la relazione insiemistica esistente fra i tre termini seguenti: Riviste, Enciclopedie, Prodotti della casa editrice Mondadori.

A. Diagramma 3
B. Diagramma 2
C. Diagramma 4
D. Diagramma 6
E. Diagramma 5

204) Individuare quale diagramma soddisfa la relazione insiemistica esistente fra i tre termini seguenti: Abitazioni, Mobili, Tappeti.

A. Diagramma 1
B. Diagramma 6
C. Diagramma 5
D. Diagramma 3
E. Diagramma 2

205) Individuare quale diagramma soddisfa la relazione insiemistica esistente fra i tre termini seguenti: Alberi, Falegnami, Tavoli.

A. Diagramma 4
B. Diagramma 6
C. Diagramma 5
D. Diagramma 1
E. Diagramma 3

206) Individuare quale diagramma soddisfa la relazione insiemistica esistente fra i tre termini seguenti: Agricoltori, Trattori, Campi.

A. Diagramma 4
B. Diagramma 5
C. Diagramma 6
D. Diagramma 3
E. Diagramma 1

207) Individuare quale diagramma soddisfa la relazione insiemistica esistente fra i tre termini seguenti: Mucche, Pecore, Allevatori.

A. Diagramma 5
B. Diagramma 1
C. Diagramma 3
D. Diagramma 6
E. Diagramma 4

208) Individuare quale diagramma soddisfa la relazione insiemistica esistente fra i tre termini seguenti: Maestri di scuola, Inglesi, Analfabeti.

A. Diagramma 6
B. Diagramma 1
C. Diagramma 3
D. Diagramma 4
E. Diagramma 2

209) Individuare quale diagramma soddisfa la relazione insiemistica esistente fra i tre termini seguenti: Sedie, Oggetti di legno, Arredatori d'interni.

A. Diagramma 6
B. Diagramma 3
C. Diagramma 4
D. Diagramma 2
E. Diagramma 1

210) Individuare quale diagramma soddisfa la relazione insiemistica esistente fra i tre termini seguenti: Italiani, Inglesi, Filosofi.

A. Diagramma 2
B. Diagramma 1
C. Diagramma 3
D. Diagramma 4
E. Diagramma 6

211) Individuare quale diagramma soddisfa la relazione insiemistica esistente fra i tre termini seguenti: Competizioni sportive, Olimpiadi, Maratoneti.

A. Diagramma 1
B. Diagramma 3
C. Diagramma 4
D. Diagramma 2
E. Diagramma 5

212) Individuare quale diagramma soddisfa la relazione insiemistica esistente tra i tre termini seguenti: Cani, Cavalli, Quadrupedi dal pelo marrone.

A. Diagramma 6
B. Diagramma 1
C. Diagramma 2
D. Diagramma 3
E. Diagramma 5

213) Individuare quale diagramma soddisfa la relazione insiemistica esistente fra i tre termini seguenti: Agrumi, Bevande, Spremute.

A. Diagramma 3
B. Diagramma 6
C. Diagramma 1
D. Diagramma 2
E. Diagramma 4

214) Individuare quale diagramma soddisfa la relazione insiemistica esistente fra i tre termini seguenti: Capi d'abbigliamento, Giacche, Armadi.

A. Diagramma 4
B. Diagramma 6
C. Diagramma 2
D. Diagramma 3
E. Diagramma 1

215) Individuare quale diagramma soddisfa la relazione insiemistica esistente fra i tre termini seguenti: Delfini, Animali, Mammiferi.

A. Diagramma 3
B. Diagramma 4
C. Diagramma 6
D. Diagramma 5
E. Diagramma 1

216) Individuare quale diagramma soddisfa la relazione insiemistica esistente tra i tre termini seguenti: Anziani, Panettieri, Grissini.

A. Diagramma 2
B. Diagramma 4
C. Diagramma 3
D. Diagramma 6
E. Diagramma 1

217) Individuare quale diagramma soddisfa la relazione insiemistica esistente fra i tre termini seguenti: Uomini celibi, Uomini coniugati, Persone diplomate.

A. Diagramma 5
B. Diagramma 1
C. Diagramma 2
D. Diagramma 6
E. Diagramma 3

218) Individuare quale diagramma soddisfa la relazione insiemistica esistente fra i tre termini seguenti: Lavoratori dipendenti, Persone di nome Luigi, Residenti a Teramo.

A. Diagramma 2
B. Diagramma 1
C. Diagramma 5
D. Diagramma 3
E. Diagramma 4

219) Individuare quale diagramma soddisfa la relazione insiemistica esistente fra i tre termini seguenti: Fiumi, Gange, Laghi.

A. Diagramma 3
B. Diagramma 4
C. Diagramma 6
D. Diagramma 2
E. Diagramma 1

220) Individuare quale diagramma soddisfa la relazione insiemistica esistente fra i tre termini seguenti: Tovaglioli, Posate, Bicchieri.

A. Diagramma 2
B. Diagramma 4
C. Diagramma 3
D. Diagramma 6
E. Diagramma 1

221) Individuare quale diagramma soddisfa la relazione insiemistica esistente fra i tre termini seguenti: Disoccupati, Giovani, Impiegati.

A. Diagramma 1
B. Diagramma 2
C. Diagramma 5
D. Diagramma 4
E. Diagramma 3

222) Individuare quale diagramma soddisfa la relazione insiemistica esistente fra i tre termini seguenti: Bevitori di vino, Astemi, Olandesi.

A. Diagramma 1
B. Diagramma 3
C. Diagramma 2
D. Diagramma 5
E. Diagramma 4

223) Individuare quale diagramma soddisfa la relazione insiemistica esistente fra i tre termini seguenti: Città di mare, Città inglesi, Parigi.

A. Diagramma 2
B. Diagramma 4
C. Diagramma 1
D. Diagramma 6
E. Diagramma 3

224) Individuare quale diagramma soddisfa la relazione insiemistica esistente fra i tre termini seguenti: Panettieri, Fiorai, Rosette.

A. Diagramma 2
B. Diagramma 5
C. Diagramma 1
D. Diagramma 3
E. Diagramma 6

225) Individuare quale diagramma soddisfa la relazione insiemistica esistente fra i tre termini seguenti: Persone colte, Cantanti, Buongustai.

A. Diagramma 5
B. Diagramma 3
C. Diagramma 1
D. Diagramma 6
E. Diagramma 4

226) Individuare quale diagramma soddisfa la relazione insiemistica esistente fra i tre termini seguenti: Alpinismo, Atletica leggera, Danza.

A. Diagramma 6
B. Diagramma 5
C. Diagramma 1
D. Diagramma 4
E. Diagramma 2

227) Individuare quale diagramma soddisfa la relazione insiemistica esistente fra i tre termini seguenti: Libri di Storia, Libri con più di 500 pagine, Libri pubblicati nel 2005.

A. Diagramma 1
B. Diagramma 6
C. Diagramma 4
D. Diagramma 3
E. Diagramma 5

228) Individuare quale diagramma soddisfa la relazione insiemistica esistente fra i tre termini seguenti: Fiumi vietnamiti, Fiumi, Fiumi asiatici.

A. Diagramma 5
B. Diagramma 4
C. Diagramma 1

D. Diagramma 2
E. Diagramma 3

229) Individuare quale diagramma soddisfa la relazione insiemistica esistente fra i tre termini seguenti: Vocali, Consonanti, Parole.

A. Diagramma 3
B. Diagramma 4
C. Diagramma 6
D. Diagramma 5
E. Diagramma 1

230) Individuare quale diagramma soddisfa la relazione insiemistica esistente fra i tre termini seguenti: Oggetti in pelle, Borse da viaggio, Pellettieri.

A. Diagramma 5
B. Diagramma 4
C. Diagramma 6
D. Diagramma 1
E. Diagramma 3

231) Individuare quale diagramma soddisfa la relazione insiemistica esistente fra i tre termini seguenti: Sinfonie, Canzoni folkloristiche, Flauti.

A. Diagramma 3
B. Diagramma 2
C. Diagramma 1
D. Diagramma 6
E. Diagramma 4

232) Individuare quale diagramma soddisfa la relazione insiemistica esistente fra i tre termini seguenti: Pasta, Alimenti, Prima colazione.

A. Diagramma 1
B. Diagramma 2
C. Diagramma 3
D. Diagramma 5
E. Diagramma 6

233) Individuare quale diagramma soddisfa la relazione insiemistica esistente fra i tre termini seguenti: Giornalisti, Indro Montanelli, Scienziati.

A. Diagramma 2
B. Diagramma 1
C. Diagramma 4
D. Diagramma 3
E. Diagramma 5

234) Individuare quale diagramma soddisfa la relazione insiemistica esistente fra i tre termini seguenti: Editori, Arnoldo Mondadori, Giornali.

A. Diagramma 2
B. Diagramma 3
C. Diagramma 5
D. Diagramma 1
E. Diagramma 6

235) Individuare quale diagramma soddisfa la relazione insiemistica esistente fra i tre termini seguenti: Artisti, Cantanti, Mina.

A. Diagramma 1
B. Diagramma 3
C. Diagramma 4
D. Diagramma 5
E. Diagramma 6

236) Individuare quale diagramma soddisfa la relazione insiemistica esistente fra i tre termini seguenti: Olimpiadi, Palloni, Calciatori.

A. Diagramma 1
B. Diagramma 3
C. Diagramma 4
D. Diagramma 6
E. Diagramma 2

237) Individuare quale diagramma soddisfa la relazione insiemistica esistente fra i tre termini seguenti: Sciatori, Articoli sportivi, Piste da sci.

A. Diagramma 5
B. Diagramma 6
C. Diagramma 1
D. Diagramma 3
E. Diagramma 2

238) Individuare quale diagramma soddisfa la relazione insiemistica esistente fra i tre termini seguenti: Scarpe da ginnastica, Sportivi, Poliglotti.

A. Diagramma 2
B. Diagramma 1
C. Diagramma 6
D. Diagramma 4
E. Diagramma 3

239) Individuare quale diagramma soddisfa la relazione insiemistica esistente fra i tre termini seguenti: Telefilm, Cartoni animati, Registi.

A. Diagramma 1
B. Diagramma 2
C. Diagramma 6
D. Diagramma 4
E. Diagramma 5

240) Individuare quale diagramma soddisfa la relazione insiemistica esistente fra i tre termini seguenti: Penisole, Corea, Sicilia.

A. Diagramma 3
B. Diagramma 4
C. Diagramma 6
D. Diagramma 2
E. Diagramma 1

241) Individuare quale diagramma soddisfa la relazione insiemistica esistente fra i tre termini seguenti: Numeri primi, Numeri pari, Numeri dispari maggiori di 10.

A. Diagramma 1
B. Diagramma 3
C. Diagramma 6
D. Diagramma 4
E. Diagramma 2

242) Individuare quale diagramma soddisfa la relazione insiemistica esistente fra i tre termini seguenti: Laureati, Pensionati, Mecenati.

A. Diagramma 3
B. Diagramma 4
C. Diagramma 6
D. Diagramma 5
E. Diagramma 1

243) Individuare quale diagramma soddisfa la relazione insiemistica esistente fra i tre termini seguenti: Medicinali, Antibiotici, Infermieri.

A. Diagramma 2
B. Diagramma 1
C. Diagramma 6
D. Diagramma 5
E. Diagramma 3

244) Individuare quale diagramma soddisfa la relazione insiemistica esistente fra i tre termini seguenti: Giovani, Epatopatici, Bevitori di vino.

A. Diagramma 1
B. Diagramma 5
C. Diagramma 6
D. Diagramma 4
E. Diagramma 2

245) Individuare quale diagramma soddisfa la relazione insiemistica esistente fra i tre termini seguenti: Biondi, Calvi, Castani.

A. Diagramma 3
B. Diagramma 2
C. Diagramma 6
D. Diagramma 5
E. Diagramma 1

246) Individuare quale diagramma soddisfa la relazione insiemistica esistente fra i tre termini seguenti: Atleti, Tedeschi, Bruni.

A. Diagramma 5
B. Diagramma 3
C. Diagramma 4
D. Diagramma 1
E. Diagramma 2

247) Individuare quale diagramma soddisfa la relazione insiemistica esistente fra i tre termini seguenti: Pittori, Mario Sironi, Imitazioni.

A. Diagramma 1
B. Diagramma 6
C. Diagramma 3
D. Diagramma 2
E. Diagramma 4

248) Individuare quale diagramma soddisfa la relazione insiemistica esistente fra i tre termini seguenti: Tartarughe, Animali marini, Gatti.

A. Diagramma 6
B. Diagramma 2
C. Diagramma 3
D. Diagramma 4
E. Diagramma 1

2.10 • Test di logica verbale "binomiale"

249) Ci sono due persone di sesso diverso, una bionda e una mora. La persona bionda dice "Io sono un uomo" mentre la persona mora dice "Io sono una donna". Se almeno uno dei due mente quale delle seguenti affermazioni risulta necessariamente vera?

A. La donna è mora e l'uomo è biondo
B. Solo la donna mente
C. Solo l'uomo mente
D. La donna è bionda e l'uomo è moro
E. La donna è mora

250) Ci sono due persone di sesso diverso, una alta e una bassa. La persona bassa dice "Io sono una donna" mentre la persona alta dice "Io sono un uomo". Se almeno uno dei due mente quale delle seguenti affermazioni risulta necessariamente vera?

A. La donna è alta e l'uomo è basso
B. Sia la donna che l'uomo sono alti
C. La donna è bassa e l'uomo è alto
D. Sia la donna che l'uomo sono bassi
E. Solo l'uomo mente

2.11 • Altri esercizi di ragionamento critico

251) In una conferenza stampa, alla domanda se il nuovo acquisto, Petermass, avrebbe giocato nel grande incontro di sabato, l'allenatore ha risposto: "Solo se Fredericks non è in forma".
Tre dei giornalisti presenti hanno commentato la notizia nel modo seguente:
– Jed ha scritto: "Se Fredericks è in forma, Petermass non giocherà."
– Ned ha scritto: "Se Fredericks non è in forma, Petermass giocherà."
– Ted ha scritto: "Se Petermass non giocherà significa che Fredericks è in forma."
Chi di loro ha esposto i fatti nel modo giusto?

A. Solo Jed e Ted
B. Solo Ted
C. Solo Jed
D. Solo Jed e Ned
E. Solo Ned

252) Un produttore di software vuole installare alcuni programmi su quattro dischi da 2 G. Rior-

ganizza i programmi in ordine decrescente di dimensione e salva ogni programma nel primo disco disponibile che ha spazio sufficiente.
Quale dei seguenti procedimenti usa lo stesso metodo del ragionamento sopra esposto?

A. Un idraulico utilizza tubi lunghi 2 m e vuole tagliarli. Taglia alternativamente i pezzi più lunghi e più corti di cui ha ancora bisogno dal primo tubo disponibile che sia lungo abbastanza
B. Un idraulico utilizza tubi lunghi 2 m e vuole tagliarli. Riorganizza le misure che gli occorrono in ordine decrescente di lunghezza e taglia ogni lunghezza dal primo tubo disponibile che sia lungo abbastanza
C. Un idraulico utilizza tubi lunghi 2 m e vuole tagliarli. Prende le misure nell'ordine del suo elenco e taglia ogni lunghezza dal primo tubo disponibile che sia lungo abbastanza
D. Un idraulico utilizza tubi lunghi 2 m e vuole tagliarli. Riorganizza le misure che gli occorrono in ordine crescente di lunghezza e taglia ogni lunghezza dal primo tubo disponibile che sia lungo abbastanza
E. Un idraulico utilizza tubi lunghi 2 m e vuole tagliarli. Calcola la combinazione giusta per raggiungere 2 m e taglia i tubi di queste dimensioni. Per i restanti taglia la prossima lunghezza dal primo tubo disponibile che sia lunga abbastanza

253) È facile che, in futuro, pochi turisti visitino le città. Il Mining Museum è l'unica attrazione turistica che c'è in città che abbia mai attratto visitatori in numero considerevole. Ora il Museo sta per chiudere.
Quale delle seguenti frasi ricalca più fedelmente la struttura del ragionamento?

A. L'unico motivo per il quale mi viene il mal di testa è che sono allergico ai latticini. Non li sto più mangiando, quindi probabilmente smetterò di avere mal di testa
B. Ogni volta che vado in una casa dove c'è un gatto, comincio a starnutire. Tu hai un gatto in casa. Comincerei a starnutire se ci entrassi
C. Non posso mangiare nulla che contenga glutine di grano. Purtroppo la pasta è fatta con il grano e contiene glutine. Quindi non posso mangiare pasta
D. Se Moira fosse punta da un'ape e non prendesse subito queste medicine, potrebbe morire. Quindi dovrà portarsele sempre dietro
E. Il mio sfogo cutaneo è stato causato da questo detersivo in polvere. Lo sfogo iniziò quando ho cominciato a farne uso e ritornò quando smisi di usarlo

254) L'affermazione "per ogni persona c'è una persona che è più capace della prima" è equivalente a:

A. esiste una persona tale che ogni altra persona è più capace di lei
B. esiste una persona che è più capace di tutte le altre persone
C. non esiste alcuna persona tale che nessuno è più capace di lei
D. non per ogni persona ogni altra persona è più capace di lei
E. per ogni persona ogni altra persona è più capace di lei

255) Quale delle seguenti affermazioni ha lo stesso significato dell'asserzione "Chiunque può imparare a disegnare"?

A. Nessuno può imparare a disegnare

B. Esistono solo due persone che possono imparare a disegnare
C. Non tutti possono imparare a disegnare
D. Non esiste una persona che non possa imparare a disegnare
E. Esiste una persona che può imparare a disegnare

256) Quale delle seguenti frasi è logicamente equivalente a "Nessuno sport è dannoso per la salute"?

A. Vi è almeno uno sport dannoso alla salute
B. Non esiste uno sport dannoso per la salute
C. La vita sedentaria può essere dannosa per la salute
D. Vi è almeno uno sport che non è dannoso per la salute
E. Tutti gli sport fanno bene alla salute

257) Se un professore vuol far restare in classe esattamente le femmine di Milano, quale delle seguenti istruzioni deve impartire?

A. "Escano i maschi di Milano e le femmine non di Milano"
B. "Escano le femmine di Milano e i maschi non di Milano"
C. "Escano gli studenti non di Milano"
D. "Escano i maschi di Milano e gli studenti non di Milano"
E. "Escano i maschi non di Milano"

258) Dubito che tu abbia capito. Una sola delle cinque formulazioni traduce il concetto:

A. di certo non hai capito
B. probabilmente hai capito
C. di certo hai capito
D. spero che tu abbia capito
E. non sono certo che tu abbia capito

259) Quale delle seguenti affermazioni equivale a dire: "Non tutti i laureati in Medicina veterinaria fanno il veterinario"?

A. Non esiste un laureato in Medicina veterinaria che non faccia il veterinario
B. Tutti i laureati in Medicina veterinaria fanno un lavoro diverso dal veterinario
C. Vi è almeno un laureato in Medicina veterinaria che non fa il veterinario
D. Tutti i laureati in Medicina veterinaria fanno i veterinari
E. Nessun laureato in Medicina veterinaria fa il veterinario

260) L'affermazione "non tutti gli oggetti di lusso sono prodotti nelle gioiellerie" equivale a:

A. alcuni oggetti di lusso non sono prodotti nelle gioiellerie
B. tutti gli oggetti di lusso sono prodotti nelle gioiellerie
C. non tutti gli oggetti prodotti nelle gioiellerie sono oggetti di lusso
D. alcuni oggetti prodotti nelle gioiellerie non sono oggetti di lusso
E. tutti gli oggetti di lusso vengono prodotti fuori dalle gioiellerie

261) Quale delle seguenti frasi è logicamente equivalente a: "Gli assenti non hanno mai ragione"?

A. I presenti hanno talvolta torto
B. Chi ha torto è sempre assente
C. I presenti hanno sempre ragione
D. Gli assenti hanno sempre torto
E. I presenti hanno sempre torto

262) È impossibile nascondere l'inutilità dei continui divieti alla circolazione automobilistica in città. Qual è il corretto significato della precedente affermazione?

A. È utile vietare la circolazione automobilistica in città
B. È utile permettere la circolazione non automobilistica in città
C. È inutile permettere la circolazione non automobilistica in città
D. Non si può vietare la circolazione automobilistica in città
E. È impossibile affermare che si può nascondere l'inutilità dei continui divieti alla circolazione automobilistica in città

263) La frase "nell'ultimo campionato di calcio tutte le partite giocate dalla Football Stars sono finite in parità o con vittorie soltanto casalinghe" è logicamente equivalente a:

A. nell'ultimo campionato di calcio la Football Stars non può aver pareggiato partite casalinghe
B. nell'ultimo campionato di calcio la Football Stars ha sempre vinto in casa
C. nell'ultimo campionato di calcio la Football Stars ha sempre perso fuori casa
D. nell'ultimo campionato di calcio la Football Stars ha sempre pareggiato fuori casa
E. nell'ultimo campionato di calcio la Football Stars ha sempre vinto fuori casa

264) "La prima cosa che fa il naufrago Robinson Crusoe, appena approdato sull'isola, è costruirsi un calendario, per sapere quando è domenica e sentirsi idealmente parte di una comunità." (spiega Paolo Spinicci, professore di filosofia teoretica all'Università di Milano) Orologi e calendari hanno sempre avuto questa funzione: scandire il *tempo obiettivo* ma si sono scontrati con la difficoltà di tenere insieme gli eventi astronomici usati per definire l'anno, i mesi e i giorni, cioè la rivoluzione della Terra intorno al Sole, le fasi lunari e la rotazione della Terra su se stessa. In Editti nel 237 a. C., durante il regno di Tolomeo III Emergete, fu promulgato a Canopo un editto in cui si prescriveva l'inserzione di un giorno ogni quattro anni per evitare lo sfasamento del calendario rispetto al ciclo solare. Bisognava intervenire per impedire la *distruzione dell'ordine cosmico*. Oggi la necessità di questo aggancio tra tempo umano e tempo cosmico è avvertita in modo meno drammatico: il tempo, come dimostra l'ora legale, si plasma sulle esigenze della società, anche contro il corso del Sole. La marcia verso un orario uguale per tutti è stata lenta. Probabilmente è iniziata in Europa nel XIV secolo, con la diffusione degli orologi meccanici sui campanili. Ma quelli scandivano un tempo locale che valeva solo per il villaggio.

(Luca Fraioli, "*Tempi moderni. Così l'umanità ha deciso di sincronizzarsi*", in Il venerdì di Repubblica, n. 940, 24 marzo 2006)

Nel testo si sostiene che (s'identifichi la risposta corretta):

A. gli adattamenti del calendario erano eventi periodici frequenti a cui tutti erano abituati
B. l'ora legale poté affermarsi in Europa con il passaggio dalla società agricola a quella industriale
C. l'ora legale è fondata su un principio opposto a quello che ha determinato le riforme storiche dei calendari perché antepone le esigenze della società al corso del sole
D. le variazioni dei calendari erano avversate da alcune religioni perché determinavano la distruzione dell'ordine cosmico
E. i calendari, attraverso interventi aggiuntivi, riportavano la giornata al ritmo del sole esclusivamente per rispettare i ritmi dei riti religiosi

265) Quando l'agricoltura si diffuse a latitudini più elevate, venne inevitabilmente confinata in gran parte ad altipiani ben drenati e con terreni leggeri, sebbene questi fossero necessariamente meno produttivi delle terre basse e alluvionali: l'aratro semplice, infatti, non poteva domare questi terreni più ricchi.

(L. White, *Tecnica e società nel medioevo*, Il Saggiatore, Milano, 1967)

SOLO UNA, delle cinque considerazioni seguenti, è condivisa dall'autore. L'agricoltura primitiva si diffonde negli altipiani perché:

A. le terre basse erano più lavorabili ma poco ricche e quindi meno produttive
B. i terreni leggeri erano più facilmente arabili dei ricchi ma duri terreni di pianura
C. l'invenzione dell'aratro semplice aveva permesso di arare anche i pendii
D. i terreni a latitudini più elevate erano meno produttivi
E. il lavoro di aratura andava perso con le frequenti alluvioni

266) "All'inizio il bottone fu trattato come fosse un ornamento, fabbricato e venduto dai gioiellieri. Le donne erano disposte a spendere e a fare spendere talmente tanti denari ai famigliari per tale acquisto, da incorrere nel rigore delle leggi contro il lusso [...]. Progressivamente la funzione pratica dei bottoni passò in primo piano e i bottoni furono fatti di ottone o di rame, o di vetro [...]. I bottoni permisero per la prima volta alle donne del XIII secolo di portare vesti aderenti che danno slancio alla figura, e di modellare la forma del braccio con maniche strette. Al desiderio di sfoggiare comunque grande quantità di tessuto, indice di ricchezza, che l'uso dei bottoni evidentemente contrasta, si supplì con lo strascico e con la sovrapposizione di diversi capi di vestiario [...]. I bottoni però, oltre a permettere di aprire e chiudere lo scollo degli abiti e le maniche, resero quest'ultime addirittura completamente staccabili. [...] Il detto: "È un altro paio di maniche" ci giunge proprio dal Medioevo, quando per necessità pratica, o [...] per esigenza decorativa, le maniche potevano essere riposte in una cassapanca lontano dall'abito di cui facevano parte. Di solito in casa si portavano maniche di tipo modesto, più ricercato ed elegante quando si usciva."

(Da Chiara Frugoni, *Medioevo sul naso. Occhiali, bottoni e altre invenzioni medievali*, Laterza, Roma-Bari, 2001, pp. 102-103)

Solo UNA delle affermazioni seguenti è CORRETTAMENTE dedotta dalle premesse contenute nel brano. La si individui:

A. i bottoni consentirono alle donne medievali l'agognata economia di tessuto nella confezione dei loro abiti
B. l'introduzione dei bottoni consentì di dotare gli abiti femminili di maniche adeguate
C. nell'Alto Medioevo, prima dell'invenzione dei bottoni, a nessuno era venuto in mente di sovrapporre diversi capi di vestiario
D. con il passar del tempo i bottoni divennero sempre più elaborati nelle forme e nei materiali e conseguentemente sempre più costosi
E. l'introduzione dei bottoni non rispose originariamente ad un'impellente esigenza pratica

267) «Un giovanotto in vacanza telefona a casa e parla con il fratello. "Come sta il gatto Oscar?"
"Il gatto è morto, morto stamattina."
"Terribile... gli ero così affezionato, lo sai. Non potevi dirmelo in un modo più morbido?"
"E come?"
"Avresti potuto dirmi che il gatto stava sul tetto. La prossima volta che avessi chiamato, potevi dirmi che non eri riu-

scito a farlo scendere, e alla fine, per gradi, avresti potuto darmi la notizia."
"Hai ragione, mi dispiace."
"Lascia stare. Come sta la mamma?"
"......................"»

J. A. Paulos, *Penso, dunque rido. L'altra faccia della filosofia*, tr. it. Feltrinelli, Milano, 2004, p. 144

Si INDIVIDUI la conclusione che rispettando l'impalcatura logica e discorsiva della scenetta, le restituisce il suo tetro e cinico umorismo:

A. "È stupita, pensava di averlo mancato..."
B. "È sul tetto..."
C. "Non ha voluto cucinare il gatto..."
D. "È inciampata nel gatto..."
E. "È mancata..."

268) Quando si dice "maggioranza" si denota una procedura, la regola del gioco accettata in democrazia, la regola secondo la quale vengono adottate le decisioni. [...] Quando invece si parla di "minoranze", si parla di quei gruppi che esercitano una influenza determinante sul processo di formazione delle opinioni.

(*G. Sartori*, Democrazia e definizioni, *Il Mulino, Bologna 1959*)

L'autore definisce "minoranze" (SOLO UNA, delle cinque considerazioni proposte, è condivisa dall'autore):

A. le aggregazioni minoritarie che però influenzano giudizi e comportamenti collettivi
B. le procedure di votazione aventi esito negativo
C. l'insieme dei gruppi minoritari che non accettano le regole democratiche
D. gli oppositori ai cambiamenti di opinione imposti dalla maggioranza
E. i gruppi che non accettano le regole del gioco della democrazia

269) Se si fa pratica con uno strumento musicale, si migliorerà a suonare. Io non ho fatto pratica con il pianoforte, quindi non sono migliorato. Tra due mesi ho un esame. Quindi devo allenarmi ogni giorno se voglio che la mia prestazione sia buona.
Quale delle seguenti affermazioni ricalca maggiormente la struttura di questo ragionamento?

A. Chi fa un mestiere diventa più bravo a svolgerlo. Tutti i mastri artigiani hanno passato lungo tempo a praticare la propria arte. È impossibile diventare esperti senza fare pratica
B. Se ci si allena duramente in uno sport, si diventerà più bravi. Io non mi sono allenata duramente al trampolino, quindi non sono migliorata. C'è una gara il mese prossimo. Quindi devo lavorare sodo se voglio che la mia prestazione sia buona
C. L'allenamento rende perfetti. Mi sono allenato duramente a suonare il violino quindi, presto, dovrei essere perfetto. Tra poco tempo ho una gara che mi aspetto assolutamente di vincere
D. Se ci si allena duramente nella corsa si diventerà più veloci. Mi sono allenato duramente per diventare più veloce, e ho cominciato a vincere le gare. C'è una gara la prossima settimana. Se voglio vincere devo continuare ad allenarmi
E. Se si fa pratica con il violoncello, si diventerà più bravi a suonarlo. Dawn non ha fatto molta pratica ma è migliorata, quindi deve averne fatta abbastanza. Può anche riuscire a superare l'esame del terzo livello il mese prossimo

270) Tutti gli alberi hanno le foglie. La quercia è un albero. Quindi le querce hanno le foglie.

Quale delle seguenti affermazioni ricalca maggiormente la struttura di questo ragionamento?

A. Tutte le piante hanno le foglie. Quella foglia è una foglia di quercia. Quindi tutte le piante sono querce
B. Tutti gli alberi hanno le foglie. Quella pianta non è un albero. Quindi quella pianta non ha le foglie
C. Tutti gli alberi hanno le foglie. Quella pianta ha le foglie. Quindi quella pianta è un albero
D. Tutte le foglie crescono sugli alberi. Le piante hanno le foglie. Quindi le piante sono alberi
E. Tutte le querce hanno le foglie. Quell'albero ha le foglie. Quindi quell'albero è una quercia

271) Viaggiare in prima classe equivale a viaggiare con tutte le comodità. Monica non viaggia in prima classe, quindi non avrà tutte le comodità.
Quale delle seguenti affermazioni ha la stessa struttura logica del suddetto ragionamento?

A. Viaggiare in prima classe equivale a viaggiare con tutte le comodità. Monica viaggia in prima classe, quindi starà viaggiando con tutte le comodità
B. Indossare scarpe troppo strette equivale ad avere dolore ai piedi. Le scarpe di Monica non sono troppo strette, quindi Monica non avrà dolore ai piedi
C. Indossare delle scarpe troppo strette equivale ad avere dolore ai piedi. Monica ha dolore ai piedi, quindi le sue scarpe saranno troppo strette
D. Viaggiare in seconda classe equivale a viaggiare con molte altre persone. Monica non viaggia con molte altre persone, quindi non starà viaggiando in seconda classe
E. Viaggiare in seconda classe equivale a viaggiare con molte altre persone. Monica viaggia con molte altre persone, quindi starà viaggiando in seconda classe

272) Per poter richiedere il visto per una vacanza-lavoro in Australia sono necessari due requisiti: bisogna dimostrare di avere un conto corrente con un saldo di almeno € 1.000 e avere un'età massima di 30 anni. Giulia ha più di 30 anni, quindi non è idonea per richiedere tale visto. Quale delle seguenti affermazioni segue la stessa struttura logica del suddetto ragionamento?

A. Per candidarsi alla presidenza degli Stati Uniti, bisogna essere nati in territorio statunitense e bisogna avere un'età superiore ai 40 anni. John è nato negli Stati Uniti ed ha 50 anni, quindi è idoneo per candidarsi alla presidenza degli Stati Uniti
B. Una borsa di studio viene offerta solo agli studenti che si sono laureati con il massimo dei voti e che sono stati già ammessi a una scuola di dottorato. Marco non si è laureato con il massimo dei voti, quindi non è idoneo per richiedere la borsa di studio
C. Molte professioni hanno limiti d'età. L'esercito non recluta nessuno che abbia più di 30 anni. Giovanni ha 25 anni, quindi è idoneo per richiedere di arruolarsi nell'esercito
D. Per vincere una medaglia d'oro alle Olimpiadi, bisogna partecipare ai giochi olimpici. Rita ha vinto una medaglia d'oro, quindi deve aver partecipato alle Olimpiadi
E. Per apparire sulla copertina di una rivista bisogna essere famosi. Luca deve essere più famoso di quanto tutti pensassero, dato che è apparso sulla copertina di una rivista nel del mese di aprile

273) Analizzare le seguenti affermazioni:

1) Ci sono meno ratti che persone.
2) Non ci sono più persone che ratti.
3) Ci sono almeno tanti ratti quante persone.
4) Non ci sono più ratti che persone.
Due delle affermazioni sopra riportate si equivalgono. Quali?

A. 2 e 4
B. 2 e 3
C. 1 e 3
D. 1 e 4
E. 3 e 4

274) Puoi diventare un buon pianista se cominci a suonare quando sei ancora piccolo. Tu hai cominciato quando eri già adulto, quindi non puoi diventare un buon pianista. Quale delle seguenti affermazioni presenta la stessa struttura di questo ragionamento?

A. I bambini parlano fluentemente due lingue se cominciano a parlarle da quando sono molto piccoli. Mio figlio ha imparato due lingue quando era piccolo, quindi ora le parla correntemente
B. Puoi curarti il mal di testa se hai intenzione di provare l'agopuntura. Ma tu rifiuti di provare l'agopuntura, quindi non riuscirai a curare il mal di testa
C. Puoi diventare un buon cantante se hai un tono di voce perfetto. Tu sei un buon cantante, quindi devi avere un tono di voce perfetto
D. Puoi evitare di diventare sovrappeso se fai sufficiente esercizio fisico. Tu fai esercizio fisico sufficiente, quindi non diventerai sovrappeso
E. I bambini soffrono meno di otite se prendono l'olio di fegato di merluzzo. I miei figli soffrono pochissimo di otite, quindi non hanno bisogno di prendere l'olio di fegato di merluzzo

275) La teoria della relatività di Einstein è una teoria rivoluzionaria. Solo i grandi scienziati sanno formulare teorie rivoluzionarie, quindi Einstein dovrebbe essere definito un grande scienziato. Quale delle seguenti affermazioni ha la stessa struttura logica del suddetto ragionamento?

A. Il dipinto di Marco non è una grande opera d'arte. Solo i grandi artisti producono grandi opere d'arte, quindi Marco non può essere definito un grande artista
B. Il dipinto *Impressione. Levar del sole* di Monet è una grande opera in tutti i sensi. Solo chi è davvero un grande artista ha il talento per produrre grandi opere, quindi dovremmo definire Monet un grande artista
C. La grande arte scaturisce esclusivamente da grandi artisti. Leonardo da Vinci può essere definito un grande artista, quindi la *Gioconda* è una grande opera d'arte
D. Van Gogh è un grande artista. I grandi artisti producono grandi opere. Questa non è una grande opera d'arte, quindi non può essere stata dipinta da Van Gogh
E. Manet è un grande artista e i grandi artisti hanno prodotto le opere d'arte più importanti. Questo quadro è stato dipinto da Manet, quindi deve trattarsi di una grande opera d'arte

276) La quantità di tempo che le persone dedicano, nel corso della vita, a spostarsi da A a B è rimasta costante nella storia. Quindi, l'avvento di mezzi di trasporto ad alta velocità comporta semplicemente che le persone coprano distanze più lunghe.

Quale delle seguenti affermazioni ricalca al meglio la struttura di questo ragionamento?

A. L'aumento della proprietà immobiliare è sempre stato proporzionale all'aumento del reddito medio. Quindi, l'aumento della costruzione di immobili significa che la gente ha redditi più alti
B. Il rapporto tra la somma che serve per ripagare un mutuo e le spese totali di una famiglia è sempre stato costante. Quindi un aumento del prezzo del cibo comporta un aumento del debito
C. La proporzione tra case nuove e vecchie sul mercato è sempre stata costante. Quindi un aumento nello sviluppo immobiliare significa che più case vecchie saranno restaurate
D. Con un tasso d'interesse fisso sul mutuo, un aumento dei prezzi delle case comporterà un aumento dell'inflazione
E. L'entità di un mutuo ha sempre rappresentato circa 3 o 4 volte il reddito annuale di una persona. Quindi un aumento dei redditi medi risulterà in un aumento dell'entità dei mutui

277) Se Nusra dovesse trovare un lavoro che le interessa sul serio, deve essere preparata a guadagnare molto meno di adesso. Tuttavia, siccome non ha intenzione di sacrificare il suo stipendio attuale, non troverà un lavoro che le interessi.
Quale delle seguenti affermazioni ricalca al meglio il ragionamento su cui si fonda questa argomentazione?

A. Se Lopez vuole ottenere risultati migliori a scuola, deve lasciare il suo lavoro part-time. Dice sempre di voler andare meglio a scuola, quindi, ovviamente, dovrà lasciare il lavoro
B. Se Paul e Lisa vogliono avere un matrimonio felice, devono parlarsi di più. Durante le sedute di terapia di coppia, tuttavia, hanno dimostrato che per loro è impossibile riuscirci, quindi il loro matrimonio non sarà felice
C. Se Carl e Tesfa procederanno con il divorzio, devono essere sicuri di non voler dare un'altra chance al loro matrimonio. Entrambi hanno insistito sul fatto che il divorzio sia l'unica opzione, quindi è inutile fare altre sedute di terapia di coppia
D. Se Myra vuole cominciare un'attività in proprio, ha bisogno di almeno £ 5000 per coprire i costi iniziali. Ha solo £1000 a disposizione, quindi dovrà chiedere un prestito alla banca per il resto della somma
E. Se Julie e Mike vogliono adottare un bambino, devono essere in grado di dimostrare che hanno una relazione stabile. Sfortunatamente, il loro matrimonio non è mai stato propriamente stabile, quindi dovranno lavorare sodo per migliorarlo

278) Si considerino le seguenti affermazioni:
- **Rongfeldt non si trova più a nord di Sgybo**
- **Sgybo si trova più a sud di Rongfeldt**
- **Sgybo si trova a nord almeno quanto Rongfeldt**

Cosa si evince da queste tre affermazioni?

A. Nessuna delle tre è logicamente equivalente
B. La prima è logicamente equivalente alla terza, ma non alla seconda
C. La prima è logicamente equivalente alla seconda, ma non alla terza
D. La seconda è logicamente equivalente alla terza, ma non alla prima
E. Tutte e tre sono logicamente equivalenti

279) "Con i suoi canoni, Bach ci offre un primo esempio della nozione che qui definiremo degli Strani Anelli. Il fenomeno dello Strano Anello consiste nel fatto di ritrovarsi inaspettatamente, salendo o scendendo lungo i gradini di qualche sistema gerarchico, al punto di partenza (nel nostro esempio il sistema è quello delle tonalità musicali). (...) A mio avviso, le più belle e imponenti realizzazioni visive del concetto di Strano Anello si trovano nell'opera del grafico olandese M.C. Escher, vissuto tra il 1898 e il 1971. Escher ha creato alcuni disegni che sono tra i più intellettualmente stimolanti di tutti i tempi. Molti hanno la loro ispirazione in paradossi, illusioni o doppi sensi. I matematici furono tra i primi ammiratori dei disegni di Escher, e si capisce perché: spesso essi sono basati su princìpi matematici di simmetria o di regolarità... Ma in un disegno tipicamente escheriano c'è molto di più di semplici simmetrie e regolarità; c'è spesso un'idea di fondo che viene realizzata in forma artistica. In particolare lo Strano Anello è uno dei temi più frequenti dell'opera di Escher; (...) pensiamo all'interessante "Mani che disegnano", dove si vedono due mani ognuna delle quali disegna l'altra: è uno Strano Anello a due componenti. (...) Il concetto di Strani Anelli contiene quello di infinito: un anello infatti non è proprio un modo per rappresentare un processo senza fine in modo finito? (...) E come gli anelli di Bach e di Escher fanno appello ad intuizioni molto semplici e antiche come la scala musicale o la scala di un edificio, così la scoperta ad opera di K. Gödel di uno Strano Anello in un sistema matematico trae le sue origini da intuizioni semplici e antiche. La scoperta di Gödel, nella sua forma essenziale, comporta la traduzione in termini matematici di un antico paradosso della filosofia. Si tratta del cosiddetto paradosso di Epimenide, o paradosso del mentitore. Epimenide era un cretese che pronunciò questo paradosso immortale: "Tutti i Cretesi sono mentitori". Una versione più incisiva di questo enunciato è semplicemente: "Io sto mentendo"; o ancora: "Questo enunciato è falso".

Douglas R. Hofstadter, *Gödel, Hescher, Bach: un'eterna Ghirlanda Brillante*, Adelphi, 1992

Questo enunciato è un paradosso perché (UNA SOLA risposta è ESATTA):

A. non è lecito generalizzare giudicando gli uomini per categorie
B. Epimenide era considerato l'emblema stesso del mentitore
C. l'affermazione risulta contemporaneamente vera e falsa
D. Erodoto nega con fermezza che i Cretesi siano bugiardi
E. l'affermazione è contraddittoria, quindi è vero il suo contrario

280) Esistono ragionamenti induttivi e deduttivi. Quanti dei seguenti diversi ragionamenti sono INDUTTIVI?

Rag. 1) Tutte le volte che ho mangiato la pizza a Napoli l'ho trovata buonissima; un mio collega, di passaggio nella città partenopea per lavoro, ne è rimasto entusiasta; non c'è nessuno tra i miei amici che sono stati a Napoli che non vada matto per la pizza fatta laggiù. I napoletani sanno fare la pizza.

Rag. 2) Tutti quelli che pensano di poter fare a meno degli altri sono degli incoscienti. Luciana è convinta di poter vivere da sola in un rifugio alpino sperduto in alta quota; lei non si rende conto degli innumerevoli pericoli ai quali può andare incontro.

Rag. 3) Visitare il centro storico e lanciare la classica monetina nella fontana di Trevi è nei sogni d'ogni turista tedesco

in visita alla Capitale; Werner è un giovane turista tedesco appena arrivato a Roma e dunque non vede l'ora di trovarsi a tu per tu con la celebre fontana.
Rag. 4) Nessuna persona dabbene uscirebbe da un locale senza pagare il conto. Con la scusa di dover prendere qualcosa dalla macchina, Paolo, dopo aver cenato, ha lasciato a bocca asciutta il proprietario della pizzeria; non si può dire che Paolo sia una brava persona.

A. Nessuno
B. Due
C. Tre
D. Uno
E. Quattro

281) Esistono ragionamenti deduttivi e induttivi. Quanti dei seguenti diversi ragionamenti sono DEDUTTIVI?
Rag. 1) Quelli che pensano di poter giudicare gli altri sono stupidi; Marina trincia sempre giudizi sulle sue amiche; non si può dire che Marina sia intelligente.
Rag. 2) Tutti i cani che ho posseduto avevano un ottimo fiuto; Argo, il cane di mio nonno, è un eccellente cane da tartufi; Pallina, il barboncino della zia, riesce sempre a scovare la caramella nascosta nel giardino; i cani hanno un formidabile fiuto.
Rag. 3) Ho puntato sul tredici ed ho perso; ho puntato sul venti ed ho perso; ho puntato sul quattro ed ho perso; non ho fortuna nel gioco.
Rag. 4) Tutti quelli che si preparano a visitare un paese straniero farebbero bene a studiarne anche gli usi e costumi; Mario, da due mesi impegnato nella preparazione del suo viaggio in Cina, non dovrebbe dimenticare d'informarsi circa le consuetudini cinesi a tavola.

A. Nessuno
B. Tutti
C. Tre
D. Due
E. Uno

282) Se Marco ha due fratelli e tre sorelle, Maria, una delle sorelle di Marco, quante sorelle e fratelli avrà?

A. 3 sorelle e 2 fratelli
B. I dati forniti dal problema non consentono di stabilirlo con certezza
C. 2 sorelle e 3 fratelli
D. 2 sorelle e 2 fratelli
E. 3 sorelle e 3 fratelli

283) Si considerino le seguenti coppie: Carlo e Diana, Francesco e Giulia, Luigi e Mara. Chi è la compagna di Alessio?

A. Lucia
B. Belinda
C. Federica
D. Sabrina
E. Margherita

284) Quale dei seguenti ragionamenti è necessariamente corretto?

A. Chi beve vodka si ubriaca, Sergio non beve vodka, quindi Sergio non si ubriaca
B. Chi beve vodka si ubriaca, Sergio si ubriaca, quindi Sergio non beve vodka
C. I ragionamenti riportati nelle altre opzioni sono tutti corretti
D. Chi beve vodka si ubriaca, Sergio non si ubriaca, quindi Sergio non beve vodka
E. Chi beve vodka si ubriaca, Sergio si ubriaca, quindi Sergio beve vodka

285) Si considerino le seguenti coppie: Cosimo e Domenica, Franco e Giorgia, Luca e Maria. Chi è la compagna di Alessandro?

A. Carla
B. Maria
C. Giorgia

D. Giulia
E. Benedetta

286) Si dovrebbero addestrare ratti allo scopo di bonificare i campi minati. Alcuni esperimenti hanno dimostrato che i ratti sono troppo leggeri per saltare in aria e che amano compiere azioni ripetitive. L'impiego di animali consentirebbe lo svolgimento di compiti pericolosi con un uso minore di macchinari e, soprattutto, ridurrebbe il rischio di morte per gli esseri umani. Quale delle seguenti affermazioni esprime il principio alla base di questo ragionamento?

A. Si dovrebbero utilizzare le vespe per rilevare gas nocivi nell'aria grazie al loro olfatto sviluppato
B. Si dovrebbero addestrare i primati a compiere alcune mansioni ordinarie e ripetitive
C. Gli esseri umani dovrebbero utilizzare i roditori nonostante questi trasmettano malattie
D. In futuro i macchinari per bonificare i campi minati andrebbero eliminati
E. Chi non ama svolgere lavori ripetitivi non dovrebbe bonificare i campi minati

287) Lo schema riportato di seguito deve essere riempito con le lettere A, B, E, F, I, L, O, P, U.
Per riempire lo schema occorre osservare le seguenti regole:
- **nella prima colonna da sinistra vanno sistemate solo vocali in ordine alfabetico crescente dall'alto verso il basso;**
- **nella terza colonna da sinistra vanno sistemate solo consonanti in ordine alfabetico crescente dall'alto verso il basso;**
- **nella seconda e terza riga vanno sistemate lettere in ordine alfabetico crescente da sinistra verso destra.**

Quale lettera deve essere necessariamente collocata nel cerchio in posizione centrale?

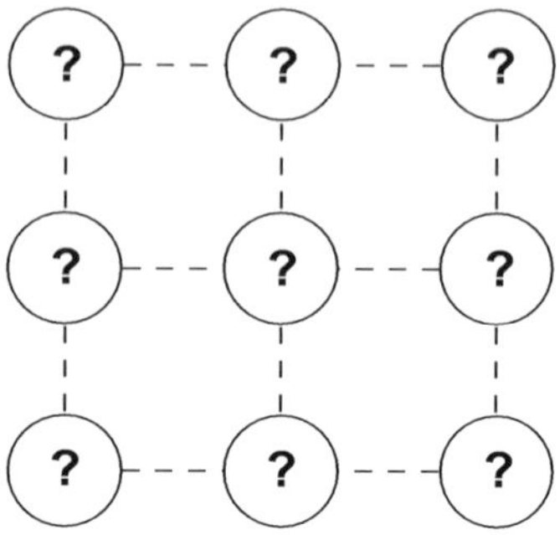

A. La lettera U
B. La lettera I
C. La lettera O
D. La lettera F
E. La lettera L

288) Una gallina ha fatto i pulcini. Maria dice: "Sono nati tre pulcini e sono gialli". Gianni dice: "Sono nati due pulcini gialli e due neri". Anna dice: "Sono nati solo pulcini gialli". Quanti pulcini sono nati, sapendo che una e una sola delle precedenti affermazioni è falsa?

A. 4
B. 2
C. 6
D. 3
E. Non è possibile stabilire il numero con certezza

289) Le spese mediche per gli interventi di chirurgia estetica non necessari dovrebbero essere interamente sostenute dai pazienti.
Quale delle seguenti affermazioni esprime il principio alla base di questo ragionamento?

A. I genitori di bambini con Bisogni Educativi Speciali (BES) dovrebbero poter usufruire di ulteriori sostegni

da parte dei servizi sociali e degli enti locali
B. Le protesi estetiche difettose considerate rischiose per la salute dovrebbero essere rimosse senza alcun costo per il paziente dal Servizio Sanitario Nazionale
C. Se si sceglie di cercare lavoro in una città lontana da quella di residenza si dovrebbero sostenere le spese di viaggio o di trasloco
D. Un paziente trasportato d'urgenza al pronto soccorso in ambulanza dovrebbe far ritorno a casa con mezzi propri se dimesso
E. Coloro che pur non essendo disabili parcheggiano deliberatamente nei posti riservati ai disabili non dovrebbero stupirsi di venire multati

290) In un racconto per bambini ci sono tre tipi di mostri, Bongles, Crannies e Dervies. Alcuni Bongles (ma non tutti) sono Crannies e tutti i Crannies sono Dervies.
Quale delle seguenti frasi sicuramente NON è vera?

A. Alcuni Bongles sono Dervies
B. Alcuni Dervies sono sia Bongles che Crannies
C. Tutti i Crannies sono Bongles o Dervies, o entrambi
D. Nessun Dervies è un Bongles
E. Alcuni Dervies non sono né Bongles né Crannies

291) Ogni automobilista in Inghilterra paga la stessa cifra per la tassa stradale, a prescindere da quanto in realtà usufruisca della strada: chi percorre poche miglia, come 1.000, paga la stessa cifra di chi ne percorre 20.000. È ingiusto. La tassa stradale dovrebbe essere frammentata e l'importo innalzato con un aumento della tassa sulla benzina. Questo cambiamento farebbe sì che quelli che usano di più la strada, devono pagare una cifra maggiore. Questo risultato non porterebbe solo a un sistema più giusto, ma anche a entrate maggiori.
Quale delle seguenti affermazioni illustra al meglio il principio su cui si fonda il ragionamento sopra riportato?

A. Chi guadagna più del doppio di un salario medio dovrebbe pagare molto di più per le cure dentistiche
B. Chi va a lavorare in treno ogni giorno dovrebbe pagare una tariffa minore rispetto a chi viaggia solo occasionalmente
C. Le tariffe telefoniche dovrebbero essere più alte per le aziende, rispetto ai privati, perché usano il sistema solamente per guadagnare soldi
D. Si dovrebbero ricevere cure mediche gratuite solo se non ci si può permettere di pagarle
E. I canali televisivi dovrebbero essere pagati con un abbonamento di modo che solamente chi li guarda paga per vederli

292) Il trattamento che molti paesi riservano agli immigrati non autorizzati spesso è crudele e cinico. Perfino i rifugiati provenienti da regioni devastate dalla guerra o colpite da una carestia possono ritrovarsi in prigione appena arrivano, o possono essere deportati verso il posto stesso da cui sono fuggiti. È una decisione terribile da dover prendere, ma se facciamo un'eccezione alla legge per una persona, dovremmo fare la stessa eccezione per tutti. Se si permette ad alcuni immigrati clandestini di rimanere, anche gli altri devono essere trattati allo stesso modo, e nessun paese – specialmente quelli che sono già sovrappopolati – può fisicamente ospitare il numero di persone che si raggiungerebbe. La legge deve essere applicata rigorosamente, anche se ciò implica mandare via persone davvero bisognose.

Quale delle seguenti affermazioni illustra al meglio il principio su cui si basa l'argomentazione sopra riportata?

A. La crescita del congestionamento del traffico urbano implica che in futuro il numero di macchine che possono entrare nei centri di alcune città dovrà essere limitato
B. Tutti i taccheggiatori devono essere perseguiti, perché in caso se ne lasci andare uno, tutti gli altri, giustamente, si aspetterebbero la stessa clemenza
C. Vista la regolamentazione anti-incendio, il numero di persone che possono andare al concerto deve essere controllato severamente
D. Non esiste una regola unica che possa essere applicata a tutti i prigionieri che chiedono la libertà per buona condotta: ogni caso è a sé e deve essere trattato con obiettività
E. Se non ci sono posti ospedalieri a sufficienza per tutti quelli che ne hanno bisogno, i casi più urgenti devono essere curati per primi, anche se altre persone hanno aspettato a lungo

293) Nei dibattiti sul clima, c'è una tendenza a sottovalutare soluzioni singole come l'energia eolica, carburanti alternativi, o investimenti nel trasporto pubblico, perché ognuna di queste, presa singolarmente, non risolverà la crisi climatica. Tuttavia, non esiste, e mai esisterà, un'unica soluzione al cambiamento climatico. Quando per un problema non esiste una soluzione unica, i tentativi di migliorare la situazione non dovrebbero essere scartati sulla base del fatto che non risolvano il problema nella sua interezza. Dovremmo lasciare da parte i battibecchi e andare in direzione della promozione di singole iniziative che hanno un qualunque effetto benefico, per quanto piccolo, sul cambiamento climatico.

Quale delle seguenti affermazioni illustra al meglio il principio su cui si fonda questo ragionamento?

A. Per affrontare il problema dell'obesità ci vuole una campagna nazionale che promuova un maggiore esercizio fisico, anche se dovesse essere dannoso per le articolazioni
B. La pace nel mondo può essere garantita solamente da un governo su scala mondiale
C. Le scuole dovrebbero tornare ai metodi tradizionali nell'insegnamento della lettura, dato che nuove iniziative non sono riuscite ad aumentare gli standard
D. Gli scienziati, non lo Stato, dovrebbero essere responsabili per la ricerca di soluzioni ai problemi ambientali
E. Il coprifuoco non dovrebbe essere rifiutato sulla base del fatto che, da solo, non risolverà il problema dei comportamenti antisociali

294) È necessario che la legge prevenga l'abuso di test genetici richiesti dalle compagnie assicurative. Nuovi test genetici possono rivelare la probabilità che un individuo soffra di patologie debilitanti o addirittura fatali nel corso della vita. Senza una regolamentazione, le compagnie assicurative potrebbero rendere questi test obbligatori e far pagare un'assicurazione più alta alle persone che sono a rischio. Tutto ciò sarebbe ingiusto. Nessuno sceglie i propri geni; si nasce con quelli. Le persone non dovrebbero essere penalizzate per cose su cui non hanno controllo.

Quale delle seguenti affermazioni illustra al meglio il principio su cui si fonda questo ragionamento?

A. Alcune persone hanno perso tutto nell'alluvione. Le loro compagnie di assicurazione sono responsabili delle loro perdite. Quindi il governo non dovrebbe aiutarli
B. Philip non dovrebbe essere aiutato a pagare i suoi debiti, per quanto possa dispiacere della sua situazione. Lo sapeva dall'inizio che la sua iniziativa imprenditoriale era molto rischiosa
C. Tre persone non sono state adeguatamente informate sulla possibilità di perdite economiche quando hanno preso parte al progetto. I loro consulenti finanziari dovrebbero perdere la licenza
D. I ritardi nei pagamenti, normalmente, vengono sanzionati con una multa. Ma il pagamento di Jamuna è stato trattenuto perché i dipendenti delle poste erano in sciopero, quindi non dovrebbe essere costretta a pagare la multa
E. Kylie non l'ha fatto di proposito sbagliare la propria contabilità, ma dovrebbe pagare comunque la multa. Avrebbe dovuto accertarsi che i conti fossero corretti

295) Non paghiamo una quota fissa per l'elettricità, il gas o il telefono indipendentemente da quanto li utilizziamo. Perché quindi a qualcuno viene richiesto di farlo quando si parla dell'acqua? Chi usa relativamente poca acqua non dovrebbe finanziare chi ne usa tanta. I contatori dell'acqua, quindi, dovrebbero essere introdotti in tutte le regioni non appena possibile.

Quale delle seguenti affermazioni evidenzia meglio il principio su cui si fonda questo ragionamento?

A. La strada nuova sarà finanziata dai pedaggi, invece che dalle tasse
B. La nostra città sta mettendo a disposizione dei bidoni per il riciclaggio in modo che i residenti che vogliono fare la raccolta differenziata possono farlo
C. Il governo sta risarcendo i proprietari delle case che sono state danneggiate dall'alluvione
D. Chi ha difficoltà a pagare la tassa della televisione può pagarla in rate mensili
E. Quando andiamo a mangiare fuori in gruppo dividiamo il conto per il numero di persone che hanno cenato

296) Un utilizzo sempre maggiore dei telefoni cellulari sul treno e al ristorante dimostra una grave mancanza di considerazione per le altre persone. Sì, certamente, è comodissimo riuscire a gestire la tua attività mentre sei in viaggio o stai aspettando il pranzo e, che ci piaccia o no, la tecnologia fa parte del nostro mondo. Ma nessuno ha voglia di ascoltare una parte della noiosa conversazione di qualcuno mentre sta mangiando o durante un viaggio. Chi sta telefonando si lamenterebbe subito se io cominciassi a leggere il giornale ad alta voce, disturbando la sua chiamata. Pertanto, visto che le persone dovrebbero trattare gli altri allo stesso modo in cui si aspettano di essere trattati dagli altri, i telefoni cellulari non dovrebbero essere utilizzati liberamente sui treni e nei ristoranti.

Quale delle seguenti affermazioni illustra al meglio il principio su cui si fonda questo ragionamento?

A. Ti lamenteresti se i tuoi figli ti facessero ascoltare la loro musica, quindi non dovresti imporre loro le tue scelte sulla musica

B. La calma e il relax sono la chiave per una vita felice; quindi dovremmo evitare motivi di stress non necessari che il mondo moderno tecnologico porta con sé
C. Nessuno dovrebbe cercare di riportare indietro le lancette dell'orologio, specialmente quando si parla di tecnologia; pertanto dovresti accettare qualche fastidio in nome del progresso e della comodità
D. Il fastidio di una persona è la comodità di un'altra: quindi dovremmo essere più tolleranti verso i comportamenti altrui
E. Sui treni non ci dovrebbero essere posti di prima classe, perché tutti i paganti dovrebbero essere trattati allo stesso modo

297) Se qualcosa che faccio causa la morte di qualcuno, ovviamente, io sono responsabile per questa morte. Sono, però, allo stesso modo, responsabile della morte di qualcuno se è il risultato di qualcosa che non ho fatto? Ad esempio, se sparo a qualcuno, la sua morte è avvenuta per colpa mia. Ma se mi rifiuto di dare dei soldi a una persona che sta morendo di fame e questa persona muore perché io non le ho dato i soldi per comprarsi da mangiare, sono responsabile della sua morte? Se io non fossi mai vissuto, questa persona sarebbe morta di fame comunque, mentre la persona a cui ho sparato non sarebbe morta per colpa mia. Quindi, fare qualcosa rende più responsabili per le conseguenze che ne derivano, rispetto a non fare qualcosa.
Quale delle seguenti affermazioni illustra il principio che sostiene l'autore nel passaggio sopra riportato?

A. Le persone più responsabili per l'alto tasso di criminalità sono quelle che infrangono la legge, non le autorità locali che non riescono a dare il giusto supporto ai programmi di prevenzione del crimine
B. Il programma per la prevenzione del crimine non funziona perché attribuisce la responsabilità dei crimini alle autorità locali, le quali hanno risorse insufficienti per attuarli
C. Molte persone che vengono mandate in prigione commettono altri crimini una volta usciti, il che dimostra che la prigione non riesce a far prendere consapevolezza ai criminali delle proprie azioni
D. Le condanne ai lavori socialmente utili funzionano meglio della prigione perché fanno sì che la mente dei detenuti si concentri sulle conseguenze dirette provocate da un comportamento anti-sociale
E. Il rifiuto da parte del governo di finanziare programmi di prevenzione del crimine li rende responsabili per l'alto tasso di criminalità

298) Se lo Stato stanzia dei finanziamenti per l'arte significa che una parte delle tasse pagate da ognuno sarà utilizzata per finanziare musei e teatri. Ma alcuni contribuenti non hanno mai messo piede in un museo o un teatro e quelli che invece godono di questi servizi solitamente se lo possono permettere senza problemi. Visto che nessuno dovrebbe essere forzato a sovvenzionare servizi che non usa, le tasse dei contribuenti non dovrebbero essere usate per finanziare l'arte.
Quale delle seguenti affermazioni è un'applicazione del principio su cui si fonda il ragionamento espresso in questo passaggio?

A. Senza il supporto del governo, molti aspetti della vita culturale della nazione sarebbero accessibili solamente ai benestanti

B. Il sistema dei trasporti di Londra non dovrebbe essere sovvenzionato dalle tasse dei contribuenti, perché alcuni di loro non vanno mai a Londra
C. L'istruzione dovrebbe essere finanziata dalle tasse dei contribuenti perché è un servizio che porta benefici alla nazione intera
D. Chi si può permettere un'assicurazione sanitaria privata dovrebbe comunque pagare un contributo al sistema sanitario pubblico
E. Se il finanziamento pubblico per le gallerie d'arte fosse revocato e sostituito da quote di iscrizione, chi è veramente interessato all'arte continuerebbe a visitarle

299) Recentemente è nata una grande preoccupazione per la questione delle trasfusioni di sangue. Alcuni donatori di sangue hanno contratto la MCJ, la forma umana della BSE, conosciuta come la "mucca pazza". C'è una bassissima possibilità che anche chi ha ricevuto il loro sangue abbia contratto la MCJ. Per quanto basso sia il rischio, non c'è niente che si possa fare per curare questa malattia e informare il paziente scatenerebbe il panico. Per questi motivi, il servizio sanitario nazionale non dovrebbe prendere provvedimenti per informare le persone che possono essere a rischio.

Quale delle seguenti affermazioni applica il principio utilizzato nel ragionamento sopra espresso?

A. Non informare i passeggeri del motivo per cui il treno è stato ritardato per cause di forza maggiore
B. Non informare i passeggeri di un aereo, durante una turbolenza, del rischio, seppure piccolo, che l'aereo sia danneggiato
C. Non informare un bambino piccolo che ha ottenuto un risultato scarso nel test diagnostico pedagogico
D. Non informare un bambino che è stato adottato dell'identità dei suoi genitori biologici
E. Non informare un paziente che ha contratto una malattia mortale

300) Lanciato nel gennaio 2008 come parte della risposta dell'amministrazione USA alla crisi finanziaria, il "Consiglio per una buona educazione finanziaria", sebbene non sia senza meriti, non è necessariamente il modo migliore per affrontare la situazione, specialmente nel caso del tracollo dei mutui subprime. È certamente vero che molti mutui subprime sono stati concessi a mutuatari che potevano non averne compreso i rischi. Spesso non si erano neanche accorti che la rata mensile sarebbe aumentata all'aumentare dei tassi di interesse. I mutuatari subprime che avevano un tasso regolabile, la cui restituzione del mutuo è aumentata solo del 7%, hanno rappresentato più del 40% delle riappropriazioni iniziate nel quarto trimestre del 2007. Si sarebbe potuta evitare questa situazione con una maggiore consapevolezza e una migliore educazione finanziaria dei mutuatari? Non abbiamo bisogno che un semplice Comitato ci dica qual è la soluzione più semplice: non concedere mutui subprime.

Quale delle seguenti affermazioni illustra il principio su cui si fonda questo ragionamento?

A. Non avrebbe senso ritirare i superalcolici dalla vendita se si potesse fare un lavoro migliore istruendo le persone sui pericoli che derivano dal consumo di questi prodotti

B. Creare comitati che analizzino i problemi causati dal consumo di superalcolici non è necessario. Sarebbe più efficace se i produttori di alcol applicassero delle etichette di avvertimento sui loro prodotti
C. Tentare di istruire le persone sui pericoli che derivano dal consumo di superalcolici non ha senso. Avrebbe più senso se le persone potessero semplicemente non comprarli
D. Tentare di istruire le persone sui pericoli che derivano dal consumo di superalcolici è inutile. Le persone, comunque, ignorerebbero questi avvertimenti
E. Creare comitati che analizzino i problemi causati dal consumo di superalcolici è inutile. Raramente, un comitato raggiungerebbe un consenso all'unanimità

RISPOSTE CORRETTE

1) D	51) D	101) B	151) B	201) C	251) C
2) A	52) B	102) A	152) A	202) D	252) B
3) D	53) A	103) A	153) E	203) A	253) A
4) D	54) C	104) A	154) B	204) B	254) C
5) A	55) D	105) B	155) C	205) B	255) D
6) B	56) D	106) B	156) B	206) C	256) B
7) E	57) C	107) D	157) A	207) D	257) D
8) E	58) A	108) B	158) D	208) C	258) E
9) E	59) B	109) B	159) E	209) E	259) C
10) B	60) D	110) E	160) E	210) C	260) A
11) A	61) D	111) B	161) B	211) D	261) D
12) D	62) C	112) B	162) C	212) D	262) E
13) D	63) A	113) D	163) C	213) D	263) D
14) C	64) A	114) D	164) A	214) C	264) C
15) D	65) C	115) D	165) B	215) B	265) B
16) E	66) A	116) A	166) B	216) E	266) E
17) C	67) E	117) A	167) C	217) E	267) B
18) E	68) C	118) E	168) B	218) C	268) A
19) C	69) C	119) C	169) B	219) D	269) B
20) E	70) A	120) B	170) A	220) D	270) D
21) B	71) C	121) D	171) B	221) E	271) B
22) E	72) E	122) C	172) A	222) B	272) B
23) E	73) A	123) B	173) A	223) C	273) B
24) D	74) A	124) E	174) B	224) E	274) B
25) D	75) C	125) D	175) C	225) A	275) B
26) E	76) B	126) E	176) A	226) A	276) E
27) D	77) A	127) A	177) B	227) E	277) B
28) B	78) B	128) D	178) C	228) B	278) B
29) B	79) E	129) C	179) C	229) C	279) C
30) C	80) E	130) B	180) A	230) D	280) D
31) E	81) B	131) B	181) E	231) D	281) D
32) C	82) D	132) D	182) E	232) B	282) C
33) A	83) A	133) A	183) E	233) A	283) B
34) A	84) D	134) E	184) E	234) A	284) D
35) A	85) B	135) A	185) D	235) C	285) E
36) D	86) A	136) C	186) E	236) D	286) A
37) D	87) B	137) C	187) B	237) B	287) D
38) D	88) B	138) A	188) C	238) B	288) D
39) D	89) C	139) B	189) C	239) C	289) C
40) C	90) A	140) A	190) E	240) D	290) D
41) D	91) E	141) A	191) A	241) B	291) E
42) C	92) E	142) E	192) E	242) D	292) B
43) E	93) E	143) D	193) A	243) A	293) E
44) B	94) E	144) E	194) B	244) B	294) D
45) C	95) C	145) E	195) B	245) C	295) A
46) B	96) C	146) D	196) D	246) A	296) A
47) B	97) A	147) E	197) A	247) D	297) A
48) D	98) E	148) E	198) A	248) E	298) B
49) D	99) D	149) D	199) C	249) D	299) B
50) A	100) A	150) E	200) D	250) A	300) C

CAPITOLO 3
Logica numerica

3.1 • Abilità di calcolo mentale

1) In un tamponamento a catena in autostrada sono coinvolte 13 automobili. Quanti sono i paraurti danneggiati?

A. 22
B. 26
C. 24
D. 18
E. 13

2) Stai partecipando ad una gara motociclistica. Ad un certo punto superi il terzo. In quale posizione ti trovi?

A. Quarto
B. Ultimo
C. Secondo
D. Terzo
E. Primo

3) Due interi hanno somma 5 e prodotto –24. Quanto vale il minore di tali interi?

A. 1
B. 8
C. –8
D. –3
E. 2

4) Un gioco ha le seguenti regole: se un numero è divisibile per 5 vale 5 punti; se è divisibile per 3 vale 4 punti. In base a tali regole, quale dei seguenti numeri vale di più?

A. 18
B. 42
C. 9
D. 276
E. 40

5) Due interi hanno somma 9 e prodotto 18. Quanto vale il minore di tali interi?

A. 4
B. 1
C. 2
D. 0
E. 3

6) Qual è il numero il cui quadruplo più tre è uguale a settantacinque?

A. 18
B. 17
C. 72
D. 20
E. 78

7) La somma di due numeri è –4. La loro differenza è 0. I due numeri sono...

A. –2 e 2
B. 3
C. –2 e –2
D. 4
E. 2 e 2

8) La somma di due numeri è 18. La loro differenza è –6. I due numeri sono...

A. 6 e –12
B. 6 e 12
C. –3 e –8
D. –6 e –12
E. –6 e 12

9) Se aumentiamo un numero di 175 unità e poi lo riduciamo di 77 unità, otteniamo 376. Che numero è?

A. 273
B. 275
C. 276
D. 278
E. 277

10) Se riduciamo un numero di 150 unità e poi lo aumentiamo di 175 unità, otteniamo 420. Che numero è?

A. 445
B. 410
C. 405
D. 415
E. 395

11) Sommando 10 al doppio di un numero si ottiene il suo quadruplo diminuito di 2. Qual è il numero?

A. 0
B. 8
C. 6
D. 4
E. 2

12) Qual è il numero che aggiunto a 7428 dà per risultato 9310?

A. 1902
B. 1872
C. 1890
D. 1892
E. 1882

13) Qual è il numero che diminuito di 724 dà per risultato 399?

A. 1123
B. 1121
C. 1124
D. 1122
E. 1128

14) Antonio vuole far rientrare tutte le sue pecore nei recinti dell'ovile. Inizialmente fa entrare 9 pecore in ciascun recinto, ma gli restano 2 recinti vuoti. Allora fa entrare 6 pecore in ciascun recinto, ma in questo modo 3 pecore non trovano spazio nei recinti.
Quante pecore possiede Antonio?

A. 54
B. 45
C. 36
D. 27
E. 63

15) Due interi hanno somma −4 e prodotto 4. Quanto vale il maggiore di tali interi?

A. −1
B. −3
C. I due numeri sono uguali
D. 2
E. 4

16) Due interi hanno somma 5 e prodotto 4. Quanto vale il maggiore di tali interi?

A. 1
B. 4
C. 2
D. 3
E. 5

17) Qual è il numero il cui quadruplo meno 2 è uguale a 26?

A. 30
B. 7
C. 28
D. 14
E. 25

18) Qual è il risultato della somma "1 + 2 + 3 + 4 + 5 + 6 + 7 + 8 + 9 + 10 + … + 26 = ?"

A. 351

B. 306
C. 406
D. 291
E. 320

19) Teresa vuole installare alcune mensole in una nicchia di 80 cm di larghezza dove riporvi 100 libri con spessore di 25 mm l'uno e 62 libri con spessore di 35 mm l'uno. Ha in progetto di acquistare 560 cm di legname per realizzare le mensole e non ha intenzione di riporre i due tipi di libri su una stessa mensola. Qual è il numero massimo di libri in più che Teresa può acquistare prima di dover installare altre mensole?

A. 15
B. 24
C. 12
D. 35
E. 32

20) La somma di due numeri è 7. La loro differenza è 7. I due numeri sono:

A. –2 e –5
B. 1 e 6
C. –1 e 6
D. 7 e 0
E. 0 e –7

21) Un gioco ha le seguenti regole: se un numero è divisibile per 2 vale 4 punti; se è divisibile per 6 vale 6 punti; se è divisibile per 4 vale 3 punti. In base a tali regole, quanto vale il numero 14?

A. 6 punti
B. 0 punti
C. 10 punti
D. 4 punti
E. 3 punti

22) Un gioco ha le seguenti regole: se un numero è divisibile per 5 vale 3 punti; se è divisibile per 3 vale 2 punti. In base a tali regole, quale dei seguenti numeri vale di più?

A. 9
B. 12
C. 10
D. 27
E. 42

23) Francesco acquista dei bigliettini per invitare alcuni amici alla sua festa di compleanno. In cartoleria i bigliettini vengono venduti singolarmente al prezzo di € 0,43 l'uno, oppure in confezioni da 6 al prezzo di € 1,92 a confezione. Francesco acquista 8 confezioni. Dopo avere spedito gli inviti si rende conto che gli sono serviti solo 38 bigliettini.
Quanto ha speso Francesco più del necessario per acquistare i bigliettini di invito?

A. € 3,64
B. € 1,06
C. € 4,70
D. € 1,72
E. € 2,98

24) Se la parola "ognuno" è scritta bene, calcolate il risultato di "35 – 7 × 3", altrimenti calcolate il risultato di "31 – 42 + 17".

A. 27
B. 84
C. 6
D. 56
E. 14

25) Se la parola "abazzia" è scritta bene, calcolate il risultato di "5 + 11 × 5", altrimenti calcolate il risultato di "(31 – 4) : 3".

A. 31
B. 275
C. 9
D. 60
E. 30

26) Se la parola "coscente" è scritta bene, calcolate il risultato di "35 – 7 × 3", altrimenti calcolate il risultato di "31 – 42 + 17".

A. 84
B. 6
C. 14
D. 56
E. 10

27) Una regola di elaborazione trasforma l'ottupla (8, 6, 4, 5, 2, 9, 1, 7) in (6, 8, 4, 5, 2, 9, 1, 7) e quest'ultima in (6, 4, 8, 5, 2, 9, 1, 7). Individuare l'ottupla successiva secondo la stessa regola.

A. (6, 4, 8, 5, 2, 9, 1, 7)
B. (6, 4, 8, 2, 5, 9, 1, 7)
C. (6, 4, 8, 5, 9, 2, 1, 7)
D. (6, 4, 5, 8, 9, 2, 1, 7)
E. (6, 4, 5, 8, 2, 9, 1, 7)

28) Qual è il numero che diminuito di 90 dà per risultato 14?

A. 124
B. 114
C. 94
D. 134
E. 104

29) Due interi hanno somma – 10 e prodotto 25. Quanto vale il minore di tali interi?

A. I due numeri sono uguali
B. 0
C. –1
D. –4
E. 2

30) Due interi hanno somma 10 e prodotto 9. Quanto vale il minore di tali interi?

A. 3
B. 4
C. 2
D. 5
E. 1

3.2 • Esercizi con frazioni e percentuali

31) Determinare quel numero per il quale la somma del suo terzo e del suo quarto è uguale a 7.

A. 17
B. 12
C. 13
D. 15
E. 14

32) Si vogliono ripartire 91 biscotti in tre piatti in modo che il primo piatto contenga un terzo dei biscotti del secondo e il secondo piatto un terzo dei biscotti del terzo piatto. Quanti biscotti conterrà il secondo piatto?

A. 33
B. 24
C. 21
D. 31
E. 30

33) Al supermercato le confezioni di caffè da 500 g sono sempre in offerta speciale, tuttavia le offerte variano di settimana in settimana:

- **Settimana 1: una confezione da 250 g in omaggio con l'acquisto di 2 confezioni;**
- **Settimana 2: 25% di sconto sul prezzo intero;**
- **Settimana 3: una confezione in omaggio con l'acquisto di 3 confezioni;**
- **Settimana 4: 10% di sconto sul prezzo indicato e ulteriori 100 g in omaggio;**
- **Settimana 5: con l'acquisto di una confezione, la seconda è a metà prezzo.**

Sebbene le quantità cambino, il costo del caffè per 100 g in ciascuna delle

offerte sopra elencate rimane invariato tutte le settimane, eccetto una: quale?

A. Settimana 1
B. Settimana 2
C. Settimana 3
D. Settimana 4
E. Settimana 5

34) Una palestra ha venduto 400 abbonamenti in ottobre e 480 in novembre. In dicembre si è registrato un decremento del 15% rispetto al mese precedente. A quanto ammonta la variazione percentuale degli abbonamenti venduti nel mese di dicembre rispetto a quelli di ottobre?

A. Non ci sono elementi sufficienti per rispondere
B. 1%
C. 5%
D. –5%
E. 2%

35) L'anno scorso le automobili straniere importate in Italia sono state 250.000, mentre quest'anno sono salite del 40%. Quest'anno si è registrato un 30% di importazioni dal mercato giapponese.
Quante sono state le auto straniere NON giapponesi importate quest'anno?

A. 420.000
B. 245.000
C. 210.000
D. 90.000
E. 270.000

36) In una comunità di 5000 persone il 5% dei membri viene colpito da una malattia infettiva, che richiede il ricovero nel 50% dei casi; quanti ricoveri sono avvenuti?

A. 150
B. 50
C. 200
D. 100
E. 125

37) Il cartello promozionale di un negozio recita:
Ogni 200 euro spesi, vi diamo un buono da 20 euro, spendibile al prossimo acquisto.
Tancredi, passando, riflette su quanto sia lo sconto effettivo praticato dal negozio. Quale osservazione è quella corretta?

A. Il massimo sconto ottenibile mediante questa promozione è del 20%
B. Il massimo sconto ottenibile mediante questa promozione è maggiore del 10%
C. Il massimo sconto ottenibile mediante questa promozione è minore del 10%
D. Il massimo sconto ottenibile mediante questa promozione è del 10%
E. Il massimo sconto ottenibile mediante questa promozione è minore del 2%

38) Il proprietario di una fabbrica di orecchini, in occasione della festa dell'8 marzo, vuole fare un regalo alle sue 100 dipendenti donne. Poiché sa che il 10% di esse porta un solo orecchino e che il rimanente si divide in parti uguali tra chi non ne porta affatto e chi ne porta due, quanti orecchini dovrà far preparare?

A. 100
B. 90
C. 45
D. 200
E. 180

3.3 • Esercizi con proporzioni

39) Tre ragazzi mangiano tre pizze in tre ore. Quante pizze mangiano nove ragazzi in nove ore?

A. 9
B. 15
C. 27
D. 22
E. 18

40) Se 4 impiegati compilano 24 pratiche in 10 minuti, quanti impiegati sarebbero teoricamente necessari per compilare 120 pratiche in 3000 secondi?

A. 10
B. 4
C. 6
D. 8
E. 15

41) Se due conigli mangiano 8 carote in un'ora, in quanto tempo 25 conigli mangeranno 50 carote?

A. 30 minuti
B. 50 minuti
C. 60 minuti
D. 40 minuti
E. 20 minuti

42) Tre panettieri preparano un cornetto rispettivamente in 4, 5 e 6 minuti. Quanto impiegano a preparare insieme 37 cornetti?

A. 2 ore
B. 1 ora e 35 minuti
C. 50 minuti
D. 2 ore e 30 minuti
E. 1 ora

43) Un impiegato può completare 28 pratiche per ogni ora. Se in un giorno lavorativo di 8 ore si accumulano 6720 pratiche da chiudere in giornata, quanti impiegati saranno necessari?

A. 28
B. 30
C. 32
D. 35
E. 34

44) Tre marinai sbucciano un sacco di patate rispettivamente in 6, 8 e 12 ore. Quante ore impiegano a sbucciare insieme le patate di 33 sacchi?

A. 88
B. 26
C. 24
D. 176
E. Non è possibile rispondere in base ai dati forniti

45) Se 6 muratori, lavorando allo stesso ritmo, impiegano 50 minuti per costruire un muretto, quanto impiegherebbe uno solo di essi per costruire lo stesso muretto?

A. 5 ore
B. 250 minuti
C. 2 ore
D. 4 ore
E. 270 minuti

46) Due meccanici sono in grado di riparare 6 automobili in 3 ore. Quanti meccanici saranno necessari per riparare 22 auto in 5 ore?

A. Almeno 7
B. Almeno 8
C. Almeno 6
D. Almeno 5
E. Almeno 10

47) Un solo pasticciere prepara 5 torte in 2 ore e mezza. Quanti pasticcieri dovrebbero lavorare, allo stesso ritmo, per preparare 12 torte in un'ora e mezza?

A. 6
B. 7
C. 3
D. 5
E. 4

48) Tre formiche spostano un mucchio di sabbia rispettivamente in 20, 30 e 60 giorni. Quanto tempo impiegano a spostare lo stesso mucchio di sabbia lavorando insieme?

A. 15 giorni
B. 10 giorni
C. 25 giorni
D. 5 giorni
E. 20 giorni

3.4 • Esercizi su medie

49) In una squadra di calcio vi sono 11 giocatori. L'età media è 22 anni. Durante una partita un giocatore viene espulso; l'età media dei giocatori rimasti diviene allora 21 anni. Che età ha il giocatore che è stato espulso?

A. 35 anni
B. 32 anni
C. 31 anni
D. 33 anni
E. 30 anni

50) In una prima ci sono 3 ragazzi per ogni 2 ragazze. L'età media dei ragazzi è 14 anni e 2 mesi, quella delle ragazze 13 anni e 4 mesi. Qual è l'età media della classe?

A. 13 anni e 4 mesi
B. Il risultato dipende dal numero di alunni della classe
C. 13 anni e 8 mesi
D. 13 anni e 10 mesi
E. 13 anni e 6 mesi

51) In un gruppo di 10 amici, 3 ragazzi hanno 24 anni ciascuno, 4 ragazzi hanno 27 anni ciascuno e 3 ragazzi hanno 30 anni ciascuno. Qual è l'età media del gruppo?

A. 26 anni
B. 25 anni
C. 27 anni
D. 28 anni
E. 27,5 anni

52) Filippo ha conseguito un voto di 3 punti superiore rispetto a quello di Rocco, Giovanni di sei punti inferiore rispetto a quello di Rocco. Quanto vale la media dei voti conseguiti da Filippo, Rocco e Giovanni?

A. È di 3 punti inferiore rispetto al voto conseguito da Rocco
B. È di due punti inferiore rispetto al voto conseguito da Rocco
C. È pari al voto conseguito da Rocco
D. È di un punto inferiore rispetto al voto conseguito da Rocco
E. È di un punto superiore rispetto al voto conseguito da Rocco

53) Uno studente modello ha calcolato la sua media su tutte le 9 materie, esclusa la matematica. Tale media è pari a 8. Dopo l'interrogazione la professoressa gli comunica che il suo voto finale in matematica è 7. Quale sarà la nuova media dello studente?

A. 8
B. 7
C. 7,5
D. 7,8
E. 7,9

54) Un calciatore ha disputato 6 partite segnando in media un gol a partita. Dopo la squalifica di un turno ritorna in campo ed in due partite segna 4 gol. Quale sarà la nuova media di realizzazione di gol per partita disputata?

A. 1,6
B. 1,5
C. 2
D. 1,25
E. 1,2

3.5 • Esercizi su progressioni aritmetiche e progressioni geometriche

55) La popolazione di una coltura batterica raddoppia ogni 2 minuti. Quanti minuti approssimativamente serviranno affinché tale popolazione cresca da 1.000 a 500.000 batteri?

A. 16
B. 12
C. 10
D. 14
E. 18

56) Su Marte il 12 novembre 10 marziani possiedono una cuffia; nei giorni successivi il numero dei marziani che possiedono una cuffia raddoppia ogni giorno. Qual è il primo giorno al termine del quale almeno 10.000 marziani avranno una cuffia?

A. 26 novembre
B. 24 novembre
C. 28 novembre
D. 25 novembre
E. 22 novembre

57) Una colonia di batteri vive sulla superficie di uno stagno, dove una volta al giorno ogni batterio si riproduce per scissione, cioè ogni giorno ogni batterio si divide in due dando origine a due batteri uguali. Se un biologo inizia la sua osservazione all'alba del 1° aprile 2010 e conta un solo batterio, mentre all'alba del 30 aprile 2010 osserva che un ottavo della superficie dello stagno è ricoperta dai batteri, in quale data la superficie dello stesso stagno sarà per la prima volta completamente ricoperta dai batteri?

A. All'alba del 3 maggio 2010
B. Dipende dalla superficie dello stagno
C. All'alba del 29 luglio 2010
D. Dopo il 1° dicembre 2010
E. All'alba del 7 maggio 2010

58) In uno stagno c'è una bellissima ninfea, che ogni giorno raddoppia la sua estensione e in 30 giorni copre tutto lo stagno. Quanto tempo impiega per coprirne la metà?

A. Dipende dalla grandezza dello stagno
B. 2 giorni
C. 15 giorni
D. 7 giorni
E. 29 giorni

59) Una pianta geneticamente modificata raddoppia la sua altezza ogni giorno. Al nono giorno comincia a ridurre la sua altezza con una velocità doppia. Dopo quanti giorni dall'inizio sarà ritornata alla sua altezza iniziale?

A. 15
B. 13
C. 12
D. 10
E. 14

60) Una palla è talmente elastica che, dopo ogni rimbalzo sul terreno, raggiunge i 2/5 dell'altezza precedente. Da quale altezza è stata fatta cadere se dopo 4 rimbalzi raggiunge ancora i 32 centimetri?

A. 2 metri
B. 12,5 metri
C. 60 metri
D. 5 metri
E. 10 metri

61) Un'ameba spaziale cade in un lago. Ogni giorno raddoppia la sua estensione e in 100 giorni diventa così grande da ricoprire l'intera superficie del lago. In quanti giorni ne aveva coperto un quarto?

A. Dopo 25
B. Dopo 96
C. Dopo 98
D. Dopo 88
E. Dopo 30

62) Se ad ogni generazione la popolazione mondiale si quadruplicasse, partendo da Adamo ed Eva, dopo quante generazioni si arriverebbe a 2048 persone?

A. 3
B. 5
C. 6
D. 2
E. 7

3.6 • Esercizi con equazioni e sistemi di equazioni di primo grado

63) Lucia noleggia una macchina per 18 euro più 0,10 euro per chilometro percorso. Carlo noleggia una macchina per 25 euro più 0,05 euro per chilometro percorso. A fine giornata, dopo aver percorso la stessa distanza pagano entrambi lo stesso importo. Quanti chilometri hanno percorso?

A. 150
B. 140
C. 135
D. 120
E. 100

64) Giacomo ha oggi 14 anni in più di Paolo. Se tra 10 anni Giacomo avrà il doppio degli anni di Paolo, quanti anni avrà Giacomo tra 5 anni?

A. 23
B. 19
C. 9
D. 21
E. 33

65) Papà e mamma Tuttosale hanno diversi figli, di cui 3 sono maschi. Se ogni figlio maschio avesse 3 sorelle, quanti sarebbero in tutto i membri della famiglia Tuttosale?

A. 17
B. 19
C. 8
D. 11
E. 14

66) Determinare quel numero il cui quadrato diviso a metà è uguale a 50.

A. 8
B. 7
C. 22
D. 10
E. 18

67) Andrea, Barbara, Camillo e Dario hanno ricevuto 450.000 euro in eredità. Ad Andrea spetta il doppio di Barbara, a Camillo spetta una volta e mezzo la cifra di Andrea e a Dario il triplo di Barbara. Quanto riceve Dario?

A. 200.000 euro
B. 150.000 euro
C. 120.000 euro
D. 100.000 euro
E. 250.000 euro

68) Se Francesco avesse 6 euro in più di Davide, essi avrebbero in totale 34 euro. Ma Francesco ha 6 euro meno di Davide. Quanti euro ha Francesco?

A. 8
B. 12
C. 10
D. 16
E. 14

69) Durante l'ultimo week-end, Pamela, Paola, Giuseppe e Gabriella hanno guadagnato insieme 405 euro. Pamela

ha lavorato il doppio del tempo di Paola; Paola ha lavorato la metà del tempo di Giuseppe; Gabriella ha lavorato il doppio del tempo di Pamela. Essi decidono di dividere i loro guadagni in modo imparziale. Quanti euro toccano a Pamela?

A. 90
B. 180
C. 120
D. 45
E. 150

70) Se un lingotto d'oro pesa 1/2 chilo più la metà del suo peso, quanto pesa il lingotto?

A. 2 chili
B. 200 grammi
C. 1 chilo
D. 1500 grammi
E. 500 grammi

71) Due colleghi sono stati assunti nello stesso giorno: uno aveva il doppio dell'età dell'altro.
Anni dopo la ditta fallisce: in quel momento il maggiore ha 20 anni più del minore.
A quale età è stato assunto il minore?

A. 35 anni
B. 30 anni
C. 20 anni
D. 15 anni
E. 25 anni

72) Se: $X + Y = 3$; $X = 2Z + 13$; $Z + Y = 0$ allora Y è uguale a:

A. –10
B. +10
C. –4
D. –6
E. +3

73) Se: $X + Y = 6$; $X = Z + 2$; $Z + 2Y = 0$ allora Y è uguale a:

A. –4
B. +8
C. +4
D. –6
E. +10

74) Il costo di un'auto è dato da 9.000 euro più un terzo del costo stesso. Qual è il costo dell'auto?

A. 13.500 euro
B. 13.000 euro
C. 14.500 euro
D. 15.000 euro
E. 12.500 euro

75) La somma di due numeri, di cui il primo è triplo del secondo, è 456. Quanto valgono i due numeri?

A. 332 e 124
B. 336 e 120
C. 333 e 123
D. 330 e 126
E. 342 e 114

76) Due mele e due pere costano 1,10 €; tre mele e una pera costano 1,05 €. Allora tre pere e una mela costano:

A. 1,25 euro
B. 1,15 euro
C. 1,10 euro
D. 1,30 euro
E. 1,20 euro

77) Un gelataio prepara 20 kg di gelato e lo rivende nel corso della giornata in coni piccoli da 1,20 euro di due palline e coni grandi da 1,60 euro e di tre palline. Da ogni kg di gelato ha ricavato 12 palline; alla fine della giornata, ha incassato in totale 137,60 euro. Quanti coni grandi ha venduto?

A. 32

B. 24
C. 48
D. 17
E. 43

78) Un pensionato ha passato la sua vita per un quarto da ragazzo, per un ottavo da giovane, per metà al lavoro. Da 9 anni non lavora più. Quanti anni ha adesso?

A. 66
B. 70
C. 72
D. 74
E. 64

79) Se al doppio di un numero si aggiunge 4, si ottiene il triplo del numero considerato diminuito di 4. Di quale numero si tratta?

A. 6
B. 9
C. 11
D. 8
E. 10

80) La somma di tre numeri naturali consecutivi è 132. Quanto vale il minore dei tre numeri considerati?

A. I dati forniti dalla domanda non consentono di stabilirlo con certezza
B. 43
C. 41
D. 42
E. 40

81) Marco ha speso per il suo viaggio di nozze i 5/4 di quello che ha speso Claudia. Sapendo che la differenza tra il costo di un viaggio e l'altro è pari a 700 euro, quanto ha speso Marco?

A. 2.800 euro
B. 1.000 euro
C. 3.500 euro
D. 6.300 euro
E. 3.800 euro

82) Ad una domanda per un sondaggio 3/4 degli intervistati ha risposto 'SÌ', 1/5 ha risposto 'NO' e 4 hanno risposto 'NON LO SO'. Quanti sono gli intervistati?

A. 90
B. 78
C. 92
D. 80
E. 66

83) Si è chiesto a 440 studenti: "Quale squadra preferisci?". Le preferenze per la "Roma" erano i 3/8 di quelle per l'"Inter", e il loro numero complessivo era sette volte il numero delle scelte di altre squadre. Quanti hanno scelto altre squadre?

A. 120
B. 75
C. 105
D. 55
E. 280

84) Si è chiesto a 440 studenti: "Quale squadra preferisci?". Le preferenze per la "Roma" erano i 3/8 di quelle per l'"Inter", e il loro numero complessivo era sette volte il numero delle scelte di altre squadre. Quanti hanno scelto la "Roma"?

A. 105
B. 120
C. 280
D. 55
E. 85

3.7 • Le equazioni simboliche

85) Se $4 \times \# + 1 = 7 \times (\# - 2)$, allora # è uguale a:

A. 1/2
B. 5
C. 13
D. 9
E. 7

86) Se la lettera N identifica una qualunque cifra numerica (singola), la lettera P identifica una qualunque cifra (singola) pari e la lettera D identifica una qualunque cifra (singola) dispari, allora la scrittura DNND rappresenta un numero:

A. pari di 2 cifre
B. dispari di 4 cifre
C. pari di 4 cifre
D. divisibile per 2
E. dispari di 3 cifre

87) Se CIG significa cifra (singola) divisibile per 6, COG significa cifra (singola) divisibile per 9 e CEG significa cifra (singola) divisibile per 2, allora con quale scrittura può essere espresso il numero 94?

A. CEG CIG
B. CIG COG
C. COG CIG
D. CIG CEG
E. COG CEG

88) Se CUG significa cifra (singola) divisibile per 5, CIG significa cifra (singola) divisibile per 4 e CEG significa cifra (singola) divisibile per 3, allora con quale scrittura può essere espresso il numero 84?

A. CIG CIG
B. CEG CIG
C. CUG CIG
D. CUG CEG
E. CIG CUG

89) Se la lettera N identifica una qualunque cifra numerica (singola), la lettera P identifica una qualunque cifra (singola) pari e la lettera D identifica una qualunque cifra (singola) dispari, allora la scrittura DDD rappresenta un numero:

A. pari di quattro cifre
B. dispari di tre cifre
C. divisibile per due
D. divisibile per tre
E. pari di tre cifre

90) Se la lettera A identifica una qualunque cifra (singola), la lettera L identifica una qualunque cifra (singola) pari e la lettera Q identifica una qualunque cifra (singola) dispari, allora QALL è un numero:

A. dispari di quattro cifre
B. pari di due cifre
C. pari di quattro cifre
D. dispari di due cifre
E. pari di tre cifre

91) Se ZIP significa cifra (singola) divisibile per 5, ZAP significa cifra (singola) divisibile per 4 e ZOP significa cifra (singola) divisibile per 6, allora con quale scrittura può essere espresso il numero 84?

A. ZOP ZAP
B. ZIP ZAP
C. ZAP ZIP
D. ZAP ZAP
E. ZOP ZIP

92) Se BARI = 2, DENTE = 2, GINOCCHIO = 4, PREZZEMOLO = ?

A. 14
B. 4
C. 8
D. 6
E. 10

93) Se BARI = 4, DENTE = 5, GINOCCHIO = 9, PREZZEMOLO = ?

A. 8
B. 12
C. 14
D. 10
E. 18

94) Se 2 è "B", 5 è "E", 10 è "L", come si scrive "MESTOLO" usando numeri invece di lettere?

A. 5 – 11 – 10 – 13 – 17 – 18
B. 11 – 5 – 17 – 18 – 13 – 10 – 13
C. 11 – 5 – 17 – 18 – 13 – 11 – 13
D. 10 – 13 – 17 – 18 – 5 – 11 – 5
E. 11 – 5 – 18 – 17 – 13 – 10 – 13

95) Se 3 è "B", 12 è "E", 21 è "H", come si scrive "GIOCARE" usando numeri invece di lettere?

A. 33 – 34 – 24 – 6 – 5 – 7 – 12
B. 18 – 24 – 36 – 6 – 0 – 45 – 12
C. 18 – 24 – 36 – 6 – 1 – 45 – 12
D. 30 – 32 – 26 – 22 – 40 – 32
E. 18 – 24 – 33 – 6 – 1 – 45 – 12

96) Se ZAP significa cifra (singola) divisibile per 7, ZUP significa cifra (singola) divisibile per 5 e ZEP significa cifra (singola) divisibile per 4, allora con quale scrittura può essere espresso il numero 48?

A. ZEP ZUP
B. ZAP ZAP
C. ZUP ZEP
D. ZEP ZAP
E. ZEP ZEP

97) A ciascuna delle seguenti parole è associato un valore numerico, seguendo sempre lo stesso criterio logico. ANANAS → 3; SALSA → 3; MASSA → 3; NESSO → 4; MESTO → 5; MAESTRA → 6; Quale valore numerico andrebbe assegnato alla parola STATUTO mediante lo stesso criterio logico adoperato in precedenza?

A. 4
B. 6
C. 5
D. 3
E. 7

98) Sostituisci ad ogni lettera una cifra differente in modo che il risultato della moltiplicazione sia esatto: "A6 × 3B = 2C6D". Quanto vale la più bassa delle cifre inserite?

A. 3
B. 0
C. 5
D. 4
E. 2

99) Se:
❤ + ★ = 7 + ✸
✸ + ❤ = 3
6 + ❤ = 3
allora:

A. ❤ = 3
B. ❤ = 9
C. ★ = 16
D. ✸ = 0
E. ❤ = 16

3.8 • Esercizi con il calcolo combinatorio

100) Quanti terni si possono formare con 90 numeri differenti?

A. 45.040
B. 117.480
C. 640.560
D. 12.340
E. 13.520

101) Un pittore dispone di 8 colori e vuole colorare un suo disegno in tanti modi quanti sono possibili combinando due colori, senza mai ripetere le combinazioni: quante combinazioni differenti sono possibili?

A. 28
B. 21
C. 56
D. 48
E. 36

102) Quante parole, anche prive di senso, si possono ottenere anagrammando le lettere della parola "terno"?

A. 75
B. 100
C. 80
D. 60
E. 120

103) Un barista dispone di 6 liquori diversi. Mescolandone in parti uguali tre alla volta, quanti aperitivi diversi può preparare?

A. 18
B. 25
C. 15
D. 12
E. 20

104) Quanti anagrammi distinti è possibile ottenere con le lettere della parola "ZOO"?

A. 2
B. 4
C. 3
D. 6
E. 5

105) Quanti sono i numeri di quattro cifre che si possono scrivere usando solamente le tre cifre 5, 6, 7?

A. 85
B. 75
C. 90
D. 81
E. 60

106) Utilizzando solo i caratteri "0" e "1", quante sequenze diverse di 5 caratteri si possono scrivere?

A. 25
B. 38
C. 32
D. 36
E. 40

107) Dieci persone si incontrano ad una riunione di lavoro. All'inizio ed alla fine dell'incontro ciascuno stringe la mano a tutti gli altri. Quante strette di mano ci sono state complessivamente?

A. 45
B. 60
C. 90
D. 75
E. 80

108) Il numero di parole di tre lettere, anche prive di senso, che si possono ottenere usando 10 lettere, non necessariamente tutte distinte, è uguale a:

A. 600
B. 500
C. 900
D. 1000
E. 800

109) Quante cinquine si possono formare con 90 numeri differenti?

A. 43.949.268
B. 128.428.968
C. 1.325.156
D. 1.248.168
E. 8.124.568

110) Quante parole, anche prive di significato, si possono scrivere con tre lettere diverse dell'alfabeto inglese?

A. 15600
B. 13500
C. 14500

D. 12600
E. 10500

111) In quanti modi differenti 5 persone si possono sedere su 3 poltrone, libere e allineate, di un cinema?

A. 120
B. 30
C. 60
D. 70
E. 90

112) Ho a disposizione tanti cubi quanti ne voglio e dipingo ogni loro faccia con i colori rosso o verde. Quanti cubi diversi posso ottenere?

A. 10
B. 24
C. 64
D. 6
E. 36

113) Dipingiamo le quattro facce di un tetraedro regolare con quattro colori diversi: rosso, bianco, giallo, azzurro. Quanti diversi tetraedri possiamo ottenere?
N.B.: si considerino uguali due tetraedri se coincidono in seguito a opportuni movimenti rigidi di rotazione e traslazione

A. 24
B. 1
C. 16
D. 2
E. 6

114) Un negozio di giocattoli ordina al fornitore una partita di cubetti, chiedendo che tre facce siano colorate di nero e tre di bianco. Il padrone del negozio immaginava, erroneamente, che questa indicazione fosse sufficiente ad avere cubetti identici. Il fornitore, invece, si presenta con tutti i diversi tipi di cubetti che soddisfano i requisiti del negoziante.
Quanti sono i tipi diversi?

A. 3
B. 20
C. 2
D. 6
E. 12

3.9 • Esercizi con le probabilità

115) Paolo ha 10 paia di calzini accoppiati. Se perde 7 calzini, qual è il maggior numero di paia di calzini accoppiati che gli possono rimanere?

A. 5
B. 4
C. 7
D. 3
E. 6

116) Marco, Claudio, Luca e Paolo stanno giocando a poker con tutte le carte dall'otto (8, 9, 10, J, Q, K e asso). Che probabilità (%) ha Paolo di vedersi servito un colore (tutte e 5 le carte dello stesso seme)?

A. 0,5%
B. 0,09%
C. 0,3%
D. 1%
E. 0,01%

117) La probabilità che, lanciando due dadi di sei facce, si ottenga come somma 3 è uguale a:

A. 1/36
B. 1/3
C. 1/8
D. 1/18
E. 1/12

118) Estraendo una pallina da un'urna contenente 12 palline verdi, 15 rosse e

9 nere, calcolare la probabilità che essa sia rossa oppure nera.

A. 4/5
B. 2/3
C. 3/5
D. 1/5
E. 1/2

119) Estraendo una pallina da un'urna contenente 100 palline, di cui 25 blu, 15 rosse e 60 gialle, qual è la probabilità che esca una pallina rossa?

A. 5/20
B. 20/3
C. 20%
D. 3/20
E. 30%

120) Estraendo una carta da un mazzo di 40 carte, calcolare la probabilità che non esca una figura.

A. 5/7
B. 3/5
C. 4/5
D. 70%
E. 2/3

121) Nel lancio di un dado, qual è la probabilità che esca un numero dispari o maggiore di 4?

A. 1/7
B. 1/2
C. 1/4
D. 2/3
E. 1/3

122) Nel gioco della tombola, qual è la probabilità che esca alla seconda estrazione il numero 17, in caso non sia uscito nella prima estrazione?

A. 1/89
B. 1/90
C. 12/90
D. 8/90
E. 1

123) La probabilità che estraendo a caso uno dei novanta numeri della tombola, si estragga un numero divisibile per 2 e per 3 è:

A. 90/6
B. 4/90
C. 1/6
D. 1/3
E. 6/90

124) In un'urna sono contenute 50 palline numerate da 1 a 50. Estraendo una pallina dall'urna, determinare la probabilità che esca un numero divisibile per 7 compreso tra 15 e 45.

A. 8%
B. 40%
C. 30%
D. 15%
E. 20%

125) Estraendo una pallina da un'urna contenente 12 palline verdi, 18 rosse e 6 nere, calcolare la probabilità che essa sia verde oppure nera.

A. 1/2
B. 3/5
C. 4/5
D. 2/3
E. 3/4

126) Una scatola contiene 5 palline blu, 6 palline verdi e 7 palline gialle. Si supponga di essere bendati in modo da non poter sbirciare nella scatola: quante palline dovreste prendere al minimo per essere sicuri di averne almeno quattro dello stesso colore?

A. 24
B. 13
C. 21

D. 18
E. 10

127) Lanciando un dado, che probabilità c'è di ottenere un numero maggiore di 2?

A. 2/3
B. 2
C. 1/2
D. 2/6
E. 1/3

128) Calcolare la probabilità che nel lancio di due dadi il punteggio di una faccia sia doppio di quello dell'altra.

A. 1/6
B. 1/5
C. 1/4
D. 1/2
E. 1/3

129) La probabilità che nel lancio di due dadi si ottenga somma 5 rispetto a quella che si ottenga somma 10 è:

A. maggiore
B. un terzo
C. un mezzo
D. minore
E. uguale

130) La probabilità che, lanciando due dadi, il prodotto dei numeri usciti sia un multiplo di 5 è:

A. 11/36
B. 2/5
C. 1/3
D. 3/7
E. 1/4

3.10 • Esercizi su spazio, velocità e tempo

131) Un atleta ha ridotto il proprio tempo di percorrenza di una certa distanza del 20% al mese negli ultimi tre mesi. Se inizialmente copriva la distanza in 2'05", quanto impiega ora?

A. 1'04"
B. 1' 15"
C. 1'12"
D. 50"
E. 70"

132) Un impiegato percorre tutte le mattine 10 minuti a piedi alla velocità di 6 km/h, poi fa un tragitto lungo dieci volte tanto in treno alla velocità di 120 km/h e infine una corsa in autobus di 5 minuti alla velocità di 60 km/h. Quanto vale complessivamente lo spazio percorso dall'impiegato?

A. 15,6 km
B. 18,6 km
C. 17 km
D. 18 km
E. 16 km

133) In un momento X, un treno che corre a 30 km/h precede un treno che corre a 50 km/h. Quanti km distano l'uno dall'altro se occorreranno 15 minuti al treno più rapido per raggiungere il più lento?

A. 5
B. 8
C. 6
D. 7
E. 2,5

134) Luca e Giovanni partono nello stesso momento sulla stessa strada di 300 km che collega Firenze a Milano. Luca parte da Firenze a 60 km/h, Giovanni parte da Milano e viaggia a 90 km/h. Dove e quando si incontreranno?

A. Dopo due ore, a 120 km da Milano
B. Dopo tre ore, a 120 km da Milano
C. Dopo quattro ore, a 120 km da Firenze

D. Dopo quattro ore, a 120 km da Milano
E. Dopo due ore, a 120 km da Firenze

135) Un uomo a cavallo parte alle 7 del mattino percorrendo in media 20 km/h. Un motociclista parte dallo stesso punto alle 11 e raggiunge l'uomo a cavallo dopo 2 ore. Qual è la velocità del motociclista?

A. 120 km/h
B. 80 km/h
C. 45 km/h
D. 60 km/h
E. 100 km/h

3.11 • Esercizi sulle pesate

136) Liam ha 6 accendini apparentemente identici, uno dei quali è però più pesante degli altri. Avendo a disposizione una bilancia a due piatti, quante pesate saranno sufficienti per essere certi di individuarlo?

A. 2
B. 3
C. 4
D. 5
E. 6

137) Il professor Albert, noto scienziato di fama internazionale, vuole sbalordire i suoi studenti con un esperimento. Egli possiede 22 palline identiche esternamente, tutte di peso uguale tranne una che ha un peso inferiore del 10% rispetto alle altre 21. Con una bilancia ultraprecisa con due piatti, il professor Albert afferma che egli sarà in grado di individuare la pallina meno pesante con sole 5 pesate e che non è possibile farlo con un numero inferiore di pesate.
Sta affermando il vero?

A. No, sono necessarie almeno 6 pesate
B. No, sono necessarie almeno 21 pesate
C. Sì, 5 è il numero minimo di pesate necessarie
D. No, in quanto bastano al massimo 4 pesate
E. No, sono necessarie almeno 11 pesate

138) Tre amici decidono di pesarsi su una bilancia pubblica, usando solo una moneta. Senza ragionare, non si sono accorti che potrebbero pesarsi direttamente uno per uno. Quindi, prima, salgono John e Ivan, e la bilancia segna 90 kg. Ivan scende e sale Kevin; ora la bilancia segna 95 kg. Infine John scende e Ivan risale; la bilancia segna 99 kg. I tre ragazzi rimangono quindi con il problema di calcolare il proprio peso singolarmente. Quanto pesa John?

A. 45 kg
B. 55 kg
C. 50 kg
D. 48 kg
E. 43 kg

139) Lucia possiede 13 anelli apparentemente identici, uno dei quali è però più pesante degli altri. Avendo a disposizione una bilancia a due piatti, quante pesate saranno sufficienti per essere certi di individuarlo?

A. 3
B. 6
C. 7
D. 8
E. 5

3.12 • Interpretazione di dati da tabelle (ragionamento critico-numerico)

Assetto Finanziario (dati in migliaia di euro): la seguente tabella mostra il bilancio di un'azienda per gli anni 2004 e 2005.

Operazioni	2005	2004
Vendite	?	2122
Costi di vendita	–1989	–1764
Profitto Lordo	449	358
Spese Amministrazione	–182	–177
Profitto Netto	267	?

140) Qual era il valore delle vendite nel 2005 (in migliaia di euro)?

A. 2438
B. 2442
C. 2468
D. 2122
E. 2112

141) Qual era il valore del profitto netto nel 2004 (in migliaia di euro)?

A. 267
B. 192
C. 171
D. 252
E. 181

142) Il profitto netto nel 2005 è pari a circa:

A. il 30% delle vendite
B. il 10% delle vendite
C. il 20% delle vendite
D. il 5% delle vendite
E. il 25% delle vendite

143) Nel 2005 il rapporto tra profitto netto e lordo rispetto all'anno precedente:

A. è aumentato di circa il 10%
B. non si può dire nulla
C. si è ridotto di circa il 10%
D. si è ridotto di circa il 20%
E. è aumentato di circa il 20%

144) Qual è la voce che nel 2005 ha subito la variazione percentuale minore rispetto all'anno precedente?

A. Spese Amministrazione
B. Costi di vendita
C. Vendite
D. Profitto Lordo
E. Profitto Netto

Stati dell'Unione Europea: nella seguente tabella sono mostrati dati relativi ad alcuni paesi dell'Unione Europea.

Paese	Superficie (km/q)	Popolazione (milioni)	Seggi nel Parlamento Europeo
Malta	316	0,4	5
Irlanda	70000	3,7	13
Finlandia	338000	5,2	14
Ungheria	93000	10	24
Belgio	30158	10,2	24
Spagna	504782	39,4	54
Italia	301263	57,7	78
Germania	356854	82,1	99

145) Per i paesi riportati in tabella, quale delle seguenti affermazioni è vera?

A. La Spagna è il paese più popoloso e Malta quello meno esteso
B. La Germania è il paese più esteso e la Spagna il più popoloso
C. Malta è il paese meno popoloso e la Finlandia il più esteso
D. La Spagna è il paese più esteso e la Germania è quello più popoloso
E. La Germania è il paese più popoloso e l'Irlanda il meno esteso

146) Quanto vale la densità di abitanti per chilometro quadrato in Finlandia?

A. 30 abitanti per chilometro quadrato
B. 0,5 abitanti per chilometro quadrato
C. 1,5 abitanti per chilometro quadrato

D. 10 abitanti per chilometro quadrato
E. 15 abitanti per chilometro quadrato

147) È vero che:

A. la superficie dell'Italia è circa il doppio di quella dell'Ungheria
B. la superficie dell'Ungheria è circa il doppio di quella del Belgio
C. la superficie dell'Italia è circa dieci volte quella del Belgio
D. la superficie della Spagna è circa il doppio di quella della Germania
E. la superficie della Finlandia è maggiore di quella della Germania

148) Quale paese ha la rappresentanza maggiore nel Parlamento Europeo in rapporto alla propria popolazione?

A. L'Italia
B. La Spagna
C. La Finlandia
D. Malta
E. La Germania

149) Sapendo che il Parlamento Europeo ha 732 seggi in totale, quale % di questi seggi è occupata da parlamentari italiani?

A. Circa il 3%
B. Circa il 17%
C. Circa l'11%
D. Circa il 7%
E. Circa il 20%

Tariffe aeree: nella tabella sono riportate le tasse, le quote assicurative e le tariffe dei voli aerei per Barcellona da diversi aeroporti italiani. Il costo totale di un biglietto è la somma delle tasse aeroportuali, della quota assicurativa e della tariffa vera e propria.

Aeroporto di partenza	Tasse Aeroportuali	Quota Assicurativa	Tariffa per Barcellona	
			Sola Andata	Andata e Ritorno
Roma Fiumicino	€ 12,50	€ 2,50	€ 62,00	€ 100,00
Milano Malpensa	€ 11,00	€ 3,00	€ 55,00	?
Napoli	€ 9,50	€ 4,50	?	€ 120,00
Genova	€ 15,00	€ 2,50	€ 59,00	€ 75,90
Palermo	€ 11,00	€ 3,50	€ 100,00	€ 142,90

150) Sapendo che il volo andata e ritorno ha una tariffa doppia rispetto al volo di sola andata, quale sarà il totale delle spese (tasse, assicurazione e tariffa aerea) per un passeggero che acquista un biglietto di andata e ritorno da Milano?

A. Euro 124,00
B. Euro 110,00
C. Euro 69,00
D. Euro 114,00
E. Euro 121,00

151) Sapendo che il volo di sola andata ha una tariffa pari a 2/3 di quella del volo andata e ritorno, quale sarà il totale delle spese (tasse, assicurazione e tariffa aerea) per un passeggero che acquista un biglietto di sola andata da Napoli?

A. Euro 134,00
B. Euro 89,50
C. Euro 80,00
D. Euro 84,50
E. Euro 94,00

152) Se la compagnia che gestisce l'aeroporto di Genova, attuando una promozione, decide di offrire gratuitamente la quota assicurativa e di ridurre ad 1/3 le tasse aeroportuali, quale sarà il totale delle spese per due passeggeri che acquistano un biglietto ciascuno di sola andata da Genova?

A. Euro 148,00
B. Euro 128,00
C. Euro 64,00
D. Euro 133,00
E. Euro 161,80

153) Per quanto riportato in tabella, quale aeroporto presenta la migliore offerta di volo sola andata per Barcellona, considerando il totale delle spese (tasse, assicurazione e tariffa aerea)?

A. Milano Malpensa
B. Roma Fiumicino
C. Genova
D. Napoli
E. Palermo

154) Se, partendo da Palermo, con un volo di sola andata si ottiene uno sconto sulla tariffa del 30% ma si è soggetti ad una ulteriore spesa per adeguamento carburante pari ad euro 15,00, quale sarà il costo totale del biglietto aereo (tasse, assicurazione, tariffa ed adeguamento carburante)?

A. Euro 85,00
B. Euro 129,53
C. Euro 129,50
D. Euro 99,50
E. Euro 84,50

Estratto di Conto Corrente: la seguente tabella riporta la lista dei movimenti su un conto corrente nel mese di febbraio.

Descrizione Operazione	Movimenti (€)		Data
	Dare	Avere	
Riporto Saldo Mese Gennaio		**20.345,76**	**30/01/2017**
Spese Tenuta Conto	2,00		01/02/2017
Spese Invio Postale Estratto Conto	1,80		01/02/2017
Prelievo Sportello Automatico	250,00		10/02/2017
Addebito Bolletta Telefonica	120,67		15/02/2017
Bonifico Vostro Favore		300,00	16/02/2017
Pagamento Carta di Credito	144,99		18/02/2017
Accredito Emolumenti		1.313,54	21/02/2017
Addebito Bolletta Energia Elettrice	86,42		25/02/2017
Interessi su Titoli		114,23	28/02/2017
Saldo al 28/02/2017		**21.467,65**	**28/02/2017**

155) A quanto ammonta la somma di denaro depositata sul conto corrente dopo l'addebito della bolletta telefonica del 15 febbraio?

A. Euro 20.091,96
B. Euro 19.971,29
C. Euro 20.720,23
D. Euro 19.554,88
E. Euro 20.345,76

156) In totale, qual è la somma di denaro che viene prelevata dal conto corrente durante tutto il mese di febbraio?

A. Euro 1727,77
B. Euro 250,00
C. Euro 520,12
D. Euro 605,88
E. Euro 265,66

157) A quanto ammonta la somma di denaro depositata sul conto corrente dopo l'addebito della bolletta di energia elettrica del 25 febbraio?

A. Euro 21.363,42
B. Euro 21.267,00
C. Euro 21.353,42
D. Euro 20.345,76
E. Euro 21.581,88

158) Linee di lavorazione industriale: in tabella sono riportati i dati relativi a 5 linee di lavorazione industriale dello stesso prodotto. Le ore di produzione giornaliere indicano il numero di ore in cui, in un giorno, la linea è tenuta in produzione. La produzione massima giornaliera indica, nelle ore di produzione giornaliere, quale sarebbe il quantitativo massimo di prodotti costruiti sulla linea se essa fosse efficiente al 100%: tale produzione non corrisponde a quella reale nelle ore di operatività della linea.

Linea	Ore di produzione giornaliere	Produzione massima giornaliera	Produzione reale giornaliera	Efficienza %
1	24	2880	2160	75%
2	18	3240	1944	?
3	18	2700	1080	40%
4	16	?	2304	80%
5	12	720	720	100%

Qual è l'efficienza della Linea 2?

A. 75%
B. 60%
C. 72%
D. 80%
E. 66%

159) Qual è la produzione massima giornaliera della Linea 4?

A. 1080
B. 2304
C. 2880
D. 2700
E. 2512

160) Con tutte le linee a regime massimo, quanti pezzi si produrrebbero in un giorno?

A. 12420
B. 11844
C. 12240
D. 8208

3.13 • Interpretazione di dati da grafici

Suddivisione del Mercato: il seguente grafico a torta mostra la suddivisione del mercato tra alcune società che si occupano di nuove tecnologie.

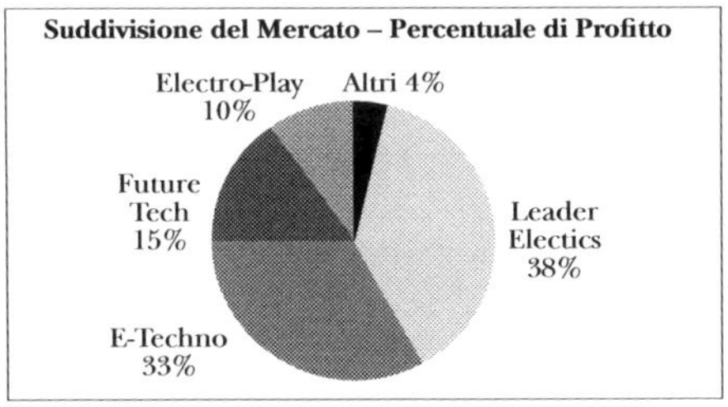

161) Oltre la metà del profitto del mercato è detenuto dalle seguenti compagnie:

A. Future Tech, Electro-Play e gli Altri
B. E-Techno e Future Tech

C. Leader Electrics e Future Tech
D. Leader Electrics e Electro-Play
E. E-Techno e Electro-Play

162) Se il profitto della Leader Electrics è pari a 95 milioni di euro, quanto sarà il profitto totale del mercato?

A. 240 milioni di euro
B. 200 milioni di euro
C. 250 milioni di euro
D. 190 milioni di euro
E. 185 milioni di euro

163) Quante volte è maggiore il profitto della Future Tech rispetto a quello della Electro-Play?

A. 3 volte
B. 2 volte
C. 1 volta e mezzo
D. 2 volte e mezzo
E. 3 volte e mezzo

164) Se il profitto della Electro-Play raddoppiasse a scapito della Future Tech, quale sarebbe la nuova quota di mercato di quest'ultima società?

A. 3%
B. 5%
C. 4%
D. 6%
E. 7%

Analisi della Forza Lavoro: i due seguenti grafici a torta mostrano la forza lavoro maschile e femminile nei diversi settori di un'azienda.

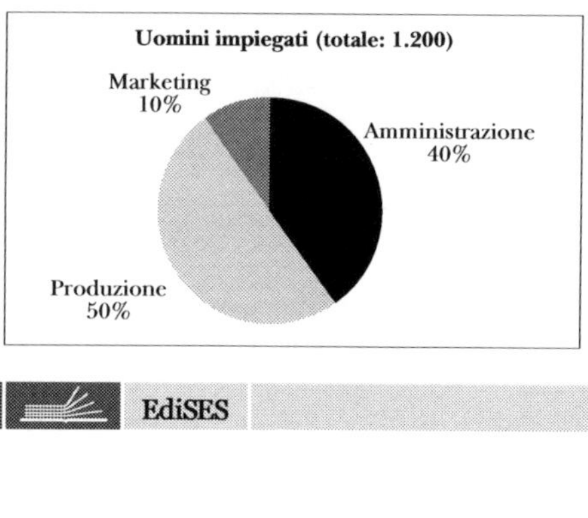

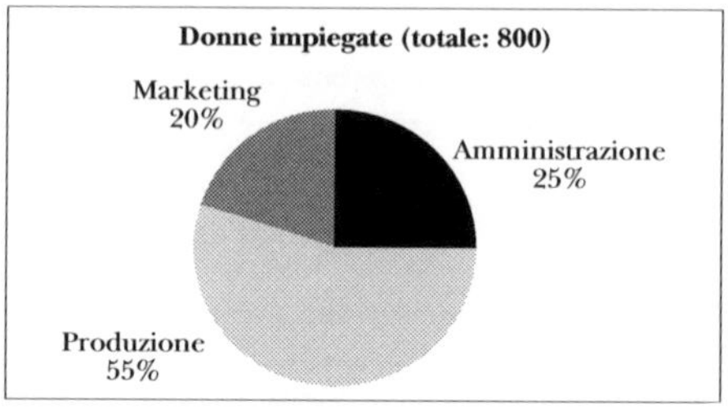

165) Qual è la percentuale di uomini impiegati nell'Amministrazione?

A. 50%
B. 10%
C. 25%
D. 20%
E. 40%

166) Quante donne sono impiegate nel Marketing?

A. 10
B. 20
C. 240
D. 160
E. 25

167) Quante persone in totale lavorano nella Produzione?

A. 1040
B. 1050
C. 105
D. 1000
E. 1100

168) Cosa si può dire con certezza sulla forza lavoro impiegata nel Marketing?

A. È superiore a quella impiegata nell'Amministrazione
B. È composta da 280 unità
C. È composta maggiormente da uomini
D. Nessuna delle altre affermazioni
E. La sua componente maschile è pari a 110 unità

Ripartizione delle Spese: il seguente grafico a torta mostra la ripartizione delle spese di una impresa che ha affrontato un piano di aggiornamento del proprio profilo aziendale (torta a sinistra). La sezione delle spese per la formazione è ulteriormente specificata nelle sue differenti voci nel grafico a torta sulla destra. Supponiamo che il totale delle spese affrontate dall'impresa sia pari a euro 60.000.

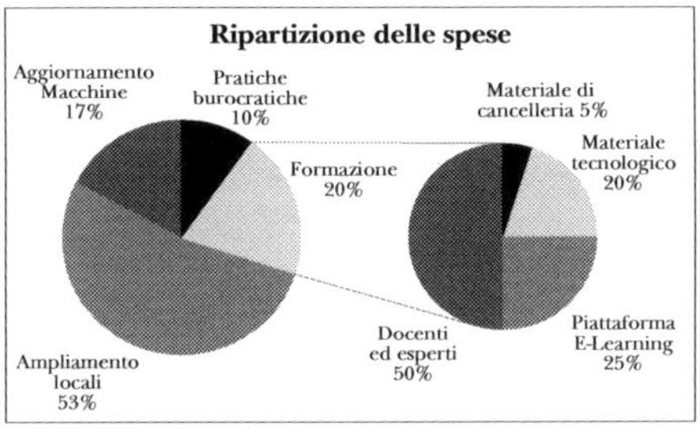

169) A quanto ammonterebbe la quota delle spese per l'ampliamento dei locali?

A. Euro 31.800
B. Euro 35.100
C. Euro 40.200
D. Euro 36.000
E. Euro 24.600

170) A quanto ammonterebbe la quota di spesa affrontata per il pagamento dei docenti e degli esperti di formazione?

A. Euro 5.500
B. Euro 10.000
C. Euro 6.000
D. Euro 5.000
E. Euro 8.000

171) Se le spese affrontate dall'impresa per l'acquisto della piattaforma e-learning fossero pari a euro 4.000, quanto sarebbe il totale delle spese per la formazione affrontate dall'impresa?

A. Euro 45.000
B. Euro 4.500
C. Euro 16.000
D. Euro 60.000
E. Euro 20.000

172) Se le spese di cancelleria affrontate dall'impresa fossero pari a euro 1.200, quanto sarebbe il totale delle spese affrontate dall'impresa?

A. Euro 24.000
B. Euro 40.000
C. Euro 100.000
D. Euro 20.000
E. Euro 120.000

Costo all'ingrosso: il seguente grafico a barre in pila mostra il costo totale di un prodotto a seconda del quantitativo di pezzi che viene acquistato. Ad un costo fisso si aggiunge, di volta in volta, un costo variabile che diminuisce all'aumentare del quantitativo di prodotti ordinati.

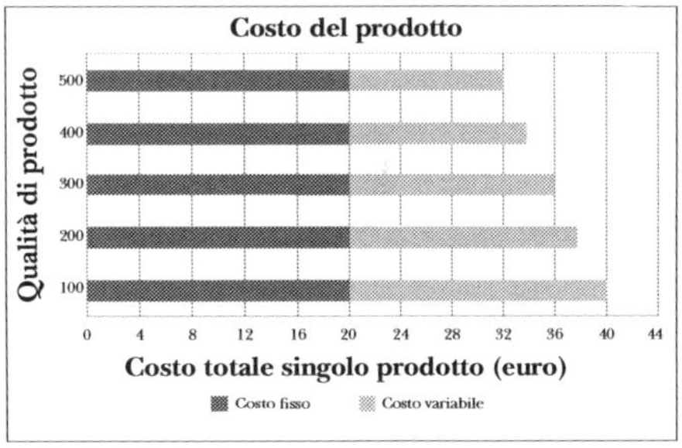

173) A quanto ammonta il costo fisso per un qualsiasi quantitativo di prodotti acquistato?

A. Euro 20,00
B. Euro 19,00
C. Euro 40,00
D. Euro 16,00
E. Euro 18,00

174) A quanto ammonta il costo variabile se acquistiamo 200 prodotti?

A. Euro 16,00
B. Euro 36,00
C. Euro 18,00
D. Euro 20,00
E. Euro 38,00

Numero di centrali nucleari: il seguente istogramma mostra il numero di centrali nucleari presenti in diversi paesi nel 1980 e nel 2000.

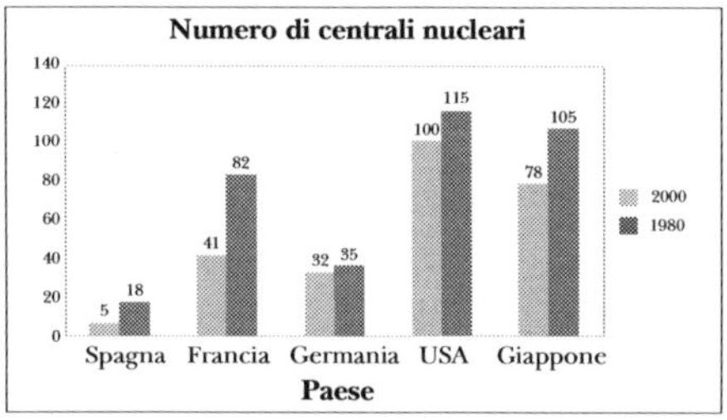

175) Quante erano le centrali nucleari in Germania nel 1980?

A. 41
B. 78
C. 6
D. 32
E. 82

176) Quante centrali nucleari sono state costruite in Giappone dal 1980 al 2000?

A. 25
B. 15
C. 27
D. 40
E. 30

177) Il numero delle centrali nucleari in Francia dal 1980 al 2000:

A. è raddoppiato
B. è diminuito del 41%
C. si è dimezzato
D. è aumentato del 41%
E. è triplicato

Vendite di automobili: sono presentati di seguito due grafici. Il primo grafico (istogramma) mostra i modelli di auto venduti dalla casa automobilistica Racex a clientela maschile e femminile. Il secondo grafico (torta) mostra, in particolare, come si suddivide per età la clientela che ha acquistato il modello Arrow.

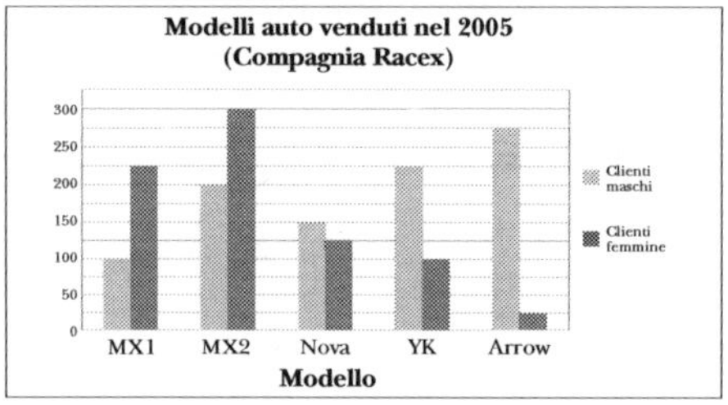

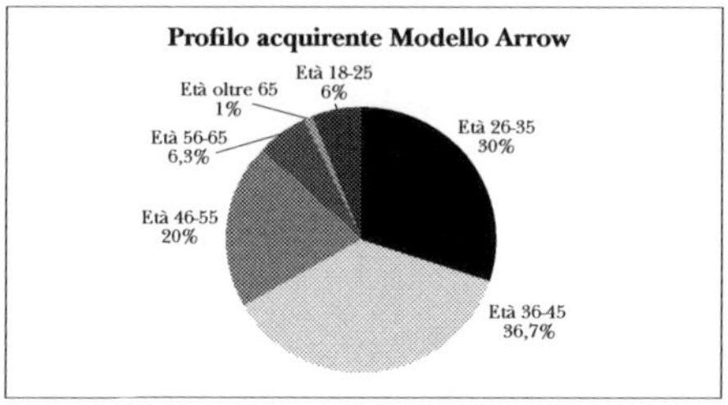

178) A quante unità ammonta la clientela femminile del modello Nova?

A. 100
B. 125
C. 150
D. 110
E. 140

179) Qual è la percentuale di vendite a clientela maschile del modello MX2?

A. 35%
B. 30%
C. 25%
D. 40%
E. 45%

180) Quante auto sono state vendute a clientela maschile?

A. 1050
B. 950
C. 1025
D. 975
E. 1000

Numero degli affiliati: la tabella riassume i dati del numero di affiliati di una società in diverse aree geografiche. Il grafico ad istogramma è in relazione con la tabella.

	2003	2004	2005
Giappone	24	25	26
USA e Canada	25	27	29
Europa	?	30	33
Cina	18	25	30
Totale	99	107	?

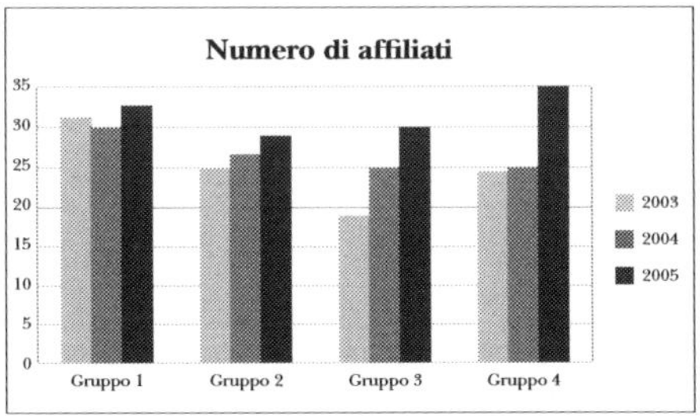

181) Qual è il totale degli affiliati nel 2005?

A. 117
B. 118
C. 116
D. 115
E. 114

182) Qual è il numero degli affiliati in Europa nel 2003?

A. 33
B. 32
C. 30
D. 29
E. 34

183) Nel grafico quale gruppo di dati rappresenta l'andamento, al variare degli anni, del numero di affiliati in Cina?

A. Gruppo 4
B. Nessuno dei gruppi
C. Gruppo 2
D. Gruppo 1
E. Gruppo 3

184) Il Gruppo 4 di dati del grafico rappresenta l'andamento, al variare degli anni, del numero di affiliati in:

A. Cina
B. Europa
C. nessuna delle aree indicate
D. Giappone
E. USA e Canada

185) Qual è il gruppo di dati, presente nel grafico, che non mostra una crescita costante, cioè un andamento in cui il numero di affiliati di un anno è sempre maggiore dell'anno precedente?

A. Gruppo 3
B. Gruppo 4
C. Gruppo 1
D. Tutti i gruppi mostrano una crescita costante
E. Gruppo 2

3.14 • Le serie numeriche (ragionamento numerico)

186) Qual è il numero mancante?
3 ? 9 12 15 18 21

A. 0
B. 8
C. 19
D. 6
E. 16

187) Qual è il numero mancante?
2 7 12 17 22 ? 32

A. 13
B. 28
C. 10
D. 27
E. 21

188) Qual è il numero mancante?
1 2 2 4 ? 8 8 16

A. 5
B. 3
C. 3
D. 4
E. 1

189) Qual è il numero mancante?
17 ? 18 15 19 14 20 13

A. 18
B. 19
C. 16
D. 15
E. 26

190) Qual è il numero mancante?
45 36 28 ? 15 10 6

A. 22
B. 10
C. 18
D. 13
E. 21

191) Qual è il numero mancante?
2 1 3 2 4 ? 5

A. 9
B. 10
C. 3
D. 6
E. 7

192) Qual è il numero mancante?
4 9 ? 25 36 49

A. 18
B. 28
C. 21
D. 16
E. 14

193) Qual è il numero mancante?
103 204 305 ? 507

A. 233
B. 244
C. 416
D. 190
E. 406

194) Qual è il numero mancante?
132 243 354 465 ?

A. 576
B. 230
C. 676
D. 130
E. 176

195) Qual è il numero mancante?
1 5 25 125 ?

A. 500
B. 475
C. 625
D. 200
E. 305

196) Qual è il numero mancante?
3 4 6 8 ? 24

A. 52
B. 130
C. 18
D. 0
E. 92

197) Completa la seguente successione:
"2, 1, 3, 5, 4, 6, 8, …, …"

A. 8, 9
B. 7, 9
C. 9, 10
D. 10, 9
E. 6,9

198) Completa la seguente successione: "7, 11, 13, 18, 19, ..., 25, 32"

A. 19
B. 22
C. 25
D. 20
E. 31

199) Completa la seguente successione: "85, 70, 50, 25, ..."

A. 0
B. –2
C. 5
D. –5
E. –10

200) Completa la seguente successione: "25, 37, 46, ..., 55"

A. 52
B. 45
C. 50
D. 43
E. 48

201) Completa la seguente successione: "51, 35, 27, 23, ..."

A. 29
B. 15
C. 33
D. 21
E. 27

202) Completa la seguente successione: "20, 27, 34, ..."

A. 43
B. 42
C. 41
D. 40
E. 45

203) Completa la seguente successione: "9, 6, 8, 5, 7, 4, ..."

A. 2
B. 5
C. 6
D. 9
E. 3

204) Completa la seguente successione: "5, 10, 12, 24, 26, ..., ..."

A. 52, 54
B. 50, 52
C. 48, 50
D. 48, 54
E. 44, 52

205) Completa la seguente successione: "23, 28, 40, ..., 57, 62, 74"

A. 47
B. 45
C. 51
D. 49
E. 43

206) Completa la seguente successione: "2, 4, 3, 9, 8, ..."

A. 64
B. 24
C. 13
D. 11
E. 18

207) Completa la seguente successione: "44, ..., 34, 29"

A. 43
B. 38
C. 39
D. 45
E. 42

208) Date le serie di numeri 9, 12, 15; 5, 12, 11 e 14, 18, 23, completare, seguendo la stessa regola, la serie 10, 24, ?, scegliendo il terzo elemento tra le alternative proposte di seguito.

A. 20
B. 21
C. 22

D. 25
E. 34

209) Individuare il numero mancante nella seguente serie: 42 39 37 34 ?

A. 38
B. 31
C. 43
D. 32
E. 33

210) Se x è il numero mancante nella seguente sequenza:
1, 1; 9, 3; 25, 5; 49, 7; x, 9; ...
dire quante tra le seguenti conclusioni sono corrette:
$x > 9$
$x > 98$
$x < 100$
$x < 50$

A. 2
B. 1
C. 0
D. 3
E. 4

211) Qual è il numero da inserire nella terza riga al posto di x?
... 16 8 4 2 1 2 ...
... 24 12 6 3 6 3 ...
... 112 56 28 14 7 x ...

A. $x = 7$
B. $x = 14$
C. $x = 3$
D. $x = 2$
E. $x = 4$

212) Completa la seguente successione: 3, ..., 12, 24

A. 8
B. 5
C. 2
D. 6
E. 4

213) Completa la seguente successione: 1, 1, 2, 3, 5, 8, 13, 21, ...

A. 42
B. 30
C. 34
D. 40
E. 29

214) Completa la seguente successione: 17, 31, 14, 24, ..., 17, 8

A. 11
B. 13
C. 31
D. 17
E. 8

215) Completa la seguente successione: 10, 25, 37, ..., 52

A. 10
B. 37
C. 46
D. 42
E. 31

3.15 • Le serie alfabetiche

216) Completa la seguente successione: A, C, E, G, ...

A. J
B. I
C. A
D. K
E. B

217) Completa la seguente successione: A, D, G, L, ...

A. O
B. N
C. M
D. R
E. Q

218) Completa la seguente successione: E, L, Q, V, D, ..., ...

A. H, Q
B. I, P
C. H, P
D. I, Q
E. H, N

219) Completa la seguente successione: U, D, T, Q, C, S, S, ..., ...

A. V, K
B. O, S
C. D, I
D. T, S
E. O, N

220) Completa la seguente successione: ..., R, N, H, D

A. T
B. U
C. V
D. S
E. Z

221) Completa la seguente successione: Z, U, R, N, G, ...

A. B
B. Z
C. F
D. H
E. A

222) Completa la seguente successione: G, E, ..., G, R, ..., F, I, A

A. A e T
B. N e N
C. O e I
D. S e S
E. O e A

223) Completa la seguente successione: ..., A, R, C, A

A. O
B. V
C. H
D. Q
E. B

224) Completa la seguente successione: B, E, H, ..., P, S

A. T
B. R
C. M
D. V
E. O

225) Completa la seguente successione: Q, U, B, F, ..., P, T

A. H
B. K
C. J
D. L
E. M

226) Completa la seguente successione: P, L, N, H, L, F, ...

A. H
B. K
C. E
D. F
E. D

227) Completa la seguente successione: M, L, H, E, ...

A. A
B. D
C. B
D. C
E. F

228) Completa la seguente successione: U, S, P, L, ...

A. G
B. E
C. D
D. F
E. C

229) Individuare la lettera che completa la serie:
C A D E I ?

A. Q
B. P
C. O
D. C
E. R

230) Individuare la lettera che completa la serie:
F I G L H ?

A. N
B. M
C. O
D. C
E. S

231) Individuare la lettera che completa la serie:
A B D H ?

A. M
B. R
C. P
D. T
E. S

232) Individuare la lettera che completa la serie:
L N H L F H ?

A. L
B. F
C. N
D. D
E. O

233) Individuare la lettera che completa la serie:
B H E M H P ?

A. N
B. E
C. S
D. M
E. B

234) Individuare la lettera che completa la serie: D E G M ?

A. S
B. U
C. E
D. T
E. O

235) Individuare la lettera che completa la serie:
N M O I S ?

A. O
B. D
C. C
D. Z
E. A

3.16 • Le serie alfanumeriche

236) Completa la seguente successione: C8, H6, F11, K3, ...1

A. A
B. D
C. E
D. B
E. C

237) Completa la seguente successione: A17, G11, P2, K7, ...

A. M5
B. M7
C. N6
D. N9
E. N5

238) Completa la seguente successione: C6, H16, F12, ...

A. M18
B. L16
C. T40
D. J14
E. W38

239) Completa la seguente successione: G8, K12, S20, …

A. R32
B. F7
C. P12
D. N18
E. M18

240) Individuare, tra le alternative proposte, l'elemento che completa la seguente successione: 3, U, 13, R, 23, O, 33, ?

A. L
B. Q
C. M
D. N
E. 43

241) Completa la seguente successione: X, 7, V, 11, T, 15, R, 19, …, …

A. U, 23
B. S, 25
C. P, 23
D. V, 25
E. O, 25

242) Completa la seguente successione: D4, H8, N12, S…

A. 17
B. 16
C. 15
D. 13
E. 14

243) Completa la seguente successione: C3, B6, E12, D24, G48, …

A. H98
B. F88
C. G96
D. L98
E. F96

244) Proseguire la serie alfanumerica: 7n9n1o 1o3p5p 5q7q9r 9r1s3s 3t5t7u …

A. 9v1v7z
B. 7u8u1v
C. 7u9v1z
D. 7u9v1v
E. 7u1v9v

245) Proseguire la serie alfanumerica: 6b9v2c 3u6D9t 0e3s6f 7r0G3q 4h7p0i …

A. 1o4L7n
B. 4L7m8n
C. 2n5M8m
D. 1n4M7m
E. 2o5L1o

246) Completare correttamente la seguente successione, utilizzando l'alfabeto italiano: E; 5; I; 6; Q; 11; U; 17; ?; ?

A. D; 23
B. F; 29
C. E; 23
D. I; 26
E. D; 28

3.17 • Le serie numeriche nelle configurazioni grafico-geometriche

247) Quale dei seguenti numeri integra la serie?

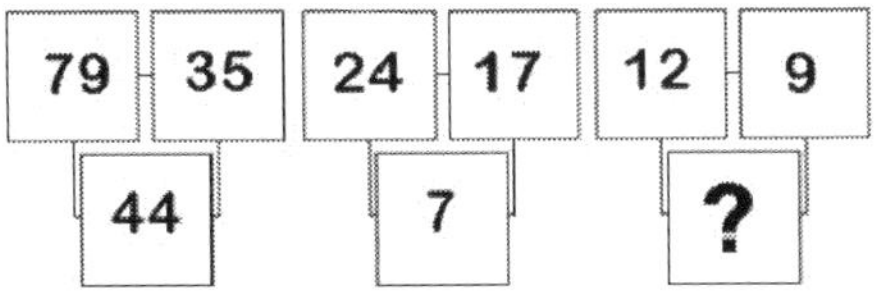

A. 77
B. 15
C. 3
D. 79
E. 89

248) Quale dei seguenti numeri integra la serie?

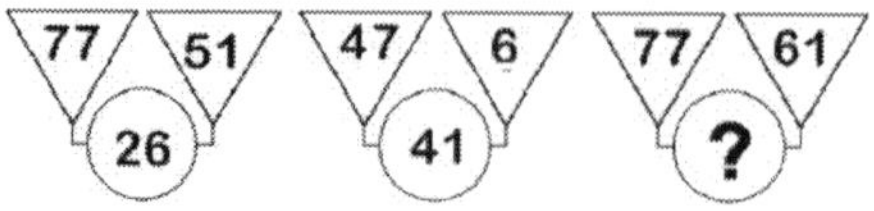

A. 16
B. 79
C. 77
D. 13
E. 3

249) Quale dei seguenti numeri integra la serie?

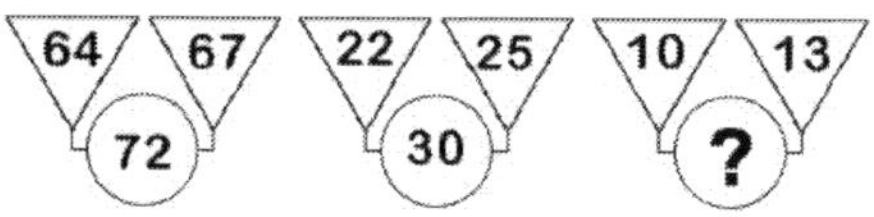

A. 18
B. 3
C. 16
D. 50
E. 77

250) Quale dei seguenti numeri completa la serie proposta?

A. 21
B. 26
C. 17
D. 3
E. 28

251) Quale dei seguenti numeri completa la serie proposta?

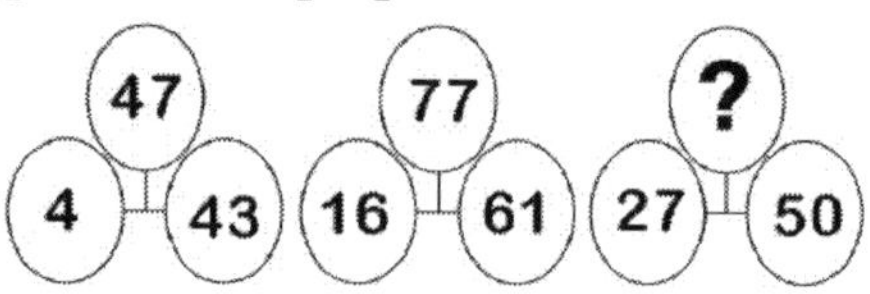

A. 77
B. 70
C. 68
D. 80
E. 78

252) Quale numero tra quelli proposti completa la serie?

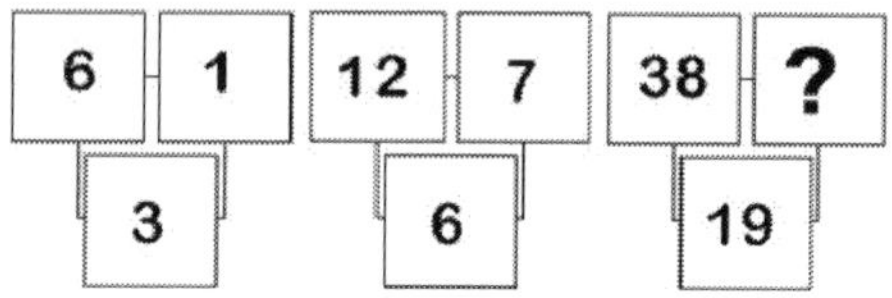

A. 43
B. 35
C. 33
D. 40
E. 31

253) Quale numero tra quelli proposti completa la serie?

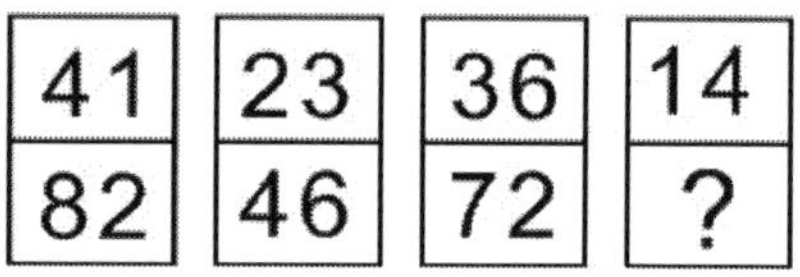

A. 26
B. 28
C. 32
D. 38
E. 30

254) Quale numero tra quelli proposti completa la serie?

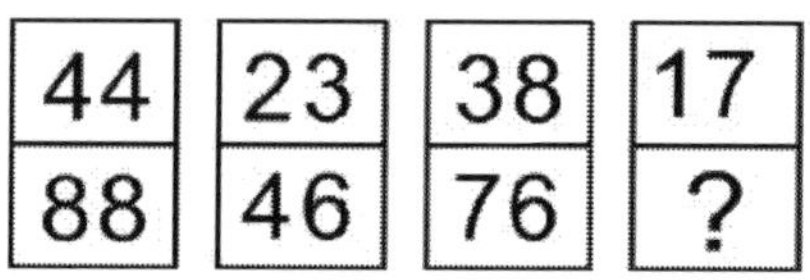

A. 28
B. 34
C. 30
D. 32
E. 36

255) Quale dei seguenti numeri integra la serie?

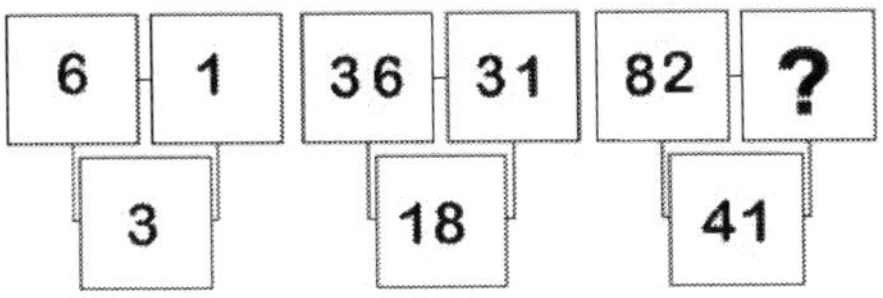

A. 1
B. 72
C. 3
D. 77
E. 50

256) Quale numero tra quelli proposti completa la serie?

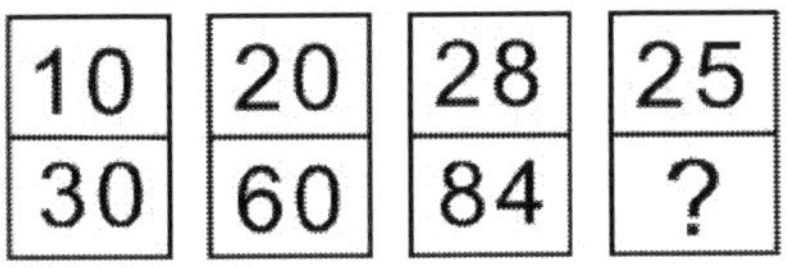

A. 75
B. 70
C. 100
D. 78
E. 50

257) Quale numero tra quelli proposti completa la serie?

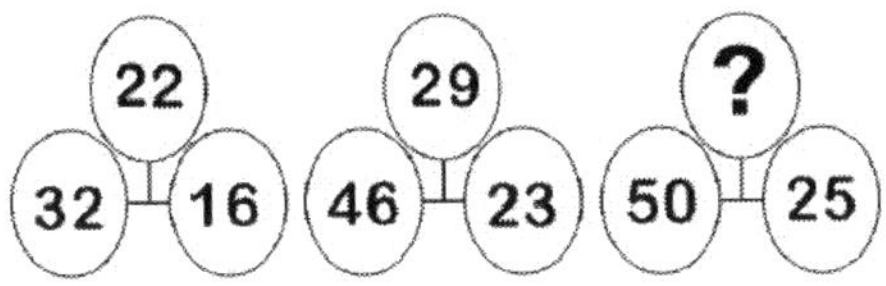

A. 31
B. 34
C. 32
D. 28
E. 29

258) Quale numero tra quelli proposti completa la serie?

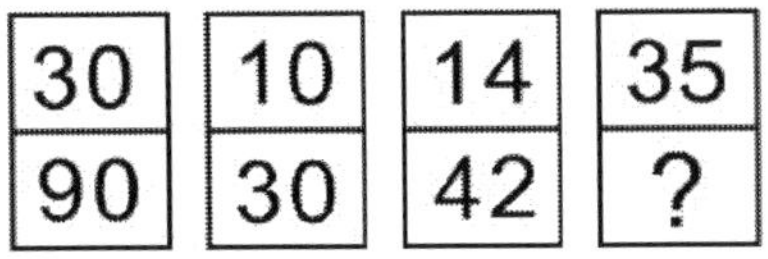

A. 115
B. 110
C. 100
D. 95
E. 105

259) Quale dei seguenti numeri integra la serie?

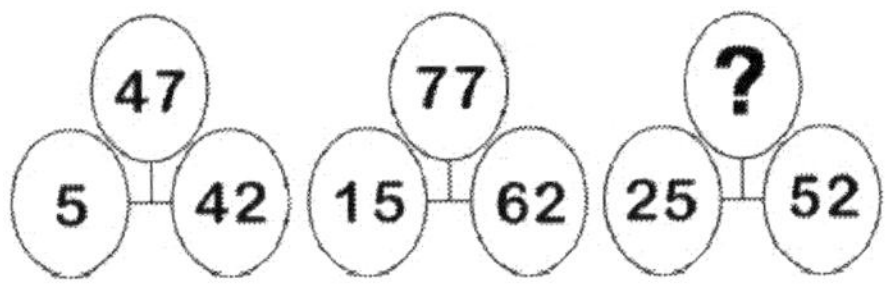

A. 77
B. 76
C. 71
D. 78
E. 29

260) Quale dei seguenti numeri integra la serie?

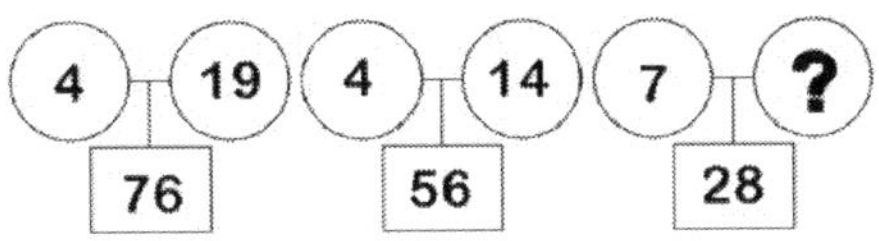

A. 76
B. 17
C. 90
D. 4
E. 8

261) Quale dei seguenti numeri completa la serie proposta?

17	27	39	54
30	40	52	?

A. 76
B. 67
C. 81
D. 32
E. 57

262) Quale numero tra quelli proposti completa la serie?

A. 14
B. 16
C. 20
D. 22
E. 18

263) Quali dei numeri seguenti completano le serie proposte?

12	22	30	27
36	66	90	?

13	23	31	28
39	69	93	?

A. 89 e 92
B. 81 e 84
C. 60 e 48
D. 75 e 78
E. 84 e 87

264) La coppia di numeri che completa le serie proposte è:

24	36	48	60
52	64	76	?

25	37	49	61
53	65	77	?

A. 66 e 89
B. 78 e 79
C. 38 e 39
D. 88 e 89
E. 74 e 75

265) Quale delle seguenti coppie di numeri integra le serie di seguito proposte?

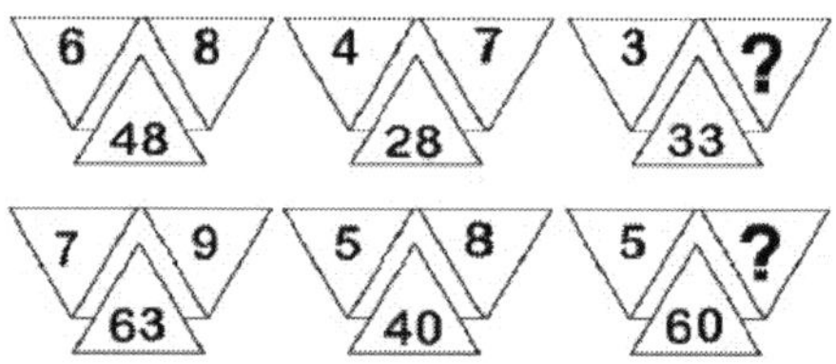

A. 5 e 11
B. 11 e 12
C. 48 e 12
D. 9 e 12
E. 56 e 12

266) Quali dei seguenti numeri integrano le serie proposte?

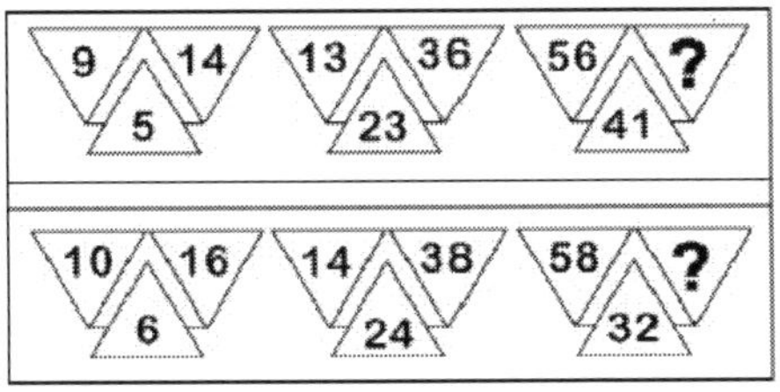

A. 26 e 19
B. 86 e 35
C. 62 e 55
D. 97 e 90
E. 47 e 40

267) Quale numero deve essere inserito nella serie numerica proposta?

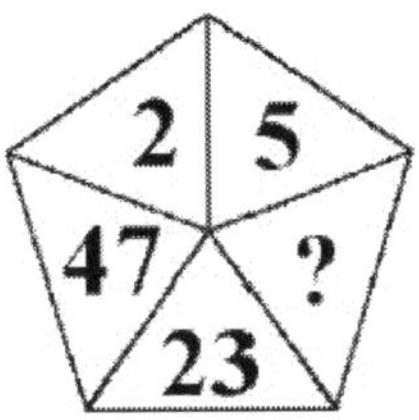

A. Il numero 6
B. Il numero 15
C. Il numero 9
D. Il numero 12
E. Il numero 11

268) Quale numero deve essere inserito nella serie numerica proposta?

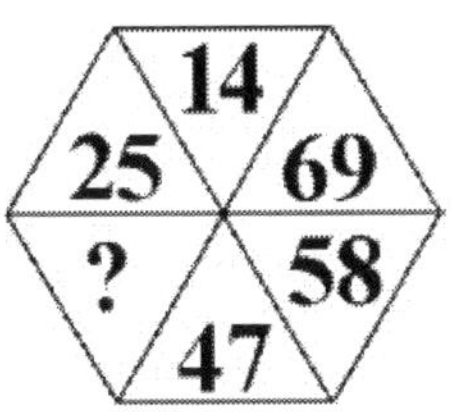

A. Il numero 81
B. Il numero 38
C. Il numero 40
D. Il numero 36
E. Il numero 45

269) Quale numero può essere inserito nella serie numerica proposta?

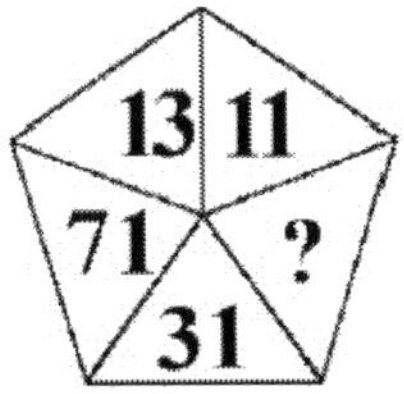

A. Il numero 49
B. Il numero 53
C. Il numero 51
D. Il numero 87
E. Il numero 67

270) Quale numero può essere inserito nella serie numerica proposta?

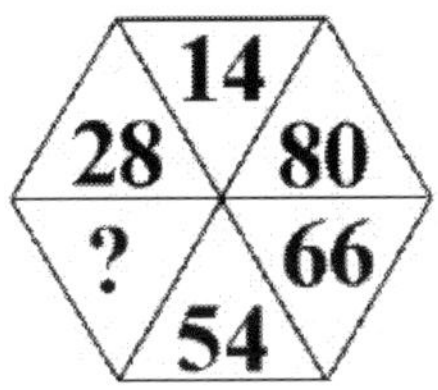

A. Il numero 40
B. Il numero 39
C. Il numero 41
D. Il numero 49
E. Il numero 45

3.18 • Le serie con configurazioni particolari

271) Quale dei seguenti numeri completa la serie proposta?

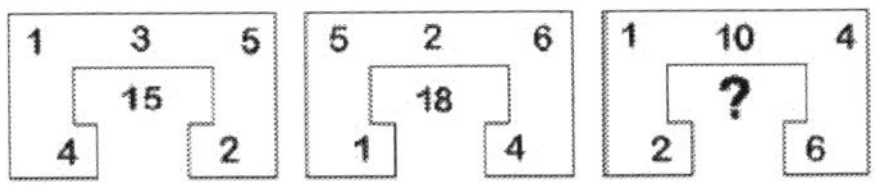

A. 23
B. 30
C. 29
D. 25
E. 27

272) Quale dei seguenti numeri integra la serie?

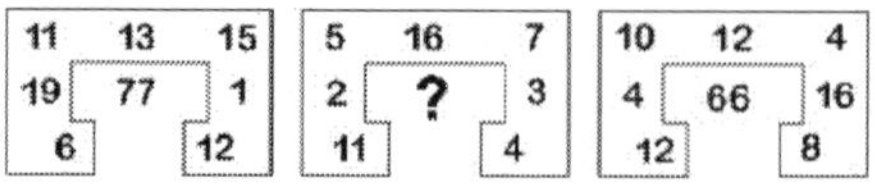

A. 38
B. 46
C. 48
D. 52
E. 50

273) Quale numero deve essere inserito al posto del "?" per completare la serie?

A. 18
B. 14
C. 12
D. 20
E. 16

274) Quale dei seguenti numeri integra la serie?

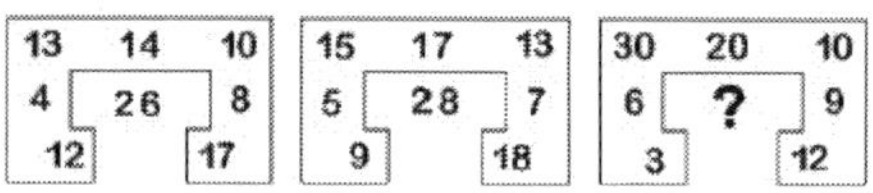

A. 28
B. 25
C. 30
D. 33
E. 35

275) Quale dei seguenti numeri integra la serie?

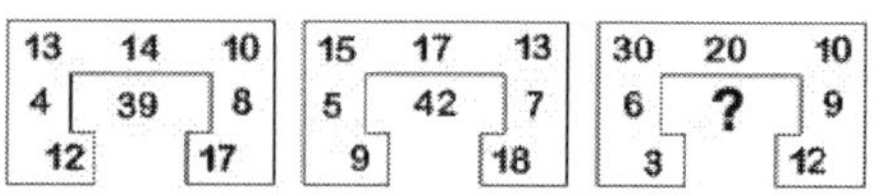

A. 45
B. 48
C. 60
D. 54
E. 43

276) Quale dei seguenti numeri integra la serie?

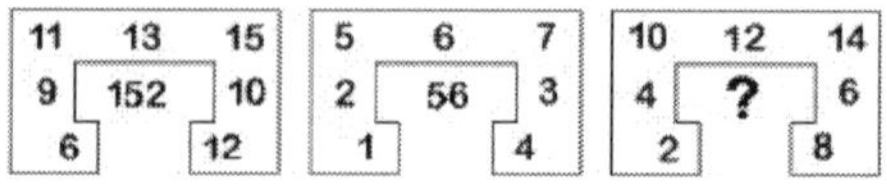

A. 150
B. 112
C. 30
D. 42
E. 75

277) Quale numero deve essere inserito al posto del "?" per completare la serie?

A. 30
B. 29
C. 28
D. 31
E. 32

3.19 • Le matrici quadrate

278) Individuare il numero mancante nella seguente matrice:

7 3 21
6 4 24
18 9 ?

A. 3
B. 45
C. 28
D. 504
E. 162

279) Individuare il numero mancante nella seguente matrice:

8 3 5
2 ? 0
7 0 7

A. 4
B. 0
C. 2
D. 5
E. 7

280) Individuare il numero mancante nella seguente matrice:
6 0 6
5 4 1
8 ? 2

A. 7
B. 0
C. 2
D. 6
E. 3

3.20 • Esercizi sugli insiemi

281) In un ristorante 15 avventori stanno seduti, 10 mangiano una torta. Con questi dati si può concludere con certezza che il numero totale *N* degli avventori è:

A. $N > 25$
B. $N = 25$
C. $N \geq 15$
D. $N < 15$
E. $N > 15$

282) A una conferenza, 8 persone prendono appunti, 5 hanno un registratore. Con questi dati si può concludere con certezza che il numero totale *N* degli ascoltatori a quella conferenza è:

A. $N > 8$
B. $N = 13$
C. $N \geq 8$
D. $N < 8$
E. $N > 13$

283) Cinquanta famosi matematici sono riuniti a congresso. Non tutti sono distratti. Però, presi a caso due matematici, almeno uno dei due è distratto. Dunque, necessariamente i congressisti distratti sono:

A. almeno 2, ma possono essere meno di 25
B. 49
C. 25
D. 50
E. più di 25, ma non si può dire quanti

284) Ad un ricevimento la contessa Viendalmare vuole sistemare i 40 invitati in tavoli da 4. Purtroppo la contessa si rende conto che comunque si dispongano gli invitati c'è sempre almeno un tavolo di sole donne. Quante sono almeno le donne invitate?

A. 39
B. 9
C. 31
D. 21
E. 10

285) Carla ha nel cassetto 2 paia di guanti bianchi, 8 paia di guanti rossi e 4 paia di guanti gialli. Trovandosi al buio e dovendo essere sicura di prenderne un paio dello stesso colore, quanti guanti dovrà estrarre dal cassetto?

A. 11
B. 3
C. 5
D. 4
E. 6

286) In un quartiere di 416 abitanti, ciascuna persona possiede un cane o un gatto o entrambi. Se ci sono 316 persone che hanno un cane e 280 che hanno un gatto, quanti sono i proprietari di cane che non hanno gatto?

A. 36
B. 136
C. 100
D. 105
E. 180

287) In una scatola ci sono 50 penne; non tutte sono penne rosse. Se però si prendono due penne qualsiasi dalla

scatola, almeno una delle due è rossa. Quante sono le penne rosse contenute nella scatola?

A. 25
B. 26
C. 19
D. 39
E. 49

288) Una libreria ha 6 ripiani; ponendo su ciascuno di essi 21 libri, si occupano solo i primi 4 ripiani. Se si volesse occupare tutta la libreria, invece, quanti libri bisognerebbe disporre su ogni ripiano facendo in modo che il numero di libri sia lo stesso su ogni ripiano?

A. 14
B. 17
C. 18
D. 15
E. 16

289) Lanciando un dado sono possibili 6 risultati (faccia verso l'alto con 1 o 2 o 3 o 4 o 5 o 6), che costituiscono l'insieme A; l'insieme B è costituito da tutti i 36 risultati possibili lanciando una coppia di dadi, tenendo conto che il risultato del lancio di un dado della coppia è indipendente dal risultato del lancio dell'altro dado. L'intersezione dei due insiemi [A interseca B] è formata:

A. dall'insieme vuoto, perché lanciare un dado dà risultati indipendenti dal lancio dell'altro
B. dall'insieme costituito dai sei risultati possibili lanciando un dado (insieme A) e dai 36 risultati possibili lanciando due dadi (insieme B)
C. dall'insieme costituito da 2, 3, 4, 5 e 6
D. dall'insieme A con i sei risultati possibili
E. dall'insieme vuoto, perché l'insieme A e l'insieme B non hanno elementi comuni

290) "In un cinema ci sono 200 spettatori: 40 sono italiani, 50 sono donne, e 60 preferiscono i film di genere fantasy". Sulla base di queste informazioni, di quanti spettatori si può affermare con certezza che sono allo stesso tempo italiani, donne e amanti del genere fantasy?

A. Di cento
B. Di dieci
C. Di nessuno
D. Di cinquanta
E. Di quaranta

3.21 • Altri esercizi di logica numerica

291) Nel paese dove vivo, tutti i numeri telefonici sono composti da sei cifre e cominciano con 58. Per sbaglio ho strappato e buttato via un pezzettino di carta dove mi ero scritto il numero di telefono di un amico che vive qui vicino. L'unico pezzo che ho ritrovato è quello raffigurato qui sotto.
Quanti numeri di telefono possibili in questo paese sarebbero coerenti con il pezzetto del mio biglietto?

A. 2
B. 10
C. 22
D. 12
E. 11

292) In un dado normale, la somma delle facce opposte è 7. Di seguito sono raffigurate quattro prospettive dello stesso dado, in cui i numeri sono disposti in modo diverso da un dado normale. Sulla faccia che non si vede c'è il numero due.

Quanti puntini ci sono nella faccia opposta al numero due, in questo dado?

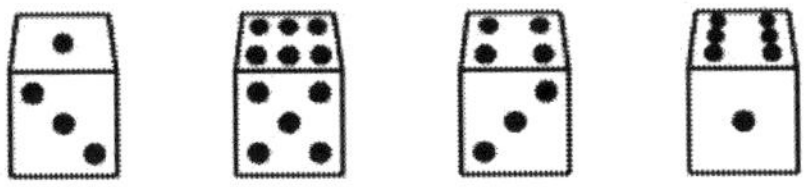

A. 4
B. 5
C. 6
D. 1
E. 3

293) Un nastro di 150 cm è annodato intorno a un libro che misura: 30 cm × 20 cm × 2 cm, come da figura sotto.
Dopo aver fatto e legato un nodo, sono avanzati 24 cm di nastro.
Un secondo pezzo di nastro, lungo anch'esso 150 cm, viene usato per legare un pacco di numerose copie del libro tutte impilate una sopra l'altra con le copertine che combaciano. Vengono legati con un nodo simile a quello usato per il primo pacco e, stavolta, non avanza nessun pezzo di nastro.
Quante copie ci sono nel secondo pacco?

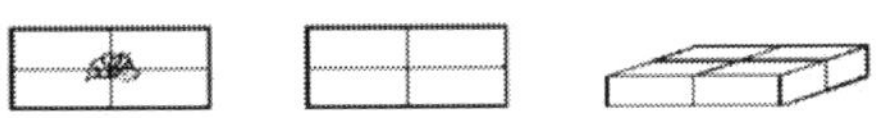

A. 15
B. 3
C. 12
D. 8
E. 4

294) La figura di seguito riportata mostra su una mappa la posizione di tre ornitologi. I quadrati sulla mappa sono lunghi 1000 m per lato.
Gli ornitologi stanno cercando un falcone ferito cui è stato impiantato un radiotrasmettitore.
Ogni ornitologo ha un dispositivo di tracciamento. L'indicatore della direzione non funziona ma la forza del segnale dà un'indicazione sulla distanza dall'uccello.
Gli ornitologi hanno le seguenti informazioni sulla distanza che li separa dall'uccello.
- **Gordon è nella posizione 22,06; la forza del segnale indica più di 500 m e meno di 2000 m.**
- **Helen è nella posizione 23,06; la forza del segnale indica più di 100 m e meno di 2000 m.**
- **Ingrid è nella posizione 23,08; la forza del segnale indica più di 1100 m e meno di 1800 m.**

In quale dei seguenti punti potrebbe trovarsi l'uccello?

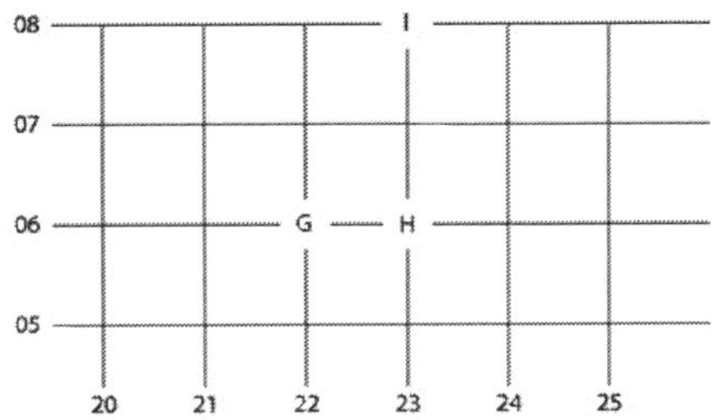

A. 24,07
B. 22,05
C. 22,07
D. 21,06
E. 23,07

295) 100 palline di cibo per polli servono a nutrire un pollo grosso e due piccoli per un giorno. 175 palline servono a nutrire due polli grossi e tre piccoli per un giorno.
Quale delle seguenti affermazioni non è vera?

A. Un pollo piccolo può essere nutrito per più di un giorno con 30 palline di cibo
B. Un pollo grosso ha bisogno del doppio di palline rispetto a un pollo piccolo

C. 50 palline di cibo sono sufficienti per nutrire un pollo grosso per un giorno
D. Due polli grossi e quattro piccoli hanno bisogno di 200 palline di cibo al giorno
E. Tre polli grossi e dieci piccoli hanno bisogno di 450 palline di cibo al giorno

296) In una gara a premi di sollevamento pesi il vincitore riceve 100 euro se riesce a sollevare 80 kg. Poi riceve 10 euro per i successivi 5 kg in più, 15 euro per i secondi, e il premio aumenta di 5 euro per ogni unità addizionale da 5 kg che riesce a sollevare.
Il vincitore della gara ha sollevato 110 kg. Quanti soldi riceve?

A. 130 euro
B. 160 euro
C. 235 euro
D. 240 euro
E. 310 euro

297) Devo ricordarmi così tanti codici numerici a quattro cifre che non riesco a farli stare tutti in testa. Le banche dicono che non dovresti scrivere i PIN delle tue carte di credito e tenere il foglietto nel portafoglio insieme alle carte. Per ovviare a questo problema, ho ideato un codice che dovrebbe essere sufficientemente complicato da confondere qualunque ladro. Metto i numeri in codice in questo modo: 1 = A, 2 = B fino a 9 = I, 0 = J e poi scrivo i numeri in codice al contrario, quindi 1234 è scritto DCBA. Infine, in fondo a ogni numero in codice aggiungo una lettera in più dalla A alla J per definire a cosa si riferisce il codice: C sta per carta di credito; F sta per telefono; B per lucchetto della bici; E per carta della Banca Eastern e D per il tesserino per entrare nel palazzo dove lavoro (*Denton Building Society*). La mia lista si presenta così.
Qual è il codice del lucchetto della mia bici?

A	D	G	E	F
C	J	D	B	E
B	G	F	A	C
G	J	A	C	D
D	F	G	C	B

A. 7613
B. 4356
C. 3764
D. 5741
E. 4673

298) Un'insegnante di una scuola frequentata da ragazzi tra gli 11 e i 16 anni stabilisce un codice numerico per aprire la porta della classe. L'insegnante ha un metodo per ricordarselo. Utilizza:
- **le due cifre del suo mese di nascita a rovescio (ad esempio, febbraio è 02, a rovescio è 20);**
- **poi l'età dei bambini della sua classe all'inizio dell'anno con le cifre invertite;**
- **e infine, la data del giorno del suo compleanno nel mese, sempre al contrario.**

Quale dei seguenti non può essere il codice per aprire la porta?

A. 215150
B. 602124
C. 903121
D. 701131
E. 115191

299) I tre supermercati della zona in cui abito, in questo periodo, stanno proponendo tutti le seguenti offerte per i miei cereali preferiti che mangio a colazione.
Se compri un pacco standard, il secondo è a metà prezzo.
Il prezzo di un pacco standard è scontato di 1/3.
Il prezzo normale di un pacco standard ma con il 25% di prodotto in più.

Quali offerte sono equivalenti in termini di prezzo per quantità unitaria di cereali?

A. Solo 2 e 3
B. Solo 1 e 2
C. Solo 1 e 3
D. 1, 2 e 3
E. Nessuna

300) Un'indagine ha rivelato che, nel 1990, in Gran Bretagna, il 40% della popolazione adulta fumava. Inoltre, nel 1991, a seguito di una campagna antifumo, fumava solo il 30% della popolazione adulta britannica. Il numero dei fumatori era diminuito del 10%. Tuttavia, chi aveva organizzato la campagna, nei cartelloni pubblicitari, riportava una diminuzione del 25% del numero dei fumatori.

I cartelloni pubblicitari degli organizzatori della campagna riflettevano:

A. la variazione del numero di fumatori espressa come percentuale della popolazione nel 1991
B. la variazione del numero di fumatori espressa come percentuale dei fumatori nel 1990
C. la variazione della dimensione della popolazione espressa come percentuale della popolazione nel 1990
D. la variazione del numero di fumatori espressa come percentuale della popolazione nel 1990
E. la variazione del numero di fumatori espressa come percentuale dei fumatori nel 1991

RISPOSTE CORRETTE

1) C	51) C	101) A	151) E	201) D	251) A
2) D	52) D	102) E	152) B	202) C	252) C
3) D	53) E	103) E	153) A	203) C	253) B
4) E	54) D	104) C	154) D	204) A	254) B
5) E	55) E	105) D	155) B	205) B	255) D
6) A	56) E	106) C	156) D	206) A	256) A
7) C	57) A	107) C	157) C	207) C	257) A
8) B	58) E	108) D	158) B	208) C	258) E
9) D	59) C	109) A	159) C	209) D	259) A
10) E	60) B	110) A	160) A	210) A	260) D
11) C	61) C	111) C	161) C	211) B	261) B
12) E	62) B	112) A	162) C	212) D	262) B
13) A	63) B	113) D	163) C	213) C	263) B
14) B	64) A	114) C	164) B	214) A	264) D
15) C	65) C	115) E	165) E	215) C	265) B
16) B	66) D	116) B	166) D	216) B	266) D
17) B	67) B	117) D	167) A	217) A	267) E
18) A	68) A	118) B	168) B	218) B	268) D
19) E	69) A	119) D	169) A	219) E	269) B
20) D	70) C	120) D	170) C	220) C	270) A
21) D	71) C	121) D	171) C	221) E	271) A
22) C	72) B	122) A	172) E	222) E	272) C
23) E	73) A	123) C	173) A	223) E	273) A
24) E	74) A	124) A	174) C	224) C	274) C
25) C	75) E	125) A	175) D	225) D	275) A
26) B	76) B	126) E	176) C	226) A	276) B
27) E	77) A	127) A	177) A	227) A	277) A
28) E	78) C	128) A	178) B	228) B	278) E
29) A	79) D	129) A	179) D	229) B	279) C
30) E	80) B	130) A	180) B	230) B	280) D
31) B	81) C	131) A	181) B	231) B	281) C
32) C	82) D	132) E	182) B	232) D	282) C
33) A	83) D	133) A	183) E	233) D	283) B
34) E	84) A	134) E	184) C	234) B	284) C
35) B	85) B	135) D	185) C	235) E	285) D
36) E	86) B	136) A	186) D	236) E	286) B
37) C	87) E	137) D	187) D	237) A	287) E
38) A	88) A	138) E	188) D	238) C	288) A
39) C	89) B	139) A	189) C	239) B	289) E
40) B	90) C	140) A	190) E	240) A	290) C
41) A	91) D	141) E	191) C	241) C	291) E
42) E	92) B	142) B	192) D	242) A	292) D
43) B	93) D	143) A	193) E	243) E	293) E
44) A	94) B	144) A	194) A	244) D	294) C
45) A	95) B	145) D	195) C	245) A	295) E
46) D	96) E	146) E	196) C	246) E	296) C
47) E	97) C	147) C	197) B	247) C	297) C
48) B	98) B	148) D	198) C	248) A	298) B
49) B	99) C	149) C	199) D	249) A	299) E
50) D	100) B	150) A	200) A	250) A	300) B

CAPITOLO 4
Ragionamento astratto e attitudine visuo-spaziale

4.1 • Rotazioni mentali e orientamento spaziale

1) Individuare la figura che corrisponde alla prima composizione vista allo specchio.

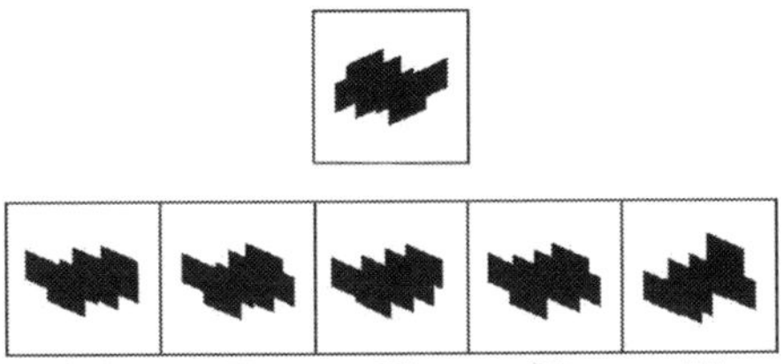

1 2 3 4 5

A. Figura 5
B. Figura 1
C. Figura 3
D. Figura 2
E. Figura 4

2) Individuare la figura che corrisponde alla prima composizione vista allo specchio.

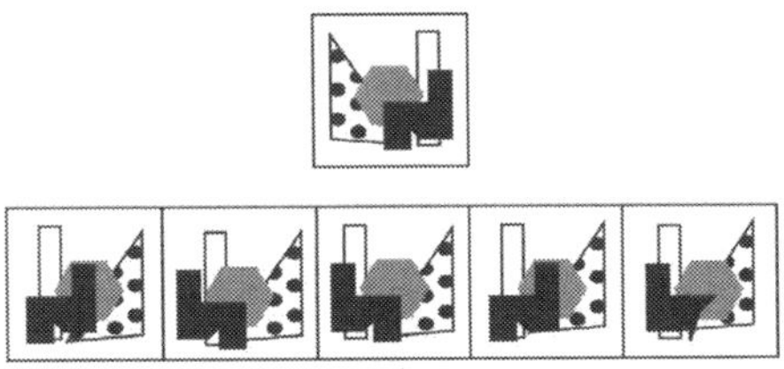

1 2 3 4 5

A. Figura 4
B. Figura 2
C. Figura 5
D. Figura 3
E. Figura 1
E. Il disegno indicato con il numero 5

3) Quale, tra le figure proposte, è uguale a quella data ruotata in senso antiorario di 350°?

1 2 3 4 5

A. Figura 1
B. Figura 2
C. Figura 4
D. Figura 5
E. Figura 3

4.2 • Le serie

4) Individuare la figura che completa correttamente la prima serie.

1 2 3 4 5

A. Figura 5
B. Figura 2
C. Figura 4
D. Figura 1
E. Figura 3

5) Completare correttamente la serie incompleta di figure.

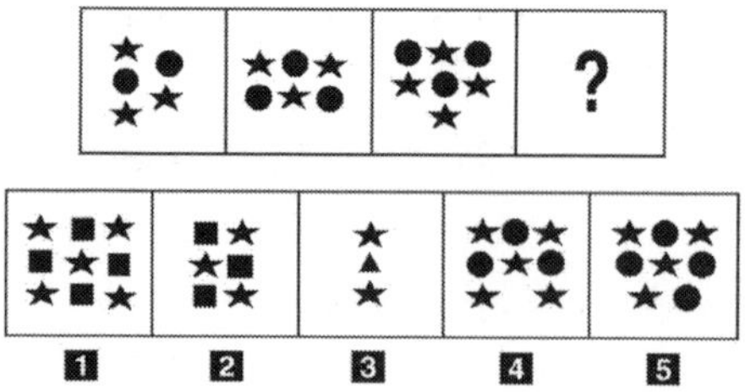

A. Figura 2
B. Figura 4
C. Figura 3
D. Figura 5
E. Figura 1

6) Individuare la figura che completa la serie proposta.

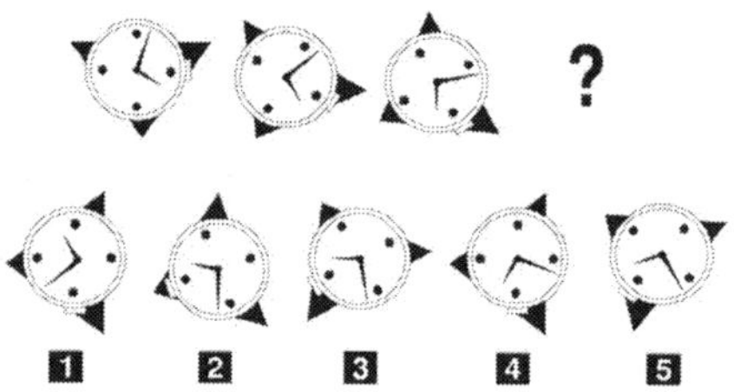

A. Figura 2
B. Figura 3
C. Figura 1
D. Figura 4
E. Figura 5

7) Quale figura completa la serie?

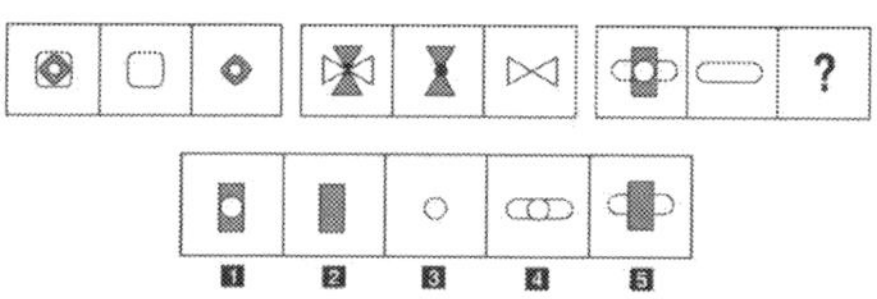

A. Figura 4
B. Figura 2
C. Figura 5
D. Figura 1
E. Figura 3

8) Individuare la figura che completa la serie.

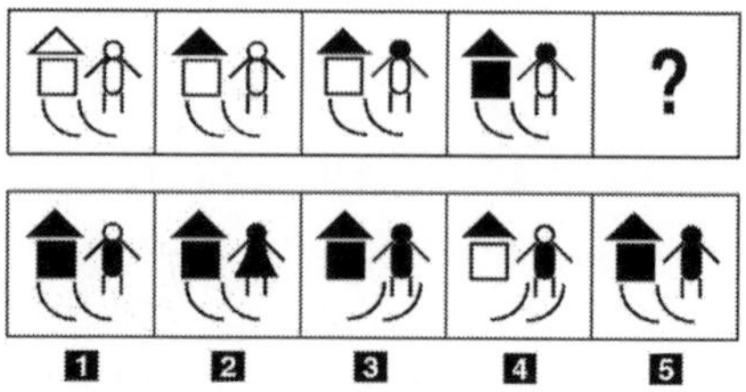

A. Figura 2
B. Figura 5
C. Figura 3
D. Figura 4
E. Figura 1

9) Si osservi la serie incompleta di figure: quale delle alternative proposte la completa correttamente?

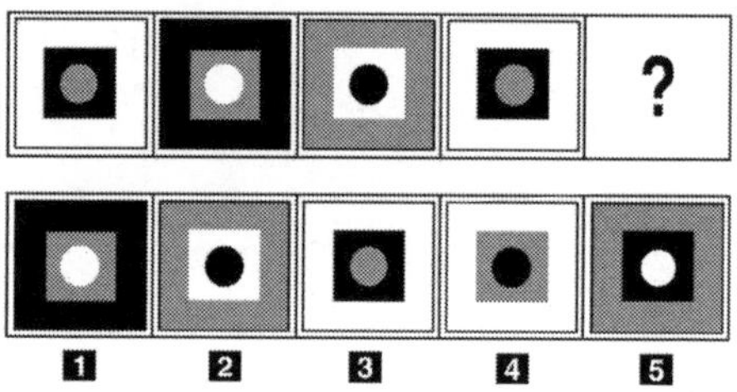

A. Figura 2
B. Figura 5
C. Figura 3
D. Figura 4
E. Figura 1

10) Individuare la figura che completa la serie.

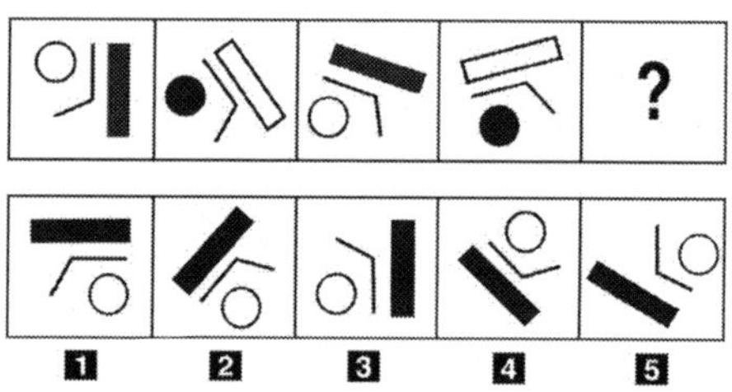

A. Figura 2
B. Figura 4

C. Figura 3
D. Figura 1
E. Figura 5

11) Individuare la figura che completa la serie.

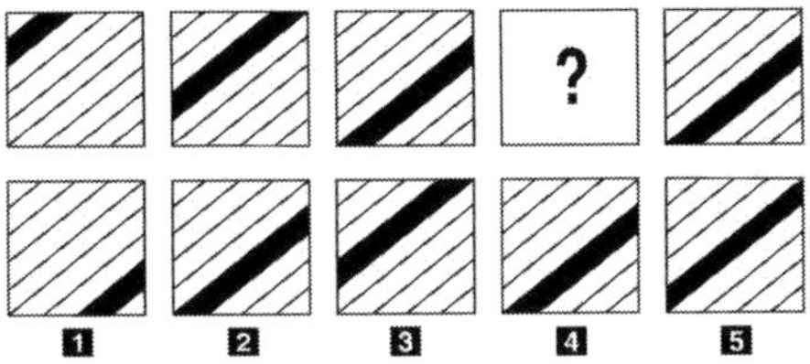

A. Figura 5
B. Figura 1
C. Figura 2
D. Figura 3
E. Figura 4

12) Individuare la figura che completa la serie.

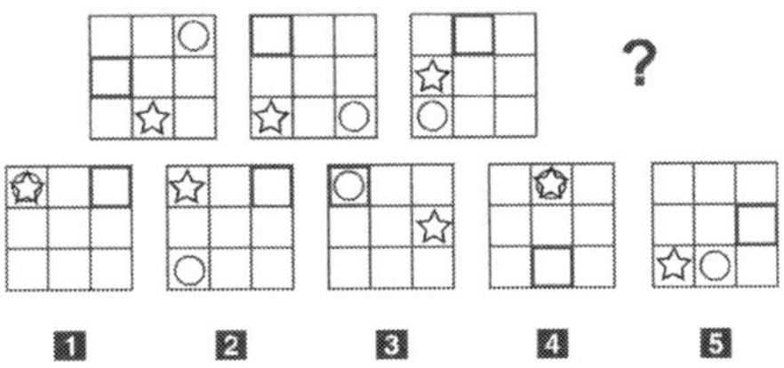

A. Figura 4
B. Figura 3
C. Figura 5
D. Figura 2
E. Figura 1

13) Uno solo dei disegni contrassegnati con lettere costituisce il logico completamento della serie di disegni numerata da 1 a 5. Quale?

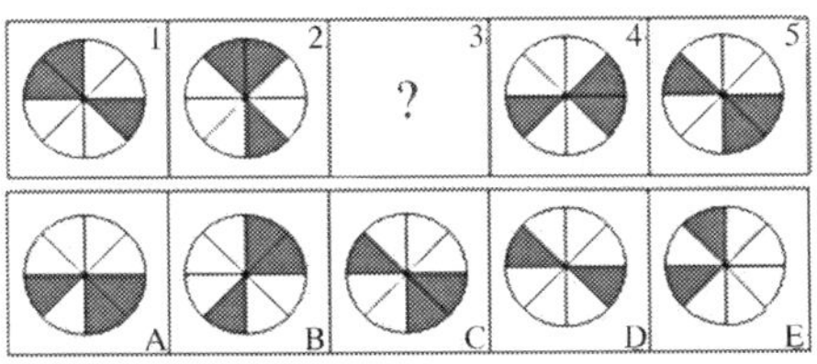

A. Il disegno indicato con la lettera C
B. Il disegno indicato con la lettera D
C. Il disegno indicato con la lettera A
D. Il disegno indicato con la lettera B
E. Il disegno indicato con la lettera E

14) Quale delle figure proposte integra correttamente la serie?

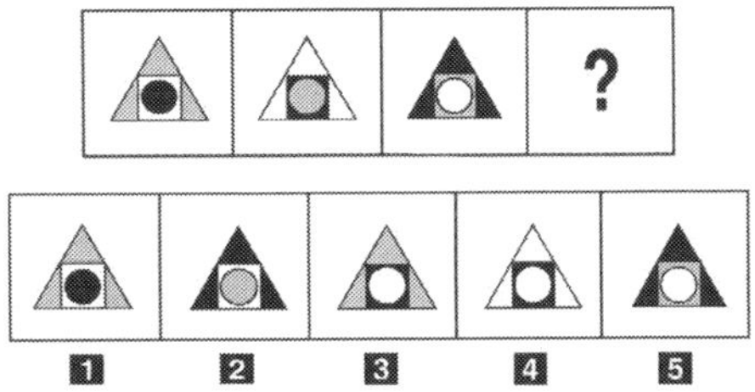

A. Figura 2
B. Figura 4
C. Figura 5
D. Figura 1
E. Figura 3

15) Quale dei disegni proposti integra correttamente la serie?

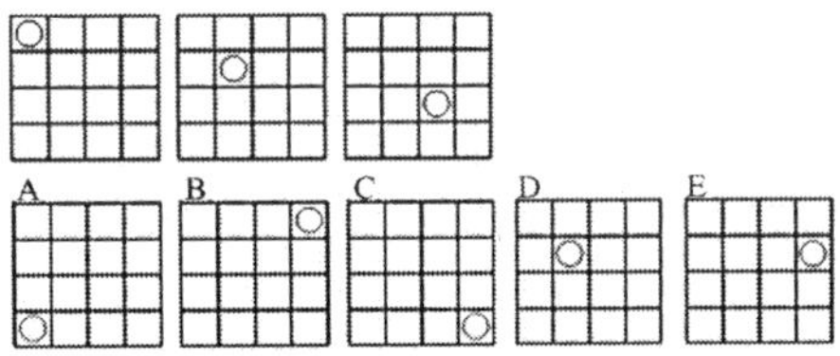

A. Il disegno indicato con la lettera E
B. Il disegno indicato con la lettera C
C. Il disegno indicato con la lettera D
D. Il disegno indicato con la lettera B
E. Il disegno indicato con la lettera A

16) Quale dei disegni proposti integra correttamente la serie?

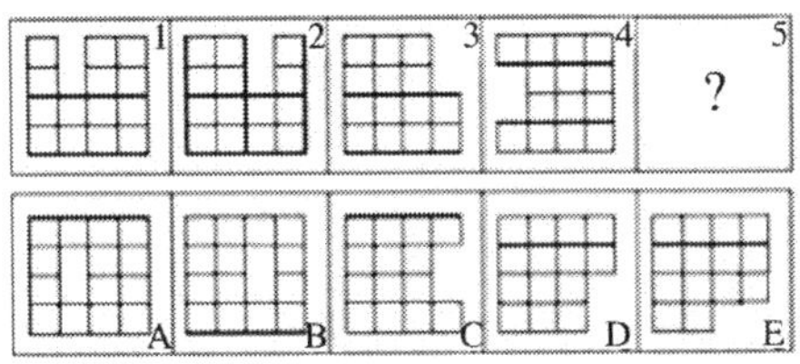

A. Il disegno indicato con la lettera C
B. Il disegno indicato con la lettera B
C. Il disegno indicato con la lettera A
D. Il disegno indicato con la lettera D
E. Il disegno indicato con la lettera E

17) Quale delle figure proposte integra correttamente la serie?

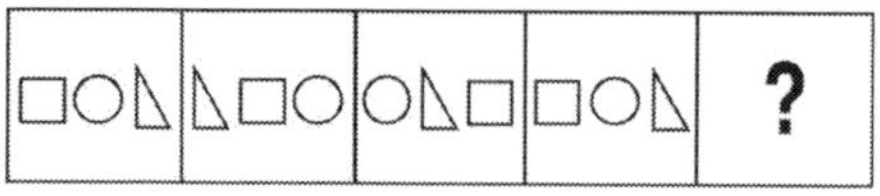

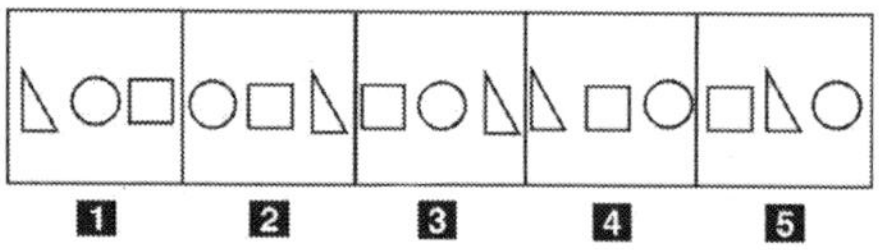

A. Figura 4
B. Figura 5
C. Figura 1
D. Figura 2
E. Figura 3

4.3 • Le matrici

18) Data la seguente configurazione, individuate la figura mancante.

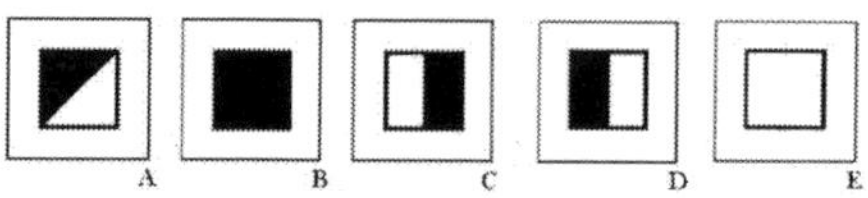

A. La figura C
B. La figura D
C. La figura A
D. La figura B
E. La figura E

19) Data la seguente configurazione, individuate la figura mancante.

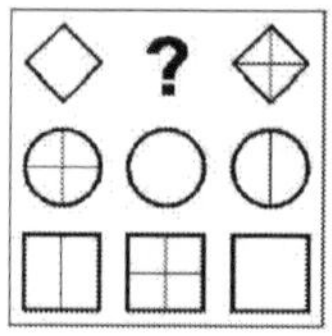

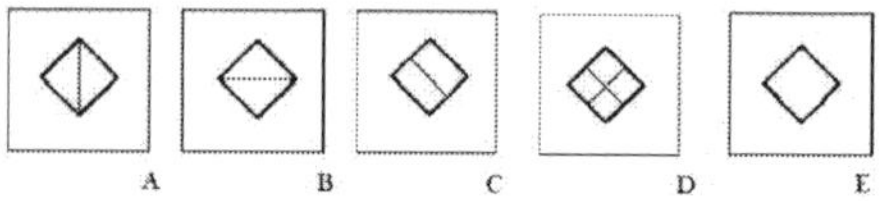

A. La figura contrassegnata con la lettera D
B. La figura contrassegnata con la lettera C
C. La figura contrassegnata con la lettera A
D. La figura contrassegnata con la lettera B
E. La figura contrassegnata con la lettera E

20) Data la seguente configurazione, individuate la figura mancante.

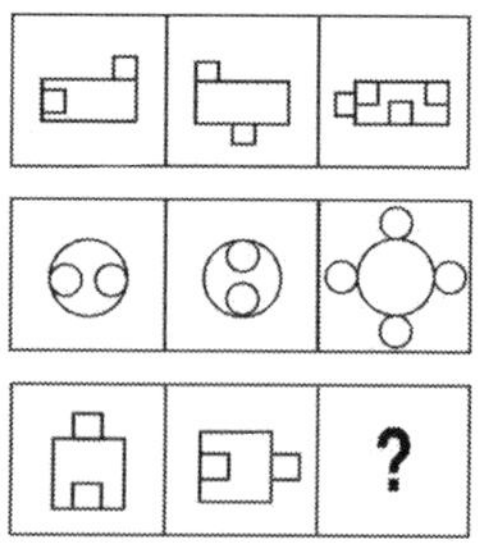

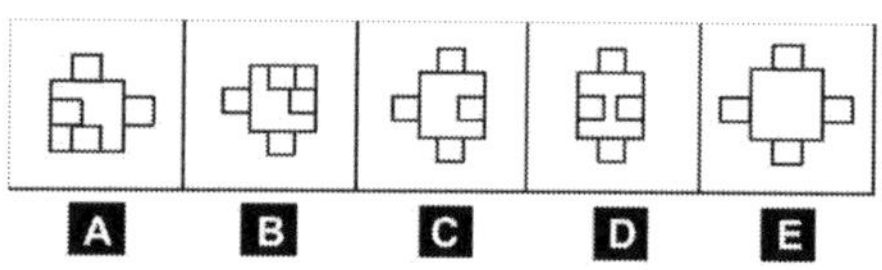

A. Figura C
B. Figura B
C. Figura A
D. Figura E
E. Figura D

21) Quale semicirconferenza integra correttamente la serie?

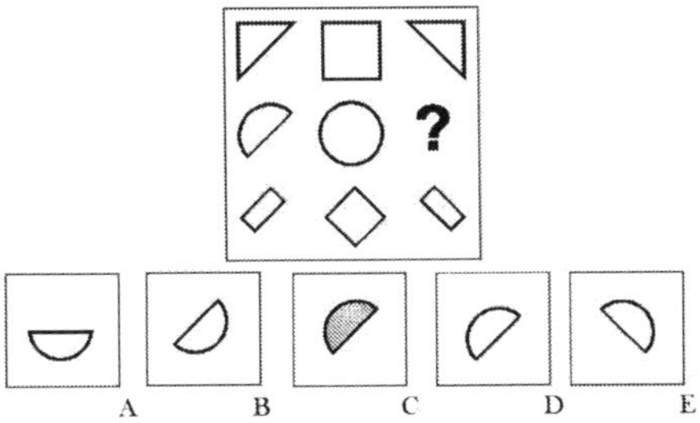

A. Quella contrassegnata con la lettera D
B. Quella contrassegnata con la lettera B
C. Quella contrassegnata con la lettera C
D. Quella contrassegnata con la lettera A
E. Quella contrassegnata con la lettera E

4.4 • Le proporzioni

22) Quale tra le figure proposte integra logicamente la proporzione che segue?

A. La figura indicata con la lettera E
B. La figura indicata con la lettera A
C. La figura indicata con la lettera C
D. La figura indicata con la lettera B
E. La figura indicata con la lettera D

23) Quale tra le figure proposte integra logicamente la proporzione che segue?

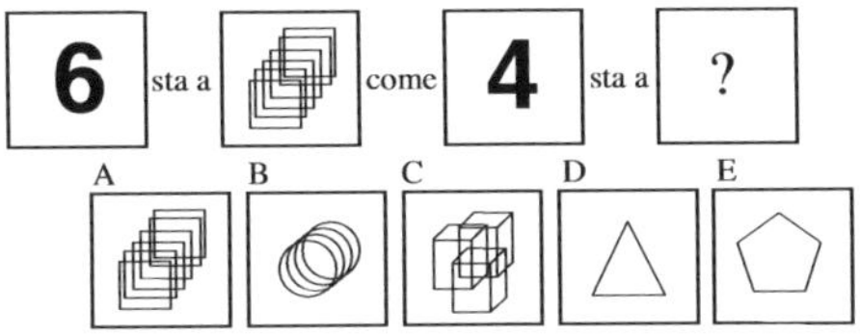

A. La figura indicata con la lettera A
B. La figura indicata con la lettera B
C. La figura indicata con la lettera C
D. La figura indicata con la lettera D
E. La figura indicata con la lettera E

24) Dopo aver osservato i primi due termini della proporzione, individuare fra i cinque disegni proposti (A, B, C, D, E) quali, inseriti rispettivamente come terzo e quarto termine, ne rappresentano il logico completamento.

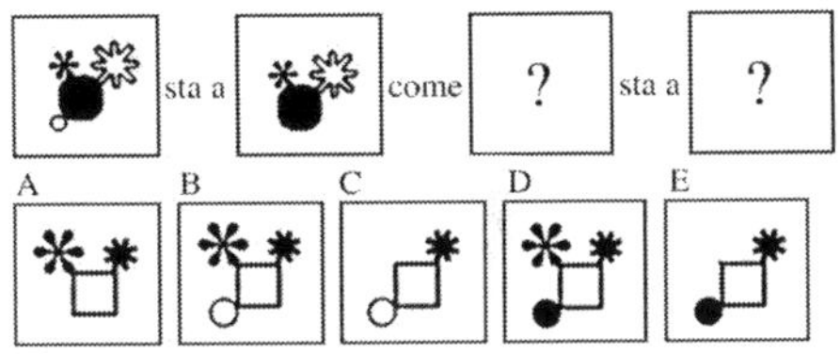

A. I disegni indicati con le lettere D e A
B. I disegni indicati con le lettere B e D
C. I disegni indicati con le lettere B e A
D. I disegni indicati con le lettere C e A
E. I disegni indicati con le lettere C e E

25) Quale tra le figure A, B, ... è corretto inserire come quarto termine della proporzione che segue?

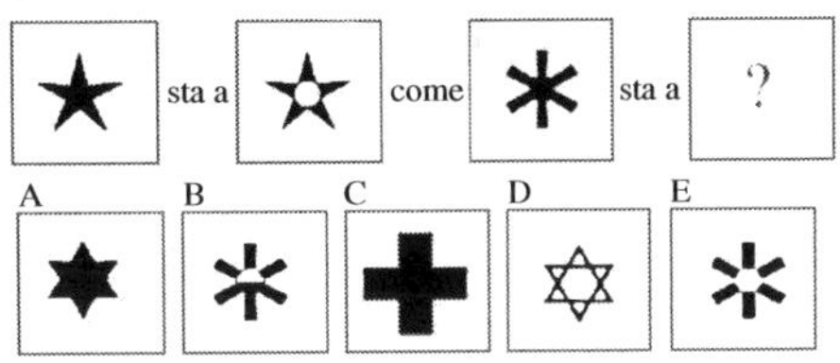

A. La figura A
B. La figura B
C. La figura D
D. La figura C
E. La figura E

26) Individuare fra le figure proposte quella che è logico inserire quale terzo termine della proporzione data:

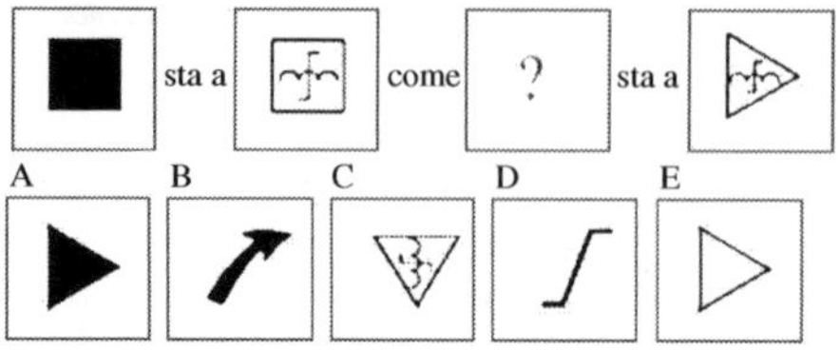

A. La figura indicata con la lettera D
B. La figura indicata con la lettera A
C. La figura indicata con la lettera B
D. La figura indicata con la lettera C
E. La figura indicata con la lettera E

27) Individuare fra le cinque figure/ risposta quelle che, inserite rispettivamente come terzo e quarto termine della proporzione, ne rappresentano, per analogia, il logico completamento.

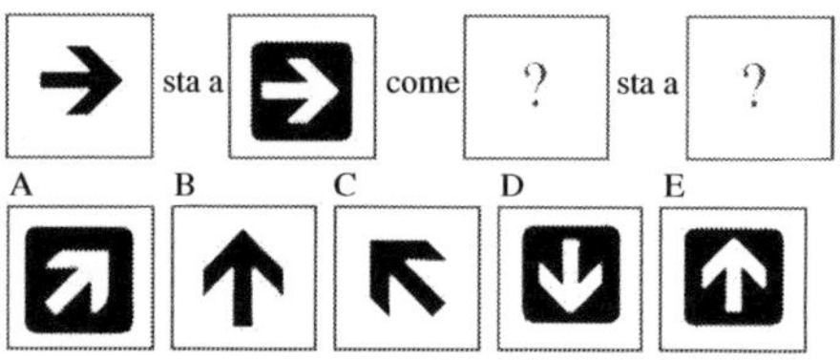

A. Le figure indicate con le lettere C e A
B. Le figure indicate con le lettere B e D
C. Le figure indicate con le lettere D e B
D. Le figure indicate con le lettere B e A
E. Le figure indicate con le lettere B e E

28) Individuare fra le cinque figure quelle che inserite rispettivamente come terzo e quarto termine della proporzione ne rappresentano, per analogia, il logico completamento.

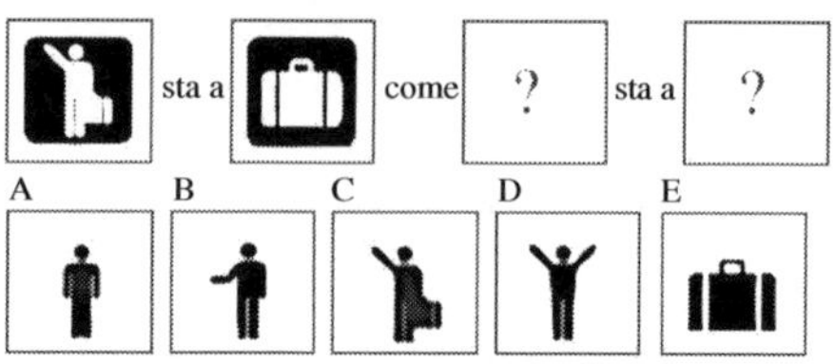

A. Le figure indicate con le lettere A e E
B. Le figure indicate con le lettere B e D
C. Le figure indicate con le lettere C e D
D. Le figure indicate con le lettere A e C
E. Le figure indicate con le lettere C e E

29) Dopo aver osservato i primi due termini della proporzione, individuare fra i cinque disegni proposti (A, B, C, D, E) quali, inseriti rispettivamente come terzo e quarto termine, ne rappresentano il logico completamento.

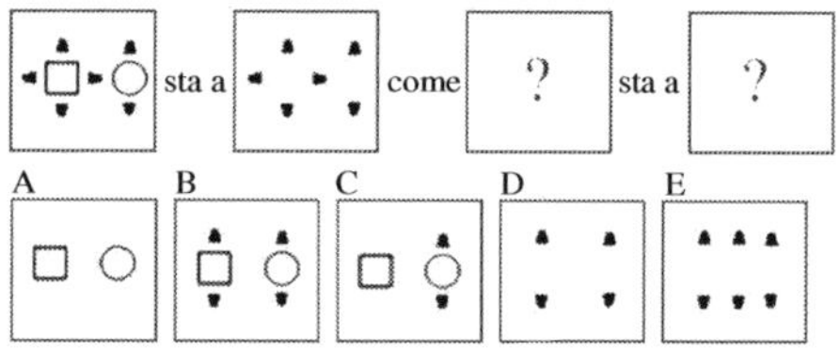

A. I disegni indicati con le lettere D e A
B. I disegni indicati con le lettere B e D
C. I disegni indicati con le lettere B e A
D. I disegni indicati con le lettere C e A
E. I disegni indicati con le lettere C e E

30) Individuare fra le figure proposte quella che è logico inserire quale terzo termine della proporzione data:

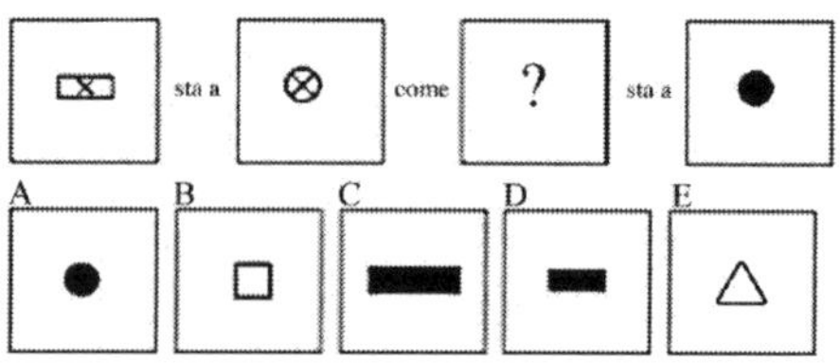

A. La figura indicata con la lettera C
B. La figura indicata con la lettera A
C. La figura indicata con la lettera D
D. La figura indicata con la lettera B
E. La figura indicata con la lettera E

31) Individuare fra le figure proposte quella che è logico inserire quale terzo termine della proporzione data:

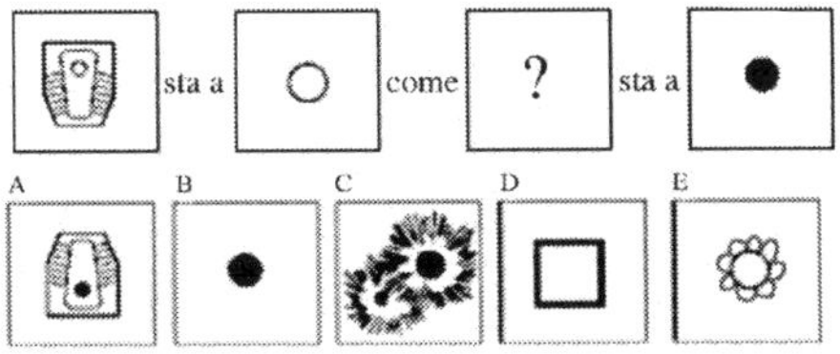

A. La figura che ne rappresenta il logico completamento è quella indicata con la lettera A
B. La figura che ne rappresenta il logico completamento è quella indicata con la lettera B
C. La figura che ne rappresenta il logico completamento è quella indicata con la lettera D
D. La figura che ne rappresenta il logico completamento è quella indicata con la lettera E
E. La figura che ne rappresenta il logico completamento è quella indicata con la lettera C

32) Individuare fra le figure proposte quella che è logico inserire quale quarto termine della proporzione data:

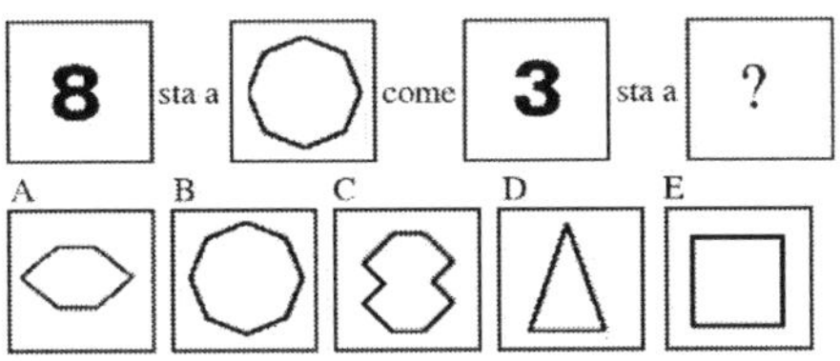

A. La figura indicata con la lettera A
B. La figura indicata con la lettera B
C. La figura indicata con la lettera E
D. La figura indicata con la lettera C
E. La figura indicata con la lettera D

33) Individuare fra le figure proposte quella che è logico inserire quale terzo termine della proporzione data:

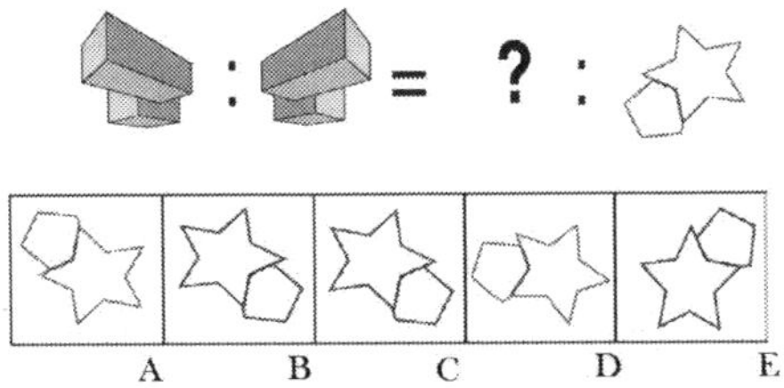

A. La figura indicata con la lettera C
B. La figura indicata con la lettera A
C. La figura indicata con la lettera D
D. La figura indicata con la lettera B
E. La figura indicata con la lettera E

34) Dopo aver osservato i primi due termini della proporzione, individuare fra i cinque disegni proposti (A, B, C, D, E) quali, inseriti rispettivamente come terzo e quarto termine, ne rappresentano il logico completamento.

A. I disegni indicati con le lettere D ed E
B. I disegni indicati con le lettere B e D
C. I disegni indicati con le lettere B e C
D. I disegni indicati con le lettere C e D
E. I disegni indicati con le lettere A e D

35) Quali tra le figure/risposta della seconda riga è corretto utilizzare per completare la proporzione della prima riga lasciata incompleta?

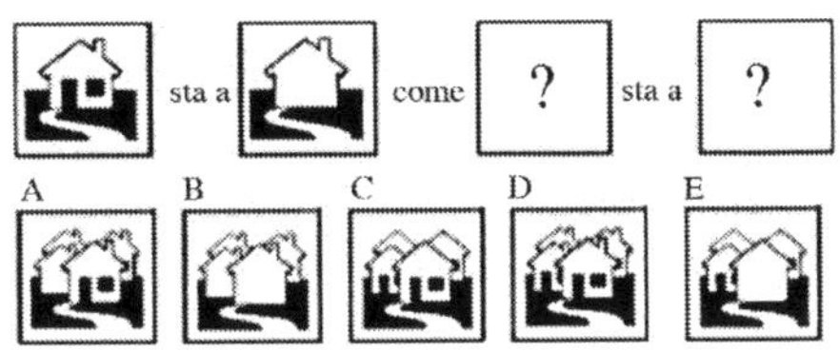

A. Le figure D e B
B. Le figure A ed E

C. Le figure D e A
D. Le figure C e D
E. Le figure D ed E

36) Quali tra le figure/risposta della seconda riga è corretto utilizzare per completare la proporzione della prima riga lasciata incompleta?

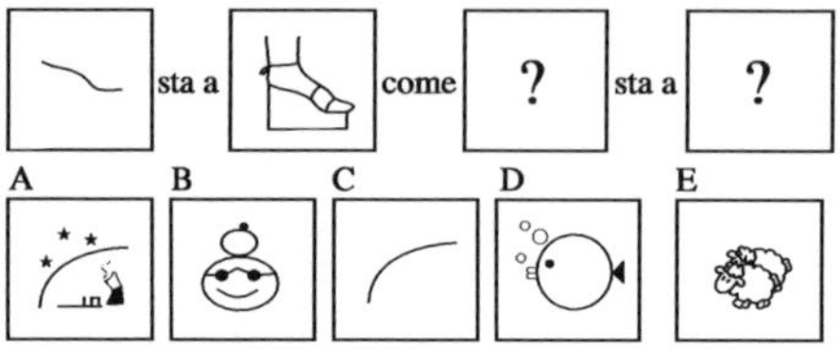

A. Le figure C e D
B. Le figure A e C
C. Le figure C e B
D. Le figure C e A
E. Le figure E e C

4.5 • Figure da scartare

37) Individuare la figura da scartare.

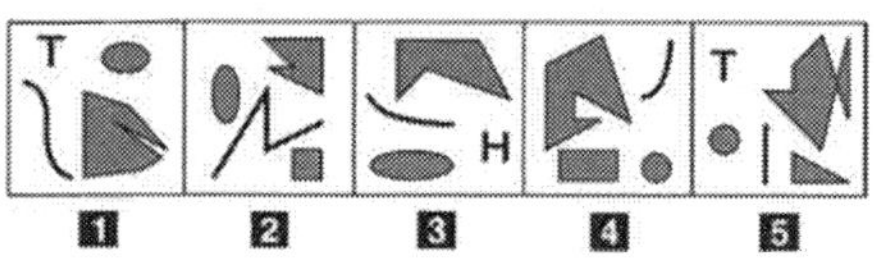

A. Figura 5
B. Figura 3
C. Figura 2
D. Figura 1
E. Figura 4

38) Individuare la figura da scartare.

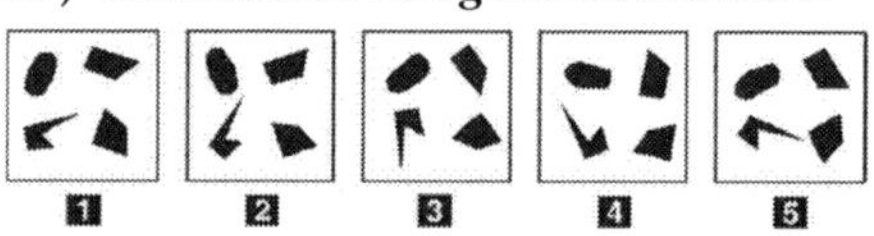

A. Figura 3
B. Figura 5
C. Figura 2
D. Figura 4
E. Figura 1

4.6 • Scomposizione e ricostruzione di figure geometriche tridimensionali

39) Quale delle figure corrisponde alla composizione volumetrica della figura piana data?

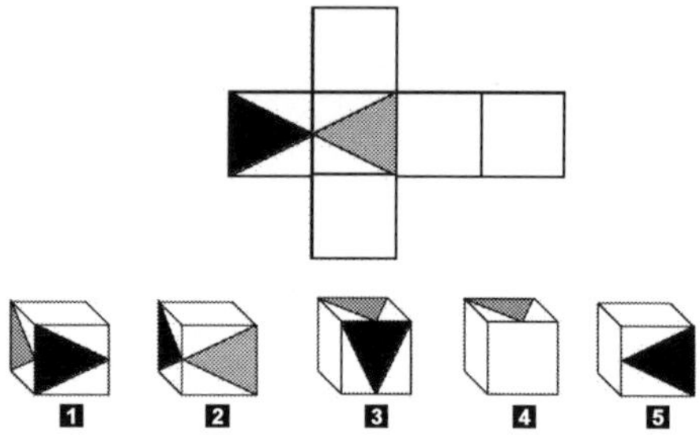

A. Figura 1
B. Figura 4
C. Figura 3
D. Figura 5
E. Figura 2

40) Quale delle figure corrisponde alla composizione volumetrica della figura piana data?

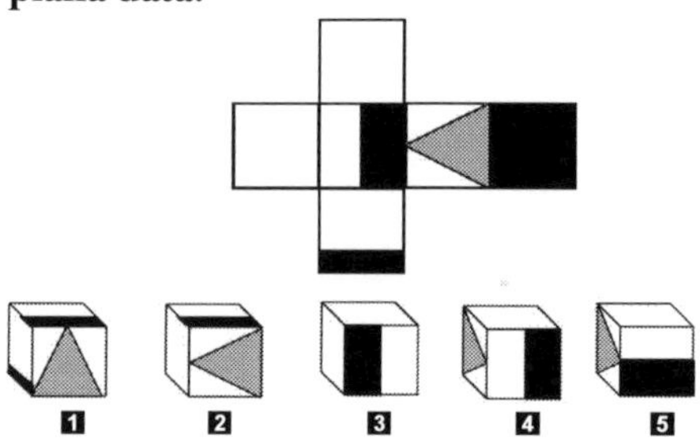

A. Figura 2
B. Figura 4
C. Figura 3
D. Figura 5
E. Figura 1

41) Dopo aver osservato attentamente il disegno proposto, indicare l'affermazione corretta.

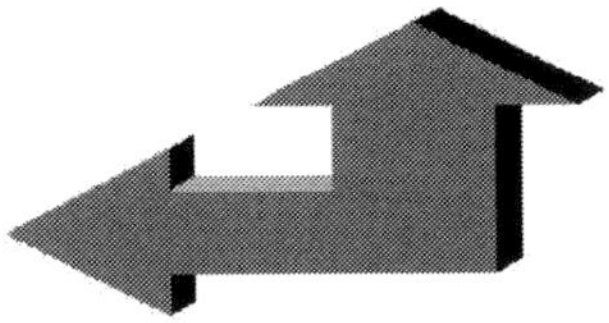

A. Il solido proposto si compone di 17 facce
B. Il solido proposto si compone di 14 facce
C. Il solido proposto si compone di 18 facce
D. Il solido proposto si compone di 15 facce
E. Il solido proposto si compone di 16 facce

42) Lo sviluppo raffigurato qui di seguito è stato piegato per formare un cubo. Quale dei seguenti cubi è stato formato?

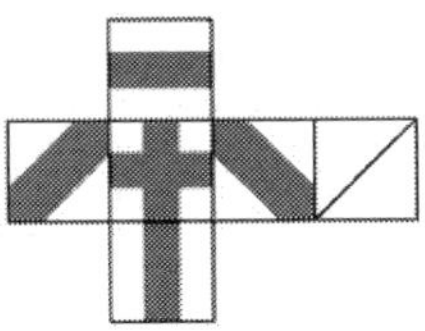

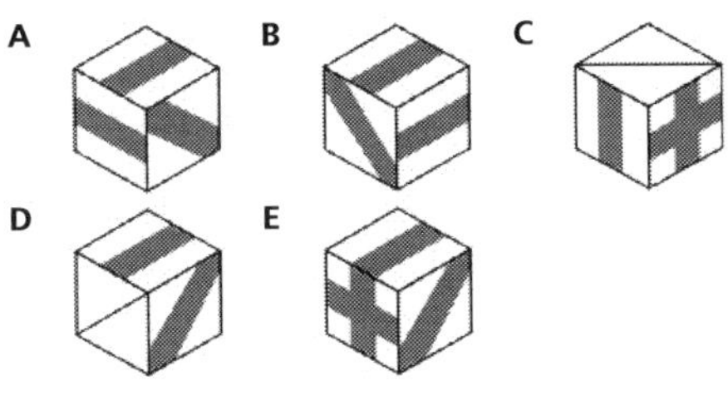

A. Figura D
B. Figura A
C. Figura E
D. Figura C
E. Figura B

43) Da quante facce è composto il solido 5?

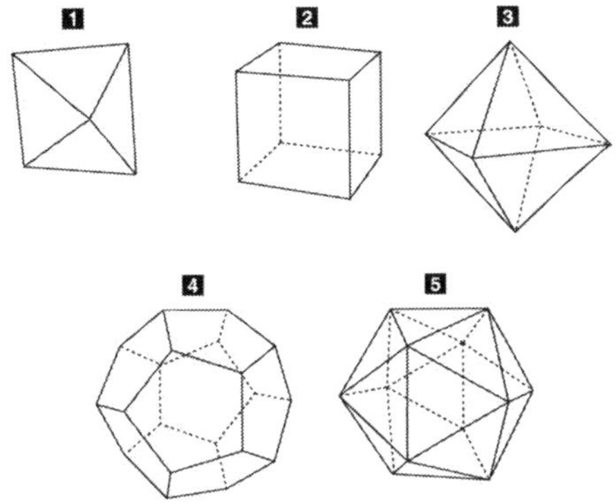

A. 10 facce
B. 20 facce
C. 12 facce
D. 18 facce
E. 16 facce

4.7 • Altri esercizi di ragionamento spaziale

44) La figura che segue può essere scomposta in 4 dei 6 frammenti riportati.
Quali?

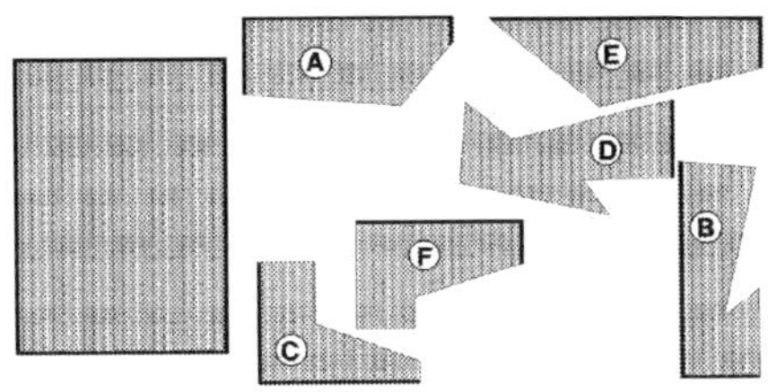

A. I frammenti contrassegnati con le lettere A, C, D, E
B. I frammenti contrassegnati con le lettere A, B, D, E
C. I frammenti contrassegnati con le lettere B, C, D, F

D. I frammenti contrassegnati con le lettere A, C, D, F
E. I frammenti contrassegnati con le lettere A, B, C, D

45) La figura che segue può essere ricomposta soltanto con tre dei cinque frammenti proposti. Quali?

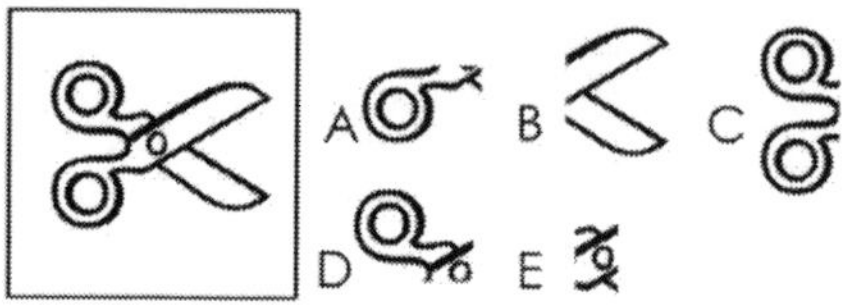

A. Frammenti A, C e E
B. Frammenti A, B e D
C. Frammenti B, C e D
D. Frammenti C, D e E
E. Frammenti A, B e C

46) È possibile con sole sei rette separare ciascun pallino da tutti gli altri?

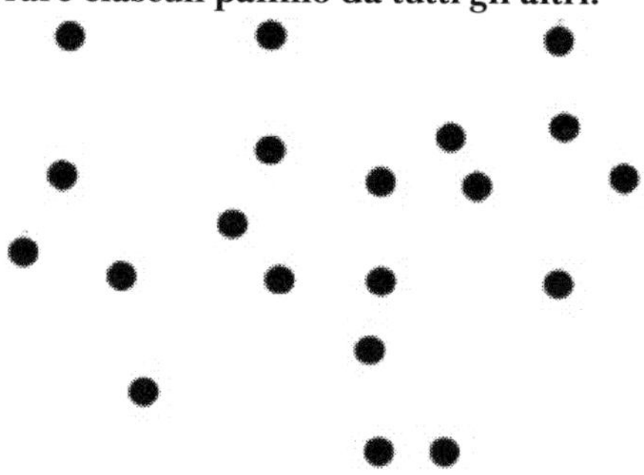

A. No, se ne impiegano minimo 9
B. Sì
C. No, se ne impiegano minimo 8
D. No, se ne impiegano minimo 7
E. No, se ne impiegano minimo 10

47) La figura che segue può essere scomposta in 4 degli 8 frammenti riportati. Quali sono i frammenti residui?

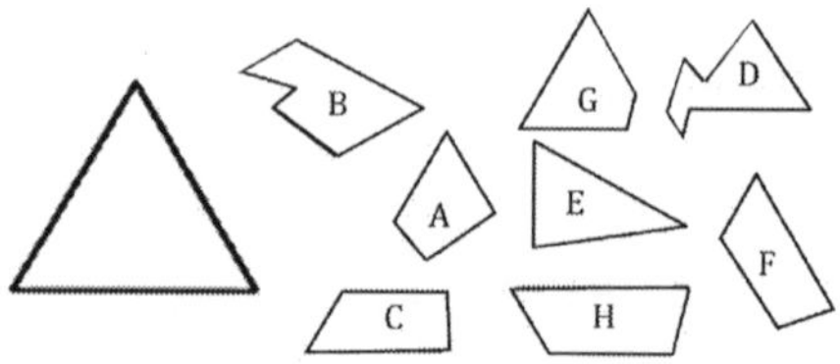

A. I frammenti contrassegnati con le lettere A, C, F, H
B. I frammenti contrassegnati con le lettere A, C, D, H
C. I frammenti contrassegnati con le lettere A, C, E, F
D. I frammenti contrassegnati con le lettere B, C, D, G
E. I frammenti contrassegnati con le lettere A, B, C, F

48) La figura che segue può essere ricomposta soltanto con 4 dei 6 frammenti proposti. Quali?

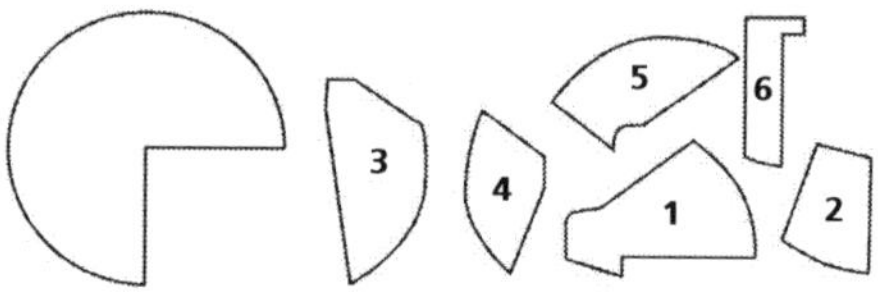

A. Frammenti 1, 3, 4 e 6
B. Frammenti 1, 2, 3 e 4
C. Frammenti 1, 2, 4 e 5
D. Frammenti 1, 3, 4 e 5
E. Frammenti 2, 3, 4 e 5

49) La figura che segue può essere ricomposta soltanto con 4 dei 6 frammenti proposti. Quali?

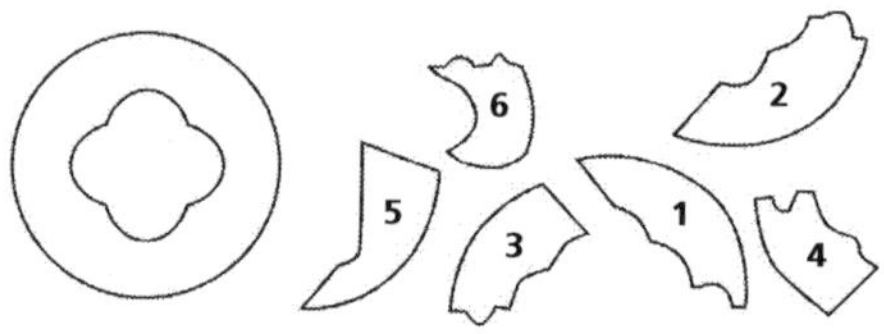

A. Frammenti 1, 2, 3 e 6
B. Frammenti 2, 4, 5 e 6
C. Frammenti 1, 2, 3 e 6

D. Frammenti 2, 3, 4 e 5
E. Frammenti 1, 2, 3 e 4

50) Osservando attentamente le cinque figure proposte è possibile notare che quattro di esse presentano elementi di omogeneità. Quali?

A. Figure A B D E
B. Figure B C D E
C. Figure A B C E
D. Figure A C D E
E. Figure A B C E

4.8 • Attenzione e precisione

51) Individuare quale delle serie di numeri o lettere è identica a quella data: 3663999936663

A. 3663399996663
B. 3663999936663
C. 3639969936663
D. 3663999396663
E. 3663993336663

52) Individuare quale delle cinque serie di numeri o lettere è identica a quella data: 88080080080808

A. 88080088080808
B. 88080080080808
C. 88080080080008
D. 80080080080808
E. 88080080080888

53) Individuare quale delle cinque serie di numeri o lettere è identica a quella data: ILLILIILIIILIILLI

A. ILLILIILIIILLLLI
B. ILLILILIIIILIILLI
C. ILLILIILILLIILLI
D. ILLILIILIIILIILLI
E. ILLILIILIIILIILLL

54) Individuare quale delle cinque serie di numeri o lettere è identica a quella data: MMNMNNNNMNNN

A. MMNMNNNMNNNN
B. MMNNMNNNMNNN
C. MMMNNNNNMNNN
D. MMNMNNNNMNNN
E. MMNMNMNNMNNN

55) Individuare quale delle cinque serie di numeri o lettere è identica a quella data: RPRPPRRRRPRRPR

A. RPRPPRPRRPRRPR
B. RPRPPPRRRPRRPR
C. RPRPPRRRRPRRPR
D. RPRPPRRRRPRPPR
E. RPRPPPRRRPRRPR

56) Individuare la riga che contiene il maggior numero di lettere X:

A. YYXYXXXYYYXXXYYXYXY
B. YYXYYYYXXXYXXXXXYYY
C. YYYXXXXXXXXXYYYYYYY
D. XYYXXYXXYYXXXYXYYXY
E. XYYXXYXXYYYYXYXYYXY

57) Quale delle seguenti sequenze è identica a hy;opx97;th:13:32+tq:& ma proposta in senso contrario?

A. &:qt+23:31:ht;97xpo;yh
B. &:qt+23:31-th;79xpo;yh
C. &:qt+23:31:ht;79xpo;yh
D. &:qt+23;13:ht;79xpo;yh
E. &:qt+26:31:ht;79xpo;yh

58) Indicare in quale dei seguenti gruppi è riproposta l'identica stringa alfanumerica:
78AB+11AC-8A1H:1A1X-332&-7XK+233(/

A. 78AB+11AC-8A1H:1A1X-332@-7XK+233(/
B. 78AB+11AC-8A1H:1A1X-332&-7XK+233[/
C. 78AB+11AC-8A1H:1A1X-332&-7XK+233(/
D. 78AB+11AC-8A1H:1A1Y-332&-7XK+233(/
E. 78AB+11AC-8A1H:1A1X-332&-7XK+253(/

59) Individuare la riga che contiene il maggior numero di lettere B:

A. PPPPPBBBPBBPPPPBPPPP
B. PPBPBBPBPPBPPPBPPPPP
C. PPPBPPBBPPBBPPPBPPBP
D. PPPBPPPBPPPBPPPBPPBB
E. PPPBPPPBPPBBPPPBPPBP

60) Individuare la riga che contiene il maggior numero di lettere N:

A. VNVNNVNNVNV
B. VNVNVNVVNVN
C. VVNNVVNVNVN
D. NVVNNVNNVVV
E. VNVNNVNVVNV

61) Individuare la riga che contiene un numero di "×" uguale al numero di "+":

A. ×××+++××++×++××++
B. ××++××++×+×++××+
C. ×××+×××++++++×××+
D. ××+××+++××+×××++×++
E. ××++××++××+×++××+

62) Se dalla seguente sequenza "SSILVVTSAELIIAICSCL" si escludessero le lettere dei termini "STIVALI" e "SCIALLE", si otterrebbe la sequenza:

A. LSSLV
B. SSCIV
C. IACIV
D. SVSIV
E. SSLSV

63) Quale dei seguenti gruppi alfanumerici ripropone in senso inverso la sequenza "HgUmOsWFbH"?

A. HbFWOsmUgH
B. HbWFsOmUgH
C. HbFWsOmUgH
D. HbFWsOmgUH
E. HbFOsWmUgH

64) Se dalla seguente sequenza "VAAPEREPAPADEREPPPAI" si escludessero le lettere dei termini "PAPERE" e "PAPAVERI", si otterrebbe la sequenza:

A. PAAEDD
B. PAEPDE
C. PAAPPD
D. AAEPPD
E. APEEPD

65) Se dalla seguente sequenza "ELANPPOLOMZONOARODDMNA" si escludessero le lettere dei termini "POMODORO" e "MELANZANA", si otterrebbe la sequenza:

A. POLND
B. POLLD
C. POOND
D. POLNP
E. PONLR

66) Se dalla seguente sequenza "MCIANMCOCFACMENALECGNIE" si escludessero le lettere dei termini "MECCANICO" e "FALEGNAME", si otterrebbe la sequenza:

A. CCNM
B. GMCI
C. CMCNA
D. CNMCI
E. CNNCI

67) Quale delle seguenti alternative contiene una lettera ripetuta esattamente cinque volte?

A. WWTGWGTTGWTG
B. GGHTHTHGGTGT
C. XXXDQXDDDQQQ
D. EETRRETRETTR
E. MMNNIMNMNIII

68) Individuare la riga che contiene il maggior numero di lettere A:

A. AAVVVAVVAAAAAAAAVVVAAAV
B. AAVVVAVAAAAAAAAAAVVVAAAV
C. VVAVAVAVVVAAAVAAVVVAAAA
D. AAVAAAVAAAVVVAVAAVVAVVA
E. VVAAAAAVVAAVAAAVAVAAAVV

69) Si osservi il testo che segue: "Using the links below you can obtain answers to the most common questions about the EUROPA site (FAQ). You can also consult recent statistics on the use of EUROPA and the results of surveys conducted among its users". Esso contiene:

A. 10 lettere "maiuscole"
B. 13 vocali "u"
C. 16 consonanti "s"
D. 8 vocali "a"
E. 15 vocali "i"

70) Quale delle seguenti sequenze è uguale a 143GM2900967HD?

A. 143GM2900976HD
B. 143GM2900967HD
C. 143GM2909067HD
D. 143GM2090967HD
E. 143GN2901967HD

71) In quale dei seguenti gruppi il numero 1 non segue il numero 9?

A. P H L G 1 9 A V Q B O J 9 1 9 U I - GLIJKS1UBW9
B. P H L G 1 9 A V Q B O J P 1 9 U I - GLIJK91UBW9
C. P H L 9 1 9 A V Q B O J L 1 9 U I - GLIJKS1UBW9
D. P H L G 1 9 A V Q B O J E 1 9 U I - GLIJKS1UBW9
E. P H L G 1 8 A V Q D O J E 9 1 U I - GLIJKS1UBW9

72) Quale dei seguenti gruppi alfanumerici, letto in senso contrario, è uguale a SK1LGWEGPOIDSFH?

A. HFSDIOMPEWGL1KS
B. HFSDIMPGEWGL1KS
C. HFSDIOPQEWGL1KS
D. HFSDIOPGEWGL1KS
E. HFSBIOPGEWFL1KS

73) In quale dei seguenti gruppi alfanumerici sono contenuti tutti gli elementi indicati nella seguente stringa: SD678YTTWIHIXD834RT9?

A. 34RT9SD678YPQIXD8TTW
B. 34RT9SD67LPIHIXD8TTW
C. 34RT9SD678YIHIXD8TTW
D. 34RT9SD968YIHIXD8TTW
E. 34RT9SS678YIHIYD8TTW

74) Considerando che il segno "+" identifica "-", il segno "-" identifica "+", il segno "×" identifica ":", il segno ":" identifica "×", in quale delle seguenti alternative è riproposta la seguente stringa: 32 + (12 × 4) - (216 × 6) + 39 = tenuto conto di quanto detto in precedenza?

A. 32 – (12 : 4) + (216 : 6) + 39 =
B. 32 – (12 : 4) - (216 : 6) – 39 =
C. 32 – (12 : 4) + (216 : 6) – 39 =
D. 32 – (12 × 4) + (216 × 6) – 39 =
E. 32 + (12 : 4) + (216 : 6) – 39 =

75) In quale dei seguenti gruppi il numero 2 è preceduto dalla lettera Q?

A. JKF2Z2ILZKQWLJFZQQN-2CIJQFUEI
B. JKF2Z2I2QQWLJ2FZQN2QJQFU-IRLE
C. JKF2Z2IQQWLJFZ2QCIJQILFUIR-FE
D. JKF2Z2IQ2QWLJFZQN2CIJQFUIR-VE
E. JKF2X2I2QQYLJFZQN2CIJTFUIR-VE

76) "123456789ABCDEFGHILM-NOPQRSTUVZ". Da questo gruppo alfanumerico sono state prelevate le lettere che formano la parola "IMPOSTARE" ed i numeri "726". Restano pertanto le lettere e i numeri:

A. 134589BCDFGHLMQUVZ
B. 134589BCDFGHLNQUVZ
C. 134589BCDEGHLNQUVZ
D. 134689ABCDFGHLMNPQUVZ
E. 1345898BCFFGHMNQUVZ

77) Indicare quale dei seguenti gruppi numerici è identico a: 38823+8378+889 +89384+734822398

A. 38823+8378+889+89384+734838398
B. 38823+8378+889+89384+734838498
C. 38823+8378+889+89384+734822398
D. 38823+8378+889+89483+734822398
E. 38823+8478+889+89384+534822398

78) Indicare quale delle seguenti sequenze è uguale a: 7Y9K4VW9B5NH67

A. 7J9K4VW9B5NH67
B. 7Y9KU4W9B5NH67
C. 7Y9K4VW9B5NH67
D. 7Y9H4VW9B5NH67
E. 7Y9K4WW9D5NH67

79) Quante vocali e quante consonanti sono presenti rispettivamente nel termine "GASTROPROTETTORE"?

A. 6 e 10
B. 9 e 6
C. 8 e 8
D. 7 e 9
E. 10 e 7

80) In quale dei seguenti gruppi alfanumerici sono contenuti tutti gli elementi indicati nella seguente stringa: DF354F76HJ09LM1356SF?

A. 56SFDF364F76HJ09LM13
B. 56SFDF354F76HJ09LM13
C. 56SFDO354F76HJ09LM13
D. 56SFDP354F76HJ09LM13
E. 56SFCF355F76KJ09LM13

81) In quale dei seguenti gruppi il numero 1 non segue il numero 3?

A. LZ13XCVBN1MPI3PYT13RWQL-31IH
B. LZ31XCVBN1MPI3PYT13RWQL-1DIH
C. LZ13XCVBN1MPI31YT13RWQL-1DIH
D. LZ13XCVBN1MPI3PYT13RWQL-1DIH
E. LV31XCVBN1MPI3PYT16RWQL-1DIH

82) Considerando che il segno "+" identifica "–", il segno "-" identifica "+", il segno "×" identifica ":", il segno ":" identifica "×", in quale delle seguenti alternative è riproposta la seguente stringa: (40 × 3) + (320 × 80) = tenuto conto di quanto detto in precedenza?

A. (40 × 3) – (320 × 80) =
B. (40 : 3) – (320 × 80) =
C. (40 : 3) + (320 : 80) =
D. (40 : 3) – (320 : 80) =
E. (40 : 3) – (340 : 80) =

83) Indicare quale dei seguenti gruppi numerici è identico a: 87345+5613+689+18383+432923495

A. 87345+5613+689+18482+432923495
B. 87345+5613+689+18383+432923495
C. 87345+5613+689+18383+432934395
D. 87345+5613+689+18383+432934295
E. 87345+5613+686+18383+432923495

84) Quale delle seguenti sequenze è identica a -em;fh:17;ks:26+39-yd-=l: ma proposta in senso contrario?

A. :l=-yd-93+62:sk;77:hf;me-
B. =l-dy-93+62,sk;71:hf;me-
C. :l=-dy-93+62xks;71:hf;me-
D. :l=-dy-93+62:sk;71:hf;me-
E. :l=-dy+93+62:sh;71:hf;me-

85) Individuare la riga che contiene un numero di "punti esclamativi" uguale al numero di "punti interrogativi":

A. !!!???!!!???!!!???
B. !!?????!!!!??!!??
C. ?!!!!???!!!!!?!!!??????
D. !!!?!!???!!???!!!!???
E. !!!???!!!!!???!!!???

86) Quante volte è presente nel gruppo numerico che segue la sequenza 872? 34908872298387290112387259890878 72868724247347845872598724872612 561

A. 8
B. 7
C. 9
D. 14
E. 12

87) Individuare la stringa alfanumerica che contiene la lettera L preceduta da un numero pari:

A. K87I9SW41LFDG67LAGHH6568FV
B. NSGRS45L41F4317DSZ45L547ZS5
C. K87I9SW46LFDG67LAGHH6568FV
D. JE5LGHB658893VW421L35L5VFR8
E. XDR5479L8V54G65LJHU7I8JKHY5

88) In quale dei seguenti gruppi il numero 7 non segue il numero 9?

A. MZ97XCBL7UIH79OTUIH9RUIKR7Q
B. MZ79XCBL7UIH79OTUIH97UIKR7Q
C. MZ79XCBL7UIH97OTUIH9RUIKR7Q
D. MZ79XCBL7UIH79OTUIH9RUIKR7Q
E. MZ79XCBL7UIH97OTUIH9RUIKR7Q

89) Indicare in quale delle seguenti alternative viene rispettata la regola di alternanza "vocale-consonante".

A. oderaxetuixidic
B. oderaxetupafestxidic
C. oderaxetzixidic
D. oderaxetupafesixidic
E. odoraxitupafastxidic

90) Individuare tra le alternative quella che contiene un'inesattezza rispetto a:
Passeri Carla, Via Enrico Martini 6/A, Crema (CR)
Carbone Daniela, Piazza Roma 16, Isola Di Capo Rizzuto (KR)
Oppido Antonio, Via Saffo 17, Crotone (KR)
Luigi Alessandrini, Via Botteghelle 76, San Giorgio a Cremano (NA)

A. Carbone Daniela, Piazza Roma 16, Isola Di Capo Rizzuto (KR)
B. Luigi Alessandrini, Via Botteghelle 76, San Giorgio a Cremano (NU)
C. Passeri Carla, Via Enrico Martini 6/A, Crema (CR)
D. Oppido Antonio, Via Saffo 17, Crotone (KR)
E. Luigi Alessandrini, Via Botteghelle 76, San Giorgio a Cremano (NA)

91) Individuare tra le alternative quella che contiene un'inesattezza rispetto a:

Colucci Maria, Via Orazio 37, Miggiano (LE)
Adami Carla, Via Cavour 42, Marina Di Nocera Terinese (CZ)
Pavon Rosa, Via Roma 20, Verona (VR)

A. Adami Carla, Via Cavour 42, Marina Di Nocera Terinese (CZ)
B. Pavon Massimo, Via Roma 20, Verona (VR)
C. Pavon Rosa, Via Roma 20, Verona (VR)
D. Colucci Maria, Via Orazio 37, Miggiano (LE)
E. nessuna alternativa risponde correttamente al quesito

92) Dopo aver osservato attentamente il disegno, indicare quale affermazione non è corretta.

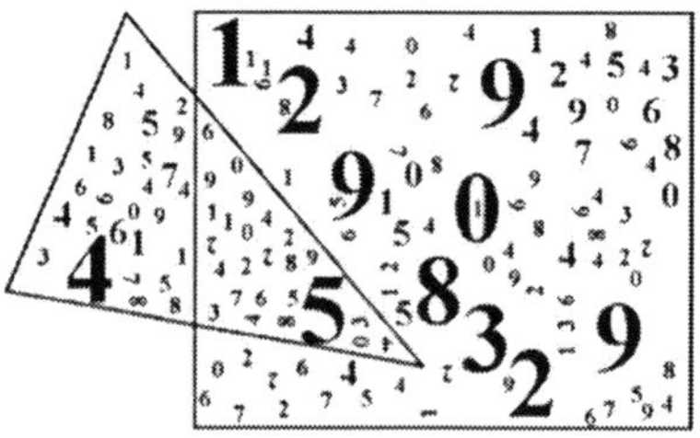

A. I numeri contenuti nel rettangolo sono 115
B. I numeri contenuti solo nel rettangolo sono più di quelli contenuti solo nel triangolo
C. I numeri contenuti sia nel rettangolo che nel triangolo sono più di un terzo di quelli contenuti solo nel rettangolo
D. I numeri contenuti nel triangolo sono 52
E. I numeri contenuti sia nel rettangolo che nel triangolo sono meno di quelli contenuti solo nel rettangolo

93) Indicare quale affermazione riferita al contenuto delle tre figure è corretta.

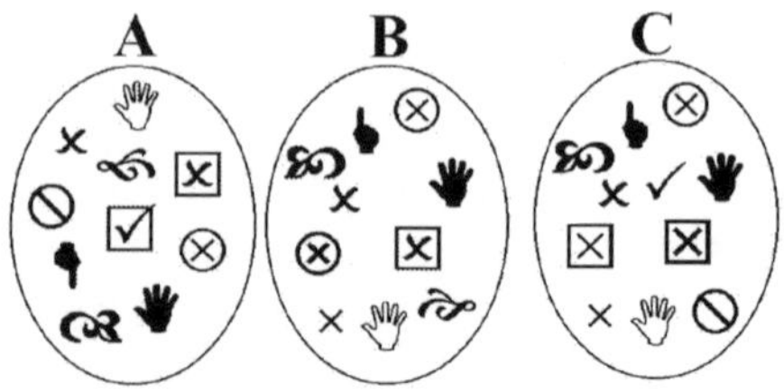

A. A e C contengono lo stesso numero di elementi
B. A rispetto a B contiene più mani
C. B e C contengono un numero diverso di elementi
D. Tutti i disegni contengono gli stessi elementi
E. A e B contengono un numero diverso di elementi

94) Dopo aver osservato attentamente il disegno, indicare quale affermazione non è corretta.

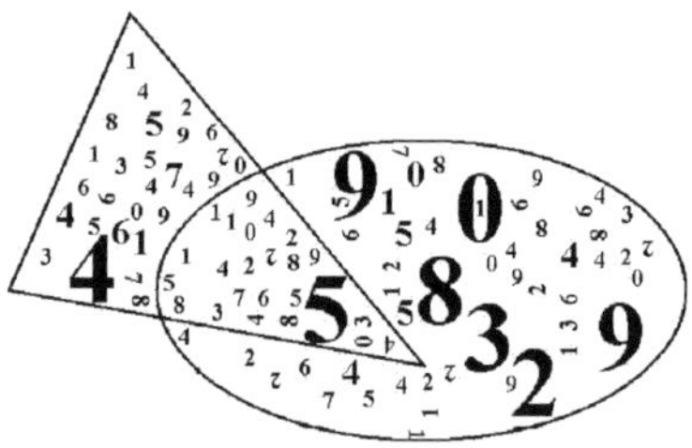

A. I numeri contenuti solo nel triangolo sono 51
B. I numeri contenuti nell'ellisse sono più di quelli contenuti nel triangolo
C. I numeri contenuti sia nell'ellisse che nel triangolo sono più di 20
D. I numeri contenuti sia nell'ellisse che nel triangolo sono meno di 30
E. I numeri contenuti solo nel triangolo sono meno di 60

95) Partendo dalla disposizione illustrata è possibile spostando tre sole graffe ottenere quattro quadrati?

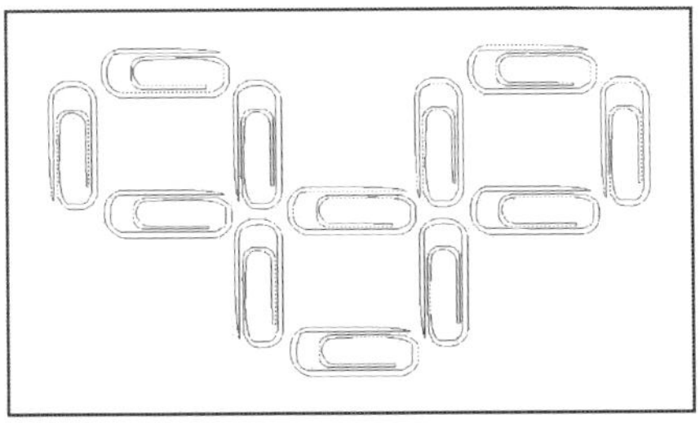

A. Sì, formando un quadrato grande suddiviso in quattro
B. No, è possibile formare solo tre quadrati adiacenti
C. Sì, è possibile formare quattro quadrati separati tra loro
D. No
E. No, è possibile formare solo due quadrati adiacenti

96) Dopo aver osservato attentamente le sei valigie apparentemente uguali indicare quale tra le seguenti affermazioni è errata.

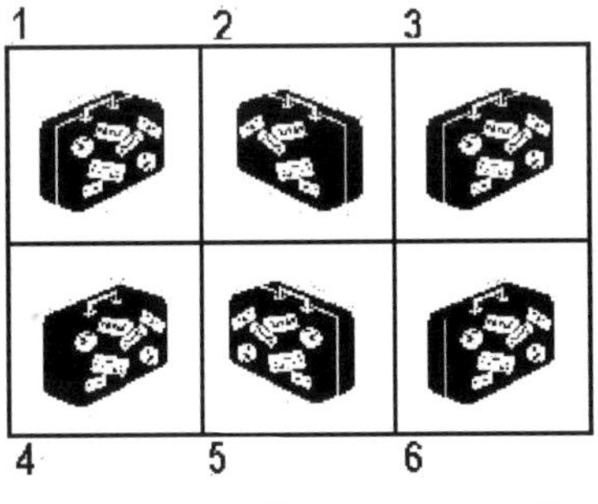

A. Almeno 4 valigie sono uguali
B. Le valigie 1 e 3 sono uguali
C. La valigia 6 è diversa da tutte le altre
D. La valigia 5 è uguale alla 1 e alla 3 viste allo specchio
E. La valigia 2 è diversa da tutte le altre

97) In quale figura è possibile collocare il punto nella giusta posizione?

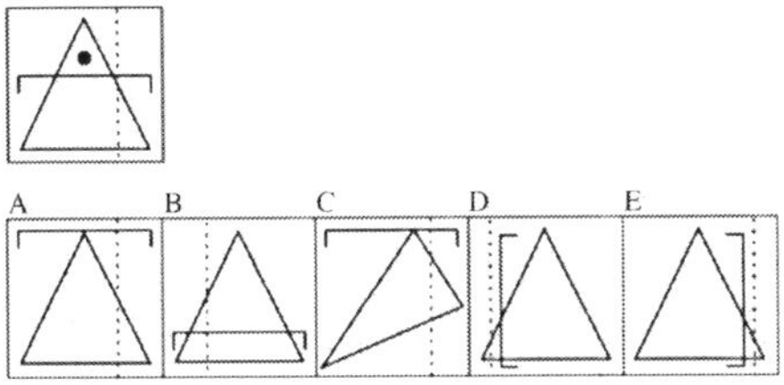

A. Nella figura D
B. Nella figura B
C. Nella figura A
D. Nella figura C
E. Nella figura E

98) In quale figura è possibile collocare il punto nella giusta posizione?

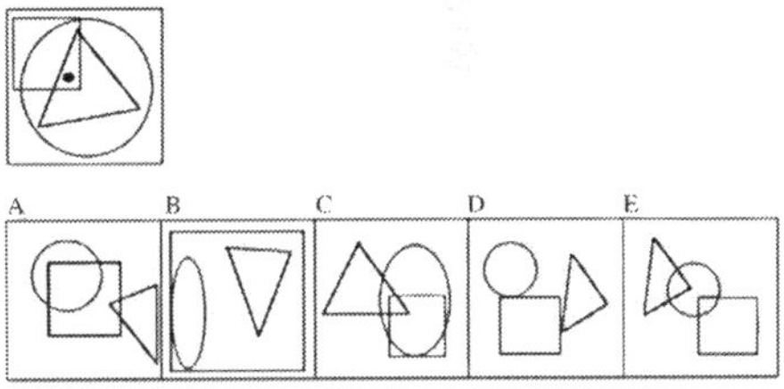

A. Nella figura B
B. Nella figura A
C. Nella figura C
D. Nella figura D
E. Nella figura E

99) Il numero di Π più il numero di μ è uguale a:

¥	R	Q	•	•	Q	»	*f*	¥	Π
f	@	μ	*f*	R	¥	μ	»	μ	μ
μ	¥	Q	μ	•	•	μ	*f*	¥	@
Q	@	R	¥	»	R	•	¥	μ	•
R	»	•	@	μ	¥	@	Q	*f*	*f*
¥	Π	Q	R	•	Q	μ	@	R	μ
Π	*f*	*f*	μ	¥	μ	•	¥	@	¥
R	@	Q	•	μ	¥	»	Π	Q	¥
•	»	R	μ	*f*	Q	Π	@	@	*f*
Q	¥	»	Q	R	Π	¥	Π	»	Q

A. 22
B. 18
C. 21
D. 20
E. 25

100) Dopo aver osservato attentamente le sei figure apparentemente uguali indicare quale tra le seguenti affermazioni è corretta.

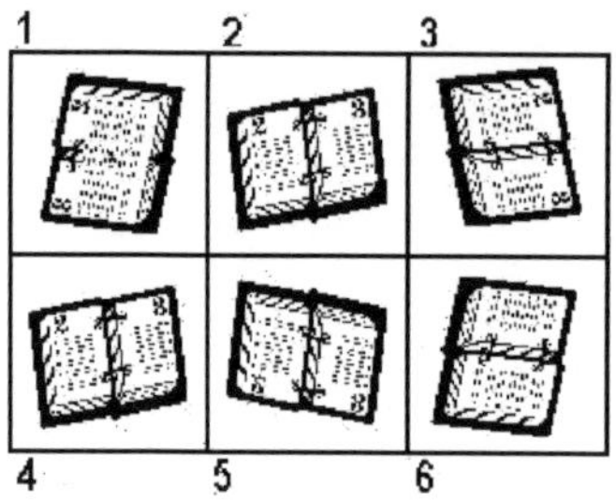

A. Le figure 2 e 4 sono diverse
B. La figura 6 è uguale alla 5 ruotata di 90 gradi
C. La figura 3 è uguale alla 2 e alla 4 ruotata di 90 gradi
D. Cinque figure sono uguali tra loro
E. Tre figure sono uguali fra loro

RISPOSTE CORRETTE

1) D	18) A	35) A	52) B	69) B	86) A
2) D	19) C	36) D	53) D	70) B	87) C
3) B	20) B	37) A	54) D	71) D	88) D
4) D	21) E	38) A	55) C	72) D	89) D
5) D	22) B	39) E	56) D	73) C	90) B
6) D	23) B	40) C	57) C	74) C	91) B
7) D	24) C	41) B	58) C	75) D	92) C
8) B	25) E	42) C	59) C	76) B	93) C
9) E	26) B	43) B	60) A	77) C	94) A
10) A	27) E	44) B	61) B	78) C	95) A
11) B	28) E	45) B	62) B	79) A	96) A
12) E	29) B	46) B	63) C	80) B	97) B
13) D	30) C	47) C	64) D	81) D	98) C
14) D	31) A	48) C	65) A	82) D	99) A
15) B	32) E	49) E	66) D	83) B	100) C
16) C	33) A	50) B	67) B	84) D	
17) A	34) C	51) B	68) B	85) A	

CULTURA MATEMATICO-SCIENTIFICA

CAPITOLO 1 Matematica

CAPITOLO 2 | Fisica

CAPITOLO 3 | Chimica

CAPITOLO 1
Matematica

1.1 • Insiemi numerici

Numeri naturali. Operazioni, proprietà e definizioni

1) Per ogni numero naturale n maggiore di 1, quale dei risultati delle seguenti espressioni è un numero intero dispari: I) 2n + 1; II) 2n + 4; III) 2n – 3?

A. Solo la I e la II
B. Solo la I
C. Solo la II
D. Solo la III
E. Solo la I e la III

2) La dose di "Nutridrixol" che deve essere prescritta ad un paziente dipende dal suo peso espresso in kg (m) e può essere calcolata considerando D = $\frac{2m+20}{3}$. La dose, in mg, è data dal valore di D approssimato al multiplo di 10 più vicino.

Qual è il peso minimo (in kg) dei pazienti a cui viene prescritta una dose di 60 mg di "Nutridrixol"?
A. 75
B. 65
C. 80
D. 77,5
E. 72,5

Potenze

3) $5^3/5^{-3}$=
A. 1
B. 5
C. 25
D. 15.625
E. 12.000

4) 15^0 =

A. 150
B. 0
C. –15
D. 1
E. 15

5) $2^4 \times 4^6$ =

A. 6^2
B. 2^{16}
C. 2^{10}
D. 4^{10}
E. 6^4

6) $10^5 \times 10^{-3}$ =

A. 1000
B. 10^3
C. 10^2
D. 10^{-8}
E. $10^{-5/3}$

7) $1 \times 10^1 + 2 \times 10^2 + 4 \times 10^4$ =

A. 40.210
B. 4210
C. 42
D. 421
E. 402.010

8) Ad ogni lavaggio con procedure standard di biancheria infetta, si può ritenere che il numero di microrganismi presenti si riduca di un fattore 100. Supponendo che in un dato mucchio di

panni siano presenti inizialmente 3×10^8 microrganismi, quanti ne rimarranno approssimativamente dopo 3 lavaggi?

A. 10^8
B. 10^5
C. 3×10^2
D. 3×10
E. 3×10^5

9) $4^{13} + 4^{13} =$

A. 4^{26}
B. 4^{16}
C. 2×4^{13}
D. 8^{13}
E. 4^{14}

10) L'espressione $(2^n + 2^{n+1})^2$ con *n* intero, è anche uguale a:

A. 3×4^n
B. 2^{4n+2}
C. 9×4^n
D. 4^{4n+2}
E. 2^{2n+2n}

11) Il valore dell'espressione

$$\left(3^{\frac{3}{2}} + 3^{\frac{1}{3}}\right)^2 - 27 - 3^{\frac{2}{3}} \text{ è pari a:}$$

A. $2 \times 3^{3/2}$
B. $2 \times 3^{4/5}$
C. $2 \times 3^{10/6}$
D. $2 \times 3^{2/3}$
E. $2 \times 3^{11/6}$

12) Quanto vale l'espressione $10^3 - 10^2$?

A. 9×10^2
B. 10
C. 10^5
D. 9^5
E. 9×10

13) La potenza $((X^2)^4)^5$ è uguale a:

A. X^{30}
B. X^{10}
C. X^{40}
D. X^6
E. X^{11}

14) Quale fra le seguenti espressioni rappresenta il triplo del quadrato del successivo di un numero naturale *n*?

A. $3(n^2 + 1)$
B. $3n^2 + 1$
C. $(3n + 1)^2$
D. $3(n + 1)^2$
E. $[3(n + 1)]^2$

Numeri primi. Divisibilità

15) Quanti sono i numeri primi tra 2 e 11 (2 e 11 compresi, se primi)?

A. 4
B. 6
C. 5
D. 3
E. Nessuno

16) Il numero 14733 è divisibile per:

A. 7
B. 3
C. 11
D. 5
E. 13

17) L'insieme A contiene tutti i numeri interi positivi che sono divisori di 30. L'insieme B contiene tutti i numeri che sono multipli di 5. Quanti sono gli elementi in comune all'insieme A e all'insieme B?

A. 6
B. 0
C. 2
D. 3
E. 4

18) Quanti sono i divisori (con resto nullo) del numero 100 con 1 e 10 compresi?

A. 15
B. 9
C. 5
D. 10
E. 3

19) Dato il prodotto $N = 2010 \times 2011 \times 2012$, determinare quale dei seguenti interi non è divisore di N.

A. 15
B. 18
C. 12
D. 4022
E. 20

20) Qual è il più piccolo numero naturale n per il quale la quantità $5 \times n - 6$ è un multiplo di 13?

A. 9
B. 8
C. 6
D. 7
E. 10

21) La somma di due numeri dispari consecutivi è sempre divisibile:

A. per 4 ma non per 3
B. non è possibile stabilirlo
C. per 4
D. per 2 ma non per 3
E. per 2 ma non per 4

Scomposizione di un numero in fattori primi

22) Determinare quale dei seguenti numeri non è un quadrato perfetto:

A. 256
B. 800
C. 11×44
D. 10000
E. 12×27

Massimo Comune Divisore (M.C.D.) e minimo comune multiplo (m.c.m.)

23) Il minimo comune multiplo tra due numeri è 36 ed il loro massimo comune divisore è 6; i due numeri sono:

A. 12 e 18
B. 6 e 12
C. 6 e 18
D. 24 e 36
E. 11 e 23

24) Qual è il minimo comune multiplo tra 20, 15, 4 e 10?

A. 60
B. 30
C. 300
D. 120
E. 49

25) Se due numeri sono primi tra loro, allora:

A. il loro prodotto è un numero primo
B. il loro minimo comune multiplo è il maggiore dei due numeri
C. il loro massimo comune divisore è 1
D. sono entrambi numeri primi
E. almeno uno dei due deve essere primo

Numeri razionali

26) 1/200 + 1/200 =

A. 1/100
B. 2/200
C. 1/200
D. 1/400
E. 2/100

27) Quale delle seguenti quaterne dà l'ordine crescente dei quattro numeri $x = 10^{-2}$; $y = -10^{2}$; $z = 1/10^{-3}$; $t = -10^{-4}$?

A. z, x, y, t
B. t, z, y, x
C. t, z, x, y
D. y, x, t, z
E. y, t, x, z

28) Calcolare il valore dell'espressione $(2^{-3}) + (4^{-5}) \times (6^{-8})$:

A. nessuna delle altre risposte è corretta
B. 1
C. 2
D. 0
E. –1

29) 5 + 1/2 + 1/3 =

A. 25/3
B. 35/6
C. 30/5
D. 7/6
E. 27/6

30) Quanto vale l'espressione $3^8/9^4$?

A. 5
B. 1/3
C. 3
D. 2
E. 1

31) Determinare il valore della seguente espressione numerica

$$\frac{(-2)^2}{-2} - \left[-(-2)^2 \cdot (-2)^{-1}\right] \cdot$$

A. –4
B. 0
C. +2
D. –2
E. –3

32) Il valore della seguente espressione $\frac{10^{-3} \cdot 10^9}{10^6}$ è:

A. 10^6
B. 0
C. 10^{10}
D. 10^{-2}
E. 1

33) (0,4) × (0,4) × (0,4) è uguale a:

A. 0,064
B. 0,0064
C. 0,64
D. 0,16
E. 0,016

34) In una successione ereditaria nella quale gli eredi sono 4 fratelli, al maggiore di essi la defunta madre ha riservato la quota disponibile, cioè 1/3 dell'eredità. Supponendo che i quattro fratelli divideranno fra loro in parti uguali la rimanente quota dei 2/3, quale frazione dell'eredità spetterà al fratello maggiore?

A. 1/5
B. 1/4
C. 1/2
D. 1/6
E. 1/3

35) Determinare il valore della seguente espressione $\left[-(2)^2 - (-3)^{-3}\right]^{-1}$:

A. 31/108
B. 25/108
C. 108/23
D. 108/25
E. 108/31

36) Il prezzo del petrolio è oggi di 50 dollari al barile e il rapporto fra il valore del dollaro e il valore dell'euro è 0,8 (un dollaro vale 0,8 euro). Se fra un anno il prezzo del petrolio raggiungesse i 75 dollari al barile e il rapporto fra dollaro ed euro fosse pari a 0,6 ne risulterebbe che il prezzo in euro di *un barile* di petrolio:

A. diminuirebbe di 5 euro
B. aumenterebbe di 10 euro
C. aumenterebbe di 2 euro
D. rimarrebbe invariato
E. aumenterebbe di 5 euro

37) Due tappeti stesi sul pavimento si sovrappongono parzialmente e l'area S della regione di sovrapposizione è pari a 1/4 dell'area del primo tappeto e a 1/7 dell'area del secondo. Se indichiamo con T l'area della porzione di pavimento occupata complessivamente dai due tappeti, quale delle seguenti relazioni è corretta?

A. T = 11 S
B. T = 12 S
C. T = 10 S
D. T = 9 S
E. T = 8 S

38) Sia b un numero diverso da 0. Se a è il triplo di b e c è metà di b, qual è il rapporto tra $3c$ e $2a$?

A. 2/3
B. 3/2
C. 1/2
D. 1/6
E. 1/4

39) Un numero h verifica la relazione $2 < h < 3$. Si può dedurre che:

A. $h^2 < 4$
B. $1/h > 1/2$
C. $h^{1/2} > 2$
D. $1/h^{1/2} < 1/3$
E. $1/h^2 < 1/4$

40) Qual è il risultato della divisione di $0{,}16 \times 10^{-4}$ per 0,05?

A. 3,2
B. 0,0032
C. 0,32
D. 0,00032
E. 0,032

Numeri interi relativi

41) I valori delle seguenti potenze 2^{-2}, $(1/3)^{-3}$, $(-4)^{-4}$ sono rispettivamente:

A. 1/4, 27, 1/256
B. 4, 27, impossibile
C. 1/4, 1/27, 128
D. 1/4, 1/6, 1/121
E. 1/4, impossibile, 1/128

42) $(-5 + 12) + (6 - 7) - (3 - 4) =$

A. −7
B. −4
C. 4
D. 7
E. −3

Numeri irrazionali e reali

43) Siano a e b due numeri reali tali che $a + b < 0$ e $ab > 0$. Quale delle seguenti proposizioni è vera?

A. $a > 0$ e $b < 0$
B. $a > 0$ e $b > 0$
C. $a < 0$ e $b < 0$
D. $a > -b$
E. $b > -a$

44) Quale delle seguenti quaterne di numeri è ordinata secondo valori decrescenti ?

A. $\pi \cdot 10^{-2}$; $3144 \cdot 10^{-5}$; $31{,}4 \cdot 10^{-3}$; $315 \cdot 10^{-4}$
B. $315 \cdot 10^{-4}$; $3144 \cdot 10^{-5}$; $\pi \cdot 10^{-2}$; $31{,}4 \cdot 10^{-3}$
C. $3144 \cdot 10^{-5}$; $31{,}4 \cdot 10^{-3}$; $315 \cdot 10^{-4}$; $\pi \cdot 10^{-2}$
D. $315 \cdot 10^{-4}$; $\pi \cdot 10^{-2}$; $31{,}4 \cdot 10^{-3}$; $3144 \cdot 10^{-5}$
E. $31{,}4 \cdot 10^{-3}$; $\pi \cdot 10^{-2}$; $3144 \cdot 10^{-5}$; $315 \cdot 10^{-4}$

Proporzioni

45) Il valore calorico dei seguenti componenti, espresso in kcal/100 mg, è: Glicidi 0,4; Proteine 0,4; Lipidi 0,9. Un campione del formaggio A contiene 14,50 g di proteine, 11,12 g di lipidi e 5,50 g di glicidi. Il numero totale di kcal del campione è circa:

A. 190
B. 175
C. 220
D. 195
E. 180

46) Tre amici ricevono complessivamente €36 da suddividere tra di loro nelle seguenti proporzioni 2:3:7. Qual è la differenza tra l'ammontare più grande e quello più piccolo ricevuto dai tre amici?

A. € 6
B. € 3
C. € 15
D. € 9
E. € 12

47) Dall'osservazione che l'ombra di un paletto verticale alto 1 m è lunga 1,5 m e che alla stessa ora quella di un edificio è lunga 90 metri, si deduce che l'edificio è alto:

A. 100 m
B. 60 m
C. 40 m
D. 50 m
E. 80 m

48) Quali sono i due numeri la cui somma risulta 56 e che sono proporzionali a 2 e 5 secondo lo stesso coefficiente?

A. Le informazioni non sono sufficienti per poter calcolare i due numeri
B. I due numeri sono 35 e 26
C. I due numeri sono 20 e 36
D. I due numeri sono 27 e 29
E. I due numeri sono 16 e 40

49) Con il contenuto di una botte di vino si riempiono 160 fiaschi della capacità di un litro e mezzo. Quante bottiglie della capacità di litri 0,80 si potrebbero riempire con la stessa quantità di vino?

A. 300
B. 320
C. 360
D. 240
E. 280

50) Su una carta geografica con scala 1:100 000 la distanza tra due città è di 10 cm. Quale sarà la distanza tra le due città su una carta geografica con scala 1:50 000?

A. 5 cm
B. 15 cm
C. 25 cm
D. 10 cm
E. 20 cm

Percentuali

51) In un negozio di abbigliamento Valeria acquista in saldo una gonna che reca come prezzo di listino 40 euro. Se lo sconto applicato è del 30% e se Valeria paga al negoziante con una banconota da 50 euro, quanto riceverà di resto?

A. 20 euro
B. 10 euro
C. 28 euro
D. 15 euro
E. 22 euro

52) Se il 3% di N è 15, quanto vale N?

A. 560
B. 450
C. 500
D. 0,45
E. 0,50

53) Un animale ha una massa M_1 = 40 kg; dopo 4 mesi, la sua massa, che indichiamo ora con M_2, è aumentata del 25% rispetto a M_1. Dopo altri quattro

mesi, la sua massa, che indichiamo ora con M_3, è aumentata del 20% rispetto a M_2; dopo un ulteriore aumento del 10% rispetto a M_3, la massa finale M_4 è:

A. 66 kg
B. 70 kg
C. 58 kg
D. 60 kg
E. 50 kg

54) Una città ha inizialmente una popolazione di 360.000 abitanti. Questa aumenta, dapprima, di 2/3; il nuovo numero aumenta, poi, del 50%; quanti sono gli abitanti dopo questi aumenti?

A. 1.350.000
B. 900.000
C. 600.000
D. 750.000
E. 2.000.000

55) Il valore iniziale di una grandezza che a seguito dell'incremento del 20% ha assunto il valore di 2160 era:

A. 1850
B. 1800
C. 1500
D. 1600
E. 1720

56) In una comunità di 5000 persone, il 5% dei membri viene colpito da una malattia infettiva che richiede il ricovero nel 50% dei casi; quanti ricoveri sono avvenuti?

A. 150
B. 125
C. 100
D. 50
E. 75

57) Il prezzo nominale di un televisore è 750 euro. Un commerciante lo vende a 600 euro. Lo sconto praticato sul prezzo nominale è:

A. 12,5%
B. 25%
C. 8%
D. 20%
E. 15%

58) Si consideri un numero positivo x; lo si incrementi del 18% e si riduca successivamente il risultato del 18%; chiamando y il numero così ottenuto:

A. $x < y$
B. $x = y$
C. nessuna delle altre risposte è corretta
D. $x > y$
E. x minore o uguale a y

59) La spesa farmaceutica annua italiana è ipoteticamente diminuita da 5 miliardi a 4,5 miliardi. La variazione percentuale è:

A. –10%
B. –5%
C. 5%
D. 10%
E. –25%

60) Lo 0,00002‰ (cioè: per mille) del numero *N* vale 0,006. Quanto vale *N*?

A. $N = 30.000$
B. $N = 120.000$
C. $N = 300.000$
D. $N = 600.000$
E. $N = 900.000$

61) Il 20% della metà di un numero è 10. Qual è il numero?

A. 125
B. 80
C. 100
D. 20
E. 24

62) Qual è la cifra in euro che, impiegata per sei mesi al tasso annuo di interesse semplice del 2%, produce un guadagno di 500 euro?

A. 100 000
B. 10 000
C. 12 500
D. 50 000
E. 25 000

63) Aumentando del 10% le lunghezze della base e dell'altezza di un rettangolo, l'area aumenta del:

A. 20%
B. 100%
C. 121%
D. 21%
E. 10%

64) Un fascio di raggi X paralleli che arriva su uno strato di 5 mm di spessore di un certo materiale viene assorbito nella misura del 50%. Se inviassimo lo stesso fascio su uno strato di 1,5 cm di spessore dello stesso materiale, quale percentuale del fascio incidente riuscirebbe ad emergere?

A. Circa 33%
B. Circa 17%
C. Inferiore al 1%
D. Circa 5%
E. Circa 12,5%

65) Un supermercato, in un giorno particolare, pratica uno sconto del 15% su tutti i prezzi di listino. Sul prodotto X pratica un ulteriore sconto del 20%. Qual è lo sconto complessivo praticato sul prodotto X?

A. 35%
B. 5%
C. 17,5%
D. 30%
E. 32%

66) Una ditta che vendeva un medicinale in confezioni da 100 grammi al prezzo di 10 euro ciascuna,ha ridotto ora le confezioni ad 80 grammi, mantenendo il prezzo di 10 euro. Di quanto è aumentato il prezzo del medicinale?

A. del 15%
B. dell'80%
C. del 25%
D. del 20%
E. del 10%

Grandezze direttamente e grandezze inversamente proporzionali

67) Detta *k* una costante, l'affermazione *x* e *y* sono inversamente proporzionali equivale a:

A. $x = ky$
B. $xy = k$
C. $x + y = k$
D. $y = kx$
E. $x - y = k$

68) Le ampiezze di due angoli di un pentagono sono 90° e 150° mentre le ampiezze dei rimanenti tre angoli sono proporzionali ai numeri 5, 7 e 13. Quale delle seguenti terne rappresenta le ampiezze dei tre angoli incogniti?

A. 60° 84° 156°
B. 50° 90° 160°
C. 64° 82° 154°
D. 60° 80° 160°
E. 72° 100° 188°

69) Se una grandezza x è proporzionale al quadrato di una grandezza y e y è inversamente proporzionale ad una grandezza z, allora:

A. x è inversamente proporzionale a z^2
B. la relazione tra x e z è diversa da quelle delle risposte precedenti

C. x è direttamente proporzionale a z
D. x è inversamente proporzionale a z
E. x è direttamente proporzionale a z^2

70) Due grandezze positive *a* e *b* sono legate da una relazione per cui se *b* dimezza allora *a* quadruplica. Una sola tra le seguenti è la relazione tra *a* e *b*. Quale?

A. $a = 2/b$
B. $a = 1/b^2$
C. $a = 8b$
D. $a = 4\sqrt{b}$
E. $a = \frac{4}{\sqrt{2b}}$

Progressioni

71) Una cellula si divide regolarmente in due nuove cellule in ogni unità di tempo T. Quante cellule troveremo dopo un lasso di tempo = 5T?
A. 16
B. 8
C. 32
D. 13
E. 63

72) Se i primi termini di una progressione geometrica sono 1, 3, 9, qual è l'ottavo termine?

A. 729
B. 6.561
C. 243
D. 81
E. 2.187

73) Indica la somma dei primi 50 numeri dispari:

A. 6500
B. 500
C. 4500
D. 2500
E. 3500

1.2 • Algebra classica

Monomi e operazioni tra monomi

74) $a^m \times a^n$ è uguale a:
A. $a^{(m-n)}$
B. $a^{(m+n)}$
C. $a^{2(m \times n)}$
D. $n \times a^m$
E. nessuna delle altre risposte è corretta

75) Per *x*, *y*, *z* diversi da zero, il quoziente tra i monomi $4xy^5z$ e $2xy^3z^{-3}$ risulta:

A. $-2y^2z^4$
B. $-y^2z^2$
C. $2y^2z^{-2}$
D. $x^{-1}yz^{-2}$
E. $2y^2z^4$

76) $a^{(x+r)}$ vale:

A. $a^x \times a^r$
B. $a \times (x + r)$
C. $a + (x + r)$
D. $a^x + a^r$
E. $a^r \times (x + r)$

77) Per *x* diverso da 0, il reciproco del reciproco di x^{-1}, vale:

A. x
B. $-x$
C. $1/x$
D. $-1/x$
E. x^2

78) Per quale valore di *n* appartenente a *N* il monomio $\frac{7}{5}x^{n-2}y^{n-7}$ risulta intero?

A. $n > 3$
B. $n > 7$
C. $n > 4$
D. $n \geq 7$
E. $2 < n < 7$

79) Sia dato il monomio $23xy^2z^3t^2$. Allora il grado del monomio è:

A. 4
B. 8
C. 12
D. 9
E. 7

80) Stabilire quali delle seguenti coppie di monomi sono simili:

A. $3xyz$; $3xyz^2$
B. $3x$; $3y$
C. $\frac{2}{3}xy$; $\frac{2}{3}xz$
D. $\frac{2}{3}xyz$; $\frac{2}{3}x^2y$
E. $3x^2yz^2$; $\sqrt{3}\,x^2yz^2$

81) Determinare il valore della seguente espressione $\frac{3x^{-2}y^4z^{-3}}{3^{1/2}zy^{-1}x^2}$:

A. $\frac{3^{1/2}y^{-5}z^{-1}}{x^4}$
B. $\frac{3^{1/2}y^5z^4}{x^4}$
C. $\frac{\sqrt{3}x^4y^5}{z^4}$
D. $\frac{y^5z^4}{\sqrt{3}x^4}$
E. $\frac{y^5z^{-4}}{3^{-1/2}x^4}$

82) Dati i seguenti monomi $3xy^2$; $14x^2yz$; $6x^2y^2z^2$, il loro m.c.m. (minimo comune multiplo) è:

A. $144x^2y^2z^2$
B. $x^2y^2z^2$
C. $3xy$
D. $42x^2y^2z^2$
E. $24xyz^2$

Polinomi e operazioni tra polinomi

83) Siano *a* e *b* numeri reali. L'espressione $(2a^3)^2 + (2b^2)^3$ vale:

A. $4a^6 + 8b^6$
B. $4a^5 + 6b^5$
C. $4a^6 + 4b^6$
D. $4a^5 + 8b^5$
E. $4a^6 + 6b^6$

84) Il polinomio $x^2 - 2x - 1$ è uguale a:

A. $x(x - 2) - 1$
B. $(1 - x)^2$
C. $(x - 1)^2 \cdot (x - 1)$
D. $(x + 1)^2$
E. $(x - 1) \cdot (x + 1)$

85) L'espressione $x - y^{-1}$, con $y = 0$, equivale a:

A. $x - 1 + y$
B. $(x/y) - 1$
C. $(x \cdot y^{-1})/y$
D. $(x - 1)/y$
E. $(y - x)/x \cdot y$

86) Semplificare la seguente espressione: $(4x)^{-2}\sqrt{16x^6}$ con $x > 0$

A. $64x$
B. x
C. $\frac{x^2}{4}$
D. $\frac{x}{4}$
E. x2

87) Sia dato il polinomio $x^3 + xy^2 + x + z^2x$. Allora il grado del polinomio è:

A. 3
B. 9
C. 10
D. 6
E. 12

88) Il prodotto $(2x - 3y)$ $(2x + 3y)$ è uguale a:

A. $4x^2 + 9y^2$
B. $4x^2 - 12xy + 9y^2$
C. $4x^2 + 12xy + 9y^2$
D. $4x^2 - 9y^2 + 1$
E. $4x^2 - 9y^2$

Prodotti notevoli

89) Siano *a* e *b* numeri reali. Dire quale delle seguenti eguaglianze è falsa:
A. $(a + b)(a - b) = a^2 - b^2$
B. $(a + b)(a + b) = a^2 + 2ab + b^2$
C. nessuna delle altre risposte è corretta
D. $(a + b)(a - b) = a^2 + b^2$
E. $(a + b)(a + b) = (a + b)^2$

90) Per ogni *x* e *y* numeri reali, $(2x - y)^2$ vale:

A. $4x^2 + y^2$
B. $4x + y^2$
C. $4x^2 - y^2$
D. $4x^2 - y^2 - 2xy$
E. $4x^2 + y^2 - 4xy$

91) $(a + b)^3 - (a - b)^3 =$

A. $a^3 - b^3 + 2b^2$
B. $2b \cdot (b^2 + 3a^2)$
C. $a^3 - b^3$
D. $a^3 - b^3 + 2ab$
E. $2b \cdot (a^3 + b^3)$

Potenza n-esima di un binomio. Triangolo di Tartaglia

92) La quantità $(a + b)^3$ è uguale a:
A. $a^3 - 3b^3$
B. $a^3 + b^3$
C. $a^3 - b^3$
D. $(a + b) \times (a + b)^2$
E. $a^3 + 3ab + b^3$

Teorema del resto e teorema di Ruffini

93) Per quale valore di *k* il polinomio $P(x) = 2x^5 + kx^3 - x^2 + 2x - 1$ è divisibile per $x - 1$?
A. $k = 2$
B. $k = -1/3$
C. $k = -1$
D. $k = 1$
E. $k = -2$

94) Per quale dei seguenti binomi è divisibile $x^8 - a$?

A. $x^{-8} - a^{-1}$
B. $x^4 - a^3$
C. $x^3 + a^{1/3}$
D. $x - a^{1/8}$
E. $x^5 - a^{1/5}$

95) Se il resto della divisione tra il polinomio $P(x) = x^3 - 2x^2 + k - 3$ e $A(x) = 2x - 1$ è $R = -2$, allora *k* vale:

A. 11/8
B. –3
C. 1/2
D. –1/2
E. –2

96) Gli zeri del polinomio $P(x) = x^2 + ax + b$ sono –1 e 2. Allora $P(7)$ vale:

A. 35
B. 40
C. 54
D. 42
E. 30

Scomposizione di un polinomio in fattori

97) La differenza $x^5 - x^3$ vale:
A. $x^3(x^2 - 1)$
B. $x^2(x^3 - 1)$
C. $x^3 - x^2$
D. $x^5/3$
E. x^2

98) L'espressione $x^2 - 3x + 2$ è uguale a:

A. $(x - 1)(x - 2)$
B. $(x + 1)(x + 2)$
C. $(x - 1)^2$
D. $(x^2 - 1)(x - 2)$
E. $(x - 1)(x + 2)$

99) L'espressione algebrica $(2xy - x^2 - y^2) \times (y - x)$ in quale forma semplificata si può scrivere?

A. $-(x + y)^3$
B. y^3x^3
C. $x^3 + y^3$
D. $x^3 - y^3$
E. $(x - y)^3$

100) Scomporre in fattori il polinomio $x^2y^2 + 4xy + 4$:

A. $xy - y^2$
B. $x^2 - y + xy$
C. $xy - 1$
D. $x^2 - y^2$
E. $(xy + 2)^2$

101) Il trinomio $x^2 + 5x + 6$ può essere scomposto in:

A. $(x + 2)(x + 3)$
B. $(x + 2)(x - 3)$
C. $x(5x + 6) + x$
D. $(x + 3x)(2 - x)$
E. $(x(x + 5(x + 6))$

102) Quale dei seguenti polinomi è un divisore del polinomio $625x^5 - x$?

A. $5x^2 + 1$
B. $5x^2 - 1$
C. $5x + 1$
D. $25x^4 + 1$
E. $x - 5$

103) Si consideri il polinomio $p(x) = x^4 - x^3 - x^2 - x - 2$. Quale delle seguenti affermazioni è VERA?

A. $p(x)$ minore o uguale a 0 per qualsiasi valore reale di x
B. $p(x)$ non è divisibile per $x^2 + 1$
C. $p(x) > 0$ per $x < -1$ oppure $x > 2$
D. $p(x) = -3$ se $x = 1$
E. L'equazione $p(x) = 0$ ha quattro soluzioni reali distinte

104) Il minimo comune multiplo dei polinomi $x + y$ e $x^2 - y^2$ è:

A. $x + y$
B. $(x + y)(x - y)$
C. $(x - y)$
D. $(x - y)^2$
E. $(x + y)^2$

Frazioni algebriche e operazioni con le frazioni algebriche

105) Se a e b sono numeri reali diversi da 0, $(a + b)/(a \times b)$ =

A. $(1/a)/(1/b)$
B. $(1/a) + (1/b)$
C. $(a - b) \times (a \times b)$
D. $(a + b)/(a - b)$
E. $(1/a) \times (1/b)$

106) Per c diverso da 0, $(12c - 2b)/2c$ =

A. $6c - b/c$
B. $6 - 2b$
C. $(6 - 2b)/c$
D. $6b - 6c$
E. $6 - b/c$

107) In quale forma semplificata si può scrivere l'espressione riportata?

$$\frac{a^8 - b^4}{a^2 - b}$$

A. $(a^2 - b)(a^2 + b)$
B. $a^4 - b^4$
C. $(a^4 + b^2)(a^2 + b)$
D. $a^6 - b^3$
E. $a^2 + b^2$

108) Per quali valori di x l'espressione $x^{-1} - (x - 1)^{-1}$ perde di significato contemporaneamente nei due addendi?

A. 0, 1
B. –1, 2
C. 1/2, –1
D. –1, –3
E. –1, –1

109) Dati $x, y > 0$, l'espressione $\frac{x^4 + y^4}{(xy)^3}$ è equivalente a:

A. $2x^2 + 2y^2$
B. $(x/y^3) + (y/x^3)$
C. $(x/y^2) + (y/x^2)$
D. $(x^2/y) + (y^2/x)$
E. $(1/y^3) + (1/x^3)$

110) Calcolare $-(2^6 - x^2)/(x - 8)$.

A. $16 - x$
B. $x + 8$
C. $x - 8$
D. $-x + 8$
E. $-32 - x$

111) Per quale valore di x l'espressione $(x - 5)^{-2}$ assume valori negativi?

A. Per $x > 5$
B. Per $x < 0$
C. Per $-5 < x < 5$
D. Per $x < -5$
E. Per nessun valore di x

112) L'espressione $x^2 - \frac{1}{x^2}$, definita per x diversa da zero, è uguale a:

A. $\left(x^2 - \frac{1}{x}\right)^2$

B. $\left(x - \frac{1}{x}\right)\left(x + \frac{1}{x}\right)$

C. $\frac{1}{x^2} - x^2$

D. 1

E. $\frac{x^4 - 1}{x^4}$

1.3 • Equazioni e disequazioni

Equazioni di I grado

113) Quale valore di x soddisfa l'equazione $0{,}01x + 4 = 1$?

A. $x = -200$
B. $x = 50$
C. $x = -50$
D. $x = -300$
E. $x = 100$

114) Ricavare x dalla relazione $k + x = 3xy - 7$ con y diverso da 1/3.

A. $-(k + 7)/(1 - 3y)$
B. $(3y - 1)(k + 7)$
C. $(k + 7)/(2y)$
D. $(k - 7)/(y - 3)$
E. $(3y - 7)/(k + 1)$

115) Quali fra le seguenti equazioni sono equivalenti fra loro? 1) $6x - 4 = 8$; 2) $6x - 1 = 2$; 3) $x(6x - 4) = 8x$; 4) $3x - 6 = 0$.

A. La 1) e la 3)
B. La 1) e la 4)
C. La 1) e la 2)
D. La 3) e la 2)
E. La 2) e la 4)

116) La compagnia telefonica *A* calcola il prezzo di ogni telefonata sommando a una quota fissa (scatto alla risposta) di euro 0,15 una tariffazione di 1/4 di centesimo al secondo. La compagnia *B* invece fa pagare una quota fissa (scatto alla risposta) pari a euro 0,25 e poi 1/5 di centesimo al secondo. Qual è la massima durata al di sotto della quale una telefonata risulta meno costosa se effettuata con la compagnia *A*?

A. 2 minuti e 40 secondi
B. 3 minuti esatti
C. 3 minuti e 30 secondi
D. 2 minuti e 20 secondi
E. 3 minuti e 20 secondi

117) Determinare il valore del numero reale x tale che: $2^{-3/2}\sqrt{2} + \sqrt{3}\,x = 7/2$

A. $3 \cdot \sqrt{2}$
B. $2 \cdot \sqrt{3}$
C. $\sqrt{3}$
D. $\sqrt{2}$
E. $3 \cdot \sqrt{3}$

Sistemi di equazioni algebriche

118) La somma di tre aree è 1.600. La prima è il 20% della seconda e la seconda è il 50% della terza. Le tre aree misurano:

A. 100; 500; 1.000
B. 150; 600; 850
C. 100; 510; 990
D. 300; 400; 800
E. 200; 500; 900

119) In un esame, 16 studenti sono stati respinti e il 90% è stato promosso. Quanti studenti si sono presentati all'esame?

A. 84
B. 160
C. 116
D. 205
E. 190

120) Il sistema $\begin{cases} x^2+y^2-9=0 \\ y=x-5 \end{cases}$, per x, y reali

A. ha una sola soluzione
B. non ha soluzioni
C. ha due soluzioni coincidenti
D. ha due soluzioni distinte
E. ha infinite soluzioni

121) Dei seguenti sistemi lineari uno solo è determinato (ha una ed una sola soluzione). Quale di essi?

A. $\begin{cases} 2x-y-9=0 \\ -x+2y+6=0 \end{cases}$

B. $\begin{cases} y=2x+1 \\ y=2x+3 \end{cases}$

C. $\begin{cases} x+y=1 \\ \frac{1}{2}x=2-\frac{1}{2}y \end{cases}$

D. $\begin{cases} y=2x-1 \\ x-\frac{1}{2}y=\frac{1}{2} \end{cases}$

E. $\begin{cases} x=2y-1 \\ y=\frac{1}{2}x+\frac{1}{2} \end{cases}$

122) Indicare tutti e soli i valori del parametro reale "a" per i quali il seguente sistema ammette soluzioni reali nelle incognite x e y:

$$\begin{cases} 2\sqrt{x}+\sqrt{y}=a-1 \\ \sqrt{x}-3\sqrt{y}=2 \end{cases}$$

A. $a>5$
B. $a>1$
C. a maggiore uguale 5
D. ogni valore di a
E. a maggiore uguale 1

123) Dei seguenti sistemi lineari uno solo è indeterminato (ha infinite soluzioni). Quale di essi?

A. $\begin{cases} y=2x+1 \\ y=2x+3 \end{cases}$

B. $\begin{cases} x=2y-1 \\ 2x=2y-1 \end{cases}$

C. $\begin{cases} x+y=1 \\ \frac{1}{2}x=2-\frac{1}{2}y \end{cases}$

D. $\begin{cases} y = 2x - 1 \\ x - \frac{1}{2}y = \frac{1}{2} \end{cases}$

E. $\begin{cases} 2x - y - 9 = 0 \\ -x + 2y + 6 = 0 \end{cases}$

124) Un contadino alleva polli e conigli. Se possiede 55 capi che hanno complessivamente 160 zampe, quanti sono i conigli?

A. 15
B. 20
C. 30
D. 10
E. 25

125) Tre variabili s, t, v diverse da zero verificano le relazioni $s = t^2 + t$ e $(v - 1)/t = 2$. Si esprima v^2 in funzione della sola variabile s.

A. $v^2 = 2s + 1$
B. $v^2 = (s + 1)^2$
C. $v^2 = s^2 + 1$
D. $v^2 = 4s + 1$
E. $v^2 = s + 1$

Disequazioni: definizioni e principi di equivalenza

126) Siano a, b, c tre numeri reali positivi tali che $a \times b > c$. Quale delle seguenti disuguaglianze risulta non vera?

A. $a \times b \times c > c^2$
B. $-a < -c/b$
C. $a/c < 1/b$
D. $a^2 \times b \times c > c$
E. $b^2/c > b/a$

127) Se per ipotesi si ha $0 < x < y < 1$, allora:

A. $x^2 > x$
B. $x \cdot y < x$
C. $x^2 > y$
D. $x \cdot y > x$
E. $y^{1/2} < x$

128) Siano x, y, z tre numeri reali positivi, tali che sia $xy > z$. Quale delle seguenti disuguaglianze risulta falsa?

A. $\frac{x}{z} < \frac{1}{y}$
B. $\frac{y^2}{z} > \frac{y}{x}$
C. $-x < -\frac{z}{y}$
D. $xyz > z^2$
E. $-y < -\frac{z}{x}$

129) x e y sono due numeri reali positivi tali che $y < x$. Di conseguenza:

A. $1 < \frac{x}{y}$
B. $x^2 < y$
C. $1 > \frac{x}{y}$
D. $x^2 < xy$
E. $y + x < x + y$

Disequazioni di I grado

130) Quali sono i numeri reali che soddisfano la condizione "diminuiti della loro metà sono maggiori del loro doppio":

A. tutti quelli maggiori di zero
B. tutti quelli maggiori di uno
C. tutti quelli minori di zero
D. tutti quelli compresi tra zero e uno
E. non esistono numeri che soddisfano la condizione richiesta

131) Se x + 1 è minore di 2x + 3 e a sua volta 2x + 3 è minore di 3x – 1, allora il numero reale x necessariamente soddisfa la condizione:

A. $x > 5$
B. $x < 2$
C. $x > 1$

D. x < 3
E. x > 4

Disequazioni fratte

132) Tutte le soluzioni della disequazione seguente $\frac{2x+7}{x-3} < 2$ sono date dall'intervallo:

A. –5/ 2 < x < 3
B. x < 5/ 2
C. x < 3
D. x minore uguale a 3
E. –5/2 < x < 5/2

133) La disequazione seguente $\frac{x-1}{x+1} \geq 0$ è soddisfatta:

A. per $x < -1$ e $x >= 1$
B. per $x < -1$ e $x > 1$
C. per $-1 < x <= 1$
D. per $x <= 1$ e $x >= 1$
E. per $x <= -1$ e $x > 1$

Sistemi di disequazioni algebriche

134) Sia *c* un numero positivo assegnato. Qual è l'insieme delle soluzioni del seguente sistema di disequazioni?

$$\begin{cases} x^2 - 4c^2 \leq 0 \\ |x| - c \geq 0 \end{cases}$$

A. $(-\infty, -2c] \cup [2c, +\infty)$
B. L'insieme vuoto
C. [–2c, –c] ∪ [c, 2c]
D. [–c, c]
E. [c, 2c]

Equazioni di II grado incomplete

135) Indicare le soluzioni dell'equazione $x^2 + x = 0$.

A. 2 e –2
B. 0 e 1
C. –1 e 1
D. 0 e –2
E. 0 e –1

136) L'equazione di 2° grado $x(x - a) = 0$ ha per soluzioni:

A. $x_1 = 0$; $x_2 = a$
B. $x_1 = 0$; $x_2 = -a$
C. $x_1 = 1$; $x_2 = 1/a$
D. $x_1 = -1$; $x_2 = -1/a$
E. $x_1 = 1$; $x_2 = a$

137) L'equazione di secondo grado $ax^2 + b = 0$ ha radici reali quando:

A. $a < 0$ e qualunque sia il segno di b
B. $b < 0$ e qualunque sia il segno di a
C. a e b sono entrambi positivi
D. a e b sono entrambi negativi
E. a e b hanno segni opposti

Equazioni di II grado complete

138) Se un'equazione di secondo grado ha come unica radice –1, il suo discriminante è:

A. < 0
B. 1
C. 0
D. > 0
E. un numero immaginario

139) Data l'equazione $2x^2 + bx + c = 0$, qual è la coppia di valori b e c che produce le soluzioni 11 e 3?

A. $b = -7$, $c = 33/2$
B. $b = 14$, $c = -66$
C. $b = -28$, $c = -33$
D. $b = -28$, $c = 66$
E. $b = 14$, $c = -33$

140) Per quale valore del parametro reale c l'equazione $x^2 + 3x = c - 5x$ ha due soluzioni reali coincidenti?

A. 4
B. –16
C. –1
D. –4
E. 16

141) L'equazione di secondo grado, che ammette per soluzioni $x_1 = \sqrt{3}$ e $x_2 = -\frac{1}{\sqrt{2}}$, è:

A. $2x^2 - (2\sqrt{3} - \sqrt{2})x + \sqrt{6} = 0$
B. $2x^2 + (2\sqrt{3} - \sqrt{2})x + \sqrt{6} = 0$
C. $x^2 - (\sqrt{3} - \sqrt{2})x - \sqrt{6} = 0$
D. $2x^2 + (2\sqrt{3} - \sqrt{2})x - \sqrt{6} = 0$
E. $2x^2 - (2\sqrt{3} - \sqrt{2})x - \sqrt{6} = 0$

142) L'equazione algebrica di secondo grado $Ax^2 + 2Bx + C = 0$ in uno dei casi seguenti non ha soluzioni nel campo reale. In quale caso?

A. $A > 0, B = 0, C < 0$
B. $A = 0, B > 0, C < 0$
C. $B^2 - AC = 0$
D. $(B^2 - AC) > 0$
E. $A > 0, B = 0, C > 0$

143) Una sola delle seguenti equazioni ha soluzioni reali. Quale?

A. $x^2 - 5x + 5 = 0$
B. $x^2 - 4x + 6 = 0$
C. $x^2 - 5x + 7 = 0$
D. $x^2 - 3x + 3 = 0$
E. $x^2 - 4x + 5 = 0$

144) Per un fissato valore del parametro k, si sa che il polinomio $P(x) = x^2 - 3x + k$ ha un'unica radice. Quale delle seguenti condizioni è vera?

A. $2 < k < 3$
B. $0 < k < 1$
C. $-1 < k < 0$
D. $-2 < k < -1$
E. $1 < k < 2$

145) L'allungamento x di una corda soddisfa la condizione $1/2\ kx^2 - gx - 2g = 0$ con $g,k > 0$. Posto $c = k/g$, si ha che x vale:

A. $\frac{1}{2}c\left(1+\sqrt{1+4c}\right)$
B. $\frac{1}{c}\left(1+\sqrt{1+4c}\right)$
C. $\frac{1}{2cg}\left(1+\sqrt{1+4cg}\right)$
D. $\frac{1}{cg}\left(1+\sqrt{1+4cg}\right)$
E. $\frac{1}{2c}\left(1+\sqrt{1+4c}\right)$

146) Data l'equazione seguente, $\frac{x^2}{2} + 3x + 2 = 0$, la più grande delle sue soluzioni è:

A. $\frac{3+\sqrt{13}}{4}$
B. $\frac{-3+\sqrt{5}}{4}$
C. $3 + \sqrt{13}$
D. $-3 + 2\sqrt{5}$
E. $\sqrt{5} - 3$

Equazioni numeriche fratte

147) Trovare la soluzione dell'equazione $1/y = 10$.

A. 1
B. 0
C. 0,1
D. 1^{-10}
E. 10

148) Le soluzioni dell'equazione seguente $\frac{3}{x^2-1} = \frac{1}{x^2-3}$ sono:

A. –2, 0
B. 1, 3
C. l'equazione non ha soluzioni
D. –4, 4
E. –2, 2

Scomposizione di un trinomio di secondo grado in fattori primi di primo grado

149) Quanto vale il discriminante dell'equazione $x^2 + ax + b = 0$ quando le soluzioni sono 5 e 1?

A. 16
B. 8
C. 10
D. 4
E. 12

Disequazioni di II grado

150) La doppia disequazione $16 < x^2 < 36$ è verificata:

A. per $-6 < x < -4$
B. per $-6 < x < 4$
C. per $4 < x < 6$
D. per $-6 < x < -4$ oppure $4 < x < 6$
E. per $-4 < x < 6$

151) Risolvere la seguente disequazione: $(2x + 1)^2 < 9$

A. $x < 1$
B. $-1 < x < 2$
C. $-\frac{1}{2} < x < 1$
D. $x < -2$ o $x > 1$
E. $-2 < x < 1$

152) Quale delle seguenti disuguaglianze è vera per ogni numero *d* maggiore di –2 e diverso da zero?

A. $d^2 < -2d$
B. $d^3 > -2d^2$
C. $-d > 2$
D. $2d < -4$
E. $-1 + d < -3$

153) Qual è l'insieme dei valori di *p* per i quali la disequazione $px^2 - 4p^2 > = 0$ NON ammette soluzioni?

A. $\{p < = 0\}$
B. $\{p > = 0\}$
C. $\{p < 0\}$
D. $\{p$ diverso da $0\}$
E. $\{p > 0\}$

Equazioni irrazionali

154) L'equazione seguente $\frac{\sqrt{-x^2-1}}{x} = 3$:

A. è equivalente all'equazione $-(x^2 - 1)^{1/2}/x = 3$
B. è razionale
C. è indeterminata
D. ammette come soluzione $x = -1$
E. è impossibile

155) La soluzione dell'equazione seguente $\sqrt{4+\sqrt{4+x}} = 4$ è:

A. 4
B. 140
C. 12
D. –4
E. –140

156) La soluzione dell'equazione seguente $\sqrt{13+\sqrt{4+x}}$ è:

A. $x = 8$
B. $x = 16$
C. $x = 140$
D. $x = -140$
E. $x = -8$

Disequazioni irrazionali

157) La disequazione seguente $\sqrt{x} \leq x^2$ è verificata per i valori della variabile reale *x*:

A. ogni *x* non negativo
B. $|x| \geq 1$
C. $0 \leq x < 1$
D. $x \geq 1$
E. $|x^2| \geq 1$

158) La disequazione seguente $\sqrt{\frac{x^2-1}{|x|}} \leq 0$ **:**

A. non è mai verificata
B. è verificata per x uguale a più o meno 1
C. è verificata per ogni x
D. è verificata per $x < -1$ oppure $x > 1$
E. è verificata per ogni x diverso da zero

Equazioni di grado superiore al secondo

159) Quale delle seguenti equazioni ha il *minor numero* di soluzioni reali?
A. $x^4 - 6 = 0$
B. $x^5 - 5x = 0$
C. $x^5 + 5x = 0$
D. $x^4 + 5 = 0$
E. $x^3 + 5 = 0$

160) Data la seguente uguaglianza $(x - 2)^5 = (x - 2)^7$, quanti sono i numeri reali che verificano l'uguaglianza?

A. 1
B. 5
C. 4
D. 3
E. 2

Disequazioni di grado superiore al II

161) Le soluzioni della disequazione $(2 - x)(x + 1)x < 0$ sono:
A. $-1 < x < 0$ oppure $x > 2$
B. $-1 < x < 0$
C. $x < -1$ oppure $0 < x < 2$
D. $0 < x < 1$ oppure $x > 2$
E. $x > 2$

Logaritmi: definizioni e proprietà

162) $\log_{10} 100 + \log_{10} 10 + \log_{10} 1 + \log_{10} 0{,}1 =$
A. 4,1
B. $\log_{10} 111{,}1$
C. 2,2
D. 1
E. 2

163) Se x e k sono due numeri reali positivi, quanto vale $\log (x \cdot k)$?

A. $k \cdot \log x$
B. $x - \log k$
C. $\log x \cdot \log k$
D. $\log x + \log k$
E. $x \cdot \log k$

164) Il $\log_{10} 1$ è uguale a:

A. 1
B. –1
C. nessuna delle altre risposte è corretta
D. infinito
E. 0

165) $\log_3 81 =$

A. 47
B. 3^{81}
C. 27
D. 4
E. 81^3

166) $\log_2 7 + \log_2 3 =$

A. $2^7 + 2^3$
B. $7^2 + 2^5$
C. $\log_2 21$
D. $\log_2 7/3$
E. $\log_2 10$

167) Il logaritmo decimale di un numero compreso fra 0 ed 1 è:

A. minore di –1
B. minore di 0
C. maggiore di 0
D. compreso tra –1 e +1
E. compreso tra –1 e 0

168) $\log_{10} 10^{-1/5} =$

A. 1
B. 5
C. –1/5

D. 1/5
E. –5

169) Il logaritmo in base 7 di un numero x positivo è un numero y tale che:

A. $y^7 = x$
B. $x^7 = y$
C. $7^y = x$
D. $7^7 = y$
E. $10^y = 7$

170) Calcolare: $\log_2 16 - \log_2(0,25) - 2\log_2 32$

A. – 4
B. 9
C. 4
D. 0
E. 8

171) Quanto vale il logaritmo decimale di 0,01?

A. 100
B. +2
C. +3
D. –1
E. –2

172) $\log_{16} 4^{1/3} =$

A. –3/4
B. 1/6
C. 1/5
D. 1/8
E. 3/4

173) Sia x un numero reale positivo. Allora $5 \log_{10} x^3$ è uguale a:

A. $8 \log_{10} x$
B. $5 (\log_{10} x)^3$
C. $3 \log_{10} x^5$
D. $5^3 \log_{10} x$
E. $5 (\log_{10} x + 3)$

174) Se $\log_b M = m$ e se $\log_b N = n$, il valore di $\log_b \frac{M}{N^K}$ è:

A. $\frac{b^m}{b^n} + K$
B. $m - Kn$
C. $M - N^K$
D. $M - KN$
E. $m - n^K$

175) Per $x > 0$, $\log x + \log x + \log x$ è uguale a:

A. $\log x^3$
B. $3x$
C. $(\log x)^3$
D. $\log 3x$
E. $\log x/3$

176) La base x di $\log_x \frac{27}{8} = 3$ con $x \neq 1$, $x > 0$ è:

A. $x = 1/2$
B. $x = 1/5$
C. $x = 2$
D. $x = 3$
E. $x = 3/2$

177) $\log_{1/3} 27 =$

A. 3
B. 27
C. 2
D. –3
E. –27

178) Uno solo dei numeri seguenti è compreso tra 2 e 3. Quale?

A. $\log_6 30$
B. $\log_5 30$
C. $\log_{10} 30$
D. log230
E. $\log_3 30$

Equazioni logaritmiche

179) Se il logaritmo in base 9 di x è uguale a –3 allora:

A. $x = 1/3$

B. l'equazione non ha senso perché il valore di un logaritmo non può mai essere negativo
C. $x = 1/729$
D. $x = 729$
E. l'equazione non ha senso perché la base è maggiore di 1

180) Se $\log_3 6/c = 2$, allora c è uguale a:

A. 2
B. 1
C. 3/2
D. 1/3
E. 2/3

181) Data l'equazione $5 \log x = \log 32$, si può affermare che x è uguale a:

A. 2
B. 5
C. 1/2
D. $4/2^{-1/2}$
E. 8

182) Nell'espressione $-\log_4 x = 1/2$, x vale:

A. 2
B. 1/4
C. 4
D. 1
E. 1/2

183) Quale fra le seguenti equazioni ha soluzioni nell'insieme dei numeri reali?

A. $(3x - 2)^2 = b$ con b numero reale negativo
B. $2\text{sen}^2\, x - 3 = 0$
C. $1/(a - x) = a - x$ con a numero reale
D. $1/(a - x) = 0$ con a numero reale
E. $\dfrac{\lg^2 x + \sqrt{2}}{x^2 + 2} = 0$

184) Data l'equazione $6\log(x) = \log 729$, si può affermare che x è uguale a:

A. 6
B. 5
C. 3
D. 8
E. 1/2

185) Qual è la soluzione dell'equazione $\log((2x + 1)/x) = 0$?

A. –1
B. 2
C. –1/2
D. 1/2
E. 1

186) L'insieme di tutte le soluzioni dell'equazione $2 \log x = \log 16$ è:

A. {4}
B. {–log 14, +log 14}
C. {–4, +4}
D. {log 8}
E. {log 14}

187) L'insieme di tutte le soluzioni dell'equazione $2 \log x = \log 5$ è:

A. $\{-\sqrt{5}, +\sqrt{5}\}$
B. $\left\{\lg\dfrac{5}{2}\right\}$
C. {3}
D. $\{\sqrt{5}\}$
E. {–3,+3}

188) Sapendo che $\log_2 (x^5) = 15$, il valore di x è:

A. 3
B. 3^2
C. 5
D. 2^3
E. 2^2

189) Una soluzione dell'equazione aritmetica $\log_2 x(x + 3) = 2$:

A. $x = -1$

B. $x = 0$
C. $x = 1$
D. $x = 3$
E. $x = 2$

190) Una popolazione è data al tempo *t* dalla legge $N(t) = M \cdot 2^{-t}$ dove *M* è una costante. Si ha evidentemente $N(0) = M$. La popolazione si riduce ad un terzo di *M* dopo un tempo *t* pari a:

A. $\log_2 3$
B. $-\log_3 2$
C. $1/M \log_2 3$
D. $\log_3 1/M$
E. $\log_3 2$

191) La relazione tra livello sonoro *L* e intensità sonora *I* di un rumore è $L = \log_{10} I + 12$. Allora se la differenza tra i livelli sonori di due rumori vale 2, quanto vale il rapporto tra le loro intensità sonore?

A. 112
B. 24
C. 100
D. 12
E. 20

Disequazioni logaritmiche

192) Sia *x* un numero reale tale che $x \log x < 0$. Ciò equivale a:

A. $x < -1$
B. $x < 0$
C. $0 < x < 1$
D. $-1 < x < 0$
E. $x > 1$

Equazioni esponenziali

193) L'equazione $0{,}01^x + 4 = 14$ ha come soluzione:

A. 0,02
B. 0,5
C. 2
D. –2
E. –0,5

194) È data l'equazione $2^{x^2} = 16$. L'insieme di tutte le sue soluzioni reali è:

A. $\{(\log_2 8)^{1/2}\}$
B. $\{4\}$
C. $\{-2; +2\}$
D. $\{2\}$
E. $\{-1/2 \ln 16; +1/2 \ln 16\}$

195) Indicare tutti e soli i valori del parametro reale *a* per i quali il seguente sistema $\begin{cases} 2^x + 3^y = a \\ 2^x - 3^y = 1 \end{cases}$ ammette soluzioni reali nelle incognite *x* e *y*.

A. $a \geq -1$
B. $a \geq 1$
C. $a > 1$
D. ogni valore di a
E. $a > -1$

196) Il valore di *x* che soddisfa l'espressione $2^{\sqrt{x}} = 64$ è:

A. 0
B. 32
C. 36
D. 18
E. 12

197) Si consideri l'equazione $9^{\sqrt{3-x}} = 3^x$. Quale delle seguenti affermazioni è VERA?

A. L'equazione ha due soluzioni reali la cui somma è –4
B. L'equazione non ha soluzioni reali
C. L'equazione ha due soluzioni reali il cui prodotto è –12
D. L'equazione ha una soluzione reale pari a –6
E. L'equazione ha una soluzione reale pari a 2

Disequazioni esponenziali

198) La disequazione $\sqrt[x]{5^{x-3}} > 1$, con $x \in N$, $x > 1$ è verificata per:

A. $0 < x < 3$
B. $x > 3$
C. $0 < x < 7$
D. $x > 1$
E. ogni valore di x

199) Quali sono le soluzioni della disequazione $2^{(x+3)} \geq 0$?

A. $x > -3$
B. La disequazione è soddisfatta per ogni valore reale di x
C. $x < -3$
D. $-3 < x < 3$
E. La disequazione non è soddisfatta per alcun valore reale di x

Equazioni e disequazioni esponenziali risolvibili con logaritmi

200) Calcolare il valore della x per cui $5^{2x} = 1$.

A. $x = 0$
B. $x = 5$
C. $x = 1/2$
D. $x = -1$
E. $x = 2$

201) Indicare il valore corretto di x nella seguente equazione: $e^x = 5$ (con e = 2,7183 base dei logaritmi naturali o neperiani).

A. $x = \lg_5 e$
B. $x = \lg_e 5$
C. $x = e/5$
D. $x = 5/e$
E. $x = \lg_{10} 5$

202) Una radice dell'equazione $2^{x+2} \times 3^x = 1/9$ è:

A. 0
B. −2
C. 2
D. 2/3
E. 1/2

203) La disequazione $\sqrt[x]{2} < 3$, con $x \leq N$, $x > 1$ è verificata per:

A. $x > 2$
B. $x > \lg_2 3$
C. $x > \lg_3 2$
D. nessuna delle precedenti affermazioni è vera
E. $x > 3$

Equazioni con valori assoluti

204) L'insieme delle soluzioni dell'equazione $2x = -|x| - 2$ è formato da:

A. due numeri interi
B. un solo numero intero
C. nessun numero intero
D. nessun numero reale
E. un numero intero e un numero razionale non intero

205) L'equazione con valore assoluto $|x| = 1$ ammette:

A. una soluzione, $x = 1$
B. nessuna soluzione
C. tre soluzioni, $x = -1$, $x = 0$ e $x = 1$
D. una soluzione, $x = -1$
E. due soluzioni, $x = -1$ e $x = 1$

Disequazioni con valori assoluti

206) Nell'insieme dei numeri reali la disequazione $|x - 1| \leq 2$ è verificata per:

A. $-1 \leq x \leq 2$
B. $-1 \leq x \leq 3$
C. $-2 \leq x \leq 2$
D. $1 \leq x \leq 3$
E. $-1 < x \leq 2$

207) Quale tra quelli indicati è l'insieme delle soluzioni della disequazione: $|3x + 1| < 1$?

A. $\left\{x<-\frac{2}{3}\right\}\cup\left\{x>\frac{2}{3}\right\}$

B. $\left\{x>-\frac{2}{3}\right\}$

C. $\left\{0<x<\frac{2}{3}\right\}$

D. $\left\{-\frac{2}{3}<x<0\right\}$

E. $\left\{-\frac{2}{3}<x<\frac{2}{3}\right\}$

208) Si consideri la disequazione $4 \leq |x - 3|$. Quale delle seguenti relazioni non è equivalente alla disequazione proposta?

A. $12 \leq |3x - 9|$

B. $4 \leq \sqrt{x^2 - 6x + 9}$

C. $4(x - 3) \leq (x - 3)^2$

D. $x \leq -1 \vee x \geq 7$

E. $16 \leq (x - 3)^2$

1.4 • Radicali

Radicali aritmetici

209) Il radicale aritmetico $(-a/b)^{1/2}$, con b diverso da 0, esiste per:

A. a e b qualsiasi

B. a e b discordi

C. b diverso da 0

D. a positivo e b qualsiasi

E. a e b concordi

210) Il radicale aritmetico $(a^4 + 2a^2)^{1/2}$, con a appartenente ad R, vale:

A. $a \times 3^{1/2}$

B. $a \times (a + 2)^{1/2}$

C. $|a| \times a^{1/2}$

D. $|a| \times (a^2 + 2)^{1/2}$

E. $a \times (|a| + 2)^{1/2}$

211) L'espressione seguente $2^{x^2} = 16$ intesa come radice aritmetica è uguale a:

A. $|x|$

B. $\pm x$

C. $|x^{1/2}|$

D. x

E. $x^{1/2}$

212) La quantità $(3 - |2 + x|)^{1/2}$ è definita solo per i valori reali di x che soddisfano una delle seguenti condizioni. Quale?

A. $-5 \leq x \leq +1$

B. $-2 \leq x \leq +2$

C. x diverso da 2

D. $-5 \leq x \leq +3$

E. per ogni x

Proprietà invariantiva e semplificazione dei radicali aritmetici

213) Indicare il valore del seguente radicale $\sqrt[8]{0{,}0016}$:

A. 4

B. $0{,}2^{1/2}$

C. $2 \times (2)^{1/2}$

D. 1/16

E. $2^{1/2}/2$

214) Indicare il valore della seguente espressione $\sqrt[6]{8^n}$:

A. $86n$

B. $2^{1/2}$

C. $(2^n)^{1/2}$

D. $2n$

E. $2 \times (2^n)^{1/2}$

215) Indicare il valore dell'espressione $\sqrt[n^2-1]{\frac{a^n}{a}}$ con $a > 0$:

A. $\sqrt[n+1]{a^{n-1}}$

B. $\sqrt[n]{a}$

C. $\sqrt[n]{a^{n+1}}$

D. $\sqrt[n+1]{a^{n+3}}$

E. $\sqrt[n+1]{a}$

216) Indicare il valore del seguente radicale $\sqrt[3]{(64/24)}$:

A. 4^{-3}
B. $4/3$
C. $\sqrt{18}+\sqrt{32}$
D. $\sqrt[3]{64}+\sqrt[3]{27}$
E. 4^3

217) Il radicale $\sqrt{3}$ è uguale a:

A. $\sqrt[10]{32}$
B. $\sqrt[8]{12}$
C. $\sqrt[6]{27}$
D. $\sqrt[12]{6561}$
E. $\sqrt[4]{6}$

218) Indicare il valore del seguente radicale aritmetico $\sqrt{\frac{0,0081a^2b^4}{c^6}}$.

A. $\frac{0,3ab^2}{c^3}$
B. $\frac{0,3a^2b}{c^2}$
C. $\frac{0,3^2|a|b^2}{|c^3|}$
D. $\frac{0,3^2ab^2}{c^3}$
E. $\frac{0,3\cdot ab^2}{|c^3|}$

219) Indicare il valore del seguente radicale aritmetico $\sqrt{\frac{25}{a^2}}$, con $a \geq 0$:

A. $a^{2/5}$
B. $5/a$
C. $5/|a|$
D. $a/5$
E. $5 \cdot a$

220) La radice quadrata di 0,4 è uguale a:

A. 0,2
B. $\sqrt{10}/5$
C. $\sqrt{10}/4$
D. 0,002
E. 0,16

Riduzione di più radicali allo stesso indice

221) Dati i radicali $a=\sqrt[5]{10}$ e $b=\sqrt[3]{5}$ stabilire se:

A. non si possono confrontare perché hanno indici diversi
B. $a>b$
C. $a=2b$
D. $a<b$
E. $a=b$

Prodotto e quoziente di radicali

222) Indicare il valore della seguente espressione $\sqrt[3]{10}\cdot\sqrt[5]{10}$:

A. $\sqrt[15]{10}$
B. $\sqrt[15]{10^8}$
C. $\sqrt[8]{10}$
D. $\sqrt{10}$
E. $\sqrt[15]{10^2}$

223) Indicare il valore della seguente espressione $\frac{45.000^3\cdot\sqrt{0,0004}}{\sqrt{0,000081}\cdot 250.000}$:

A. 81×10^7
B. 81×10^5
C. 81×10^6
D. 81×10^4
E. $8,1 \times 10^6$

Potenza di un radicale

224) Indicare il valore della seguente espressione $\left(\sqrt[4]{3}\right)^2$:

A. 3
B. $\sqrt{3^4}$

C. $3\sqrt{3}$
D. $\sqrt{3}$
E. 3^2

225) Indicare il valore del seguente radicale $\left(\sqrt[3]{4a^2b}\right)^2$:

A. $2a\sqrt[3]{2|a|b^2}$

B. $2|a|\sqrt[3]{2|a|b^2}$

C. $2|a|\sqrt[3]{2ab^2}$

D. $2a\sqrt[3]{2ab^2}$

E. $2|a|\sqrt[3]{2ab^2}$

Estrazione di radice da un radicale

226) Indicare il valore della seguente espressione $\sqrt[5]{\sqrt[3]{3}}$:

A. $\frac{1}{\sqrt{3}}$

B. $\sqrt[15]{3}$

C. $\sqrt[8]{3}$

D. $\sqrt{3}$

E. $\sqrt[5]{27}$

227) Il radicale aritmetico $\sqrt[3]{\sqrt{\sqrt[5]{x^6y^{12}}}}$ con *x*, *y* appartenente a *R*, equivale a:

A. $\sqrt[10]{xy^3}$

B. $\sqrt[5]{xy^3}$

C. $\sqrt[15]{xy^3}$

D. $\sqrt[5]{xy^2}$

E. $\sqrt[5]{|x|y^2}$

Trasporto di un fattore fuori e dentro il segno di radice

228) Quale di questi numeri è radice cubica di –27?

A. 9
B. –3
C. –9
D. 3
E. 0

229) Il radicale aritmetico $\sqrt[3]{x^3y}$ equivale a:

A. $\sqrt{|x||y|}$

B. $|x|\sqrt[3]{y}$

C. $|x|\sqrt[3]{|y|}$

D. $x\sqrt[3]{y}$

E. $x\sqrt[3]{|y|}$

Somma di radicali

230) L'espressione $\sqrt{18}+\sqrt{32}$ vale:

A. $\sqrt{50}$
B. $2\sqrt{20}$
C. 10
D. $20\sqrt{2}$
E. $\sqrt{98}$

231) Si consideri la quantità riportata. A quale dei seguenti valori essa equivale?

$$\frac{\left(\sqrt{3}\right)^{60}}{3^{20}}+\frac{\sqrt{3^{2^5}}}{9^{\sqrt{16}}}$$

A. 2×3^{10}
B. 9
C. 10×3^8
D. 3^{18}
E. $3^{10} - 1/3^8$

Radicali doppi

232) L'espressione $\sqrt{3+\sqrt{8}}$ è uguale a:

A. $\sqrt{3} + 2\sqrt{2}$
B. $\sqrt{3} + \sqrt{2}$
C. $\sqrt{11}$
D. $\sqrt{3} + \sqrt{8}$

E. $\sqrt{2}+1$

Potenze ad esponente razionale

233) Indicare il valore della seguente espressione $\sqrt[3]{2^4}$:

A. $2(12)^{1/2}$
B. $2^{4/3}$
C. 2
D. $12(12)^{1/2}$
E. $2^{3/4}$

234) L'espressione $\left(2^{\frac{1}{4}}\cdot 2^{\frac{3}{2}}\right)^{\frac{2}{3}}$ equivale a:

A. $\sqrt[6]{2}$
B. $2\sqrt[6]{2}$
C. $2^{3/4}$
D. $2\sqrt{2}$
E. $\sqrt[3]{4}$

235) Il radicale $(4)^{1/3}$ è uguale a:

A. $(256)^{1/12}$
B. $(24)^{1/12}$
C. $(12)^{1/3}$
D. $(8)^{1/6}$
E. $(32)^{1/9}$

236) L'espressione $\left(0{,}008a^3b^6\right)^{\frac{2}{3}}$ equivale a:

A. $\frac{25}{a^2b^4}$
B. a^2b^4
C. $\frac{5}{a^2b}$
D. $\frac{25}{a^3b}$
E. $\frac{5}{a^3b}$

237) La radice algebrica $\sqrt[3]{a-1}$ ha significato:

A. per $a<0$
B. per $a>1$
C. per $a>0$
D. per $a<1$
E. per ogni valore di a

238) Il valore dell'espressione $\sqrt{27}+\sqrt{12}$ è:

A. $78^{1/2}$
B. $50^{1/2}$
C. $75^{1/2}$
D. $69^{1/2}$
E. $39^{1/2}$

1.5 • Funzioni analitiche

239) Data la funzione $y = a + bx$, se x raddoppia, di quanto aumenta y?

A. bx
B. b
C. $2a+2b$
D. $2b$
E. $2a$

240) Per quali valori reali di x la funzione $y = (ax)^2 + 3$ ha valori positivi?

A. Solo $x=-3$
B. Solo $x=a$
C. Tutti
D. Nessuno
E. Solo $x=3$

241) Quale delle seguenti equazioni rappresenta una funzione $y = f(x)$ tale che $f(2) = -1$ e che $f(-1) = 5$?

A. $y=-x^2+2x-1$
B. $y=x^2-3x+1$
C. $y=-2x^2+x+8$
D. $y=2x^2-x-7$
E. $y=3x^2-2x$

242) Data una funzione $f(x)$ tale che $f(x+1)=\frac{2f(x)+2}{2}$ e $f(1) = 2$, quanto vale $f(2)$?

A. 1/2
B. 2

C. 3
D. 1
E. 0

243) Una fornitura di gas per uso domestico prevede una quota fissa mensile (il mese è convenzionalmente inteso di 30 giorni) di 5,1 euro per il servizio di distribuzione e un costo unitario per metro cubo di gas consumato di 0,65 euro. Indicata con y la spesa complessiva giornaliera e con x il consumo giornaliero in metri cubi, individuare la relazione tra le variabili x e y.

A. $y = 0,17 + 0,65x$
B. $y = 0,65x + 5,1$
C. $y = 0,65x - 5,1$
D. $y = (0,65/x) - 0,17$
E. $y = (0,65/x) + 0,17$

244) La funzione $y = Ax^B$, con A e B numeri positivi, è equivalente alla funzione:

A. $y = \ln(x)/A \times B$
B. $y = AB \lg x$
C. nessuna delle altre risposte è corretta
D. $y = A \times B \ln(1/x)$
E. $\lg y = \lg A + \lg x + \lg B$

245) Osservate la tabella riportata. Attraverso quale delle seguenti relazioni sono collegate le grandezze x e y?

x	y
1	1
3	25
5	73
7	145
9	241

A. $3y = x^2 - 2$
B. $y = x^2 - 2$
C. $3x^2 = y - 2$
D. $y^2 = x + 2$
E. $3x^2 = y + 2$

246) Una fabbrica di bulloni sostiene una spesa fissa mensile media di Euro 120.000 (il mese commerciale è intero di 30 giorni) e un costo di produzione di Euro 3,15 per ogni bullone prodotto. Indicata con y la spesa giornaliera complessiva e con x il numero di bulloni prodotti in un giorno, individuare la relazione tra le variabili x e y.

A. $y = 4000 + 3,15x$
B. $y = 4000 + 3,15/x$
C. $y = 120.000 + 3,15x$
D. $y = 3,15x - 120.000$
E. $y = 3,15/x - 4000$

247) La funzione $y = a^{-x}$ con $a > 0$:

A. può essere sia positiva che negativa
B. interseca l'asse delle ascisse
C. non interseca l'asse delle ordinate
D. è sempre negativa
E. è sempre positiva

248) Determinare per quale valore di K il punto $P(K,K)$ appartiene alla funzione $xy + 4 = 0$.

A. (1, –1)
B. (1/4, –1/4)
C. (1/2, –1/2)
D. (4, –4)
E. (2, –2)

249) Per quali valori di x la funzione $f(x) = x^3$ e la reciproca $1/f(x)$ si intersecano?

A. $x_1 = -1$, $x_2 = +1$
B. $x_1 = -2$, $x_2 = +2$
C. In nessun punto
D. $x_1 = -3$, $x_2 = +3$
E. $x_1 = 3$, $x_2 = 4$

250) Quale delle seguenti equazioni rappresenta una funzione lineare $y = f(x)$ tale che $f(-2) = 3$ e $f(3) = -2$?

A. $y = x + 5$
B. $y = -2x + 4$
C. $y = -2x - 1$
D. $y = x - 5$
E. $y = -x + 1$

251) Sia $f(x) = 5x$. Allora $f(x + 1) - f(x)$ è uguale a:

A. 5
B. 5 · 5x
C. 1
D. 4 · 5x
E. 5x

252) La funzione $f(x) = 2 + x^2$ ammette come funzione reciproca:

A. $g(x) = \frac{1}{2} + \frac{1}{x^2}$
B. $g(x) = \frac{1}{2 + x^2}$
C. nessuna funzione
D. $g(x) = \sqrt{x - 2}$
E. $g(x) = 2 + \frac{1}{x^2}$

253) La funzione $2 + tg^2(x)$:

A. non ammette funzione reciproca
B. ha come funzione reciproca $g(x) = 2 - tg^2(x)$
C. ha come funzione reciproca $g(x) = 2\frac{1}{tg^2(x)}$
D. ha come funzione reciproca $g(x) = \frac{1}{2} + \frac{1}{tg^2(x)}$
E. ha come funzione reciproca $g(x) = \frac{1}{2 + tg^2(x)}$

254) Per ogni coppia di numeri $a,b > 0$, la funzione $f(x) = \log x$ soddisfa:

A. $f(a \times b) = f(a) + f(b)$
B. $f(a + b) = f(a) + f(b)$
C. $f(a + b) = f(a) \times f(b)$
D. $f(a \times b) = f(a) \times f(b)$
E. $f(a \times b) = f(a) - f(b)$

255) Sono dati gli insiemi $A = \{1,2,3\}$ e $B = \{p,q,r,s,t\}$. Quante sono le funzioni $f: A \to B$ tali che $f(1) = s$?

A. 10
B. 12
C. 16
D. 20
E. 25

256) Sia f la funzione definita per ogni numero naturale n maggiore di 2 dalla formula $f(n) = 3(n - 2)$. Quale delle seguenti espressioni è costante?

A. $f(n + 1)/f(n)$
B. $f(n)/n$
C. $f(n) - n$
D. $f(n + 1)/3n$
E. $f(n + 1) - f(n)$

Funzioni composte e inverse

257) Se $f(x) = (x + 1)/2$ e $g(x) = 2x + 1$, allora $f \circ g$ risulta equivalente a:

A. $x^2 + 1$
B. $x/2 + 1$
C. $x + 1$
D. $x^3 - 1$
E. x^{-2}

258) La funzione $y = \ln(x - 1)$ ha per funzione inversa:

A. $x = 1 + e^y$
B. $x = 1 - e^x$
C. $x = 1 + ey$
D. $x = 1 - e^y$
E. $x = 1 + y^e$

Grafico di una funzione

259) Il grafico dell'area *A* di un triangolo in funzione dell'altezza *h* e con base costante è dato da:

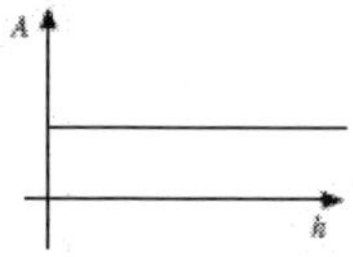

Figura 1

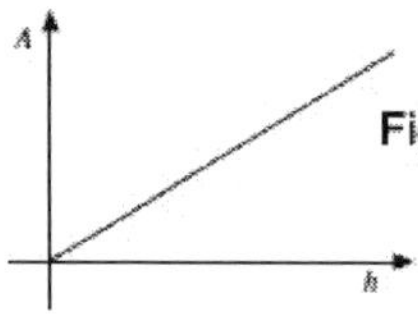

Figura 2

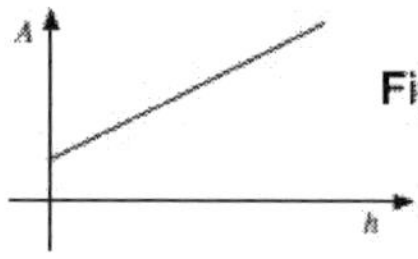

Figura 3

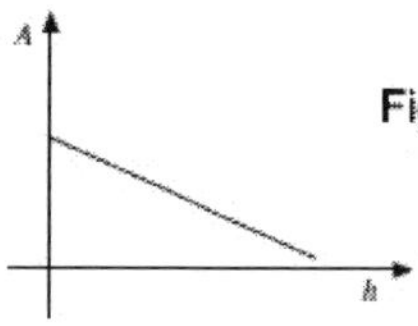

Figura 4

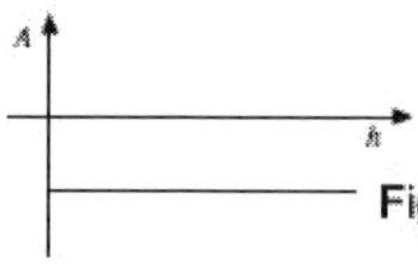

Figura 5

A. Figura 4
B. Figura 5
C. Figura 2
D. Figura 1
E. Figura 3

260) Il grafico della funzione $f(x) = \log_{\frac{1}{2}}(x-1)$:

A. interseca due volte l'asse x
B. giace tutto nel primo e quarto quadrante
C. giace sempre sotto l'asse x
D. non interseca mai l'asse x
E. giace sempre sopra l'asse x

261) I grafici delle funzioni $f(x) = e^x$ e $f(x) = -x$ si intersecano:

A. due volte
B. una sola volta
C. tre volte
D. mai
E. quattro volte

262) In figura è rappresentato il grafico di una delle seguenti funzioni. Quale?

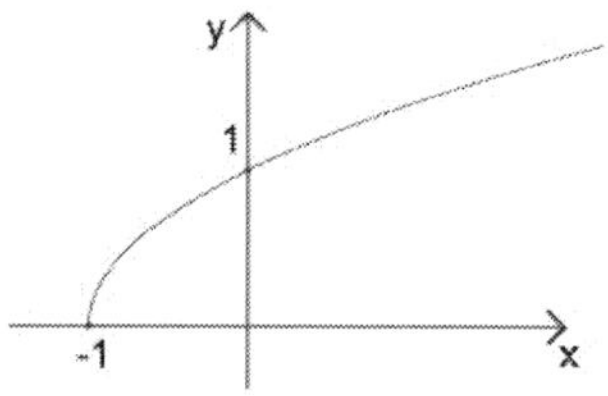

A. $f(x) = (x + 1)^{1/2}$
B. $f(x) = (1 - x)^{1/2}$
C. $f(x) = (x)^{1/2} - 1$
D. $f(x) = 1 + (x^{1/2})$
E. $f(x) = (x - 1)^{1/2}$

Dominio di una funzione

263) Quale fra gli insiemi seguenti rappresenta il dominio della funzione?

$$y = \sqrt{\frac{1-e^x}{\ln x}}$$

A. Per valori compresi tra meno infinito e 0
B. Insieme vuoto
C. Per valori compresi tra 0 e 1 e per valori compresi tra 1 e infinito
D. Insieme dei numeri razionali
E. Insieme dei numeri naturali

264) Quale delle seguenti funzioni non ha come dominio *R*?

A. $f(x) = x^{-1}$
B. $f(x) = x^3$
C. $f(x) = x^2 + 1$
D. $f(x) = x^2 - x$
E. $f(x) = x + 1$

265) La curva dell'equazione $y = -\frac{\sqrt{7}+1}{|x|}$ ha il grafico contenuto nel:

A. 1° e 2° quadrante
B. 1° e 3° quadrante
C. 2° e 3° quadrante
D. 1° e 4° quadrante
E. 3° e 4° quadrante

266) Essendo x e y due variabili reali, la funzione: $y = \ln(|x| - 1)$:

A. è positiva in ogni punto del suo dominio
B. è definita solo per $x \geq 1$
C. è sempre definita e positiva
D. non è definita per $-1 \leq x \leq 1$
E. è definita solo per $x \leq 1$

267) Essendo x e y due variabili reali, la funzione $y = \sqrt{|x| - 1}$:

A. è definita solo per $x \leq 1$
B. è definita solo per $x \geq 1$
C. non è definita per $-1 < x < 1$
D. è sempre definita e positiva
E. è positiva in ogni punto del suo dominio

268) Il dominio della funzione $f(x) = \sqrt{\log_{1/2} x}$ risulta:

A. $x \geq 1/2$
B. nessuna delle altre risposte è corretta
C. $x > 0$
D. $0 < x \leq 1$
E. $0 < x < 1$

269) La funzione $f(x) = \frac{x}{\sqrt{x^2 - 9}}$ ammette come insieme di definizione:

A. $-3 < x < 3$
B. $x = -3, x \geq 3$
C. $x > 0$
D. $x < -3, x > 3$
E. tutto R

270) La funzione $f(x) = \sqrt{16 - x^4}$:

A. ha come campo di esistenza $-4 \leq x \leq 4$
B. esiste in tutto R
C. ha come campo di esistenza $-16 \leq x \leq 16$
D. $f(x)$ è diverso da zero sempre nel suo campo di esistenza
E. ha come campo di esistenza $-2 \leq x \leq 2$

271) Il campo di esistenza della funzione $f(x) = \ln \frac{x}{x^2 + 5x + 4}$ è:

A. $0 \leq x < 1, x > 4$
B. $x > 0$
C. tutto R
D. $x < 0, 1 < x < 4$
E. $-4 < x < -1, x > 0$

Funzioni pari e dispari

272) Sia $f(x)$ una funzione pari. Quale delle seguenti affermazioni è esatta?

A. $f(x)$ può essere dispari solo se è una funzione relativa
B. $f(x)$ può essere dispari solo se è una funzione polinomiale
C. $f(x)$ non può essere dispari
D. $f(x)$ può essere dispari solo se è una funzione esponenziale
E. $f(x)$ può essere dispari

273) Le funzioni $f(x) = e^x$ e $g(x) = e^{-x}$ sono:

A. simmetriche rispetto all'origine
B. non simmetriche
C. simmetriche rispetto all'asse y
D. simmetriche rispetto all'asse x
E. non simmetriche rispetto all'asse y

274) Quale fra le seguenti funzioni ha il grafico simmetrico all'origine degli assi?

A. $y = x^4 - 7x^2 + 1$

B. $y = x^5 \cdot \sqrt{3} - \frac{1}{3x}$

C. $y = \sqrt{x^2 + |x + 4|}$

D. $y = \frac{2}{5}x^7 - x^5\sqrt{2} + \frac{1}{6}$

E. $y = \sqrt{x^2 + |x| + 4}$

275) La funzione $f(x) = 1 + \frac{1}{1 + x^2}$:

A. è sempre maggiore di 1
B. assume almeno due volte il valore 1
C. se $x < 0$, allora $f(x) < 0$
D. $f(0)$ è diverso da 2
E. non è simmetrica rispetto all'asse y

276) La funzione $f(x) = x - x^3$:

A. ha un solo zero in $x = 0$
B. non si ha mai $f(x) < 0$
C. è simmetrica rispetto all'origine
D. interseca una sola volta la bisettrice del II e del IV quadrante
E. per $x > 0$ si ha $f(x) > 0$

277) Quale delle seguenti affermazioni sulla funzione $f(x) = \log_2(x^2 + 1)$ è corretta?

A. Il grafico di f è simmetrico rispetto all'origine
B. È una funzione limitata
C. È una funzione positiva
D. Il grafico di f è simmetrico rispetto all'asse delle y
E. È una funzione crescente per ogni x reale

1.6 • Geometria analitica

Piano cartesiano

278) Il segmento individuato da due punti di coordinate cartesiane pari a (2, 4) e (–2, 1) ha lunghezza eguale a:

A. 3
B. 5
C. 10
D. 4
E. 16

279) La distanza tra i punti P = (2,2) e Q = (1,1) vale:

A. 0
B. 2
C. 1
D. $\sqrt{2}$
E. $-\sqrt{2}$

280) Il punto medio del segmento di estremi $A = (-2,1)$ e $B = (1,-2)$ ha coordinate:

A. (1/2,1/2)
B. (0,0)
C. (–3/2,–3/2)
D. (–1/2,–1/2)
E. (–2,1)

281) I punti (–1,0); (0,–1); (0,0):

A. sono allineati
B. sono i vertici di un triangolo isoscele
C. non possono essere i vertici di un triangolo
D. sono i vertici di un triangolo equilatero
E. non sono i vertici di un triangolo rettangolo

282) Quanto misura l'area del triangolo che ha i vertici collocati nei punti $A(2, 5)$, $B(7, 5)$, $C(11, 0)$ del piano cartesiano?

A. 12,5
B. 13,5
C. 14,5
D. 14
E. 12

283) I punti *A*(–3, 1), *B*(6, 7) e *C*(–3, 6) sono i vertici del triangolo ombreggiato in figura. Qual è l'area di tale triangolo?

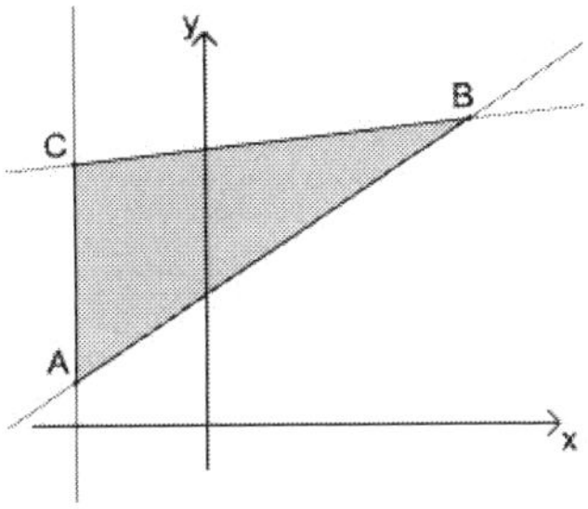

A. 22,5
B. 23,5
C. 24
D. 22
E. 23

284) Sono dati i cinque punti in figura. Quale dei seguenti triangoli ha la stessa area del poligono ombreggiato?

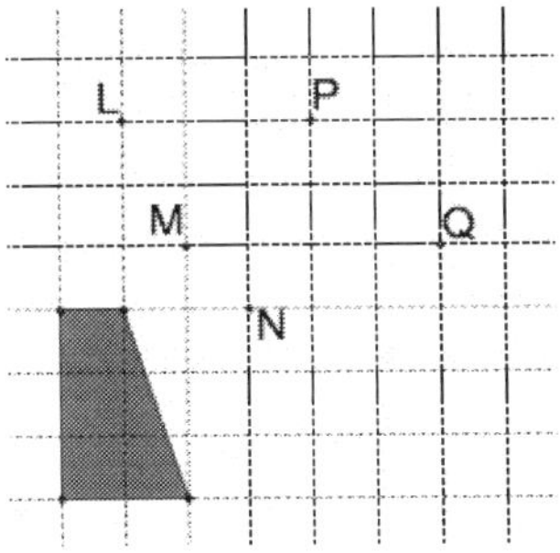

A. LQP
B. NQP
C. QPM
D. NPL
E. MNQ

285) Nel piano cartesiano sono dati i punti *A*(0,0) e *B*(3,0). Tra tutti i triangoli *APB*, con il vertice *P* sulla curva *Γ* indicata in figura, ve n'è uno di area massima. Tale area è uno dei valori seguenti. Quale?

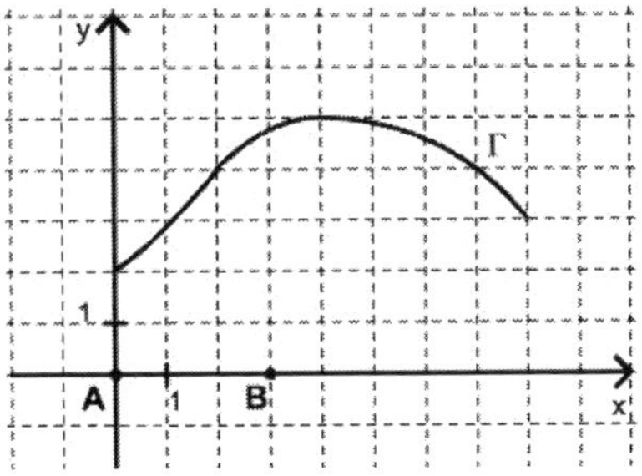

A. 7
B. 8
C. 9
D. 8,5
E. 7,5

286) Le coordinate dei vertici di un triangolo rispetto ad un sistema di riferimento cartesiano ortonormale nel piano sono (0,0), (1,1), (2,–2). L'area del triangolo è:

A. 2
B. 4
C. 2,5
D. $2^{1/2}$
E. 3

Intersezione tra curve

287) Le rette di equazioni $x - y = 0$ e $x + y = 2$:

A. non si intersecano
B. si intersecano nel punto (1, 1)
C. si intersecano nel punto (2, 0)
D. si intersecano nei punti (1, 1) e (2, 2)
E. si intersecano nei punti (1, 1) e (0, 0)

288) Quali sono le coordinate dei punti di intersezione della curva $2y^2 = 3x + 8$ con l'asse delle y?

A. (2,0); (1,1)
B. (2,0); (0,–2)
C. (2,0); (–2,0)
D. (0,2); (0,–2)
E. (0,2); (–2,0)

289) La distanza tra i punti di intersezione delle due rette $x = 3$ e $y = -4$ con gli assi misura:

A. –5
B. 5
C. 1
D. –1
E. 7

290) Quali sono le coordinate dei punti di intersezione della curva di equazione $y^2 = x + 24$ con la retta di equazione $x = 1$?

A. (1, 5) (1, –5)
B. (1, 5/4) (1, –5/4)
C. (1, 25) (1, –25)
D. (3, 2) (–3, –2)
E. (1, 5/2) (1, –5/2)

291) In un sistema di riferimento cartesiano nel piano, le rette di equazione $y = 2x + 3$, $y = 9 - x$:

A. si incontrano in un punto del terzo quadrante
B. non si incontrano in alcun punto del piano
C. si incontrano in un punto del secondo quadrante
D. si incontrano in un punto del primo quadrante
E. si incontrano in un punto del quarto quadrante

292) Consideriamo, nel piano cartesiano, la parabola di equazione $y = x^2$ e la retta di equazione $y = x + a$, dove a è un parametro reale. La retta e la parabola NON hanno punti di intersezione se e solo se:

A. $a < 0$
B. $a > 0$
C. $1 + 4a < 0$
D. a maggiore uguale 0
E. $a + 1 > 0$

293) In quanti punti si incontrano i grafici delle funzioni $f(x) = x^2 - 5$, $g(x) = |x|$?

A. Nessuno
B. Due
C. Quattro
D. Tre
E. Uno

Retta in forma esplicita

294) Sia data la retta $y = 2x + b$. Perché la retta passi per il punto (1,3) è necessario che b assuma il valore:

A. 3/2
B. 4
C. 2/3
D. 1
E. 6

295) La retta di equazione $y = 3x + 2$ interseca l'asse delle x in un punto:

A. di ascissa negativa
B. di ascissa uguale a 2/3
C. di ascissa uguale a 3/2
D. di ascissa nulla
E. di ascissa positiva

296) La retta di equazione $y = 3x$:

A. è parallela all'asse x
B. non passa per alcun punto
C. è parallela all'asse y
D. non passa per l'origine
E. passa per il punto P = (2,6)

297) In un piano cartesiano l'equazione $y = x$ rappresenta:

A. una retta parallela all'asse x
B. una retta parallela all'asse y
C. la bisettrice del I e III quadrante
D. un punto del piano
E. una parabola

298) A proposito della retta $y = mx + q$ rappresentata nella figura è possibile affermare che:

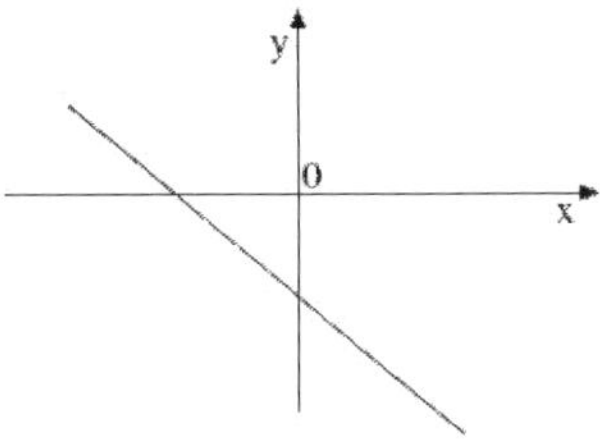

A. $m \geq 0$ e $q < 0$
B. $m < 0$ e $q < 0$
C. $m < 0$ e $q > 0$
D. $m < 0$ e $q \geq 0$
E. $m > 0$ e $q > 0$

299) Nella figura è rappresentata una retta di equazione cartesiana $y = -5x/3 + 3/5$. Il punto di intersezione con l'asse delle ascisse ha coordinata x pari a:

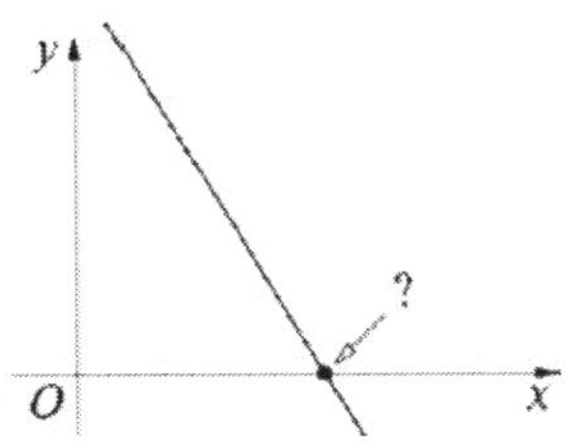

A. 2/5
B. 5/3
C. 9/25
D. 3
E. 3/25

300) Determinare l'insieme di disuguaglianze che descrive esattamente la regione del piano cartesiano indicata in grigio nella figura.

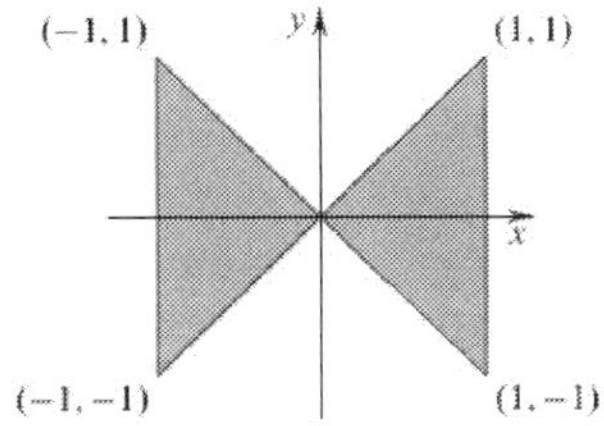

A. $y \leq |x|, |x| \leq 1$
B. $y \leq x, x \leq 1$
C. $|y| \leq |x|, |x| \leq 1$
D. $y \leq x,\ |x| \leq 1$
E. $|y| \leq x, x \leq 1$

301) L'equazione di una retta nel piano cartesiano è $y = a + bx$. Il coefficiente b è:

A. il valore di y per $x = 0$
B. il valore di y per $x = 1$
C. l'intersezione della retta con l'asse y
D. una misura della pendenza della retta
E. l'intersezione della retta con l'asse x

302) Sia m un numero reale. In un piano cartesiano ortogonale, l'equazione $y = mx$, al variare di m nell'intervallo $(-\infty, +\infty)$, descrive:

A. tutte le rette del piano passanti per l'origine, ad eccezione dell'asse delle ordinate
B. tutte le rette del piano passanti per l'origine
C. tutte le rette del piano passanti per l'origine, ad eccezione dell'asse delle ascisse
D. una retta parallela all'asse delle ascisse
E. tutte le rette del piano

303) La retta $y = 7x$:

A. passa per il punto (–1/7, 1)

B. passa per il punto (1, –6)
C. è interamente contenuta nel I e nel III quadrante
D. non passa per l'origine
E. ha coefficiente angolare pari a 7

304) La retta $y = -3x + 4$:

A. interseca l'asse y nel punto (0,4)
B. è parallela alla retta $y = -5x + 4$
C. ha coefficiente angolare pari a 4
D. non interseca l'asse x
E. ha ordinata all'origine pari a –3

Rette parallele e rette perpendicolari

305) Nel piano x, y le equazioni $y = x + 1$ e $y = x + 3$ rappresentano:
A. due rette parallele
B. due rette perpendicolari
C. due rette che si intersecano nel punto (1, 3)
D. due rette che si intersecano nel punto (2, 3)
E. due rette che si intersecano nell'origine

306) Quale delle seguenti è un'equazione di una retta perpendicolare alla retta $4x + 6y = 5$?

A. $x + 3y = 1$
B. $6x + 4y = 17$
C. $2x + 3y = 5$
D. $4x - 6y = 21$
E. $3x - 2y = 14$

307) Nel piano cartesiano, le rette di equazioni: $y = 2x + a$; $y = 2x - 3 - b$, con a e b numeri reali:

A. non sono parallele tra loro
B. sono entrambe parallele all'asse delle ordinate (y)
C. sono entrambe parallele all'asse delle ascisse (x)
D. si intersecano nel punto $x = 0$, $y = 0$, origine degli assi
E. sono parallele fra loro

308) Sia data la retta r di equazione $y = mx + q$. La retta r' di equazione $y = Mx + Q$ sarà perpendicolare a r se:

A. $Q = q$
B. $M = -2/m$
C. $M = -m$
D. $M = -1/m$
E. $Q = -1/q$

309) Per quale valore di a diverso da 0 le due rette $x - ay + 3 = 0$, $(a + 1)x + ay - 3 = 0$ non sono parallele?

A. a diverso da 3
B. a diverso da –2
C. a diverso da –1
D. a diverso da 1/2
E. a diverso da +2

310) Determinare i valori del parametro reale a (se esistono) per cui le seguenti rette r ed s risultano perpendicolari r) $a^2x + (a - 4)y + a + 2 = 0$ s) $2x - 3y + 9a = 0$

A. per $a = 0$
B. per $-3 < a < 2$
C. per $a = 1$
D. per ogni valore di a diverso sia da 0 che da 4
E. per nessun valore di a

311) Tra le seguenti equazioni quali rappresentano due rette tra loro perpendicolari?

A) $x(1 - x) + 2y = 2 - x^2$

B) $-x + 1/2y = 3$

C) $2x = -y - 2$

D) $x/3 - y = 2$

A. B e C
B. A e D

C. Non sono rappresentate rette perpendicolari
D. C e D
E. A e B

312) Stabilire quale fra le seguenti rette è parallela alla retta $y = 2x + 5$

A. $y=-\frac{1}{2}x+3$
B. $y=\frac{1}{2}x-\frac{1}{25}$
C. $y=\frac{1}{25}x+25$
D. $y = 25x + 2$
E. $y = 2x + 1$

313) Nel piano cartesiano la retta di equazione $y = mx + q$ è perpendicolare alla retta $3x - 2y = 5$. Quanto vale il coefficiente angolare m?

A. –3/2
B. –2/5
C. –2/3
D. –3/5
E. 2/5

314) Le rette r e s in figura sono perpendicolari. L'equazione della retta s è:

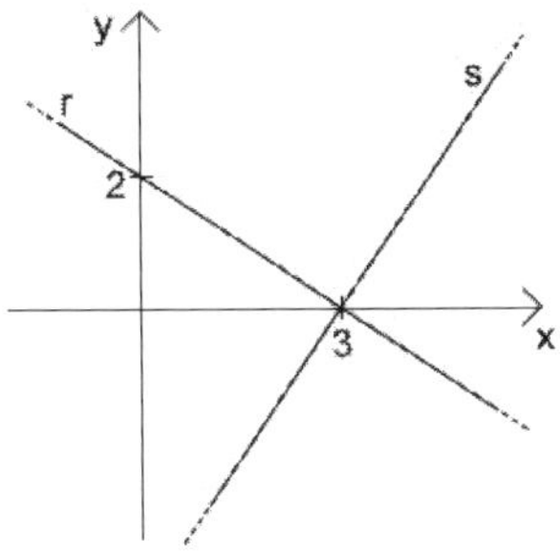

A. $3x - 2y - 9 = 0$
B. $2x - 3y - 6 = 0$
C. $3x + 2y - 9 = 0$
D. $2x + 3y - 6 = 0$
E. $3x - 2y - 6 = 0$

315) Sia r la retta del piano cartesiano di equazione $y = 3$. Determinare quale delle seguenti rette è perpendicolare a r.

A. $y = -1/3$
B. $x = -\sqrt{3}$
C. $y = -3$
D. $y = -1/3x$
E. $y = 1/3$

Retta in forma implicita

316) L'insieme dei punti (x, y) del piano che soddisfano l'equazione $(x^2 - 4)(y - 1) = 0$ è formato da:

A. tre rette
B. tre punti
C. due punti
D. una parabola e un punto
E. una retta e una parabola

Fasci propri di rette e retta passante per due punti

317) Trovare l'equazione della retta passante per i punti (2, 5) e (6, – 1).

A. $2y = 3x + 4$
B. $3y + 2x = 16$
C. $2y = 3x - 20$
D. $3y = 2x - 15$
E. $2y + 3x = 16$

318) La retta passante per $A(2,0)$ con pendenza 1/3 interseca l'asse y nel punto:

A. (0, 2)
B. (0, – 2)
C. (0, – 3/4)
D. (0, – 2/3)
E. (0, – 1)

319) Una retta di equazione $2x + y - 3 = 0$ interseca l'asse x nel punto P e l'asse y nel punto Q. Qual è la lunghezza del segmento PQ?

A. $\frac{45}{4}$
B. $\sqrt{\frac{21}{2}}$
C. $\frac{3\sqrt{5}}{2}$
D. $\frac{9}{2}$
E. $\frac{3\sqrt{3}}{2}$

Distanza di un punto da una retta

320) Nel piano cartesiano indichiamo con *H* la proiezione ortogonale dell'origine *O* = (0, 0) sul segmento *AB* di estremi *A* = (2, 0) e *B* = (0, 1). Quanto vale la distanza fra *O* ed *H*?

A. $3\sqrt{5}/2$
B. $\sqrt{5}/5$
C. $2\sqrt{5}/5$
D. $5\sqrt{2}/3$
E. $\sqrt{5}/3$

Circonferenza

321) L'equazione della circonferenza che ha centro in (2; 1) e passa per l'origine è:

A. $(x-2)^2 + (y-1)^2 = \sqrt{5}$
B. $x^2 + y^2 = 5$
C. $x^2 + 4x + y^2 + 2y = 0$
D. $(x-2)^2 + (y-1)^2 = 25$
E. $(x-2)^2 + (y-1)^2 = 5$

322) Per quale valore di k la circonferenza di equazione $x^2 + y^2 + 2kx + (k-2)y - 3 = 0$ ha il centro appartenente all'asse x?

A. $k = 2$
B. $k = 1$
C. $k = -1/2$
D. $k = 0$
E. nessun valore di k

323) Per quali valori di k l'equazione $x^2 + y^2 + 2x - 6y + k = 0$ rappresenta una circonferenza?

A. $k > 0$
B. $k > 10$
C. $k < 10$
D. nessun valore di k
E. $k < 0$

324) Stabilire se l'equazione $x^2 + y^2 - 2x + 4y + 5 = 0$ rappresenta:

A. l'equazione di una circonferenza con il centro appartenente all'asse x
B. l'equazione di una circonferenza degenere
C. l'equazione di una circonferenza con il centro nell'origine degli assi
D. l'equazione di una circonferenza
E. l'equazione di una circonferenza con il centro appartenente all'asse y

325) Uno solo fra i seguenti settori circolari costituisce l'insieme dei punti del piano per i quali risulta il sistema $\begin{cases} y \leq |x| \\ x^2 + y^2 \leq 1 \end{cases}$. Di quale settore si tratta?

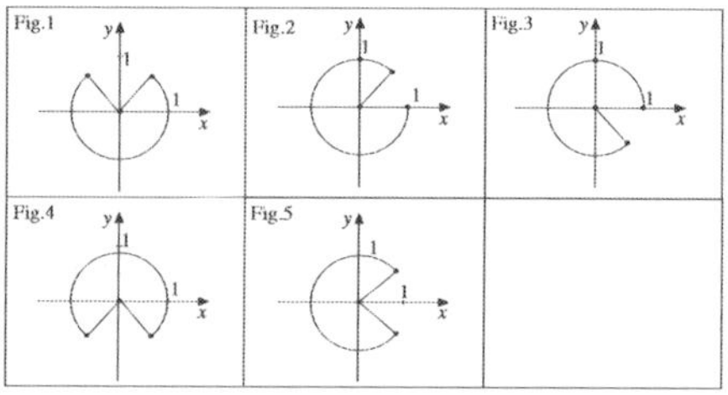

A. Fig. 3
B. Fig. 4
C. Fig. 5
D. Fig. 2
E. Fig. 1

326) Essendo a e c discordi, per quali valori del rapporto c/a l'area racchiusa dalla circonferenza dell'equazione $ax^2 + ay^2 + c = 0$ risulta 4π?

A. $-\frac{c}{a}=10$

B. $-\frac{c}{a}=4$

C. $-\frac{c}{a}=2$

D. $-\frac{c}{a}=1$

E. $-\frac{c}{a}=8$

327) Quanti punti di intersezione possono avere una circonferenza e una parabola, come minimo e come massimo rispettivamente?

A. 1 e 4
B. 2 e 4
C. 2 e 2
D. 0 e 4
E. 1 e 3

328) Si consideri il segmento PQ in figura. La lunghezza di tale segmento è:

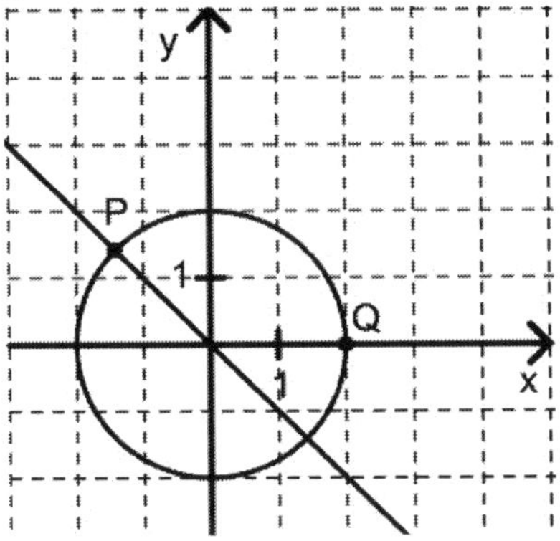

A. $\sqrt{2\sqrt{2}+1}$

B. $2\sqrt{2-\sqrt{2}}$

C. $2\sqrt{2+\sqrt{2}}$

D. $\sqrt{2\left(2-\sqrt{2}\right)+1}$

E. $2\sqrt{2\left(\sqrt{2}-1\right)}$

Parabola

329) Nel piano cartesiano Oxy il grafico della funzione $y = x^2 + 4$:

A. non interseca l'asse y
B. non interseca l'asse x
C. interseca l'asse x nel punto di ascissa $x = -2$
D. passa per l'origine O
E. interseca l'asse y nel punto di ordinata $y = 2$

330) Per quale valore di k appartenente ad R la parabola di equazione $y = 2x^2 - kx + k - 2$ passa per l'origine?

A. $k = -1$
B. $k = 2$
C. $k = 3$
D. $k = 0$
E. $k = 4$

331) Se il fuoco di una parabola ha coordinate (0,–3) e la direttrice ha equazione $y = 1$, la parabola:

A. ha asse di simmetria parallelo all'asse delle ascisse
B. non interseca l'asse delle ordinate
C. non interseca l'asse delle ascisse
D. passa per l'origine degli assi cartesiani
E. ha il vertice nel punto di coordinate (–2,0)

332) Per quali valori di k la parabola di equazione $y = kx^2 + (k + 1)x - 2$ con k diverso da 0, presenta un vertice di ascissa negativa?

A. $-1 < k < 0$

B. $k > 0$
C. $k < -1$
D. $k > 3$
E. $k < -2$

333) Nel piano riferito a coordinate cartesiane l'equazione y = x^2 – 4x + 3 rappresenta una parabola che:

A. ha il fuoco di coordinate (2;–1)
B. è simmetrica rispetto alla retta x = 1
C. ha la concavità rivolta verso il basso
D. è simmetrica rispetto alla retta x = 2
E. ha il vertice di coordinate (1;0)

334) In figura è rappresentato il grafico della funzione $f(x) = 4x^2$. Si sa che il triangolo ombreggiato ha area 3. Quanto vale *b*?

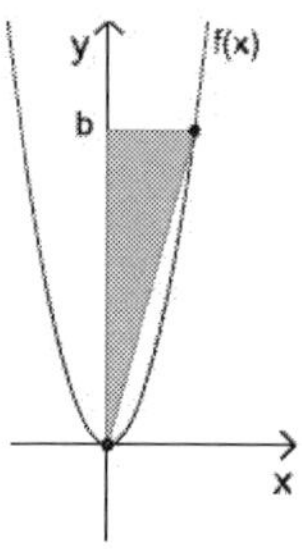

A. $\sqrt[3]{12}$
B. $3\sqrt{12}$
C. $\sqrt[3]{\sqrt{12^2}}$
D. $\sqrt{12}$
E. $2\sqrt[3]{12}$

Ellisse

335) L'eccentricità dell'ellisse è data:
A. dalla distanza focale
B. dal rapporto tra la distanza focale e la lunghezza dell'asse maggiore
C. dal prodotto tra la distanza focale e la lunghezza dell'asse minore
D. dal prodotto tra la distanza focale e la lunghezza dell'asse maggiore
E. dal rapporto tra la distanza focale e la lunghezza dell'asse minore

336) Per quali valori di *k* l'equazione $\frac{x^2}{k-1} + \frac{y^2}{3-k} = 1$ rappresenta un'ellisse?
A. $k > -1$
B. $1 < k < 3$
C. $k < 3$
D. k qualsiasi
E. $k > 1$

Iperbole

337) Le equazioni degli asintoti dell'iperbole di equazione $(x^2/16) - (y^2/9) = 1$ sono:
A. $y = \pm x$
B. $y = \pm 9/16\ x$
C. $y = \pm 16/9\ x$
D. $y = \pm 4/3\ x$
E. $y = \pm 3/4\ x$

338) Nel piano, l'iperbole equilatera $xy = k$, con *k* appartenente ad R_0, ha come asintoti:

A. due rette che dipendono da *k*
B. le bisettrici del II e IV quadrante
C. gli assi cartesiani
D. due rette qualsiasi
E. le bisettrici del I e III quadrante

Luoghi geometrici nel piano cartesiano

339) In un piano è dato un sistema di coordinate cartesiane *x*, *y*. L'insieme dei punti $P = (x, y)$ tali che $\log_2(x^2)$ è:
A. una coppia di rette parallele
B. un punto
C. una circonferenza
D. l'insieme vuoto
E. una coppia di rette perpendicolari

340) Nel piano cartesiano è assegnato il punto (–1, 1). Il suo simmetrico rispetto alla bisettrice del secondo e quarto quadrante è il punto:

A. (0, 1)
B. (–1, 0)
C. (–1, 1)
D. (0, 0)
E. (1, –1)

1.7 • Geometria euclidea

Punto, piano, retta e segmenti

341) Nel piano, due rette sono parallele quando:
A. formano un angolo acuto
B. formano un angolo ottuso
C. sono perpendicolari alla stessa retta
D. formano un angolo retto
E. hanno un punto in comune

342) Due rette dello spazio sono sghembe se:

A. sono incidenti
B. non sono complanari
C. sono complanari
D. sono parallele
E. giacciono sullo stesso piano

343) Quale fra le seguenti affermazioni non è un postulato (o assioma) di Euclide?

A. Tutti gli angoli retti sono uguali tra loro
B. Da ogni punto ad ogni altro punto è possibile condurre una linea retta
C. Per tre punti non allineati passa una e una sola circonferenza
D. Se una retta, intersecando altre due rette, forma con esse da una medesima parte angoli la cui somma è minore di due angoli retti, allora queste due rette, indefinitamente prolungate, finiscono con l'incontrarsi
E. Con centro e raggio scelti a piacere è possibile tracciare una circonferenza

344) L'intersezione tra due piani genera:

A. un punto
B. una retta
C. una semiretta
D. un piano
E. una curva

Angoli nel piano euclideo

345) Un angolo è convesso se:
A. non contiene il prolungamento dei suoi lati
B. è minore o uguale ad un angolo retto
C. parte da un punto nel piano
D. è maggiore o uguale ad un angolo retto
E. è maggiore di un angolo piatto

Classificazione e proprietà dei triangoli

346) Si consideri un triangolo rettangolo isoscele con l'ipotenusa di lunghezza *h* cm e area di *S* cm². Quale tra le seguenti esprime la corretta relazione tra *h* ed *S*?

A. $h = 2\sqrt{2} \times S$

B. $h = 2\sqrt{S}$

C. $h = \sqrt{2S}$

D. $h = \dfrac{\sqrt{S}}{2}$

E. $h = \sqrt{\dfrac{S}{2}}$

347) In un triangolo gli angoli α, β e γ valgono: $\alpha = X$; $\beta = a + 30°$; $\gamma = b + 60°$. Quanto vale l'angolo α (cioè X)?

A. $X = 20°$
B. $X = 60°$
C. $X = 80°$

D. $X = 45°$
E. $X = 90°$

348) Siano dati tre segmenti *AA'*, *BB'* e *CC'* tali che: *AA'* = 2cm; *BB'* = 1,5 · *AA'*; *CC'* =2,0 · *BB'*. Quale triangolo è possibile costruire con questi lati?

A. Un triangolo scaleno
B. Un triangolo ottusangolo
C. Un triangolo rettangolo
D. Un triangolo acutangolo
E. Non è possibile costruire nessun triangolo

Teorema di Pitagora

349) La mia città dista 600 km dalla città di Agnese e 1400 km da quella di Barbara. Di quanti km almeno distano le città di Agnese e Barbara?

A. 2000
B. 1200
C. 600
D. 800
E. 1400

350) Un triangolo rettangolo ha un'ipotenusa la cui lunghezza supera di 4 *m* (*m* = metri) la lunghezza del cateto minore e supera di 2 *m* la lunghezza del cateto maggiore.

Da queste informazioni possiamo dedurre che:
A. la lunghezza dell'ipotenusa è di 8 *m*
B. la lunghezza del cateto minore è di 4 *m*
C. il triangolo rettangolo è anche isoscele
D. il perimetro è di 20 *m*
E. la lunghezza del cateto maggiore è di 8 *m*

351) Un triangolo rettangolo ha area pari a 6 cm^2 ed un cateto misura 3 cm. Stabilire quale delle seguenti affermazioni è falsa.

A. Il perimetro misura 12 cm
B. L'altezza relativa all'ipotenusa misura 2,4 cm
C. L'altezza relativa all'ipotenusa misura 4,8 cm
D. L'ipotenusa misura 5 cm
E. L'altro cateto misura 4 cm

352) Un cane è legato, mediante una catena lunga 13 m, a un palo che dista 5 m da un sentiero rettilineo. Determinare la lunghezza del tratto di sentiero accessibile al cane.

A. 16 m
B. 24 m
C. 26 m
D. 20 m
E. 18 m

353) I cateti di un triangolo rettangolo sono lunghi, rispettivamente, 303 e 404. Determinare la lunghezza dell'ipotenusa.

A. 507
B. 705
C. 707
D. 505
E. 575

Teoremi di Euclide

354) Quale delle seguenti espressioni è vera per ogni triangolo ABC, rettangolo in A e tale che AH sia l'altezza relativa all'ipotenusa?

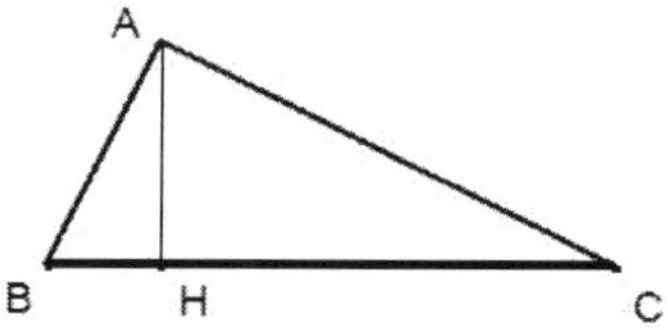

A. $\overline{AB}^2 = \overline{BC}^2 + \overline{AC}^2$
B. $\overline{BC} : \overline{AH} = \overline{AH} : \overline{HC}$
C. $\overline{AH}^2 = \overline{BH} \cdot \overline{HC}$

D. $\overline{AB}^2 = \overline{BC} \cdot \overline{AH}$
E. $\overline{AB}^2 = \overline{AH}^2 - \overline{BH}^2$

Quadrilateri. Trapezi, parallelogrammi, rettangoli

355) L'area di un trapezio di base maggiore *B*, base minore *b* e altezza *h* è:
A. $B \times b \times h$
B. $B \times b$
C. $B \times b/h$
D. $(B + b) \times h$
E. $(B + b) \times h/2$

356) Il rapporto tra la diagonale e il lato di un quadrato è uguale a:
A. un numero immaginario
B. $\sqrt{2}$
C. 1
D. 2
E. π

357) In un parallelogramma ciascuna delle diagonali, rispetto al semiperimetro, ha lunghezza:
A. certamente minore
B. certamente maggiore
C. una maggiore, l'altra minore
D. infinita
E. uguale

358) Le diagonali (ossia le linee che uniscono i vertici opposti) di un rombo misurano rispettivamente 4 cm e 8 cm. Qual è il perimetro del rombo in cm?
A. 16
B. 24
C. $8\sqrt{5}$
D. $16\sqrt{5}$
E. $8\sqrt{3}$

359) Un rettangolo mantiene la stessa area se si aumenta la base di 8 cm e si diminuisce l'altezza di 5 cm. La sua area però, se si diminuisce la base di 5 cm e si aumenta l'altezza di 8 cm aumenta di 130 cm². I lati sono:
A. Base = 60 cm; altezza = 30 cm
B. Base = 50 cm; altezza = 20 cm
C. Base = 30 cm; altezza = 40 cm
D. Base = 40 cm; altezza = 30 cm
E. Base = 35 cm; altezza = 45 cm

360) Un parallelogramma è formato da 4 triangoli rettangoli congruenti, come mostrato in figura. L'ipotenusa di ogni triangolo misura 8 cm.

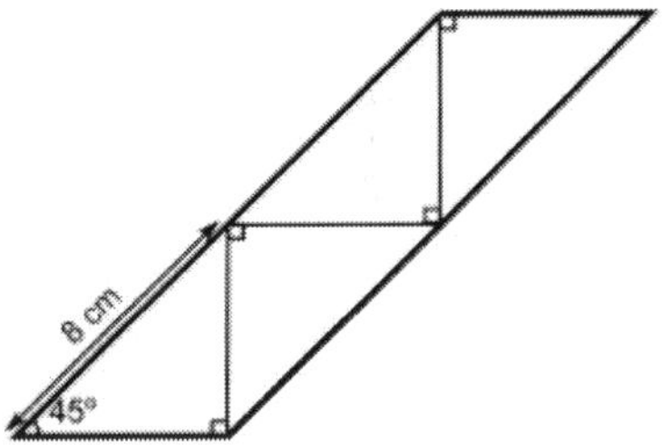

Calcolare l'area del parallelogramma.
A. 32 cm²
B. 128 cm²
C. 16 cm²
D. 64 cm²
E. 256 cm²

361) Un trapezio isoscele ha perimetro di 50 cm e le basi di 7 cm e 17 cm. Qual è la sua area?
A. 312 cm²
B. 144 cm²
C. 102 cm²
D. 288 cm²
E. 156 cm²

362) Un gioco per bambini consiste nell'inserire oggetti di diversa forma negli spazi corrispondenti alla forma dell'oggetto. Tra gli oggetti vi sono un rettangolo e un triangolo rettangolo.

- La base del rettangolo è lunga tre volte la sua altezza.
- I lati del triangolo *a*, *b*, *c* sono in ordine di lunghezza crescente.
- Il lato *a* del triangolo è lungo due volte l'altezza del rettangolo.
- Le aree delle due figure sono uguali.

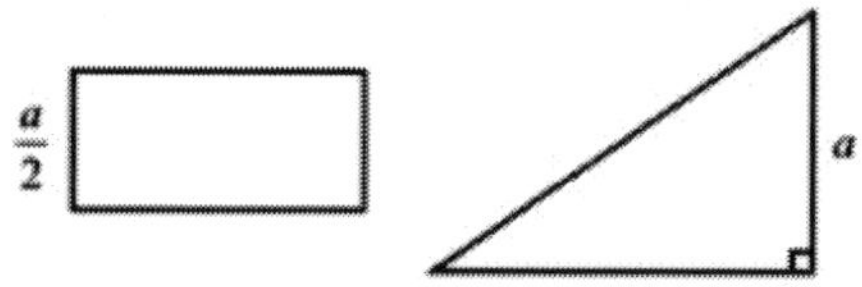

(non in scala)

Qual è il rapporto *a*:*b*?
A. 2:3
B. 3:4
C. 1:3
D. 1:2
E. 1:4

363) Un foglio di carta quadrato viene piegato a metà; si ottiene così un rettangolo che ha perimetro 18 cm. Qual è l'area del quadrato iniziale, espressa in cm²?

A. 32
B. 16
C. 48
D. 36
E. 64

364) La somma dei perimetri di un quadrato e di un triangolo equilatero è pari a 29 cm, mentre la lunghezza del lato del quadrato supera di 2 cm quella del lato del triangolo equilatero. Quanti centimetri quadrati misura l'area del triangolo?

A. $9\sqrt{3}/4$
B. $13\sqrt{3}/4$
C. $4\sqrt{3}$
D. $\sqrt{5}/3$
E. $11\sqrt{3}/4$

Triangoli

365) Due triangoli sono sicuramente uguali quando sono uguali:
A. le tre coppie di angoli
B. due lati e l'angolo compreso tra essi
C. un lato e l'angolo opposto ad esso
D. due lati e la somma degli angoli interni
E. due lati e l'angolo opposto ad uno di essi

366) Siano dati due triangoli rettangoli simili. Se il primo ha cateti di lunghezza 3 e 4 cm, e il secondo ha area pari al quadruplo dell'area del primo, qual è la lunghezza dell'ipotenusa del secondo triangolo?

A. 16 cm
B. 5 cm
C. 20 cm
D. 12 cm
E. 10 cm

Circonferenze

367) Di due cerchi, il primo ha area doppia del secondo. Qual è il rapporto tra la lunghezza della circonferenza del primo e quella della circonferenza del secondo?
A. 2
B. 2π
C. $2^{1/2}$
D. π
E. 2×2

368) Due cerchi hanno raggi di lunghezza l'una tripla dell'altra. Quale è il rapporto tra la misura della superficie del cerchio di raggio maggiore e quella della superficie del cerchio di raggio minore?

A. 3π
B. 9
C. 23

D. 3
E. π

369) Se la diagonale di un quadrato è uguale al diametro di un cerchio, dividendo l'area del cerchio per l'area del quadrato si ottiene:

A. $(\pi)^{1/2}/2$
B. $(\pi)^{1/2}/3$
C. π
D. $\pi/2$
E. $\pi/3$

370) L'area della porzione di piano S compresa tra le due semicirconferenze e il segmento AO di lunghezza r è:

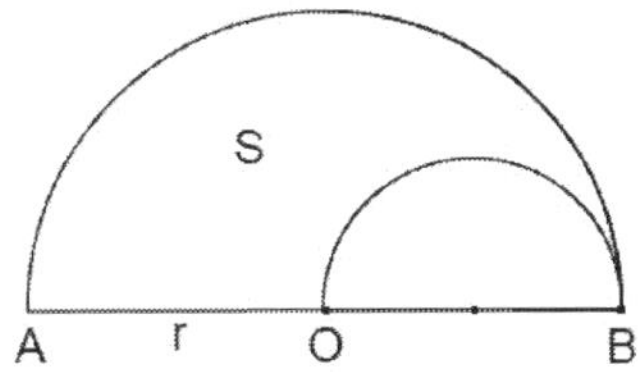

A. $r^2/2$
B. $\pi r^2/10$
C. $3\pi r^2/8$
D. $\pi r^2/6$
E. $r^2/3$

371) Nella figura seguente il cerchio e il semicerchio interni sono tangenti tra loro e con il semicerchio esterno. Poiché il semicerchio esterno ha raggio r e il cerchio intermedio ha, evidentemente, raggio r/2, quanto vale il raggio del semicerchio più piccolo di centro C?

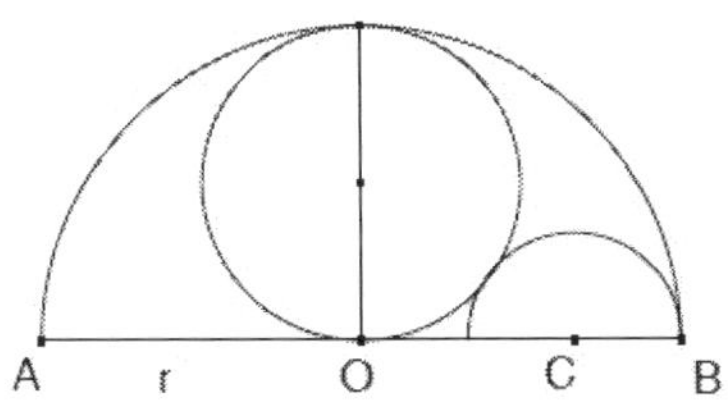

A. $r/6$
B. $r/4$
C. $2/9\ r$
D. $r/3$
E. $5/18\ r$

372) Dato un rettangolo di base doppia dell'altezza *h*, il raggio del cerchio equivalente misura:

A. $h\frac{\sqrt{2}}{\pi}$
B. $\frac{2}{\pi}\sqrt{h}$
C. $h\frac{2}{\sqrt{\pi}}$
D. $h\sqrt{\frac{2}{\pi}}$
E. $h\sqrt{\frac{3}{\pi}}$

373) Si consideri un triangolo equilatero di lato 4 cm. Su ciascun lato si costruisca un semicerchio. Stabilire quanto vale l'area della figura ottenuta.

A. $6\pi + 12$ cm^2
B. $6\pi - 4\sqrt{3}$ cm^2
C. $2\pi + \sqrt{3}$ cm^2
D. $6\pi + 4\sqrt{3}$ cm^2
E. $2\pi + 4\sqrt{3}$ cm^2

374) Un semicerchio e un quadrato hanno la stessa area. Determinare il rapporto tra il lato del quadrato ed il raggio del semicerchio.

A. $\pi^2/4$
B. $2/\pi$
C. $2^{1/2}$
D. $\pi^{1/2}/2^{1/2}$
E. $\pi/2$

Poligoni inscritti e circoscritti

375) Se l'area di un quadrato inscritto in un cerchio vale *A*, l'area del cerchio è:
A. $A \times \pi/2$

B. $A \times \sqrt{2}/2$
C. $A \times 2$
D. $A \times \pi$
E. $A \times \pi \times 2$

376) Ogni triangolo che sia inscritto in un cerchio e abbia un lato coincidente con un diametro dello stesso è:

A. equilatero
B. la condizione è impossibile
C. rettangolo
D. scaleno
E. isoscele

377) All'interno di una circonferenza (di raggio *R*) è inscritto un quadrato (di lato *L*). I vertici del quadrato stanno quindi sulla circonferenza. Quale relazione lega *L* a *R*?

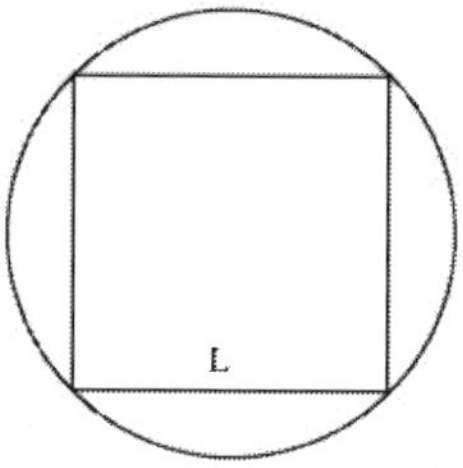

Raggio della circonferenza = R

A. $L = 2 \times R$
B. $L = 2^{1/2} \times R^{1/2}$
C. $L = 2^{1/2} \times R$
D. $L = 3{,}1416 \times R$
E. $L = R/2^{1/2}$

378) Il rapporto fra l'area del cerchio circoscritto a un quadrato e quella del cerchio inscritto nel medesimo quadrato è pari a:

A. 1,5
B. 3
C. 2,5
D. $\sqrt{2}$
E. 2

379) Un triangolo rettangolo isoscele ha un cateto pari ad 1. Quanto vale la lunghezza della circonferenza circoscritta al triangolo?

A. 2π
B. π
C. $\sqrt{2}\,\pi$
D. $\pi/\sqrt{2}$
E. $\pi/2$

Poligoni regolari. Poligoni qualsiasi

380) Un quadrato ed un triangolo equilatero hanno lo stesso perimetro. Qual è il rapporto tra il lato del quadrato e il lato del triangolo?

A. 4/3
B. 3/4
C. 2/3
D. 1
E. 1/2

381) Quale dei seguenti poligoni regolari di lato uguale ha l'area maggiore?

A. Pentagono
B. Quadrato
C. Rombo
D. Triangolo
E. Ottagono

382) La somma degli angoli interni di un pentagono non regolare:

A. ha il valore 360 gradi
B. il valore è sicuramente inferiore a 540 gradi
C. ha il valore 540 gradi
D. ha il valore 1080 gradi
E. il valore dipende dalla lunghezza dei lati

383) Sia ABCDEF un esagono regolare. Determinare l'ampiezza dell'angolo AEB.

A. 15°
B. 45°

C. 60°
D. 20°
E. 30°

Geometria solida

384) Che cosa si ottiene se si considera la sezione di un cilindro circolare retto con un piano perpendicolare all'asse del cilindro?

A. Un'iperbole
B. Un'ellisse
C. Un trapezio
D. Una circonferenza
E. Un triangolo

385) Il rapporto tra la misura del volume e la misura della superficie di una sfera di raggio r è:

A. $r/2$
B. r^2
C. π
D. $r/3$
E. πr

386) Un cono e un cilindro circolari retti hanno uguale altezza e il raggio di base del cono è uguale al diametro del cilindro. Detto V il volume del cono e W il volume del cilindro, il rapporto V/W è:

A. 4/3
B. 3/4
C. 2
D. 3
E. 1

387) Data una sfera di raggio R ed un cubo di lato L (con $R = L$), il rapporto fra le superfici è:

A. $4\pi/3$
B. $2\pi/3$
C. 2π
D. $6/2\pi$
E. $4/\pi$

388) Un cilindro ha raggio di base r e altezza h. Un cono ha raggio di base $2r$ e altezza $3h$. Il volume del cono rispetto al volume del cilindro sarà dunque:

A. doppio
B. quadruplo
C. uguale
D. sestuplo
E. triplo

389) Due sfere hanno raggi di lunghezza l'una tripla dell'altra. Quale è il rapporto tra la misura del volume della sfera di raggio maggiore e quella del volume della sfera di raggio minore?

A. π
B. 3π
C. 9
D. 27
E. 21

390) Se si fa ruotare un trapezio rettangolo intorno al lato ortogonale agli altri due, si genera:

A. un tronco di cono
B. un cono
C. un cilindro
D. un solido costituito da due coni uniti per la base
E. un tronco di piramide

391) Due coni C_1 e C_2 circolari retti hanno uguale base di raggio R. L'altezza H_1 del cono C_1 è uguale alla metà dell'altezza H_2 del cono C_2. In che rapporto stanno i volumi V_1 e V_2 dei due coni?

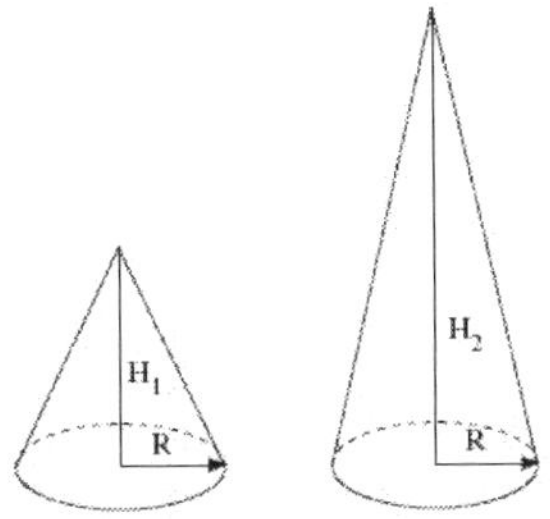

A. $V_1/V_2 = 1/2$
B. $V_1/V_2 = 1/3$
C. $V_1/V_2 = 1/9$
D. $V_1/V_2 = 1/\pi$
E. $V_1/V_2 = 1/4$

392) Dato un cilindro retto a base circolare di raggio R e altezza $h = 2R$, qual è il rapporto fra il suo volume e quello della sfera massima contenibile?

A. 3/2
B. $\pi/2$
C. 4/3
D. 3π
E. $6/\pi$

393) Dato un cubo di volume V_C ed una sfera di volume V_S (diametro sfera = lato del cubo), calcolare il rapporto $(V_C - V_S)/V_C$:

A. $\pi/3$
B. $1 - \pi/2$
C. $1 - \pi/6$
D. $\pi/2$
E. $\pi/6$

394) Il rapporto tra i volumi di due cubi è 4. Qual è il rapporto tra le loro superfici?

A. 3/2
B. $4^{2/3}$
C. 2
D. 4
E. 1/3

395) Due coni retti, a base circolare e di uguale altezza h, hanno raggi di base r e s, con $r = 0{,}5\ s$. In quale rapporto stanno i volumi rispettivi V (del cono con raggio di base r) e W (del cono con raggio di base s)?

A. $V/W = 1/3 \cdot 1/2$
B. $V/W = 1/4$
C. $V/W = 1/2$
D. $V/W = 1/6$
E. $V/W = 1/3$

396) Sono date due sfere di raggi rispettivamente R_1, R_2 e superfici S_1, S_2. Se $\frac{R_1}{R_2} = 8$ allora $\frac{S_1}{S_2}$:

A. 16
B. 2
C. 64
D. 8
E. 4

397) Un cilindro ha il raggio di base di 1 cm e l'altezza di 2 cm. Allora:

A. la superficie laterale è 4 cm^2
B. il volume è $2\pi\ cm^3$
C. la superficie totale è 6 cm^2
D. il volume è 2 cm^2
E. il rapporto tra volume e superficie totale è $\pi/3$ cm

398) Una sfera di marmo piena, la cui superficie misura $100\ \pi\ cm^2$, viene divisa in due parti uguali. Quanto vale (in centimetri quadrati) la superficie di ciascuna di queste parti?

A. 75 π
B. 50 π
C. 80 π
D. 70 π
E. 60 π

399) In un cubo i lati di ogni faccia, cioè gli *spigoli*, hanno lunghezza 2. Quanto distano i punti medi di due spigoli non complanari?

A. $\sqrt{5}$
B. $\sqrt{2}$
C. $\sqrt{6}$
D. $\sqrt{3}$
E. $\sqrt{7}$

400) Una piramide ha per base un triangolo rettangolo isoscele. L'ipotenusa del triangolo e l'altezza della piramide misurano *a*. Qual è il volume della piramide?

A. $a^3/12$
B. $a^3/8$
C. $a^3/6$
D. $\dfrac{a^3}{6\sqrt{2}}$
E. $\dfrac{a^3}{4\sqrt{3}}$

1.8 • Goniometria

Circonferenza goniometrica. Angoli in gradi e in radianti

401) La misura in radianti di un angolo di 60° è:
A. $\pi/2$
B. $\pi/7$
C. non esprimibile perché il radiante non è una misura degli angoli
D. $\pi/3$
E. $2\,\pi/3$

402) Dire quale, tra le seguenti affermazioni, è corretta:

A. 3,14 rad/sec = 2 π rad/sec
B. 1 giro/minuto = 2 π rad/sec
C. π rad/sec = 180°/sec
D. 6,28 rad/sec = 360°
E. 4,20 rad/sec = 360°

403) La terza parte di un angolo retto misura:

A. $\pi/2$ radianti
B. 45 gradi
C. $\pi/6$ radianti
D. 60 gradi
E. $\pi/3$ radianti

404) Quanto vale in gradi sessagesimali un angolo la cui misura in radianti è: 4/3 π?

A. 120°
B. 180°
C. 240°
D. 135°
E. 225°

405) Un angolo di 270 gradi in radianti misura:

A. $2\pi - \pi/3$
B. $\pi/2$
C. $(3/2)\pi$
D. $\pi + \pi/3$
E. π

406) Un vecchio orologio analogico con quadrante a 12 ore si è fermato e segna l'una e 36 minuti. L'ampiezza del più piccolo degli angoli tra la lancetta delle ore e quella dei minuti è:

A. 172°
B. 170°
C. 174°
D. 166°
E. 168°

Teorema della corda

407) Nel seguente quadrato ABCD, di lato *a*, il cerchio di centro O è inscritto nel triangolo ACD.

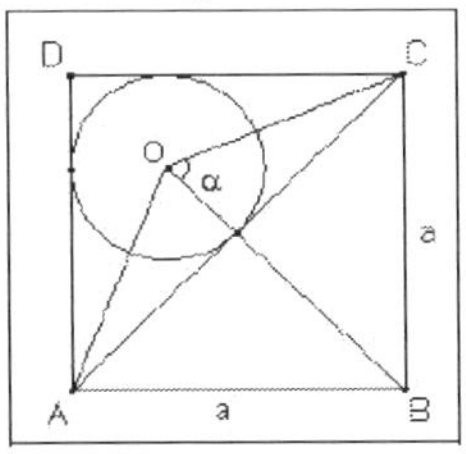

Qual è il valore in gradi dell'angolo *α* = BOC?
A. dipende dal valore del lato *a*

B. $\alpha = 65{,}5°$
C. $\alpha = 60°$
D. $\alpha = 72°$
E. $\alpha = 67{,}5°$

408) In un cerchio di raggio *r*, quanto è lunga una corda che dista dal centro un terzo di *r*?

A. $\frac{8\sqrt{2}}{3}r$
B. $\frac{5\sqrt{2}}{3}r$
C. $\frac{\sqrt{2}}{3}r$
D. $\frac{2\sqrt{2}}{3}r$
E. $\frac{4\sqrt{2}}{3}r$

Seno e coseno di un angolo

409) L'insieme dei valori assunti, per x reale, dalla funzione $f(x) = sen^2x$:

A. è l'insieme dei numeri reali
B. è l'intervallo $(0,\pi)$ estremi inclusi
C. è l'intervallo $(-2,2)$ estremi inclusi
D. è l'intervallo $(-1,1)$ estremi inclusi
E. è l'intervallo $(0,1)$ estremi inclusi

410) Calcolare il valore dell'espressione: $\cos\pi + \cos 2\pi + \cos 3\pi + \cos 4\pi + \ldots + \cos 10\pi$ [gli angoli sono misurati in radianti]

A. 1
B. –1
C. 10
D. 0
E. –10

411) Il coseno dell'angolo di 110° è:

A. maggiore del seno dell'angolo di 110°
B. maggiore di 1/2
C. uguale al coseno dell'angolo di 290°
D. negativo
E. nessuna delle altre risposte è corretta

412) L'espressione goniometrica sen 30° + cos 120° vale:

A. $\sqrt{3}$
B. 0
C. 1
D. $-\sqrt{3}$
E. 2

413) Nel piano riferito a coordinate cartesiane sia l'angolo HOA = α. La misura "orientata" del segmento OK, indicato nella figura seguente, rappresenta ...

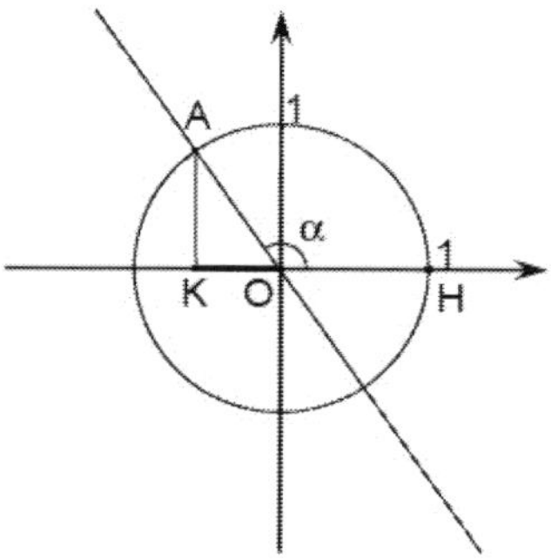

A. la tangente dell'angolo α
B. il seno dell'angolo α ed è negativo
C. il coseno dell'angolo α ed è positivo
D. il seno dell'angolo α ed è positivo
E. il coseno dell'angolo α ed è negativo

414) La funzione $f(x) = \frac{1}{2+\cos^2(x)}$ assume i seguenti valori:

A. $\frac{1}{3} < y < \frac{1}{2}$
B. $\frac{1}{3} \le y \le \frac{1}{2}$
C. $2 < y < 3$
D. $2 \le y \le 3$
E. $y < \frac{1}{3}, y > \frac{1}{2}$

415) L'espressione $\text{sen}\,\frac{\pi}{2} + 2\,\text{sen}\pi - 3\,\text{sen}\frac{3}{2}\pi - 2\,\text{sen}\frac{\pi}{6}$ vale:

A. 0
B. 2
C. –1
D. 5
E. 3

Tangente e cotangente di un angolo

416) Il valore di tg ($\pi/4$) è:

A. $\sqrt{2}$
B. $\sqrt{3/2}$
C. 3
D. 1
E. 1/2

417) Si consideri la funzione trigonometrica $y = \text{tg}\, x$ con $0 < x < 2\pi$ (x esprime l'ampiezza dell'angolo in radianti). I valori della funzione: tg 1, tg π/3, tg 3, tg π, disposti in ordine crescente, risultano:

A. tg 1, tg 3, tg π, tg π/3
B. tg π/3, tg π, tg 3, tg 1
C. tg π, tg 1, tg p/3, tg 3
D. tg 3, tg π, tg 1, tg π/3
E. tg 1, tg π/3, tg 3, tg π

418) Nel piano riferito a coordinate cartesiane sia *p* l'angolo (HOA). La misura "orientata" del segmento HP, rappresentato nella seguente figura, è:

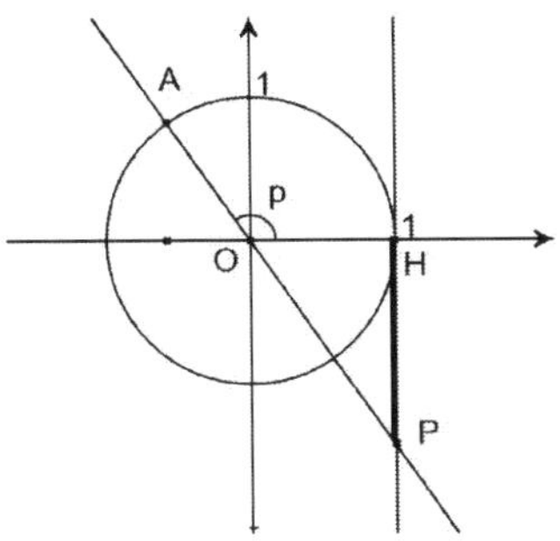

A. la tangente dell'angolo *p* ed è positiva
B. la cotangente dell'angolo *p* ed è negativa
C. la cotangente dell'angolo *p* ed è positiva
D. la tangente dell'angolo *p* ed è negativa
E. la secante dell'angolo *p* ed è positiva

Funzioni goniometriche fondamentali e loro grafici

419) Nell'intervallo $[0, 2\pi]$ le funzioni $y = \cos(x)$ ed $y = \text{sen}(x)$ sono entrambe positive per:

A. $x \in (0, \pi)$
B. $x \in \left(\frac{3}{2}\pi, 2\pi\right)$
C. $x \in \left(0, \frac{\pi}{2}\right)$
D. $x \in \left(0, \frac{\pi}{4}\right) \cup \left(\frac{7}{4}\pi, 2\pi\right)$
E. $x \in (\pi, 2\pi)$

420) Una sola delle seguenti funzioni ha periodo π. Quale?

A. $\text{sen}\, x + (\text{sen}\, x)^2$
B. $\text{sen}(x^2)$
C. $(\text{sen}\, x)^2$
D. $\text{sen}\, x + \cos x$
E. $x + \text{sen}\, x$

421) Si consideri la famiglia di funzioni del tipo $a\,\text{sen}\, x + b$ tali che $a > 0$, $b > 0$; il valore massimo della funzione è uguale a 3; il grafico della funzione incontra l'asse x. Qual è il valore minimo del parametro a per una funzione di questa famiglia?

A. 2/3
B. 3/4
C. 4/3
D. 3/2
E. 1/3

422) Qual è, tra i seguenti, l'intervallo di lunghezza maggiore sul quale la funzione $f(x)$ = sen x è invertibile?

A. $[-\pi, \pi]$
B. $[0, 2\pi]$
C. $[-\pi/2, \pi/2]$
D. $[0, \pi]$
E. $[0, \pi/2]$

Angoli associati

423) Per ogni α reale, è cos (360° + α) =
A. cos 360°
B. cos 36
C. cos α
D. sen (360° + α)
E. sen α

424) Se α non è un multiplo di π, cotg ($\pi + \alpha$) è uguale a:

A. –cotg α
B. cotg α
C. tg α
D. 3
E. cotg ($\pi - \alpha$)

425) Per qualunque α, è sen (360° – α) =

A. cos (360° + α)
B. tg α
C. sen α
D. cos 360°
E. –sen α

426) Determinare quale delle seguenti funzioni soddisfa la relazione $f(-x) = -f(x)$, per ogni numero reale x.

A. sen(x^2)
B. sen$^3(x)$
C. sen$^2(x)$
D. cos$^3(x)$
E. cos(x^3)

Formule goniometriche

427) Siano x e y numeri reali. Se $x + y = \pi$ radianti, la giusta identità è:
A. nessuna delle altre risposte è corretta
B. sen x + sen y = 0
C. cos x + cos y = 0
D. cos x + cos y = –1
E. sen x + sen y = 1

428) Il valore dell'espressione sen$^2\,\alpha$ – cos$^2\,\alpha$ è:

A. sen 2α
B. cos$^2\,\alpha$
C. sempre nullo
D. dipendente dal valore di α
E. sempre uguale a 1

429) Quale tra i seguenti è l'unico risultato equivalente a $\frac{\text{sen}20°}{\text{sen}70°}$?

A. $\frac{2}{7}$

B. sen$\left(\frac{2°}{7}\right)$

C. cos. 20
D. tan 70°
E. tan 20°

430) Per ogni x reale, la quantità 1 – cos$^2(2x)$ è sempre:

A. negativa o nulla
B. strettamente positiva
C. positiva o nulla
D. nessuna delle altre risposte è corretta
E. uguale a 4 sen^2x

431) Per ogni x reale la quantità sen $2x$ è uguale a:

A. sen$(x + 2)$
B. cos$^2(x)$ – sen$^2(x)$
C. 2 sen x
D. 2 sen$x$ cos$x$
E. 1 – cos$^2(x)$

432) Nell'intervallo $(-\pi/4, \pi/4)$ l'espressione tg(2x) è uguale a:

A. $\dfrac{\text{sen}(2x)}{\cos(2x)}$

B. $\dfrac{\text{sen}(2x)}{\sqrt{1-\text{sen}^2(2x)}}$

C. $\dfrac{\text{sen}(2x)}{1-\text{sen}^2(2x)}$

D. $\sqrt{\dfrac{2\text{sen}(x)\cos(x)}{\cos^2(2x)-\text{sen}^2(2x)}}$

E. 2 tg(x)

Equazioni e disequazioni goniometriche

433) Una delle soluzioni dell'equazione sen $x = +1$ è:

A. $x = -90°$
B. $x = 0°$
C. $x = 90°$
D. $x = 60°$
E. $x = 180°$

434) L'equazione $\text{sen}^2 x - 4\,\text{sen}\,x + 4 = 0$:

A. ha come soluzione $x = \pi/6$
B. ha come soluzione $x = \pi/8$
C. ha come soluzione $x = \pi/4$
D. non ha soluzioni
E. ha come soluzione $x = 2\pi/3$

435) L'equazione sen(2x) = 2:

A. ha tra le soluzioni il numero $x = \pi/2$
B. ha tra le soluzioni il numero $x = \pi/6$
C. è una identità
D. non ha soluzioni reali
E. ha tra le soluzioni il numero $x = \pi/4$

436) Nell'intervallo $[0, 2\pi]$ la disequazione sen (x) > cos(x) è verificata per:

A. $x \in \left(0,\ 2\pi\right)$

B. $x \in \left(\dfrac{7}{4}\pi, 2\pi\right)$

C. $x = \dfrac{\pi}{4}$ oppure $x = \dfrac{5}{4}\pi$

D. nessun valore della x

E. $x \in \left(\dfrac{\pi}{4}, \dfrac{5}{4}\pi\right)$

437) Nell'intervallo $(-\pi/2, \pi/2)$ la disequazione tg(x) > $\sqrt{3}$ è verificata se e solo se:

A. $\dfrac{\pi}{4} < x < \dfrac{\pi}{2}$

B. $\dfrac{\pi}{6} < x < \dfrac{\pi}{3}$

C. $\dfrac{\pi}{3} < x < \dfrac{\pi}{2}$

D. $-\dfrac{\pi}{2} < x < \dfrac{\pi}{3}$

E. $-\dfrac{\pi}{3} < x < \dfrac{\pi}{3}$

438) Nell'intervallo $[0, 2\pi]$, sen(x) = cos(x) se e solo se:

A. $x = \dfrac{\pi}{4}$ oppure $x = \dfrac{3}{4}\pi$

B. $x = 0$

C. $x = \dfrac{5}{4}\pi$ oppure $x = \dfrac{7}{4}\pi$

D. $x = \dfrac{\pi}{4}$ oppure $x = \dfrac{5}{4}\pi$

E. $x = \dfrac{\pi}{4}$

439) Nell'intervallo $(-\pi/2, \pi/2)$ la disequazione $-1 \le \text{tg}(x) \le 1$ è verificata:

A. se $-\dfrac{\pi}{6} \le x \le \dfrac{\pi}{6}$

B. se $-\dfrac{\pi}{4} \le x \le \dfrac{\pi}{4}$

C. sempre

D. mai

E. se $-\dfrac{\pi}{4} < x < \dfrac{\pi}{4}$

440) Nell'intervallo $[0, 2\pi]$ la disequazione $\frac{1}{2} \leq \text{sen}(x) \leq \frac{\sqrt{2}}{2}$ è verificata se e solo se:

A. $\frac{7}{6}\pi \leq x \leq \frac{5}{4}\pi$ oppure $\frac{7}{4}\pi \leq x \leq \frac{11}{6}$
B. $\frac{\pi}{6} \leq x \leq \frac{\pi}{4}$ oppure $\frac{3}{4}\pi \leq x \leq \frac{5}{6}\pi$
C. $\frac{\pi}{6} \leq x \leq \frac{\pi}{4}$
D. $\frac{\pi}{6} < x < \frac{\pi}{4}$ oppure $\frac{3}{4}\pi < x < \frac{5}{6}\pi$
E. $\frac{7}{6}\pi \leq x \leq \frac{5}{4}\pi$

Teoremi su triangoli qualsiasi

441) Siano *a*, *b*, *c* i lati di un triangolo qualsiasi, α l'angolo opposto al lato *a*, β l'angolo opposto al lato *b*, γ l'angolo opposto al lato *c*. Inoltre *A* rappresenti l'area del triangolo. Qual è la giusta relazione?

A. $b^2 = a^2 + c^2 - 2\, ca \cos\beta$
B. $b = a \,\text{sen}\beta$
C. $c = b \,\text{tg}\, \beta$
D. $\frac{a}{\text{sen}\,\alpha} = \frac{b}{\cos\beta}$
E. $A = ab \,\text{sen}\, \gamma$

Teoremi sui triangoli rettangoli

442) La semiretta PT è tangente alla circonferenza di raggio *r* nel punto T. Se il segmento *PO* misura 2*r*, l'angolo POT vale:

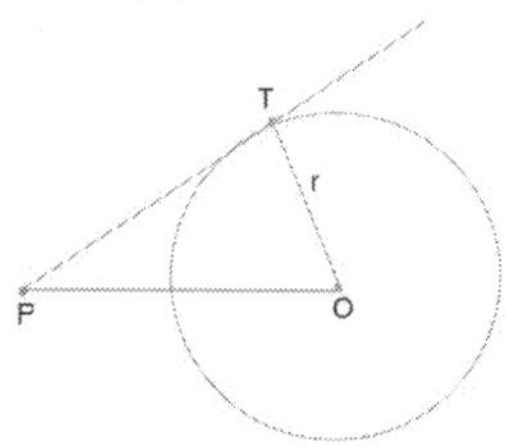

A. 45°
B. 30°
C. 54°
D. 60°
E. 72°

443) Il triangolo CAB della figura è rettangolo in A, ha l'ipotenusa che misura 2*a* e l'angolo in C che è di 60°. Le tre semicirconferenze aventi per diametro i lati del triangolo individuano due regioni, dette lunule, indicate in figura con L_1 e L_2. La somma delle aree di dette lunule è:

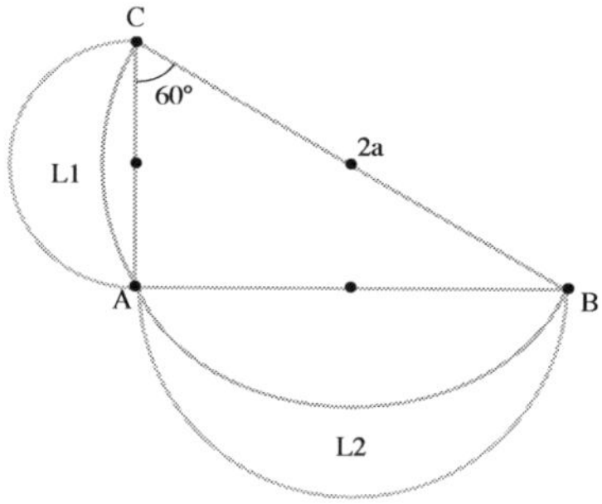

A. $2/3\ a^2$
B. $\pi/2\ a^2$
C. $\pi/8\ a^2$
D. $3/4\ \pi a^2$
E. $a^2\sqrt{3}/2$

444) Il triangolo *ABC* ha un angolo retto nel vertice *C*. La lunghezza del lato *AC* è di 5 cm. L'ampiezza dell'angolo *CAB* è di 60°. Viene tracciato un segmento dal vertice *C* fino ad intersecare nel punto *H* il lato *AB*, in modo che *CHB* risulti essere un triangolo rettangolo.

Qual è la lunghezza in centimetri del segmento *HB*?

A. 10
B. 2,5
C. $5\sqrt{3/2}$
D. 7,5
E. $5\sqrt{3}$

445) Considera gli angoli α, β in figura; quale tra la seguenti relazioni è corretta?

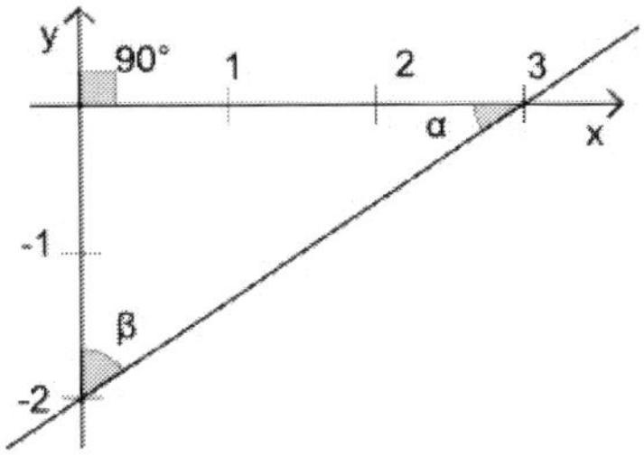

A. senβ < sen α
B. tanβ > tan α
C. senβ < cos α
D. cosβ > cos α
E. tgβ < cos α

446) Due triangoli rettangoli T_1 e T_2 hanno un cateto in comune. L'angolo di T_1 adiacente a tale cateto misura 60°, mentre l'angolo di T_2 adiacente al cateto misura 30°. Allora:

A. l'area di T_2 è circa il 36% di quella di T_1
B. l'area di T_2 è circa il 50% di quella di T_1
C. l'area di T_2 è circa il 33% di quella di T_1
D. l'area di T_2 è circa il 43% di quella di T_1
E. l'area di T_2 è circa il 25% di quella di T_1

447) La retta in figura passa per i punti $P(-2,0)$ e $Q(5,4)$ e forma un angolo β con l'asse delle x. Quanto vale tg β?

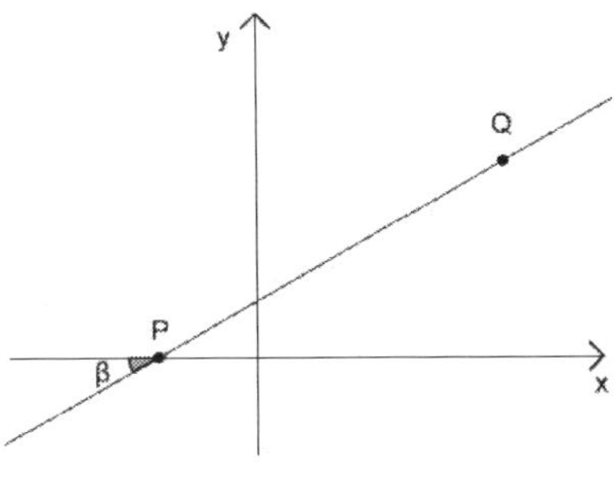

A. 5/4
B. 4/3
C. 4/5
D. 7/4
E. 4/7

1.9 • Probabilità, statistica e calcolo combinatorio

Disposizioni

448) Quanti sono i numeri naturali formati da al più quattro cifre dispari distinte?

A. 30
B. 205
C. 180
D. 120
E. 625

449) Quanti sono i numeri di tre cifre (non necessariamente distinte) che si possono scrivere con le cifre 2, 3 e 5?

A. 27
B. 6
C. 9
D. 15
E. 12

450) Dei numeri hanno le seguenti caratteristiche:

- **hanno almeno 3 volte 4 come cifra;**
- **sono minori di 1000;**
- **non contengono cifre dispari.**

Quanti sono i numeri con tali caratteristiche?

A. 3
B. 4
C. 1
D. 7
E. 2

Combinazioni

451) Ad un convegno partecipano 21 persone. Ciascuno dei partecipanti stringe la mano a ciascuno degli altri. Quante sono state complessivamente le strette di mano?

A. 420
B. 42
C. 25
D. 384
E. 210

452) Un pittore dispone di sei colori e vuole colorare un suo disegno in tanti modi quanti sono possibili combinando due colori, senza mai ripetere le combinazioni: quanti disegni colorerà?

A. 21
B. 14
C. 12
D. 20
E. 15

453) Quanti sono i modi distinti di realizzare un poker d'assi (4 assi e 1 carta diversa) scegliendo in un mazzo di 52 carte da gioco? (L'ordine di scelta delle carte non ha importanza)

A. 13
B. 4
C. 52
D. 48
E. 26

Definizione classica e definizione frequentista di probabilità

454) La probabilità che lanciando due dadi si ottengano due numeri la cui somma vale 5 è, rispetto a quella di ottenere due numeri la cui somma vale 4:

A. uguale
B. minore
C. maggiore
D. doppia
E. tripla

455) In un vassoio ci sono 100 caramelle di cui 35 all'arancia, 33 alla menta e 32 al limone. Prendendo a caso una caramella dal vassoio, qual è la probabilità che non sia alla menta?

A. 0,33
B. 0,65
C. 0,67
D. 0,68
E. 0,32

456) Due dadi vengono lanciati contemporaneamente. Qual è la probabilità di ottenere un punteggio minore o uguale a 4?

A. 1/18
B. 1/12
C. 1/6
D. 1/2
E. 1/9

457) Da un'urna contenente 20 palline numerate da 1 a 20, viene estratta, a occhi bendati, una pallina. Supponendo che tutte le palline abbiano le stesse probabilità di essere estratte, qual è la probabilità che esca una pallina contrassegnata da un quadrato perfetto?

A. 1/5
B. 1/10
C. 3/20
D. 1/4
E. 2/5

458) Supponiamo che un evento abbia probabilità $p = 0,4$. Allora l'evento ad esso complementare ha probabilità pari a:

A. 0,4
B. 0,6
C. 0,5

D. 1,4
E. non è possibile calcolarla

459) Nel lancio di un dado, qual è la probabilità che esca un numero dispari o maggiore di 4?

A. 4
B. 1/3
C. 3/6
D. 1/4
E. 2/3

460) Ho 7 nipoti, 2 maschi e 5 femmine. Ho comperato 5 regali di uno stesso tipo per le femmine e 2 regali di un altro tipo per i maschi. Se distribuisco a caso i regali, qual è la probabilità che entrambi i maschi ricevano il regalo per loro pensato?

A. 1/21
B. 1/49
C. 4/49
D. 2/21
E. 1/42

461) In un'urna sono contenuti 32 gettoni rossi e 8 bianchi. La probabilità di estrarre un gettone bianco è pari al:

A. 20%
B. 80%
C. 100%
D. 33%
E. 25%

462) La probabilità che lanciando 4 volte una moneta non truccata esca sempre testa è:

A. 1/4
B. 1/16
C. 1/8
D. 3/16
E. nessuna delle alternative è valida

Probabilità totale per eventi compatibili

463) In una scatola vi sono 10 lampadine, delle quali solo 7 non sono difettose. Estraendo a caso due lampadine contemporaneamente, la probabilità dell'evento E = "le lampadine sono entrambe non difettose" è:

A. 11/13
B. 7/15
C. 7/10
D. 8/15
E. 7/9

Probabilità totale per eventi incompatibili

464) Due eventi sono incompatibili quando:

A. il verificarsi dell'uno influenza la probabilità del verificarsi dell'altro
B. il verificarsi dell'uno non influenza la probabilità del verificarsi dell'altro
C. non possono verificarsi contemporaneamente
D. si verificano simultaneamente
E. avvengono in modi differenti

465) Supponiamo di avere due eventi A e B disgiunti tali che $P(A) = 0,3$ e $P(A \cup B) = 0,7$.

A. $P(B) = 0,4$
B. la probabilità di B non è calcolabile
C. $P(B) = 0,3$
D. $P(B) = 1$
E. $P(B) < 0,4$

Probabilità composta per eventi indipendenti

466) Se in un'urna sono contenute 10 palline numerate dall'1 al 10, qual è la probabilità di estrarre la pallina n. 5 estraendo insieme due palline?

A. 1/90

B. 1/80
C. 2/10
D. 2/90
E. 1/10 + 1/9

467) La probabilità che lanciando 3 monete si ottengano tre risultati identici (tutte teste ovvero tutte croci) è:

A. 2/3
B. 2/8
C. 1
D. 0
E. 3/8

468) Qual è la probabilità che lanciando 6 volte una moneta escano esattamente 4 teste?

A. 15/16
B. 1/16
C. 15/64
D. 5/32
E. 1/64

469) La probabilità che lanciando contemporaneamente 3 dadi escano un 2 e due 3 è:

A. 1/27
B. 1/54
C. 1/18
D. 1/216
E. 1/72

470) Se si lancia un dado 5 volte con quale probabilità il "2" esce esattamente 3 volte?

A. $1/6^3$
B. $5^2/6^5$
C. $2(5^3/6^5)$
D. 1/2
E. $(1/2)(5^2/6^2)$

471) La probabilità che con 4 lanci di dadi si ottenga sempre il numero 6 è:

A. 1/1296
B. 4/6
C. 1/216
D. 1/1000
E. 1/36

472) La probabilità che con cinque lanci di una moneta si verifichi l'evento croce – testa – croce – testa – croce è:

A. 1/4
B. 1/5
C. 1/100
D. 1/75
E. 1/32

Probabilità condizionata e formula di Bayes

473) Da un mazzo di 40 carte (10 cuori, 10 quadri, 10 fiori, 10 picche) se ne estraggono tre; qual è la probabilità che siano tre assi fra i quattro presenti, supponendo di non rimettere la carta estratta nel mazzo?

A. 1/2470
B. 3/10
C. 3/800
D. 4/3705
E. 1/120

474) Luca arriva in ritardo in classe una volta su 3 e quando arriva puntuale davanti a scuola, si attarda al bar con gli amici una volta su quattro. Qual è la probabilità che Luca entri puntualmente in classe?

A. 3/4
B. 1/2
C. 1/6
D. 1/4
E. 1/12

475) Si ha un'urna contenente 8 palline bianche. Qual è il numero minimo di palline rosse che bisognerebbe aggiungere perché, estraendo due palline

contemporaneamente, la probabilità che esse siano una bianca e una rossa sia 16/45?

A. 8
B. 10
C. 5
D. 3
E. 2

476) Un bambino ha un sacchetto contenente 12 cioccolatini e 8 caramelle; se ne pesca 2 a caso, la probabilità che abbia estratto 2 caramelle vale:

A. 14/95
B. 8/5
C. 1
D. 4/5
E. 3/5

477) Un sacchetto contiene palline: il 25% sono gialle, il 50% sono rosse e la parte restante sono verdi. Il 10% delle palline di ogni colore è difettoso. Le palline, anche quelle difettose, sono tra loro indistinguibili al tatto. Si estrae a caso una pallina. La si vorrebbe gialla (non importa se difettosa), oppure rossa, purché non difettosa. Qual è la probabilità che la pallina estratta sia del tipo desiderato?

A. 75%
B. 60%
C. 70%
D. 65%
E. 55%

Frequenza assoluta e relativa. Distribuzione statistica

478) Dati i seguenti valori: 1, 3, 4, 2, 5, 3, 3, 2, 6, 5, la frequenza relativa della classe 5 vale:

A. 0,2
B. 0,4
C. 0,5
D. 0,3
E. 0,8

479) La frequenza assoluta di una modalità di un carattere statistico è:

A. un rapporto statistico
B. la probabilità con cui essa si verifica
C. il numero di volte in cui essa si verifica
D. il numero di volte in cui essa si verifica rispetto al numero totale di prove effettuate
E. il numero di volte in cui essa si verifica meno il numero totale di prove effettuate

480) Si definisce variabile statistica:

A. una distribuzione di frequenze di un carattere quantitativo
B. una distribuzione di frequenze di un carattere qualitativo
C. la probabilità di un fenomeno ad assumere caratteristiche diverse durante la raccolta dati
D. l'attitudine di un fenomeno ad assumere modalità qualitative diverse tra di loro
E. un insieme di caratteristiche rilevate su una o più unità statistiche

Rappresentazione dei dati

481) In figura sono riportati i dati sulle vendite nell'anno 2008 di quattro ditte. Nel 2009 le vendite delle ditte Delta, Pinter e Grandi aumentano di 10 unità, mentre la ditta Ontario incrementa le sue vendite di 80 unità. Nel 2009 la percentuale di vendite sul totale della ditta Ontario è:

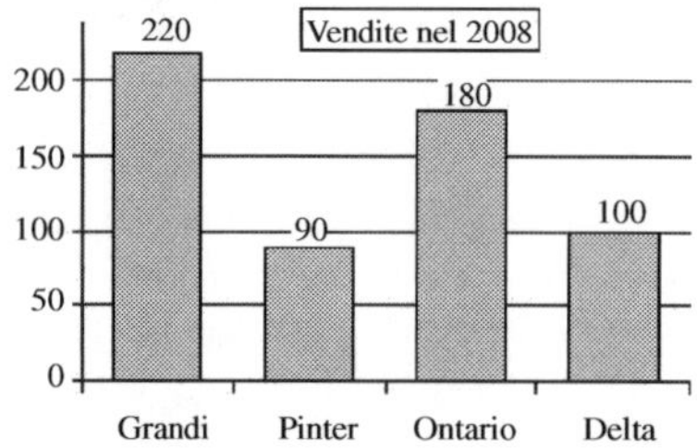

A. tra il 35% e il 40%
B. superiore al 40%
C. tra il 30% e il 35%
D. tra il 25% e il 30%
E. inferiore al 25%

482) Dati i seguenti valori 1, 3, 4, 2, 5, 3, 3, 2, 6, 5, il grafico a torta che li rappresenta sarà formato da:

A. 3 spicchi
B. 7 spicchi
C. 6 spicchi
D. 4 spicchi
E. 5 spicchi

Media aritmetica e media pesata

483) Un gruppo di 10 ciclisti è composto da 6 uomini e 4 donne. I 10 ciclisti pesano in media 74 kg. Il peso medio dei 6 uomini è 82 kg. Quanto pesano in media le 4 donne?

A. 63 kg
B. 64,5 kg
C. 62 kg
D. 66 kg
E. 72 kg

484) Uno studente universitario ha superato 4 esami, ed ha la media dei voti uguale a 23; quale è il voto minimo che lo studente dovrà prendere all'esame successivo affinché la media diventi almeno 25?

A. 28
B. 26
C. 30
D. 29
E. qualunque sia il voto all'esame successivo, la media non potrà raggiungere il valore 25

485) Il valor medio dei numeri 1/2, 2/3, 3/2 è uguale a:

A. 8/9
B. 7/9
C. 1
D. 11/9
E. 10/9

486) Un gruppo è costituito da 20 maschi con età media pari a 25 anni e da 10 femmine con età media pari a 37 anni. Qual è l'età media dell'intero gruppo?

A. 31 anni
B. 27 anni
C. 28 anni
D. 30 anni
E. 29 anni

487) L'altezza media di 5 amici è 180 cm. Se al gruppo si aggiunge un ragazzo alto 1,65 m, l'altezza media dei 6 amici diventa:

A. 177 cm
B. 174 cm
C. 177,5 cm
D. 167,5 cm
E. 172,5 cm

488) La media aritmetica di cinque numeri è 14. Se la media aritmetica dei primi due è 20, allora la media aritmetica degli altri tre è:

A. 10
B. 12
C. 14
D. 9
E. 8

Indici statistici di variabilità. Mediana. Moda

489) Delle seguenti successioni di dati, individuare quella che ha per moda il valore 4.

A. 7; 7; 4; 3; 1
B. 1; 4; 2; 1; 2
C. 1; 2; 3; 4; 5
D. 4; 2; 5; 4; 3
E. 3; 3; 8; 3; 3

490) Qual è la somma degli scarti della media aritmetica dei numeri 2, 4, 6, 8?

A. –5
B. –3
C. 0
D. 5
E. 3

491) Dati i seguenti valori 1, 3, 4, 2, 5, 3, 3, 2, 6, 5, la varianza vale:

A. 0
B. –2,24
C. 2,45
D. 2,24
E. –2,45

492) In questa serie di valori 12, 11, 10, 11, 11:

A. la media e la moda sono uguali, la mediana è diversa
B. hanno tutti valori diversi
C. la media e la mediana sono uguali, la moda è diversa
D. media, moda e mediana coincidono
E. mediana e moda coincidono, la media è diversa

493) Il coefficiente di variazione è:

A. il rapporto fra la media e la varianza
B. il rapporto tra la varianza e la media
C. il rapporto fra la media e lo scarto quadratico medio
D. una quantità adimensionale
E. il rapporto fra lo scarto quadratico medio e la media

494) Il campo di variazione dei seguenti valori 2, 8, 18, 35, 46, 71, 89 è:

A. 4
B. 10
C. 33
D. 44
E. 87

495) Dati i seguenti valori 1, 3, 4, 2, 5, 3, 3, 2, 6, 5, la mediana vale:

A. 3,4
B. 4
C. 3
D. 3,5
E. 4,5

496) Nelle prime 10 partite del campionato una squadra ha segnato il seguente numero di reti:

0 0 1 1 2 2 2 3 5 6

Qual è la somma di media, mediana e moda delle reti segnate nelle dieci partite?

A. 6,0
B. 7,7
C. 6,7
D. 6,5
E. 6,2

497) La deviazione standard di un insieme di dati è:

A. la somma algebrica degli scarti dalla media
B. la media aritmetica degli scarti dalla media
C. la media aritmetica dei quadrati degli scarti dalla media
D. la radice quadrata della media aritmetica dei quadrati degli scarti dalla media

E. la somma algebrica dei quadrati degli scarti dalla media

498) In una serie ordinata di 41 dati la mediana è:

A. il 21° dato
B. un dato compreso tra il 20° e il 21°
C. la media aritmetica del 19° e 20° dato
D. il 20° dato
E. la media aritmetica del 21° e 20° dato

499) La mediana di un numero pari di osservazioni:

A. è il valore più alto di una serie di osservazioni
B. non si può calcolare
C. è il valore più basso di una serie di osservazioni
D. corrisponde alla sommatoria di tutti i valori diviso il numero di osservazioni
E. corrisponde alla somma dei due valori centrali diviso 2

500) Il primo quartile di una distribuzione di frequenza:

A. coincide con la media
B. coincide con la mediana
C. è quel valore al di sotto del quale si trova 1/4 dei valori della distribuzione
D. è quel valore al di sopra del quale si trova 1/4 dei valori della distribuzione
E. è quel valore al di sotto del quale si trovano i 3/4 dei valori della distribuzione

RISPOSTE CORRETTE

1)	E	53)	A	105)	B	157)	D	209)	B
2)	E	54)	B	106)	E	158)	B	210)	D
3)	D	55)	B	107)	C	159)	D	211)	A
4)	D	56)	B	108)	A	160)	D	212)	A
5)	B	57)	D	109)	B	161)	A	213)	B
6)	C	58)	D	110)	B	162)	E	214)	C
7)	A	59)	A	111)	E	163)	D	215)	E
8)	C	60)	C	112)	B	164)	E	216)	B
9)	C	61)	C	113)	D	165)	D	217)	C
10)	C	62)	D	114)	A	166)	C	218)	C
11)	E	63)	D	115)	B	167)	B	219)	C
12)	A	64)	E	116)	E	168)	C	220)	B
13)	C	65)	E	117)	C	169)	C	221)	D
14)	D	66)	C	118)	A	170)	A	222)	B
15)	C	67)	B	119)	B	171)	E	223)	A
16)	B	68)	A	120)	B	172)	B	224)	D
17)	E	69)	A	121)	A	173)	C	225)	B
18)	B	70)	B	122)	C	174)	B	226)	B
19)	B	71)	C	123)	D	175)	A	227)	E
20)	A	72)	E	124)	E	176)	E	228)	B
21)	C	73)	D	125)	D	177)	D	229)	C
22)	B	74)	B	126)	C	178)	B	230)	E
23)	A	75)	E	127)	B	179)	C	231)	C
24)	A	76)	A	128)	A	180)	E	232)	E
25)	C	77)	C	129)	A	181)	A	233)	B
26)	A	78)	D	130)	C	182)	E	234)	B
27)	E	79)	B	131)	E	183)	C	235)	A
28)	A	80)	E	132)	C	184)	C	236)	A
29)	B	81)	E	133)	A	185)	A	237)	E
30)	E	82)	D	134)	C	186)	A	238)	C
31)	A	83)	A	135)	E	187)	D	239)	A
32)	E	84)	A	136)	A	188)	D	240)	C
33)	A	85)	C	137)	E	189)	C	241)	B
34)	C	86)	D	138)	C	190)	A	242)	C
35)	E	87)	A	139)	D	191)	C	243)	A
36)	E	88)	E	140)	B	192)	C	244)	C
37)	C	89)	D	141)	E	193)	E	245)	E
38)	E	90)	E	142)	E	194)	C	246)	A
39)	E	91)	B	143)	A	195)	C	247)	E
40)	D	92)	D	144)	A	196)	C	248)	E
41)	A	93)	E	145)	B	197)	E	249)	A
42)	D	94)	D	146)	E	198)	B	250)	E
43)	C	95)	A	147)	C	199)	B	251)	D
44)	B	96)	B	148)	E	200)	A	252)	B
45)	E	97)	A	149)	A	201)	B	253)	E
46)	C	98)	A	150)	D	202)	B	254)	A
47)	B	99)	E	151)	E	203)	C	255)	E
48)	E	100)	E	152)	B	204)	B	256)	E
49)	A	101)	A	153)	C	205)	E	257)	C
50)	E	102)	C	154)	E	206)	B	258)	A
51)	E	103)	C	155)	B	207)	D	259)	C
52)	C	104)	B	156)	C	208)	C	260)	B

261) B	309) B	357) A	405) C	453) D
262) A	310) E	358) C	406) E	454) C
263) B	311) E	359) D	407) E	455) C
264) A	312) E	360) D	408) E	456) C
265) E	313) C	361) B	409) E	457) A
266) D	314) A	362) A	410) D	458) B
267) C	315) B	363) D	411) D	459) E
268) D	316) A	364) A	412) B	460) A
269) D	317) E	365) B	413) E	461) A
270) E	318) D	366) E	414) B	462) B
271) E	319) C	367) C	415) E	463) B
272) C	320) C	368) B	416) D	464) C
273) C	321) E	369) D	417) D	465) A
274) B	322) A	370) C	418) D	466) C
275) A	323) C	371) D	419) C	467) B
276) C	324) B	372) D	420) C	468) C
277) D	325) E	373) D	421) D	469) E
278) B	326) B	374) D	422) C	470) C
279) D	327) D	375) A	423) C	471) A
280) D	328) C	376) C	424) B	472) E
281) B	329) B	377) C	425) E	473) A
282) A	330) B	378) E	426) B	474) B
283) A	331) C	379) C	427) C	475) E
284) D	332) A	380) B	428) D	476) A
285) E	333) D	381) E	429) E	477) C
286) A	334) C	382) C	430) C	478) A
287) B	335) B	383) E	431) D	479) C
288) D	336) B	384) D	432) A	480) E
289) B	337) E	385) D	433) C	481) A
290) A	338) C	386) A	434) D	482) C
291) D	339) A	387) B	435) D	483) C
292) C	340) C	388) B	436) E	484) E
293) B	341) C	389) D	437) C	485) A
294) D	342) B	390) A	438) D	486) E
295) A	343) C	391) A	439) B	487) C
296) E	344) B	392) A	440) B	488) A
297) C	345) A	393) C	441) A	489) D
298) B	346) B	394) B	442) D	490) C
299) C	347) A	395) B	443) E	491) D
300) C	348) E	396) C	444) D	492) D
301) D	349) D	397) B	445) B	493) E
302) A	350) E	398) A	446) C	494) E
303) E	351) C	399) C	447) E	495) C
304) A	352) B	400) A	448) B	496) E
305) A	353) D	401) D	449) A	497) D
306) E	354) C	402) C	450) C	498) A
307) E	355) E	403) C	451) E	499) E
308) D	356) B	404) C	452) E	500) C

CAPITOLO 2
Fisica

2.1 • Grandezze fisiche e vettori

Grandezze fisiche e misure > Grandezze omogenee ed unità di misura

1) Nel S.I., il prodotto di una forza per una distanza si esprime in:

A. watt/s
B. m/s
C. watt/m
D. newton · m
E. pascal/m^3

2) Quale delle seguenti espressioni è dimensionalmente corretta? (E = energia, W = potenza, F = forza, v = velocità, P = pressione, L = lunghezza, t = tempo, V = volume, m = massa).

A. V = F/tm
B. W = PV
C. W = FLt
D. F = E/L
E. F=L/E

3) Nel Sistema Internazionale l'unità di misura della pressione è il pascal. Quanto vale 1 pascal?

A. 1 N/m^2
B. 10 N
C. 1 atm
D. 10 kg/cm^2
E. 1 N/m

4) La seguente somma di grandezze: 10 m + 20 cm + 5 kg vale:

A. 35 kg · m
B. 1025 kg · cm
C. è indeterminata
D. 35 kg · cm
E. non ha senso

5) Quali fra queste grandezze fisiche sono omogenee?

A. Lavoro, potenza, calore
B. Energia interna, calore, pressione
C. Energia potenziale, potenziale elettrostatico, calore
D. Energia, calore, pressione
E. Lavoro, calore, energia cinetica

6) Le unità joule, erg, caloria, elettronvolt sono unità di misura dell'energia?

A. Tutte e 4
B. Nessuna
C. 2 sì 2 no
D. 3 sì 1 no
E. 1 sì 3 no

7) Le unità pascal, baria, watt, tesla sono unità di misura:

A. 3 di pressione, una di potenza
B. 2 di pressione, 2 di induzione magnetica
C. 1 di pressione, 2 di potenza, una di induzione magnetica
D. 2 di pressione, una di potenza, una di induzione magnetica
E. 2 di pressione, 2 di potenza

8) Quale/i dei seguenti prodotti tra grandezze ha/hanno le stesse unità di misura di un lavoro?

1. Pressione × volume
2. Massa × variazione di altezza
3. Carica × differenza di potenziale

A. Solo 2 e 3
B. Solo 1
C. Solo 2
D. Solo 1 e 3
E. Solo 3

Grandezze fisiche e misure > Prefissi per le unità di misura

9) Un millimetro cubo equivale alla:

A. millesima parte di un millimetro cubo
B. centesima parte di un centimetro cubo
C. decimillesima parte di un centimetro cubo
D. millesima parte di un centimetro cubo
E. decima parte di un centimetro cubo

10) Quale frazione di un centimetro è un micrometro?

A. La decima parte
B. La millesima parte
C. La decimillesima parte
D. La centesima parte
E. la ventesima parte

11) Un mA corrisponde a:

A. 10^{-3} A
B. 10^{-9} A
C. 10^{-5} A
D. 10^{-2} A
E. 10^{-6} A

12) Un nF corrisponde a:

A. 10^{9} F
B. 10^{10} F
C. 10^{-12} F
D. 10^{-3} F
E. 10^{-9} F

Grandezze fisiche e misure > Conversioni

13) La quantità normale di glucosio nel sangue è pari a circa 100 milligrammi per decilitro. Quanto glucosio c'è in 5 litri di sangue?

A. 10 grammi
B. 500 milligrammi
C. Nessuna delle altre risposte è corretta
D. 50 grammi
E. 1 grammo

14) Una atmosfera fisica equivale a:

A. nessuna delle altre risposte è corretta
B. 10,3 kg peso/cm^2
C. 9,8 N/cm^2
D. 1 N/m^2
E. 10,13 bar

15) Un punto si muove alla velocità v = 36 km/h. A quale valore in m/s tale velocità corrisponde?

A. 3,6 m/s
B. 36 m/s
C. 0,36 m/s
D. 36.000 m/s
E. 10 m/s

16) Se, in acqua di mare, il prodotto d · g (densità · accelerazione di gravità) ha un valore numerico vicino a 10^4, le adatte unità di misura saranno:

A. N/m^3
B. dyne/cm^2
C. joule/m^2
D. newton/m
E. pascal/m^2

17) Un solido di un certo materiale ha una densità uniforme di 2 g/cm^3 e un volume V_0 a una temperatura di 20° C. Il volume V del solido varia in funzione della temperatura T secondo la leg-

ge $V - V_0 = V_0 \times 0{,}002 \times (T - 20°)$. Se il solido ha una massa di 10 g, quale sarà il suo volume alla temperatura T = 40 °C?

A. 5,5 cm^3
B. 5,2 cm^3
C. 5,04 cm^3
D. 5,02 cm^3
E. 5,002 cm^3

Grandezze fisiche e misure > Cifre significative e cifre decimali

18) Qual è il valore arrotondato alla seconda cifra decimale del numero 0,3876?

A. 0,30
B. 0,37
C. 0,40
D. 0,39
E. 0,38

19) Il valore arrotondato alla terza cifra decimale del numero 0,7836 è:

A. 0,780
B. 0,785
C. 0,788
D. 0,784
E. 0,783

Grandezze fisiche e misure > Grandezze fondamentali e grandezze derivate

20) Quale dei seguenti gruppi di grandezze fisiche comprende solo grandezze fondamentali (e non derivate) del Sistema Internazionale?

A. Nessuna delle altre risposte è corretta
B. Resistenza elettrica, lunghezza, massa e tempo
C. Corrente elettrica, massa, lunghezza e tempo
D. Lunghezza, massa, tempo e forza
E. Lunghezza, massa, temperatura e forza

Grandezze fisiche e misure > Errore assoluto ed errore relativo

21) La misura di una massa è risultata essere 20 ± 0,5 mg. Quant'è l'errore relativo?

A. 0,5%
B. 25%
C. 5,0%
D. 20,05%
E. 2,5%

22) Un apparecchio di misura indica un valore pari a $1{,}33 \cdot 10^5$. Stimare l'errore relativo della misura sulla base delle cifre significative fornite:

A. 2%
B. 1,5%
C. 0,75%
D. 2,75%
E. 2,25%

Vettori > Grandezze scalari e grandezze vettoriali

23) Una grandezza scalare deve essere espressa:

A. da due numeri
B. da un numero puro
C. da un numero e dall'unità di misura
D. dall'unità di misura
E. da un numero e dalla relativa direzione

24) Individuare l'alternativa in cui le grandezze fisiche si susseguono secondo la serie: scalare, vettoriale, scalare.

A. Temperatura, volume, spostamento
B. Massa, volume, forza peso
C. Forza peso, massa, volume
D. Spostamento, volume, massa
E. Massa, forza peso, volume

Vettori > Calcolo vettoriale mediante il metodo grafico e proprietà dei vettori

25) Due forze uguali agiscono su di un corpo in direzioni perpendicolari l'una all'altra. Il modulo delle due forze è di 1 N. Quanto vale il modulo della forza complessiva?

A. 1 N
B. 22 N
C. 2 N
D. $2^{1/2}$ N
E. 0 N

26) Un bambino regge due cani di ugual peso con due guinzagli uguali. I cani partono di scatto. Il bambino perderà più facilmente l'equilibrio se le direzioni dei cani sono:

A. a 60 gradi
B. coincidenti con stesso verso
C. a 90 gradi
D. coincidenti con versi opposti
E. a 45 gradi

27) Due forze hanno lo stesso modulo F, formano tra loro un angolo $\alpha < 90°$ e sono applicate allo stesso punto. Il modulo della risultante è:

A. $2 \cdot F \cdot \cos(\alpha/2)$
B. $2 \cdot F \cdot \sin(\alpha/2)$
C. $F^2 \cdot \sin(\alpha)$
D. $2 \cdot F \cdot \sin(\alpha)$
E. $F^2 \cdot \cos(\alpha)$

28) Tre forze di uguale intensità *p* sono applicate ai vertici di una lamina a forma di triangolo equilatero e dirette come i lati, nel verso indicato in figura.

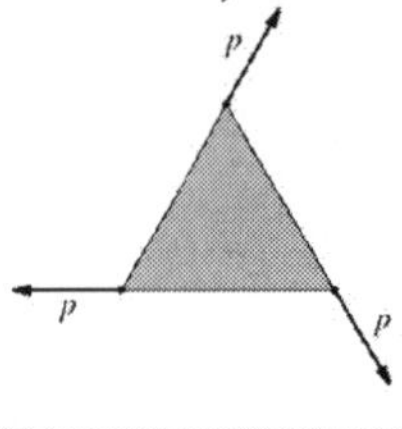

Il risultante di queste forze ha intensità pari a:

A. $p\sqrt{3}/2$
B. $2p$
C. $3p$
D. zero
E. p

Vettori > Prodotto scalare e prodotto vettoriale

29) Il prodotto scalare tra due vettori è positivo quando l'angolo α che essi formano tra loro è:

A. > 90°
B. = 45°
C. < 90°
D. < 45°
E. > 45°

30) Il prodotto vettoriale è un prodotto tra:

A. uno scalare e un vettore, con risultato uguale ad un vettore
B. uno scalare e un vettore, con risultato uguale ad uno scalare
C. due vettori, con risultato uguale ad uno scalare
D. due vettori, con risultato uguale ad un vettore
E. nessuna delle altre risposte è corretta

31) Il prodotto di due vettori non nulli:

A. è sempre uno scalare
B. può essere sia un vettore che uno scalare, a seconda del tipo di prodotto
C. è un vettore sempre nullo: solo gli scalari si possono moltiplicare tra di loro
D. ha come risultato un vettore che giace nello stesso piano dei due vettori
E. è sempre un vettore

2.2 • Cinematica in una dimensione

Velocità media, velocità istantanea e moto rettilineo uniforme

32) L'equazione x = 4t + 5, dove x è una lunghezza misurata in metri e t un tempo misurato in secondi, descrive:

A. nessuna delle altre risposte è corretta
B. uno stato di quiete
C. un moto uniformemente accelerato con accelerazione costante $a = 2\ m \cdot s^{-2}$
D. un moto uniforme con velocità costante $v = 4\ m \cdot s^{-1}$
E. un moto periodico

33) Un'auto viaggia a 120 km/h. Quanti metri percorre in un secondo?

A. 12 m
B. 0,12 m
C. 3,3 m
D. 33,3 m
E. 120 m

34) In auto percorriamo un primo tratto in leggera discesa di 100 km alla velocità costante di 100km/h, e un secondo tratto in salita di 100 km alla velocità costante di 50 km/h. Possiamo affermare che:

A. dato che abbiamo tratti in discesa, è impossibile che la velocità possa rimanere costante
B. il modulo del vettore velocità media può essere anche superiore a 100 km/h, dato che non ci muoviamo lungo una retta
C. la media delle velocità indicate dal tachimetro durante il moto è circa 66,7 km/h
D. la media delle velocità indicate dal tachimetro durante il moto è circa 75 km/h
E. nessuna delle altre risposte proposte è corretta, visto che non abbiamo tenuto conto della natura vettoriale della velocità

Accelerazione media, accelerazione istantanea e moto rettilineo uniformemente accelerato

35) Un moto uniformemente accelerato deve essere necessariamente:

A. a velocità costante
B. ad accelerazione crescente
C. a velocità crescente
D. nessuna delle altre risposte è corretta
E. ad accelerazione nulla

36) Se un corpo si muove di moto uniformemente accelerato, partendo con velocità iniziale nulla:

A. nessuna delle altre risposte è corretta
B. la velocità è costante
C. la distanza è proporzionale al tempo trascorso
D. l'accelerazione è nulla
E. la velocità è proporzionale al tempo trascorso

37) Una particella si muove lungo una linea retta ad una velocità di 5,0 m/s. Essa viene accelerata di 3,0 m/s² nella direzione e nel verso del suo moto. Quale sarà la sua velocità 4,0 secondi dopo l'inizio di questa accelerazione?

A. 12,0 m/s
B. 17,0 m/s
C. 11,0 m/s
D. 8,0 m/s
E. 19,0 m/s

38) Su di una autostrada rettilinea e pianeggiante, un motociclista viaggia ad una velocità di 75 km/h quando intravede una automobile in panne, ferma sulla

carreggiata. Il motociclista frenando arresta il suo veicolo in 90 m. Procedendo ad una velocità di 100 km/h e frenando con la stessa intensità, in quanto spazio si arresterebbe il veicolo?

A. 160 m
B. 180 m
C. 120 m
D. 115 m
E. 150 m

Moto di caduta libera

39) Un sasso viene lasciato cadere da fermo. Dopo 2 s la sua velocità è circa:

A. 10 m/s
B. 30 m/s
C. nessuna delle altre risposte è corretta
D. 20 m/s
E. 0 m/s

40) L'altezza dal suolo alla quale la velocità di un grave in caduta libera senza attriti, inizialmente a riposo a 12 m, uguaglia la metà di quella finale, è:

A. 9
B. 7
C. 3
D. 10
E. 6

41) Un corpo di ferro di 5 chili ed uno di piombo di 2 chili vengono lasciati cadere da dieci metri di altezza indipendentemente l'uno dall'altro. In un secondo esperimento i due corpi vengono strettamente legati insieme ed il corpo così composto è lasciato cadere dalla stessa altezza. Sapendo che l'effetto dell'attrito dell'aria è trascurabile, si indichi quale delle affermazioni seguenti è l'UNICA CORRETTA quando si confronti il moto effettuato dai due corpi con quello del corpo composto:

A. il corpo leggero tende a frenare il corpo più pesante perché pesa di meno
B. il corpo composto segue un moto che dipenderà da come è stato legato
C. il corpo più pesante tende a frenare il corpo più leggero perché ha maggiore inerzia
D. i tre corpi seguono lo stesso moto di caduta
E. i tre corpi seguono tre distinti moti perché i materiali sono diversi

Grafici dei moti rettilinei

42) Consideriamo un tram nel percorso rettilineo fra due fermate. Se per metà percorso l'accelerazione è $a = a_1$ mentre nella seconda metà è $a = -a_1$, quale sarà il grafico della velocità? (a1 è costante positiva, t_1, t_2, t_3 sono gli istanti in cui il tram si trova rispettivamente all'inizio, a metà e alla fine del percorso)

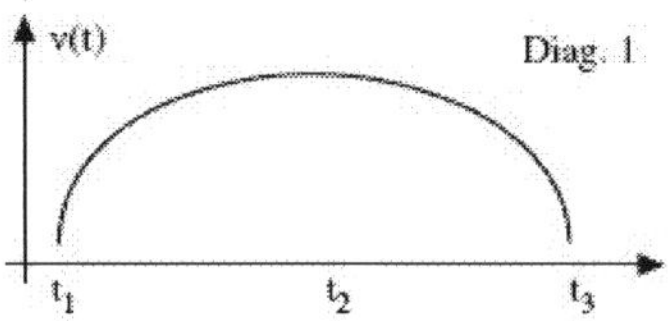

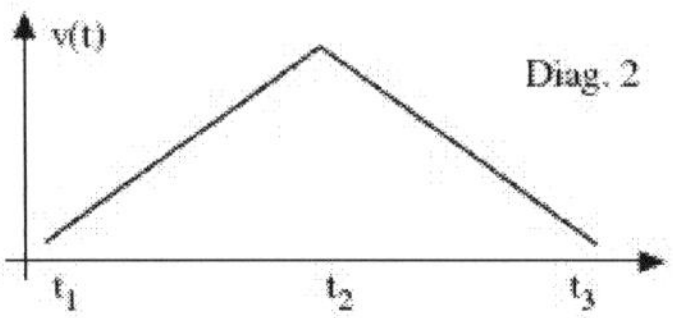

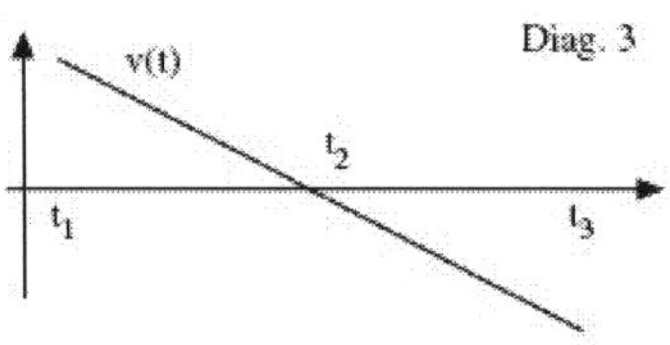

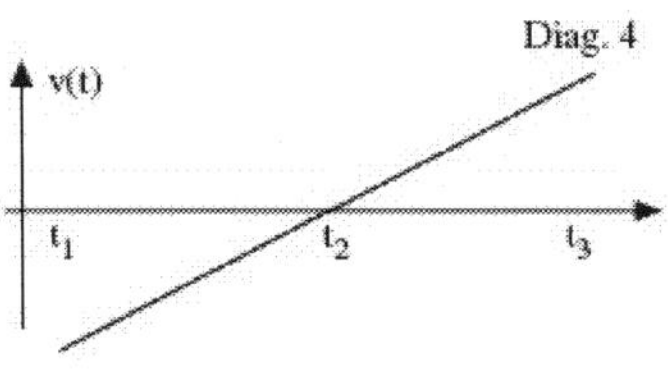

A. Nessuno dei 4
B. Diagramma 2
C. Diagramma 4
D. Diagramma 3
E. Diagramma 1

43) Quale dei seguenti moti, rappresentato in un piano cartesiano con il tempo in ascissa e lo spazio percorso in ordinata, viene descritto con una parabola?

A. Moto vario
B. Moto rettilineo uniformemente accelerato
C. Moto armonico semplice
D. Moto circolare uniforme
E. Moto rettilineo uniforme

2.3 • Moto in due dimensioni

Vettore velocità e vettore accelerazione

44) In quale dei seguenti moti l'accelerazione normale è nulla?

A. Moto circolare uniforme
B. Moto circolare accelerato
C. Moto parabolico
D. Moto armonico semplice
E. Moto rettilineo uniformemente accelerato

45) È possibile che un corpo che si muove di moto uniforme sia dotato di accelerazione?

A. No, mai
B. Sì, se il corpo è sottoposto alla forza peso
C. Sì, se il moto avviene in aria
D. Sì, se la traiettoria è curva
E. Sì, se il moto è rettilineo

Moto parabolico del proiettile

46) Dire quale, tra le seguenti affermazioni sul moto bidimensionale di un proiettile, è corretta:

A. velocità e accelerazione sono ortogonali nel punto più alto della traiettoria
B. la velocità si annulla nel punto più alto della traiettoria
C. l'accelerazione si annulla nel punto più alto della traiettoria
D. l'accelerazione è sempre ortogonale alla traiettoria
E. la velocità è sempre costante

47) Durante il moto di un proiettile la componente del vettore velocità lungo l'asse x è:

A. funzione del tempo al quadrato
B. il prodotto dell'accelerazione per il tempo
C. funzione lineare del tempo
D. nulla
E. costante nel tempo

Moto circolare

48) Un oggetto di massa m = 0,5 kg, legato ad una fune, viene fatto ruotare su una traiettoria circolare ad una frequenza di 2 Hz. Qual è la sua velocità angolare in radianti al secondo?

A. $3\ \pi/s$
B. $2\ \pi/s$
C. $6\ \pi/s$
D. $1{,}5\ \pi/s$
E. $4\ \pi/s$

49) Una valigia munita di rotelle con raggio di 5 cm viene trascinata a 7,2 km/h. La velocità angolare delle rotelle, espressa in unità S.I., è:

A. 40
B. $4 \cdot 10^{-2}$
C. 50
D. 50/2
E. 30

50) Un'asta è fatta ruotare in un piano verticale attorno ad uno dei suoi estremi (A). All'altro estremo è incollata una pallina che, ad un certo istante, quando si trova nel punto più alto della traiettoria, si stacca. Da quel momento la pallina cade:

A. con moto armonico semplice
B. verticalmente
C. di moto parabolico
D. di moto circolare
E. con un moto che è la combinazione di un moto circolare attorno all'estremo A e di un moto parabolico di caduta

51) Una pallina è soggetta a moto circolare uniforme, su un piano orizzontale, senza attriti, trattenuta da un filo.

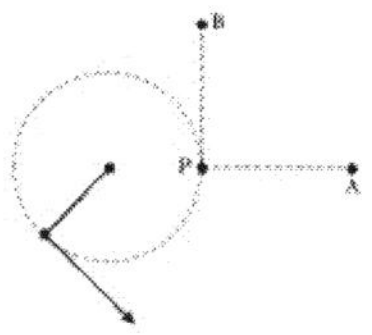

Quando passa per P viene liberata. Si può dire che:

A. colpirà né A né B
B. colpirà B
C. colpirà A
D. inizia moto accelerato
E. inizia moto ritardato

52) Una fionda è costituita da un sasso vincolato a percorrere 5 giri al secondo lungo una circonferenza di raggio L = 1 m per mezzo di una corda rigida. Quando il sasso si stacca dalla corda la sua velocità è:

A. diversa per sassi di massa diversa
B. pari alla velocità del suono
C. di circa 300 m/s
D. di circa 30 m/s
E. di 5 s

53) Un giradischi si muove a 45 giri al minuto. Per calcolare la velocità angolare in radianti / secondo, quale dei seguenti calcoli è CORRETTO?

A. Manca il valore del raggio del disco per poter eseguire il conto
B. Velocità angolare = 45 $(2\pi)/360$ = 0,8 radianti / secondo
C. Velocità angolare = 45 $(2\pi)/60$ = 4,7 radianti / secondo
D. Velocità angolare = 45 $(2\pi)/180$ = 1,6 radianti / secondo
E. Velocità angolare = 45/60 = 0,75 radianti / secondo

Moto armonico

54) Il moto armonico è un moto:

A. uniformemente ritardato
B. con velocità costante
C. uniformemente accelerato
D. uniforme
E. periodico

55) Un moto si dice periodico quando:

A. le variabili del moto assumono gli stessi valori ad intervalli di tempo uguali
B. ha traiettoria ellittica e velocità variabile
C. le grandezze fisiche che vi compaiono hanno sempre gli stessi valori
D. l'accelerazione del mobile non è mai nulla
E. la velocità del mobile è sempre costante

56) La frequenza f in un moto armonico è legata al periodo T dalla relazione:

A. $f = T^{-1}$
B. $f = 2\pi/T$
C. $f = 2\pi T$
D. nessuna delle altre risposte è corretta
E. $f = T$

57) Quante operazioni elementari binarie compie un computer con un microprocessore di frequenza pari a 3GHz in 10 secondi?

A. 3 miliardi di operazioni
B. 30 miliardi di operazioni
C. 3 milioni di operazioni
D. 30 milioni di operazioni
E. 300 milioni di operazioni

Moti relativi

58) La traiettoria risultante dal moto circolare uniforme di un punto in un piano, quando il piano si muove di moto rettilineo uniforme lungo la perpendicolare al piano stesso, è:

A. una parabola
B. curvilinea
C. un'elicoide
D. un'ellisse
E. un'iperbole

59) Una macchina che viaggia alla velocità di 100 km/h incrocia un'altra macchina proveniente in senso opposto che viaggia alla velocità di 50 km/h. La velocità relativa tra le due automobili vale:

A. 75 km/h
B. 25 km/h
C. 150 km/h
D. 50 km/h
E. 120 km/h

60) Un elicottero sta viaggiando in direzione Nord Ovest a una velocità di circa 70 km/h rispetto al suolo, in assenza di vento. Entra in una regione in cui sta spirando un vento in direzione Nord Est alla velocità di circa 70 km/h rispetto al suolo. Con che velocità si muoverà l'elicottero rispetto al terreno, se mantiene, rispetto all'aria, la stessa velocità che aveva prima?

A. a circa 70 km/h
B. a circa 0 km/h
C. a circa 100 km/h
D. a circa 140 km/h
E. a circa 50 km/h

2.4 • Principi della dinamica

Concetto di forza

61) Osservando un oggetto perfettamente immobile in galleggiamento nel mare, che cosa si può dire delle forze che agiscono su di esso?

A. Agiscono solo le forze convettive delle correnti marine che lo tengono sollevato dal fondo
B. La forza peso non agisce in mare
C. La forza di Archimede risulta maggiore di tutte le altre forze
D. Non agisce alcuna forza
E. Agiscono più forze, ma la loro risultante è nulla

62) Un corpo di massa m è inizialmente a riposo. La velocità del corpo varia uniformemente da zero a v nel tempo t. Cosa rappresenta l'espressione mv/t per il corpo considerato?

A. L'accelerazione media
B. La quantità di moto finale
C. La forza risultante
D. La potenza media
E. L'energia cinetica finale

La prima legge di Newton

63) In assenza di attrito ad un corpo viene applicata una forza F per un tempo t. Quando cessa l'applicazione della forza, il corpo:

A. si muove solo di moto armonico
B. continua a muoversi di moto rettilineo uniforme
C. continua a muoversi di moto uniformemente ritardato
D. si ferma
E. continua a muoversi di moto uniformemente accelerato

64) La prima legge di Newton afferma che:

A. il campo gravitazionale è un campo conservativo
B. un corpo non soggetto a forze esterne permane nel suo stato di quiete o di moto rettilineo uniforme
C. la somma dell'energia potenziale e dell'energia cinetica è costante
D. un corpo soggetto ad una forza prosegue di moto accelerato variabile
E. un corpo soggetto ad una forza acquista una accelerazione proporzionale ad essa

65) Quando cessa istantaneamente l'azione di qualunque forza su un corpo di massa m:

A. il corpo si arresta
B. il corpo prosegue con moto rettilineo uniforme
C. il corpo decelera fino a ritornare alla velocità iniziale
D. nulla cambia
E. il corpo ricade compiendo una traiettoria parabolica

La seconda legge di Newton

66) Su un corpo di 100 g inizialmente fermo agisce una forza costante di 10 N. Il moto del corpo sarà:

A. uniformemente accelerato con a = 0,1 m/s^2
B. uniformemente accelerato con a = 10^2 m/s
C. uniforme alla velocità costante di 100 m/s
D. uniformemente accelerato con a = 100 m/s^2
E. uniformemente accelerato con a = 1 m/s^2

67) Applicando una forza della medesima intensità a corpi diversi, i due corpi acquistano:

A. accelerazioni direttamente proporzionali alle masse
B. accelerazioni inversamente proporzionali alle masse
C. la stessa accelerazione
D. velocità direttamente proporzionali alle accelerazioni
E. la stessa velocità

68) Un corpo sottoposto ad una forza F si muove con un'accelerazione:

A. indipendente da F
B. parallela ad F
C. inversamente proporzionale ad F
D. perpendicolare ad F
E. proporzionale alla massa

69) Due forze, fra di loro perpendicolari, di intensità 3 N e 4 N, agiscono simultaneamente su di un corpo di massa 5 kg. L'accelerazione che esse producono è:

A. 5 m/s^2
B. 0,1 m/s^2
C. 0,5 m/s^2
D. 5 m/s
E. 1 m/s^2

70) Una stessa forza applicata a corpi diversi produce:

A. la stessa velocità
B. la stessa velocità ma diversa potenza
C. la stessa accelerazione

D. accelerazioni direttamente proporzionali alle masse
E. accelerazioni inversamente proporzionali alle masse

71) Il Titanic aveva una massa di 6×10^7 chilogrammi. Quale forza applicata era necessaria per imprimere un'accelerazione di 0.1 metri al secondo per secondo (senza tener conto degli attriti a cui poteva essere sottoposto)?

A. $6 \times 10^7 \times 9{,}8 \times 0{,}1 = 5{,}9 \times 10^7$ Newton
B. $6 \times 10^7 \times 9{,}8 = 5{,}9 \times 10^8$ Newton
C. $6 \times 10^7 / 0{,}1 = 6 \times 10^8$ Newton
D. $6 \times 10^7 \times 0{,}1 = 6 \times 10^6$ Newton
E. Una forza pari al suo peso

72) Il sistema mostrato in figura è privo di qualsiasi attrito ed è in equilibrio. Sono note le masse m_1 ed m_2 ed è noto l'angolo di inclinazione del piano α. Considerando la fune ideale, quanto vale la sua tensione T? (Si consideri l'accelerazione di gravità terrestre pari a g)

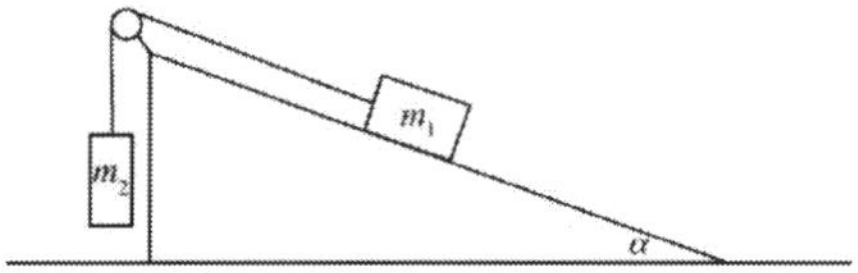

A. $T = (m_1 \sin \alpha + m_2)g$
B. $T = m_2 g \sin \alpha$
C. $T = m_1 g$
D. $T = m_1 g \sin \alpha$
E. $T = m_2 g \cos \alpha$

La terza legge di Newton

73) Due barche di massa diversa si accostano tirandosi con una fune. Quale di queste affermazioni è vera?

A. Le due barche hanno stessa velocità ma diversa potenza
B. La barca più grande sta ferma
C. La forza che fanno i marinai sulla barca grande è minore di quella che fanno quelli sulla barca piccola
D. Gli spostamenti delle due barche sono diversi
E. La velocità delle due barche rispetto all'acqua è uguale

74) Un uomo dà un calcio a una bottiglia che si trova ai suoi piedi. La forza esercitata dalla bottiglia sull'uomo è:

A. uguale alla forza esercitata dall'uomo sulla bottiglia
B. nulla
C. la sua intensità dipende dalla direzione del calcio
D. maggiore della forza esercitata dall'uomo sulla bottiglia
E. minore della forza esercitata dall'uomo sulla bottiglia

Forza peso

75) La massa di una persona è 70 kg. Il suo peso è:

A. 70 + 9,8 kg
B. 70/9,8 kg
C. 70 · 9,8 N
D. 70/9,8 N
E. 70 · 9,8 kg

76) Per conoscere la forza esercitata da un oggetto dal peso di 10 newton appoggiato sul pavimento di una stanza, occorre conoscere:

A. la posizione dell'oggetto rispetto alla superficie del pavimento
B. la densità del corpo
C. niente altro
D. l'area della superficie su cui poggia il corpo
E. l'area della superficie su cui poggia il corpo e la posizione del baricentro

77) Nel Sistema Internazionale, un corpo di massa 5 kg ha peso:

A. 4,9 N
B. 49 N
C. 9,8 N
D. 1,96 N
E. 50 N

78) L'accelerazione di gravità sulla Luna è circa 1/6 di quella sulla Terra. La massa di un uomo che si trova sulla Luna è:

A. uguale a quella che ha sulla Terra
B. 6 volte quella che ha sulla Terra
C. 1/36 di quella che ha sulla Terra
D. 36 volte quella che ha sulla Terra
E. 1/6 di quella che ha sulla Terra

79) Il peso di un corpo sulla Luna è minore del peso dello stesso corpo sulla Terra perché:

A. il raggio della Luna è minore della massa della Terra
B. il rapporto tra la massa e il quadrato del raggio è minore per la Luna che per la Terra
C. la massa della Luna è minore della massa della Terra
D. la Luna è priva di atmosfera
E. l'accelerazione di gravità diminuisce con l'aumentare della distanza della Terra

Forza elastica

80) Un filo elastico segue la legge di Hooke se:

A. dopo essere stato allungato, ritorna alla lunghezza iniziale
B. è di gomma
C. la forza e l'allungamento sono proporzionali
D. la forza è uguale all'allungamento
E. la forza ne impedisce l'allungamento

81) Una molla viene sollecitata con una forza di 100 N, subendo un allungamento di 50 mm; la costante elastica della molla vale:

A. 20 kN/m
B. 20 N/mm
C. 2 N/m
D. 2 kN/m
E. 20 N/m

Forza di attrito

82) Un blocco di materiale di massa 2 kg è sottoposto ad una forza F = 2 N costante e parallela al piano di appoggio; si verifica che il moto risultante è uniformemente accelerato con accelerazione pari a 0.5 m/sec^2. Se ne conclude che la forza d'attrito:

A. vale 1 N
B. è ortogonale al piano di appoggio
C. è metà della forza F ed ha la stessa direzione e verso
D. è nulla
E. varia lungo il percorso

La legge della gravitazione universale di Newton e le leggi di Keplero

83) La legge di gravitazione universale afferma tra l'altro che due masse si attraggono con una forza:

A. inversamente proporzionale al quadrato della distanza
B. direttamente proporzionale alla loro distanza
C. inversamente proporzionale al prodotto delle masse
D. nessuna delle altre risposte è corretta
E. indipendente dai valori delle masse

84) Qual è l'unità di misura della costante G usata nella legge di gravitazione universale $F = Gm_1m_2/r^2$?

A. $Nm^2\ kg^{-2}$
B. $kg\ m^{-2}$
C. $m^2\ kg^{-1}$
D. $Nm^{-2}kg^2$
E. $kg^3\ m^{-2}$

85) Il peso di un corpo, a livello del mare, varia con la latitudine; le due cause principali sono:

A. la Terra ruota e non è sferica
B. le azioni della Luna e del Sole
C. la massa del corpo non è costante e la Terra non è sferica
D. la massa del corpo non è costante e la Terra ruota
E. la massa del corpo e la forza gravitazionale

86) Un astronauta in orbita non avverte alcuna sensazione di peso. Perché?

A. Al di fuori dell'atmosfera la forza di gravità è nulla
B. Per l'assenza dell'atmosfera
C. A quella distanza dalla Terra la forza di gravità è del tutto trascurabile
D. La forza di gravità produce la stessa accelerazione sull'astronauta e sulla navicella
E. Si è raggiunto un equilibrio tra la forza di gravità della Terra e quella della Luna

87) Su un pianeta, che abbia una densità pari a quella della terra, ma raggio pari solo alla metà di quello terrestre, un corpo che sulla superficie terrestre abbia un peso P, avrà un peso:

A. pari al doppio di P
B. uguale a P
C. pari alla metà di P
D. pari a quattro volte P
E. pari a un quarto di P

88) Il vettore accelerazione di gravità g, in ogni punto della superficie terrestre:

A. esprime la sola intensità del campo gravitazionale
B. esprime la sola direzione del campo gravitazionale
C. esprime il rapporto costante tra forza gravitazionale e volume del corpo
D. non ha nessuna relazione con il campo gravitazionale
E. esprime l'intensità, la direzione e il verso del campo gravitazionale

2.5 • Lavoro, energia e quantità di moto

Periodo di oscillazione di un pendolo semplice

89) Fra tutte le seguenti operazioni, una soltanto fa raddoppiare il periodo di oscillazione di un pendolo semplice che compie piccole oscillazioni attorno alla sua posizione di equilibrio. Quale?

A. Quadruplicare l'ampiezza di oscillazione del pendolo
B. Quadruplicare la lunghezza del pendolo
C. Raddoppiare la massa del pendolo
D. Triplicare la lunghezza e la massa del pendolo
E. Raddoppiare l'ampiezza di oscillazione del pendolo

90) Un pendolo ha un periodo di oscillazione di 1 s. Se si quadruplica la lunghezza del pendolo, che valore assumerà il periodo?

A. $2^{1/2}$ s
B. 4 s
C. 3 s
D. 0,25 s
E. 2 s

91) Due lampadari di una cattedrale, di peso e forma diversi, sono appesi a due catene di lunghezza disuguale. Nello spolverarli il sacrestano li fa leggermente oscillare e ne cronometra i periodi di oscillazione. Cosa ne può dedurre?

A. I periodi di oscillazione dipendono dalla lunghezza delle catene
B. I periodi di oscillazione dipendono dalla lunghezza delle catene e dal peso dei lampadari
C. I periodi di oscillazione dipendono dal peso dei lampadari
D. I periodi di oscillazione dipendono dalla forma e dal peso dei lampadari
E. I periodi di oscillazione dipendono solo dalla spinta iniziale

Lavoro compiuto da una forza

92) Per saltare un ostacolo, un uomo che ha una massa di 70 kg deve innalzare il proprio baricentro di 1,5 m. Quale lavoro (in valore assoluto) viene fatto dalla forza peso?

A. 70 kg · 1,5 m · 9,81 m/s^2 = 1030 chilogrammetri
B. La forza peso non compie alcun lavoro
C. 70 kg · 1,5 m · 9,81 m/s^2 = 1030 calorie
D. 70 kg · 1,5 m · 9,81 m/s^2 = 1030 joule
E. 1/2 · 70 kg · 1,5 m · (9,81 m/s^2)^2 = 5052 joule

93) Un satellite gira sulla sua orbita intorno alla Terra. Il lavoro che la forza di gravitazione compie sul satellite in un'orbita completa è:

A. nullo
B. pari a 1
C. negativo
D. positivo
E. positivo o negativo a seconda che l'orbita sia destrorsa o sinistrorsa

94) Un punto materiale si muove su un piano orizzontale, percorrendo una distanza d. Sapendo che la forza normale (reazione normale del piano) vale F, il lavoro compiuto dalla forza normale è:

A. F · d
B. pari a 1
C. non può essere determinato perché dipende dall'angolo tra F e d
D. non può essere determinato perché dipende dalla forza peso
E. pari a 0, perché forza normale e spostamento sono ortogonali

Energia cinetica. Teorema lavoro-energia cinetica

95) Qual è il valore dell'angolo che la direzione di una forza applicata ad un corpo deve formare con la velocità affinché la sua azione sia frenante?
A. 90°
B. < 60°
C. > 90°
D. < 90°
E. 0°

96) L'energia cinetica, ad un certo istante, di un corpo di massa m = 6 kg è di 147 J. La velocità del corpo allo stesso istante è:

A. 7 m/s
B. 49 m/s
C. 42 m/s
D. 24,5 m/s
E. 10 m/s

97) Un'auto che viaggia alla velocità di 60 km/h possiede un'energia cinetica di 16000 J. Se la velocità viene portata a 120 km/h, l'energia cinetica posseduta dall'auto diventa:

A. 32000 J
B. 90000 J

C. 8000 J
D. 16000 J
E. 64000 J

Potenza

98) Il prodotto watt per secondi dà:

A. una velocità
B. una potenza
C. un'accelerazione
D. nessuna delle altre risposte è corretta
E. una forza

99) Un uomo che pesa 60 kg cammina in salita superando, ogni ora, un dislivello di 240 m:

A. la velocità ascensionale è 4 m/s
B. la potenza impiegata per vincere la forza di gravità è 40 W
C. la potenza muscolare media è 20 W
D. i dati non sono ragionevoli
E. la velocità ascensionale è 150 m/s

100) Una forza costante di 7,00 N viene applicata lungo una linea retta ad un corpo, per spostarlo di 13 m, parallelamente alla direzione della forza, in 5 secondi. Qual è la potenza sviluppata dalla forza per spostare il corpo?

A. 1,82 W
B. 18,2 W
C. 9,10 W
D. 91,0 W
E. 455 W

101) Durante un trasloco abbiamo la necessità di sollevare un pianoforte dalla strada sino a una finestra posta a un'altezza di 15 m. Sapendo che il pianoforte ha una massa di 400 kg, quanto impiegherà, come minimo, un motore di 1 kW a portare il pianoforte dalla strada alla finestra?

A. Circa 6 secondi
B. Alcune ore
C. Circa 1 minuto
D. Circa 10 minuti
E. Poco più di un'ora

Forze conservative ed energia potenziale

102) La forza di attrito è non conservativa, perché:

A. il lavoro fatto dalla forza di attrito non dipende da alcun fattore
B. il lavoro fatto dalla forza di attrito lungo un percorso chiuso è sempre nullo
C. il lavoro fatto dalla forza di attrito dipende dal percorso
D. l'energia per un sistema in cui è presente l'attrito non si conserva
E. è nulla la variazione di energia cinetica

103) Due persone scalano una montagna: una segue i tornanti, mentre l'altra si arrampica in linea retta verso la cima. Supponendo che ambedue abbiano lo stesso peso, quale delle due compie maggiore lavoro contro la forza di gravità?

A. Quella che segue i tornanti, perché percorre uno spazio più lungo
B. Compiono lo stesso lavoro
C. Quella che si arrampica, perché deve produrre un maggiore sforzo
D. Il lavoro dipende dal tempo impiegato per la scalata
E. Quella che si arrampica compie un lavoro esattamente doppio rispetto a quella che segue i tornanti

104) L'energia potenziale di una palla lanciata verso l'alto è massima:

A. nel punto più alto raggiunto
B. nell'istante dell'impatto con il suolo

C. al momento del lancio
D. durante la discesa
E. durante la salita

Conservazione dell'energia meccanica

105) Due corpi cadono da una stessa altezza. Il primo cade liberamente, mentre il secondo cade scivolando su un piano inclinato. Se si trascurano completamente gli attriti:

A. arriva a terra prima il corpo che scivola sul piano inclinato
B. sia la velocità finale che il tempo impiegato a cadere sono diversi
C. i due corpi arrivano a terra con la stessa velocità
D. i due corpi arrivano a terra con la stessa velocità e impiegando lo stesso tempo
E. i due corpi impiegano lo stesso tempo ad arrivare a terra

106) Due corpi X e Y di ugual massa sono lanciati verticalmente verso l'alto nel campo gravitazionale terrestre partendo dalla stessa quota. Se le velocità iniziali dei due corpi sono rispettivamente V_X e $V_Y = 2V_X$, quale delle seguenti affermazioni è ERRATA?

A. Le accelerazioni di X e Y sono uguali
B. L'energia cinetica iniziale di X è un quarto dell'energia cinetica di Y
C. Nessuna delle altre risposte è corretta
D. L'altezza massima raggiunta da X è doppia di quella raggiunta da Y
E. La quantità di moto iniziale di Y è doppia della quantità di moto di X

107) Un corpo puntiforme di massa M inizialmente in quiete viene fatto cadere nel vuoto (sotto l'azione della sola forza gravitazionale; si escludono quindi durante il moto urti o contatti) da una certa altezza h rispetto ad un piano orizzontale di riferimento. Quando il corpo arriva su tale piano, l'energia cinetica è:

A. minore dell'energia cinetica iniziale
B. maggiore dell'energia potenziale gravitazionale iniziale
C. uguale all'energia cinetica iniziale
D. minore dell'energia potenziale gravitazionale iniziale
E. uguale all'energia potenziale gravitazionale iniziale

Conservazione dell'energia totale

108) Quando un pendolo viene sollecitato da una forza esterna comincia ad oscillare, ma le sue oscillazioni si smorzano rapidamente al cessare della forza esterna. Ciò avviene:

A. perché agiscono delle forze di tipo conservativo
B. perché agiscono delle forze di tipo dissipativo
C. perché la forza applicata dall'esterno non è conservativa
D. perché viene violato il 1° principio della termodinamica
E. perché viene compiuto lavoro contro la forza di gravità

109) Un'automobile di massa m scende dalla quota h a velocità costante perché usa i freni e si porta al livello del mare (indichiamo con U l'energia potenziale di gravità e con T l'energia cinetica). In tale situazione:

A. l'energia dissipata per attrito uguaglia la variazione di energia cinetica
B. $\Delta T = m \cdot g \cdot h$
C. $\Delta U = m \cdot g/h$
D. la ΔU uguaglia la variazione di energia cinetica
E. non si può applicare il teorema di conservazione dell'energia meccanica

Quantità di moto

110) Quale tra le seguenti affermazioni è valida per le quantità di moto?

A. Sono proporzionali allo spazio percorso
B. Sono quantità scalari
C. Nessuna delle altre risposte è corretta
D. Sono nulle se il moto è rettilineo e uniforme
E. Si sommano con la regola del parallelogrammo

111) Un astronomo osserva che un meteorite (di massa m_1 e velocità v_1) si dirige contro un secondo avente massa $m_2 = 2 \cdot m_1$ e velocità $v_2 = v_1/2$ che gli va incontro sulla stessa retta. Potremo asserire che:

A. il baricentro del sistema è all'infinito
B. l'urto sarà elastico
C. hanno la stessa quantità di moto
D. non si possono incontrare
E. hanno quantità di moto uguali ed opposte

Conservazione della quantità di moto ed urti

112) In un sistema isolato, il vettore quantità di moto si conserva:

A. solo se le forze interne sono dissipative
B. mai
C. solo se le forze interne sono conservative
D. sempre
E. solo se non ci sono forze interne

113) Nell'urto anelastico di due corpi liberi si conserva la quantità di moto del sistema composto dai due corpi?

A. No, se i due corpi non hanno la stessa massa
B. No, in quanto non si conserva l'energia
C. No, in quanto sul sistema agiscono solo forze esterne
D. Sì, in quanto sul sistema non agiscono forze esterne
E. No, in quanto l'urto è anelastico

114) Un atleta con massa pari a 100 kg corre su un percorso rettilineo con una velocità di 4 m/s. Un proiettile di massa pari a 1 kg viene sparato da un cannone con velocità pari a 500 m/s. Quale dei due corpi ha quantità di moto maggiore?

A. L'atleta, perché ha massa maggiore
B. Hanno entrambi la stessa quantità di moto
C. L'atleta, perché corre lungo un percorso rettilineo
D. Il proiettile, nonostante la massa sia molto più piccola
E. Nessuna delle altre risposte è corretta

Teorema dell'impulso

115) Una forza costante F, agendo per un tempo t su un corpo di massa m, ne fa aumentare la velocità di un fattore 10 rispetto a quella iniziale. Si può senz'altro affermare che:

A. la quantità di moto del corpo è aumentata di 10 volte
B. l'energia cinetica del corpo è aumentata di 10 volte
C. la temperatura del corpo è aumentata di 10 gradi
D. la quantità di moto del corpo è diminuita di 30 volte
E. l'accelerazione del corpo è aumentata di 10 volte

116) Un corpo di massa m si muove su di un piano orizzontale con velocità v. Ad un certo punto A della sua traiettoria incomincia a sentire l'effetto di una forza d'attrito che supponiamo di modulo costante nel tempo e per tutto il resto della traiettoria del corpo, il qua-

le si ferma dopo un tempo Δt. Quanto vale il modulo della forza d'attrito?

A. $F = m \cdot v^2 \cdot \Delta t/2$
B. $F = 2mv \cdot \Delta t$
C. $F = v/\Delta t$
D. $F = mv/\Delta t$
E. $F = 2\,\Delta t/m$

2.6 • Cenni di dinamica e statica del corpo rigido

Definizione di corpo rigido

117) Un corpo viene detto rigido se, in seguito all'applicazione di una forza:

A. subisce solo deformazioni plastiche
B. subisce deformazioni sia elastiche che plastiche
C. nessuna delle altre risposte è corretta
D. subisce solo deformazioni elastiche
E. subisce deformazioni crescenti nel tempo

Centro di massa

118) Il baricentro di un corpo è definito come:

A. il punto avente accelerazione massima
B. il punto di applicazione della forza peso
C. il punto di applicazione della forza elastica
D. un punto avente accelerazione nulla
E. un punto avente velocità nulla

119) La distanza media Terra-Luna è circa 380.000 km e il raggio della Luna è circa 1750 km (0,27 volte quello della Terra); il rapporto tra la massa della Luna e quella della Terra è 1/81. Quale delle seguenti risposte individua più correttamente la posizione del centro di massa (o baricentro) del sistema Terra-Luna?

A. A mezza via tra la Luna e la Terra
B. All'interno della Terra, ma non al centro
C. Il centro della Luna
D. All'interno della Luna, ma non al centro
E. Il centro della Terra

Coppia di forze

120) Ad un corpo libero vengono applicate due forze parallele di uguale intensità e verso opposto. Le due forze:

A. possono produrre una rotazione del corpo
B. possono produrre una traslazione del corpo
C. non producono mai né una rotazione né una traslazione del corpo
D. producono sempre una traslazione del corpo
E. producono sempre una rotazione del corpo

Equazioni cardinali della dinamica e della statica

121) Si definisce momento di una forza rispetto a un punto:

A. il prodotto della forza per la velocità del corpo su cui agisce
B. il prodotto vettoriale del braccio per la forza
C. il prodotto della forza per il suo spostamento
D. il prodotto della forza per il tempo
E. il prodotto della forza per la massa del corpo

122) Se la somma vettoriale delle forze applicate a un corpo è nulla, l'accelerazione risultante dal baricentro del corpo sarà:

A. non si può rispondere se non si conosce la massa del corpo
B. decrescente

C. crescente
D. costante
E. nulla

123) Sia data una forza costante e di modulo F_1 diverso da 0. Sia inoltre dato un punto A_1 giacente sulla retta di azione di F_1. Il punto A_1 disti L_1 (con L_1 diverso da 0) dal punto di applicazione di F_1. Analogamente, sia data una seconda forza costante, di modulo F_2 diverso da 0, e un punto A_2 giacente sulla retta di azione di F_2. Sia L_2 (con L_2 diverso da 0) la distanza di A_2 dal punto di applicazione di F_2. Che relazione c'è tra il momento M_1 di F_1 rispetto ad A_1 e il momento M_2 di F_2 rispetto ad A_2?

A. Non si può rispondere se non si conoscono i valori di F_1, F_2, L_1 e F_2
B. $M_1 > M_2$ se $L_2 < L_1$
C. $M_1 > M_2$ se $L_2 > L_1$
D. $M_1 > M_2$ se $F_1 > F_2$ e contemporaneamente $L_1 > L_2$
E. $M_2 = M_1 = 0$

Equilibrio

124) Un'asta di peso trascurabile è incernierata ad un estremo e porta all'altro estremo un peso di 100 N. La forza necessaria a mantenere orizzontale l'asta e applicata nel suo punto medio deve essere:

A. rivolta verso l'alto e uguale a 100 N
B. rivolta verso il basso e uguale a 45 N
C. rivolta verso l'alto e uguale a 200 N
D. rivolta verso l'alto e uguale a 50 N
E. rivolta verso il basso e uguale a 50 N

125) Un corpo sospeso per il suo baricentro:

A. è in equilibrio stabile
B. nessuna delle altre risposte è corretta
C. è in equilibrio indifferente
D. è in equilibrio instabile
E. non è in equilibrio

126) In una bilancia a bracci diseguali, un corpo di massa M_1 = 1,048 kg posto sul braccio di lunghezza L_1 viene equilibrato da una massa M_2 = 995 g posta sull'altro braccio di lunghezza L_2. Il rapporto tra le lunghezze dei bracci, L_1/L_2, è:

A. 0,949
B. 1,022
C. 1,365
D. 0,901
E. 1,054

127) L'equilibrio si dice instabile se:

A. il corpo, comunque spostato, viene ad assumere sempre una posizione di equilibrio analoga a quella iniziale
B. nessuna delle altre risposte è corretta
C. il corpo, spostato anche lievemente, non torna mai spontaneamente nella posizione iniziale
D. il corpo, comunque spostato, torna spontaneamente nella posizione iniziale
E. il corpo, comunque spostato, si porta in una posizione intermedia tra quella iniziale e quella finale

128) Un'asta pesante, omogenea e rettilinea, di lunghezza 6 m, è collocata in posizione orizzontale su due appoggi H e K privi di attrito, posti alla stessa quota e ipotizzabili come puntiformi. L'estremo sinistro dell'asta è alla distanza di 1 m dall'appoggio H, mentre l'estremo destro dell'asta è alla distanza di 2 m dall'appoggio K. Quale delle seguenti affermazioni relative alle forze esercitate dall'asta sui due appoggi è corretta?

A. Le forze esercitate su H e K sono uguali fra loro
B. La forza esercitata su H è la metà di quella esercitata su K

C. La somma delle forze esercitate sui supporti è pari alla metà del peso dell'asta
D. La forza esercitata su K è il triplo di quella esercitata su H
E. La forza esercitata su K è uguale al peso dell'asta

Leve e guadagno meccanico

129) L'asta in figura è rigida, ha lunghezza l e può ruotare liberamente intorno al punto fisso O al quale è incernierata. L'asta rimane in equilibrio in posizione orizzontale sotto l'azione delle forze verticali p e q. Il punto H, dov'è applicata la forza p, ha distanza 2l/3 dall'estremo O e distanza l/3 dall'altro estremo, dov'è invece applicata la forza q. Quale delle relazioni seguenti può sussistere fra le intensità p e q delle forze? (Le forze sono misurate in Newton)

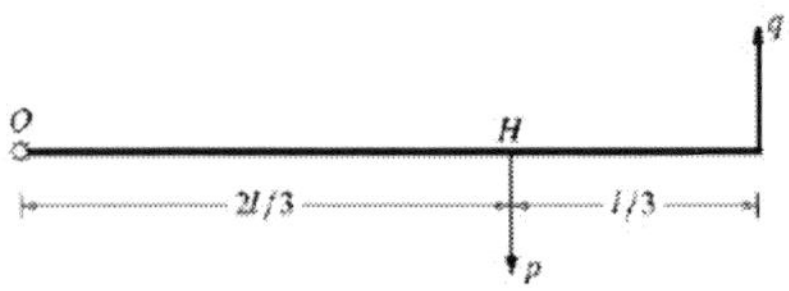

A. p = 4 N; q = 3 N
B. p = 3 N; q = 3 N
C. p = 5 N; q = 4 N
D. p = 2 N; q = 1 N
E. p = 6 N; q = 4 N

2.7 • Fluidi

Densità e peso specifico

130) Un farmaco è contenuto in un flacone da 75 ml e ha una massa di 150 g. Quali sono, rispettivamente, la sua densità assoluta e la sua densità relativa?

A. 3 g/cm^3; 1,5
B. 2; 2 g/cm^3
C. 2 g/cm^3; 2
D. 0,5 cm^3/g; 0,5
E. 0,5; 0,5 cm^3/g

131) Di una sostanza si sa che il peso specifico relativo vale 2,7. La densità relativa:

A. vale 2,7 diviso l'accelerazione di gravità
B. si ottiene dividendo 2,7 per la massa
C. si ottiene moltiplicando 2,7 per il volume
D. ha lo stesso valore
E. vale 2,7 moltiplicato per l'accelerazione di gravità

132) In un tubetto da 50 ml sono contenuti 25 grammi di pomata dermatologica. Qual è la densità del farmaco?

A. 5 g/cm^3
B. 0,5 kg/m^3
C. 1,5 g/cm^3
D. 0,5 g/m^3
E. 0,5 kg/l

133) Un recipiente ha lo stesso peso sia quando contiene 50 litri di acqua sia quando contiene 39,7 litri di glicerina. Sapendo che 1000 kg/m^3 è la densità dell'acqua, qual è la densità della glicerina?

A. 1259 kg/m^3
B. 1050 kg/m^3
C. 1322 kg/m^3
D. 794 kg/m^3
E. 824 kg/m^3

134) Un cubo di lato 0,3 metri e del peso di 30 kg ha densità:

A. 11 kg/metro cubo
B. 8 kg/metro cubo
C. 110 kg/metro cubo
D. 1,1 kg/metro cubo
E. 1,1 kg/litro

Pressione

135) La pressione atmosferica che agisce sulla superficie di un lago aumenta del 5 per mille in termini relativi, corrispondenti a 5 mbar in valore assoluto. Di conseguenza, la pressione ad una data profondità:

A. non varia
B. varia di una quantità dipendente dalla profondità
C. varia del 5 per 1000
D. varia di 5 mbar
E. varia di 20 mbar

136) Se il volume è espresso in metri cubi e la pressione in pascal, il loro prodotto è espresso in:

A. dine
B. newton
C. joule
D. watt
E. kg

137) Un recipiente cilindrico alto 30 cm è riempito di liquido. La pressione sul fondo del recipiente dipende:

A. dalla comprimibilità del liquido
B. dalla densità del liquido
C. dal volume del recipiente
D. dalla massa del liquido
E. dalla sezione del cilindro

138) Due cilindri, le cui basi hanno raggi diversi, vengono riempiti con la stessa quantità di un liquido; la pressione che si esercita sul fondo è:

A. indipendente dal tipo di liquido
B. minore nel cilindro di raggio minore
C. maggiore nel cilindro di raggio maggiore
D. la stessa
E. maggiore nel cilindro di raggio minore

Legge di Stevino

139) La pressione P esercitata da una colonna di liquido di densità d avente altezza h e sezione di area A è data da (g = accelerazione di gravità):

A. per rispondere occorre conoscere la massa della colonna di liquido
B. P = dgh/A, dove A è l'area della sezione della colonna
C. P = dg/A
D. P = dg
E. P = dgh

140) Un recipiente aperto contiene un liquido (densità d, pressione ambiente P_a). La differenza di pressione tra due punti situati a profondità che differiscano di un'altezza h è:

A. d/g
B. $P_a - d \cdot g \cdot h$
C. $d \cdot g \cdot h$
D. P_a/dgh
E. $P_a + d \cdot g \cdot h$

141) Quale delle seguenti colonne di acqua esercita sul fondo la pressione maggiore?

A. Altezza 2 m; sezione 1 cm^2
B. Altezza 1,40 m; sezione 1 cm^2
C. Altezza 0,80 m; sezione 0,1 m^2
D. Altezza 1 m; sezione 10 cm^2
E. Altezza 1 m; sezione 2 cm^2

142) Sono dati due recipienti di forma e volume diversi e riempiti con uno stesso tipo di liquido. Sulla superficie libera dei due recipienti si esercita la stessa pressione atmosferica. Se nei due recipienti si raggiunge la stessa altezza di liquido rispetto alle rispettive superfici di fondo (piane e orizzontali), in quale di essi la pressione sul fondo sarà maggiore?

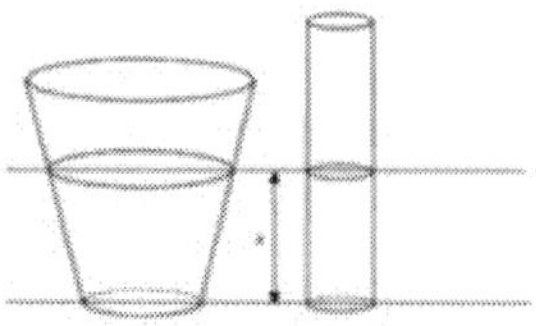

A. In entrambi i recipienti la pressione sul fondo sarà uguale
B. In quello che ha una minore superficie di fondo
C. In quello che ha una maggiore superficie libera
D. In quello che contiene un maggior volume di liquido
E. In quello che ha una maggiore superficie di fondo

143) Per misurare la pressione atmosferica, Torricelli utilizzò un tubo di vetro riempito di mercurio. La scelta del mercurio è dovuta principalmente:

A. al suo colore (un liquido trasparente avrebbe reso difficoltosa la lettura del livello raggiunto)
B. alla sua densità (un liquido meno denso avrebbe richiesto un tubo più lungo)
C. alla sua elevata conducibilità termica (un liquido termicamente isolante sarebbe stato meno sensibile alle variazioni meteorologiche)
D. alla sua bassa resistività elettrica (un liquido elettricamente isolante non consentirebbe di scaricare a terra le cariche in eccesso in caso di avverse condizioni atmosferiche)
E. alla sua bassa temperatura di fusione (altri liquidi non sarebbero utilizzabili nelle giornate molto fredde)

Principio di Archimede

144) Se immergiamo in acqua (densità = 1 g/cm^3) due sfere S_1 ed S_2 che hanno rispettivamente densità di 0,8 g/cm^3 e 1,6 g/cm^3:

A. la sfera S_2 galleggia, la sfera S_1 affonda
B. le due sfere si attraggono
C. la sfera S_1 galleggia, la sfera S_2 affonda
D. le due sfere affondano
E. all'equilibrio le due sfere galleggiano

145) Un bambino sta facendo galleggiare una barca di plastica nella vasca da bagno. La barca è carica di soldatini di piombo. Ad un certo istante il carico viene gettato in acqua. Che cosa non succede?

A. La barca rimasta vuota galleggia con volume sommerso minore
B. I soldatini affondano
C. nessuna delle altre risposte è corretta
D. Il livello dell'acqua nella vasca aumenta
E. Il livello dell'acqua nella vasca diminuisce

146) In un recipiente del peso di 10 kg e contenente 100 litri d'acqua (d = 1 g/ml) viene immerso un corpo del volume di 1 litro e del peso di 5 kg. Il corpo viene sostenuto da una corda (di peso e volume trascurabili) e non tocca il fondo del recipiente; questo poggia sul piatto di una bilancia, il cui indice segna:

A. 111 kg
B. 109 kg
C. 105 kg
D. 120 kg
E. 110 kg

147) Un parallelepipedo di legno galleggia in una vaschetta piena d'acqua distillata. Nella vaschetta viene successivamente disciolto del sale da cucina. Indicate quale affermazione descrive più adeguatamente ciò che accade dopo lo scioglimento del sale nell'acqua:

A. il parallelepipedo rimane nella stessa posizione occupata precedentemente
B. il parallelepipedo sale leggermente rispetto alla linea di galleggiamento precedente
C. il parallelepipedo affonda completamente nell'acqua
D. non vi sono dati sufficienti per fare una previsione attendibile
E. il parallelepipedo scende leggermente rispetto alla linea di galleggiamento precedente

148) Per misurare la densità del sangue relativa all'acqua si può usare una miscela di xilene (densità relativa 0,87) e di bromobenzene (densità relativa 1,50). Quale delle seguenti tecniche sperimentali utilizzereste per la misura?

A. Si cambia la proporzione nella miscela sino a che abbia lo stesso colore del sangue
B. Si cambia la proporzione nella miscela sino a che in due capillari uguali miscela e sangue salgano della stessa quantità
C. Si cambia la miscela sino a che abbia lo stesso pH del sangue
D. Si calcola il rapporto tra i pesi di pari volumi di sangue e miscela al 50% di xilene e bromobenzene
E. Si cambia la proporzione nella miscela sino a che le gocce di sangue immerse nella stessa rimangano in sospensione

149) Una sfera rigida, piena ed omogenea, immersa in una soluzione acquosa di glicerina, galleggia mantenendo fuori dal fluido una porzione pari a 1/6 del suo volume. Determinare la densità del materiale di cui è composta la sfera sapendo che la densità del fluido è pari a 1,2 g/cm^3.

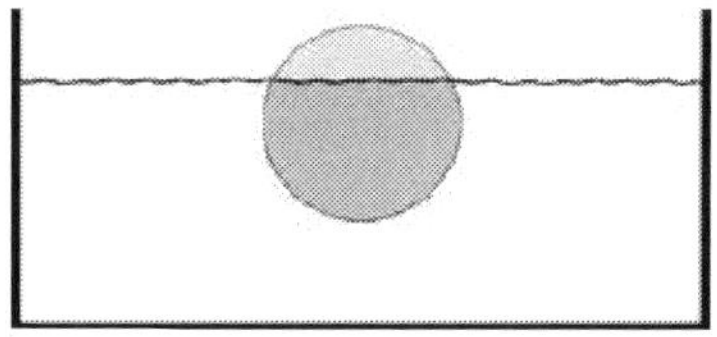

A. 1 g/cm^3
B. 1,2 g/cm^3
C. 1,6 g/cm^3
D. 0,8 g/cm^3
E. 0,6 g/cm^3

150) Una papera di plastica è immersa per 1/4 del proprio volume all'interno dell'acqua di una vasca da bagno. Qual è approssimativamente la densità della papera di plastica?

A. 25 g/dm^3
B. 250 g/l
C. 25 kg/m^3
D. 2,5 kg/dm^3
E. 0,025 g/cm^3

Tensione superficiale e capillarità

151) In due tubi capillari verticali di raggio diverso comunicanti, il livello di un liquido che bagna la parete è più alto:

A. nel capillare di raggio maggiore
B. nel capillare posto a sinistra
C. il livello è lo stesso
D. dipende solo dal colore del liquido
E. nel capillare di raggio minore

152) Per tensione superficiale si intende:

A. la forza tangente alla superficie libera di un liquido che agisce su un tratto di perimetro di lunghezza unitaria
B. lo sforzo cui si trova sottoposta la superficie di un corpo
C. lo sforzo che è in grado di sostenere un capillare

D. la forza che agisce sull'unità di superficie di un corpo fluido
E. la curvatura che assume in un capillare il menisco di liquido ascendente o discendente

Dinamica dei fluidi ideali. Teorema di Bernoulli

153) La velocità di un liquido che scorre, con flusso stazionario, in un condotto a sezione variabile:

A. aumenta dove la sezione si allarga
B. resta immutata in quanto si è fatta l'ipotesi che il flusso sia stazionario
C. diminuisce sempre per effetto della viscosità
D. aumenta dove la sezione si restringe
E. è costante

154) Un liquido ideale scorre con moto stazionario in un condotto cilindrico (quindi a sezione costante) a pareti rigide, inclinato di 45 gradi sull'orizzontale; la velocità:

A. aumenta al diminuire dell'altezza
B. resta invariata se l'inclinazione si riduce
C. diminuisce al diminuire dell'altezza
D. aumenta all'aumentare dell'ampiezza dell'angolo
E. è costante

155) Dalla parte superiore di un condotto verticale di sezione costante S_1 fuoriesce un getto di un liquido ideale. Come deve essere modificata la sezione del foro di uscita perché il getto di liquido possa raggiungere un'altezza doppia? (Sia S_2 la nuova sezione e si ipotizzi che la portata volumetrica del getto del liquido si mantenga costante; inoltre si trascuri la resistenza dell'aria)

A. $S_2 = S_1/2$
B. $S_2 = 2\ S_1$
C. $S_2 = S_1/\sqrt{2}$
D. $S_2 = \sqrt{2}\ S_1$
E. $S_2 = S_1$

Fluidi viscosi

156) Un corpo, partendo dalla quiete, viene fatto cadere all'interno di un fluido viscoso. Il suo moto è:

A. uniformemente ritardato
B. uniformemente accelerato
C. prima accelerato e poi uniforme
D. prima accelerato e poi ritardato
E. prima ritardato e poi uniforme

2.8 • Termologia. Calorimetria. Termodinamica

Temperatura

157) Il caffè contenuto in una tazza situata in un ambiente a temperatura costante di 20 °C si è raffreddato dalla temperatura di 90 °C a quella di 70 °C in tre minuti. Se si desidera bere il caffè alla temperatura di 50 °C, è necessario attendere ancora:

A. 2 minuti
B. 3 minuti
C. 1 minuto
D. più di 3 minuti
E. meno di un minuto

158) L'effusione dei gas attraverso fori sottili è regolata dalla legge di Graham, che stabilisce che la velocità di effusione (diffusione) ad una data temperatura dipende solo dalla massa molecolare (p.M.), ed è inversamente proporzionale alla sua radice quadrata. Quale delle seguenti affermazioni non può essere dedotta dalla lettura del brano precedente?

A. A parità di temperatura i gas più leggeri effondono più velocemente

B. Un gas di p.M. 25 u.m.a. effonde con velocità doppia rispetto ad un gas di p.M. 100 u.m.a.
C. La velocità di effusione è indipendente dalla temperatura
D. La velocità di effusione è inversamente proporzionale alla radice quadrata del p.M.
E. nessuna delle altre risposte è corretta

Dilatazione dei solidi e dei liquidi

159) In generale, per un dato aumento di temperatura si dilatano di più i solidi o i liquidi?

A. Non vi è differenza tra i due tipi di materiale
B. I solidi
C. I liquidi
D. I liquidi con densità inferiore a quella dell'acqua
E. dipende dall'entità dell'aumento

160) Per effetto della dilatazione termica di un corpo si ha la variazione:

A. del volume e della massa del corpo
B. del prodotto tra densità e volume del corpo
C. della densità e della massa del corpo
D. del solo volume del corpo, mentre massa e densità non variano
E. della densità e del volume del corpo

Calore, calore specifico e capacità termica

161) La quantità di calore che occorre fornire a 200 g di acqua per innalzarne la temperatura da 20 a 40 gradi è all'incirca pari a:

A. 200 kcal
B. 40.000 joule
C. 30.000 cal
D. 4000 cal
E. 400 cal

162) Per portare 20 g di rame dalla temperatura di 20 °C alla temperatura di 70 °C occorrono 92 calorie. Qual è il calore specifico del rame?

A. 36,8 cal · g/°C
B. 0,092 cal/(g ·°C)
C. 92 kcal · g/°C
D. 9 kcal · g/°C
E. 0,23 cal/(g ·°C)

163) Per scaldare di un grado centigrado 1000 g di sostanza A è necessaria la stessa quantità di calore che serve per scaldare di un grado centigrado 2000 grammi di sostanza B. Se ne deduce che il calore specifico di B, rispetto al calore specifico di A, è:

A. il doppio
B. cinque volte maggiore
C. la metà
D. quattro volte maggiore
E. uguale

164) Nell'esperimento del mulinello di Joule si osserva che:

A. il calore si conserva meglio del lavoro
B. il calore si conserva
C. il lavoro può essere solo parzialmente convertito in calore
D. il lavoro può essere totalmente convertito in calore
E. il calore può essere totalmente convertito in lavoro

165) Per innalzare di 1 grado centigrado la temperatura di 1 g di acqua è necessario fornire 4,186 J. Che quantitativo di energia bisogna fornire per innalzare la temperatura di 10 kg di acqua da 25 °C a 85 °C, supponendo che il calore specifico dell'acqua resti costante?

A. $2{,}51 \cdot 10^2$ J
B. $2{,}51 \cdot 10^5$ J
C. $2{,}51 \cdot 10^6$ J

D. $2{,}51 \cdot 10^3$ J
E. $2{,}51 \cdot 10^4$ J

Transizioni di fase e calore latente

166) Aumentando la pressione esterna su di un liquido, il punto di ebollizione:

A. si abbassa
B. dipende dalla quantità di liquido
C. non cambia
D. si innalza
E. non è possibile stabilirlo

167) Nel corso di un lento passaggio di stato da acqua a ghiaccio, la temperatura:

A. resta costante e l'acqua cede calore
B. aumenta e l'acqua assorbe calore
C. diminuisce e l'acqua assorbe calore
D. aumenta e l'acqua cede calore
E. resta costante il calore e aumenta l'acqua

168) Che differenza c'è tra gas e vapore?

A. Si parla di gas quando la temperatura è superiore a quella critica, di vapore quando la temperatura è inferiore
B. Il gas è irrespirabile, contrariamente al vapore
C. Si parla di vapore solo nel caso dell'acqua, tutti gli altri aeriformi sono gas
D. Si parla di vapore quando la temperatura è superiore a quella critica, di gas quando la temperatura è inferiore
E. Non c'è nessuna differenza

169) Il calore latente di fusione di una sostanza pura, a pressione costante, è l'energia termica che:

A. non si manifesta palesemente nella trasformazione solido-liquido
B. bisogna fornire a una sostanza per aumentare la sua temperatura da quella di fusione a quella di ebollizione
C. si libera quando la sostanza passa dallo stato gassoso a quello liquido
D. bisogna sottrarre a una sostanza per farla fondere
E. bisogna fornire a una sostanza per farla fondere

Calorimetria

170) Mescolando un kg di ghiaccio con un kg di acqua bollente (calore di fusione cf = 80 kcal/kg), si ottiene all'equilibrio acqua a:

A. 90 °C
B. 50 °C
C. 70 °C
D. 10 °C
E. 20 °C

171) Una sfera di alluminio, avente massa 0,5 kg, calore specifico 0,21 kcal/kg · °C, densità 2,7 g/cm^3 e alla temperatura di 280 K, viene immersa in 150 kg di acqua. La temperatura finale dell'acqua:

A. aumenta di oltre 13 °C
B. rimane invariata
C. aumenta di 3 °C
D. non può essere determinata con i soli dati forniti
E. aumenta di 3 K

172) Due corpi di ugual massa, di ugual temperatura, ma caratterizzati da calori specifici molto diversi, vengono messi in contatto. Cosa avviene?

A. Il calore passa dal corpo di calore specifico maggiore a quello caratterizzato da calore specifico minore
B. I due corpi non si scambiano calore
C. Il calore passa dal corpo di calore specifico minore a quello caratterizzato da calore specifico maggiore
D. La temperatura del corpo avente calore specifico maggiore diminuisce

mentre aumenta quella dell'altro corpo
E. La temperatura del corpo avente calore specifico maggiore aumenta mentre diminuisce quella dell'altro corpo

173) Il calore di fusione del ghiaccio è 80 kcal/kg. Se introduciamo in un termos 100 g di ghiaccio a 0 gradi centigradi e 100 g di acqua a 60 gradi centigradi, la temperatura di equilibrio del sistema sarà:

A. 30 gradi centigradi
B. 20 gradi centigradi
C. 50 gradi centigradi
D. -20 gradi centigradi
E. 0 gradi centigradi

Conduzione, convezione ed irraggiamento

174) In quale processo di propagazione del calore vi è trasferimento di materia?
A. Conduzione
B. Raffinazione
C. In tutti i casi menzionati
D. Irraggiamento
E. Convezione

175) Nel vuoto è possibile la trasmissione del calore?

A. Sì, ma solo per conduzione
B. Sì, ma solo per convezione
C. Sì, ma solo per raffinazione
D. Sì, ma solo per irraggiamento
E. No, in nessun caso

176) La propagazione di calore per conduzione è legata:

A. ad una differenza di concentrazione
B. ad una differenza di pressione
C. ad una differenza di temperatura
D. alla circolazione di un liquido
E. ad una differenza di calore

177) Il corpo umano alla temperatura di circa 36 gradi centigradi equivale ad una sorgente di radiazione che emette circa 1000 Watt di potenza (una piccola stufa!), come mai non siamo visibili al buio? Perché:

A. nel nostro corpo non circola una corrente elettrica sufficiente
B. la componente di radiazione emessa alle frequenze visibili è trascurabile
C. per essere visti occorre essere illuminati da una sorgente esterna
D. la pelle blocca le radiazioni elettromagnetiche emesse dal corpo umano
E. ad una temperatura così bassa non vengono emesse onde elettromagnetiche

Primo principio della termodinamica ed energia interna

178) Se due corpi, uno di massa M e velocità V_1 ed uno di massa M/4 e velocità $V_2 = 2 V_1$, si arrestano per attrito:
A. il corpo di massa minore sviluppa una quantità di calore maggiore
B. la quantità di calore dipende dal coefficiente di attrito
C. il corpo di massa maggiore sviluppa una quantità di calore maggiore
D. viene sviluppata la stessa quantità di calore
E. viene sviluppata una diversa quantità di calore

179) Un sistema assorbe 200 cal ed ha un aumento di energia interna pari a 419 J. Determinare il lavoro scambiato dal sistema.

A. 100 cal
B. 200 cal
C. 719 cal
D. 619 cal

E. 219 cal

180) Se una gragnuola di sassi viene lanciata in uno stagno colmo d'acqua, la temperatura dello stagno varia?

A. No, perché i sassi non sono stati riscaldati
B. Sì, si alza, perché l'energia cinetica viene trasferita alle molecole del liquido
C. Sì, si abbassa perché la capacità termica del sistema è cambiata
D. Sì, si abbassa perché i sassi non hanno la stessa densità dell'acqua
E. Sì, si alza, perché il livello dell'acqua si alza

Leggi dei gas perfetti e trasformazioni termodinamiche

181) Un recipiente da un litro contenente un gas ideale viene messo in comunicazione con un altro recipiente da un litro inizialmente vuoto, in maniera che il gas si distribuisca uniformemente tra i due recipienti. I recipienti sono termicamente isolati. Come varia la temperatura del gas?

A. Raddoppia
B. Rimane uguale
C. Triplica
D. Dipende dal tipo di gas
E. Si dimezza

182) Usando velocemente una pompa da bicicletta, si nota un aumento della temperatura della pompa. Ciò è dovuto:

A. alla temperatura esterna
B. ad un processo di compressione quasi isovolumico
C. ad un processo di compressione quasi adiabatico
D. ad un processo di compressione quasi isotermo
E. all'attrito dello stantuffo

183) Un recipiente di 4 litri, munito di coperchio mobile, contiene azoto gassoso a 20 °C e alla pressione standard; se, mantenendo costante la temperatura, il volume viene portato a sedici litri innalzando il coperchio, la pressione diventa uguale a:

A. 0,25 atm
B. 1 atm
C. 19 atm
D. 16 atm
E. 4 atm

184) Un recipiente a pareti rigide (volume costante) contiene due moli di gas perfetto in un volume V_0 a pressione P_0 e temperatura T_0. Se iniettiamo nel recipiente altre due moli di gas perfetto operando in modo che la temperatura dello stato finale di equilibrio sia uguale a quella iniziale, la pressione finale sarà:

A. $P_f = P_0$
B. $P_f = P_0/2$
C. $P_f = P$
D. $P_f = 2\ P_0$
E. $P_f = 4\ P_0$

185) Una miscela gassosa, che contiene il 20% di azoto, si trova alla pressione di 2 atmosfere. La pressione parziale dell'azoto vale:

A. 1 atmosfera
B. 152 mm Hg
C. 2 atmosfere
D. 400 mm Hg
E. 304 mm Hg

186) Con una trasformazione isobara un gas ideale, inizialmente a 27 °C, è portato a 327 °C; se il volume iniziale era di 2 litri, quello finale è:

A. 6 litri
B. 4 dm^3
C. 2,1 litri

D. 7 litri
E. 4 m^3

187) 10^{20} atomi di gas sono contenuti in un volume di 1 metro cubo. All'aumentare della temperatura aumenta la pressione del gas in quanto:

A. il gas si allontana dalla condizione di gas perfetto
B. l'energia cinetica delle molecole aumenta
C. il volume delle molecole aumenta
D. il gas tende alla condizione di gas perfetto
E. l'energia interna non varia

188) A temperatura costante, se la pressione si dimezza, il volume di un gas perfetto:

A. raddoppia
B. quadruplica
C. rimane costante
D. si dimezza
E. si riduce a un quarto

Il lavoro nelle trasformazioni termodinamiche dei gas

189) Quando si comprime un gas in un cilindro e si vuole allo stesso tempo mantenere costante la sua temperatura:

A. siamo costretti a sottrarre calore al gas raffreddandolo
B. dobbiamo fornire calore al gas riscaldandolo
C. dobbiamo trasferire il massimo di energia possibile al gas
D. dobbiamo trasferire il minimo di energia possibile al gas
E. siamo costretti ad isolare termicamente il cilindro

190) Per calcolare il lavoro compiuto da un gas che si espande ad una pressione costante nota è sufficiente conoscere:

A. la variazione di temperatura del gas
B. la variazione di volume del gas
C. il volume iniziale del gas
D. la velocità di espansione del gas
E. la massa del gas

Teoria cinetica ed energia interna dei gas perfetti

191) Un gas ideale X è costituito da particelle di massa m ed energia cinetica media E. Un altro gas ideale Y è costituito da particelle di massa 4 m ed energia cinetica media 2E.
Se la temperatura assoluta del gas X è di 200 K, qual è la temperatura assoluta del gas Y?

A. 100 K
B. 50 K
C. 400 K
D. 800 K
E. 1600 K

192) Durante l'espansione adiabatica e reversibile di un gas perfetto, il lavoro compiuto dal sistema è uguale:

A. alla variazione dell'energia cinetica totale delle molecole del gas
B. alla variazione di entropia del gas
C. alla diminuzione di energia cinetica elastica dello stesso gas
D. alla quantità di calore assorbita dall'ambiente
E. alla diminuzione dell'energia potenziale intermolecolare

193) Un gas racchiuso ermeticamente in un cilindro viene riscaldato tramite un fornello. L'aumento di temperatura produrrà nel gas:

A. una diminuzione, in media, delle dimensioni delle molecole
B. uno spostamento delle molecole verso la parte più lontana alla fonte di calore

C. un rallentamento del moto delle molecole
D. uno spostamento delle molecole verso la parte più vicina alla fonte di calore
E. un aumento dell'energia cinetica media delle sue molecole

Entropia e secondo principio della termodinamica

194) L'entropia di un sistema termodinamico ha un'interpretazione microscopica. Essa infatti può essere definita come:

A. l'energia associata agli urti dovuti al moto caotico delle molecole
B. il logaritmo del numero di stati microscopici corrispondenti a un certo stato macroscopico
C. il grado di agitazione termica delle molecole
D. il disordine nella configurazione spaziale degli oggetti che compongono il sistema
E. nessuna delle altre risposte è corretta

195) Il secondo principio della termodinamica esclude la possibilità di:

A. produrre lavoro mediante calore
B. trasformare integralmente il calore in lavoro in un processo ciclico
C. trasformare integralmente il calore in lavoro in una trasformazione isoterma
D. trasformare calore in lavoro
E. tutte le alternative sono corrette

196) L'energia meccanica è completamente trasformabile in energia termica?

A. No
B. Sì, ma solo se si tratta di energia cinetica
C. Sì
D. Sì, ma solo se si tratta di energia potenziale gravitazionale
E. Sì, ma solo se si tratta di una trasformazione reversibile

Macchine termiche e frigoriferi

197) Trasferire calore da un corpo più freddo a uno più caldo:

A. contraddice il primo principio della termodinamica
B. contraddice il secondo principio della termodinamica
C. è possibile solo compiendo lavoro
D. contraddice il terzo principio della termodinamica
E. non è mai possibile

198) Il rendimento di una macchina non può mai essere maggiore di 1 perché ciò violerebbe:

A. il principio di conservazione dell'energia
B. il terzo principio della termodinamica
C. il teorema di conservazione dell'energia meccanica
D. il secondo principio della dinamica
E. il principio della massima entropia

199) Il ciclo di Carnot è costituito da una serie di trasformazioni di stato che, fissate le temperature dei serbatoi di calore:

A. possono essere percorse soltanto in verso orario
B. possono essere compiute soltanto da un gas perfetto
C. portano il sistema da una condizione di minore ad una di maggiore entropia
D. consentono di calcolare con una formula molto semplice il rendimento di macchine ideali
E. consentono di calcolare il risparmio energetico

200) In ogni frigorifero una certa quantità di calore viene sottratta ogni secondo alla cella fredda e ceduta all'ambiente esterno a temperatura più alta, ossia del calore passa da un corpo più freddo ad uno più caldo. Scegli quale tra le seguenti risposte è CORRETTA.

A. Per spiegare il funzionamento di un frigorifero occorre fare ricorso alle leggi della meccanica quantistica
B. Anche una macchina frigorifera deve funzionare rispettando il secondo principio della termodinamica; la spiegazione del suo funzionamento sta nel fatto che il passaggio di calore da un corpo più freddo a uno più caldo non è l'unico risultato che si ottiene durante ogni ciclo
C. Il funzionamento di un frigorifero si può spiegare solo tenendo presente che i cicli vengono compiuti da gas molto particolari, che non seguono la legge dei gas perfetti, e che inquinano l'atmosfera
D. Quanto sopra affermato è vero perché il secondo principio della termodinamica si applica solo alle macchine termiche che trasformano in lavoro il calore sottratto a una certa sorgente
E. Quanto sopra affermato è vero perché il frigorifero è una delle macchine termiche che funziona indipendentemente dal secondo principio della termodinamica

2.9 • Ottica geometrica ed onde

Riflessione e rifrazione della luce

201) Stiamo nuotando immersi sott'acqua sul fondo di una lunga piscina; alziamo gli occhi e vediamo le cose sopra di noi, ma se spingiamo lo sguardo lontano dal punto in cui ci troviamo, notiamo che la superficie acqua-aria si comporta come uno specchio che rimanda le immagini interne alla piscina. Il fenomeno è dovuto:

A. alla mancanza di luce diretta
B. alle proprietà della riflessione totale interna
C. alle proprietà della superficie dell'acqua quando si aggiunge cloro
D. all'eccessiva illuminazione esterna
E. alle proprietà della superficie dell'acqua

202) Supponendo che per un'ipotetica radiazione luminosa la lunghezza d'onda in acqua sia uguale ai 3/4 di quella in aria, si calcoli l'indice di rifrazione relativo dell'acqua rispetto all'aria.

A. 1,66
B. 1,33
C. 1,00
D. 0,50
E. 0,75

203) Un fascio di luce che si propaga in acqua (indice di rifrazione $n_1 = 4/3$) incide sulla superficie in quiete di una piscina all'aperto (indice di rifrazione dell'aria $n_2 = 1$) con un angolo di 60° rispetto alla normale. Calcolando l'angolo del raggio rifratto rispetto alla normale, si deduce che:

A. esso è di 60°
B. esso è di 45°
C. la luce non viene rifratta ma riflessa
D. esso è di 30°
E. esso è di 90°

Specchi sferici

204) Si consideri uno specchio sferico. Il punto di intersezione tra la calotta dello specchio e l'asse ottico prende il nome di:

A. diottro

B. immagine reale
C. vertice
D. fuoco
E. immagine virtuale

205) Si consideri uno specchio sferico. Detta p la distanza tra l'oggetto e lo specchio, q la distanza tra l'immagine (reale) e lo specchio ed f la distanza focale, per la formula dei punti coniugati si ha:

A. $1/p + 1/q = 1/f$
B. $p + q = f$
C. $1/p - 1/q = 1/f$
D. $p + q = 1/f$
E. $1/q - 1/p = 1/f$

Lenti sottili

206) Si consideri una lente con distanza focale f. Il potere diottrico Φ della lente è:
A. $\Phi = 2/f$
B. $\Phi = 1/\sqrt{f}$
C. $\Phi = -f$
D. $\Phi = 1/f$
E. $\Phi = f/2$

207) Si consideri una lente sottile e convergente. L'immagine di un oggetto posto tra il fuoco e l'asse ottico della lente:

A. è reale e più piccola rispetto all'oggetto
B. è virtuale e più grande rispetto all'oggetto
C. è reale e più grande rispetto all'oggetto
D. è virtuale e più piccola rispetto all'oggetto
E. si forma all'infinito

Onde meccaniche longitudinali e trasversali

208) Se un suono si propaga in un certo mezzo con la velocità di 500 m/s ed ha una frequenza di 100 Hz, la lunghezza d'onda di tale suono è:
A. 500 - 100 = 400 metri
B. 500/100 = 5 metri
C. 100/500 = 0,2 metri
D. 10/500 = 0,1 metri
E. 500 · 100 = 50.000 metri

209) L'attività presente sulla superficie solare consiste essenzialmente in esplosioni termonucleari. Perché allora è possibile vedere il sole, ma non ascoltarlo?

A. Perché il suono non si propaga nel vuoto
B. A causa del gas interstellare
C. Perché è troppo caldo
D. Nessuna delle altre risposte è corretta
E. Perché è troppo lontano

210) Un suono si propaga in un bacino pieno d'acqua. Quale delle seguenti affermazioni è corretta in relazione alle molecole d'acqua?

A. Esse oscillano parallelamente alla direzione di propagazione
B. Esse oscillano parallelamente alla superficie del liquido
C. Nessuna delle altre risposte è corretta
D. Esse oscillano perpendicolarmente alla superficie del liquido
E. Esse oscillano perpendicolarmente alla direzione di propagazione

Principio di sovrapposizione. Interferenza

211) L'eco è dovuta al fenomeno di:
A. rifrazione di onde sonore
B. interferenza di onde sonore
C. riflessione di onde sonore
D. nessuna delle altre risposte è corretta
E. diffrazione di onde sonore

212) Indicare quale delle seguenti affermazioni circa le onde sonore è falsa.

A. Esibiscono il fenomeno della riflessione
B. Nessuna delle altre risposte è corretta
C. Esibiscono il fenomeno dell'interferenza
D. Non si propagano nel vuoto
E. Esibiscono il fenomeno della rifrazione

Intensità di un'onda

213) Una pila elettrica alimenta una piccola radio e una bella musica si diffonde nella stanza: perché è necessaria l'energia della pila per permettere il funzionamento della radio?

A. Per captare ed amplificare il segnale che proviene dalla stazione emittente
B. Perché senza pila la radio può solo emettere segnali ma non raccoglierli
C. Per abbattere la resistenza dei fili
D. Per permettere all'antenna di sollevarsi e raccogliere il segnale acustico
E. Per riscaldare l'amplificatore e mandare segnali alla stazione emittente

214) Una sorgente che consideriamo puntiforme emette, in un mezzo isotropo, onde sonore sferiche con potenza P_u = 100 W. Supponendo che la membrana sensibile di un rilevatore di suoni abbia una superficie S = 31,4 cm^2 e che si trovi a una distanza d = 10 m dalla sorgente, quanto vale la potenza P_m percepita dal rilevatore?

A. P_m = 0,25mW
B. P_m = 250mW
C. P_m = 2,5mW
D. P_m = 25mW
E. P_m = 2,5 W

Limiti di udibilità

215) Nell'aria gli ultrasuoni sono onde elastiche:

A. con lunghezze d'onda uguali a quelle dei suoni udibili, ma con velocità di propagazione molto più elevata
B. con lunghezze d'onda minori di quelle dei suoni udibili
C. la domanda non ha senso perché gli ultrasuoni non sono onde elastiche
D. con lunghezze d'onda maggiori di quelle dei suoni udibili
E. con lunghezze d'onda minori di quelle dei suoni udibili e con velocità di propagazione più elevata

216) Il suono che normalmente si ode è:

A. una vibrazione che si propaga solo nei fluidi (aria, ecc.)
B. una vibrazione di natura elettromagnetica
C. una vibrazione entro un definito intervallo di frequenza
D. una vibrazione meccanica di frequenza elevata
E. una vibrazione entro un qualsiasi intervallo di frequenza

Effetto Doppler

217) Supponiamo di conoscere esattamente la frequenza del suono prodotto da una sorgente sonora quando il veicolo su cui è collocata si trova in quiete. Se adesso supponiamo che il veicolo si metta in movimento, il suono che percepiamo, se ci troviamo su un altro veicolo pure in movimento, ha frequenza:

A. più alta quando i due veicoli si avvicinano e più bassa quando si allontanano
B. identica a quella che percepiremmo se entrambi i veicoli fossero in quiete
C. più bassa sempre
D. più alta sempre
E. più bassa quando i due veicoli si avvicinano e più alta quando si allontanano

Onde elettromagnetiche

218) Un'onda elettromagnetica di frequenza f si propaga nel vuoto con velocità c. La sua lunghezza d'onda λ è data da:

A. $\lambda = 1/f$
B. $\lambda = f/c$
C. $\lambda = cf$
D. $\lambda = c$
E. $\lambda = c/f$

219) Un raggio di luce rossa ed un'onda radio sono onde elettromagnetiche che si propagano nel vuoto:

A. con uguale velocità ed uguale lunghezza d'onda
B. con uguale velocità ed uguale frequenza
C. con diversa velocità ed uguale lunghezza d'onda
D. con uguale velocità e diversa lunghezza d'onda
E. con diversa velocità e diversa lunghezza d'onda

220) Con riferimento alla radiazione X, individui il candidato quale tra le seguenti affermazioni è giusta (si ricordi il valore dell'Angstrom: $1Å = 10^{-10}$m).

A. Un'onda elettromagnetica di lunghezza d'onda uguale a 0,1 Å può essere una radiazione X
B. Un fascio di radiazione X, quando attraversa la materia e non interagisce, diminuisce la sua velocità di propagazione
C. Un'onda elettromagnetica di lunghezza d'onda uguale a 10^4 Å può essere una radiazione X
D. Un fascio di radiazione X, quando attraversa la materia e non interagisce, aumenta la sua velocità di propagazione
E. La velocità di propagazione della radiazione X nel vuoto è tanto maggiore quanto maggiore è la sua energia

221) La frequenza di un'onda luminosa è dell'ordine di 1015Hz. Il valore della lunghezza d'onda è:

A. 0,3 μm
B. 0,1 mm
C. 10 m
D. 1 m
E. 1 mm

Interferenza e diffrazione

222) Un fascio di luce polarizzata linearmente lungo la direzione z si propaga lungo l'asse x e viene fatto passare attraverso due polarizzatori lineari che formano, con l'asse z, gli angoli indicati nella figura seguente. Qual è l'intensità del fascio risultante?

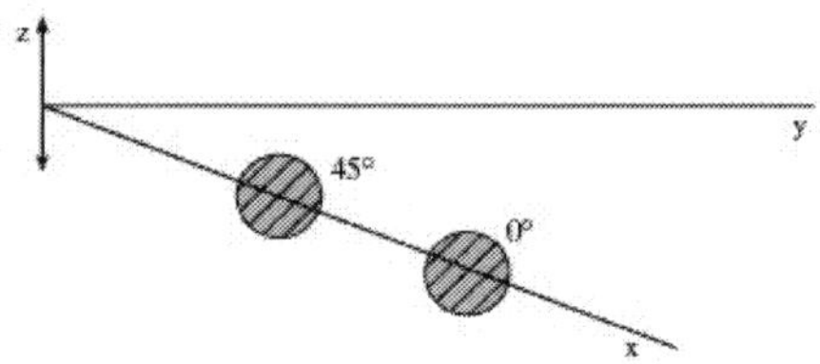

A. Il 50% di quella iniziale
B. Il 70% di quella iniziale
C. Zero
D. Il 100% di quella iniziale
E. Il 25% di quella iniziale

223) Un fascio di luce monocromatica incide su una fenditura sottile. Nella figura di diffrazione il primo minimo si trova ad un angolo θ rispetto alla posizione centrale. Quali delle seguenti affermazioni sono vere?

Riducendo la larghezza della fenditura, si riduce l'angolo θ.
Aumentando la lunghezza d'onda della luce, aumenta l'angolo θ.
Aumentando la frequenza della luce, aumenta l'angolo θ.
Si vedono zone di luce anche ad angoli maggiori di θ.

A. Solo la terza e la quarta
B. Solo la seconda
C. Solo la prima e la terza
D. Solo la prima, la seconda e la quarta
E. Solo la seconda e la quarta

224) Un fascio di luce linearmente polarizzata, avendo attraversato una soluzione di destrosio (glucosio destrogiro) uscirà:

A. con polarizzazione parzialmente lineare e parzialmente circolare a seconda della concentrazione
B. con polarizzazione circolare
C. con luce tanto meno polarizzata quanto maggiore è la concentrazione della soluzione
D. con una polarizzazione lineare secondo una direzione deviata di un angolo proporzionale alla concentrazione della soluzione
E. con la stessa polarizzazione lineare della luce incidente

225) È dato un sistema di due polarizzatori ortogonali fra di loro sui quali incide della luce. Tra i due s'inserisce un terzo polarizzatore inclinato rispetto al primo di 45°. Cosa si può affermare sull'intensità luminosa che passa attraverso il sistema dei tre polarizzatori?

A. È uguale all'intensità luminosa della luce che fuoriesce dal primo polarizzatore
B. È metà dell'intensità luminosa della luce che fuoriesce dal primo polarizzatore
C. È il doppio dell'intensità luminosa della luce che fuoriesce dal primo polarizzatore
D. È un quarto dell'intensità luminosa della luce che fuoriesce dal primo polarizzatore
E. È nulla

2.10 • Elettrostatica

Elettrizzazione dei corpi. Conservazione della carica elettrica

226) La costante dielettrica di un mezzo è:

A. non ha alcun significato fisico
B. indice della polarizzabilità del dielettrico
C. indice di quanto è carico il dielettrico
D. dimensionale
E. indice della temperatura di un corpo

227) Due sferette elettricamente cariche con carica di segno opposto vengono collocate vicine l'una all'altra, ciascuna sospesa ad un filo inizialmente verticale. Indicare la descrizione più adeguata tra le seguenti:

A. le sferette si attraggono
B. le sferette non si muovono dalla posizione iniziale
C. le sferette si mettono a ruotare
D. le sferette si respingono
E. le sferette oscillano indefinitamente

228) Una barretta di plastica strofinata con un panno di lana, se avvicinata a pezzetti di carta, li attira a sé:

A. per le particolari proprietà elettriche dell'aria
B. per attrazione magnetica
C. perché il campo gravitazionale diminuisce intorno alla barretta
D. perché vengono indotte delle cariche elettriche sulla carta
E. perché la carta è un buon conduttore elettrico

229) La maggior presenza di ossigeno in camera operatoria rende pericolosa la formazione di scintille. Al solo fine di scongiurare il rischio di produzio-

ne di scintille per via elettrostatica, gli operatori sanitari dovrebbero:

A. indossare scarpe isolanti per impedire pericolose scariche a terra
B. indossare guanti di materiale isolante per ostacolare il passaggio delle cariche
C. tenere bassa l'umidità dell'aria perché l'aria secca non disperde le cariche
D. indossare scarpe in grado di condurre, per scaricare a terra qualsiasi carica
E. evitare di strofinare con un panno bagnato gli aghi metallici, che potrebbero disperdere cariche per effetto della dispersione delle punte

La legge di Coulomb

230) Due particelle cariche e isolate sono poste, nel vuoto, a una certa distanza. La forza elettrostatica tra le due particelle è di 4,0 N. Quale sarebbe il valore della forza elettrostatica se la distanza tra le particelle fosse dimezzata?

A. 16,0 N
B. 4,0 N
C. 1,0 N
D. 2,0 N
E. 8,0 N

231) La costante dielettrica dell'acqua è 80. Se due cariche elettriche positive vengono poste ad una certa distanza in acqua, esse, rispetto al vuoto:

A. si respingono con una forza 6400 volte minore
B. si attraggono con una forza 80 volte minore
C. si attraggono con una forza 6400 volte minore
D. si comportano allo stesso modo
E. si respingono con una forza 80 volte minore

232) Tre cariche Q_1, Q_2 e Q_3 sono disposte su di una stessa retta. Se $Q_1 = Q_2 = -Q_3$, la forza che agisce su Q_3:

A. non può mai essere nulla
B. è nulla se Q_1 è in posizione intermedia tra Q_2 e Q_3
C. è nulla se Q_2 è in posizione intermedia tra Q_1 e Q_3
D. nessuna delle altre risposte è corretta
E. è nulla se Q_3 è in posizione intermedia tra Q_1 e Q_2

233) Un atomo di idrogeno è formato da un protone e un elettrone, approssimabili puntiformi, di massa $m_p = 1,67 \cdot 10^{-27}$ kg e $m_e = 9,11 \cdot 10^{-31}$ kg, e carica di modulo $q = 1,60 \cdot 10^{-19}$ C. Il modello di Bohr rappresenta l'atomo come un sistema planetario in cui l'elettrone ruota attorno al protone, considerato fermo, su un orbita di raggio $r = 5,29 \cdot 10^{-11}$ m. Qual è la velocità dell'elettrone in questo modello? (si ricorda che ε_0 è circa $8,9 \cdot 10^{-12}$ F/m)

A. $2,2 \cdot 10^8$ m/s
B. $2,2 \cdot 10^2$ m/s
C. $2,2 \cdot 10^4$ m/s
D. $2,2 \cdot 10^6$ m/s
E. 2,2 m/s

2.11 • Campo elettrico

234) Una particella priva di carica, in moto rettilineo ed uniforme, che entra in un campo elettrico diretto perpendicolarmente alla direzione della velocità della particella, descrive una traiettoria:

A. ellittica
B. circolare
C. rettilinea
D. iperbolica
E. parabolica

235) Una carica elettrica puntiforme è soggetta alla forza elettrostatica eserci-

tata da un campo elettrico costante in modulo, direzione e verso. Non esistono altre forze agenti su questa carica. La carica è inizialmente in quiete. Quale moto assume la carica, in assenza di altre forze?

A. Circolare uniforme
B. Nessuno: rimarrà in quiete
C. Rettilineo uniformemente accelerato
D. Rettilineo armonico
E. Rettilineo uniforme (a velocità costante)

236) Due campi elettrici, rispettivamente di 3 V/m e 4 V/m, sono diretti ortogonalmente l'uno all'altro. Calcolarne il modulo del vettore risultante:

A. 2 V/m
B. 7 V/m
C. 3/4 V
D. 5 V/m
E. è necessario precisare il verso dei vettori componenti

2.12 • Energia e potenziale elettrostatico

Lavoro e potenziale elettrostatico

237) Il lavoro per portare due cariche puntiformi ed uguali Q, inizialmente molto distanti fra loro, a distanza *a* fissata sia L. Quanto sarà il lavoro speso per portare tre cariche dello stesso tipo e valore Q ai vertici di un triangolo equilatero di lato sempre uguale ad *a* anch'esse inizialmente a distanze molto grandi tra di loro?

A. 4 L
B. 6 L
C. 9 L
D. 3 L
E. 2 L

238) Per spostare una carica positiva di 2 coulomb da un punto a potenziale di 5 V ad un punto a potenziale di 2 V senza variare la sua energia cinetica, occorre effettuare sulla carica un lavoro pari a:

A. -4 J
B. + 10 J
C. + 6 J
D. -6 J
E. -8 J

239) Fra due punti vi è la differenza di potenziale di 1 volt quando il lavoro eseguito per spostare la carica di 1 coulomb è pari a:

A. 1 joule
B. 1 farad
C. 1 metro/secondo
D. 1 cm
E. 1 watt

240) Se in un campo elettrico il potenziale nel punto A è uguale al potenziale nel punto B, il lavoro da compiere per spostare una carica da A a B è:

A. pari a 1
B. massimo
C. nullo
D. negativo
E. impossibile da determinare

241) Una carica di +8 coulomb si muove da un punto a potenziale di 6 V ad un punto a potenziale di 2 V. Il lavoro fatto dalla forza del campo è pari a:

A. nessuna delle altre risposte è corretta
B. -32 J
C. +6 J
D. -2 J
E. +32 J

242) I punti sulla faccia superiore di un cilindro di materiale conduttore di altezza uguale a 25 cm si trovano ad un

potenziale di 20 V rispetto al potenziale di terra. I punti sulla superficie laterale, che si trovano ad una altezza di 12,5 cm dalla base inferiore, si trovano ad un potenziale di:

A. 12,5 V
B. 5 V
C. 20 V
D. 10 V
E. 8 V

243) Siano M ed N due punti di un campo elettrico. Una carica puntiforme q si sposta da M ad N seguendo uno dei percorsi indicati in figura e le forze del campo compiono il lavoro L. Delle seguenti affermazioni qual è quella corretta?

A. La differenza di potenziale tra N ed M è uguale al lavoro L
B. Il lavoro L dipende dal percorso seguito dalla carica q per spostarsi da M ad N
C. La differenza di potenziale tra N e M è L/q
D. La differenza di potenziale è una grandezza vettoriale
E. La differenza di potenziale tra N e M è Lq

Superfici equipotenziali. Elettronvolt

244) È possibile che fra due punti di un campo elettrico vi sia una differenza di potenziale nulla?
A. Sì, se il campo è dovuto a cariche negative
B. Sì, se i due punti si trovano sulla stessa superficie equipotenziale
C. No, se il campo elettrico è uniforme
D. Sì, sempre
E. No, mai

245) Sia S una superficie equipotenziale di un campo elettrico qualsiasi. In un punto P di S il vettore campo elettrico E:

A. è perpendicolare ad S
B. è nullo
C. ha una direzione che dipende dalla distribuzione di cariche che genera il campo
D. è tangente ad S
E. forma con la normale ad S un angolo acuto

2.13 • Flusso del campo elettrico

Flusso elettrico. Teorema di Gauss

246) Il flusso del campo elettrico (teorema di Gauss) uscente da una superficie chiusa S è proporzionale:
A. al prodotto delle cariche contenute entro S
B. al potenziale dei punti di S
C. al lavoro occorrente per portare le cariche all'interno della superficie
D. alla somma algebrica delle cariche contenute entro S
E. alla somma algebrica delle cariche contenute entro S divisa per il potenziale dei punti di S

247) Il campo elettrico in un punto P distante r da un piano uniformemente carico ed esteso indefinitamente:

A. varia come e^{-r}
B. è indipendente da r
C. varia come $1/r^2$
D. nessuna delle altre risposte è corretta
E. varia come $1/r$

248) Si consideri una lastra di dimensioni molto maggiori rispetto alla distanza considerata dalla lastra stessa. Se la lastra è carica con una densità di carica superficiale +σ, cosa succede al campo elettrico generato dalla lastra al raddoppiare della distanza dalla lastra stessa?

A. Resta invariato
B. Raddoppia
C. Si dimezza
D. Diventa la quarta parte
E. Quadruplica

Condensatori > Capacità di un condensatore

249) La capacità di un condensatore è inversamente proporzionale:
A. alla superficie delle armature
B. alla distanza delle armature
C. al potenziale applicato
D. alla costante dielettrica del dielettrico interposto fra le armature
E. al suo peso

250) Tra le armature di un condensatore piano carico isolato (lontano dai bordi) le linee di forza del campo elettrico sono:

A. rettilinee e perpendicolari alle armature
B. circolari in piani perpendicolari alle armature
C. circolari in piani paralleli alle armature
D. rettilinee e parallele alle armature del condensatore
E. circolari e parallele alle armature

251) Un condensatore a piastre piane e parallele in aria, carico e isolato, presenta una differenza di potenziale di 10 kV tra le sue armature; se viene posto tra le armature un materiale isolante (es. ceramica) con una costante dielettrica relativa Er = 10, la differenza di potenziale tra le armature:

A. rimane uguale, ma diminuisce la carica
B. aumenta, ma diminuisce la carica
C. aumenta di 10 volte, la carica rimane identica
D. diminuisce di 10 volte e la carica rimane identica
E. aumenta di 100 volte e la carica resta costante

252) Se un condensatore piano, ideale, vuoto, carico viene isolato e in esso si inserisce un dielettrico con costante dielettrica relativa $\varepsilon_r = 2$:

A. il campo elettrico interno si dimezza, la capacità si dimezza
B. il campo elettrico interno rimane invariato, la capacità raddoppia
C. il campo elettrico interno si dimezza, la capacità raddoppia
D. il campo elettrico interno raddoppia, la capacità si dimezza
E. il campo elettrico interno raddoppia, la capacità raddoppia

Condensatori in serie ed in parallelo

253) Quattro condensatori uguali, ciascuno di tre nanofarad, collegati in parallelo costituiscono un unico condensatore di capacità:
A. 7 farad
B. 7 nanofarad
C. 12 nanofarad
D. 12 microfarad
E. 12 farad

254) Due condensatori con capacità pari a 12 μF e 4 μF sono collegati in serie; essi equivalgono a un unico condensatore di capacità pari a:

A. 16 μF
B. 0,33 μF
C. 8 μF

D. 3 μF
E. 4 μF

2.14 • Circuiti in corrente continua

La corrente elettrica

255) Il filamento di una lampadina è percorso da un'intensità di corrente di 1 A. Quanti elettroni al secondo attraversano la sezione del conduttore?

A. Tra 10^{18} e 10^{19} elettroni/secondo
B. 10^3 elettroni/secondo
C. 10^5 elettroni/secondo
D. Tra 10^{-18} e 10^{-19} elettroni/secondo
E. Un elettrone/secondo

256) Le potenze utilizzate dai seguenti elettrodomestici sono:

P(ferro da stiro) = 1 kW
P(televisore) = 150 W
P(lavatrice) = 2,5 kW
P(forno elettrico) = 1.500 W
Se vengono collegati alla rete domestica (220 V), quale degli elettrodomestici è attraversato da una corrente di intensità maggiore?

A. Il ferro da stiro
B. Il televisore
C. La lavatrice
D. Sono attraversati tutti dalla stessa corrente
E. Il forno elettrico

257) Quale delle seguenti soluzioni conduce in maniera apprezzabile la corrente elettrica?

A. Soluzione di metano in benzina
B. Soluzione acquosa di alcool etilico
C. Soluzione acquosa di bromuro di sodio
D. Soluzione acquosa di glucosio
E. Soluzione di cloruro di sodio in metanolo puro

Legge di Joule

258) Ai morsetti di due resistenze R_1 e R_2 sono applicate, rispettivamente, le differenze di potenziale elettrico V_1 e V_2. Si sa che R_1 vale due volte R_2 e inoltre V_1 vale un mezzo di V_2. Che relazione c'è tra le potenze P_1 e P_2 dissipate rispettivamente da R_1 e R_2 per effetto Joule?

A. $P_1 = (1/8)\ P_2$
B. $P_1 = (1/4)\ P_2$
C. $P_1 = (4)\ P_2$
D. $P_1 = (8)\ P_2$
E. P_1 è uguale a P_2

259) Una lampada ad incandescenza da 120 watt ed uno scaldabagno elettrico da 1.500 watt sono alimentati dalla stessa tensione. Segue che:

A. le resistenze elettriche dei due apparecchi sono le stesse
B. è più elevata la resistenza dello scaldabagno elettrico
C. non si può rispondere senza conoscere le correnti
D. è più elevata la resistenza della lampada ad incandescenza
E. nessuna delle altre risposte è corretta

260) Indicando con *R* la resistenza elettrica di un conduttore, con *V* la differenza di potenziale applicata agli estremi e con *I* la corrente che lo percorre, la potenza dissipata per effetto Joule è:

A. $P = V / I$
B. $P = V \cdot R \cdot I$
C. $P = V \cdot I$
D. $P = V \cdot R$
E. $P = I \cdot R^2$

261) Una resistenza percorsa da una corrente $I = 2$ A dissipa una potenza *P*. Ad un determinato istante *P* si dimezza. Ciò perché la corrente *I* ha assunto il valore:

A. 1/4
B. 1/2 A
C. 1 A
D. $\sqrt{2}A$
E. 2 A

262) Una batteria ideale fornisce una differenza di potenziale di 6 V. Se tra i terminali viene collegata una resistenza di 24 ohm, quale sarà la potenza dissipata per effetto Joule?

A. 0,3 W
B. 3 W
C. 84 W
D. 1,5 W
E. 9 W

263) Una lampadina da 100 W e un ferro da stiro da 1 kW possono consumare la stessa energia?

A. Sì, se funzionano per tempi uguali
B. Sì, quando sono alimentati in serie
C. Sì, quando sono alimentati in parallello
D. No, in nessun caso
E. Sì, se funzionano per tempi inversamente proporzionali alla loro potenza

Leggi di Ohm

264) La resistenza di un conduttore ohmico è:

A. direttamente proporzionale alla tensione
B. indipendente dalla temperatura
C. indipendente dalla tensione
D. direttamente proporzionale alla corrente
E. indirettamente proporzionale alla tensione

265) Un filo di alluminio ha una sezione di $1,0\times10^{-6}m^2$. Il filo è lungo 16,0 cm ed ha una resistenza pari a $4,0\times10^{-3}\Omega$.

Qual è la resistività dell'alluminio di cui è fatto questo filo?

A. $2,5 \times 10^{-6}$ Ωm
B. $2,5 \times 10^{-8}$ Ωm
C. $2,5 \times 10^{-5}$ Ωm
D. $6,4 \times 10^{4}$ Ωm
E. $6,4 \times 10^{6}$ Ωm

266) Quale dei seguenti grafici mostra la caratteristica corrente I – tensione V di un conduttore ohmico?

A.
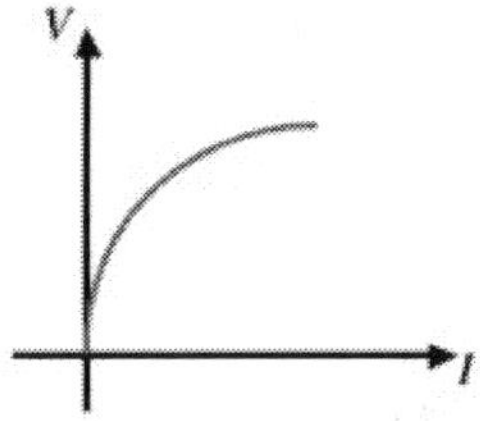

B.
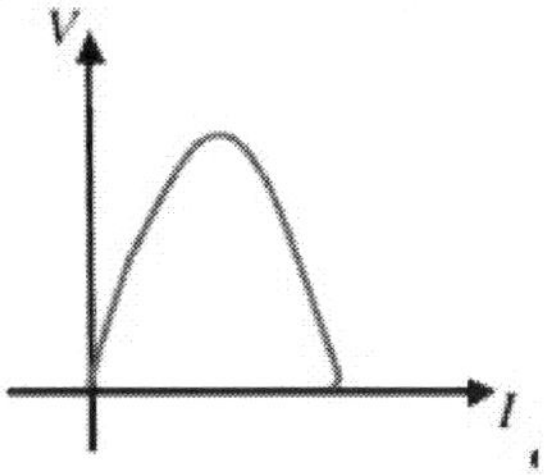

C.
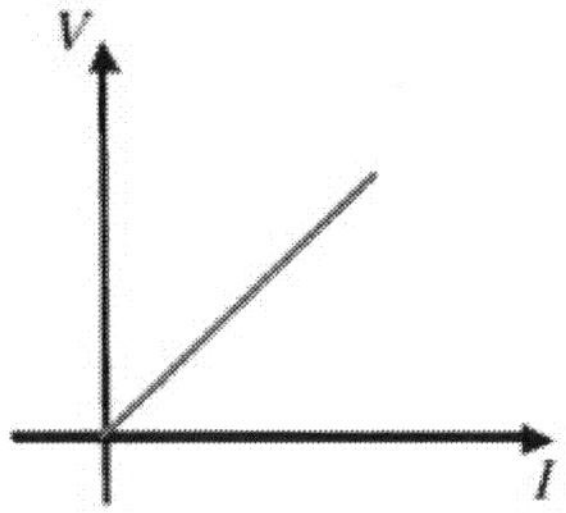

D.
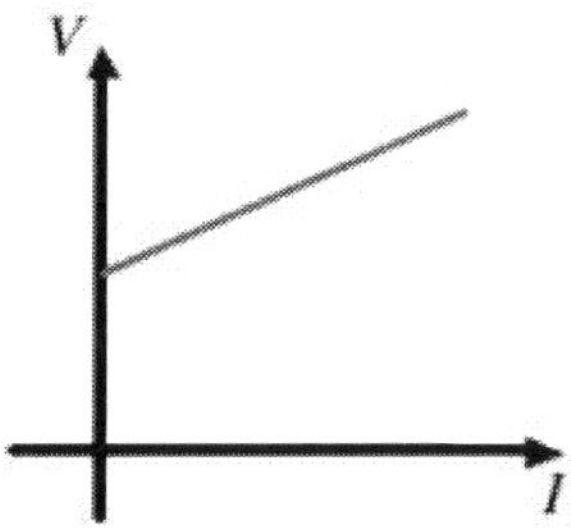

E. 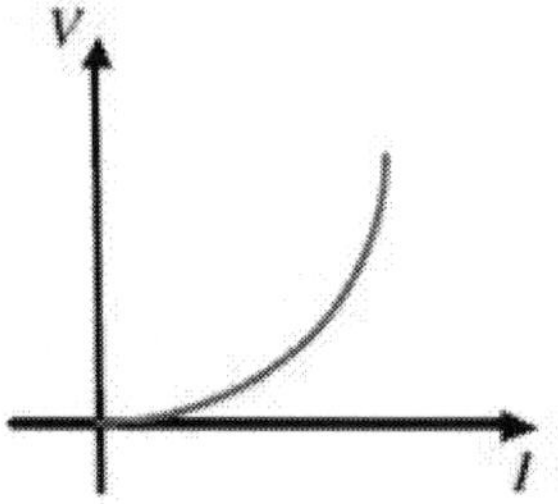

267) A una resistenza R = 1 ohm viene applicata una tensione V_1 = 6 V. Se si raddoppia il valore della resistenza, per mantenere costante la corrente che circola nel componente è necessario applicare una nuova tensione V_2 pari a:

A. 2 V
B. 12 V
C. 3 V
D. 24 V
E. ancora 6 V

Resistori in serie e in parallelo

268) Un circuito elettrico è costituito da tre resistenze collegate in parallelo. Le prime due hanno un valore di 20 e 40 ohm rispettivamente, mentre il valore resistivo della terza è ignoto. Misurando la resistenza totale del circuito si ricava un valore di 12 ohm. Qual è il valore più probabile della terza resistenza?

A. 240 ohm
B. 48 ohm
C. 120 ohm
D. 72 ohm
E. 32 ohm

269) Quando due resistenze elettriche (rispettivamente uguali a R e 4R) sono collegate in serie, la resistenza equivalente della combinazione è pari a 50 Ω. Se le medesime resistenze fossero collegate in parallelo, quale sarebbe la resistenza equivalente?

A. 12 Ω
B. 10 Ω
C. 32 Ω
D. 50 Ω
E. 8 Ω

270) Il valore della resistenza da aggiungere in parallelo alla resistenza di carico R di un circuito elettrico per ridurne il valore a 1/3 è:

A. R/3
B. R/6
C. R
D. R/2
E. 2R

271) Due lampade sono collegate in parallelo a una d.d.p. costante. Se il filamento di una di esse si interrompe:

A. diminuisce l'intensità di corrente nelle altre
B. aumenta la luminosità delle altre
C. l'intensità di corrente nelle altre raddoppia
D. l'intensità di corrente nelle altre rimane invariata
E. si spengono anche le altre

272) Due lampadine sono inserite in un circuito che comprende una pila e un interruttore. Come devono essere collegate le due lampadine perché possa verificarsi la condizione che una lampadina sia accesa e una sia spenta?

A. In parallelo con l'interruttore inserito in uno dei due rami
B. Perpendicolari
C. In serie con l'interruttore inserito in mezzo alle due lampadine
D. La condizione in cui una lampadina è spenta e una accesa non può mai verificarsi perché le lampadine appartengono allo stesso circuito
E. In serie

273) Tre resistenze R_1, R_2, e R_3 sono inserite in un circuito, tra i punti P e Q, come indicato nel grafico. Qual è la resistenza totale del tratto di circuito PQ, supponendo trascurabile la resistenza dei tratti di filo conduttore che connettono le resistenze con i punti P e Q e le resistenze tra loro?

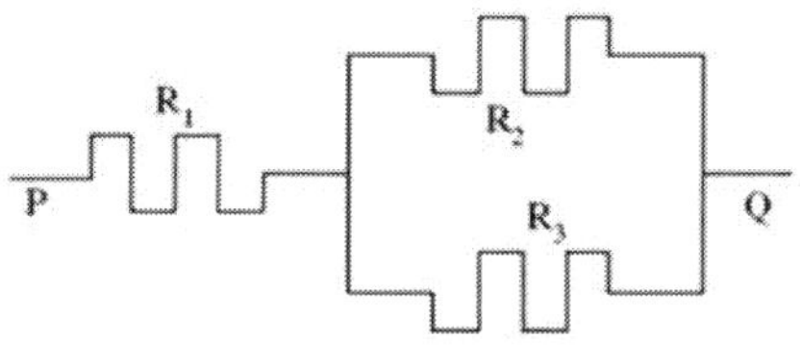

A. $R = 1 / R_1 + 1 / R_2 + 1 / R_3$
B. $R = 1 / R_1 + (R_2 + R_3) / (R_2 R_3)$
C. $R = R_1 + (R_2 R_3) / (R_2 + R_3)$
D. $R = R_1 + 1 / R_2 + 1 / R_3$
E. $R = R_1 + R_2 + R_3$

Leggi di Kirchhoff

274) In un circuito elettrico un nodo rappresenta il punto in cui:
A. convergono almeno tre rami
B. sono collegate fra loro una resistenza ed una induttanza
C. nessuna delle altre risposte è corretta
D. sono collegate fra loro le due capacità
E. convergono più di due terminali

275) Dato il circuito in figura in cui $R_1 = 10\ \Omega$, $R_2 = R_3 = 20\ \Omega$, $V_A = 10$ volt, $V_B = 0$, allora:

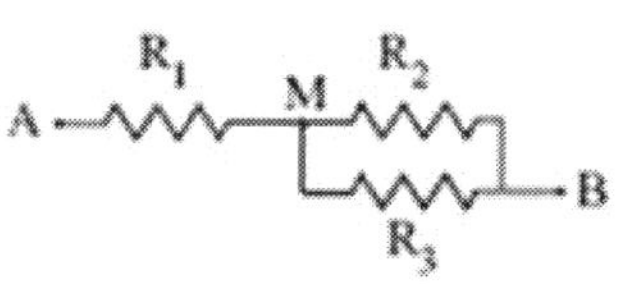

A. $V_M = (40/50) \cdot 10$ V
B. le tre resistenze equivalgono a una resistenza totale di 30 Ω
C. $V_M = 5$ V
D. la potenza complessiva è 100/30 W
E. la corrente complessiva è 10/40 A

276) Due batterie di forza elettromotrice $\varepsilon_1 = 20$ V ed $\varepsilon_2 = 8$ V e resistenza interna $r_1 = 0,5\ \Omega$ e $r_2 = 0,2\ \Omega$ sono poste in serie e connesse fra loro tramite i morsetti negativi. In serie con loro è posta una resistenza R = 5,3 Ω. Si vuole conoscere il valore della corrente nel circuito.

A. 2,3 A
B. 4,7 A
C. 3,0 A
D. 5,3 A
E. 2,0 A

Circuiti RC

277) Una batteria in grado di fornire una carica pari a 20 A · h e una differenza di potenziale pari a 12 V è collegata ad una lampadina di resistenza R = 15 ohm. Calcolare il tempo di scaricamento della batteria.
A. 9 h
B. 16 h
C. 25 h
D. 30 h
E. 0,04 h

2.15 • Forze e campi magnetici e induzione elettromagnetica

Il campo magnetico

278) Una particella carica ferma in un campo magnetico uniforme e stazionario e libera di muoversi:

A. non inizia a muoversi
B. inizia a muoversi con moto ellittico
C. inizia a muoversi con un moto parabolico

D. inizia a muoversi con un moto circolare
E. inizia a muoversi con un moto rettilineo

279) Il campo magnetico terrestre esercita un momento di forza sull'ago di una bussola. Una delle seguenti affermazioni è certamente sempre vera:

A. le interazioni magnetiche sono uno degli esempi in cui i principi della meccanica non sono validi
B. a causa della natura vettoriale del momento di forza, la bussola funziona correttamente solo nell'emisfero boreale
C. per il terzo principio della dinamica, l'ago della bussola esercita un analogo momento di forza sulla terra
D. per il secondo principio della dinamica, nell'emisfero australe l'ago della bussola comincia ad accelerare verso il polo Nord
E. data la natura dei momenti di forza, è necessario un meccanismo di richiamo altrimenti l'ago comincerebbe a ruotare, senza indicare il Nord

280) Il campo elettrico e il campo magnetico sono campi vettoriali:

A. il primo conservativo, il secondo non conservativo
B. entrambi non conservativi
C. il primo non conservativo, il secondo conservativo
D. le cui linee di campo sono, in entrambi i casi, linee chiuse
E. entrambi conservativi

La legge di Biot-Savart

281) Se in un piano una circonferenza rappresenta una linea di campo del vettore induzione magnetica, il campo magnetico può essere creato da:

A. un filo rettilineo di lunghezza infinita, percorso da corrente continua di intensità costante, posto lungo un diametro della circonferenza
B. una spira circolare percorsa da corrente sovrapposta alla circonferenza
C. una piccola calamita posta nel centro della circonferenza
D. un filo rettilineo di lunghezza finita, percorso da corrente continua di intensità variabile, perpendicolare al piano e passante per il centro della circonferenza
E. un filo rettilineo di lunghezza infinita, percorso da corrente continua di intensità costante, perpendicolare al piano e passante per il centro della circonferenza

282) Una pallina inizialmente ferma, che porta su di sé una carica elettrica, è immersa in una regione di spazio ove può risentire soltanto dell'azione di un campo magnetico. Se quest'ultimo è creato da un filo verticale percorso da corrente, la pallina:

A. non si muoverà affatto
B. nessuna delle altre risposte è corretta
C. si muoverà di moto circolare uniforme attorno al filo
D. si muoverà verticalmente con accelerazione costante
E. si muoverà di moto uniformemente accelerato verso il filo

Forza magnetica fra due conduttori paralleli

283) La forza che si esercita tra due fili conduttori rettilinei e paralleli percorsi da correnti uguali ed equiverse è:

A. ortogonale ai fili e repulsiva
B. ortogonale ai fili e attrattiva
C. parallela e repulsiva
D. parallela ai fili
E. nulla

Induzione elettromagnetica: legge di Faraday-Neumann-Lenz

284) Una spira ruota fra i poli Nord e Sud di un magnete. Il valore assoluto della forza elettromotrice indotta è massimo quando:

A. la faccia della spira forma un angolo di 45 gradi con le linee di forza
B. la spira si trova agli antipodi di uno dei due poli
C. la faccia della spira è perpendicolare alle linee di forza
D. la faccia della spira è parallela alle linee di forza
E. la spira si trova nelle immediate vicinanze di uno dei due poli

285) Un campo magnetico ha direzione perpendicolare al piano cartesiano mostrato in figura ed ha verso uscente. Il campo magnetico è costante al variare della coordinata spaziale y, mentre diminuisce all'aumentare della coordinata spaziale x. In quale dei seguenti casi non si induce alcuna corrente nel circuito C mostrato in figura?

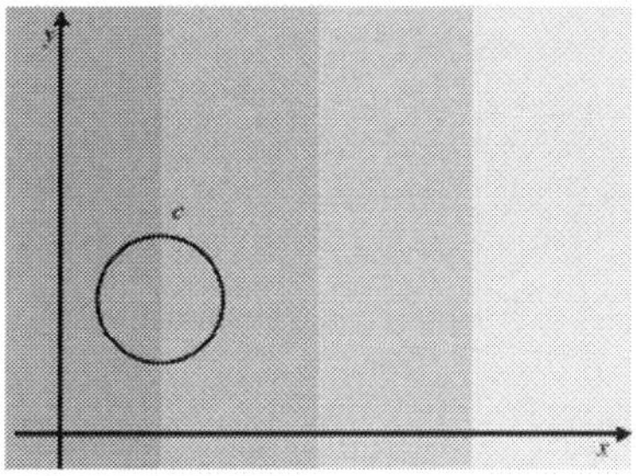

A. Facendo ruotare il circuito C intorno ad un asse perpendicolare al piano cartesiano e passante per uno dei punti del circuito
B. Facendo ruotare il circuito C intorno ad un asse solidale con il diametro parallelo all'asse y
C. Muovendo il circuito C lungo una direzione parallela all'asse y
D. Muovendo il circuito C lungo una direzione parallela all'asse x
E. Facendo ruotare il circuito C intorno ad un asse solidale con il diametro parallelo all'asse x

Circuiti e strumenti in corrente alternata

286) In un filo di rame percorso da corrente alternata:

A. si genera nello spazio un campo magnetico variabile, non parallelo al filo
B. si produce un effetto di elettrolisi delle molecole
C. non si sviluppa calore
D. si genera nello spazio un campo magnetico costante
E. si genera nello spazio un campo magnetico costante e parallelo al filo

287) Per trasportare l'energia elettrica su lunghe distanze si utilizzano linee elettriche ad alta tensione che viene poi ridotta alla tensione di utilizzo nella rete urbana (220 V) da apposite centrali di trasformazione e distribuzione. Qual è il principale motivo di tale scelta?

A. Si riducono le possibilità di allacciamenti illegali alla rete
B. A parità di energia elettrica trasportata, si aumenta la corrente circolante
C. Si riducono le dispersioni di elettricità nell'atmosfera
D. Si riducono i costi di generazione dell'energia elettrica
E. A parità di energia elettrica trasportata, si riduce la dissipazione termica

2.16 • Cenni di fisica nucleare e radioattività

Gli effetti biologici delle radiazioni ionizzanti

288) Un elettroscopio messo vicino ad una sorgente di raggi X si scarica rapidamente perché:

A. i raggi X assorbono energia
B. i raggi X sono costituiti da particelle cariche negativamente
C. i raggi X hanno potere ionizzante
D. i raggi X hanno piccolissima lunghezza d'onda
E. i raggi X penetrano nei corpi

289) I raggi X, come è noto, sono radiazioni molto penetranti in quanto costituiti da fotoni ad alta energia. Tale potere penetrante è tanto maggiore quanto più grande è:

A. la lunghezza d'onda della radiazione
B. la frequenza della radiazione
C. la carica dei fotoni
D. il numero dei raggi
E. il numero dei fotoni

290) Mettere in ordine decrescente per la capacità di penetrazione le radiazioni nucleari alfa, beta e gamma?

A. Alfa, Beta, Gamma
B. Gamma, Alfa, Beta
C. Beta, Alfa, Gamma
D. Gamma, Beta, Alfa
E. Beta, Gamma, Alfa

Radioattività e decadimenti radioattivi

291) All'interno del nucleo, all'atto di emissione di un elettrone negativo, un neutrone:

A. si annichilisce
B. raddoppia il suo volume
C. rimane inalterato
D. si trasforma in radiazione elettromagnetica
E. si trasforma in un protone

292) L'attività di una sorgente radioattiva, la cui unità di misura è il curie (vecchia) o il bequerel (nuova), esprime il numero:

A. di raggi beta emessi
B. totale di raggi alfa e gamma emessi
C. di disintegrazioni al secondo
D. di atomi della sorgente
E. di raggi X emessi per unità di superficie

293) Un isotopo radioattivo ha un tempo di dimezzamento di 8 ore. Quale frazione di un campione di tale isotopo sarà ancora presente dopo un giorno?

A. 1/15
B. 1/9
C. 1/3
D. 1/8
E. 1/16

294) Se le radiazioni alfa, beta, gamma sono immerse in un campo elettrico, quali di esse sono soggette alla forza elettrica?

A. Beta e gamma
B. Solo alfa
C. Alfa e beta
D. Tutte
E. Gamma

295) Per emivita di un nuclide radioattivo si intende:

A. il tempo necessario perché decada al 100%
B. il tempo necessario perché decada al 10%
C. l'emivita non è correlata al decadimento radioattivo

D. il tempo necessario perché decada al 50%
E. nessuna delle altre risposte è corretta

Reazioni nucleari indotte > Fissione e fusione nucleare

296) Per essere utilizzato in un reattore nucleare, l'uranio deve essere arricchito, cioè la percentuale di isotopo 235 deve essere superiore a un valore critico pari a circa il 3%. La ragione di questo fatto è che:

A. l'isotopo 235 è l'unico isotopo dell'uranio che subisce una fissione quando viene colpito da un neutrone
B. l'isotopo 235 produce un'energia maggiore nella reazione nucleare, per cui l'uranio arricchito è un combustibile di migliore qualità
C. i reattori in commercio sono prodotti per usare solo questo particolare tipo di uranio, in maniera da evitare utilizzi a scopi non pacifici
D. tutto l'uranio in circolazione è stato già utilizzato in reattori nucleari, e deve essere rigenerato per poter essere utilizzato nuovamente
E. nessuna delle altre risposte è corretta

297) A proposito dei fenomeni di fissione e fusione nucleari si può dire che:

A. la fissione è sempre pulita
B. sono esoenergetici
C. sono sempre artificiali
D. la fusione è stata usata nelle centrali elettriche
E. nella fusione il nucleo si rompe in due o più frammenti

Struttura del nucleo e interazione forte

298) Perché ^{73}Li e ^{74}Be sono detti "isobari"?

A. Perché sono uguali
B. Perché appartengono a righe diverse della Tavola Periodica
C. Per definizione
D. Perché hanno le stesse proprietà fisiche
E. Perché hanno ugual numero di massa

299) La perdita di un neutrone da parte di un nucleo di un atomo comporta:

A. una diminuzione di un'unità di A per quell'elemento
B. un aumento della carica positiva del nucleo
C. un aumento di un'unità di Z per quell'elemento
D. un'emissione di particelle alfa e beta
E. non comporta nulla

300) Siamo in tema di Fisica Atomica. Trovate l'unica affermazione CORRETTA:

A. nel nucleo troviamo protoni, neutroni ed elettroni positivi
B. le forze coulombiane sono trascurabili entro il nucleo
C. il nucleo occupa quasi il 10% del volume dell'atomo
D. il numero di massa A è dato da (numero protoni) + (numero neutroni) + (numero elettroni)
E. le forze tra nucleoni sono a corto raggio d'azione

RISPOSTE CORRETTE

1)	D	53)	C	105)	C	157)	D	209)	A
2)	D	54)	E	106)	D	158)	C	210)	A
3)	A	55)	A	107)	E	159)	C	211)	C
4)	E	56)	A	108)	B	160)	E	212)	B
5)	E	57)	B	109)	E	161)	D	213)	A
6)	A	58)	C	110)	E	162)	B	214)	A
7)	D	59)	C	111)	E	163)	C	215)	B
8)	D	60)	C	112)	D	164)	D	216)	C
9)	D	61)	E	113)	D	165)	C	217)	A
10)	C	62)	C	114)	D	166)	D	218)	E
11)	A	63)	B	115)	A	167)	A	219)	D
12)	E	64)	B	116)	D	168)	A	220)	A
13)	C	65)	B	117)	C	169)	E	221)	A
14)	A	66)	D	118)	B	170)	D	222)	E
15)	E	67)	B	119)	B	171)	D	223)	E
16)	A	68)	B	120)	A	172)	B	224)	D
17)	B	69)	E	121)	B	173)	E	225)	D
18)	D	70)	E	122)	E	174)	E	226)	B
19)	D	71)	D	123)	E	175)	D	227)	A
20)	C	72)	D	124)	C	176)	C	228)	D
21)	E	73)	D	125)	C	177)	B	229)	D
22)	C	74)	A	126)	A	178)	D	230)	A
23)	C	75)	C	127)	C	179)	A	231)	E
24)	E	76)	C	128)	B	180)	B	232)	E
25)	D	77)	B	129)	E	181)	B	233)	D
26)	B	78)	A	130)	C	182)	C	234)	C
27)	A	79)	B	131)	D	183)	A	235)	C
28)	D	80)	C	132)	E	184)	D	236)	D
29)	C	81)	D	133)	A	185)	E	237)	D
30)	D	82)	A	134)	E	186)	B	238)	D
31)	B	83)	A	135)	D	187)	B	239)	A
32)	D	84)	A	136)	C	188)	A	240)	C
33)	D	85)	A	137)	B	189)	A	241)	E
34)	C	86)	D	138)	E	190)	B	242)	C
35)	D	87)	C	139)	E	191)	C	243)	C
36)	E	88)	E	140)	C	192)	A	244)	B
37)	B	89)	B	141)	A	193)	E	245)	A
38)	A	90)	E	142)	A	194)	B	246)	D
39)	D	91)	A	143)	B	195)	B	247)	B
40)	A	92)	D	144)	C	196)	C	248)	A
41)	D	93)	A	145)	D	197)	C	249)	B
42)	B	94)	E	146)	A	198)	A	250)	A
43)	B	95)	C	147)	B	199)	D	251)	D
44)	E	96)	A	148)	E	200)	B	252)	C
45)	D	97)	E	149)	A	201)	B	253)	C
46)	A	98)	D	150)	B	202)	B	254)	D
47)	E	99)	B	151)	E	203)	C	255)	A
48)	E	100)	B	152)	A	204)	C	256)	C
49)	A	101)	C	153)	D	205)	A	257)	C
50)	C	102)	C	154)	E	206)	D	258)	A
51)	B	103)	B	155)	C	207)	B	259)	D
52)	D	104)	A	156)	C	208)	B	260)	C

261) D	269) E	277) C	285) C	293) D
262) D	270) D	278) A	286) A	294) C
263) E	271) D	279) C	287) E	295) D
264) C	272) A	280) A	288) C	296) A
265) B	273) C	281) E	289) B	297) B
266) C	274) A	282) A	290) D	298) E
267) B	275) C	283) B	291) E	299) A
268) C	276) E	284) D	292) C	300) E

CAPITOLO 3
Chimica

3.1 • La materia e la chimica

Proprietà e trasformazioni

1) Quale dei seguenti NON può essere considerato un fenomeno chimico?

A. Digestione del cibo
B. Evaporazione di una massa d'acqua
C. Esplosione di un candelotto di dinamite
D. Crescita di un filo d'erba
E. Arrugginimento di una sbarra di ferro

2) Che cosa avviene durante la combustione di una candela?

A. Un consumo di anidride carbonica
B. Una sublimazione
C. Un processo chimico
D. Una evaporazione della cera
E. Un'emissione di ossigeno

Sostanze pure e simboli per esprimerle

3) La formula minima di un composto indica:

A. la disposizione spaziale degli atomi nella molecola
B. la struttura degli atomi di carbonio
C. il rapporto tra gli orbitali
D. il rapporto tra gli atomi nella molecola
E. l'appartenenza alla serie stereochimica L o D

4) Quale dei seguenti elementi si trova sotto forma di molecole monoatomiche?

A. Sia l'ossigeno che l'elio
B. Ossigeno
C. Idrogeno
D. Elio
E. Cloro

5) Indicare quale tra i seguenti atomi tende a formare molecole biatomiche:

A. K
B. Na
C. K^+
D. O
E. Ca

Rapporti ponderali nei composti

6) L'acqua ossigenata è:

A. una forma allotropica dell'acqua
B. un composto diverso dall'acqua
C. una forma reattiva dell'acqua
D. una soluzione di ossigeno in acqua
E. una forma isotopica dell'acqua

7) Sono stati ottenuti, con quattro differenti metodi, quattro campioni di uno stesso ossido di azoto. La percentuale in peso di azoto risulta essere la stessa in ognuno dei quattro campioni. Ciò costituisce una prova della legge:

A. di Einstein
B. della conservazione della massa
C. di Avogadro
D. delle proporzioni multiple
E. delle proporzioni definite (e costanti)

8) Nell'elettrolisi dell'acqua i volumi di idrogeno ed ossigeno che si liberano agli elettrodi sono in rapporto di:

A. 2 : 1
B. 3 : 1
C. 1 : 1
D. 1 : 2
E. 1 : 3

I miscugli

9) Quale dei seguenti sistemi non è eterogeneo?

A. Sospensione
B. Fumo
C. Schiuma
D. Emulsione
E. Nessuna delle risposte è corretta

10) Cos'è la distillazione?

A. Non è un processo di separazione
B. È un processo di separazione basato sul diverso peso atomico
C. È un processo di soluzione
D. È un processo di separazione basato sul diverso punto di ebollizione
E. È un processo di separazione basato sul diverso peso molecolare

11) Quale affermazione riguardante le miscele è FALSA?

A. Miscela è sempre sinonimo di soluzione
B. Le miscele possono essere solide, liquide o gassose
C. Le miscele possono essere omogenee o eterogenee
D. Nelle miscele sono presenti gli atomi
E. In una miscela possono essere presenti una o più fasi

Atomi, isotopi e ioni

12) L'atomo di un elemento e un suo ione si differenziano nel numero di:

A. protoni
B. massa
C. composti
D. elettroni
E. neutroni

13) Un atomo ha la configurazione elettronica che termina in s^2. Qual è il suo numero atomico?

A. 10
B. 3
C. 12
D. 6
E. 8

14) Il sodio ha numero atomico 11 e il magnesio 12.
Lo ione Na^+ è più grande dello ione Mg^{2+}.
Quale delle seguenti affermazioni spiega la differenza di grandezza tra gli ioni?

A. Lo ione sodio ha più elettroni dello ione magnesio
B. Lo ione magnesio ha meno orbitali dello ione sodio
C. L'atomo di magnesio ha una carica nucleare maggiore dell'atomo di sodio
D. L'atomo di sodio è più elettronegativo dell'atomo di magnesio
E. L'atomo di sodio acquista un solo elettrone

15) Qual è la massa atomica di $^{238}_{92}U$?

A. 146,05 u.m.a.
B. 11,2 u.m.a.
C. 92 u.m.a.
D. 346,05 u.m.a.
E. 238,05 u.m.a.

16) Il numero di massa di un atomo è uguale al numero totale di:

A. protoni e neutroni
B. protoni e elettroni
C. neutroni
D. protoni
E. elettroni

17) L'elemento radioattivo tecnezio si utilizza in campo medico. Indicare il numero di elettroni, protoni e neutroni in un atomo di $^{99}_{43}Tc$:

A. 43, 56, 59
B. 43, 43, 43
C. 43, 43, 58
D. 43, 43, 57
E. 43, 43, 56

18) Un atomo neutro contiene 13 protoni, 13 elettroni e 14 neutroni; il peso atomico è circa:

A. 26
B. 13
C. 22
D. 27
E. 40

19) Il cobalto ha tre isotopi radioattivi utilizzati in campo medico. Essi contengono rispettivamente 30, 31 e 33 neutroni. Indicare il simbolo di questi isotopi sapendo che il Co ha 27 come numero atomico:

A. $^{57}_{2}Co$; $^{5}_{2}Co$; $^{60}_{17}Co$
B. $^{57}_{27}Co$; $^{58}_{27}Co$; $^{60}_{27}Co$
C. $^{33}_{72}Co$; $^{33}_{127}Co$; $^{33}_{131}Co$
D. $^{57}_{30}Co$; $^{57}_{31}Co$; $^{57}_{33}Co$
E. $^{30}_{3}Co$; $^{30}_{30}Co$; $^{30}_{31}Co$

20) Gli atomi di un elemento:

A. nessuna delle risposte è corretta
B. hanno uguale numero di neutroni ma possono differire per il numero di protoni
C. hanno la stessa massa atomica
D. hanno uguale numero di protoni ma possono differire per il numero di neutroni
E. sono tutti identici tra loro

21) Nell'isotopo radioattivo ^{14}C del carbonio sono presenti:

A. 7 protoni, 7 neutroni, 7 elettroni
B. 6 protoni, 8 neutroni, 6 elettroni
C. 7 protoni, 6 neutroni, 7 elettroni
D. 6 protoni, 7 neutroni, 6 elettroni
E. 8 protoni, 6 neutroni, 6 elettroni

3.2 • Il modello atomico: chimica e orbitali

Le basi teoriche del modello a orbitali

22) Secondo la teoria atomica di Bohr, l'elettrone che orbita attorno al nucleo dell'idrogeno:

A. può avere qualsiasi momento angolare, ma la sua energia deve essere un multiplo intero di una quantità detta quanto di energia
B. deve avere necessariamente momento angolare nullo
C. si muove su orbite di energia e momento angolare costanti, emettendo o assorbendo radiazione elettromagnetica solo nel passare da un'orbita all'altra
D. emette una radiazione elettromagnetica di frequenza pari alla frequenza di rotazione attorno al nucleo
E. nessuna delle risposte è corretta

23) Il principio di indeterminazione di Heisenberg stabilisce che:

A. non è possibile misurare con precisione arbitraria l'energia di un sistema fisico quantistico
B. l'energia di un sistema fisico quantistico è determinata a meno di un quanto di energia

C. il numero di protoni contenuti in un atomo non può essere misurato con precisione
D. non è possibile misurare contemporaneamente con precisione arbitraria posizione e velocità di una particella
E. non è possibile misurare nessuna grandezza fisica con precisione arbitraria

Gli orbitali e i numeri quantici

24) Gli orbitali f possono essere descritti al massimo da:

A. 8 elettroni
B. 14 elettroni
C. 6 elettroni
D. 10 elettroni
E. 18 elettroni

25) Un orbitale s ha forma di:

A. una clessidra
B. una ciambella
C. una circonferenza
D. un cilindro
E. una sfera

26) Un orbitale 3d può essere caratterizzato da:

A. $n = 2, 6, l = 5, m_L = 1$
B. $n = 2, l = 3, m_L = 1$
C. $n = 3, l = 3, m_L = 3$
D. $n = 3, l = 2, m_L = 1$
E. n = 3, l = 2, mL = 3

27) I valori del numero quantico secondario degli orbitali s, p, d ed f sono rispettivamente:

A. - 1, 2, 3, 4
B. 2, 4, 5e, 7
C. 0, - 1, 2, 3
D. 1, 2, 3, 4
E. 0, 1, 2, 3

28) Il numero quantico secondario di un elettrone contenuto in un orbitale 3p:

A. può assumere tutti i valori interi compresi tra 0 e 2
B. è 1
C. può assumere tutti i valori interi (zero compreso) tra -3 e +3
D. è 2
E. è 3

Configurazioni elettroniche degli atomi

29) Quale tra le seguenti configurazioni elettroniche esterne è tipica degli atomi F, Cl e Br, appartenenti al gruppo degli alogeni?

A. s^2p^6
B. s^2p^5
C. s^2
D. s^2p^3
E. s^2p^4

30) Il numero quantico di spin può assumere valori:

A. – 1, + 1
B. 0, n – 1
C. + 1/2, 0, –1/2
D. + 4, –0,1
E. + 1/2, –1/2

31) Secondo il principio di esclusione di Pauli, un orbitale atomico può contenere al massimo:

A. tre elettroni con spin antiparalleli
B. due elettroni con spin antiparalleli
C. due elettroni con spin paralleli
D. due elettroni purché differenti per il valore del numero quantico principale
E. nessuna delle risposte è corretta

32) Il massimo numero di elettroni contenuti negli orbitali di tipo p è:

A. 6
B. 2
C. 4
D. 6
E. 8

33) La struttura elettronica $1s^2\ 2s^2\ 2p^6\ 3s^2\ 3p^4$ è caratteristica di:

A. un gas nobile
B. un metallo
C. un elemento del quarto gruppo
D. un non metallo
E. un elemento di transizione

34) I gas nobili (ad eccezione dell'elio) hanno tutti configurazione elettronica esterna di tipo:

A. s^2p^8
B. s^2p^4
C. s^2p^6
D. sp^6
E. sp^8

35) Qual è la configurazione elettronica del catione Al^{3+}, sapendo che il numero atomico di Al è 13?

A. $1s^22s^22p^6$
B. $1s^22s^22p^43s^2$
C. $1s^22s^22p^63s^23p^1$
D. $1s^22s^22p^63s^23p^6$
E. $1s^22s^22p^63s^2$

3.3 • Ordine tra gli elementi: la tavola periodica

La massa degli atomi e delle molecole

36) L'unità di misura delle masse atomiche è pari a:

A. 1/16 della massa di un atomo di ossigeno
B. massa dell'atomo di idrogeno, in quanto è l'atomo di massa minore
C. 1/12 della massa di un atomo di carbonio
D. nessuna delle risposte è corretta
E. 1/12 della massa di un atomo dell'isotopo del carbonio con numero di massa 12

37) Quanto pesa una molecola di anidride carbonica?

A. $4{,}4 \times 1{,}67 \times 10^{-27}$ kg
B. $22 \times 1{,}67 \times 10^{-27}$ kg
C. $44 \times 1{,}67 \times 10^{-27}$ kg
D. $44 \times 167 \times 10^{-17}$ kg
E. $44 \times 0{,}167 \times 10^{-35}$ kg

38) In che cosa consiste la massa atomica relativa di un atomo?

A. Nella massa di un atomo espressa in grammi
B. Nel rapporto tra la massa dell'atomo in esame e la sedicesima parte della massa dell'isotopo 16 dell'ossigeno
C. Nel rapporto tra la massa dell'atomo in esame e la dodicesima parte della massa dell'isotopo 12 del carbonio
D. Nella massa di una mole di atomi dell'elemento in esame
E. Nessuna delle altre alternative è corretta

39) Il cloro ha due isotopi con masse atomiche relative di 35 u e 37 u. Un campione di CH_2Cl_2 ha una massa molecolare relativa di 86 u. Quale/i tra questi di seguito potrebbe/ro essere il campione?

1. Una miscela 50% di $CH_2(^{35}Cl)_2$ e 50% di $CH_2(^{37}Cl)_2$
2. 100% di $CH_2{}^{35}Cl^{37}Cl$
3. Una miscela 25% di $CH_2(^{35}Cl)_2$ e 75% di $CH_2{}^{35}Cl^{37}Cl$
[Massa atomica relativa: H = 1 u, C = 12 u]

A. Solo 1 e 2
B. Solo 1
C. Solo 2
D. Solo 3
E. Solo 1 e 3

40) Un composto ha la seguente composizione percentuale in massa:

40,2% K 26,9% Cr 32,9% O
Qual è la formula empirica di tale composto?
[Massa atomica relativa: K = 39 u; Cr = 52 u; O = 16 u]
A. $KCrO_2$
B. $KCrO_4$
C. $K_2Cr_2O_4$
D. $K_2Cr_2O_7$
E. K_2CrO_4

La mole

41) La massa molare dello zolfo è 32,006 g. Quante moli di zolfo sono presenti in un bicchiere riempito con 64,132 g di zolfo?
A. 1 mole
B. 2 moli
C. 32,066 moli
D. 5 moli
E. 82,6 moli

42) 22,0 g di un gas occupano 5,60 dm^3 a temperatura e pressione standard (STP).

Qual è la massa molare del gas? [Volume molare del gas = 22,4 dm^3 a STP]
A. 108 g mol^{-1}
B. 44,0 g mol^{-1}
C. 88,0 g mol^{-1}
D. 5,50 g mol^{-1}
E. 176 g mol^{-1}

43) In una mole di idrogeno atomico ci sono circa:

A. $6 \cdot 10^{-23}$ elettroni e $6 \cdot 10^{23}$ protoni
B. $6 \cdot 10^{23}$ elettroni e $6 \cdot 10^{-23}$ protoni
C. $6 \cdot 10^{3}$ elettroni e $6 \cdot 10^{-23}$ protoni
D. $6 \cdot 10^{-23}$ elettroni e $6 \cdot 10^{-23}$ protoni
E. $6 \cdot 10^{23}$ elettroni e $6 \cdot 10^{23}$ protoni

44) Un cilindro graduato contiene 1003,0 g di mercurio. Determinare quante moli di mercurio sono presenti nel cilindro se la massa molare del mercurio è 200,6 g.

A. 13,35 moli
B. 25 moli
C. 5 moli
D. 25,40 moli
E. 43 moli

45) Quale delle seguenti affermazioni è corretta (considera che il P.A. di N = 14 u.m.a.)?

A. 28 molecole di N_2 pesano 1 g
B. 28 moli di N_2 pesano 1 g
C. Una molecola di N_2 occupa 22,414 L in condizioni standard
D. Una mole di N_2 pesa 28 g
E. Una molecola di N_2 pesa 28 g

46) Il peso molecolare dell'acido fosforico è 98 u.m.A. Quanti g pesano 0,05 mol del composto?

A. 4,9
B. 0,98
C. 0,005
D. 0,0049
E. 0,49

47) A quante moli corrispondono 9,0 ml di un composto avente P.M. 153, e densità 1,7 g/ml?

A. 10,0
B. 1,0
C. 0,10
D. 0,29
E. 0,050

48) In quale delle seguenti masse sono contenute $6{,}022 \times 10^{23}$ molecole? (Massa atomica: Na: 23 uma, Cl: 35 uma, Br: 80 uma, O: 16 uma, F: 16 uma).

A. Nessuna delle risposte è corretta
B. 58 g di NaBr
C. 58 g di Na_2O
D. 58 g di NO
E. 58 g di NaCl

49) Quanto pesa una mole di carbonio (numero di massa 12, numero atomico 6)?

A. 12 g
B. 12 kg
C. Una quantità in g pari al numero di Avogadro
D. 18 g
E. 6 g

50) Una mole di un gas alla temperatura di 0° C e alla pressione di 1 atm occupa un volume di 22,414 litri. Calcolare quante moli di gas occupano 1,12 litri.

A. 0,5
B. 0,05
C. 0,001
D. 0,1
E. 1,0

La tavola periodica

51) Quali elementi hanno i più elevati valori di affinità elettronica?

A. Gli alogeni
B. I metalli alcalini
C. Gli elementi indicati hanno la medesima affinità elettronica
D. I gas nobili
E. Gli elementi del II gruppo della tavola periodica

52) Un elemento del VII gruppo della tavola periodica:

A. ha una elevata elettronegatività
B. ha una bassa elettronegatività
C. è un potente nucleofilo
D. ha un basso potenziale di ionizzazione
E. ha estrema facilità a ossidarsi

53) Nella tavola periodica le dimensioni degli atomi, escludendo i gas nobili:

A. aumentano da destra verso sinistra lungo un periodo
B. aumentano all'aumentare del peso atomico
C. aumentano da sinistra verso destra lungo un periodo
D. aumentano all'aumentare del numero atomico
E. aumentano dal basso verso l'alto lungo un gruppo

54) L'isotopo di un elemento è $^{27}_{13}X$.

Qual è la posizione dell'elemento X nella Tavola Periodica?

A. Periodo: 2; Gruppo: 13
B. Periodo: 3; Gruppo: 13
C. Periodo: 3; Gruppo: 9
D. Periodo: 4; Gruppo: 9
E. Periodo: 5; Gruppo: 1

55) Quale elemento corrisponde alla configurazione elettronica $1s^2 2s^2 2p^4$?

A. Piombo
B. Ossigeno
C. Azoto
D. Alluminio
E. Boro

56) Nella tavola periodica degli elementi, il numero atomico lungo un periodo:

A. varia in modo casuale

B. aumenta esponenzialmente
C. resta invariato
D. diminuisce progressivamente
E. aumenta progressivamente

57) Gli elementi del gruppo VIIA hanno configurazione elettronica esterna:

A. s
B. s^2p^3
C. s^2p
D. sp^2
E. s^2p^5

58) In quale gruppo si trovano, nel sistema periodico, i metalli alcalino-terrosi?

A. Nel I gruppo
B. Nel II gruppo
C. Nel III gruppo
D. Nel IV gruppo
E. Nel gruppo zero

59) Dall'alto in basso lungo un gruppo, il raggio degli atomi:

A. aumenta esponenzialmente
B. aumenta
C. non varia
D. aumenta per i primi tre periodi e poi decresce
E. decresce

60) Quale dei seguenti elementi non appartiene al I gruppo?

A. Mg
B. Na
C. Rb
D. Cs
E. Li

61) Si assuma che i valori delle prime sei energie di ionizzazione (espresse in kJ mol^{-1}) di un elemento siano: 738, 1450, 7730, 10500, 13600 e 18000. Quale/i delle seguenti affermazioni è/sono corretta/e?

1. L'elemento appartiene al Gruppo 2 della Tavola Periodica
2. Il valore 7730 kJ mol^{-1} corrisponde al processo: $X^{3+}(g) - e^- \rightarrow X^{4+}(g)$
3. L'elemento appartiene al Periodo 2 della Tavola Periodica

A. Solo 2
B. Solo 1 e 3
C. Solo 3
D. Solo 1 e 2
E. Solo 1

62) L'elemento idrogeno ha tre diversi isotopi: ^1H, ^2H e ^3H. Il numero atomico dell'idrogeno è 1. Considerando un singolo atomo per ciascun isotopo, quale delle seguenti affermazioni è corretta?

A. ^3H ha il triplo dei protoni di ^1H
B. ^2H ha il doppio dei neutroni di ^1H
C. ^1H ha la metà degli elettroni di ^2H
D. ^3H ha un protone, un neutrone e un elettrone
E. ^3H ha il doppio dei neutroni di ^2H

63) Quale dei seguenti elementi appartiene agli elementi di transizione?

A. Br
B. Al
C. As
D. Mn
E. B

64) In quale delle seguenti risposte gli elementi sono disposti nel corretto ordine crescente del potenziale di ionizzazione?

A. C, N, O, F
B. O, N, C, F
C. C, O, N, F
D. F, O, C, N
E. F, O, N, C

65) Lungo un periodo della tavola periodica, dal I al VII gruppo, il raggio atomico:

A. diminuisce progressivamente nei primi tre periodi, aumenta progressivamente negli altri
B. resta costante
C. aumenta progressivamente
D. aumenta progressivamente nei primi due periodi, diminuisce progressivamente negli altri
E. diminuisce progressivamente

66) La tabella riporta le energie di ionizzazione successive di un elemento del Periodo 3 della Tavola Periodica degli Elementi.

	1ª	2ª	3ª	4ª	5ª	6ª
Energia di attivazione ($kJ\ mol^{-1}$)	790	1600	3200	4400	16000	20000

A quale gruppo della Tavola Periodica appartiene questo elemento?

A. Gruppo 1
B. Gruppo 2
C. Gruppo 14
D. Gruppo 13
E. Gruppo 15

67) Indicate la SOLA affermazione ERRATA se riferita all'elemento calcio:

A. reagisce con lo ione ortofosfato
B. nei denti forma la fluoroapatite
C. il suo simbolo è Ca
D. è un metallo alcalino
E. forma l'idrossiapatite

68) Il carbonio appartiene, nella tavola periodica, al gruppo:

A. VIII
B. I
C. VII
D. II
E. IV

69) Quale elemento NON fa parte del gruppo dei metalli alcalini?

A. Cs
B. Fr
C. Na
D. Li
E. Mg

70) A quale gruppo appartiene l'elemento O?

A. VI A
B. IV A
C. II A
D. V A
E. I A

71) In quale dei seguenti gruppi di elementi sono contenuti soltanto metalli?

A. Sr, S, Cr, Cu
B. Al, Na, Mo, Hg
C. Zn, K, Si, Ba
D. S, Cl, Na, Cr
E. C, Ca, Cs, I

72) Indicare gli alogeni tra i seguenti elementi: Li, Na, Ca, Mg, F, B, Cl, I, Br, U, Ti:

A. Ca, Mg, F, B
B. F, Cl, I, Br, U, Ti
C. F, Cl, I, Br
D. Li, Na, Ca, Mg, U, Ti
E. Li, Na, Ca, Mg, B

3.4 • I legami tra ioni e tra atomi

Legame ionico e composti ionici

73) Il legame ionico è:

A. un legame covalente eteropolare
B. nessuna delle risposte è corretta
C. un legame di natura elettrostatica
D. un legame tra due atomi uguali

E. un debole legame di interazione elettrostatica tra molecole di solvente e soluto

74) Il legame chimico tra due ioni forma:

A. una mole di ioni
B. composti solidi liquidi o gassosi a seconda dei casi
C. coppie di ioni nei liquidi e un reticolo cristallino nei solidi
D. molecole gassose
E. un reticolo cristallino di ioni che può estendersi nelle tre direzioni dello spazio

Il legame covalente e le strutture di Lewis

75) Quale legame tiene uniti l'atomo di bromo e l'atomo di idrogeno nel composto HBr?

A. Idrogeno
B. Ionico
C. Dativo
D. Covalente puro
E. Covalente polare

76) Un atomo di carbonio può formare al massimo:

A. 4 legami covalenti
B. 2 legami covalenti
C. 1 legame covalente
D. 6 legami covalenti
E. 3 legami covalenti

77) Il triplo legame è:

A. un legame derivante dalla compartecipazione di tre coppie di elettroni
B. un legame tra tre atomi diversi
C. un legame tra tre neutroni
D. un legame che coinvolge tre elettroni
E. un legame tra due atomi di idrogeno

78) Nella molecola biatomica dell'azoto è contenuto:

A. un legame doppio
B. due doppi legami
C. un legame semplice
D. un legame doppio e uno triplo
E. un legame triplo

79) Per legame covalente doppio si intende:

A. un legame che deriva dalla compartecipazione di due coppie di elettroni
B. un legame tra due neutroni
C. un legame che deriva dalla compartecipazione di una coppia di elettroni
D. un legame tra due ioni
E. un legame tra due molecole

80) Il legame di coordinazione o dativo è un legame:

A. ionico
B. nessuna delle risposte è corretta
C. covalente
D. dipolo-dipolo
E. a idrogeno

I legami tra ioni e tra atomi > Elettronegatività e polarità e i legami

81) I legami presenti nella molecola di acqua (H_2O) sono:

A. uno ionico e l'altro covalente
B. uno covalente e l'altro a ponte di idrogeno
C. covalenti apolari
D. a ponte di idrogeno
E. covalenti polari

82) Quale delle seguenti sostanze è un composto ionico?

A. Cl_2
B. Nessuna delle risposte è corretta
C. H_2
D. HCl gassoso
E. $MgCl_2$

83) L'elettronegatività è:

A. minore nell'Ossigeno che nello Zolfo
B. maggiore nel Potassio che nel Litio
C. maggiore nel Fosforo che nell'Azoto
D. minore nel Carbonio che nel Litio
E. maggiore nel Fluoro che nell'Ossigeno

84) Il legame covalente è polarizzato quando:

A. richiede la compartecipazione di due coppie elettroniche
B. si stabilisce tra ioni
C. si stabilisce tra atomi con differente elettronegatività
D. si stabilisce tra atomi eguali
E. richiede la compartecipazione di tre coppie elettroniche

85) Il legame covalente eteropolare si ha tra:

A. atomi aventi uguale elettronegatività
B. ioni e atomi neutri
C. ioni negativi aventi uguale elettronegatività
D. atomi aventi diversa elettronegatività
E. ioni positivi aventi uguale elettronegatività

86) Quale indicazione può far supporre che un composto binario sia ionico?

A. I due elementi che lo costituiscono sono entrambi dello stesso periodo
B. I due elementi che lo compongono sono entrambi non-metalli
C. Il composto conduce la corrente elettrica solo allo stato solido
D. Dei due elementi che lo costituiscono uno appartiene al gruppo I e l'altro al gruppo VII
E. I due elementi che lo compongono sono entrambi metalli

Polarità delle molecole

87) L'acqua ha la proprietà di:

A. avere una bassa costante dielettrica indipendente dal suo contenuto in sali
B. essere un dipolo con l'estremità negativa sull'ossigeno
C. assumere una struttura perfettamente ordinata allo stato liquido
D. formare legami apolari con se stessa
E. nessuna delle risposte è corretta

La geometria delle molecole: teoria VSEPR

88) Nel metano:

A. la molecola ha struttura tetraedrica
B. la molecola è planare, con il C al centro e gli H ai vertici di un quadrato
C. gli atomi formano fra loro angoli di 120°
D. gli atomi formano fra loro angoli di 90°
E. gli atomi formano tra loro angoli di 45°

89) La molecola del metano ha una geometria:

A. non nota
B. planare quadrata
C. tetraedrica
D. lineare
E. planare non quadrata

90) Assegnare nell'ordine ad ognuna delle seguenti molecole il numero della corrispondente descrizione: H_2O; CH_4; HF; NH_3

1. tre legami covalenti e una coppia di elettroni non condivisa
2. due legami covalenti e due coppie di elettroni non condivise
3. quattro legami covalenti
4. un legame covalente e tre coppie di elettroni non condivise

A. 2,3,4,1
B. 4,3,2,1
C. 2,3,1,4
D. 3,2,4,1
E. 1,2,3,4

La geometria delle molecole: orbitali ibridi

91) Qual è la struttura spaziale di una ibridazione sp^3?
A. Piramidale
B. Cilindrica
C. Tetraedrica
D. Cubica
E. Quadrata

92) Nell'ibridazione sp^2:
A. sono coinvolti due orbitali p e due orbitali s
B. si forma un angolo di 109°
C. sono coinvolti due orbitali s e due orbitali p
D. sono coinvolti un orbitale s ed uno p
E. si forma un angolo di 120°

93) Che tipo di ibridazione degli orbitali presentano gli atomi di carbonio che formano un doppio legame C=C?
A. d^2sp^3
B. sp^3
C. sp^2
D. dsp
E. sp

94) Che tipo di ibridazione hanno gli atomi di carbonio impegnati in un triplo legame?
A. spd^2
B. sp^2
C. sp^2d
D. sp
E. sp^3

Il legame metallico

95) Il legame metallico è presente solo:
A. tra atomi di metalli con atomi di non metalli
B. tra atomi di metalli e ioni negativi
C. nessuna delle risposte è corretta
D. tra atomi di metalli e ioni positivi
E. tra atomi di metalli

96) Gli atomi che formano un legame covalente:
A. si scambiano elettroni
B. nessuna delle risposte è corretta
C. condividono elettroni e sovrappongono orbitali
D. condividono elettroni e conservano orbitali atomici
E. sovrappongono orbitali ma non condividono elettroni

3.5 • I legami tra le molecole e proprietà delle sostanze

I legami intermolecolari

97) Date le tre coppie di sostanze indicate di seguito, si identifichi per ogni coppia quale sostanza presenta forze intermolecolari maggiori.
1. CH_4 e CBr_4
2. N_2 e NO
3. $CH_3CH_2CH_2NH_2$ e $(CH_3)_3N$
[Si assumano temperatura e pressione standard (STP)]
A. 1: CBr_4, 2: N_2, 3: $(CH_3)_3N$
B. 1: CBr_4, 2: NO, 3: $CH_3CH_2CH_2NH_2$
C. 1: CBr_4, 2: N_2, 3: $CH_3CH_2CH_2NH_2$
D. 1: CH_4, 2: NO, 3: $(CH_3)_3N$
E. 1: CH_4, 2: N_2, 3: $(CH_3)_3N$

98) L'H_2O bolle a temperatura più alta rispetto all'H_2S perché:
A. non contiene legami a ponte di idrogeno, che invece sono presenti nell'H_2S

B. è un acido più forte dell'H_2S
C. ha un peso molecolare maggiore di quello dell'H_2S
D. ha un peso molecolare minore di quello dell'H_2S
E. contiene legami a ponte di idrogeno, che invece non sono presenti nell'H_2S

99) Un legame che si instaura tra due molecole di acqua, con una debole forza, viene detto:

A. sintesi
B. legame covalente
C. ponte idrogeno
D. ponte di Varolio
E. legame idrofobico

Legami intermolecolari, stati di aggregazione e cambiamenti di stato della materia

100) Quale tipo di forze intermolecolari esiste nel tetraclorometano?

A. Legame covalente
B. Attrazione permanente dipolo-dipolo
C. Legame idrogeno
D. Attrazione istantanea dipolo-dipolo
E. Legame ionico

101) A temperatura ambiente le sostanze sottostanti sono tutte dei gas. Quale di queste sostanze avrà il più alto punto di ebollizione?

A. NH_3
B. CO
C. H_2S
D. CH_4
E. NF_3

102) L'ammoniaca (NH_3) ha un punto di ebollizione pari a –33 °C. La fosfina (PH_3) ha invece un punto di ebollizione pari a –88 °C. Quale delle seguenti affermazioni spiega perché hanno punti di ebollizione così differenti?

A. La NH_3 è una molecola più grande della PH_3
B. La NH_3 è un composto ionico. La PH_3 è un composto molecolare
C. La NH_3 ha una massa inferiore alla PH_3
D. La NH_3 forma ponti idrogeno intermolecolari più facilmente della PH_3
E. La NH_3 ha una struttura molto grande. La PH_3 ha una struttura molecolare semplice

103) Cosa potrebbe essere contenuto nei tre recipienti rappresentati in figura, a 15°C e 1 atm?

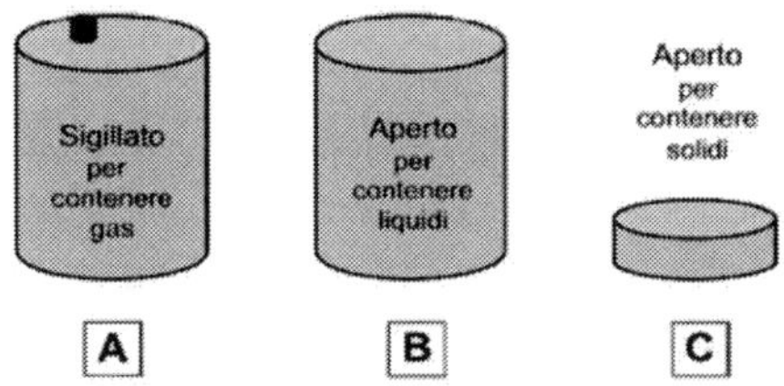

A. In A Br_2 o HCl, in B NH_2, in C I_2
B. In A I_2 o Br_2, in B NH_2 o HCl
C. In A Br_2 o NH_3, in B HCl, in C I_2
D. In A Br_2 o I_2, in B NH_2, in C HCl
E. In A NH_3 o HCl, in B Br_2, in C I_2

La solubilizzazione delle sostanze e dei composti ionici

104) Perché l'olio non si scioglie in H_2O?

A. Perché ha peso molecolare più alto
B. Nessuna delle risposte è corretta
C. Perché è formato da molecole idrofile
D. Perché è più viscoso
E. Perché è formato da molecole idrofobe

105) Si definisce solubilità (o miscibilità) di un soluto in un solvente, a una data temperatura:

A. la massima quantità di un soluto che a quella temperatura si scioglie in una data quantità di solvente
B. la minima quantità di un soluto che a quella temperatura si scioglie in una data quantità di solvente
C. la massima quantità di un soluto che a quella temperatura si scioglie in una quantità doppia di solvente
D. la minima quantità di un soluto che a temperatura minima si scioglie in una data quantità di solvente
E. la quantità media di un soluto che a temperatura costante si scioglie in quantità via via crescenti di solvente

106) Se una sostanza X si scioglie in esano e non in acqua, la molecola di X è:

A. non polare
B. ionica
C. polare
D. idratata
E. ferrosa

3.6 • Le soluzioni

La concentrazione

107) In 500 mL di soluzione acquosa sono disciolti 36 g di glucosio (M.M. = 180 u). La molarità della soluzione è:

A. 1 M
B. 0,2 M
C. 0,4 M
D. 0,1 M
E. 2 M

108) Se si fa variare la temperatura di una soluzione, non varia:

A. la densità
B. il volume
C. la molalità
D. tutte le risposte sono corrette
E. il percento in volume

109) Una soluzione (1) di NaCl ha concentrazione molare doppia rispetto a una soluzione (2) di Na_2SO_4.

Se si mescolano 100 mL della soluzione 1 con 200 mL della soluzione 2, la concentrazione dello ione Na^+ nella soluzione finale sarà:

A. doppia rispetto alla soluzione 1
B. tripla rispetto alla soluzione 1
C. la metà rispetto alla soluzione 2
D. uguale a quella della soluzione 1
E. doppia rispetto alla soluzione 2

Come viene espressa la concentrazione

110) Quanti equivalenti sono contenuti in una mole di $Al(OH)_3$?

A. 2
B. 1
C. 4
D. 3
E. 7

111) La molarità (M) esprime il numero di:

A. molecole di soluto per litro di soluzione
B. grammi di soluto per litro di solvente
C. grammi di soluto per kg di solvente
D. moli di soluto per kg di solvente
E. moli di soluto per litro di soluzione

112) Sapendo che il peso atomico del bario è 137 e del cloro 35, un litro di soluzione 0,5 M di cloruro di bario ne contiene:

A. 77,9 g
B. 110 g
C. 103,5 g
D. 12 g

E. 120 g

113) Quale fra queste unità rappresenta il numero di moli di soluto disciolte in 1 kg di solvente puro?

A. Normalità
B. Specificità
C. Percento in peso
D. Molarità
E. Molalità

114) Sapendo che il peso molecolare dell'acido acetico è 60 e quello dell'acido cloridrico è 36, per preparare due soluzioni dello stesso volume e di uguale molarità si debbono sciogliere rispettivamente:

A. 12 g di acido acetico e 3,6 g di acido cloridrico
B. 12 g di acido acetico e 12 g di acido cloridrico
C. 12 mg di acido acetico e 36 mg di acido cloridrico
D. $60 \cdot 10^{-2}$ g di acido acetico e $36 \cdot 10^{-2}$ g di acido cloridrico
E. 10^{-2} g di entrambi i composti

115) Qual è la frazione molare dell'acqua in una soluzione di glucosio in acqua? (La frazione molare del glucosio è 0,04).

A. 1,04
B. 0,90
C. 0,96
D. 0,06
E. 1,96

116) Quanti grammi di una sostanza avente peso molecolare pari a 100 u.m.A. sono necessari per preparare 10 ml di una soluzione 2,5 M?

A. 10,00
B. 1,25
C. 2,50
D. 5,00
E. 250,00

La diluizione

117) A quale volume bisogna diluire 50 ml di soluzione acquosa di HCl (aq) 6 M per ottenere HCl (aq) 0,2 M?

A. 1500 mL
B. 3000 mL
C. 1700 mL
D. 150 mL
E. 300 mL

Le soluzioni elettrolitiche

118) Quale dei seguenti composti è un elettrolita?

A. Esano
B. Glucosio
C. Nitrato di potassio
D. Butano
E. Fenolo

119) Sono elettroliti forti in acqua:

A. tutte le anidridi
B. tutti gli acidi
C. tutte le basi
D. tutti gli idrossidi
E. tutti i sali solubili

120) Quale dei seguenti campioni di soluzioni acquose contiene un numero di moli di ioni cloruro diverso dagli altri?

A. 100 mL di $CaCl_2$ 0,50 M
B. 500 mL di NaCl 0,10 M
C. 1000 mL di HCl 0,10 M
D. 250 mL di $BaCl_2$ 0,20 M
E. 2000 mL di HCl 0,05 M

Le proprietà colligative

121) Una soluzione acquosa di NaCl (contenente 9 g di sale per litro di so-

luzione) è isotonica con il sangue e, se sterile, può essere iniettata per via endovenosa perché rispetto al sangue ha la stessa:
A. nessuna delle risposte è corretta
B. composizione del plasma
C. concentrazione molare di ioni cloruro
D. pressione osmotica
E. concentrazione molare di ioni sodio

122) Indicare la soluzione con pressione osmotica maggiore:
A. solfato di rame 0,05 M
B. urea 0,1 M
C. nessuna delle risposte è corretta
D. cloruro di sodio 0,05 M
E. glucosio 0,1 M

3.7 • Le trasformazioni chimiche

Il simbolismo per esprimere una trasformazione chimica

123) Nella reazione (da bilanciare): $As_2O_3 + HCl \rightarrow AsCl_3 + H_2O$, i coefficienti stechiometrici dell'equazione di reazione sono:
A. 1-3 → 2-1
B. 1-3 → 2-3
C. 2-6 → 2-3
D. 1-2 → 1-1
E. 1-6 → 2-3

124) Assegnare gli opportuni coefficienti stechiometrici alla seguente reazione:

$KClO_3 + H_2SO_4 \rightarrow KHSO_4 + HClO_4 + ClO_2 + H_2O$
A. 3; 3 → 3; 1; 2; 1
B. 4; 2 → 3; 1; 2; 1
C. 2; 4 → 1; 2; 1; 3
D. 2; 2 → 2; 1; 1; 1
E. 1; 1 → 1; 1; 1; 1

125) Indicare quale delle seguenti reazioni NON è corretta.
A. $NH_3 + H_2SO_4 = NH_4SO_4$
B. $NH_3 + HCl = NH_4Cl$
C. $K_2CO_3 + H_2SO_4 = K_2SO_4 + H_2O + CO_2$
D. $NH_4HCO_3 + HCl = NH_4Cl + CO_2 + H_2O$
E. $CaO + 2HCl = CaCl_2 + H_2O$

126) Qual è il corretto bilanciamento per $Cl_2 + KOH \rightarrow KCl + KClO + H_2O$?
A. $2Cl_2 + KOH \rightarrow KCl + 3KClO + H_2O$
B. $Cl_2 + KOH \rightarrow 2KCl + 4KClO + H_2O$
C. $Cl_2 + 2KOH \rightarrow KCl + KClO + H_2O$
D. $3Cl_2 + 2KOH \rightarrow KCl + 2KClO + 2H_2O$
E. $Cl_2 + 3KOH \rightarrow 2KCl + KClO + 2H_2O$

Stechiometria e calcoli stechiometrici

127) Calcolare quante moli di zolfo devono essere messe a reagire in presenza di ossigeno (reagente in eccesso) per ottenere 20 grammi di SO_3 (peso molecolare: 80 UMA), dopo aver bilanciato la seguente reazione:
$S + O_2 \rightarrow SO_3$
A. 0,125
B. 0,50
C. 3,00
D. 1,00
E. 0,25

128) Ammettendo che la seguente reazione (non bilanciata), $Fe_2O_3(s) + Al(s) \rightarrow Al_2O_3(s) + Fe(s)$, avvenga in maniera completa, quante moli di ossido di alluminio si otterrebbero mescolando 4 moli di ossido di ferro (III) con 4 moli di alluminio?
A. 8
B. 1
C. 4
D. 6
E. 2

129) Indicare la massa di ossido di calcio (calce viva) che si ottiene da 1 kg di $CaCO_3$, se la reazione è: $CaCO_3 = CaO + CO_2$ (p.at. Ca = 40, p.at. C = 12, p.at. O = 16 u.m.a)

A. 200 g
B. 1 kg
C. 560 g
D. 56 g
E. 2 kg

130) Se nella reazione $3NO_2 + H_2O \rightarrow 2HNO_3 + NO$ si formano 1,80 mol di NO, allora nella stessa reazione:

A. si consumano 3,60 mol di HNO_3
B. si consumano 3,60 mol di H_2O
C. si formano anche 5,40 mol di NO_2
D. si formano anche 3,60 mol di HNO_3
E. si formano anche 1,80 mol di HNO_3

Classificazione delle reazioni

131) Quante delle seguenti reazioni sono solo ossidazioni (Ox), quante solo riduzioni (Red), quante ossidoriduzioni (Redox)?
$2H^+ + 2e^- \rightarrow H_2$
$Ag^+ + Cl^- \rightarrow AgCl$
$Cu^+ \rightarrow Cu^{2+} + e-$
$2Cu^+ \rightarrow Cu + Cu^{2+}$
$Mg \rightarrow Mg^{2+} + 2e^-$

A. Ox: 1	Red: 2	Redox: 1
B. Ox: 2	Red: 1	Redox: 1
C. Ox: 1	Red: 1	Redox: 2
D. Ox: 2	Red: 1	Redox: 2
E. Ox: 2	Red: 2	Redox: 1

Aspetti energetici delle reazioni: la termodinamica

132) Un valore positivo della variazione di energia libera indica che la reazione è:

A. spontanea
B. endotermica
C. molto veloce
D. esotermica
E. non spontanea

133) Considerando le reazioni all'equilibrio sottostanti, in quale delle reazioni verrà prodotta una quantità maggiore di X in entrambi i casi in cui si abbia o un aumento della temperatura o un aumento della pressione?

[Si assuma che non avvenga un cambiamento di stato quando temperatura o pressione vengono cambiate]

A. Q(g) + R(g) [3 X(g) + T(g) la reazione diretta è esotermica
B. 2 Q(g) $\rightleftharpoons$ X(g) la reazione diretta è endotermica
C. Q(g) + R(g) $\rightleftharpoons$ 2 X(g) + T(g) la reazione diretta è endotermica
D. Q(g) + R(g) $\rightleftharpoons$ X(g) la reazione diretta è esotermica
E. Q(g) + R(g) $\rightleftharpoons$ 2 X(g) la reazione diretta è esotermica

134) Una reazione chimica è esotermica se:

A. si libera calore
B. aumenta l'entropia
C. non si hanno variazioni termiche
D. diminuisce l'entropia
E. si deve fornire calore

135) Se il ΔG di una reazione è uguale a zero, come sarà la reazione?

A. Esotermica
B. All'equilibrio
C. Endotermica
D. Spontanea
E. Nessuna delle risposte è corretta

3.8 • La velocità delle reazioni e l'equilibrio

La cinetica chimica

136) Un catalizzatore è:

A. un composto che accelera una reazione consumandosi
B. un composto che si aggiunge per impedire l'inquinamento
C. un composto che accelera una reazione senza consumarsi
D. un composto che inibisce una reazione consumandosi
E. un composto che inibisce una reazione senza consumarsi

137) Quando un catalizzatore è aggiunto ad una reazione chimica, quale/i dei seguenti eventi accade/ono?

1. L'energia di attivazione viene abbassata
2. La quantità finale di prodotto aumenta
3. Aumenta la velocità di formazione dei prodotti

A. Solo 2
B. Solo 1
C. Solo 3
D. Solo 1 e 3
E. Solo 1 e 2

138) La costante di velocità di una reazione dipende:

A. dalla concentrazione dei reagenti
B. sia dalla pressione che dalla concentrazione di reagenti
C. dalla pressione
D. dalla temperatura
E. da tutte queste variabili

L'equilibrio chimico: un equilibrio dinamico

139) Indicare la corretta K_{eq} relativa alla reazione $Ca(OH)_2 + H_2SO_4 \leftrightarrows CaSO_4 + 2\ H_2O$:

A. $[CaSO_4] \cdot [H_2O] / [Ca(OH)_2] \cdot [H_2SO_4]$
B. nessuna delle risposte è corretta
C. $[CaSO_4] \cdot [H_2O]^2 / [Ca(OH)_2] \cdot [H_2SO_4]$
D. $[Ca(OH)_2] \cdot [H_2SO_4] / [CaSO_4] \cdot [H_2O]^2$
E. $[Ca(OH)_2] \cdot [H_2SO_4] / [CaSO_4]$

140) La costante di equilibrio di una reazione chimica è costante:

A. a temperatura costante
B. al variare della pressione
C. al variare della temperatura
D. nessuna delle risposte è corretta
E. a pressione costante

141) Si dice che una reazione raggiunge lo stato di equilibrio chimico quando:

A. inizia ad avvenire la reazione inversa
B. la velocità della reazione diretta è uguale alla velocità della reazione inversa
C. la velocità della reazione inversa inizia a diminuire
D. la velocità della reazione diretta inizia a diminuire
E. la velocità della reazione diretta si riduce a zero

142) La seguente reazione è esotermica: $2\ T(g) + 3\ X(g) \leftrightarrows 5\ Z(g)$

Quale delle seguenti affermazioni è corretta?

A. All'equilibrio, T e X producono Z alla stessa velocità con cui Z produce T e X
B. Un catalizzatore aumenta la quantità di prodotto Z

C. Un aumento di pressione causa un aumento della quantità di prodotto Z
D. Un aumento di temperatura causa un aumento della quantità di prodotto Z
E. L'aggiunta di Z sposta la posizione dell'equilibrio verso destra

Modificazioni di uno stato di equilibrio: effetto della concentrazione, della pressione e della temperatura

143) Quale dei seguenti metodi può funzionare, nell'equilibrio tra sostanze gassose: A + B = C + D, per ridurre la quantità del prodotto C?

A. Aggiungere B
B. Diminuire A
C. Diminuire la pressione
D. Aggiungere A
E. Aumentare la pressione

144) Se si aumenta la pressione, tenendo costante la temperatura, l'equilibrio della reazione in fase gassosa $2SO_3 \leftrightarrows 2SO_2 + O_2$

A. si sposta a destra
B. rimane inalterato
C. si sposta in modo da produrre un aumento di entropia
D. si sposta in modo da favorire la liberazione dell'ossigeno gassoso
E. si sposta a sinistra

3.9 • Le reazioni di ossido-riduzione

Il numero di ossidazione

145) Qual è il numero di ossidazione del cromo nel composto $Al_2(CrO_4)_3$?

A. +2
B. +6
C. +4
D. −4
E. −6

146) Indicare il composto in cui il fosforo ha il più basso numero di ossidazione.

A. Nessuna delle risposte è corretta
B. HPO_3
C. H_3PO_4
D. P_2O_5
E. P_2O_3

147) Le molecole e gli ioni nell'elenco di seguito contengono azoto:

N_2 NH_4^+ NO NO_2^- N_2O_4 N_2H_4

Quale delle seguenti opzioni riporta correttamente la sequenza di molecole e ioni in ordine crescente di ossidazione dell'azoto dal più negativo al più positivo?

A. NO_2^-, N_2H_4, N_2, NO, N_2O_4, NH_4^+
B. NO_2^-, N_2O_4, NH_4^+, NO, N_2H_4, N_2
C. NH_4^+, N_2H_4, N_2, NO, NO_2^-, N_2O_4
D. N_2, NO, N_2H_4, NO_2^-, NH_4^+, N_2O_4
E. N_2H_4, NH_4^+, N_2, NO, NO_2^-, N_2O_4

148) Indicare la sequenza, tra quelle sottoindicate, ordinata secondo numeri di ossidazione crescenti per l'azoto:

A. N_2O_4, HNO_3, HNO_2
B. NO, N_2O_4, HNO_2
C. N_2H_4, NO, HNO_2
D. HNO_3, N_2O_4, HNO_2
E. HNO_3, HNO_2, N_2O_4

149) L'anione dicromato CrO_4^{2-} si trasforma nel catione Cr^{3+} e in questa reazione l'atomo di Cr:

A. passa da numero di ossidazione +6 a +3 e si riduce
B. passa da numero di ossidazione +4 a +3 e si riduce
C. passa da numero di ossidazione −2 a +3 e si ossida
D. passa da numero di ossidazione −2 a +3 e si riduce
E. passa da numero di ossidazione +6 a +3 e si ossida

Le reazioni redox

150) Nella semireazione $Mn^{2+} + 2e^- \rightarrow Mn$, il manganese:

A. non si ossida né si riduce
B. si ossida
C. si riduce
D. si ossida ma non si riduce
E. nessuna delle risposte è corretta

151) Quale elemento si riduce nella reazione $Zn + FeCl_2 \rightleftharpoons ZnCl_2 + Fe$?

A. Lo zinco metallico
B. Il ferro di $FeCl_2$
C. Il cloro di $FeCl_2$
D. Nessun elemento varia il proprio stato di ossidazione
E. Il cloro di $ZnCl_2$

152) Nella reazione $I_2 + 2\ Fe^{2+} \rightarrow 2\ I^- + 2\ Fe^{3+}$:

A. I_2 si ossida e Fe^{2+} si riduce
B. Fe^{2+} è l'ossidante
C. I^2 è il riducente
D. I^2 si riduce e Fe^{2+} si ossida
E. nessuna delle risposte è corretta

153) Data la seguente reazione di ossidoriduzione tra ioni ossalato ($C_2O_4^{2-}$) e ioni permanganato (MnO_4^-) in soluzione acquosa acida:

$5\ C_2O_4^{2-}(aq) + 2\ MnO_4^-(aq) + 16\ H^+(aq) \rightarrow 10\ CO_2(g) + 2\ Mn^{2+}(aq) + 8\ H_2O(l)$
Quale delle seguenti affermazioni è corretta?

A. Il carbonio viene ossidato
B. Il carbonio viene ridotto
C. L'idrogeno viene ridotto
D. L'idrogeno viene ossidato
E. Il manganese viene ossidato

154) In una pila avviene globalmente una reazione di:

A. neutralizzazione
B. trasformazione di ioni in atomi metallici
C. ossidoriduzione
D. doppio scambio fra i metalli
E. trasferimento di elettroni da un metallo ad uno ione

155) Nella seguente reazione $Mg + CaCl_2 \rightarrow MgCl_2 + Ca$ lo ione che si riduce è:

A. nessuno, si ha solo ossidazione
B. Ca^{2+}
C. Mg^{2+}
D. Cl^-
E. tutti

156) Nella reazione seguente:

$2Ca_2(PO_4)_2 + 10\ C + 6\ SiO_2 \rightarrow P_4 + 6\ CaSiO_3 + 10\ Co$

A. il fosforo si riduce e il carbonio si ossida
B. il fosforo si riduce e calcio e carbonio si ossidano
C. il fosforo si ossida e il carbonio si riduce
D. il fosforo si riduce, e carbonio e silicio si ossidano
E. il fosforo si riduce e il silicio si ossida

157) Quali sono i prodotti di una reazione tra un ossido metallico e un acido?

A. Sale più acqua
B. Un acido e una base
C. Un idrossido
D. Due sali
E. Un sale più debole

158) In una reazione in cui $PbCl_2$ si trasforma in $PbCl_4$, si può affermare che:

A. entrambi gli elementi si sono ossidati
B. il piombo si è ossidato
C. il piombo si è ridotto
D. il cloro si è ossidato
E. il cloro si è ridotto

159) Un metallo M sposta il Rame (Cu), da una soluzione acquosa di rame(II) solfato riducendolo allo stato di rame elementare ma non sposta lo Zinco (Zn) da una soluzione acquosa di zinco(II) solfato. Come devono essere ordinati i tre metalli per rispettare l'ordine di capacità riducente crescente?

A. Cu < M < Zn
B. M < Cu < Zn
C. Zn < M < Cu
D. Zn < Cu < M
E. Cu < Zn < M

3.10 • La nomenclatura dei composti inorganici

Gli idracidi

160) La formula dell'acido solfidrico è:
A. H_2S_3
B. HSO_4
C. H_2S
D. H_2SO_4
E. H_2SO_3

161) Tutti gli idracidi sono acidi che non contengono ossigeno e sono formati da idrogeno combinato con:

A. un metallo alcalino terroso
B. un metallo alcalino
C. un metallo di transizione
D. un elemento dei primi due gruppi
E. uno o più non metalli

La nomenclatura dei composti inorganici > Gli ossidi acidi (o anidridi)

162) L'anidride arseniosa corrisponde alla formula:

A. AsO_3
B. AsO
C. As_2O_3
D. A_sO_2
E. Ar_2O_3

163) Denominare il seguente composto: P_4O_{10}.

A. Dicloruro di mercurio
B. Ossido di fosforo
C. Solfuro di stagno
D. Ossido di piombo
E. Fosfuro di alluminio

164) Il composto Cl_2O_7 è:

A. anidride clorosa
B. anidride perclorica
C. anidride ipoclorica
D. anidride ipoclorosa
E. anidride clorica

165) L'anidride solforosa corrisponde alla formula:

A. H_2SO_3
B. H_2S
C. non esiste
D. SO_3
E. SO_2

La nomenclatura dei composti inorganici > Gli ossiacidi (o ossacidi)

166) Una sola delle seguenti associazioni è errata. Indicare quale.
A. NH_4B = ammonio bromuro
B. H_2SO_3 = acido solforoso
C. SO_2 = anidride solforosa
D. HNO_2 = acido nitroso
E. H_3PO_4 = acido ortofosforico

167) L'acido nitroso corrisponde alla formula:

A. H_2NO_4
B. HNO_2
C. $N(OH)_3$
D. HNO_3
E. NO_2

168) L'acido fosforoso H_3PO_3 è:

A. un acido monoprotico
B. un acido triprotico
C. un acido biprotico
D. una base trivalente
E. un acido trivalente

La nomenclatura dei composti inorganici > Gli ossidi basici

169) Un ossido basico è un composto binario che si ottiene per reazione tra:

A. sale e acqua
B. gas e ossigeno
C. non metallo e ossigeno
D. metallo e acqua
E. metallo e ossigeno

170) L'ossido di magnesio corrisponde alla formula:

A. MgO_2
B. MgO
C. Mg_2HO_2
D. Mg_2O_2
E. $Mg(OH)_2$

La nomenclatura dei composti inorganici > Gli idrossidi

171) Gli idrossidi sono composti:

A. covalenti formati da un non metallo, idrogeno ed ossigeno
B. formati da un metallo legato covalentemente ad idrogeno e ad ossigeno
C. ternari formati da atomi di un metallo, di idrogeno e di ossigeno
D. binari formati da atomi di idrogeno e di ossigeno
E. binari formati da atomi di un metallo e atomi di ossigeno o di idrogeno

172) L'ossido di potassio, reagendo con l'acqua, forma:

A. non reagisce
B. una soluzione acida
C. potassio libero
D. un sale
E. una soluzione basica

173) Una reazione che permette di ottenere la calce spenta dalla calce viva è la seguente:

CaO(calce viva) + $H_2O \rightarrow Ca(OH)_2$(calce spenta)
In essa:

A. un ossido di un metallo alcalino terroso reagisce con acqua per dare un idrossido
B. un ossido di un metallo alcalino terroso reagisce con acqua per dare un sale
C. un ossido di un metallo alcalino reagisce con acqua per dare un idrossido
D. un ossido di un metallo alcalino reagisce con acqua per dare un acido
E. un ossido di un metallo alcalino terroso reagisce con acqua per dare un acido

La nomenclatura dei composti inorganici > Sali

174) Il solfato di calcio corrisponde alla formula:

A. $CaSO_3$
B. Ca_3SO_4
C. CaSO
D. non esiste
E. $CaSO_4$

175) Quale tra le seguenti formule chimiche identifica lo ione carbonato?

A. CO_3^{2-}
B. HCO_3^-
C. CO_2^-

D. CO_3^{2+}
E. HCO_2^-

176) Il cloruro è:

A. nessuna delle altre risposte è corretta
B. il nucleo dell'atomo di cloro
C. un anione
D. una molecola
E. un catione

177) L'ipoclorito rameoso corrisponde a:

A. CuCO
B. $Cu_2(ClO)_3$
C. $Cu(ClO)_2$
D. Cu_2ClO
E. CuClO

178) La sostanza NaOH può formare un sale reagendo con:

A. NH_3
B. H_2
C. HBr
D. CH_4
E. H_2O

179) Quale dei seguenti composti è un sale inorganico?

A. HCl
B. NaOH
C. CH_3OH
D. CH_4
E. Na_2SO_4

180) Quanti atomi di magnesio, fosforo, ossigeno sono presenti nel fosfato di magnesio?

A. 3: 2: 8
B. 1: 1: 3
C. 3: 1: 4
D. 3: 2: 6
E. 3: 1: 8

3.11 • Acidità e basicità

Gli acidi e le basi

181) In una reazione in cui l'acqua si trasforma in ione idrossido, OH^-, essa si comporta da:

A. acido
B. sostanza neutra
C. base
D. gas nobile
E. sostanza anfotera

182) Tra i composti elencati qui sotto:

CO_2 MgO HCl Na_2O HNO_3 NO_2 H_2SO_4 SO_2 K_2O KOH
Quanti sono acidi e quanti basici in soluzione acquosa?
A. acidi = 4 basici = 6
B. acidi = 5 basici = 5
C. acidi = 7 basici = 3
D. acidi = 6 basici = 4
E. acidi = 8 basici = 2

183) Indicare l'acido triprotico:

A. acido fosforico
B. acido solfidrico
C. acido cloridrico
D. acido acetico
E. idrogenato di zolfo

184) Le ammine primarie e secondarie:

A. sono acide perché l'azoto ha un doppietto elettronico disponibile
B. sono acide perché hanno atomi di idrogeno legati all'azoto
C. sono basiche perché l'azoto ha un doppietto elettronico disponibile
D. non sono né acide né basiche perché il doppietto elettronico non condiviso stabilizza il gruppo amminico
E. possono dare anidridi

185) Quale delle seguenti triplette di acidi è disposta in ordine decrescente (da sinistra a destra) di forza acida?

A. Acido acetico → acido nitroso → acido permanganico
B. Acido solforico → acido solforoso → acido cianidrico
C. Acido solforoso → acido citrico → acido nitrico
D. Acido acetico → acido nitroso → acido nitrico
E. Acido solforico → acido nitrico → acido perclorico

186) Secondo Brønsted e Lowry, l'acido coniugato della base HPO_4^{2-} è:

A. H_3PO_4
B. HPO_4^{2+}
C. HPO_4^-
D. H_2PO_4
E. $H_2PO_4^-$

Autoionizzazione e prodotto ionico dell'acqua

187) Data la reazione $H_2O \leftrightarrows H^+ + OH^-$:

A. l'acqua cede ioni e protoni
B. l'acqua è completamente dissociata
C. l'equilibrio è spostato verso destra
D. l'equilibrio è spostato verso sinistra
E. non c'è equilibrio

188) Indicare il valore della concentrazione ossidrilionica molare dell'acqua pura.

A. 7^{-10} M
B. 10^{-14} M
C. 7 M
D. 10^{-3} M
E. 10^{-7} M

189) 2 L di acqua pura contengono:

A. 0,000002 moli di ossidrilioni
B. 2 moli di ossidrilioni
C. nessuna delle altre risposte è corretta
D. 0,2 moli di ossidrilioni
E. 0,002 moli di ossidrilioni

Acidità, basicità e neutralità delle soluzioni

190) Una soluzione neutra è caratterizzata:

A. da una pressione osmotica uguale a quella atmosferica
B. nessuna delle altre risposte è corretta
C. da una concentrazione di ione idrogeno uguale a quella dello ione ossigeno
D. da una concentrazione di idrogeno uguale a quella dell'ossigeno
E. da una concentrazione di ione idrogeno uguale a quella dello ione ossidrile

191) Una soluzione avente una concentrazione di $OH^- = 10^{-1}$ M è:

A. acida
B. neutra
C. anfotera
D. basica
E. più acida rispetto ad una avente $[OH^-] = 10^{-4}$M

192) 20 g di NaOH sono sciolti in 500 mL di acqua.

Qual è il volume minimo di questa soluzione necessario per neutralizzare 25 mL di una soluzione 1 mol/L di H_2SO_4(aq)?
"Si assuma massa atomica relativa: H = 1; O = 16; Na = 23; S = 32"
A. 25 mL

B. 12,5 mL
C. 75 mL
D. 50 mL
E. 100 mL

193) Una soluzione acquosa 10^{-6} M di KOH presenta una concentrazione di ioni H_3O^+ pari a:

A. 10^{-10} M
B. nessuna delle altre risposte è corretta
C. $6 \cdot 10^{-7}$ M
D. 10^{8} M
E. 10^{-5} M

194) Qual è il volume minimo di una soluzione acquosa di idrossido di potassio 0,150 mol/L necessario per neutralizzare completamente una soluzione acquosa contenente 5 × 10^{-3} mol di acido succinico ($HOOCCH_2CH_2COOH$)?

A. 33,3 mL
B. 16,7 mL
C. 167 mL
D. 66,7 mL
E. 300 mL

Il pH di una soluzione

195) Cos'è il pH?

A. Il logaritmo dell'inverso della concentrazione di ioni H^+
B. Il logaritmo del reciproco della concentrazione ossidrilionica
C. Nessuna delle altre risposte è corretta
D. L'esponente della potenza in base 10 che esprime la concentrazione di ioni H^+
E. Il logaritmo dell'inverso della concentrazione di ioni H^+ e OH^-

196) Dell'acqua viene aggiunta a 10 cm^3 di una soluzione acquosa di acido cloridrico 2 mol dm^{-3} in modo da ottenere 1000 cm^3 di acido cloridrico diluito. Di quanto varia il valore del pH della soluzione acida?

A. Il valore del pH aumenta di 1
B. Il valore del pH rimane invariato
C. Il valore del pH diminuisce di 1
D. Il valore del pH diminuisce di 2
E. Il valore del pH aumenta di 2

197) Una soluzione ha $[H^+]$ = 10^{-2} M. Il pH è:

A. 4
B. 2
C. 14
D. -2
E. 12

198) Le seguenti soluzioni acquose acide hanno diversi valori di pH:
1. 0,2 mol dm^{-3} HCl
2. 0,1 mol dm^{-3} HNO_3
3. 0,2 mol dm^{-3} H_2SO_4
4. 0,1 mol dm^{-3} CH_3COOH
Quale delle seguenti opzioni rappresenta la sequenza delle soluzioni in ordine crescente di pH (da sinistra a destra)?

A. 1, 3, 2, 4
B. 2, 4, 1, 3
C. 4, 3, 1, 2
D. 3, 1, 2, 4
E. 4, 2, 1, 3

199) Se in una soluzione acquosa il pH = 7,3, la $[H^+]$ è:

A. 7,3 M
B. 10^{-14} M
C. $7{,}3^{10}$ M
D. $10^{-7,3}$ M
E. 10^{7} M

200) Il pH di una soluzione di HCl (acido forte) 0,000000001 M è circa:

A. 0
B. 5

C. - 9
D. nessuna delle altre risposte è corretta
E. 9

201) La soluzione in cui prevale la concentrazione degli ioni idronio H_3O^+ rispetto agli ioni OH^- ha:

A. pH = 7
B. pH = 5
C. pH < 7
D. pH > 7
E. pH < 5

202) Il pH di una soluzione acquosa che contiene 10^{-4} moli di HCl in 100 ml è:

A. 3
B. 2
C. 1
D. - 4
E. 4

203) Indicare l'effetto di un acido forte su una cartina al tornasole:

A. scioglie la cartina
B. la colora di verde
C. la colora di rosso
D. la colora di giallo
E. la colora di blu

204) Valeria ha mangiato un limone. Sapendo che gli acidi presenti nel limone sono deboli, e che l'acido cloridrico contenuto nelsucco gastrico è forte, il pH (normalmente tra 2 e 3) nel succo gastrico di Valeria, dopo aver mangiato il limone, verosimilmente:

A. diventa minore di 1
B. diventa neutro
C. si abbassa un po'
D. non si modifica
E. diventa maggiore di 7

205) Quante moli di HCl sono presenti in 100 litri di soluzione acquosa di tale sostanza a pH = 5?

A. 0,001
B. 100
C. 0,005
D. 0,000001
E. 0,00001

206) L'acido nitrico è forte, l'acido nitroso è debole; il pH di una soluzione acquosa di acido nitroso risulterà sicuramente maggiore di quello di una soluzione acquosa di acido nitrico:

A. mai
B. sempre
C. se le due soluzioni hanno la stessa concentrazione
D. se le due soluzioni si trovano alla stessa temperatura
E. se la soluzione di acido nitroso è più concentrata di quella di acido nitrico

207) Una soluzione acquosa A contiene due moli per litro dell'acido forte HCl ed una soluzione acquosa B contiene una mole per litro di HCl. Il pH della soluzione A:

A. è uguale a quello della soluzione B
B. è comunque superiore a 1
C. è sempre superiore a 1
D. è inferiore a quello della soluzione B
E. è superiore a quello della soluzione B

208) Quale delle seguenti soluzioni ha il pH minore?

A. HCl 0,01 N
B. HCl 0,4 N
C. HCl 0,1 N
D. HCl 0,8 N
E. HCl 0,2 N

209) Individuare la successione corretta che ordina, in base al PH crescente, le seguenti soluzioni acquose:

a) NH_3 0,1 M
b) HNO_3 0,1 M
c) KOH 0,1 M
d) HNO_3 0,001 M
e) HCl 1 M

A. e, b, a, c, d
B. c, a, d, e, b
C. e, b, d, c, a
D. e, b, d, a, c
E. a, c, d, b, e

210) Quante moli di HCl sono necessarie per preparare 500 ml di una soluzione a pH = 3?

A. 5×10^3
B. 5×10^{-2}
C. 10^{-3}
D. 5×10^{-4}
E. 10^3

Un sale può essere acido, basico o neutro

211) Una soluzione di KBr all'1% è:

A. acida
B. ipotonica
C. isotonica
D. neutra
E. basica

212) Quando si scioglie in acqua l'idrogenocarbonato (o bicarbonato) di sodio, $NaHCO_3$, la soluzione risultante è:

A. neutra
B. fortemente acida
C. debolmente basica
D. effervescente
E. debolmente acida

213) Quando si scioglie in acqua un sale che si può considerare derivato da un acido forte e da una base forte, la soluzione che si ottiene ha pH neutro. I sali formati da basi forti e acidi deboli danno luogo a soluzioni basiche, mentre i sali formati da acidi forti e basi deboli danno luogo a soluzioni acide. Una certa soluzione di cloruro di ammonio ha pH = 6,2; una certa soluzione di cianuro di cesio ha pH = 8,4. Pertanto si può affermare che:

A. l'idrossido di cesio è una base debole, l'ammoniaca è una base forte
B. l'idrossido di cesio e l'ammoniaca sono basi forti
C. l'idrossido di cesio è una base forte, l'ammoniaca è una base debole
D. l'idrossido di cesio e l'ammoniaca sono basi deboli
E. l'acido cianidrico è forte

Le soluzioni tampone

214) Una soluzione tampone è data dalla miscela di:

A. un acido forte ed il sale di una base forte
B. nessuna delle altre risposte è corretta
C. un acido forte ed una base forte a pari concentrazione
D. un acido debole ed una base forte a pari concentrazione
E. una base forte ed il sale di un acido forte

215) Se un litro di una soluzione tampone formata da un acido debole ed un suo sale con una base forte viene diluito con acqua a 3 litri, il pH della soluzione ottenuta:

A. diventa acido
B. aumenta
C. diventa basico
D. diminuisce

E. resta invariato

216) Se si aggiunge NH_4Cl ad una soluzione di ammoniaca:

A. si forma urea
B. il pH non cambia
C. la soluzione diventa più basica
D. il pH diminuisce
E. si può ottenere una soluzione tampone

3.12 • La chimica organica

Proprietà dei composti organici

217) I composti organici sono quelli che:

A. contengono zirconio
B. non esistono in natura
C. non contengono assolutamente carbonio
D. contengono carbonati
E. contengono carbonio

218) In quali solventi sono solubili gli alcani?

A. In H_2SO_4 concentrato
B. Nel benzene
C. Nei solventi polari
D. In H_2O
E. In acidi diluiti

219) Per disidratazione degli alcoli si possono ottenere:

A. acidi carbossilici
B. chetoni
C. alcani
D. alchini
E. alcheni

Isomeria

220) Esaminando la struttura del 2-butene, quanti isomeri geometrici si possono avere?

A. 2
B. 10
C. Neanche uno
D. 4
E. 6

221) Gli enantiomeri:

A. sono degli isomeri conformazionali
B. hanno proprietà fisiche diverse
C. hanno il senso di rotazione identico
D. hanno proprietà chimiche identiche
E. variano sempre il valore della rotazione

222) Gli isomeri cis e trans sono:

A. tautomeri
B. isomeri geometrici
C. isomeri di struttura
D. isomeri ottici
E. isomeri conformazionali

223) L'isomeria ottica è dovuta alla presenza nella molecola di:

A. di cinque sostituenti diversi
B. due gruppi funzionali diversi
C. un atomo di carbonio asimmetrico
D. un triplo legame
E. un doppio legame

224) Nell'etilene e nel propilene può esistere isomeria cis-trans?

A. Sì in quanto presentano entrambi gli atomi di carbonio legati a due gruppi differenti
B. No, mai
C. Nell'etilene no, nel propilene sì
D. Nel propilene no, nell'etilene sì
E. Sì, in entrambi

225) Quali delle sostanze di formule: A. CH_3-CH_2Cl; B. CH_3-$CHCl_2$; C. CH_3-CCl_3; D. CH_2Cl-CH_2Cl sono isomere tra loro?

A. A e B
B. B e D
C. B e C
D. A e C
E. A e D

Gli idrocarburi alifatici e aromatici (areni)

226) La formula di struttura CH_2=CH-CH=CH_2 corrisponde a:

A. butano
B. 1-butene
C. 3-butanone
D. 2-butene
E. butadiene

227) Quali sono gli idrocarburi saturi?

A. I dieni
B. Gli alcheni
C. Gli alcani
D. Gli alchini
E. I polieni

228) L'acetilene è un:

A. alchene
B. cicloalchene
C. cicloalcano
D. alcano
E. alchino

229) In che stato fisico si trova il metano?

A. Liquido
B. Gas
C. Dipende da dove viene estratto
D. Colloidale
E. Solido

230) Indicare il propano.

A. CH_3-CH_2
B. CH_3-CH_2-CH_2-CH_3
C. CH_3-CH_2-CH_3
D. CH_4
E. CH_2-CH_2-CH_2

231) In un alchene il numero degli atomi di carbonio è sempre uguale:

A. alla terza parte del numero degli atomi di idrogeno
B. al doppio del numero degli atomi di idrogeno
C. alla metà del numero degli atomi di idrogeno
D. a un quinto del numero degli atomi di idrogeno
E. al numero di atomi di idrogeno

232) Qual è la formula generale per indicare i termini della serie degli alcani?

A. C_nH_{2n-2}
B. $C_{2n}H_{2n+2}$
C. C_nH_{2n-4}
D. C_nH_{2n}
E. C_nH_{2n+2}

233) Qual è il nome del C_2H_2?

A. Metano
B. Etano
C. Etilene
D. Acetilene
E. Non esiste un tale composto

234) Per idratazione (addizione di H_2O) degli alcheni si ottengono:

A. gli alcoli
B. gli alcani
C. gli acidi carbossilici
D. gli alchini
E. gli idruri

235) Quali sono gli idrocarburi insaturi?

A. Butano
B. Alcani
C. Paraffine
D. Alcheni
E. Etano

236) C_6H_6 è la formula corrispondente al composto:

A. metano
B. esano
C. benzene
D. cicloesano
E. esadiene

237) Quale tra le seguenti sostanze appartiene alla categoria dei composti eterociclici con carattere aromatico?

A. Tetraidrofurano
B. Benzene
C. Acetone
D. Piridina
E. Cicloesene

238) Per idrogenazione degli alcheni si ottengono:

A. alcoli
B. alchini
C. dieni
D. alcani
E. idruri

239) Cosa si ottiene per combustione del metano?

A. H_2O e O_2
B. CO_2 e H_2
C. CO_2 e H_2O
D. CO_2 e O_2
E. O_2 e H_2

240) A che formula corrisponde il butano?

A. CH_3-CH_2-CH_2
B. CH_3-CH_2-CH_2-CH_3
C. CH_3-CH_3
D. CH_3-CH_2-CH_3
E. CH_2=CH-CH_3

241) Il composto CH_2=CH-CH=CH_2 è un diene con doppi legami:

A. cumulati
B. coniugati
C. isolati
D. dispersi
E. mai cumulati

242) Nella molecola dell'etilene i due atomi di carbonio sono uniti da:

A. 2 legami ionici
B. 3 legami ionici
C. 1 legame σ ed 1 legame π
D. 3 legami covalenti
E. 2 legami covalenti e 1 ionico

243) Il legame C–C presente nell'etano di che tipo sarà?

A. σ
B. doppio
C. σ e π
D. triplo
E. π

244) Tra i seguenti solventi organici indicare quello più clorurato:

A. para-diclorobenzene
B. clorobenzene
C. cloroformio
D. cloruro di metile
E. diclorometano

245) L'etene reagisce con il cloro, con l'acqua ossigenata e con lo iodio, dando, in tutti e tre i casi, reazioni di:

A. un meccanismo diverso da quelli indicati nelle precedenti risposte

B. addizione nucleofila
C. sostituzione nucleofila
D. sostituzione elettrofila
E. addizione elettrofila

246) Quale/i delle seguenti affermazioni è/sono corretta/e relativamente ai legami carbonio–carbonio?
1. L'energia di legame cresce nell'ordine C–C, C=C, C≡C
2. La lunghezza del legame C–C è doppia rispetto a quella del legame C=C
3. Nel legame C=C gli atomi di carbonio condividono quattro elettroni
A. Solo 1 e 2
B. Solo 3
C. Solo 2 e 3
D. Solo 1 e 3
E. Solo 1

247) Soltanto una delle seguenti affermazioni a proposito del benzene è errata. Quale?
A. Gli atomi di C sono ibridati sp^2
B. Gli angoli di legame sono di circa 120°
C. I sei atomi di carbonio si trovano ai vertici di un esagono regolare
D. La molecola contiene quattro elettroni in orbitali p non ibridati
E. La molecola contiene sei elettroni in orbitali p non ibridati

Composti organici ternari

248) L'acido benzoico ha formula:
A. C_6H_5COOH
B. $CH_3CO_{13}OH$
C. $C_6H_{13}COOH$
D. CH_3COOH
E. HCOOH

249) La struttura R-NH_2 caratterizza:
A. i nitrili
B. le ammine secondarie
C. le ammidi
D. gli amminoacidi
E. le ammine primarie

250) Il gruppo -CH_2OH è caratteristico:
A. delle aldeidi
B. degli esteri
C. dei chetoni
D. degli acidi carbossilici
E. Nessuna delle altre risposte è corretta

251) Per ossidazione di aldeidi si ottengono:
A. esteri
B. eteri
C. acidi carbossilici
D. alcoli
E. alchini

252) Per acidi grassi naturali insaturi si intende che:
A. sono poco reattivi
B. contengono solo legami doppi
C. contengono solo legami semplici
D. sono tutti acidi bicarbossilici
E. contengono doppi legami semplici

253) Gli acidi carbossilici, R-COOH, interagiscono con l'acqua dando luogo a:
A. $R\text{-}COO^- + H_3O^+$
B. $R\text{-}COO^+ + H_3O^+$
C. $R\text{-}CHO + H_3O_2$
D. $R\text{-}CHO + H_2O_2$
E. $R\text{-}COO_2 + H_2O_2$

254) Qual è la struttura dell'etere dietilico?
A. $CH_3\text{-}O\text{-}CH_3$
B. $C_2H_5\text{-}O\text{-}C_2H_5$

C. $C_6H_{11}CH=O$
D. CH_3-O-C_2H_5
E. C_3H_7-O-C_2H_5

255) Individuare l'affermazione FALSA riguardo al doppio legame tra atomi di carbonio.

A. È più debole del legame triplo tra atomi di carbonio
B. Non è mai presente nei chetoni
C. È più forte del legame semplice tra atomi di carbonio
D. Gli atomi di carbonio che lo formano sono generalmente ibridati sp^2
E. È presente negli alcheni

256) L'acetato di isopropile è un:

A. estere
B. ossido di metilene
C. epossido
D. etere
E. sale organico

257) Il composto CH_2O prende il nome di:

A. diidrossido di carbonio
B. ossido di metilene
C. formaldeide
D. ossidruro di carbonio
E. benzene

258) Mediante una reazione di ossidazione un alcool secondario si trasforma in:

A. aldeide
B. alcool terziario
C. chetone
D. ossalato
E. acido carbossilico

259) La reazione fra un acido carbossilico ed un alcool con eliminazione di acqua produce:

A. una anidride
B. un etere
C. uno zucchero
D. un estere
E. una ammide

260) Secondo la nomenclatura internazionale, -oico è la desinenza da assegnare ad un:

A. aldeide
B. acido carbossilico
C. chetone
D. idrocarburo polinsaturo
E. idrocarburo saturo

261) Cosa sono i dioli?

A. Sono composti aventi due gruppi -OH
B. Sono composti aventi due gruppi -COOH
C. Sono composti aventi due gruppi - NH
D. Sono composti aventi due gruppi $-NH^2$
E. Sono composti aventi un gruppo -OH

262) Qual è il nome del CH_3-CH_2-CHO?

A. Acetaldeide
B. Benzene
C. Etanale
D. Aldeide butirrica
E. Propanale

263) La glicerina è:

A. un chetone
B. un acido carbossilico
C. un acido borico
D. un esplosivo
E. anche detta glicerolo

264) Non possono formare tra loro legami a idrogeno:

A. tutte le sostanze indicate possono formare tra loro legami a idrogeno
B. le ammine primarie
C. gli acidi carbossilici
D. le ammine terziarie
E. gli alcoli

265) I composti CH_3-CH_2-O-CH_2-CH_3 e CH_3-CO-CH_3 sono, nell'ordine:

A. un chetone e un etere
B. un etere e un chetone
C. un estere e un chetone
D. una anidride e un etere
E. un chetone e un estere

266) Indicare l'unica reazione che porta alla formazione di ammidi:

A. ammoniaca + acido carbossilico
B. chetone + alcool
C. ammoniaca + alogenoalcano
D. ammoniaca + aldeide
E. alcool + alcool

267) In quale delle seguenti molecole è contenuto meno ossigeno?

A. 2,4-diidrossipentanale
B. Acido butanoico
C. Acetato di etile
D. Diidrossiacetone
E. Propilesiletere

268) Quale è la formula bruta dell'aldeide propionica (propanale)?

A. C_3H_5O
B. C_2H_4O
C. C_3H_6O
D. $C_3H_6O_2$
E. $C_2H_3O_2$

3.13 • Sostanze organiche di interesse biologico

I carboidrati

269) L'amido è:

A. un polisaccaride
B. una proteina
C. un lipide
D. un acido nucleico
E. una vitamina

270) Che cosa è il saccarosio?

A. Uno zucchero
B. Una proteina
C. Un lipide
D. Un nucleotide
E. Un grasso

271) La cellulosa è:

A. un polimero del glucosio
B. una proteina cellulare
C. un polimero del fruttosio
D. un lipide che si trova sulla membrana delle cellule vegetali
E. un miscuglio tra fruttosio e glucosio

272) Il legame glicosidico è presente:

A. non esiste
B. nei metalli
C. nelle proteine
D. nei grassi semplici
E. nei polisaccaridi

273) Il glucosio in H_2O è:

A. idrofago
B. lipofilo
C. solubile perché presenta gruppi funzionali idrofili

D. insolubile
E. idrofobo

274) Il fruttosio è:

A. un aldoso a 5 atomi di carbonio
B. un chetoso a 5 atomi di carbonio
C. un chetoso a 6 atomi di carbonio
D. un chetoso a 7 atomi di carbonio
E. un aldoso a 6 atomi di carbonio

275) Gli aldosi di importanza biologica sono:

A. solo quelli delle serie M ed L
B. della serie M
C. della serie D
D. della serie L
E. indifferentemente della serie D o L

276) I monosaccaridi sono:

A. sinonimo di glicogeno
B. lunghi polimeri di amminoacidi
C. nessuna definizione è appropriata
D. composti che presentano un gruppo carbossilico
E. composti con formula $C_nH_{2n}O_n$

I lipidi

277) Gli acidi grassi posti in acqua:

A. evaporano
B. tendono a formare una struttura lineare
C. si dissolvono
D. non modificano la loro aggregazione
E. tendono a formare le micelle

278) Indicare fra i seguenti composti quello che presenta il maggior numero di gruppi ossidrilici:

A. glicerolo
B. tutti i composti indicati hanno lo stesso numero di gruppi ossidrilici
C. pentacolo
D. butanolo
E. propanolo

279) Indicare il sapone:

A. cloruro di polivinile
B. polistirolo
C. benzolo
D. glucosio
E. stearato di sodio

280) Quale delle seguenti sostanze si scioglie meglio in solventi apolari?

A. L'acido solforico
B. L'acetato di potassio
C. Un grasso neutro
D. L'idrossido di sodio
E. Il solfato di potassio

281) Quando si riscalda fino all'ebollizione un estere in ambiente basico:

A. si ottengono acidi carbossilici e alcolati, e il processo si chiama saponificazione
B. si ottengono acidi carbossilici e aldeidi, e il processo si chiama esterificazione
C. si ottengono sali degli acidi carbossilici ed alcoli, e il processo si chiama dismutazione
D. si ottengono sali degli acidi carbossilici ed alcoli, e il processo si chiama saponificazione
E. si ottengono acidi carbossilici e alcoli, e il processo si chiama esterificazione

282) I trigliceridi insaturi:

A. sono formati a partire da acidi grassi con catena più corta di quelli di un trigliceride saturo
B. contengono più atomi di idrogeno dei trigliceridi saturi con lo stesso numero di atomi di carbonio
C. sono presenti unicamente nei vegetali

D. sono formati a partire da acidi grassi con doppi legami nella catena carboniosa
E. sono formati a partire da un minor numero di molecole di acidi grassi rispetto ad un trigliceride saturo

Gli amminoacidi e le proteine

283) Le proteine sono macromolecole i cui monomeri sono:

A. amidi
B. amminoacidi
C. acidi grassi
D. nucleotidi
E. lipidi

284) Valutare le seguenti affermazioni: la struttura primaria di una proteina è determinata da: (A) legami a idrogeno; (B) legami covalenti; (C) interazioni idrofobiche; (D) legami disolfuro; (E) forze di van der Waals. Una sola delle seguenti opzioni è giusta. Quale? La struttura primaria di una proteina è determinata da legami:

A. di tipo A e D
B. di tipo B e D
C. di tipo B
D. di tipo B e A
E. di tipo B e C

285) Il legame peptidico è un legame:

A. anidridico
B. nessuno dei legami menzionati
C. ionico
D. covalente
E. a idrogeno

286) Quale dei seguenti composti è un amminoacido?

A. Adrenalina
B. Nessuna delle altre risposte è corretta
C. Colina
D. Treonina
E. Istamina

287) Quale delle seguenti formule rappresenta un amminoacido?

A. $H_2N\text{-}CH_2\text{-}COOH$
B. $H_2N\text{-}CH_2\text{-}CHO$
C. $H_2N\text{-}CH_2\text{-}CH_2OH$
D. $H_2N\text{-}CH_3\text{-}HOHN$
E. $HOHN\text{-}CH_2\text{-}CH_2OH$

288) L'indicazione Ala-Ala corrisponde a:

A. un composto aromatico
B. un'ammina
C. un disaccaride
D. un dipeptide
E. un diestere

289) Quale dei seguenti amminoacidi contiene zolfo?

A. Valina
B. Tirosina
C. Lisina
D. Metionina
E. Prolina

290) Il legame che stabilizza l'alfa elica di una proteina è:

A. disolfuro
B. a ponte di idrogeno
C. peptidico
D. ionico
E. glicosidico

291) Indicare quale tra le seguenti affermazioni è corretta:

A. alcune proteine non contengono carbonio
B. alcune proteine non contengono azoto
C. tutte le proteine contengono fosforo
D. tutte le proteine contengono azoto

E. tutte le proteine contengono zolfo

292) Si definiscono amminoacidi essenziali quelli che:

A. sono presenti in tutte le proteine
B. sono indispensabili per definire la struttura proteica
C. hanno un elevato contenuto energetico
D. non possono essere sintetizzati dall'organismo umano
E. contengono solo gruppi laterali apolari

I nucleotidi e gli acidi nucleici

293) Il ribosio è:

A. un nucleotide a 5 atomi di carbonio
B. un acido nucleico
C. un nucleoside
D. un monosaccaride a 5 atomi di carbonio con una funzione aldeidica
E. un disaccaride con una molecola di glucosio e una di fruttosio

294) Quali elementi chimici, tra quelli elencati qui di seguito, sono presenti negli acidi nucleici?

A. C, H, O, N, S
B. C, H, O
C. C, H, O, S
D. C, H, O, N
E. C, H, O, N, P

295) Un nucleoside è:

A. il glicoside di una base azotata con ribosio o desossiribosio
B. l'estere fosforico del ribosio
C. un sapone
D. l'anidride di un acido nucleico
E. l'estere di una base azotata con acido fosforico

296) Gli acidi nucleici presenti nelle cellule sono:

A. 15
B. 4
C. 1
D. 2
E. 20

297) DNA e RNA differiscono per:

A. nulla
B. sostituzione di timina con uracile
C. sostituzione di guanina con uracile
D. sostituzione di citosina con uracile
E. sostituzione di adenina con uracile

298) Il legame fosfodiesterico è sicuramente presente:

A. nell'acetato di etile
B. nei peptidi
C. nel saccarosio
D. nel DNA
E. nel glucosio

La massa degli atomi e delle molecole

299) Il peso in grammi corrispondente alla massa atomica è:
A. la massa
B. il peso atomico
C. il grammoatomo
D. il peso di un atomo
E. il numero atomico

300) Il peso molecolare è:

A. la somma dei pesi atomici del 90% degli atomi di una molecola
B. la somma dei pesi atomici di tutti gli atomi costituenti una molecola
C. la semisomma dei pesi atomici di tutti gli atomi di una molecola
D. un multiplo della somma dei pesi atomici degli atomi di una molecola
E. la somma dei pesi atomici del 50% degli atomi di una molecola

RISPOSTE CORRETTE

1) B	53) A	105) A	157) A	209) D
2) C	54) B	106) A	158) B	210) D
3) D	55) B	107) C	159) A	211) D
4) D	56) E	108) C	160) C	212) C
5) D	57) E	109) D	161) E	213) C
6) B	58) B	110) D	162) C	214) B
7) E	59) B	111) E	163) B	215) E
8) A	60) A	112) C	164) B	216) E
9) E	61) E	113) E	165) E	217) E
10) D	62) E	114) D	166) A	218) B
11) A	63) D	115) C	167) B	219) E
12) D	64) C	116) C	168) B	220) A
13) C	65) E	117) A	169) E	221) D
14) C	66) C	118) C	170) B	222) B
15) E	67) D	119) E	171) C	223) C
16) A	68) E	120) B	172) E	224) B
17) E	69) E	121) D	173) A	225) B
18) D	70) A	122) C	174) E	226) E
19) B	71) B	123) E	175) A	227) C
20) D	72) C	124) A	176) C	228) E
21) B	73) C	125) A	177) E	229) B
22) C	74) E	126) C	178) C	230) C
23) D	75) E	127) E	179) E	231) C
24) B	76) A	128) E	180) A	232) E
25) E	77) A	129) C	181) A	233) D
26) D	78) E	130) D	182) D	234) A
27) E	79) A	131) B	183) A	235) D
28) B	80) C	132) E	184) C	236) C
29) B	81) E	133) B	185) B	237) D
30) E	82) E	134) A	186) E	238) D
31) B	83) E	135) B	187) D	239) C
32) A	84) C	136) C	188) E	240) B
33) D	85) D	137) D	189) C	241) B
34) C	86) D	138) D	190) E	242) C
35) A	87) B	139) C	191) D	243) A
36) E	88) A	140) A	192) D	244) C
37) C	89) C	141) B	193) B	245) E
38) C	90) A	142) A	194) D	246) D
39) A	91) C	143) B	195) A	247) D
40) E	92) E	144) E	196) E	248) A
41) B	93) C	145) B	197) B	249) E
42) C	94) D	146) E	198) D	250) E
43) E	95) E	147) C	199) D	251) C
44) C	96) C	148) C	200) D	252) E
45) D	97) B	149) A	201) C	253) A
46) A	98) E	150) C	202) A	254) B
47) C	99) C	151) B	203) C	255) B
48) E	100) D	152) D	204) D	256) A
49) A	101) A	153) A	205) A	257) C
50) B	102) D	154) C	206) C	258) C
51) A	103) E	155) B	207) D	259) D
52) A	104) E	156) A	208) D	260) B

261) A	269) A	277) E	285) D	293) D
262) E	270) A	278) A	286) D	294) E
263) E	271) A	279) E	287) A	295) A
264) D	272) E	280) C	288) D	296) D
265) B	273) C	281) D	289) D	297) B
266) A	274) C	282) D	290) B	298) D
267) E	275) C	283) B	291) D	299) C
268) C	276) E	284) C	292) D	300) B

LINGUA STRANIERA

CAPITOLO 1 | Inglese

CAPITOLO 1
Inglese

1.1 • Grammatica

1) Tom's sister has started a relationship ______ .

A. with one of best Richard's friends
B. with one Richard's best friends
C. with one of Richard best friends
D. with one of Richard's best friends
E. with one of the best friends of Richard

2) The following verbs can all be followed by the reflexive pronoun but one. Which one?

A. To wash
B. To regret
C. To shave
D. To behave
E. To dress

3) There are ______ things I like more than staying in bed late on Sunday.

A. any
B. some
C. few
D. no
E. a few

4) We felt very tired after the meeting yesterday because we ______ for hours.

A. talked
B. used to talking
C. used to talk
D. have been talking
E. had been talking

5) It has been snowing ______ five days.

A. from
B. in
C. for
D. since
E. to

6) Dorothy ______ working on that manuscript for 2 years now.

A. has been
B. still is
C. is
D. will be
E. had been

7) I haven't had so much fun ______ I was a young boy!

A. since
B. when
C. for
D. when ever
E. from

8) John has lived in Rome ______ 1989.

A. for
B. at
C. in
D. from
E. since

9) She apologized ______ late.

A. why she was
B. for being
C. to be
D. that she was
E. because of being late

10) Luis generally prefers ______ in a team than ______ alone.

A. working/to work
B. work/working
C. working/working
D. to working/work
E. to work/to work

11) ______ Paris ______ weekend.

A. We visit/next
B. We're visiting/on
C. We visiting/next
D. We H're visiting/next
E. We are visiting/last

12) Try ______ the window really hard if you want to open it.

A. push
B. pushed
C. pushes
D. pushing
E. to pushing

13) This group of musicians has been ______ the clubs in the north of England for the last three months.

A. touring
B. going
C. travelling
D. performing
E. attempting

14) Fill in the blank. "The book I'm reading ______ by Henry Fielding".

A. was written
B. was writing
C. was wrote
D. wrote
E. was writed

15) The first pair of denim blue jeans ______ produced in 1873.

A. had
B. did
C. would be
D. is
E. was

16) Hong Kong ______ to China in 1997.

A. was ceded
B. has been reverting
C. has reverted
D. reverts
E. is reverting

17) The part of the following sentence between square brackets contains one or more mistakes; choose the correct form. "The new bridge [shall not have been built] so quickly without the help of international cooperation projects".

A. used to be built
B. wouldn't have been built
C. shouldn't be builded
D. wouldn't have been builded
E. wouldn't been built

18) I'm not wearing my glasses today because they ______ .

A. mend
B. were mended
C. are being mended
D. are mending
E. are mended

19) I offered to pay for the meal last night, but Jack said he ______ for it.

A. would have paid
B. could have paid
C. paid
D. will pay
E. would pay

20) Alan promised he ______ .

A. had won
B. would have won
C. should win

D. would win
E. had to win

21) She ______ at school tomorrow because she's ill.

A. won't be
B. isn't to being
C. hasn't be
D. has to be
E. want be

22) Choose the correct answer to this question: When will she be back home?

A. She'll be back home as soon as possible
B. She comes home soon
C. She'll be returning home now
D. She returns as soon as possible
E. She is at home very soon

23) No matter what happens next John ______ help you.

A. will
B. have
C. is
D. am
E. would

24) Choose the alternative which is closest in meaning to the expression between square brackets in the following sentence. "[He's not very likely to do] what she says".

A. He will probably not do
B. He doesn't really like doing
C. He doesn't like doing
D. He probably will not like doing
E. He looks as if he is going to do

25) Choose the correct question for this answer: He'll be back by Monday.

A. When David returns?
B. When is David coming back?
C. Is David away for a long time?
D. Does David comes back?
E. Is David returning?

26) Don't eat all the biscuits, ______?

A. shall you
B. will you
C. will you not
D. don't you
E. do you

27) Children, ______ me if I've told you this joke before.

A. stopped
B. stop
C. stopping
D. to stop
E. stops

28) English people carry umbrellas ______ themselves dry.

A. for keeping
B. to keeping
C. to keep
D. to kept
E. for keep

29) I regret ______ you that the bill is now overdue.

A. to inform
B. I inform
C. inform that
D. to be informing
E. informing

30) When we got to the party, ______ were already a ______ people.

A. they/no
B. their/much of
C. them/number
D. they/many
E. there/lot of

31) My father wants my sister ______ harder.

A. studies
B. to study
C. studying
D. study
E. studies

32) My brother and ______ are ______ holiday.

A. me/at
B. I/in
C. I/on
D. me/in
E. myself/at

33) ______ fishing when you were little?

A. Were you going
B. Did you use to go
C. Were you used to going
D. Did you used to go
E. Were you

34) I ______ smoke a lot, but I don't any more.

A. use to
B. am used to
C. was used
D. used to
E. used

35) They were watching TV when the lights ______ out.

A. went
B. go
C. are going
D. goes
E. going

36) When I ______ to the park I ______ Henry. He ______ football with Ian.

A. am going/see/plays
B. went/saw/was playing
C. was going/saw/played
D. go/saw/played
E. went/was seeing/was playing

37) Fill in the blank. "James opened the door and ______ a man in the room".

A. has seen
B. see
C. seal
D. saw
E. seed

38) Choose the correct sentence.

A. I were disappointed that I didn't get the job
B. I was disappointing that I didn't get the job
C. It was disappointed that I didn't get the job
D. I was disappointed that I didn't get the job
E. I was disappointed that I didn't take the job

39) I assumed Henry ______ paying until the end of last year.

A. have been
B. is being
C. are being
D. had been
E. was been

40) Fill in the blank. "If I ______ about her earlier I would have told you".

A. knew
B. heard
C. would know
D. had known
E. would hear

41) When Lisa left the company, Kate didn't apply for her job. She said she ______ .

A. had never liked it
B. doesn't like it
C. hadn't never liked it
D. liked it not
E. would never like it

42) The trial ______ in a theatrical manner, full of extravagant histrionics.

A. conduces
B. was been conducted
C. was conducted
D. to conduce
E. are conducted

43) Places near the Equator have ______ climate all year round.

A. warm
B. a warm
C. more warm
D. the warm
E. the warmer

44) I asked Dan to meet me at 5 yesterday, but he arrived late and said he ______ leave work early.

A. hadn't been able to
B. couldn't
C. can't
D. hadn't could
E. might not

45) We felt very tired yesterday because we ______ hard all day.

A. worked
B. have been working
C. had been working
D. have worked
E. has been working

46) How long ______ him when he ______ you to marry him?

A. did you know/asked
B. knew/asked
C. had you known/asked
D. had you been knowing/asked
E. had you known/was asking

47) Fill in the blank. "If she loses her job, she ______ be able to pay her rent".

A. would not
B. doesn't
C. didn't
D. can't
E. won't

48) Choose the correct ending for this sentence: If I had a lot of money, ______.

A. I'll go to the coast more often
B. my father bought me a motorbike
C. I'd go to South America
D. I was not going to work
E. I had a party every month

49) Fill in the blank. "We were fined ______ exceeding the speed limit".

A. with
B. for
C. from
D. by
E. because

50) Please, contact me ______ e-mail if necessary.

A. by
B. with
C. on
D. through
E. in

51) I really appreciate her ______ me at this difficult time.

A. helped
B. help
C. helping
D. helps
E. to helping

52) How long ______ Kate?

A. have you known
B. have you been knowing
C. did you know
D. do you know
E. are you knowing

53) The guard ______ a nap when the prisoner ______.

A. took / escaped
B. had / escaped
C. is having / escaped
D. was having / was escaping
E. was having / escaped

54) Fill in the blank: "Her brothers ______ in Jakarta".

A. born
B. were born
C. are born
D. have born
E. borned

55) Bill ______ reading the newspaper just now.

A. has finished
B. is finished
C. finished
D. has finish
E. finish

56) I ______ in herbal medicine for years.

A. have been believing
B. have believed
C. did believe
D. believe
E. am believing

57) Choose the correct sentence.

A. Did you ever study philosophy?
B. Have you ever been studying philosophy?
C. Had you ever been studying philosophy?
D. Have you ever studied philosophy?
E. Were you studying philosophy?

58) Fill in the blank. "______ Bob lately?"

A. Are you seeing
B. Do you see
C. Have you seen
D. Were you seeing
E. Did you see

59) Fill in the blank. "I ______ sleeping for two hours".

A. am
B. have being
C. did
D. could have
E. have been

60) I ______ on this project since Monday and yet I still haven't finished it.

A. ad worked
B. worked
C. have worked
D. have been working
E. have been worked

61) ______ have we been waiting for the bus?

A. How long
B. How many times
C. When
D. How long is it since
E. How much

62) Choose the correct sentence.

A. How long time has it snowed?
B. For how long does it snow?
C. For how long has it snowed?
D. How long is it since it has snowed?
E. How long has it been snowing?

63) Ryan ______ for jobs in advertising for six months.

A. has applied
B. was applying
C. has been applied
D. applied
E. has been applying

64) Hurry up! The bus ______.

A. came

B. is come
C. is coming
D. was coming
E. comes

65) Choose the correct sentence.

A. The apartment consists of two rooms, a kitchen and bathroom
B. The apartment consists in two rooms, a kitchen and bathroom
C. The apartment consists on two rooms, a kitchen and bathroom
D. The apartment consists about two rooms, a kitchen and bathroom
E. The apartment consists approximately two rooms, a kitchen and bathroom

66) Choose the correct sentence.

A. Sarah is having the hairs cut
B. Sarah is having her hairs cut
C. Sarah is cutting her hair
D. Sarah cuts her hair
E. Sarah is having her hair cut

67) My teeth are in good condition because I ______ by my dentist every year.

A. did check them
B. have checked them
C. check them
D. have them checked
E. have them check

68) Madonna's agent ______ change her name at the start of her career.

A. have made her to
B. makes her
C. made her to
D. made her
E. makes her to

69) Fill in the blank. "I ______ my appendix removed when I was twelve".

A. have
B. do
C. did
D. has
E. had

70) These shoes look awful. I'll have to ______.

A. get them repaired
B. get repaired them
C. to go to repair them
D. repaired them
E. have repaired them

71) Do you remember Silvia? I ______ engaged to her.

A. got
B. will
C. have
D. had
E. get

72) Why ______ some plants for our flat?

A. we don't get
B. we not get
C. don't we get
D. don't get we
E. we get not

73) ______ get tired of asking the same questions every day?

A. Does you ever
B. Had you ever
C. Do you ever
D. Have you ever
E. Are you ever

74) Fill in the blank. "Don't you remember that we ______ to the cinema tonight?".

A. will be
B. go
C. will be gone
D. would go
E. are going

75) People drive too fast on the road. I think ______ a speed limit.

A. there should be
B. they would have
C. there would be
D. they may have
E. their would be

76) Choose the correct answer to this question: Shall we invite Jim to the party?

A. Yes, I'd like he does come
B. Yes, I'd like that he comes
C. Yes, I'd like him come
D. Yes, I'd like him to come
E. Yes, I'd like he comes

77) Fill in the blank. "______ you like to be met at the airport, or will you get a taxi?"

A. Will
B. Would
C. Could
D. Should
E. Can

78) Choose the correct question for this answer: Yes, I can.

A. May you get the dinner ready for me?
B. Will you help me get the dinner ready
C. Can you help me get the dinner ready?
D. Would you help with my dinner?
E. Might you help with dinner?

79) Choose the correct answer to this question: What are you doing this summer?

A. We are doing something in Spain with our parents
B. We are staying in Spain
C. We might go to Spain with our parents
D. We might reach Spain with our parents
E. We are visiting Spain somewhere

80) You ______ let the long plane journey ______ you from visiting this wonderful country.

A. mustn't/stop
B. need to/achieve
C. may not/get
D. don't have to/hold
E. couldn't/make

81) What's the ______ river ______ the world?

A. longest/in?
B. longer/in
C. longest/of
D. longest/for
E. longe/in

82) The part in square brackets of the following sentence contains one or more mistakes; choose the correct form. "I liked [either of them]; none of two fully convinced me".

A. neither of them
B. no other
C. neither off them
D. either and more
E. both

83) Fill in the blank. "There is ______ food for everybody".

A. plenty
B. many of
C. too
D. lots
E. enough

84) ______ group of tourists has to be accompanied by a guide.

A. Some
B. Each
C. Any
D. All
E. One

85) He was wearing ______ riding boots.

A. Spanish red old leather
B. old red Spanish leather
C. leather old red Spanish
D. old leather red Spanish
E. red old Spanish leather

86) English is ______ than French.

A. easier
B. more easier
C. difficultier
D. more easiest
E. more easy

87) ______ watch is this?

A. Who the
B. Whose
C. Whom
D. Of whom
E. Of whose

88) Does he ever go to the theatre? No, he ______ does.

A. for ever
B. ever
C. sometimes
D. usually not
E. never

89) Penicillin is a ______ recent discovery.

A. comparably
B. generally
C. very
D. considerably
E. relatively

90) Very ______ people can study abroad.

A. a small
B. few
C. little
D. less
E. short

91) Fill in the blank. "______ says that we will not leave?".

A. Why
B. Who
C. Whose
D. Because
E. Where

92) Fill in the blank. "I'll have to work hard this week, ______ is very annoying".

A. so
B. but
C. which
D. what
E. that

93) This skirt is too ______ for me.

A. large
B. great
C. high
D. big
E. much

94) Fill in the blank. "A midwife is a qualified nurse ______ extra training in obstetrics".

A. has had
B. who has had
C. that has
D. whom had
E. which has had

95) This is Sylvia; ______ family is from Edinburgh.

A. his
B. her's
C. hers
D. her
E. their

96) It's ______ interesting film! You must see it!

A. such

B. so
C. a so
D. such an
E. so an

97) Tim looks ______ when he wears glasses.

A. oldest
B. greater
C. older
D. bigger
E. more old

98) Sam drove ______ along the narrow road.

A. seriously
B. slow
C. carefully
D. careful
E. faster

99) Choose the correct sentence.

A. Whose this is watch? It's he
B. Whose this is watch? It's she
C. Whose of watch is this? It is Amy's
D. Whose watch is this? It is hers
E. Whose this watch? It's hers

100) Once the earth ______ the centre of the universe.

A. was believed of being
B. was believed to be
C. was believed that was
D. was believed to being
E. was believed been

101) You don't know when Steve is coming tomorrow, ______?

A. don't you
B. is he
C. do you
D. are you
E. aren't you

102) If you ______ the mountains and the countryside, Britain has a lot to offer you.

A. are interesting in
B. likes
C. choose
D. enjoy
E. visit

103) The police told the robbers to get ______ the car with their hands in the air.

A. off
B. out of
C. into
D. out
E. inside

104) Do you mind ______ asking a question?

A. my
B. I
C. if I
D. mine
E. of my

105) Choose the correct sentence:

A. For what is this book?
B. What is this book for?
C. Which is this book for?
D. Who is this book?
E. What does this book for?

106) Choose the alternative which means the same as this sentence: That can't be true.

A. Possibly that is true
B. Possibly that is not true
C. That may not be true
D. That is impossible
E. Possibly is not true

107) Choose the correct answer to this question: Why is that man walking up and down our street?

A. He can be looking for someone
B. He may be looking for someone
C. He mustn't be looking for someone
D. He can't be looking for someone
E. He may look at someone

108) Don't leave your glasses on the chair, someone ______ sit on them.

A. may
B. must
C. can
D. should
E. would

109) You're exhausted, you ______ get some rest.

A. need
B. may
C. must
D. needn't
E. can't

110) Choose the correct sentence:

A. What will you do last Saturday?
B. What did you last Saturday?
C. What you did last Saturday?
D. What do you did last Saturday?
E. What did you do last Saturday?

111) Sam and Anna ______ in love when they met at a party.

A. fell
B. fall
C. fallen
D. did fall
E. feel

112) Choose the correct answer to this question: Did you visit St James's Park when you were in London?

A. Yes, we were used to jog there
B. Yes, we used to jogging there
C. Yes, we used to jog there
D. Yes, we used jogging there
E. Yes, we did use jogging there

113) Choose the correct reply to this statement: I can't find the dog anywhere.

A. There is it under the bed
B. It's sleeping under the bed
C. It never sleeps on the bed
D. Neither I can
E. It is anywhere under the bed

114) Mr and Mrs Elhan ______ to France last week.

A. arrived
B. left
C. visited
D. went
E. did a travel

115) My brother ______ me a new CD player for my last birthday.

A. gave
B. given
C. was giving
D. did give
E. did gave

116) Sorry, I ______ you were here.

A. didn't realizing
B. wasn't realizing
C. don't realized
D. not realized
E. didn't realize

117) I ______ our hotel room. Can we change it?

A. didn't like
B. I'm not liking
C. not like
D. don't like
E. wasn't liking

118) Choose the correct answer to this question: Didn't you hear the telephone ringing?

A. No, I was under the shower
B. Yes, I was answering
C. No, I wasn't hearing
D. No, I have not
E. No, I did not listen

119) ______ to the cinema with me, so I went on my own.

A. Anybody was coming
B. Lucy was coming
C. Nobody was coming
D. Somebody was coming
E. Nobody went

120) Choose the correct reply to this statement: I ate too much at lunch.

A. Neither I did
B. So I did
C. Neither did I
D. So did I
E. Too me

121) The government has promised to ______ an investigation to discover the cause of the train accident.

A. carry out
B. work out
C. set out
D. send out
E. bring out

122) The French course was too difficult for Jake, so eventually he had to ______.

A. give away
B. give in
C. give out
D. give up
E. give off

123) Does your family sit down together ______ day to share a meal?

A. all
B. some
C. every
D. most
E. one

124) It's not worth ______ upset about something silly.

A. to get
B. getting
C. to getting
D. we get
E. of getting

125) Fred's good ______ people laugh.

A. with making
B. on making
C. at making
D. to making
E. for making

126) Choose the correct ending for this sentence: I had the car tested.

A. I think it's absolutely necessary
B. I'm a mechanic
C. I'm taking it to the garage this afternoon
D. I took it to a garage
E. I sent it to the garage

127) Choose the alternative which means the same as this sentence: A tiger isn't as strong as a lion.

A. A lion is less strong than a tiger
B. A lion is stronger than a tiger
C. A tiger isn't stronger as a lion
D. A lion is stronger as a tiger
E. A tiger is as strong as a lion

128) I'm sorry I'm late, but my car ______ on the way here.

A. broke up

B. broke down
C. broke in
D. broke into
E. broke off

129) The taxi ______ outside the station and an old lady got out.

A. got by
B. passed by
C. went on
D. drove up
E. drew up

130) I think it's a lot more difficult to ______ children nowadays than it used to be.

A. bring out
B. bring on
C. bring up
D. bring off
E. bring along

1.2 • Lessico

131) Choose the alternative which best completes the following sentence. "Diabetes, ______, is sometimes caused by an antibody that destroys the pancreas cells producing this hormone".

A. a serious disease in which the body cannot produce enough insulin
B. a seriously disease in which the body cannot produce insulin enough
C. a seriously disease in which the body cannot make enough insulin
D. a serious disease in which the body cannot enough produce insulin
E. a serious disease in which the body cannot make insulin enough

132) After he was made ______ Chris got a temporary job in a restaurant.

A. out of place
B. fired
C. out of order
D. redundant
E. sacked

133) Hyde Park is a very large park in ______ London.

A. town of
B. centre
C. within
D. inside
E. central

134) Fill in the blank. "We have ______ sugar. Ask Mrs Brown to give us some".

A. run down
B. run with short
C. run over with
D. run off
E. run out of

135) Fill in the blank. "______ Paul is doing some research in London. He'll be back next week".

A. Actually
B. In this time
C. Momentarily
D. In this moment
E. At the moment

136) What ______ evening!

A. a fine
B. fine
C. this
D. such
E. such an

137) Choose the alternative which is closest in meaning to the word in square brackets and which does not change the meaning of the sentence. "We asked a man where the bank was, but he didn't [answer]".

A. replay
B. reply

C. produce
D. come back
E. require

138) After the walk, Janice noticed that she had ______ her ring.

A. disappeared
B. cancelled
C. lost
D. missed
E. stolen

139) Choose the correct sentence.

A. Madonna is known to continuously reinventing her name
B. Madonna is known for continuously reinventing both her music and image
C. Madonna doesn't know how to reinvent both her music and image
D. Madonna is known for never changing both her music and image
E. Madonna is known for rarely reinventing both her music and image

140) Fill in the blank. "______ are flying insects known for their role in pollination and for producing honey and wax".

A. Apes
B. Bees
C. Bumblebees
D. Ladybirds
E. Flies

141) We've run ______ of coffee. Could you please buy some more?

A. down on
B. away from
C. out of
D. off of
E. on with

142) ______ World War II there was ______ rationing.

A. After/coke
B. During/holiday
C. On/food
D. Due to/no food
E. During/food

143) The building burnt down ______ my eyes.

A. before
B. beyond
C. behind
D. beneath
E. beside

144) Sony is a ______ name.

A. house
B. brandtrade
C. household
D. companionship
E. farm

145) You must not ______ anything from the room.

A. bring
B. place
C. fetch
D. remove
E. receive

146) We had to ______ house because it was too small when my twin sisters were born.

A. move
B. choose
C. leave
D. close
E. change

147) Choose the alternative which is closest in meaning to the words in brackets and which does not change the meaning of the sentence. "It was [an endless] list of terrible events".

A. endlessly
B. an infinity

C. a without end
D. a less-end
E. a never-ending

148) Il verbo "to relinquish" significa:

A. chiarificare
B. scherzare
C. dire barzellette
D. ridere
E. abbandonare

149) Il sinonimo di "Rubbish" è:

A. trash
B. elevator
C. petrol
D. first floor
E. pavement

150) Choose the alternative which means the same as this sentence: Nothing of value is left in this van at night.

A. Valuables should not be left in the van
B. This van will keep no value at night
C. Valuable objects are removed at night
D. This van is locked at night
E. There is nothing in the van at night

151) I ______ some old photographs of my sister's wedding while I was tidying up the attic.

A. came round
B. came across
C. came into
D. came up with
E. came in with

152) My friend Ann works ______ . She's so lazy!

A. very few
B. very short
C. very little
D. very less
E. very a few

153) Choose the correct answer to this question: What's the matter?

A. We are thirsty
B. Yes, thank you
C. Fine, thank you
D. We're right
E. Fine, and you?

154) On his birthday Jason invited ______ friends to the cinema.

A. all of his
B. all
C. some of
D. some his
E. any of his

155) L'espressione idiomatica "go off at the deep-end" significa:

A. non portare a termine qualcosa
B. essere commosso
C. essere sorpreso
D. andare via in malo modo
E. arrabbiarsi

156) You should send him to bed without any supper. That will teach him a ______.

A. theory
B. way
C. trick
D. subject
E. lesson

157) He is becoming well known ______ the world.

A. in all over
B. all over
C. in all
D. of all over
E. all in

158) Choose the synonym to the word between square brackets. "The show was very [amusing]".

A. frightening

B. entertaining
C. crowded
D. boring
E. exciting

159) Choose the correct sentence.

A. The British Flag is called the Stars and Stripes
B. The American Flag is nominated the Stars and Stripes
C. The American Flag is called the Union Jack
D. The American Flag is called the Stars and Stripes
E. The American Flag is named the Stars and Stripes

160) Il verbo "to knit" significa:

A. stirare
B. smagliarsi (di calza)
C. gattonare
D. lavorare a maglia
E. inginocchiarsi

161) Fill in the blank. "Bill drank a ______ while he was at the market".

A. glass with water
B. glass of water
C. glass for water
D. water's glass
E. water glass

162) Un sinonimo di "get the wind up" è:

A. to abide by the law
B. to listen to somebody
C. to be ashamed
D. to be afraid
E. to be silly

163) Tra i pesci, "la carpa" in inglese viene tradotta con il termine di:

A. round-fish
B. still-fish
C. trout
D. dazzle-fish
E. slander

164) If you have an accident, ______ to tell the police?

A. you supposed
B. are you supposed
C. did you need
D. were you supposed
E. do you suppose

165) I don't think ______ on this website is correct.

A. information
B. an information
C. the informations
D. the information
E. informing

166) Il sinonimo di "autumn" è:

A. sell
B. spring
C. send
D. summer
E. fall

167) Choose the correct sentence.

A. All roads are arriving to Rome
B. All roads take you to Paris
C. All roads go to Rome
D. All roads lead to Rome
E. All maps lead to Rome

168) The software provides a ______ of options for the advanced user.

A. variation
B. scope
C. range
D. scale
E. variety

169) Could you park your motorcycle ______?

A. Elsewhere

B. Whereby
C. Wherever
D. Whenever
E. Whoever

170) Il significato di "To share a room" è:

A. to rent a room
B. to split a room
C. to divide a room
D. to steal a room
E. to sell a room

171) The President has a team of ______ to ______ him.

A. athletes/defend
B. people/shield
C. men/repair
D. persons/guard
E. bodyguards/protect

172) Perhaps because he was so different, he became the black ______ of the family.

A. cat
B. cow
C. bear
D. donkey
E. sheep

173) Il significato di "To be afraid of" è:

A. to be silly
B. to be astounded
C. to be ashamed
D. to be frightened
E. to be dependable

174) Con l'espressione "hit it off" si intende:

A. cacciare fuori una persona da qualche luogo
B. portare a cavalcioni qualcuno
C. mangiare molto
D. diventare buoni amici
E. sorreggere una persona

175) Sinonimo dell'espressione "fly the coop" è:

A. nascondersi
B. indugiare
C. rimanere
D. abbandonare
E. fuggire via

176) The ______ are not good, but I have a lot of free time.

A. fares
B. fees
C. charges
D. wages
E. costs

177) Ask David to give you a hand: he's as strong as ______ .

A. a bear
B. a horse
C. an elephant
D. a mountain
E. a gorilla

178) Fill in the blank. "They washed their swimsuits ______ hand".

A. in
B. by
C. of
D. with
E. off

179) Nick said he wanted to ______ the meeting.

A. frequent
B. take in
C. be up at
D. attend
E. involve into

180) The Statue of Liberty is at the ______ to New York Harbour.

A. exit
B. door

C. entering
D. arrival
E. entrance

181) The innovations of the ______ Age have had ______ effects on people in all walks of life.

A. electronic/universal
B. computer/astonishing
C. atomic/irrelevant
D. nuclear/profane
E. bronze/pretentious

182) Choose the correct sentence.

A. I find it hard to remember people's names
B. I find it heard to recall people's names
C. I find it harmful to remind people's names
D. I find it hard to remember population's names
E. I find it rough to remember people's names

183) The ancient Egyptians' ______ of picture writing was called hieroglyphics.

A. manner
B. plan
C. system
D. practice
E. program

184) I'm sorry, Carol isn't ______ at the moment. Can I take a message?

A. up
B. in
C. off
D. away
E. on

185) Choose the correct sentence.

A. Italians usually put away Christmas decorations in the 8th of December
B. Italians usually put up Christmas decorations on the 8th of December
C. Italians usually place Christmas decorations at the 8th of December
D. Italians usually open up Christmas decorations after the 8th of December
E. Italians usually show up Christmas decorations before the 8th of December

186) L'espressione idiomatica "go the whole hog" significa:

A. andare via in malo modo
B. mangiare tutto il pranzo
C. fare qualcosa completamente
D. portare a termine qualcosa
E. non portare a termine qualcosa

187) Do you know the man who ______ our local supermarket?

A. holds
B. keeps
C. began
D. runs
E. turns

188) Choose the correct question for this answer: He's tall and slim with black hair.

A. What like is he?
B. What does he like?
C. What does he look like?
D. He is what like?
E. What like he is?

189) If you like being out of ______, you can spend the day in one of the city's many splendid parks.

A. home
B. way
C. doors
D. house
E. street

190) Il verbo inglese "to moor" significa:

A. incontrarsi per caso
B. veleggiare
C. azzerare
D. ormeggiare
E. riscuotere

191) Laura thinks her son is perfect; he's the apple of her ______.

A. head
B. eye
C. heart
D. mind
E. ear

192) Columbus made his first voyage to America ______ 1492.

A. around
B. on
C. at
D. in
E. about

193) Choose the correct answer for this question: Is Lisa coming to the party?

A. I so think
B. I think
C. I think yes
D. I think so
E. So I think

194) My father's as deaf as ______; whenever I talk to him, I have to shout.

A. a post
B. a leaf
C. a politician
D. a bell
E. a stone

195) Individuare il significato corretto della seguente espressione inglese: "To wait for":

A. To take a commitment
B. To spend time with friends
C. To put weight on
D. To spend time before something happens
E. To attend a performance

196) The phone rang ______ I walked through the door.

A. since
B. before
C. until
D. while
E. as soon as

197) Getting to be the greatest violinist ______ the world is not easy.

A. in
B. of all
C. from
D. of
E. at

198) You won't become more intelligent if you eat a lot of fish: that's just an old ______ tale.

A. wives'
B. ladies'
C. witches'
D. mothers'
E. maids'

199) The company wants to ______ the sales of the product.

A. rise
B. correct
C. make up
D. increase
E. create

200) Choose the correct sentence.

A. Elvis Presley is one of the most popular singers of the 20th century
B. Elvis Presley is one of the most popular actors of the 20th century
C. Elvis Presley is one of the many singers of the 20th century

D. Elvis Presley is one of the most popular opera singers of the 20th century
E. Elvis Presley is one of the most popular singers of the 19th century

201) Campers should always remember to ______ the area clean and tidy.

A. leave
B. let
C. linger
D. remain
E. stay

202) There was a very strong ______ last night and it blew down some trees.

A. wind
B. snow
C. rain
D. hail
E. fog

203) I had left my wallet at home, but Alan ______ some of his money.

A. let me borrow
B. made me borrow
C. had me borrowed
D. could borrow me
E. borrowed me

204) Choose the correct answer for this question: What was the film like?

A. It was good to be seen
B. It was worse seeing
C. It was the best to see
D. It was worth seeing
E. It's better seeing it

205) Choose the correct sentence.

A. USA gained independence from Great Britain on 4th July 1776
B. USA won independence from Canada on 4th July 1776
C. USA gained independence from Great Britain on 1860
D. USA has got independence from Great Britain on 4th July 1776
E. USA gained liberty from Great Britain on 4th July 1776

206) Have you seen the new boss? She's the ______ image of Marylyn Monroe.

A. spitting
B. same
C. real
D. live
E. true

207) You can get wonderful views of the waterfall. It's a wellknown beauty ______.

A. spot
B. point
C. place
D. scene
E. position

208) Forest fires can cause devastation ______ a wide scale.

A. in
B. over
C. at
D. on
E. by

209) Fill in the blank. "I have a terrible ______. Have you got an aspirin?".

A. bad head
B. headache
C. sore head
D. head hurt
E. suffering in my head

210) Choose the correct sentence.

A. Horse gambling at Ascot is often 300 years old
B. Horse playing at Ascot is not less than 300 years old

C. Horse running at Ascot is mostly 300 years old
D. Horse riding at Ascot is more than 300 years old
E. Horse racing at Ascot is almost 300 years old

211) When Claire comes to see me she always ______ some chocolates.

A. brings me
B. carries me
C. fetches me
D. takes me
E. holds me

212) The police are looking for ______ in his twenties.

A. the unemployed man
B. unemployed men
C. the unemployed
D. an unemployed man
E. two unemployed men

213) This suitcase is as light as ______.

A. a fish
B. dust
C. a bird
D. a feather
E. lightning

214) Il sinonimo di "engine" è:

A. motor
B. line
C. handbag
D. freeway
E. lift

215) L'espressione idiomatica "for keeps" significa:

A. per volontà
B. per sempre
C. per gioco
D. per niente
E. per tenerlo stretto

216) The increase in the use of cars and improvements in camping ______ have allowed more people to travel longer distances.

A. property
B. baggage
C. tools
D. estate
E. equipment

217) In some cultures it is polite to raise one's hand to ______ attention.

A. hold
B. find
C. take
D. obtain
E. attract

218) ______ Alison was scared, she decided to take flying lessons.

A. In spite
B. Despite
C. Although
D. Also if
E. Nevertheless

219) Trovare tra le alternative quella che esprime una relazione simile a quella proposta nel testo dell'esercizio: modesty : arrogance

A. pratice : perfection
B. debility : strenght
C. passion : emotion
D. cause : reason
E. finance : pauper

220) The North Star Hotel is located in the ______ of Dublin.

A. suburb
B. inside
C. coast
D. centre
E. village

221) Find the synonym of the phrase in square brackets. "I am really [sick of] her attitude".

A. tired of
B. proud of
C. ill with
D. grateful for
E. used to

222) When sunlight ... through drops of water, you can see a ...

A. When sunlight shines through drops of water, you can see a rainbow
B. When sunlight shows through drops of water, you can see a drop of water
C. When sunlight drops through water, you can see the rain
D. When sunlight goes through drops of water, you can see a panorama
E. When sunlight enters drops of water, you can see a rainarch

223) Fill in the blank. "I'm not very keen ______ ice cream. I prefer cake".

A. at
B. on
C. in
D. for
E. with

224) Fill in the blank. "I want to read the letter ______ lunch".

A. in
B. before
C. over
D. from
E. afterwards

225) There isn't ______ to finish the game now.

A. enough time
B. time enough
C. no time
D. little time
E. few time

226) Be prepared for rain and strong winds ______ all times of the year.

A. on
B. in
C. at
D. for
E. over

227) Jane likes to succeed ______ everything she does.

A. on
B. at
C. with
D. in
E. for

228) Let's put the new TV ______ the corner over there.

A. at
B. on
C. in
D. inside
E. by

229) Fill in the blanks. "A colony of ______ lived in the three old ______".

A. mice; house's
B. mouses; house
C. mouses; houses
D. mice; house
E. mice; houses

230) The local government is ______ keeping the streets clean.

A. responsible of
B. the responsible for
C. responsible to
D. responsible for
E. responsible for the

231) ______ the concert the audience shouted for more.

A. At the beginning of
B. At the end of
C. In the end of
D. In the end
E. At the start

232) I'm going ______ France for three weeks.

A. to
B. into
C. at
D. in
E. over

233) What do you ______ my new car?

A. think for
B. think about
C. think to
D. think of
E. think at

234) The police suspect him ______ stealing the money.

A. about
B. for
C. of
D. from
E. on

235) Not many people are interested ______ going to the theatre.

A. at
B. on
C. to
D. in
E. for

236) The biggest bath built by the Romans in the city of Bath is ______ as the Great Bath.

A. known
B. titled
C. called
D. named
E. remembered

237) A lot of people ______ like sleeping after lunch.

A. prefer
B. wish
C. enjoy
D. feel
E. would

238) We had better ______ out late tonight.

A. don't stay
B. not to stay
C. not stay
D. we didn't stay
E. to stay

239) Let's do something different ______

A. for a change
B. in a change
C. with a change
D. for to change
E. also to change

240) The police ... for two suspects ______ were seen leaving the scene of the crime.

A. did look / whom
B. look / which
C. are being looked / whose
D. are looking / who
E. did look / which

1.3 • Le prove di comprensione di brani

241) Studies are taking place to assess the benefits to dental health of adding fluoride to drinking water, a process known as mass medication. The Health Minister has urged consideration of fluoridation, particularly in deprived areas where dental care is poor. Fluoride can occur naturally in the water because of fluoride containing minerals. Fluoride, if in the water, improves dental health by up to 50 percent. Even so, fluoridation should not take place. A campaign leader opposed to fluoridation has spoken of her experiences of living in a fluoridated area of the USA. She experienced feelings of apathy and depression; her 2 year old son showed autistic tendencies and had white flecks on his teeth. These symptoms disappeared when they returned home from the USA.

Which one of the following is an underlying assumption of the argument above?

A. Mass medication is always wrong
B. The reported health symptoms were caused by fluoride in the water
C. Fluoridation is cheaper than improving dental facilities
D. Fluoridation is only necessary in deprived areas
E. Fluoridation of water is a person's only source of fluoride

242) Climate scientists in Greenland studying patterns of plant growth have suggested that the early arrival of spring in the Arctic threatens to drive down populations of migrating animals such as caribou. However, comparable studies elsewhere show that their fears are unfounded. A recent study of great tits in Oxfordshire showed the birds are capable of adapting to climate change better than many scientists expected. Over the past half century, the birds have brought forward the date they lay their eggs by two weeks, so that young are born when planteating grubs are most plentiful.

Which one of the following is an underlying assumption of the above argument?

A. Birds are more adaptable than large mammals such as caribou
B. Climate change in Greenland and climate change in Oxfordshire are of the same scale
C. The scientists working in Oxfordshire have greater expertise than those working in Greenland
D. Migrating animals in the Arctic can adapt to climate change as successfully as great tits in Oxfordshire
E. Unless animals like the caribou produce their young earlier in the year, their population will fall

243) Now, it might be thought an amazing coincidence if Earth were the only planet in the galaxy on which intelligent life evolved. If it happened here, the one planet we have studied closely, surely one would expect it to have happened on a lot of other planets in the galaxy – planets we have not yet had the chance to examine. This objection, however, rests on a fallacy: it overlooks what is known as an 'observation selection effect', so it wouldn't be such a coincidence. Whether intelligent life is common or rare, every observer is guaranteed to originate from a place where intelligent life did, in fact, arise. Since only the successes give rise to observers who can wonder about their existence, it would be a mistake to regard our planet as a randomly selected sample from all planets.

Which one of the following best expresses the main conclusion of the above argument?

A. If life had evolved here on Earth, it would probably have happened on a lot of other planets in the galaxy

B. There would be no amazing coincidence if we discovered that Earth were the only planet in the galaxy on which intelligent life evolved
C. It would be an amazing coincidence if Earth were the only planet in the galaxy on which intelligent life evolved
D. Our planet is not a randomly selected sample from all planets
E. However common intelligent life is, every observer will certainly originate from a place where intelligent life did, in fact, arise

244) Although it is sometimes suggested that the congestion caused by the bunching of cars on motorways could be eased by increasing the speed limit to 150 km/hr, such an increase would not be a good thing. An estimated 35 per cent of drivers exceed the speed limit by 20 km/hr and would continue to do so if the limit were raised. Since bunching is caused by speeding drivers trying to pass those who observe the speed limit, raising the limit to 150 km/hr would result in the same amount of congestion, but at an increased speed. Moreover, a higher speed limit would encourage all drivers to drive faster, and thus would increase the existing danger from those who drive too close to the car in front.
Which one of the following best expresses the main conclusion of the above argument?

A. Raising the speed limit to 150 km/hr would not reduce congestion on motorways
B. It would not be a good thing to increase the speed limit to 150 km/hr
C. A higher speed limit on motorways would encourage all drivers to drive faster
D. An increase in the speed limit would increase the existing danger from those drivers who drive too close
E. Congestion on motorways is caused by speeding drivers trying to pass those who observe the speed limit

245) Food producers are resisting pressure to reduce still further the levels of salt in food. Although it is proven that salt intake must be reduced by those with hypertension, there is no evidence that reducing salt intake prevents hypertension. So why should we all be deprived of the pleasures of salt in food? We certainly need to identify those with hypertension and give them advice on their salt intake, but why should everyone else be deprived of salt? Food producers are right to resist the pressure.
Which one of the following best illustrates the principle underlying the argument above?

A. Adding fluoride to drinking water has reduced tooth decay, but fluoride is unwelcome to some people. Instead, dentists should advise patients with tooth problems on better tooth care
B. The requirement to wear seatbelts has reduced deaths in car accidents but was unpopular when first introduced. People eventually accepted such changes even if it has not benefited them personally
C. Retailers cannot sell alcohol to people under 18 years, but providing more general advice on alcohol in schools would be better, as it would encourage young people to be self limiting in their consumption of alcohol
D. Advice to wear sun block to protect the skin from harmful rays is ignored by some people. Those people should

be charged for medical treatment for skin cancer

E. Passive smoking is still a problem for people who share a home with a smoker. The law should be extended to make smoking illegal even in the home

246) Sports are played either as a means of getting exercise or as a competition with an opponent. Some sports, such as football, involve a large amount of running and some people are more motivated to run when it is part of a game. Other sports, such as pool, do not involve much physical activity and so it is unlikely that they would be played for the exercise.

Which one of the following conclusions is best supported by the passage above?

A. People who play pool are more likely to be interested in the competition than those who play football
B. Since the main reason for playing sports is to get exercise, pool should not be classified as a sport
C. It is easier to exercise when it is as part of another activity, such as playing sport
D. Football is a better sporting activity than pool
E. There is no point in running as a hobby, since football is more fun

247) Concern about the effects of chemicals upon the environment has led to calls for more research. But we should not wait for further research before we ban some of the chemicals used by industry. If anyone has a good reason to think something is harmful, it should not be used until, or unless, the risk is found to be zero. We know enough about past mistakes to be forewarned. Much of the harm to wildlife and humans is longterm, and the disturbing results we see today reflect the chemical environment 40 years ago. Thousands more chemicals have been released into the environment since then.

Which one of the following most closely matches the reasoning above?

A. People should not be able to adopt children until proper checks have been carried out. Serious consequences may follow if adoptive parents are unsuitable
B. Some cars that have passed the annual roadworthiness test would not pass 6 months later. Cars should be tested more than once a year once they pass a certain age
C. Some homes for the elderly have been found to give dangerously substandard care. Therefore they should be closed down and the residents found acceptable alternatives
D. Cyclists should not place too much confidence in the benefits of helmets, because there is no conclusive evidence as yet that helmets prevent serious injuries
E. A suspected terrorist should be arrested at once. Waiting for conclusive evidence in the past has resulted in atrocities that could have been avoided by acting on suspicion, and the threat of terrorism has grown

248) Children are being encouraged to take up gardening through special events at shows and activities in schools. It is hoped that an interest in gardening, and particularly growing one's own food, will make children more interested in learning about their food and they will therefore be deterred from eating junk food. The initiative should be supported and spread to more schools as quickly as possible.

Which one of the following, if true, would most weaken the above argument?

A. Most children have enjoyed the events provided, but have not gained an interest in gardening itself
B. The practical experience of gardening is not a traditional academic subject
C. It tends to be older people who are interested in gardening and growing their own food
D. Some schools do not have a garden
E. The events to encourage children to garden also included stands where junk food was for sale

249) Although the Earth supports life, it has a mysterious carbon deficit. Compared with other bodies in the solar system the Earth has far less carbon than would be expected for a planet that supports life. Originally it was thought that in the inner region of the dust disc where the Earth formed, temperatures soared high enough for the carbon to boil away. However, observations of developing solar systems have now suggested that the temperature would not have been high enough. It is more likely that fire is to blame. Hot oxygen atoms would have readily combined with carbon, burning to produce carbon dioxide. There would have been fewer of these oxygen atoms further away from the Sun.

Which one of the following, if true, would most strengthen the above argument?

A. The abundance of carbon in the asteroid belt surrounding the inner planets increases the further away you get from the Sun
B. There is no theoretical reason why life has to be carbon-based
C. At temperatures that are high enough for carbon to boil away, oxygen would also have boiled away
D. The carbon that is present on the Earth could have arrived at a later date from an asteroid
E. There are other solar systems with Earthlike planets that have an abundance of carbon on them

250) Undercover police investigators sometimes commit 'crimes' in order to convince the 'real criminals' that they are on the same side as them. Some of these activities have victims, although in the main these are other criminals – rival gang members for example. In committing what are technically offences the officers are preventing many more serious crimes by helping to convict and imprison dangerous criminals who might otherwise remain at liberty. But that is not really the point. A breach of the law is a breach of the law, whoever commits it and for whatever reason. Preventing a crime does not make it right to commit another crime.

Which one of the following is the general principle underlying the above argument?

A. An act is criminal only if it is committed for criminal reasons
B. Serious crime must be prevented by any reasonable means
C. The end does not justify the means
D. The police have a duty to protect law-abiding citizens from violence
E. There is no such thing as a victimless crime

RISPOSTE CORRETTE

1) D	51) C	101) C	151) B	201) A
2) B	52) A	102) D	152) C	202) A
3) C	53) E	103) B	153) A	203) A
4) E	54) B	104) A	154) A	204) D
5) C	55) A	105) B	155) E	205) A
6) A	56) B	106) D	156) E	206) A
7) A	57) D	107) B	157) B	207) A
8) E	58) C	108) A	158) B	208) D
9) B	59) E	109) C	159) D	209) B
10) C	60) D	110) E	160) D	210) E
11) D	61) A	111) A	161) B	211) A
12) D	62) E	112) C	162) D	212) D
13) A	63) E	113) B	163) A	213) D
14) A	64) C	114) D	164) B	214) A
15) E	65) A	115) A	165) D	215) B
16) A	66) E	116) E	166) E	216) E
17) B	67) D	117) D	167) D	217) E
18) C	68) D	118) A	168) C	218) C
19) E	69) E	119) C	169) A	219) B
20) D	70) A	120) B	170) C	220) D
21) A	71) A	121) A	171) E	221) A
22) A	72) C	122) D	172) E	222) A
23) A	73) C	123) C	173) D	223) B
24) A	74) E	124) B	174) D	224) B
25) B	75) A	125) C	175) E	225) A
26) B	76) D	126) D	176) D	226) C
27) B	77) B	127) B	177) B	227) D
28) C	78) C	128) A	178) B	228) C
29) A	79) C	129) E	179) D	229) E
30) E	80) A	130) C	180) E	230) D
31) B	81) A	131) A	181) B	231) B
32) C	82) A	132) D	182) A	232) A
33) B	83) E	133) E	183) C	233) D
34) D	84) B	134) E	184) B	234) C
35) A	85) B	135) E	185) B	235) D
36) B	86) A	136) A	186) C	236) A
37) D	87) B	137) B	187) D	237) D
38) D	88) E	138) C	188) C	238) C
39) D	89) E	139) B	189) C	239) A
40) D	90) B	140) B	190) D	240) D
41) A	91) B	141) C	191) B	241) B
42) C	92) C	142) E	192) D	242) D
43) B	93) A	143) A	193) D	243) B
44) A	94) B	144) C	194) A	244) B
45) C	95) D	145) D	195) D	245) A
46) C	96) D	146) A	196) E	246) A
47) E	97) C	147) E	197) A	247) E
48) C	98) C	148) E	198) A	248) A
49) B	99) D	149) A	199) D	249) A
50) A	100) B	150) C	200) A	250) C

SIMULAZIONI D'ESAME

TEST CISIA

TEST 1

Matematica

1) Calcolare il valore della seguente frazione:

$$\frac{127^2 - 73^2}{2}$$

A. 10800
B. 1458
C. 5400
D. 20000
E. 10000

2) Il polinomio $x^2 + x + 1$ si può scrivere nella forma $(x + b)^2 + c$, dove b e c sono due numeri. Allora c è uguale a:

A. $\frac{1}{4}$
B. $\frac{3}{2}$
C. $\frac{5}{4}$
D. $\frac{3}{4}$
E. $\frac{1}{2}$

3) Per ogni coppia di numeri s e t tali che $s < 0$ e $t > s$, vale:

A. $1 < \frac{s}{t}$
B. $\frac{t}{s} < 1$
C. $ts > s^2$
D. $t^2 > ts$
E. $t^2 > s^2$

4) Quale tra quelli indicati è l'insieme delle soluzioni della disequazione:

$$\frac{1}{x} > \frac{1}{x-1}$$

A. $\{x > -1\}$
B. $\{-1 < x\}$
C. $\{0 < x < 1\}$
D. l'insieme dei numeri reali $\mathbb{R}$
E. l'insieme vuoto

5) La retta di equazione $y = -2x + 3$ passa per il punto di coordinate:

A. (0, –3)
B. (–3, –9)
C. (3, 9)
D. (0, 3)
E. (0, 0)

6) Sia $y = 1 - 4x$ l'equazione di una retta. Quale, tra le seguenti rette, è perpendicolare alla retta data?

A. $y = 1 + 4x$
B. $y = 2 - 0{,}25x$
C. $y = 6 + 0{,}25x$
D. $y = -1 + 4x$
E. Nessuna delle altre risposte è corretta

7) Quale dei numeri proposti approssima meglio $\sqrt{4 \cdot 10^7}$?

A. $6 \cdot 10^3$
B. $8 \cdot 10^3$
C. $6 \cdot 10^4$
D. $2 \cdot 10^4$
E. $2 \cdot 10^3$

8) Il quoziente della seguente divisione 20 : 0,0002 è:

A. $4 \cdot 10^5$
B. $4 \cdot 10^6$
C. 10^6
D. 10^4
E. 10^5

9) A quanti radianti corrispondono 180°?

A. π
B. 2π
C. $\pi/2$
D. $3\pi/2$
E. 3

10) L'espressione goniometrica $\text{sen}^2 \alpha + \cos^2 \alpha$ vale:

A. 0
B. 1
C. –1
D. 2
E. –2

11) Quale, fra i monomi qui sotto elencati, è un minimo comune multiplo dei seguenti monomi:

$3p^2r^4$; $-2q^2r^2$; $5p^2r^2$; $-6q^3r^3$?

A. $30p^2q^2r^2$
B. $p^2q^3r^4$
C. r
D. $30p^2q^3r^4$
E. r^2

12) Ridurre ai minimi termini (semplificare) la frazione seguente algebrica: $(9x^2 - 1)/(12x^2 - 4x)$

A. $(9x - 1)/(x - 3)$
B. $(3x - 1)/4x$
C. $(3x - 1)/(4x - 4)$
D. $(9x - 1)/(12x - 4)$
E. $(3x + 1)/4x$

13) Siano *a*, *b* due numeri diversi da zero e diversi fra loro. L'espressione □^{1} – □^{1} è uguale a:

A. $(□-□)^{-1}□^{1}$
B. $(□-□)□^{1}□^{1}$
C. $(□-□)□^{1}□^{1}$
D. $(□-□)^{-1}$
E. $(□-□)^{-1}□^{1}$

14) Quale dei seguenti valori di x è soluzione dell'equazione $x^2 = 8^6$?

A. 4^3
B. 2^9
C. 2^6
D. 8^4
E. 4^6

15) L'equazione di secondo grado $x^2 + 1 = 0$, nell'insieme dei numeri reali:

A. è sempre verificata
B. è verificata soltanto per $x = -1$
C. non è mai verificata
D. è verificata per $x = 1$ e $x = -1$
E. è verificata soltanto per $x = 1$

16) La somma delle soluzioni dell'equazione $x^2 - 2x = 3$ è:

A. –2
B. –3
C. 1
D. nessuno dei valori indicati nelle altre risposte
E. 3

17) Se vale l'uguaglianza $q^r = 2$, allora si ha:

A. $\log_q 2 = r$
B. $\log_2 r = q$
C. $\log_q r = 2$
D. $\log_r q = 2$

E. $\log_2 q = r$

18) Nell'intervallo [0, 2π] l'equazione $\frac{\cos x}{\sin x} = 1$ ha due soluzioni. Il loro prodotto è:

A. $-\frac{1}{2}$

B. $\frac{5}{16}\pi^2$

C. $\frac{1}{16}\pi^2$

D. 1

E. $\frac{1}{2}$

19) Nell'intervallo [0, 2π] l'equazione $\sin x = \frac{1}{3}$ ha due soluzioni. Indichiamo con *c* la più piccola delle due; allora l'altra è:

A. $\pi + c$

B. $\pi - c$

C. $2\pi - c$

D. $\frac{\pi}{2} - c$

E. $\frac{\pi}{2} + c$

20) Qual è la soluzione della disequazione $(x - 5)(x - 5) > 0$?

A. Tutti i valori di x

B. $-5 < x < 5$

C. $x > 5$

D. Nessuna delle altre alternative è corretta

E. $x \neq 5$

Logica

21) L'affermazione "se uso troppo lo smartphone mi viene l'emicrania" implica che:

A. se non mi viene l'emicrania allora non ho usato troppo lo smartphone

B. se ho l'emicrania vuol dire che ho usato troppo lo smartphone

C. a volte capita che non abbia l'emicrania pur avendo usato troppo lo smartphone

D. o uso troppo lo smartphone o mi viene l'emicrania

E. non ho l'emicrania pur avendo usato troppo lo smartphone

22) "Non esiste favola senza lieto fine". Se la precedente affermazione è FALSA, quale delle seguenti è necessariamente vera?

A. Tutte le favole hanno un lieto fine

B. Tutte le favole sono senza lieto fine

C. Nessuna favola ha un lieto fine

D. Esiste almeno una favola senza lieto fine

E. Tutte le storie con un lieto fine sono favole

23) "Non si può non dimostrare la non estraneità dell'imputato al delitto". La precedente affermazione è equivalente a:

A. l'imputato è certamente da assolvere

B. il delitto è stato compiuto con l'ausilio determinante dell'imputato

C. l'imputato non è estraneo al delitto

D. l'imputato potrebbe non avere a che fare alcunché con il delitto

E. l'imputato è estraneo al delitto

24) In base alle informazioni in suo possesso, il professore ordinario non può non negare che è falso quanto affermato dal suo ricercatore, il quale dichiarò di non conoscere l'autore della scoperta del secolo. Basandosi sulla precedente affermazione, individuare quale delle seguenti alternative è esatta.

A. Il ricercatore conosce l'autore della scoperta del secolo

B. Non è possibile sapere se il ricercatore conosce l'autore della scoperta del secolo
C. Il ricercatore è l'autore della scoperta del secolo
D. Il ricercatore non conosce l'autore della scoperta del secolo
E. Nessuna delle altre alternative è corretta

25) In un certo mese dell'anno per 3 volte il martedì cade in una data pari del mese. In che giorno cade il 19 di quel determinato mese?

A. Giovedì
B. Martedì
C. Mercoledì
D. Venerdì
E. Sabato

26) Matteo deve piastrellare un muro che misura 120 cm × 100 cm. Ciascuna mattonella è un quadrato di lato 20 cm. Matteo ha, pertanto, bisogno di 6 × 5 = 30 mattonelle. Quale tra le seguenti opzioni utilizza lo stesso metodo di calcolo del ragionamento precedente?

A. Una stanza misura 3,5 m × 2,0 m. Il parquet costa 10 € al metro quadro, pertanto rivestire l'intera stanza ha un costo di 70 €
B. Una rampa di scale è alta 3 m. Ogni gradino ha un'altezza di 25 cm, pertanto la scala è fatta di 12 gradini
C. Utilizzando delle tavole quadrate con ciascun lato di 1,5 m, Andrea deve costruire un tavolo che misura 6 m × 3 m, pertanto ha bisogno di 8 tavole
D. Sandra lavora 40 ore a settimana e guadagna 6 € all'ora, quindi in 4 settimane guadagna 960 €
E. Una scatola contenente gomme per cancellare misura 10 cm × 3 cm × 10 cm. Ogni gomma ha forma cubica con un lato di 1 cm, pertanto la scatola contiene 300 gomme

27) Se la lettera N identifica una qualunque cifra numerica (singola), la lettera P identifica una qualunque cifra (singola) pari e la lettera D identifica una qualunque cifra (singola) dispari, allora DPDD è un numero:

A. divisibile per 2
B. dispari di 4 cifre
C. pari di 4 cifre
D. dispari di 3 cifre
E. dispari di 2 cifre

28) In una scuola elementare, frequentata da 245 alunni, sono stati attivati due corsi pomeridiani. Si sa che 196 alunni frequentano il corso di spagnolo, 176 il corso di nuoto, 34 nessuno dei due corsi. Quanti alunni frequentano entrambi i corsi?

A. 211
B. 15
C. I dati sono insufficienti per rispondere al quesito
D. 35
E. 161

29) Se le lancette di un orologio segnano le 2.45 di mercoledì, tra 50 ore e 30 minuti saranno:

A. le 4.15 di venerdì
B. le 1.15 di martedì
C. le 5.15 di lunedì
D. le 17.15 di sabato
E. le 5.15 di venerdì

30) Una squadra di 15 operai edifica un palazzo in 30 giorni. Quanti giorni avrebbe impiegato una squadra di 9 operai?

A. 40
B. 60

C. 45
D. 50
E. 18

Scienze

31) Con quale delle seguenti unità di misura non è possibile misurare un'energia?

A. Erg
B. Kilowattora
C. Joule
D. Caloria
E. Volt

32) 50 grammi di acqua alla temperatura di 20°C vengono versati in un contenitore nel quale sono già presenti altri 200 grammi di acqua, quest'ultima a temperatura di 70°C.
Qual è la temperatura finale di tutta l'acqua al termine del processo di mescolamento? [Si assuma che non vi sia trasferimento di calore tra l'acqua e l'ambiente circostante, compreso il contenitore]

A. 40°C
B. 30°C
C. 50°C
D. 45°C
E. 60°C

33) Un ragazzo scivola a velocità costante lungo uno scivolo del parco giochi. Tenendo conto dell'attrito quale delle seguenti affermazioni è corretta?

A. La risultante delle forze applicate è diretta verso il basso
B. Le forze di attrito compiono un lavoro nullo
C. La risultante delle forze applicate è diretta verso l'alto
D. La forza di attrito è maggiore della risultante delle altre forze agenti
E. La risultante delle forze applicate è nulla

34) La prima legge della termodinamica, quando applicata a trasformazioni di gas ideali, può essere scritta come: aumento dell'energia interna del gas (ΔU) = calore fornito al gas (Q) + lavoro compiuto sul gas (L)
Quale delle seguenti affermazioni è coerente con il tipo di trasformazione data?
1) Trasformazione adiabatica: Condizione $L = 0$
2) Trasformazione adiabatica: Condizione $L = \Delta U$
3) Trasformazione isoterma: Condizione $Q = 0$
4) Trasformazione isoterma: Condizione $Q = \Delta U$

A. Solo 3
B. Solo 1
C. Nessuna
D. Solo 2
E. Solo 4

35) La somma di due vettori aventi lo stesso punto di applicazione è il vettore:

A. avente per modulo la somma dei moduli e direzione parallela a entrambi i vettori
B. dato dalla diagonale del parallelogramma costruito su di essi
C. avente per modulo la somma dei moduli e per direzione quella del vettore di modulo maggiore
D. avente per modulo la somma dei moduli e direzione perpendicolare a entrambi i vettori
E. avente per modulo la differenza dei moduli e per direzione quella del vettore di modulo maggiore

36) Qual è la carica dello ione più stabile dell'elemento che ha configurazione elettronica $1s^2\ 2s^2\ 2p^6\ 3s^2\ 3p^1$?

A. +2
B. –3
C. +5
D. +3
E. –2

37) Quale dei seguenti elementi non si trova combinato in natura?

A. Cu
B. Ba
C. Ca
D. He
E. Al

38) Un atomo ha configurazione elettronica 2, 8, 18, 7.
Quale delle opzioni sottostanti riporta la posizione corretta di questo elemento nella Tavola Periodica (Periodo e Gruppo) e la carica dello ione nel suo composto ionico binario (Carica)?

A. Periodo: 4; Gruppo: 17; Carica: 1-
B. Periodo: 4; Gruppo: 17; Carica: 1+
C. Periodo: 4; Gruppo: 15; Carica: 2-
D. Periodo: 4; Gruppo: 15; Carica: 1-
E. Periodo: 3; Gruppo: 17; Carica: 1-

39) Quale dei seguenti composti è un acido organico?

A. CH_3OH
B. CH_3CHO
C. CH_3COOH
D. CH_3OCH_3
E. H_3COCH_3

40) Quale tra le seguenti è la formula di un composto avente formula minima CH_2O e peso molecolare 180?

A. $C_6H_{12}O_6$
B. $C_2H_4O_2$
C. CH_2O
D. $C_3H_6O_3$
E. $C_8H_4O_8$

Comprensione verbale

In questa prova sono presentate serie di brani, tratti da vari testi. Leggere i brani e rispondere a ogni quesito collegato solo in base alle informazioni contenute.

Il giardino di Mendeleev

(Liberamente tratto da: *Oliver Sacks, "Zio Tungsteno", Adelphi Edizioni*)

Nel 1945 il Museo della Scienza di South Kensington fu riaperto e per la prima volta vidi la gigantesca tavola periodica che vi era esposta. La tavola, che copriva un'intera parete in cima alle scale, era in realtà una vetrina di legno scuro con una novantina di scomparti, ciascuno dei quali portava scritto il nome del proprio elemento, il suo peso atomico e il suo simbolo chimico. In ogni scomparto, poi, c'era un campione dell'elemento stesso. Il cartellino informava: «La classificazione periodica degli elementi secondo Mendeleev».
I primi che vidi furono i metalli, esposti a decine in tutte le forme possibili: barrette, cubi, fili, fogli, dischi, cristalli, masse di forma indefinita. Perlopiù erano grigi o argentei, alcuni avevano sfumature azzurre o rosa. In qualche caso le superfici erano brunite e risplendevano debolmente di giallo; poi c'erano i colori intensi del rame e dell'oro.
Nell'angolo in alto a destra c'erano i non metalli – i cristalli gialli dello zolfo e quelli rossi del selenio; il fosforo, immerso nell'acqua; e il carbonio, sotto forma di minuscoli diamanti e grafite.
C'era poi il boro, una polvere brunastra; e i cristalli di silicio, di una lucentezza nera, intensa, simile alla grafite.

A sinistra c'erano i metalli alcalini e i metalli alcalino-terrosi, tutti, tranne il magnesio, immersi in bagni protettivi di nafta. Fui colpito dal litio, nell'angolo più in alto a sinistra, perché, leggero com'era, galleggiava sulla nafta; e anche dal cesio, più in basso, che formava una pozzanghera luccicante sotto la nafta. Il cesio, questo lo sapevo bene, aveva un bassissimo punto di fusione, e quello era un giorno d'estate molto caldo. Tuttavia, non mi ero del tutto reso conto fino ad allora, che il cesio puro fosse dorato: al principio lanciava solo un bagliore, un lampo d'oro, sembrava emettere un'iridescenza con una lucentezza dorata; ma poi, osservato da un'angolazione diversa, appariva di un color oro puro, e sembrava un mare d'oro, o del mercurio dorato. C'erano poi altri elementi che fino ad allora erano stati per me solo dei nomi e adesso per la prima volta li vedevo in tutta la loro diversità e la loro realtà. In quella mia prima, sensuale panoramica, percepii la tavola come un sontuoso banchetto, un enorme desco apparecchiato con un'ottantina di portate diverse.

A quell'epoca avevo ormai acquisito familiarità con le proprietà di molti elementi e sapevo che essi formavano un certo numero di famiglie naturali, come quella dei metalli alcalini, dei metalli alcalino-terrosi e degli alogeni. Queste famiglie (che Mendeleev chiamò «gruppi») formavano le colonne verticali della tavola, con i metalli alcalini e quelli alcalino-terrosi a sinistra, gli alogeni e i gas inerti a destra, e tutto il resto collocato in quattro gruppi intermedi situati nel mezzo. Questi gruppi intermedi erano «gruppi» in un modo un po' meno chiaro - nel Gruppo VI, per esempio, vedevo lo zolfo, il selenio e il tellurio. Sapevo bene che questi tre elementi erano molto simili – ma che ci faceva in mezzo a loro l'ossigeno, proprio in testa al gruppo? Doveva esserci un principio più profondo – e infatti c'era. Era stampato in cima alla tavola, ma nella mia impazienza di osservare gli elementi, non gli avevo prestato attenzione alcuna.

Il principio più profondo, vidi poi, era la valenza. Il termine *valenza* non esisteva nei miei libri, Mendeleev fu uno dei primi ad avvalersene e a usarlo come fondamento per la classificazione, offrendo così qualcosa che non era mai stato chiaro prima: una base razionale per spiegare la tendenza degli elementi a formare famiglie naturali e ad avere profonde analogie chimiche e fisiche gli uni con gli altri. Mendeleev ora riconosceva otto di tali gruppi di elementi in termini di valenza.

Gli elementi del Gruppo I, ossia i metalli alcalini, avevano valenza 1: un atomo di questi elementi si combinava con un atomo di idrogeno per formare composti come LiH, NaH, KH, e così via.

(Oppure con un atomo di cloro, per formare composti come LiCl, NaCl o KCl). Gli elementi del Gruppo II, i metalli alcalino-terrosi, avevano valenza 2, e quindi formavano composti come $CaCl_2$, $SrCl_2$, $BaCl_2$, e così via. Gli elementi del Gruppo VIII avevano valenza massima 8.

Tuttavia, mentre classificava gli elementi in base alla valenza, Mendeleev era affascinato anche dal loro peso atomico, dal fatto che esso fosse unico e specifico per ciascun elemento. E se cominciò a elencare mentalmente gli elementi in base alla valenza, lo fece anche in termini di peso atomico. E ora, come per magia, i due criteri confluirono. Infatti, se disponeva gli elementi, in modo molto semplice, in ordine di peso atomico, costruendo quelli che chiamò «periodi» orizzontali, egli poteva constatare il ricorrere delle stesse proprietà e delle stesse valenze a intervalli regolari.

41) Quanti gruppi in termini di valenza individua Mendeleev?

A. Cinque gruppi
B. Tre gruppi
C. Otto gruppi
D. Quattro gruppi
E. Un gruppo

42) Mendeleev utilizzò anche il peso atomico per classificare gli elementi, in quanto:

A. è correlato alla valenza di un elemento
B. determina quali composti si possono formare con l'idrogeno
C. determina quali composti si possono formare con l'ossigeno
D. è unico e specifico per ciascun elemento
E. individua lo stato fisico di un elemento

43) Mendeleev si avvalse del concetto di "valenza":

A. per interpretare lo stato fisico degli elementi
B. per spiegare come il calcio e il bario formassero i composti CaCl e BaCl
C. per spiegare come gli elementi del gruppo VIII si combinassero con l'idrogeno
D. per sistemare il tellurio nel gruppo II
E. per spiegare le analogie chimiche e fisiche degli elementi

44) Nella classificazione degli elementi proposta da Mendeleev il peso atomico e la valenza:

A. non permettono di identificare in modo univoco i Gruppi e i Periodi
B. permettono di prevedere lo stato fisico nel quale si trova ogni elemento
C. sono due proprietà che devono essere utilizzate in alternativa per la costruzione della tavola periodica
D. non permettono di evidenziare il ricorrere ad intervalli regolari di proprietà chimicofisiche
E. sono due proprietà che devono essere utilizzate congiuntamente per la costruzione della tavola periodica

45) A proposito dei metalli alcalini e alcalino terrosi, l'autore osserva che:

A. il cesio aveva colore uguale a quello del mercurio
B. il litio aveva una densità maggiore di quella della nafta
C. la temperatura dell'ambiente era prossima al punto di fusione del cesio
D. il magnesio non doveva essere esposto all'aria
E. il cesio era opaco

Il punto sulle cellule staminali

(Modificato da: *Luciano Conti e Elena Cattaneo, "Il punto sulle staminali", Le Scienze,* ottobre 2011)

Nell'uomo, come in tutte le forme di vita multicellulari, la rigenerazione dei tessuti è un processo fisiologico di rinnovamento cellulare necessario per la sopravvivenza dell'organismo. Per tessuti come il sangue e l'epidermide si tratta di un ricambio quotidiano con cellule giovani che sostituiscono quelle vecchie. In altri tessuti, come il tessuto nervoso e il muscolo cardiaco, questo ricambio è assai più ridotto. Alla base di questi processi rigenerativi ci sono popolazioni di cellule di riserva localizzate nei diversi tessuti, tanto più abbondanti quanto maggiore è la capacità e la necessità rigenerativa di quel tessuto. Si tratta delle cellule staminali, cellule immature in grado di moltiplicarsi ripetutamente generando cellule identiche a se stesse. Oltre a replicarsi, le cellule staminali hanno anche la capacità di differenziarsi (specializzarsi) nelle diverse tipologie

cellulari mature dei tessuti e degli organi in cui si trovano.
Normalmente lo sviluppo dei mammiferi procede a senso unico, con cellule prima immature che successivamente si differenziano divenendo meno versatili. Le primissime fasi dello sviluppo sono caratterizzate dalla comparsa di cellule speciali, le cellule staminali embrionali (cellule ES), presenti esclusivamente nella blastocisti, uno stadio precoce dello sviluppo embrionale dei mammiferi.
Nell'uomo le cellule ES, circa un centinaio per blastocisti, possono essere isolate da blastocisti generate con le tecniche di fecondazione *in vitro* e, nei paesi dove la legge lo permette, donate alla ricerca perché in sovrannumero o difettose. In questi casi, si preleva dalla blastocisti la massa cellulare interna che viene messa in coltura. Dopo alcuni giorni, le cellule ES cominceranno a proliferare generando una linea di cellule identiche tra loro, capaci di dividersi in modo illimitato pur conservando un elevato potenziale differenziativo. Queste cellule, infatti, possono dare origine a tutti i tipi cellulari differenziati - circa 220 - dell'organismo umano adulto, ma anche generare le cellule staminali adulte che permangono nei diversi tessuti dell'organismo. Per questa ragione, le cellule ES sono definite pluripotenti. Le cellule ES presentano segni particolari unici: nucleo di grandi dimensioni, citoplasma ridotto e soprattutto la presenza di proteine specifiche, come i fattori di trascrizione Oct4 e Nanog e molte altre, che ne definiscono e istruiscono la pluripotenza. La straordinarietà delle cellule ES è tutta nella loro incredibile e molteplice capacità differenziativa.
Possono essere infatti convertite in cellule della pelle, dei vasi sanguigni, dell'osso, del muscolo, del cuore, del pancreas e del fegato.
Secondo la classificazione proposta da Giulio Bizzozero, medico e istologo dell'Ottocento, accettata fino agli anni '50 del Novecento, i tessuti umani possono essere suddivisi in labili, stabili e perenni.
In base a questa classificazione, il sangue è un tessuto labile, in quanto è dotato di un'estrema capacità rigenerativa, assicurata da una consistente riserva di "cellule staminali professioniste" presenti nel midollo osseo (cellule ematopoietiche). Ogni giorno queste cellule sono capaci di produrre 2,5 miliardi di eritrociti, 2,5 miliardi di piastrine e 1 miliardo di leucociti per chilogrammo di peso corporeo in modo da sostituire le cellule "usurate".
Un altro tessuto labile ricco di cellule staminali è l'epidermide, che ogni minuto perde, e quindi rigenera, 30.000 cellule del suo strato più superficiale. Una posizione intermedia hanno i tessuti stabili, o potenzialmente rinnovabili, le cui cellule esprimono una capacità rigenerativa solo in seguito a lesione. Ne è un esempio il fegato, un organo prevalentemente ghiandolare la cui attività rigenerativa è nota da moltissimo tempo. All'estremo opposto troviamo il tessuto nervoso, tessuto considerato perenne per eccellenza che, a fronte dei circa 100 miliardi di neuroni presenti nel cervello umano adulto, subisce una perdita di circa 85.000 neuroni sottocorticali al giorno, che non sono più sostituiti. In realtà già nel 1965, Joseph Altman e Gopal Das avevano descritto la formazione di nuovi neuroni nell'ippocampo adulto, l'area cerebrale deputata alla memoria e all'apprendimento, sollevando la possibilità che alcune aree circoscritte del cervello maturo possano rigenerare, sebbene in modo parziale. Questa scoperta non fu riconosciuta dalla comunità scientifica fino agli inizi degli anni '90

quando gli esperimenti di Samuel Weiss e Brent Reynolds confermarono che anche il cervello adulto possiede una riserva di elementi staminali, le cellule staminali neurali. Si tratta di un numero esiguo di cellule scarsamente attive, che sostengono la produzione di un numero limitato di nuovi neuroni ogni giorno e solo in due aree specifiche del cervello: l'ippocampo e la zona sottoventricolare dei ventricoli laterali.
Nel 2006, Shinya Yamanaka e collaboratori, in Giappone, hanno riprogrammato cellule adulte facendole ritornare ad uno stadio pluripotente simile a quello delle cellule ES. Queste nuove cellule staminali sono state denominate con l'acronimo iPS (da *induced pluripotent stem cell*, cellule staminali pluripotenti indotte). Questo risultato è stato ottenuto grazie all'espressione, in fibroblasti adulti, di soli quattro geni codificanti per i fattori di trascrizione associati allo stadio di pluripotenza (*oct4*, *sox2*, *klf4* e *c-myc*). Soprattutto, queste cellule sembrano mantenere molte caratteristiche delle staminali embrionali vere, inclusa la potenzialità differenziativa, anche se sembra ormai chiaro che le cellule iPS non sono proprio identiche alle cellule ES.
La prova che il DNA delle cellule specializzate mantiene la straordinaria capacità di parlare alfabeti diversi (e più giovani), se sollecitato con segnali appropriati, stravolge molti dogmi della biologia.
Oggi non c'è scienziato al mondo che non consideri la scoperta della riprogrammazione cellulare come una tra le più rivoluzionarie degli ultimi decenni.

46) Secondo il brano presentato, le cellule staminali adulte:

A. possono dare origine a tutti i tipi cellulari specializzati dell'organismo
B. danno origine solo ai tipi cellulari del tessuto cui appartengono
C. danno origine a un nuovo individuo
D. possono dividersi una sola volta prima di andare incontro al differenziamento
E. danno sempre origine ad un solo tipo di cellula specializzata

47) Secondo il brano proposto, la classificazione di Bizzozero dei tessuti in labili, stabili e perenni:

A. è stata messa in discussione dalla scoperta che il tessuto nervoso contiene elementi staminali
B. prevedeva la presenza di elementi deputati al rinnovamento cellulare in tutti i tessuti
C. è stata messa in discussione dalla scoperta che il fegato è costituito da cellule che si moltiplicano attivamente in seguito alle lesioni
D. è sempre valida
E. è stata messa in discussione dalla scoperta che il tessuto nervoso perde ogni giorno migliaia di neuroni

48) Secondo il brano presentato, cellule staminali pluripotenti possono avere origine in tutti i seguenti modi, tranne uno. Quale?

A. Dalla divisione delle cellule differenziate
B. Da cellule staminali pluripotenti preesistenti
C. Dalle cellule ES pluripotenti
D. Dalla divisione delle iPS pluripotenti
E. Dalla riprogrammazione delle cellule differenziate

49) L'espressione in fibroblasti adulti di 4 geni codificanti fattori di trascrizione che ne inducono la conversione:

A. permette di riportare le cellule alla potenzialità dello zigote

B. impedisce alle cellule di autorinnovarsi
C. permette di riprogrammare cellule mature in cellule pluripotenti
D. permette di riprogrammare cellule mature in cellule ES
E. non modifica la potenzialità differenziativa delle cellule

50) Le cellule staminali neurali:

A. danno origine a circa 1 miliardo di neuroni al giorno
B. sono in numero esiguo e poco attive
C. sono equamente distribuite in tutte le aree cerebrali
D. sono pluripotenti
E. si trovano solo nell'ippocampo

RISPOSTE CORRETTE

1) C	11) D	21) A	31) E	41) C
2) D	12) E	22) D	32) E	42) D
3) B	13) C	23) C	33) E	43) E
4) C	14) B	24) D	34) D	44) E
5) D	15) C	25) D	35) B	45) C
6) C	16) D	26) C	36) D	46) B
7) A	17) A	27) B	37) D	47) A
8) E	18) B	28) E	38) A	48) A
9) A	19) B	29) E	39) C	49) C
10) B	20) E	30) D	40) A	50) B

TEST 2

Matematica

1) L'equazione con valore assoluto $|x| = 1$ ammette:

A. una soluzione, $x = 1$
B. nessuna soluzione
C. tre soluzioni, $x = -1$, $x = 0$ e $x = 1$
D. una soluzione, $x = -1$
E. due soluzioni, $x = -1$ e $x = 1$

2) Una funzione a valori reali, definita sull'insieme dei numeri reali, si dice pari se per ogni numero reale x si ha $f(-x) = f(x)$.
Quale delle seguenti funzioni non è pari?

A. $\sin(x^2)$
B. $\cos\left(x+\frac{\pi}{2}\right)$
C. $\cos(x+2\pi)$
D. $1 + \cos x$
E. $(\sin x)^2$

3) Per quale dei seguenti valori di a le rette di equazioni $2x + ay = 7$, $ax + 3y = 4$ NON si intersecano?

A. 6
B. 3
C. 2
D. $\sqrt{6}$
E. $\sqrt{7}$

4) L'area del triangolo *ABC* in figura vale:

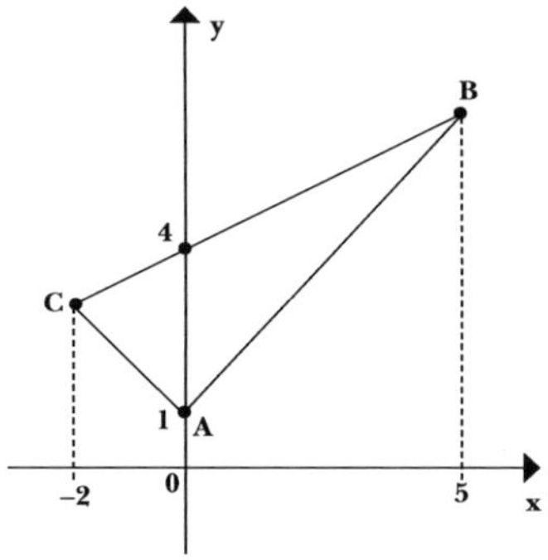

A. 9
B. 14
C. $\frac{21}{2}$
D. $\frac{15}{2}$
E. $\frac{9}{2}$

5) Sia $f(x)$ una funzione definita su un insieme E e a valori reali. Si dice che la funzione f è *limitata inferiormente* se è vero che *esiste un numero M tale che, per ogni* $x \in E$, si ha $f(x) > M$.

Pertanto, affermare che la funzione *non* è limitata inferiormente equivale a dire che:

A. per ogni numero M esiste $x \in E$ tale che $f(x) < M$
B. per ogni numero M e per ogni $x \in E$, si ha $f(x) > M$
C. esiste un numero M tale che, per ogni $x \in E$, si ha $f(x) < M$

D. esiste un numero M ed esiste $x \in E$ tale che $f(x) < M$
E. nessuna delle altre opzioni è vera

6) Un test è costituito da 20 quesiti, ognuno dei quali ha 5 opzioni di risposta. In quanti modi diversi si può rispondere all'intero test, assegnando esattamente una risposta a ciascun quesito?

A. $20 \cdot 5$
B. 20^5
C. 5^{20}
D. Nessuna delle altre risposte è corretta
E. $20 \cdot 19 \cdot 18 \cdot 17 \cdot 16$

7) Il volume del solido che si ottiene ruotando il triangolo di vertici (1,0), (3,0) e (0,2) di un giro completo attorno all'asse y è:

A. $\frac{8}{3}\pi$
B. 6π
C. 4π
D. $\frac{16}{3}\pi$
E. 2π

8) Il numero $\log_8 4$ è uguale a:

A. $\sqrt{2}$
B. $\frac{2}{3}$
C. $\sqrt[3]{2}$
D. $\frac{3}{2}$
E. $\frac{1}{2}$

9) Quale tra quelli indicati è l'insieme delle soluzioni della disequazione: $|3x + 1|<1$

A. $\left\{x<-\frac{2}{3}\right\} \cup \left\{x>\frac{2}{3}\right\}$
B. $\left\{x>-\frac{2}{3}\right\}$
C. $\left\{0<x<\frac{2}{3}\right\}$
D. $\left\{-\frac{2}{3}<x<0\right\}$
E. $\left\{-\frac{2}{3}<x<\frac{2}{3}\right\}$

10) Per ogni numero reale positivo x si ha che:

A. $x^2 > x$
B. $\frac{1}{x} > \frac{1}{\sqrt{x}}$
C. $\frac{1}{x} > \frac{1}{x^2}$
D. nessuna delle altre opzioni è vera
E. $x > \sqrt{x}$

11) I fogli di carta di formato A1, A2, ecc. hanno tutti lo stesso rapporto fra i due lati, e ogni foglio ha come lato maggiore il lato minore del precedente. Così il lato corto del foglio A1 è uguale al lato lungo del foglio A2, e così via, come illustrato nella figura. Quante volte entra il foglio A7 nel foglio A1?

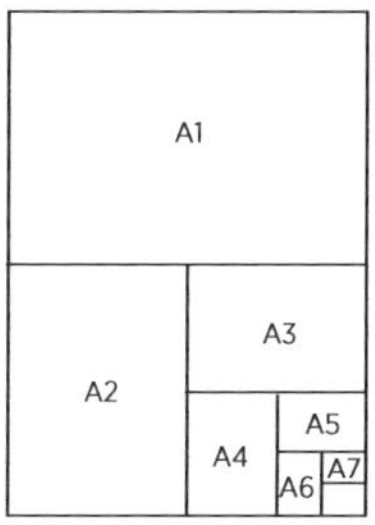

A. 128
B. 32
C. 64
D. 63
E. 48

12) La disequazione $(x + 2)(x + 3) < 0$ è verificata per:

A. $x < -3$
B. $-3 < x < -2$
C. $x < -3$; $x > -2$
D. $x < 2$
E. $x > 3$

13) Ho un rettangolo T e lo modifico diminuendo un lato del 10% e l'altro lato del 20%. Ottengo così un nuovo rettangolo T'. Il rapporto fra l'area di T' e l'area di T:

A. è $\frac{18}{25}$
B. è $\frac{\sqrt{2}}{2}$
C. dipende dal rapporto fra i lati del rettangolo
D. dipende dall'area del rettangolo
E. è $\frac{70}{100}$

14) È data la funzione $f(x) = x^2 - 4$. Per quale dei seguenti valori di t si ha $f(t + 3) = 0$?

A. 2
B. 0
C. –5
D. –3
E. 4

15) Sappiamo che tre numeri positivi T, l, g sono legati dalla relazione:

$$T = 2\pi\sqrt{\frac{l}{g}}$$

Quale delle espressioni seguenti è uguale a g, se $T = \frac{2\pi}{\omega}$?

A. $\omega^2 l$
B. $\frac{l}{\omega}$
C. $\frac{l}{\omega^2}$
D. $\frac{\omega}{l}$
E. ωl

16) Indicare il minore tra i seguenti numeri: 0,22; 25/100; $21 \cdot 10^{-2}$; 1/5; 1/4.

A. 0,22
B. $21 \cdot 10^{-2}$
C. 1/4
D. 25/100
E. 1/5

17) Nella figura si vedono quattro triangoli isosceli uguali. Se la distanza fra i punti A e C è 1, allora il quadrato della distanza fra i punti A e B è:

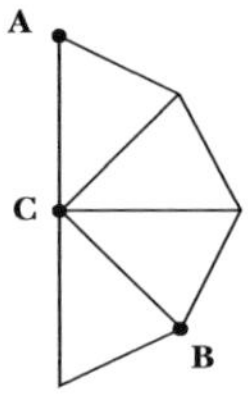

A. 1,5
B. $1+\sqrt{2}$
C. 2
D. 3
E. $2+\sqrt{2}$

18) In una scatola si trovano nove palline, su ciascuna delle quali è scritta una delle cifre tra 1 e 9. Si estrae a caso una pallina dalla scatola e si legge il numero, poi si rimette la pallina nella scatola. Si fa una nuova estrazione casuale e si legge il numero.

Qual è la probabilità che il prodotto dei numeri letti sulle due palline estratte sia dispari?

A. 56/81
B. 1/3
C. 1/4
D. 3/4
E. 25/81

19) Il sistema di equazioni $\begin{cases} \dfrac{x}{1+y}=1 \\ 2^{x-1}=4^{y} \end{cases}$

ha una sola soluzione $\left(\bar{x},\bar{y}\right)$**. Il prodotto** $\bar{x}\cdot\bar{y}$ **vale:**

A. 0
B. 4
C. 1
D. 2
E. 3

20) Enrico ha 3 sorelle e 5 fratelli. Sua sorella Sabina ha "S" sorelle e "F" fratelli. Quanto vale il prodotto S per F?

A. 12
B. 8
C. 15
D. 10
E. 18

Logica

21) "Tutti i cuochi sono grassi". "Tutti i cuochi sono buongustai". "Alcuni camerieri sono grassi". Dalle precedenti affermazioni si deduce che:

A. i camerieri sono buongustai
B. tutti i buongustai sono grassi
C. tra le persone grasse vi sono sia cuochi sia camerieri
D. tutti i buongustai sono cuochi
E. tutti i cuochi sono stati camerieri

22) L'affermazione "quando dormo molto mi riposo" è equivalente all'affermazione:

A. per me è necessario ma non sufficiente dormire molto per riposarmi
B. a volte capita che non mi riposi pur avendo dormito molto
C. se non sono riposato allora non ho dormito molto
D. se sono riposato vuol dire che ho dormito molto
E. dormo molto o mi riposo

23) Gabriele, Luciano e Michele hanno sostenuto un esame all'università.
Gabriele dice: *Solo due di noi hanno superato l'esame*
Michele dice: *Se Luciano ha passato l'esame, allora l'ho passato anch'io*
Se le due affermazioni precedenti sono vere, possiamo dedurre che:

A. Gabriele non ha passato l'esame
B. Gabriele ha passato l'esame
C. Luciano ha passato l'esame
D. Michele ha passato l'esame
E. Michele non ha passato l'esame

24) "Se la giornalista non avesse trovato il messaggio, non avrebbe potuto evitare che la notizia si diffondesse". In base alla precedente affermazione, quale delle seguenti è certamente vera?

A. Avendo trovato il messaggio, la giornalista ha potuto evitare che la notizia si diffondesse
B. È possibile che la notizia non si sarebbe diffusa se la giornalista non avesse trovato il messaggio
C. Essendosi diffusa la notizia, allora la giornalista non ha trovato il messaggio
D. Anche se non avesse trovato il messaggio è possibile che la giornalista avrebbe comunque evitato che la notizia si diffondesse
E. Il messaggio obbligava la giornalista a non diffondere la notizia

25) Si consideri la seguente affermazione: "Nessun gatto ha 3 zampe". Dire che tale affermazione è FALSA equivale ad affermare che:

A. tutti i gatti hanno 4 zampe
B. almeno un gatto ha 3 zampe

C. tutti i gatti hanno un numero di zampe diverso da 3
D. tutti i gatti hanno 3 zampe
E. almeno un gatto ha un numero di zampe diverso da 3

26) Per un viaggio in pullman sono previsti *n* partecipanti, a ciascuno dei quali è richiesta una quota di *q* euro. All'ultimo minuto, 2 persone non possono partire e allora la quota che ciascuno deve pagare aumenta di 7 euro. Il costo complessivo del viaggio si può descrivere con una delle seguenti espressioni. Quale?

A. $(n-2)(q+7)$
B. $n(q+7)-2$
C. $(n-2)q+7$
D. $nq-2(q+7)$
E. $nq+7(n-2)$

27) Un'enciclopedia è composta di 8 volumi, ognuno di 600 pagine. Se i volumi sono disposti normalmente affiancati in una libreria, quante pagine ci sono contando tutte le pagine nell'intervallo fra la prima pagina del secondo volume e l'ultima pagina del quarto volume?

A. 2.400
B. 1.200
C. 0
D. 1.800
E. 600

28) Ascanio deve raggiungere i colleghi che si trovano a un meeting in una località inglese. Giunto all'aeroporto di Londra decide di prendere una macchina a noleggio. La benzina in Inghilterra costa 3 sterline al gallone. Si sa che Londra e la località da raggiungere distano 240 miglia, che ogni gallone equivale a circa 3,75 litri di benzina, che una sterlina vale 1,25 euro e che la macchina consuma 1 litro di benzina ogni 20 km. Sapendo che un chilometro equivale a 0,60 miglia, quale sarà la spesa (in euro) per la benzina sostenuta da Ascanio per raggiungere i colleghi da Londra e per tornare all'aeroporto?

A. 20 euro
B. 40 euro
C. 32 euro
D. 36 euro
E. 44 euro

29) La mamma di Giulia ha 30 anni, ossia la metà degli anni di suo padre Paolo (nonno di Giulia), che ha il triplo degli anni di sua nipote Sandra, la quale ha 7 anni in più del fratello Giacomo, il quale ha 9 anni in più di Giulia. Quanti anni ha quest'ultima?

A. 7
B. 4
C. 6
D. 5
E. 3

30) Mario manda sua figlia Paola al supermercato per acquistare alcuni prodotti. Paola spende € 9,50. Quando Mario controlla la spesa, nota che la figlia ha acquistato due prodotti uguali due volte. In realtà, lui le aveva chiesto di acquistarne uno per tipo. I prezzi dei prodotti erano i seguenti:
Aceto € 1,60
Pane € 1,10
Latte € 0,90
Olio € 2,60
Sapone € 1,00
Acqua € 0,60
Quali prodotti sono stati acquistati due volte?

A. Aceto e latte
B. Aceto e pane
C. Latte e sapone
D. Pane e acqua
E. Sapone e acqua

Scienze

31) Una tavola di legno, di volume totale pari a 20 dm^3, immersa in acqua (densità 10 kg^3/m^3) emerge per il 20%. Che forza verticale dobbiamo applicare alla tavola per immergerla completamente? Si assuma che g = 10 m/s^2.

A. 40 N
B. 20 kgp
C. 20 N
D. Non è possibile rispondere non conoscendo la densità del legno
E. 4 N

32) Qual è la velocità di un camion che percorre un tragitto di 153 km in 1h 30′?

A. 102 km/h
B. 100 km/h
C. 95 km/h
D. 114 km/h
E. 107 km/h

33) Per ottenere la risultante di due forze aventi lo stesso punto di applicazione cosa si deve fare?

A. È sufficiente applicare il Teorema di Pitagora
B. Occorre orientarle nella stessa direzione
C. Nessuna delle altre risposte è corretta
D. Comporle vettorialmente
E. Sommare i loro moduli

34) La velocità raggiunta dopo un tempo *t* in un moto accelerato, con accelerazione costante *a* e velocità iniziale nulla:

A. rimane nulla
B. è uguale a $2at$
C. è inversamente proporzionale al tempo
D. è uguale a $\frac{1}{2}at^2$
E. è direttamente proporzionale al tempo

35) Due resistori sono posti in parallelo in un circuito alimentato da un generatore che eroga una differenza di potenziale V_0. Indicare QUALE di queste affermazioni è certamente SBAGLIATA.

A. Il rapporto tra le correnti nei due resistori è $I_1/I_2 = R_1/R_2$
B. La corrente nei resistori è proporzionale alla differenza di potenziale erogata dal generatore
C. Il rapporto tra le correnti nei due resistori è $I_1/I_2 = R_2/R_1$
D. La corrente è maggiore nel resistore che presenta resistenza minore
E. La differenza di potenziale è la stessa ai capi dei due resistori

36) Quale delle seguenti molecole biatomiche NON si può formare?

A. CO
B. F_2
C. CaO
D. HS
E. HCl

37) Il massimo numero di ossidazione del fosforo è:

A. 5
B. 4
C. 2
D. –2
E. 3

38) Nella seguente reazione: 2 NaCl + $Br_2 \rightarrow Cl_2$ + 2 NaBr:

A. il bromo e il cloro si ossidano e il sodio si riduce
B. il cloro si riduce e il sodio si ossida

C. il cloro si ossida e il bromo si riduce
D. non si hanno ossidazioni né riduzioni
E. il cloro si riduce e il bromo si ossida

39) Quanto pesa una mole di ferro (numero di massa 56, numero atomico 26)?

A. 82 g
B. 56 mg
C. 56 g
D. 56 kg
E. 26 g

40) La temperatura di fusione dell'acqua è la temperatura alla quale:

A. l'acqua liquida congela
B. l'acqua liquida evapora
C. il ghiaccio si trasforma in gas
D. il vapor acqueo liquefà
E. coesistono i tre stati liquido, solido e aeriforme

Comprensione verbale

In questa prova sono presentate serie di brani, tratti da vari testi. Leggere i brani e rispondere a ogni quesito collegato solo in base alle informazioni contenute.

Il cervello umano

Anche se computer e microscopi ci permettono oggi di raccogliere informazioni fino a poco tempo fa considerate irraggiungibili, le conoscenze acquisite corrispondono tuttavia a meno dell'1% di tutto quello che dovremmo sapere. Proprio quando i test in uso sembrano dimostrare che la mente funziona in un determinato modo, si scopre un nuovo test che prova esattamente il contrario o si trova un soggetto il cui cervello funziona in modo completamente diverso.
Grazie alle nostre ricerche ci siamo resi conto che la mente è infinitamente più complessa di quello che avevamo precedentemente supposto, e che un individuo con una mente "normale" ha potenzialità e capacità maggiori di quello che pensavamo.
Alcuni esempi chiariranno il concetto. La maggior parte delle discipline scientifiche, anche se riguardanti campi diversi, ruota attorno allo studio della mente. I chimici hanno un particolare interesse per le complesse strutture chimiche che esistono e interagiscono nelle nostre menti; i biologi sono sempre in lotta con le funzioni biologiche del cervello; i fisici trovano paralleli con le loro ricerche sulle estreme possibilità dello spazio; gli psicologi stanno tentando di comprendere la mente in modo completo e trovano l'esperienza frustrante come se tentassero di mettere un dito su una piccola goccia di mercurio; i matematici, che hanno elaborato modelli per i più sofisticati computer e per l'universo intero, ancora non hanno trovato una formula per le operazioni che hanno luogo nelle nostre menti, regolarmente, giorno dopo giorno.
Quello che siamo riusciti a scoprire in questi ultimi dieci anni è che il nostro cervello è diviso in due parti, ciascuna delle quali svolge attività molto diverse; i modelli potenziali del cervello sono risultati inoltre molto più estesi di quanto si pensasse alla fine degli anni Sessanta e abbiamo anche capito che il cervello ha bisogno di tipi di alimenti molto differenti, se lo si vuole mantenere in vita.
Nei laboratori della California, fra la fine degli anni Sessanta e l'inizio degli anni Settanta, furono avviate delle ricerche che avrebbero cambiato la storia della nostra comprensione del cervello umano; quelle stesse ricerche avrebbero condotto Roger Sperry, del California Institute of Technology, al premio Nobel e avrebbero recato a Robert Ornstein

fama mondiale per il suo lavoro sulle onde del cervello e sulla specializzazione delle funzioni.
Furono proprio Sperry e Ornstein a scoprire che le due parti del cervello, o i nostri due cervelli, collegati da un sistema straordinariamente complesso di fibre nervose chiamato Corpus Callosum, hanno a che fare con tipi diversi di attività mentale.

(Archivio Selexi)

41) La tesi di fondo sostenuta dall'autore del brano è che:

A. il funzionamento del cervello umano è ancora avvolto da molti misteri
B. esistono test in grado di chiarire in modo inequivocabile il funzionamento del cervello
C. la scienza riuscirà a risolvere ogni dubbio sul funzionamento del cervello
D. il cervello ha una struttura più semplice di quanto non si pensasse nella prima metà del secolo scorso
E. il funzionamento del cervello, per quanto molto complesso, è identico in tutti gli individui

42) Nel brano si afferma che:

A. Sperry e Ornstein confutarono che le due parti del cervello sono collegate dal Corpus Callosum
B. nella seconda metà del XIX secolo, nei laboratori californiani, si effettuarono ricerche sull'attività cerebrale dell'uomo
C. Roger Sperry ebbe grande fama per le sue scoperte sulle onde del cervello
D. i matematici non sono ancora stati in grado di rappresentare le operazioni che hanno luogo nella mente umana
E. Robert Ornstein vinse il premio Nobel

43) Dal brano si ricava che le due parti del cervello umano:

A. dipendono dall'ampiezza del Corpus Callosum
B. svolgono attività diverse
C. si mantengono vitali grazie a pochi tipi di alimenti
D. risultano molto più estese di quanto si pensasse tre decenni fa
E. producono onde identiche

44) In quale periodo è stato scritto il brano?

A. Non vi è alcun riferimento univoco per poterlo dedurre
B. Nel 1969
C. Prima del 1970
D. Negli anni Sessanta
E. Dopo il 1970

45) Dal brano si deduce che:

A. i fisiologi hanno scarso interesse a studiare il funzionamento del cervello
B. fino al 1960 il funzionamento del cervello umano era totalmente sconosciuto
C. gli psicologi fanno esperimenti con il mercurio
D. lo studio della mente è il perno di molte discipline scientifiche
E. il cervello utilizza lo zucchero come fonte di energia

Le comunicazioni pubblicitarie di farmaci

In Italia la materia della pubblicità dei farmaci è regolata dal decreto legislativo n. 541 del 30 dicembre 1992 (attuazione della Direttiva 92/28/CEE). Il decreto definisce la pubblicità in questo campo come "qualsiasi azione di informazione, di ricerca della clientela o di esortazione, intesa a promuovere la prescrizione, la fornitura, la vendita o il consumo di medicinali" (art. 1 comma 1), descrive dettagliatamente i requisiti necessari per ogni messaggio pubblicitario che abbia per oggetto farmaci e vieta qualsiasi forma di pubblicità al pubblico di farmaci che necessitano di prescrizione. Sono esclusi dal provvedimento gli operatori sanitari autorizzati a prescrivere o a dispensare un certo medicinale (medici e farmacisti) ai quali, appunto, le case farmaceutiche possono indirizzare messaggi pubblicitari (art. 7 comma 1). È in ragione di questo assetto legislativo che, mentre dalla stampa e dalla tv sono banditi messaggi promozionali relativi agli psicofarmaci (e agli altri farmaci che necessitano di prescrizione), essi abbondano nelle riviste cosiddette "specialistiche" o "scientifiche", anche italiane, quelle che non si trovano abitualmente in commercio ma che necessitano di un abbonamento integrale, di un ordine di acquisto direttamente all'editore per singoli numeri, o che più semplicemente possono essere consultate nelle biblioteche scientifiche presso ospedali e poli universitari. Nel decreto non si fa menzione delle comunicazioni pubblicitarie elettroniche e la materia resta sostanzialmente priva di regolamentazione: il risultato è che la pubblicistica "medica", già fenomeno di massa negli altri media, sfugge in internet a qualsiasi possibilità di porre distinzioni nette nello spettro di declinazioni tra informazione scientifica e pubblicità dichiarata. Il caso delle farmacie elettroniche è solo il più eclatante. Mentre il vecchio continente è sostanzialmente allineato a queste direttive, le cose negli Stati Uniti vanno diversamente e la pubblicità di farmaci prescrivibili, già autorizzata negli anni passati, ha recentemente conosciuto un'ulteriore accelerazione grazie a nuove e più permissive disposizioni della FDA in relazione al contenuto informativo degli spot pubblicitari.

(Da: Adamo e Benzoni, "Psychofarmers", Isbn Edizioni)

46) In Italia le case farmaceutiche possono indirizzare messaggi pubblicitari:

A. solo attraverso internet
B. a stampa e televisione
C. a chiunque
D. a operatori sanitari autorizzati a prescrivere o dispensare medicinali
E. alla clientela che consuma medicinali

47) Le riviste scientifiche:

A. arrivano in abbonamento solo a ospedali e poli universitari
B. sono l'unico canale promozionale per i medici negli Stati Uniti
C. si possono consultare solo nelle biblioteche scientifiche
D. sono l'unico canale promozionale degli psicofarmaci in Italia
E. hanno maggiore libertà di pubblicizzare farmaci in Europa piuttosto che in Italia

48) Secondo la legge italiana la pubblicità di medicinali può essere definita anche come:

A. pubblicistica "medica"
B. messaggio diretto a medici e farmacisti
C. esortazione che promuova la prescrizione e l'uso
D. informazione specialistica
E. informazione scientifica

49) Le farmacie elettroniche sono un fenomeno:

A. legato alla mancanza di regolamentazione della pubblicità elettronica di farmaci
B. solamente statunitense e non europeo
C. connesso al commercio di riviste "mediche" o "scientifiche"
D. esclusivamente italiano e non statunitense

E. sorto in Italia successivamente al 1992

50) Le comunicazioni pubblicitarie di farmaci che circolano attraverso internet:

A. rappresentano un escamotage attivato in Europa al fine di aggirare le limitazioni imposte dalla Direttiva 92/28/CEE
B. hanno recentemente subito un'accelerazione
C. non permettono di distinguere tra informazione scientifica e pubblicità dichiarata
D. vengono inviate a cura delle case farmaceutiche
E. sono vietate in Italia, ma non negli Stati Uniti.

RISPOSTE CORRETTE

1) E	11) C	21) C	31) A	41) A
2) B	12) B	22) C	32) A	42) D
3) D	13) A	23) D	33) D	43) B
4) C	14) C	24) A	34) E	44) E
5) A	15) A	25) B	35) A	45) D
6) C	16) E	26) A	36) D	46) D
7) D	17) E	27) E	37) A	47) D
8) B	18) E	28) B	38) C	48) C
9) D	19) A	29) B	39) C	49) A
10) D	20) A	30) D	40) A	50) C

TEST 3

Matematica

1) Quale dei seguenti numeri è più vicino al $\log_2 15$?

A. 2
B. 15
C. 5
D. 8
E. 4

2) Quali sono i valori di x nell'intervallo $[-\pi; \pi]$ che verificano la seguente equazione trigonometrica: sen$x + 1/2 > 0$?

A. $-\frac{\pi}{2} < x < \frac{\pi}{3}$
B. $-\frac{\pi}{6} < x < \frac{7}{6}\pi$
C. $-\frac{\pi}{3} < x < \frac{\pi}{3}$
D. $-\frac{\pi}{8} < x < \frac{\pi}{3}$
E. $-\frac{\pi}{4} < x < \frac{\pi}{4}$

3) Se sen$(x) = 2/3$ e $90° < x < 180°$, allora sen$(2x)$ vale:

A. $-1/9$
B. $4/3$
C. $-4\sqrt{5}/9$
D. $-2\sqrt{5}/3$
E. $-2\sqrt{5}/9$

4) La semiretta AB è tangente alla circonferenza di raggio r nel punto B e il segmento AO misura $2r$. L'angolo OAB vale:

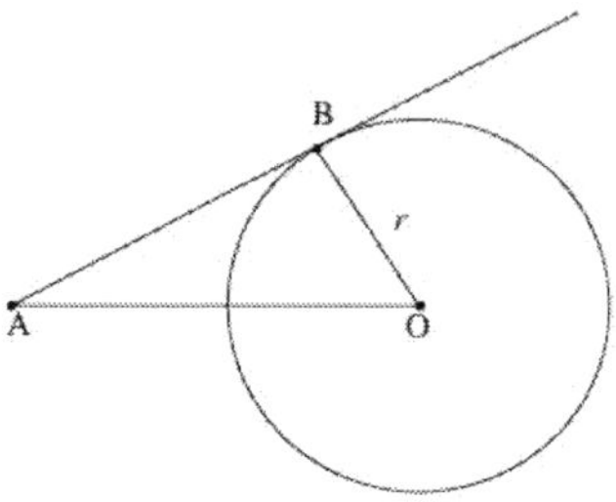

A. 27°
B. 30°
C. 36°
D. 45°
E. 60°

5) Sono date le funzioni:

$$g(x) = x^2, \quad f(x) = \begin{cases} 0 & \text{se } x < 1 \\ x - 1 & \text{se } x \geq 1 \end{cases}$$

Si sa che il grafico della funzione composta $h(x) = f(g(x))$ è uno dei seguenti. Quale?

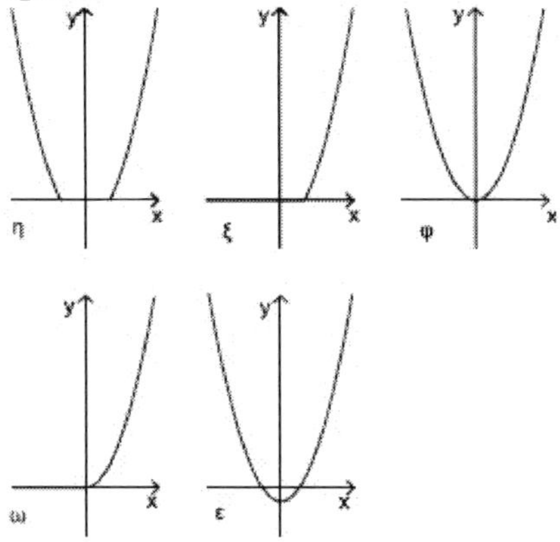

A. φ
B. η

C. ω
D. ε
E. ξ

6) Quanto vale l'espressione 1/2 – 1/3 – 1/4?

A. 1/6
B. –1/12
C. 1/12
D. –1/62
E. –1/6

7) L'espressione $5 \times 10^0 + 5 \times 10^1 + 2 \times 10^2 + 3 \times 10^3$ vale:

A. 5523
B. 4250
C. 3255
D. 3200
E. 3250

8) Per quali numeri risulta divisibile 1250?

A. è divisibile solo per 2, per 5 e per 10
B. nessuno
C. è divisibile solo per 2 e per 5
D. nessuna delle risposte indicate è corretta
E. solo per 10

9) Quale delle seguenti espressioni è uguale a 6^5?

A. $9 \times 3^4 \times 2^4$
B. $18 \times 3^3 \times 2^4$
C. $12 \times 3^3 \times 2^4$
D. $12 \times 3^4 \times 2^4$
E. $6 \times 3^3 \times 2^5$

10) L'espressione $(3a^2)^3 + (9b)^2$ equivale a:

A. $9a^6 + 18b^2$
B. $27a^5 + 81b^3$
C. $3a^6 + 9b^2$
D. $9a^5 + 18b^3$
E. $27a^6 + 81b^2$

11) Il grado del monomio $-xy$ è:

A. –1
B. 2
C. 1
D. –2
E. 3

12) Due rette che giacciono nello stesso piano:

A. individuano due piani perpendicolari
B. si incontrano formando sempre un angolo retto
C. possono essere parallele
D. sono parallele
E. non si incontrano mai

13) Un triangolo rettangolo ha un cateto lungo 4 e area 8. Il quadrato dell'ipotenusa è pari a:

A. 8
B. 32
C. 17
D. 20
E. 22

14) Se una sfera e un cubo hanno uguale volume, la superficie della sfera è:

A. doppia di quella del cubo
B. i dati forniti non sono sufficienti per rispondere
C. uguale a quella del cubo
D. minore di quella del cubo
E. maggiore di quella del cubo

15) Se a è il numero reale tale che $\left(\sqrt{2}-1\right)a = \sqrt{5}$ allora:

A. $\left(\sqrt{5}-1\right)a = 1$
B. $\left(\sqrt{10}-\sqrt{2}\right)a = 10$
C. $\left(\sqrt{5}+\sqrt{2}\right)a = 5$
D. $\left(\sqrt{10}-\sqrt{5}\right)a = 5$

E. $\left(\sqrt{5}+\sqrt{2}\right)a=10$

16) L'ellisse è definita come il luogo geometrico dei punti del piano per i quali:

A. è costante la somma dei quadrati delle distanze da due punti fissi
B. è costante la differenza tra le distanze tra due punti fissi
C. è costante la somma delle distanze da due punti fissi
D. è uguale la distanza da un punto fisso e da una retta
E. è uguale la distanza da due punti fissi

17) Il luogo dei punti equidistanti da due punti assegnati *A* e *B* è:

A. una retta perpendicolare al segmento $\overline{AB}$ e passante per A
B. una retta perpendicolare al segmento $\overline{AB}$ e passante per B
C. la circonferenza di centro A e passante per B
D. l'asse del segmento $\overline{AB}$
E. una retta parallela al segmento $\overline{AB}$

18) La somma $2{,}1 \times 10^4 + 3{,}5 \times 10^3$ dà come risultato:

A. $2{,}45 \times 10^7$
B. $5{,}6 \times 10^4$
C. $5{,}6 \times 10^7$
D. $24{,}5 \times 10^3$
E. $5{,}6 \times 10^{12}$

19) Quale delle seguenti disuguaglianze è vera?

A. $10/3 < 3{,}6 < 11/3$
B. $9/2 < 3{,}6 < 11/2$
C. $8/3 < 3{,}6 < 10/3$
D. $7/3 < 3{,}6 < 8/3$
E. $5/2 < 3{,}6 < 7/2$

20) Qual è il vertice della parabola $y = x^2$?

A. (0, 0)
B. (1, 2)
C. (0, 2)
D. (2, 1)
E. (2, 2)

Logica

21) La seguente proposizione è VERA: Nessuna stella della nostra galassia è una nana azzurra
Sulla base di quanto affermato si stabiliscono le seguenti proposizioni:
(a) Almeno una stella della nostra galassia è una nana azzurra
(b) Qualsiasi stella della nostra galassia è una nana bianca
(c) Se una stella appartiene alla nostra galassia, allora non è una nana azzurra
(d) Ogni stella della nostra galassia non è una nana azzurra
Quale delle proposizioni (a), (b), (c) e (d) è VERA oppure FALSA?

A. (a) è falsa, (b) è vera, (c) è falsa, (d) è falsa
B. (a) è vera, (b) è falsa, (c) è vera, (d) è falsa
C. (a) è falsa, (b) è vera, (c) è vera, (d) è vera
D. (a) è falsa, (b) è falsa, (c) è vera, (d) è vera
E. (a) è vera, (b) è falsa, (c) è falsa, (d) è vera

22) "Se piove non usciamo di casa". Se la precedente affermazione è vera, quale delle seguenti è necessariamente vera?

A. Non usciamo di casa solo quando piove
B. Se non usciamo di casa allora piove
C. Se non piove usciamo di casa
D. Se usciamo di casa allora non piove
E. Se e solo se piove usciamo di casa

23) "Chi beve molto cura il proprio fisico; tutti coloro che fanno sport curano il proprio fisico; chi beve molto ha una bella pelle". Se le precedenti affermazioni sono vere, allora è certamente vero che:

A. chi cura il proprio fisico beve molto
B. chi cura il proprio fisico ha una bella pelle
C. chi fa sport potrebbe avere una bella pelle
D. nessuna persona che beve molto fa anche sport
E. chi fa sport beve molto

24) "Se e solo se la via alpinistica viene chiodata con materiale testato, gli scalatori raggiungeranno la vetta in sicurezza". In base alla precedente affermazione, è necessariamente vero che:

A. perché una persona raggiunga la vetta in sicurezza, occorre chiodare la via alpinistica con materiale testato
B. senza chiodare la via alpinistica con materiale testato, gli scalatori non raggiungeranno la vetta in sicurezza
C. condizione sufficiente, ma non necessaria, perché gli scalatori raggiungano la vetta in sicurezza è che la via alpinistica venga chiodata con materiale testato
D. condizione necessaria, ma non sufficiente, perché gli scalatori raggiungano la vetta in sicurezza è che la via alpinistica venga chiodata con materiale testato
E. anche se la via alpinistica viene chiodata con materiale testato, gli scalatori potrebbero non raggiungere la vetta in sicurezza

25) "È sbagliato non ammettere che la bravura degli attori non è bastata per impedire l'insuccesso della manifestazione". Basandosi sulla precedente affermazione, quale delle seguenti alternative è vera?

A. Grazie alla bravura degli attori la manifestazione ha avuto successo
B. La manifestazione non ha avuto successo nonostante la bravura degli attori
C. Non è giusto attribuire alla bravura degli attori il successo della manifestazione
D. Bisogna ammettere che gli attori non sono stati bravi
E. L'incapacità degli attori ha contribuito all'insuccesso della manifestazione

26) Grazia ha tre sorelle: Sofia, Martina e Nadia e due fratelli: Dario e Valerio. Si sa che: I) Dario è il maggiore di tutti; II) Valerio è più grande di Martina e Nadia (non necessariamente in quest'ordine) ma più piccolo di Grazia e Sofia (non necessariamente in quest'ordine). In base alle informazioni precedenti è FALSO affermare che:

A. Sofia è più grande di Nadia
B. Sofia è più grande di Martina
C. Grazia è più grande di Martina
D. Grazia è più grande di Nadia ma più piccola di Valerio
E. Martina è più piccola di Sofia

27) Durante un brindisi tra sei amici, ognuno incrocia il proprio calice una sola volta con tutti gli altri. Quanti tintinnii si ascoltano?

A. 30
B. 18
C. 36
D. 15
E. 100

28) Se le lancette di un orologio segnano le 15.45 di martedì, tra 40 ore e 15 minuti saranno le:

A. 3.00 di giovedì
B. 19.00 di mercoledì
C. 3.00 di venerdì
D. 17.00 di mercoledì
E. 8.00 di giovedì

29) Su quale riga dev'essere collocato Z affinché la sua intersezione con X e Y dia il risultato indicato?

Z	1/2	+	?	–	1	?	1/4	=	0

X		Y
1/2	A	–
0	B	:
5/4	C	+
3/4	D	–
3/2	E	×
2	F	:
1	G	×

A. A o E
B. D
C. D o E
D. F
E. B o C

30) Prima del 15 febbraio 1971 in Inghilterra il sistema monetario aveva queste equivalenze:
- la sterlina era suddivisa in 20 scellini
- ogni scellino era composto da 12 pence
- esisteva poi la mezza corona, che valeva due scellini e sei pence. In altre parole, una sterlina equivaleva a 8 mezze corone.
Quanto valevano 2 sterline?

A. 20 scellini e 120 pence
B. 20 scellini e 24 mezze corone
C. 60 scellini
D. 20 scellini, 120 pence e 4 mezze corone
E. 8 mezze corone e 120 pence

Scienze

31) Il conducente di un'automobile gira il volante applicando due forze opposte, ognuna di modulo 12 N, con le sue mani. Le mani sono poste sul volante in modo speculare e il raggio esterno del volante è di 15 cm.
Qual è il momento torcente totale che viene prodotto da questa coppia di forze?

A. 1,80 Nm
B. 0,90 Nm
C. 3,60 Nm
D. 7,20 Nm
E. 18 Nm

32) Se la temperatura di un gas perfetto passa da 15 °C a 30 °C, il prodotto pressione per volume (PV):

A. diventa 2 volte più grande
B. diventa pari a zero
C. si riduce del 15%
D. aumenta, ma non raddoppia
E. si dimezza

33) Si consideri un condensatore di capacità 5 μF collegato ad una pila da 1,5 V. Qual è la carica depositata su ciascuna delle armature del condensatore?

A. $3{,}33 \cdot 10^{-6}$ C
B. $7{,}5 \cdot 10^{-6}$ C
C. $4 \cdot 10^{-6}$ C
D. $1{,}2 \cdot 10^{-6}$ C
E. $4{,}8 \cdot 10^{-6}$ C

34) Nello spazio presente tra le due facce parallele di un condensatore piano a facce parallele è presente dell'aria. Il condensatore è connesso ad un generatore da 100 V a corrente continua. In seguito, un foglio di materiale dielettrico viene inserito tra le due facce parallele del condensatore. I valori di quali gran-

dezze cambiano quando il dielettrico viene inserito tra le due facce parallele?

A. Solo la differenza di potenziale tra le facce parallele del condensatore
B. Sia la capacità del condensatore che la carica sulle due facce parallele del condensatore
C. Sia la capacità del condensatore che la differenza di potenziale tra le facce parallele del condensatore
D. Solo la capacità del condensatore
E. La capacità del condensatore, la differenza di potenziale tra le facce parallele del condensatore e la carica sulle due facce del condensatore

35) Sono dati 2 blocchetti A e B di materiali diversi. Se si fornisce ad entrambi la stessa quantità di calore si osserva che la temperatura di A sale meno di quella di B. Quale delle seguenti affermazioni è sicuramente corretta?

A. Il materiale che costituisce A ha un calore specifico maggiore di quello che costituisce B
B. La capacità termica di A è maggiore di quella di B
C. La capacità termica di A è minore di quella di B
D. La situazione descritta non può mai verificarsi
E. Il materiale che costituisce A ha un calore specifico minore di quello che costituisce B

36) Gli elementi chimici di cui sono principalmente costituiti gli organismi viventi sono:

A. carbonio - ossigeno - fosforo
B. carbonio - idrogeno - azoto
C. carbonio - ossigeno - azoto
D. idrogeno - ossigeno – azoto
E. carbonio - idrogeno - ossigeno

37) Gli amminoacidi "non essenziali" sono quegli amminoacidi:

A. che fanno parte di proteine non essenziali
B. di cui è meglio evitare la somministrazione con la dieta
C. che danno origine ai corpi chetonici
D. di cui l'organismo può fare a meno
E. che l'organismo è capace di sintetizzare

38) Quale fra le seguenti è la formula dell'alcool etilico?

A. CH_3-CH_2-CH_2-OH
B. CH_2-OH-CH_2-OH
C. CH_3-CH_2-CH_2-CH_2-OH
D. CH_3-CH_2-OH
E. CH_3-OH

39) Il pH di una soluzione di NaOH 10^{-7} M sarà:

A. tra 6,5 e 7,0
B. tra 8,0 e 8,5
C. tra 7 e 7,5
D. tra 5,5 e 6,0
E. tra 9,0 e 9,5

40) Considerando pari a K il valore della costante del seguente equilibrio chimico: $N_2(g) + 3H_2(g) \rightleftarrows 2NH_3(g)$ quale sarà il suo valore, a temperatura costante, se la concentrazione molare di H_2 raddoppia?

A. K
B. K/4
C. K^2
D. K/8
E. 2K

Comprensione verbale

In questa prova sono presentate serie di brani, tratti da vari testi. Leggere i brani e rispondere a ogni quesito col-

legato solo in base alle informazioni contenute.

L'architetto nella società industriale

Abbiamo ancora presente alla memoria quell'unità dell'ambiente e dello spirito che vigeva ai tempi del cavallo e del landò. Sentiamo che la nostra epoca l'ha perduta, che la morbosità del nostro caotico ambiente attuale, la sua bruttezza spesso pietosa e il suo disordine sono nati dalla nostra incapacità a porre le fondamentali esigenze umane al di sopra di quelle industriali ed economiche. Sopraffatti dai miracolosi poteri della macchina, i desideri umani hanno naturalmente interferito col ciclo biologico della socialità umana, che è la salute stessa della comunità. Ai più bassi livelli sociali, l'essere umano è stato degradato, perché è stato usato come un utensile produttivo.

È questa la causa reale della lotta tra capitale e lavoro e del deteriorarsi delle relazioni comunitarie. Dobbiamo oggi fronteggiare il difficile compito di riequilibrare la vita della comunità e di rendere umano l'impulso della macchina. Comincia ad essere chiaro ai nostri occhi che le componenti sociali hanno un peso maggiore di tutti i relativi problemi tecnici, economici ed estetici. La chiave per ricostruire con successo il nostro ambiente – che è il grande compito dell'architetto – sarà la nostra determinazione a fare dell'elemento umano il fattore predominante. Tuttavia, malgrado lo sforzo di alcuni pochi tra noi, è evidente che non abbiamo ancora trovato il vincolo spirituale che ci unisca nello sforzo concertato di stabilire un denominatore culturale stabile almeno quanto basti a sopire i nostri timori e ad assurgere a un livello espressivo comune. Gli artisti tra noi devono essere ormai impazienti di giungere a questa sintesi, che renderebbe unitario quanto ancor oggi è infelicemente disintegrato e sconnesso.

Non può negarsi che l'arte e l'architettura erano divenute fini a se stesse, sul puro piano estetico, perché avevano perduto il contatto con la comunità e col popolo durante la rivoluzione industriale. Gli ornamenti esterni di un edificio erano disegnati principalmente per emulare e superare quelli dell'edificio vicino, anziché per evolversi come tipo ed essere continuativamente ed unitariamente usati entro un'organica struttura comunitaria. Il rilievo dato alla diversità anziché alla ricerca di un denominatore comune, ha caratterizzato l'ultima generazione di architetti, che paventavano l'influenza antiumana della macchina. La teoria dell'architettura moderna riconosce la priorità delle esigenze sociali e umane e accetta la macchina come il moderno vincolo formale per soddisfare appunto queste esigenze.

Se ci guardiamo indietro scopriamo nel passato un fatto curioso: veniva realizzata una combinazione di ambedue gli elementi, un denominatore comune di espressione formale e di verità individuale. Il desiderio di produrre una forma tipica soddisfacente sembra essere una funzione della società, e ciò è stato vero assai prima dell'impulso dato dall'industrializzazione.

Il termine "standard" in quanto tale non ha nulla a che vedere con i mezzi di produzione – l'utensile manuale o la macchina. Le nostre future case non saranno necessariamente uguali, irreggimentate, a causa della standardizzazione e della prefabbricazione: la naturale concorrenza sul libero mercato s'incaricherà di assicurare la varietà differenziata delle parti componenti gli edifici, allo stesso modo in cui oggi rinveniamo sul mercato una ricca varietà di tipi di oggetti fatti a macchina, di uso quotidiano. Gli uomini non hanno esitato ad accettare forme standard, forme "tipo", largamente riprodotte, nei periodi anteriori alla civiltà industriale. Queste forme unitarie derivavano dai loro mezzi di produzione e dalla loro maniera di vivere. Rappresentavano una combinazione dei migliori contributi che molti individui avevano portato alla soluzione di un problema. Le forme architettoniche tipo del passato esprimono un felice connubio di tecnica e di fantasia, anzi una completa fusione di ambedue. Dovrebbe essere resuscitato quello spirito – ma niente affatto le sue determinate forme espressive – col nostro nuovo mezzo di produzione, la macchina.

41) Il carattere caotico del nostro ambiente deriva:

A. da un'infausta contingenza economica e industriale
B. da un malinteso senso della monumentalità
C. dalla prevalenza di istanze economiche e industriali su quelle umane
D. dalla lotta fra capitale e lavoro
E. dal contrasto fra l'ambiente ed il ciclo biologico della socialità umana

42) Il difetto dell'architettura consiste:

A. nell'arretratezza tecnologica
B. nella passiva imitazione degli ornamenti del passato
C. nell'eccessiva standardizzazione
D. nella ricerca della diversità ad ogni costo
E. nella mancanza di funzionalità

43) Per combattere il degrado dell'ambiente occorre:

A. accettare la macchina come vincolo formale
B. condividere un riferimento culturale comune
C. riaffermare l'autonomia degli artisti
D. lasciare libertà ai singoli
E. migliorare una educazione puramente artistica

44) La standardizzazione:

A. ha caratterizzato l'ultima generazione di architetti
B. nasce dall'omologazione culturale
C. rappresenta un ritorno al passato
D. sottende fedeltà alla tradizione artigianale
E. non esclude soluzioni differenziate

45) La ricerca di forme tipiche:

A. deriva dal processo di accettazione sociale
B. è la soluzione del problema
C. esprime una costante esigenza della società
D. è caratteristica solo dell'età moderna
E. dimostra la prevalenza della fantasia

L'unità politica e culturale

Tra questa varia opera pratica e culturale, e dei singoli non meno dello stato, si veniva svolgendo un processo di somma importanza, sebbene non avvertito, la formazione di una comune vita italiana, cioè il superamento delle vite regionali, chiuse ciascuna nel suo circolo e, tra loro, se non ostili, estranee e indifferenti. Si suol dire che l'Italia già esisteva prima che pervenisse a unità statale; e, certo, esistevano una lingua e letteratura italiana, talune comuni sebbene remote e in parte immaginarie origini storiche, e, assai recenti, alcune aspirazioni politiche simili o analoghe, che cercavano di appoggiarsi le une alle altre e prender forza dall'unione. Ma una vita sociale e culturale comune non è veramente effettiva senza la base dell'unità statale, con comuni interessi politici, comuni fortune e sfortune, con la collaborazione delle varie parti agli stessi fini; la quale unità statale non ha interesse ad ostacolare, ma anzi a promuovere la comunione in tutto il rimanente.

Non è meraviglia che il processo unitario italiano facesse udire, al suo principio, qualche stridore di contrasti; e meraviglioso è piuttosto che quello stridore fosse così lieve e così presto svanisse, contro le attese e le speranze, all'interno, di coloro che avevano di mal grado subito l'unità e tenevano impossibile che i piemontesi e napoletani e toscani e siciliani se ne sarebbero stati in pace e in accordo, e di parecchi stranieri, che, innamorati della pittoresca varietà delle popolazioni italiane, e inferendo da essa radicali e insuperabili differenze, facevano non diverso prognostico. Quegli stessi piccoli contrasti vennero segnatamente da uomini che, per aver trascorso una parte dei loro anni migliori nei vecchi stati italiani, erano ricordevoli del passato, delicati nell'amor proprio regionale, corrivi a veder dappertutto offese di legittimi interessi e di cari e rispettabili sentimenti, e a giudicare superflui e dannosi, e fatti per cervellotica smania di uniformità, i mutamenti di leggi e di istituti; ma si dileguarono con quegli uomini o col rasserenarsi dei loro animi.

Pure, anche quando il malessere economico del Mezzogiorno proruppe, non prese forma di rivolta o protesta regionale, ma di disfavore a un partito governante e di favore a un altro, che prometteva miglior governo e grandi benefici a tutti gli italiani; e le cattive condizioni di quelle provincie furono svelate e proposte alla discussione prima da italiani di altre parti d'Italia che da quelli del Mezzogiorno, e questi stessi trovarono ascolto e consenso più nella grande vita italiana che nelle loro particolari regioni.

Il vero è che gli uffici esercitati dalle medesime persone nelle più varie parti d'Italia, gli agevoli e frequenti viaggi, l'amministrazione, il parlamento, la capitale, il commercio e i viaggiatori di commercio, i giornali, la letteratura rendevano di giorno in giorno più familiari gli affetti, le costumanze, la psicologia, le favelle di tutte le parti d'Italia a tutte le parti; e il servizio militare, come si è detto, non regionale, produceva simili effetti tra i popolani e i contadini. Riprese a fiorire la letteratura dialettale d'arte, che è, per l'appunto, un moto centripeto e non, come talvolta stortamente fu interpretato, centrifugo; e le commedie piemontesi del Bersezio, e quelle veneziane del Gallina e del Selvatico, e quelle milanesi del Ferravilla, e altre di altri dialetti, fecero ridere o lagrimare tutti i pubblici d'Italia, e le canzoni del Di Giacomo e degli altri canzonettisti napoletani furono cantate dappertutto, e i versi romaneschi del Belli e del Passarella dappertutto ripetuti e citati come motti e proverbi. La quale più stretta conoscenza reciproca non diminuì ma accrebbe le virtù e le attitudini di ciascuno, e la Toscana fu maestra di temperanza e di garbo, la Lombardia di operosità industriale e commerciale, l'Italia meridionale di un modo più robusto e filosofico d'intendere i problemi della teoria e della pratica, e via discorrendo.

Non si disciolsero gli antichi centri di cultura, perché la capitale politica non era in grado di attirare a sé la vita spirituale della nazione, né tutta né nella sua maggiore e miglior parte: Milano (per la quale sorse allora la denominazione di "capitale morale" d'Italia), Torino, Bologna, Firenze, Napoli e le altre grandi città mantennero un loro proprio ufficio variamente specificato, che è di gran vantaggio per la più ricca vita culturale della nazione e che la troppo accentrata Francia soffre di non possedere; ma il loro chiuso carattere regionale venne grandemente scemando. Chi nacque ancora in tempo da vedere quelle città tra il vecchio e il nuovo, e conobbe quella generazione che era stata già suddita del re di Sardegna, del reale imperiale governo, del granduca di Toscana, del Papa e dei Borboni delle Due Sicilie, e godé gli ultimi strascichi di certe costumanze popolari, e ammirò la magnificenza dei palagi signorili e lo sfoggio dei cavalli e dei cocchi, e ricevette le parole dei vecchi dotti e letterati e magistrati e militari, i loro giudizi e i loro racconti, che recavano ancora le aure dei tempi napoleonici e delle restaurazioni e del ventuno, e perfino talvolta le più lontane e quasi leggendarie del '99, sente la dolcezza e insieme la malinconia del ricordo, ma prova nient'altro che quello che sempre si prova allo spettacolo dei tramonti, e, fuori di questa nostalgia del sentimento, deve giudicare che al passato che tramontava succedeva un presente più civile, più intelligente, più serio, e che al perduto fascino della vecchia Torino e della vecchia Napoli era buon compenso il largo respiro della vita italiana. Più attuali, e assai dolci, erano le conoscenze che si legavano con uomini di tutte le parti d'Italia, e nelle argute conversazioni il reciproco comunicarsi di notizie, e di quel che faceva il Carducci a Bologna, il Boito e il Giacosa a Milano, e il De Sanctis e il Morelli a Napoli, e il Verga in Sicilia, e simili, e di quel che si preparava dagli uni e dagli altri, e i disegni di opere comuni.

46) L'unità politica:

A. ebbe solo un carattere dinastico-militare
B. rispecchiò gli interessi delle classi meno abbienti
C. fu preceduta da manifestazioni di unità sul piano culturale
D. trovò la società impreparata
E. ebbe il suo centro nel Regno delle due Sicilie

47) Il centralismo:

A. fu analogo a quello francese
B. non fu sostenuto dai ceti borghesi
C. non eliminò le funzioni dei centri regionali
D. inasprì la pressione fiscale
E. fece sparire le culture locali

48) Le difficoltà di ordine economico sofferte dal Mezzogiorno italiano:

A. furono l'effetto di speculazioni finanziarie
B. produssero una reazione diretta contro un certo fronte politico
C. generarono reazioni violente fra la popolazione
D. penalizzarono soprattutto il proletariato industriale
E. si esaurirono rapidamente

49) Il processo di unificazione:

A. fu accompagnato da sentimenti nostalgici
B. non ebbe risvolti di carattere religioso
C. si giovò di un compatto appoggio internazionale
D. fu contrastato da un'ampia base sociale
E. nacque da interessi particolari

50) Le letterature regionali:

A. non subirono nessuna influenza
B. restarono un fenomeno chiuso
C. dettero voce a forme di opposizione
D. praticamente scomparvero
E. trovarono un pubblico più vasto

RISPOSTE CORRETTE

1) E	11) B	21) D	31) C	41) C
2) B	12) C	22) D	32) D	42) D
3) C	13) B	23) C	33) B	43) B
4) B	14) D	24) B	34) B	44) E
5) B	15) D	25) B	35) B	45) C
6) B	16) C	26) D	36) E	46) C
7) C	17) D	27) D	37) E	47) C
8) D	18) D	28) E	38) D	48) B
9) B	19) A	29) B	39) C	49) A
10) E	20) A	30) D	40) A	50) E

TEST 4

Matematica

1) $(1 \times 10^0) + (2 \times 10^1) + (5 \times 10^3) =$

A. 732
B. 5021
C. 5020
D. 125
E. 521

2) L'espressione $x^2 + y^2 - 2xy - 1$ si può scrivere nella forma:

A. $(x - y)^2 - 1$
B. $(x + y + 1)(-x - y - 1)$
C. $(x \cdot y - x)(y \cdot x + x) - 1$
D. $(x + y + 1)(x - y - 1)$
E. $(x + y)(x - y) - 1$

3) Il sistema $ax + by = c$; $a_1x + b_1y = c_1$ ha un'unica soluzione soltanto se:

A. $ab_1 - a_1b = 0$
B. $ac_1 - a_1c = 0$
C. $ac_1 - a_1c$ diverso da 0
D. nessuna delle altre risposte è corretta
E. $ab_1 - a_1b$ diverso da 0

4) Si consideri la disequazione frazionaria $\dfrac{2}{x-1} > -\dfrac{x}{x-1} - 1$. La soluzione è:

A. $x > 1$
B. $-\dfrac{1}{2} < x < 1$
C. $x < -\dfrac{1}{2}$
D. $x < -\dfrac{1}{2} \cup x > 1$
E. $x > \dfrac{1}{2} > 1$

5) Nella relazione $1/p + 1/q = 1/r$ si ponga $p = 3$ e $q = 5$. Risulta $r =$

A. 8/15
B. 8
C. 15
D. 15/8
E. 23

6) Quale dei seguenti numeri differisce dagli altri?

A. $\log_4 64$
B. $\log_e e^3$
C. $\log_2 8$
D. $\log_5 125$
E. $\log_3 16$

7) L'equazione $\log(1 + x^2) = x - 1 - x^2$ non può avere soluzioni. Quale, tra le seguenti, ne è la motivazione?

A. Il secondo membro non si annulla mai
B. Né il primo membro né il secondo si annullano
C. Una funzione logaritmica non può avere intersezioni con una parabola
D. Il primo membro è sempre positivo o nullo mentre il secondo membro è sempre negativo
E. La funzione logaritmica è sempre positiva

8) L'espressione $\sqrt{3} + \sqrt[3]{3}$ vale:

A. $\sqrt[5]{3^6}$
B. $\sqrt[6]{3}$
C. quesito senza soluzione univoca o corretta
D. $\sqrt[6]{3^2}$

E. $\sqrt{9}+\sqrt[6]{9}$

9) La funzione $f(x) = \log_{10}\left(1+\frac{1}{x}\right)$ è minore di zero per:

A. $x<-1,\ x>0$
B. $-1 < x < 0$
C. $x<-1$
D. x appartenente a R
E. $x<0$

10) Il campo di esistenza della funzione $f(x)=\frac{1}{\sqrt{x(x-1)}}$ è:

A. $0 < x < 1$
B. $x > 2$
C. tutto R
D. $x \leq 0,\ x \geq 1$
E. $x < 0,\ x > 1$

11) Nel piano cartesiano i due punti di coordinate (0, 0) e (3, 4) hanno distanza:

A. 5
B. 7
C. 12
D. 0
E. 1

12) Se la retta $y = ax + b$ passa per i punti di coordinate (1, 0) e (0, –1), quale condizione è vera?

A. $a > 0;\ b > 0$
B. $a < 0;\ b > 0$
C. $a > 0;\ b < 0$
D. $a < 0;\ b < 0$
E. Nessuna delle altre risposte è corretta

13) La parabola di equazione $y = x^2 - 1$ ha per vertice il punto:

A. (0, 2)
B. (0, –1)
C. (1, 0)
D. (1, 1)
E. (0, 0)

14) La rappresentazione grafica della funzione $y = (-2x + 10)^2$:

A. è una parabola con la concavità rivolta verso l'alto e che è tangente all'asse x
B. è una parabola che non taglia né è tangente all'asse x
C. è una circonferenza di centro: $x=5;\ y=0$
D. è una parabola con la concavità rivolta verso il basso e che è tangente all'asse x
E. è una retta con pendenza negativa

15) Lo spigolo di un cubo ha lunghezza 10 mm. Il volume del cubo, in m^3, ha misura:

A. 10^{-6}
B. 10
C. 10^{-15}
D. 10^{-3}
E. 100

16) Un esaedro regolare ha:

A. 6 facce e 8 spigoli
B. 12 spigoli e 12 vertici
C. 6 spigoli e 6 facce
D. 6 facce e 8 vertici
E. 6 vertici e 8 facce

17) Si consideri la funzione $y = \text{sen}\ x$ (x esprime l'ampiezza dell'angolo in radianti). I valori della funzione sen1, sen2, sen3 e sen4, disposti in ordine crescente, risultano:

A. sen3, sen4, sen2, sen1
B. sen1, sen2, sen3, sen4
C. sen2, sen1, sen4, sen3
D. sen4, sen3, sen1, sen2
E. sen4, sen3, sen2, sen1

18) Determinare il più grande tra i seguenti numeri:

A. sen(50°)
B. cos(60°)
C. sen(30°)

D. $\cos(40°)$
E. $\cos(20°)$

19) In figura è rappresentato il grafico di una delle seguenti funzioni. Quale?

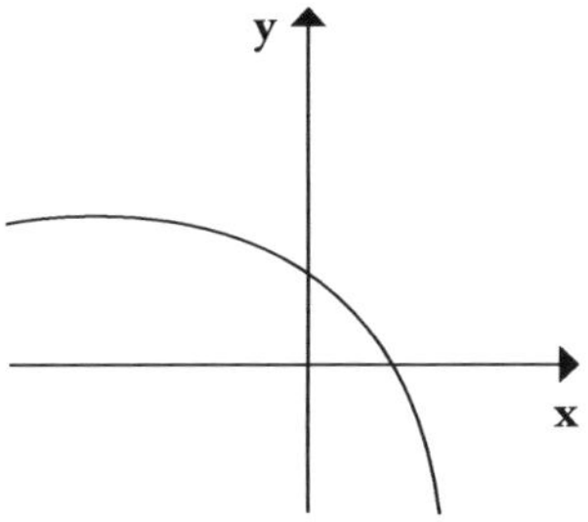

A. -2^{x-3}
B. $3-2^{-x}$
C. 2^{-3x}
D. $3 \cdot 2^{-x}$
E. $3-2^{x}$

20) Sono dati gli insiemi *A*, *B*. Si sa che $A \cup B = A$. Allora si può dedurre che:

A. $A \cup B = B$
A. $A \cap B = B$
A. $B = \varnothing$
A. $A \cup B = A$
A. $A = \varnothing$

Logica

21) Le ciliegie sono più dolci delle pesche, le pesche sono più aspre delle albicocche, le albicocche sono meno aspre delle ciliegie, dunque:

A. le albicocche sono meno dolci delle ciliegie
B. le albicocche sono più aspre delle pesche
C. le ciliegie sono meno dolci delle pesche
D. le pesche sono meno aspre delle albicocche
E. le albicocche sono più dolci delle ciliegie

22) "Cristina è laureata in lettere; alcuni laureati in lettere non trovano lavoro; solo le persone che trovano lavoro sono serene". Se le precedenti affermazioni sono vere, allora è certamente vero che:

A. se ha trovato lavoro, Cristina è sicuramente una persona serena
B. nessun laureato in lettere è una persona serena
C. Cristina potrebbe aver trovato lavoro ma non essere una persona serena
D. tutti i laureati in lettere che trovano lavoro sono persone serene
E. Cristina non è serena

23) "Tutti i tassisti sono abili guidatori; Giovanni è un tassista; tutti i tassisti sono nervosi". Se le precedenti affermazioni sono vere, quale delle seguenti NON è necessariamente vera?

A. Giovanni è un abile guidatore
B. Tutte le persone nervose sono abili guidatori
C. Non esiste alcun tassista che non sia un abile guidatore
D. Tutti gli abili guidatori possono essere persone nervose
E. Giovanni è nervoso

24) "Renato dice ai suoi amici che se non pioverà organizzerà una festa a casa sua, a meno che i suoi genitori glielo impediscano". In quale dei seguenti casi Renato viene meno alla parola data?

A. Non piove e Renato rinvia la festa nonostante il consenso dei genitori
B. Piove e Renato organizza la festa con il consenso dei genitori
C. Renato non ottiene il consenso dei genitori e pertanto non organizza la festa
D. Piove e Renato non organizza la festa nonostante il consenso dei genitori

E. Non piove e Renato organizza la festa con il consenso dei genitori

25) Qual è il significato della frase seguente? "È stata respinta la prova della negazione della certezza che il sig. Rossi non si astiene dal manifestare avversione per il sig. Bianchi".

A. Il sig. Rossi dimostra palese inimicizia per il sig. Bianchi
B. Si afferma che il sig. Rossi cela la sua avversione per il sig. Bianchi
C. Il sig. Rossi nasconde la sua inimicizia per il sig. Bianchi
D. La frase non ha senso
E. Il sig. Rossi dimostra palese amicizia per il sig. Bianchi

26) Un gioco ha le seguenti regole: se un numero è divisibile per 2 vale 6 punti; se è divisibile per 6 vale 4 punti; se è divisibile per 4 vale 2 punti. In base a tali regole, quanto vale il numero 44?

A. 0 punti
B. 6 punti
C. 4 punti
D. 10 punti
E. 8 punti

27) Ogni volta che Mattia inizia a comporre un nuovo puzzle, per prima cosa cerca i pezzi del bordo e con questi ne compone il perimetro; poi cerca i pezzi che servono per il centro del puzzle. Mattia intende iniziare un puzzle rettangolare di 1000 pezzi che, secondo quanto indicato sulla confezione, dovrebbe avere, una volta ultimato, 25 file di pezzi e 40 pezzi in ogni fila. Quanti pezzi del bordo servono a Mattia per comporre il perimetro del puzzle?

A. 230
B. 130
C. 182
D. 126
E. 234

28) Rosalinda ha 43 anni. Invece Leonard afferma di avere 33 anni, contando però solo 3 giorni su 7. Quanti anni di differenza ci sono, in realtà tra Leonard e Rosalinda?

A. 3
B. 36
C. 32
D. 34
E. 35

29) Immaginando che l'orologio in figura sia stato costruito per funzionare in senso antiorario, che ora segnerebbe tra 5 minuti?

A. 8:15
B. 3:40
C. 8:20
D. 3:50
E. 8:25

30) Alla finale di una gara di automobilismo la classifica dal 1° al 7° posto è la seguente: Aldo, Fausto, Ilaria, Beatrice, Claudio, Enrico, Gaia. Cinque di questi sette piloti indossano il casco integrale e si sa che a indossarlo sono tre tra i primi quattro classificati e tre tra gli ultimi quattro classificati. Si può essere certi che a indossare il casco integrale è:

A. Claudio
B. Enrico
C. Fausto
D. Beatrice
E. Ilaria

Scienze

31) In un ascensore la tensione delle funi cambia per effetto dell'accelerazione durante la fase di partenza, e della decelerazione durante la fase di arresto. Per un ascensore che sta decelerando, la tensione delle funi che sorreggono la cabina:

A. diminuisce sempre sia se l'ascensore è in salita sia se l'ascensore è in discesa
B. diminuisce se l'ascensore sta salendo e aumenta se l'ascensore sta scendendo
C. aumenta sempre: sia se l'ascensore sta salendo sia se l'ascensore sta scendendo
D. aumenta se l'ascensore sta salendo e diminuisce se l'ascensore sta scendendo
E. la tensione delle funi non cambia durante la decelerazione ne se l'ascensore sta salendo ne se sta scendendo

32) Due oggetti si urtano in modo totalmente anelastico. Durante un urto certamente:

A. si conserva l'energia meccanica
B. si conserva la quantità di moto
C. si conserva l'energia potenziale
D. si conserva l'energia cinetica
E. non si conserva la quantità di moto ma l'energia totale del sistema rimane invariata

33) Un'onda ha lunghezza d'onda di 0.2 m e frequenza di 25 Hz. Quanto valgono il periodo T e la velocità di propagazione v di quest'onda?

A. $v = 5$ s, $T = 0.4$ m/s
B. $v = 0.\ 04$ m/s, $T = 5$ s
C. $v = 0.5$ m/s, $T = 0.4$ s
D. $v = 5$ m/s, $T = 0.4$ s
E. $v = 5$ m/s, $T = 0.04$ s

34) La resistenza di un filo lungo 6 metri è pari a 10 ohm. Se si applica ai suoi estremi una differenza di potenziale pari a 20 V, quanto vale la corrente che attraversa il filo?

A. 0,5 A
B. 20 W
C. 2 A
D. 20 A
E. 10 W

35) La resistenza R di un filo conduttore di sezione S e lunghezza l:

A. dipende da l ma non da S
B. aumenta all'aumentare di S
C. aumenta all'aumentare di l
D. diminuisce all'aumentare di l
E. dipende da S ma non da l

36) Quale sostanza non può essere decomposta in sostanze più semplici?

A. Ammoniaca
B. Metanolo
C. Alluminio
D. Metano
E. Acqua

37) Gli acidi grassi si distinguono in saturi, monoinsaturi e polinsaturi a seconda della:

A. presenza di uno o più gruppi carbossilici
B. presenza di uno o più atomi di ossigeno
C. presenza di uno o più doppi legami
D. presenza di acidi grassi essenziali
E. lunghezza dell'acido grasso

38) Due atomi di magnesio che possiedono ugual numero atomico ma numero di massa diverso – rispettivamente 25 e 26 – rappresentano:

A. due elementi diversi

B. due elementi con diverso numero di protoni
C. due elementi con lo stesso numero di neutroni
D. due isotopi del medesimo elemento
E. due isomeri del medesimo elemento

39) Come viene definito il legame che unisce due atomi di idrogeno?

A. Legame ionico
B. Legame allosterico
C. Legame neutro
D. Legame a idrogeno
E. Legame covalente

40) L'elettronegatività è definita come:

A. il numero di ossidazione dell'atomo
B. l'energia richiesta per strappare un elettrone da un atomo
C. l'energia scambiata quando un elettrone è aggiunto a un atomo neutro
D. la capacità di un atomo di attrarre gli elettroni impegnati in un legame
E. la capacità di un atomo di cedere elettroni quando prende parte ad un legame

Comprensione verbale

In questa prova sono presentate serie di brani, tratti da vari testi. Leggere i brani e rispondere a ogni quesito collegato solo in base alle informazioni contenute.

La realtà fisica dell'odore

(*Fonte, Jim Al-Khalili e Johnjoe McFadden. La fisica della vita, Bollati-Boringhieri, 2015*)

Al contrario dei sensi della vista e dell'udito, che catturano informazioni indirettamente attraverso onde elettromagnetiche o sonore, l'olfatto e il gusto ricevono informazioni direttamente dal contatto con l'oggetto rilevato (una molecola), portandoci messaggi da una realtà materiale.

Entrambi sembrano funzionare tramite principi molto simili. Le molecole che rilevano sono disciolte nella saliva o galleggiano nell'aria e sono raccolte da recettori che si trovano sulla lingua (nel caso del gusto) o nell'epitelio olfattivo all'interno delle narici (nel caso dell'olfatto). La volatilità implica che gran parte delle molecole odorose siano molto piccole e leggere.

Il naso non ha un ruolo diretto nell'odorare, eccetto quello di incanalare l'aria verso l'epitelio olfattivo, che è più arretrato. Questo tessuto è piuttosto piccolo, misura solo tre centimetri quadrati (più o meno come un francobollo) negli umani, ed è rivestito di ghiandole che secernono muco e anche di milioni di neuroni olfattivi, un tipo di cellule nervose che stanno all'olfatto come i coni e i bastoncelli sulla retina stanno al senso della vista. La parte frontale del neurone olfattivo è fatta un po' come una scopa, con una testa a forma di spazzola in cui la membrana cellulare si ripiega a formare moltissime ciglia, sottili come capelli. Questa spazzola con le sue ciglia spunta fuori dallo strato cellulare, dove può catturare le molecole odorose che passano. La parte posteriore della cellula è come il manico della scopa; si tratta dell'assone, il nervo che attraversa un piccolo osso sul retro della cavità nasale ed entra nel cervello, dove si collega con una regione chiamata bulbo olfattivo.

L'anatomia dell'olfatto

Forse sarebbe opportuno leggere il resto di questo capitolo tenendo un'arancia a portata di mano, magari tagliata a pezzi, così che l'aroma pungente possa entrare nel naso e raggiungere l'epitelio nasale. Magari si può anche mettere uno spicchio in bocca, così che le sostanze odorose volatili passino dalla parte posterio-

re del naso e raggiungano il medesimo tessuto. Come tutti gli odori naturali, il profumo dell'arancia è molto complesso, costituito da centinaia di composti volatili, ma uno dei più fragranti si chiama «limonene», del quale ora seguiremo il percorso, da molecola a fragranza.
Il limonene, come dice il nome, si trova in abbondanza negli agrumi, come le arance e i limoni, ed è il principale responsabile del loro aroma e del sapore pungente. Appartiene a una classe di composti noti con il nome di terpeni, che sono i costituenti profumati degli oli essenziali di molte piante e fiori, quelli che generano il buon profumo del pino, della rosa, dell'uva e del luppolo.
Quindi, volendo, si può sostituire l'arancia con un bicchiere di vino o di birra, se preferite. Questo composto chimico è prodotto in molte zone della pianta, incluse le foglie, ma è più abbondante nella buccia del frutto, dalla quale è più facile ottenere il limonene puro.
Il limonene è un liquido volatile, che evapora lentamente a temperatura ambiente, facendo sì che l'arancia rilasci milioni di molecole di questa molecola nell'aria circostante. Gran parte di queste molecole voleranno nella stanza, e poi fuori dalla finestra o dalla porta; qualcuna arriverà vicino al vostro naso. Al primo respiro, un notevole volume di aria zeppa di sostanze odorose sarà risucchiato attraverso le narici verso l'epitelio nasale, che è rivestito da circa dieci milioni di neuroni olfattivi.
Quando le molecole di limonene si diffondono vicino all'epitelio olfattivo, restano intrappolate dai neuroni olfattivi. La cattura di una singola molecola di limonene è sufficiente a scatenare l'apertura di un minuscolo canale nella membrana cellulare del neurone, che permette un flusso di ioni positivi di calcio dall'esterno all'interno della cellula. Quando circa 35 molecole di limonene sono catturate, il flusso di ioni all'interno della cellula diventa una minuscola corrente elettrica, di circa un picoampere in tutto. Questo livello di corrente agisce come un interruttore e fa partire un segnale elettrico, chiamato «potenziale d'azione» lungo il manico della scopa, l'assone della cellula. Il segnale viaggia fino al bulbo olfattivo del cervello, e dopo l'elaborazione da parte dei neuroni, noi finalmente percepiamo il «messaggio dalla realtà materiale» sotto forma del pungente aroma degli agrumi.
L'evento chiave in questo processo è naturalmente la cattura delle molecole odorose da parte dei neuroni olfattivi. Come funziona? In analogia con la vista e con la sensibilità alla luce dei coni e dei bastoncelli nella retina (anch'essi un tipo di neuroni), ci si aspetterebbe che il senso dell'olfatto sia conferito da qualche tipo di recettore olfattivo posizionato sulla superficie del tessuto. Eppure, ancora negli anni settanta, l'identità e la natura dei recettori olfattivi era completamente sconosciuta.

41) Secondo gli autori del testo, relativamente al meccanismo di percezione dell'odore:

A. alla fine degli anni settanta, c'erano molti aspetti importanti non ancora chiariti
B. alla fine degli anni settanta, la sua comprensione era paragonabile a quella sulla decodifica dei colori da parte dell'apparato visivo
C. si è giunti alla sua completa comprensione
D. la comunità scientifica ha deciso di abbandonare le ricerche
E. alla fine degli anni settanta, la sua comprensione da parte degli scienziati era allo stesso livello di quella attuale

42) A che cosa può essere paragonato il neurone olfattivo?

A. Alle ciglia degli occhi
B. Al bulbo di una lampada
C. Ad una scopa in cui la parte anteriore del neurone costituisce una testa a forma di spazzola e l'assone è il manico
D. Ad una spazzola per capelli
E. Ad un cono gelato

43) A che classe di composti organici appartiene il limonene?

A. Chetoni
B. Terpeni
C. Alcoli
D. Acidi carbossilici
E. Aldeidi

44) Perché gli autori propongono di sostituire un bicchiere di birra all'arancia durante la lettura del testo?

A. Perché la birra e l'arancia hanno lo stesso odore
B. Perché la birra ha un odore più forte dell'arancia
C. Perché gli autori pensano che i lettori siano in genere dei bevitori di birra
D. Perché l'aroma della birra e dell'arancia condividono alcune sostanze odorose
E. Perché vi sono meno rischi di sporcare le pagine leggendo

45) Da che cosa è costituito il profumo dell'arancia?

A. Il profumo dell'arancia è costituito da pochi composti
B. Nessuno ha mai analizzato i componenti del profumo dell'arancia
C. Il profumo dell'arancia è costituito da centinaia di composti volatili, tra cui il limonene
D. Il profumo dell'arancia è costituito da composti non volatili
E. Il profumo dell'arancia è costituito dall'olio essenziale di bergamotto

I cambiamenti climatici: alcuni effetti sugli ecosistemi

Negli ultimi due secoli, le attività antropiche hanno provocato un notevole aumento delle concentrazioni atmosferiche di gas serra, tra cui l'anidride carbonica, in grado di modificare la temperatura terrestre. Ai ritmi attuali, la crescita media delle temperature superficiali globali potrebbe essere di 0,2 °C per decennio, con una previsione di aumento compresa tra 1,8 °C e 4 °C per la fine del XXI secolo.
Per l'emisfero boreale, sono già documentate alterazioni nella distribuzione spaziale delle specie in risposta al riscaldamento globale. Un aumento delle temperature medie può consentire a molte specie con distribuzione geografica limitata dalle basse temperature, di espandere il margine settentrionale dell'areale verso nord. Analogamente, in specie con distribuzione altitudinale limitata dalle basse temperature, uno scenario di riscaldamento globale può consentire un'espansione degli areali verso quote più elevate. Viceversa, ci si attende che specie tipiche di alte latitudini o montane mostrino una contrazione del margine meridionale dell'areale, oppure un innalzamento del margine inferiore della distribuzione altitudinale. In entrambi i casi, questi fenomeni possono comportare una contrazione complessiva dell'areale, una contrazione numerica e un maggiore grado di frammentazione delle popolazioni, con un conseguente aumento del rischio di estinzione locale o globale.
Numerosi studi evidenziano modificazioni di areale delle specie in relazione ai cambiamenti climatici. Lo studio della distribuzione geografica degli uccelli

nidificanti nei periodi 1968-1972 e 1988-1991 evidenzia che 59 specie di uccelli nidificanti a distribuzione prevalentemente meridionale avevano espanso verso nord il margine settentrionale dell'areale di 18,9 km in media. Per specie di clima caldo, pertanto, questi andamenti costituiscono un ampliamento netto di areale. Gran parte degli studi relativi alle variazioni latitudinali di areale documentano espansioni verso nord dei margini settentrionali degli areali, ma non contrazioni dei margini meridionali.
Tra le specie circumpolari, si sono osservate marcate riduzioni delle popolazioni più settentrionali del pinguino di Adelia *Pygoscelis adeliae* e del pinguino imperatore *Aptenodytes forsteri* in Antartide. Il pinguino imperatore, in particolare, ha subito un drastico calo della popolazione (50%) nidificante a Terra Adelia nel periodo compreso tra il 1952 e il 2000. Questo calo è avvenuto in un periodo prolungato di elevate temperature, che ha determinato una netta riduzione della copertura glaciale e della disponibilità di *krill* e di molluschi predatori del *krill*, che costituiscono la principale fonte alimentare del pinguino imperatore. La riduzione della popolazione è stata attribuita a una minore sopravvivenza degli adulti a causa della scarsità di risorse alimentari. È interessante notare che, nello stesso periodo, il successo di schiusa delle uova è aumentato a causa della minore densità di adulti riproduttori, ma questo incremento del successo riproduttivo non è stato sufficiente a bilanciare gli effetti negativi dell'aumento di mortalità degli adulti.
Studi sulle variazioni altitudinali di areale di piante vascolari, condotti in zone montane, hanno mostrato un evidente innalzamento della distribuzione di molte specie verso quote più elevate, nel corso del XX secolo. In particolare, in stazioni di alta quota (2900–3500m s.l.m.) si è osservato un incremento nella ricchezza di specie pari a circa il 12% tra il 1994 e il 2004. Tuttavia, tutte le specie dell'orizzonte nivale o subnivale hanno mostrato un decremento significativo della percentuale di copertura.
I cambiamenti climatici e le conseguenti contrazioni di areale possono condurre a fenomeni di estinzione locale o globale e a una riduzione della diversità biologica complessiva, in particolare nelle aree circumpolari o montane. Un caso eclatante è rappresentato dalla scomparsa di oltre il 65% delle 110 specie di anfibi del genere *Atelopus* nelle foreste tropicali montane dell'America Centrale e Meridionale, registrata negli ultimi 20-30 anni del secolo scorso. La rapida scomparsa di queste specie è stata attribuita all'aumento delle epidemie di chitridiomicosi, provocate dal fungo patogeno *Batrachochytrium dendrobatidis*, nelle regioni di alta quota. Si è osservato infatti un innalzamento delle temperature notturne e della copertura nuvolosa, entrambe condizioni favorevoli allo sviluppo del fungo, nella fascia altitudinale compresa tra 1000 e 2400m s.l.m., fascia maggiormente interessata dalle estinzioni.

(*Fonte, D. Rubolini: "Effetti ecologici dei cambiamenti climatici", Treccani online*)

46) Nella seconda metà del secolo scorso, la popolazione del pinguino imperatore nidificante nella Terra Adelia ha subito un drastico calo della densità, dovuto a:

A. aumento della mortalità degli adulti e concomitante riduzione della fecondità
B. incremento della competizione con altre specie di pinguini
C. estensione dell'areale dei predatori in risposta ai cambiamenti climatici

D. riduzione della fecondità causata dall'incremento della temperatura
E. riduzione delle risorse trofiche a causa dei cambiamenti climatici

47) Quale di queste considerazioni emerge dal testo presentato?

A. I cambiamenti climatici influenzano prevalentemente le specie che vivono nell'emisfero australe, che spostano i loro areali verso sud
B. In risposta alle variazioni di temperatura, l'areale delle specie tende sempre ad espandersi
C. Nell'emisfero boreale, l'incremento di temperatura può provocare l'espansione verso nord di alcune specie senza modificare significativamente i margini meridionali dell'areale
D. Le specie rispondono ai cambiamenti climatici in maniera molto variabile e ci sono molte specie che non modificano il proprio areale in relazione alla temperatura
E. La competizione interspecifica impedisce spesso alle specie di estendere il proprio areale, nonostante le variazioni di temperatura

48) Qual è l'effetto dell'incremento di temperatura sugli areali delle piante vascolari delle aree montane?

A. Riduzione significativa dell'areale in tutte le stazioni
B. Espansione della distribuzione delle specie tipiche dell'orizzonte nivale
C. Completa sostituzione delle specie di alta quota con quelle tipiche dei livelli inferiori
D. Incremento nel numero totale di specie nelle stazioni di alta quota
E. Conservazione dell'areale di tutte le specie

49) Per quale motivo il 65% delle specie di anfibi del genere Atelopus sono scomparse nelle foreste tropicali montane dell'America Centrale e Meridionale negli ultimi decenni del '900?

A. Per l'aumento dei predatori degli anfibi alle temperature più alte
B. Per l'incapacità degli anfibi di sopravvivere all'innalzamento della temperatura notturna
C. Per la contrazione dell'habitat derivato dall'incremento delle temperature medie
D. Per il proliferare di funghi patogeni in seguito alle variazioni climatiche
E. Per le ripetute epidemie batteriche che hanno colpito gli anfibi

50) Perché, nella seconda metà del secolo scorso, il successo riproduttivo del pinguino imperatore nidificante nella Terra Adelia è aumentato contestualmente all'incremento della temperatura ambientale?

A. Per lo scioglimento dei ghiacci e una maggiore disponibilità di cibo
B. Per un aumento nel numero delle uova deposte
C. Per la minore densità degli adulti riproduttori
D. Per il drastico calo dei predatori naturali
E. Per la minore densità di competitori per le risorse trofiche

RISPOSTE CORRETTE

1) B	11) A	21) E	31) B	41) A
2) A	12) C	22) C	32) B	42) C
3) E	13) B	23) B	33) E	43) B
4) D	14) A	24) A	34) C	44) D
5) D	15) A	25) A	35) C	45) C
6) E	16) D	26) E	36) C	46) E
7) D	17) D	27) D	37) C	47) C
8) C	18) E	28) D	38) D	48) D
9) C	19) E	29) C	39) E	49) D
10) E	20) A	30) D	40) D	50) C

TEST 5

Matematica

1) La soluzione dell'equazione $8x + 4 = 6$ è:

A. $x = 4$
B. $x = 2/5$
C. $x = 1/4$
D. $x = -4$
E. $x = 10/8$

2) L'equazione $x^2 + 4x + 4 = 0$ ha le seguenti radici:

A. −2, +4
B. −4
C. −2
D. +2
E. −2, +2

3) Il polinomio $x^4 - 3x^2 + a$ con a appartenente ad R:

A. ha come zero $x = 2$ per il valore di a uguale a 1
B. ha come zero $x = 2$ in corrispondenza di un valore di a positivo
C. ha come zero $x = 2$ in corrispondenza di un valore di a negativo
D. è irriducibile per ogni valore di a
E. si può scomporre in $(x + a)(x^2 - 1)$

4) Semplificando la quantità $\frac{1}{\sqrt{3}+\sqrt{2}}$ si ottiene:

A. $3 - \sqrt{6}$
B. 1
C. $\sqrt{3}+\sqrt{2}$
D. $\sqrt{3}-\sqrt{2}$
E. $1+\sqrt{6/2}$

5) La funzione $f(x) = x^5$:

A. non ha zeri
B. ammette funzione inversa e la sua funzione inversa è $g(x) = \sqrt[5]{x}$
C. non è dispari
D. è sempre positiva
E. ammette funzione reciproca per ogni x appartenente a R

6) Se ogni coppia di numeri seguenti rappresenta le coordinate cartesiane di un punto, qual è quello più lontano dall'origine?

A. (2, 9)
B. (4, 4)
C. (0, 7)
D. (2, 5)
E. (6, 1)

7) Due rette di equazioni $y = mx + p$ e $y = nx + q$ sono tra loro parallele se:

A. $m + n = -1$
B. $m - n = 0$
C. $m + n = 1$
D. $m + n = 0$
E. $m - n = -1$

8) Due angoli minori di un angolo piatto hanno lo stesso seno:

A. se sono supplementari
B. se differiscono di 90°
C. se differiscono di rad 1
D. se sono complementari
E. solo se sono lo stesso angolo

9) Quale distanza hanno nel piano cartesiano i punti che hanno coordinate (3,0) e (0,4)?

A. 12
B. 25
C. 5
D. 3
E. 4

10) La retta di equazione $y = 2x$ interseca la circonferenza di equazione $x^2 + y^2 = 20$ nel punto di coordinate (a, b), dove $a \geq 0$ e $b \geq 0$. Qual è il valore di $a + b$?

A. 6
B. 8
C. 2
D. 4
E. 3

11) Per ogni x reale la quantità sen $x \cdot$ sen $x \cdot$ sen^2 x è sempre:

A. uguale a 4 sen$^2 x$
B. negativa o nulla
C. positiva o nulla
D. strettamente negativa
E. strettamente positiva

12) L'espressione $4 \times 10^{-2} =$

A. 0,04
B. 0,4
C. 400
D. 40
E. 4

13) L'espressione $k = y^2 + z^2 - 1 - 2yz$ si può scrivere:

A. $k = (yz)(y + 1)(y - 1)$
B. $k = (y - z + 1)(y - z - 1)$
C. $k = (y + z)(y - z) - 1$
D. $k = (yz + 1)(yz - 1)$
E. $k = (y + z + 1)(y - z - 1)$

14) Se il discriminante di una equazione di secondo grado è negativo, le radici dell'equazione:

A. non sono reali
B. sono due, reali e di segno opposto
C. sono due, reali e dello stesso segno
D. sono tre
E. si riducono ad una sola, reale

15) La funzione $f(x) = \frac{1}{1+x^2}$:

A. è una funzione dispari
B. non ha zeri
C. è sempre maggiore di 1
D. non è una funzione pari
E. è sempre minore di 1

16) Una retta di coefficiente angolare $m = 5/7$ passa per i punti (–3, –2) e (a, 3) del piano cartesiano. Quanto vale il parametro a?

A. 5
B. 3,5
C. 2
D. 4,5
E. 4

17) Una retta si dice tangente rispetto a una circonferenza se:

A. la interseca in almeno due punti
B. giace sullo stesso piano
C. individua il diametro
D. la interseca in un solo punto
E. è esterna alla circonferenza

18) Ad un disegnatore si richiede di tracciare in un piano una circonferenza tangente nei punti *A* e *B* a due rette che si intersecano nel punto *P*, e tale che le distanze di *A* e *B* da *P* siano, rispettivamente, 8 cm e 6 cm. Quale delle seguenti affermazioni è vera?

A. Il raggio della circonferenza è di 12 cm
B. Il problema è risolubile solo se le due rette sono perpendicolari

C. Il raggio della circonferenza è di 10 cm
D. Il centro di questa circonferenza si trova sulla bisettrice di uno degli angoli formati dalle due rette
E. È impossibile tracciare una tale circonferenza

19) Si consideri un poligono regolare di 12 lati. Stabilire quale delle seguenti affermazioni è falsa.

A. Esistono due circonferenze con lo stesso centro, una inscritta e l'altra circoscritta al poligono
B. Ha 54 diagonali
C. Il numero delle diagonali che escono dallo stesso vertice è 9
D. Non è inscrivibile in una circonferenza
E. Ogni angolo interno misura 150° o $(10/12)\pi$

20) La somma di due numeri x e y è 20. La loro differenza è 8; x e y valgono:

A. non è possibile stabilirlo
B. 1/2 e 15/2
C. 14 e 6
D. 12 e 8
E. 1/2 e 39/2

Logica

21) Carlo, Dario, Paolo e Ugo sono quattro atleti che partecipano a una gara di velocità su pista.

Sono date le seguenti premesse:
– Paolo arriva prima di Carlo;
– Carlo arriva prima di Dario;
– Ugo arriva prima di Carlo;
– La corsa non è stata vinta da Ugo.
Quale, tra le seguenti affermazioni, NON è corretta?

A. L'ordine di arrivo non è alfabetico
B. Paolo è il vincitore della corsa
C. Ugo non è arrivato per ultimo
D. Ugo è arrivato dopo Dario
E. Ugo è arrivato prima di Dario

22) "Le esplosioni connesse alla ricerca del petrolio non danneggiano la pesca. Le esplosioni sono cominciate quest'anno e la pesca del salmone quest'anno è stata la migliore degli ultimi anni". Tutte le seguenti affermazioni rappresentano valide obiezioni all'argomentazione precedente a eccezione di una. Quale?

A. Le esplosioni connesse alla ricerca del petrolio danneggiano la barriera corallina, habitat naturale di molte altre specie di pesci, ma non dei salmoni
B. Il salmone è solo una delle numerose specie di pesci che può essere danneggiata dalle esplosioni
C. I danni causati dalle esplosioni mostrano i propri effetti con alcuni anni di ritardo
D. Il rumore delle esplosioni interferisce con la catena del cibo da cui altre specie di pesci dipendono
E. Le rapide variazioni della pressione dell'acqua causate dalle esplosioni fanno sì che i salmoni si riproducano più frequentemente

23) "Se tua zia non avesse trovato il messaggio, non avrebbe potuto evitare che la bugia si diffondesse". In base alla precedente affermazione, quale delle seguenti è certamente vera?

A. Il messaggio obbligava tua zia a non diffondere la bugia
B. Avendo trovato il messaggio, tua zia ha potuto evitare che la bugia si diffondesse
C. Anche se non avesse trovato il messaggio è possibile che tua zia avrebbe comunque evitato che la bugia si diffondesse
D. Essendosi diffusa la bugia, allora tua zia non ha trovato il messaggio

E. È possibile che la bugia non si sarebbe diffusa se tua zia non avesse trovato il messaggio

24) "Non esiste piazza senza cabina telefonica". Se la precedente affermazione è FALSA, quale delle seguenti è necessariamente vera?

A. Tutte le piazze hanno la cabina telefonica
B. Esiste almeno una piazza con la cabina telefonica
C. Nessuna piazza ha la cabina telefonica
D. Esiste almeno una piazza senza cabina telefonica
E. Tutte le piazze sono senza cabina telefonica

25) "Quando prende il treno, Carlo arriva sempre in ritardo a destinazione". Quale delle seguenti affermazioni può essere dedotta dalla frase precedente?

A. Carlo non ha preso il treno, quindi è arrivato in orario
B. Carlo è arrivato in orario, quindi non ha preso il treno
C. Carlo è arrivato in orario, quindi ha preso il treno
D. Carlo è arrivato in ritardo, quindi ha preso il treno
E. Carlo non ha preso il treno, quindi è arrivato in ritardo

26) Se è vero che «tutti gli intellettuali sono interlocutori noiosi», sarà necessariamente VERA anche UNA delle affermazioni seguenti:

A. nessun interlocutore noioso è intellettuale
B. tutti gli interlocutori sono noiosi
C. alcuni interlocutori noiosi sono intellettuali
D. tutti gli interlocutori sono intellettuali noiosi
E. tutti i noiosi sono intellettuali

27) Aldo, Biagio, Luca, Diego e Sandro sono nati in cinque città diverse: Perugia, Bari, Catania, Imperia e Verona, non necessariamente in questo ordine. Le loro età sono: 27, 26, 25, 24 e 22 anni, non necessariamente in questo ordine. È noto che: Diego è il più giovane ed è nato in una città meridionale; Luca è il più anziano ed è nato a Verona; Biagio proviene da Perugia e ha un'età divisibile per 5; colui che è nato a Catania ha 2 anni meno di Luca e non si chiama Aldo.
In base alle precedenti informazioni, quanti anni ha Aldo e in quale città è nato?

A. 26 anni ed è nato a Bari
B. 26 anni ed è nato a Imperia
C. 24 anni ed è nato a Bari
D. 26 anni ma non si può stabilire dove è nato
E. 24 anni ed è nato a Imperia

28) Anna ha età doppia di quella che Michele avrà quando Valentina avrà l'età che Anna ha oggi. Quale tra le seguenti alternative ordina i tre soggetti partendo dal più anziano al più giovane?

A. Valentina, Anna, Michele
B. Anna, Michele, Valentina
C. Michele, Anna, Valentina
D. Anna, Valentina, Michele
E. Valentina, Michele, Anna

29) Tre marinai sbucciano un sacco di patate rispettivamente in 4, 6 e 12 ore. Quante ore impiegano a sbucciare insieme le patate di 29 sacchi?

A. 12
B. 116
C. Non è possibile rispondere in base ai dati forniti
D. 58
E. 22

30) Un bambino ha 4 anni e sua sorella è tre volte più grande. Quando lui avrà 12 anni, quanti anni avrà la sorella?

A. 24
B. 36
C. 20
D. 16
E. 28

Scienze

31) Un corpo è in moto: quale delle seguenti affermazioni sulla sua accelerazione è corretta?

A. L'accelerazione è sempre e solo diretta verso il centro di curvatura, quando il moto è curvo
B. L'accelerazione è sempre e solo diretta come la tangente alla traiettoria
C. L'accelerazione è puramente centripeta quando il modulo della velocità è costante
D. Per un generico moto rettilineo, l'accelerazione è nulla
E. L'accelerazione è nulla quando la velocità al quadrato non cambia

32) Il peso di un corpo:

A. è una grandezza che dipende sia dalle caratteristiche del corpo che dalla sua posizione
B. per la legge della gravitazione universale dipende quadraticamente dalla massa del corpo
C. dipende dalla massa in corpo quando è in quiete
D. è una caratteristica del corpo che si può stabilire una volta per tutte
E. è una grandezza che caratterizza un corpo solo se è in quiete

33) Una persona entra in un ascensore e sale su una bilancia pesa persone. Prima che l'ascensore inizi a muoversi, la bilancia indica 80 kg. Partito l'ascensore, la bilancia segna stabilmente 78 kg. Cosa può dedurre la persona?

A. L'ascensore sta accelerando verso l'alto con un'accelerazione costante
B. L'ascensore sta accelerando verso il basso con un'accelerazione costante
C. L'ascensore si muove verso il basso con velocità costante
D. L'ascensore è in caduta libera
E. L'ascensore si muove verso l'alto con velocità costante

34) Un bollitore elettrico, capace di erogare 1 kW di potenza, è riempito con un 1.0 kg di acqua (distillata) a temperatura 20 °C. Quanto tempo è necessario affinché l'acqua arrivi alla temperatura di ebollizione. Si assuma che tutta la potenza sia assorbita dall'acqua.

A. Circa 335 s
B. Circa 50.5 s
C. Circa 4185 s
D. Circa 505 s
E. Circa 150 s

35) Un vagone ferroviario di massa M_1 = 3000 kg, durante una manovra a spinta, si muove su un binario rettilineo e orizzontale alla velocità di 3 km/h. Questo vagone urta un altro vagone di massa M_2 = 2000 kg che si muove nella stessa direzione e verso del precedente alla velocità di 1 km/h. Nell'urto scatta un meccanismo che lega i due vagoni. Quale sarà la velocità con cui si muovono i due vagoni legati insieme immediatamente dopo l'urto?

A. 1.00 km/h
B. 2.20 km/h
C. 1.40 km/h
D. 2.00 km/h
E. 4.00 km/h

36) Quale dei seguenti carboidrati è un monosaccaride:

A. galattosio
B. amido
C. saccarosio
D. glicogeno
E. lattosio

37) I pesi atomici degli elementi H, P e O sono rispettivamente 1, 31 e 16 (u.m.a.). Il peso molecolare (espresso in u.m.a.) dell'acido ortofosforico (H_3PO_4) è:

A. 98
B. 82
C. 48
D. 66
E. 96

38) Una delle seguenti configurazioni elettroniche atomiche non è possibile. Quale?

A. $1s^2\ 2s^2\ 2p^5$
B. $1s^2\ 2s^2\ 2p^6$
C. $1s^2\ 2s^2\ 2d^1$
D. $1s^2\ 2s^2\ 2p^6\ 3s^2\ 3p^6\ 4s^2\ 3d^5$
E. $1s^1$

39) La massa atomica relativa dell'atomo ^{16}O è uguale a 16 u. Qual è la massa di un atomo di ossigeno?

A. $2{,}657 \cdot 10^{23}$ g
B. 32 g
C. 16 g
D. $2{,}657 \cdot 10^{-23}$ g
E. La massa di un atomo non è determinabile

40) L'elemento più elettronegativo è:

A. l'idrogeno
B. il carbonio
C. l'ossigeno
D. il fluoro
E. l'elio

Comprensione verbale

In questa prova sono presentate serie di brani, tratti da vari testi. Leggere i brani e rispondere a ogni quesito collegato solo in base alle informazioni contenute.

Una città antica

La concezione urbanistica romana deriva da quella greco-ellenistica ippodamèa. Le strade, per lo più rettilinee, si dispongono a scacchiera, parallelamente ai due assi viari principali: il cardo maximus a Nord e il decumanus maximus da Est a Ovest, l'uno e l'altro in corrispondenza con le quattro porte di accesso alla città. Questa struttura non si trova a Roma, che è nata dall'unione di vari insediamenti sui colli e nelle valli contigue. Si trova invece (ed è spesso ancora riconoscibile) nelle città costruite dai romani o romanizzate e corrisponde a quella che essi davano agli accampamenti militari, molti dei quali si sono successivamente trasformati in centri abitati.
Alcune città moderne conservano nel nome attuale l'origine dall'accampamento romano, il castrum, non soltanto in Italia, ma anche fuori (Chester, in Inghilterra, per esempio).
Nel punto d'incontro fra cardo e decumanus si apriva, di solito, il foro, la piazza principale della città, centro politico, religioso, amministrativo, ove sorgevano i più importanti edifici pubblici. Di alcuni di questi parleremo durante l'esame dei singoli monumenti, mentre è interessante vedere adesso la forma della casa di abitazione.
Conosciamo bene in modo particolare il tipo delle case di Pompei ed Ercolano. Le due città, come è noto, scomparvero durante la terribile eruzione del Vesuvio nel 79 d.C., la prima sotto una coltre di

cenere e di lapilli, la seconda sotto una grande colata di fango. Esse ci possono restituire perciò, più d'ogni altro nucleo abitato, che ha subíto, nel corso dei secoli, infinite trasformazioni, l'aspetto della città antica, sia nelle strutture generali, sia nei singoli edifici, dai più nobili, dai più belli, ai più umili.

Il tipo più semplice della casa pompeiana, con nessuna o poche finestre sulla strada, si articola intorno a una corte, l'atrio, al centro della quale si raccolgono, entro un bacino quadrangolare (impluvio), le acque piovane che scendono dall'apertura sovrastante (compluvio). Tutt'intorno è un porticato nel quale immettono le stanze dell'alloggio (cubicoli). In fondo all'atrio, di fronte all'ingresso principale, è il tablino, l'ambiente più sacro, il luogo di riunione della famiglia e di ricevimento degli ospiti. Di qui si passa all'hortus, il giardino circondato da colonne (peristilio). Accanto al tablino si trova generalmente la sala da pranzo, il triclinio, con tre letti accostati ai tre lati del tavolo.

(Da: P. Adorno, "*L'arte italiana*", Casa Editrice G. D'Anna)

41) Le città di Pompei e di Ercolano possono restituire più di tutte l'aspetto di una città antica perché:

A. la cenere e il fango hanno fatto sì che conservassero l'aspetto che avevano al momento dell'eruzione
B. le strutture generali sono rimaste quelle della città antica, mentre i singoli edifici hanno subito trasformazioni
C. nonostante le trasformazioni, avvenute nel corso dei secoli, hanno conservato sia strutture generali sia singoli edifici dell'età romana
D. l'eruzione del Vesuvio non ha colpito le strutture generali né gli edifici singoli
E. sono le uniche due città romane di cui ci sia giunta traccia

42) La struttura urbanistica tipicamente romana spesso si ritrova ancora oggi:

A. in tutti i centri storici
B. nella città di Roma
C. nei centri abitati romani trasformatisi in accampamenti
D. in tutte le città inglesi
E. nelle città costruite dai Romani

43) Nella città romana il foro era collocato:

A. nel punto di intersezione dei colli
B. nel punto d'incontro degli assi viari paralleli
C. nel punto di intersezione tra il cardo e il decumanus
D. lontano dai più importanti edifici pubblici
E. vicino al centro politico e religioso

44) Nella casa romana, qual è il punto di raccolta delle acque piovane?

A. Il compluvio
B. L'atrio
C. L'impluvio
D. La corte
E. L'hortus

45) Quale delle seguenti affermazioni è coerente con il contenuto del brano?

A. La casa pompeiana di tipo semplice non aveva mai finestre sulla strada, ma solo sul cortile interno
B. Alcune città tuttora esistenti sono nate come accampamenti militari romani
C. La tipica città romana aveva solo due porte d'accesso: una in corrispondenza del cardo maximus e una in corrispondenza del decumanus maximus

D. La casa pompeiana, come la città romana, era fatta a scacchiera
E. La sala da pranzo della casa romana era di forma triangolare, per accogliere un tavolo a tre lati e tre letti

Il significato della storia

Per Delacroix, capo riconosciuto della "scuola romantica", la storia non è esempio o guida dell'agire umano, è un dramma che è cominciato con l'umanità e dura nel presente. La storia contemporanea è lotta politica per la libertà. "La libertà guida il popolo" è il primo quadro politico nella storia della pittura moderna: esalta l'insurrezione che, nel luglio del 1830, ha posto fine al terrore bianco della restaurata monarchia borbonica. Nel quadro che esalta le giornate di luglio c'è un entusiasmo sincero e un significato politico ambiguo. Per Delacroix e in genere per i romantici libertà è indipendenza nazionale. Nella vasta tela del 1830 la donna che sventola il tricolore sulle barricate è, allo stesso tempo, la Libertà e la Francia. E chi combatte per la libertà? Popolani e intellettuali borghesi: nel nome della Libertà-Patria si suggella la "union sacrée" dei popolani scamiciati e dei borghesi in cilindro. Non è un quadro storico: non rappresenta un fatto o una situazione. Non è un quadro allegorico: di allegorico non c'è che la figura della Libertà-Patria. È un quadro realistico, che culmina con una tirata retorica. Persino la figura allegorica è un misto di realismo e retorica: una figura "ideale" che, per l'occasione, s'è vestita con gli stracci della popolana e, invece della simbolica spada, impugna un fucile d'ordinanza. Nelle note realistiche si scende alla caratterizzazione sociale delle figure per dimostrare che ragazzi, giovani, adulti, operai, contadini, intellettuali, soldati legittimisti e soldati ribelli, tutti sono popolo e tutti affratella il tricolore. È proprio con il romanticismo di Delacroix che l'arte comincia a proporsi di essere, a tutti i costi, del proprio tempo.

(Da: G. C. Argan, "*L'arte moderna 1770/1970*", Sansoni)

46) Quale delle seguenti affermazioni NON può essere dedotta dal brano?

A. "La libertà guida il popolo" è stato dipinto nel secondo semestre del 1830
B. Delacroix inizia a far sì che l'arte appartenga al proprio tempo
C. Clero, monarchia e borghesia sono legati da una "union sacrée"
D. Delacroix reinterpreta in chiave realistica la figura allegorica della libertà, raffigurandola con un fucile
E. "La libertà guida il popolo" non ha un significato politico univoco

47) Stando al testo, il dipinto di Delacroix è considerato il primo quadro politico nella storia della pittura moderna perché:

A. nessuno prima di Delacroix aveva messo sullo stesso piano popolani e borghesi
B. nessuno prima di Delacroix aveva osato celebrare la caduta di una dinastia reale
C. vi si trova un riferimento a un preciso evento politico
D. pur non rappresentando fedelmente un evento, ha una tirata retorica
E. esalta il sostegno popolare all'instaurazione della monarchia borbonica

48) Come è definito il quadro di Delacroix?

A. Globalmente retorico
B. Realistico
C. Allegorico

D. Storico
E. Sociale

49) Stando al contenuto del brano, quale significato attribuisce Delacroix alla storia?

A. Quello di essere un dramma in continuo divenire
B. Quello di essere un esempio per l'uomo
C. Quello di essere una guida per le azioni dell'uomo
D. Quello di non rappresentare fatti o situazioni
E. Quello di essere il compimento di un destino di indipendenza nazionale

50) La figura allegorica della donna che sventola il tricolore sulle barricate è descritta dall'autore del brano come un misto di realismo e retorica perché:

A. imbraccia un fucile e non una spada, e proprio nel fucile sta il vero messaggio finale del quadro, ossia quello di esortare il popolo a combattere
B. la donna guerriera è un cliché tipico dell'arte francese, che Delacroix riprende per dare al suo quadro nazionalistico un carattere decisamente radicato nella cultura francese
C. tramite questa figura si completa l'identificazione tra Libertà, Francia e donna del popolo, dato che Delacroix voleva celebrare la Francia come Paese libero e "popolano"
D. essa incarna il messaggio finale del dipinto, che è quello di esortare i francesi a combattere, altrimenti i popolani conquisteranno nuovamente il potere
E. la donna rappresenta la Libertà e la Francia, ma è raffigurata in maniera realistica, come una popolana che combatte per il suo Paese

RISPOSTE CORRETTE

1) C	11) C	21) D	31) C	41) A
2) C	12) A	22) E	32) A	42) E
3) C	13) B	23) B	33) C	43) C
4) D	14) A	24) D	34) A	44) C
5) B	15) B	25) B	35) B	45) B
6) A	16) E	26) C	36) A	46) C
7) B	17) D	27) E	37) A	47) C
8) A	18) E	28) D	38) C	48) B
9) C	19) D	29) D	39) D	49) A
10) A	20) C	30) C	40) D	50) E

TEST 6

Matematica

1) La funzione $f(x) = 2^x$:

A. ha come reciproca $g(x) = 2^{\frac{1}{x}}$
B. è definita solo per $x > 0$
C. è una funzione dispari
D. ammette come funzione inversa $g(x) = \lg_2(x)$
E. non ammette funzione inversa

2) Il punto medio del segmento di estremi $A = (4, 1)$ e $B = (4, -1)$:

A. ha coordinate (2, 1/2)
B. appartiene all'asse y
C. appartiene alla retta di equazione $y = 4$
D. non appartiene alla retta di equazione $x = 4$
E. appartiene all'asse x

3) Quali sono le coordinate dei punti di intersezione della curva di equazione $y^2 = x + 24$ con la retta di equazione $x = 1$?

A. (1,25); (1,–25)
B. (1,15); (1,25)
C. (1,5/4); (1,–5/4)
D. (1,5/2); (1,–5/2)
E. (1,5); (1,–5)

4) Trovare l'area del triangolo compreso fra gli assi cartesiani e la retta di equazione $y = 5 - x/2$.

A. 50
B. 5/4
C. 2/5
D. 25
E. 45

5) Sia r un numero reale positivo. In un piano cartesiano, quale delle seguenti equazioni rappresenta una circonferenza?

A. $y = \sqrt{r^2 + x^2}$
B. $(x + y)^2 = r^2$
C. $x + y = r^3$
D. $y + x = r$
E. $x^2 + y^2 = r^2$

6) La retta di equazione $y = \sqrt{3}x + 45$ forma con il semiasse positivo delle x un angolo di:

A. 90°
B. π/8 rad
C. 60°
D. 30°
E. 45°

7) I valori y assunti dalla funzione $y = f(x) = 1 + \text{sen}^2(x)$ sono:

A. $1 < y < 2$
B. $-1 \leq y \leq 1$
C. $0 \leq y \leq 1$
D. $0 < y < 1$
E. $1 \leq y \leq 2$

8) La soluzione della seguente disequazione $15 - 7x - 2x^2 > 0$ è:

A. $-1,5 < x < 5$
B. $x < -1,5$ o $x > 5$
C. $-5 < x < 1,5$
D. $x > 1,5$
E. $x < -5$ o $x > 1,5$

9) Sia k un numero reale. Il $\log_2 4^k$ vale:

A. $k + 2$
B. $k^{1/2}$
C. $2k$
D. $k/2$
E. $k - 2$

10) Sia p il logaritmo in base 10 del numero $4^{13} \times 5^{28}$. Quale delle seguenti è corretta?

A. $26 < p < 27$
B. $28 < p < 29$
C. $27 < p < 28$
D. $30 < p < 31$
E. $29 < p < 30$

11) Indicare il valore della seguente espressione:

$$\left(p-\sqrt{p^2+1}\right)\left(p+\sqrt{p^2+1}\right)$$

A. 1
B. $2p$
C. $2p^2 - 1$
D. p^2
E. –1

12) Se $x = y - z$, allora:

A. $x^2 = y^2 + z^2 + 2yz$
B. $x^2 = y^2 - z^2$
C. $x^2 = y^2 + z^2$
D. $x^2 = y^2 + z^2 - 2yz$
E. $x^2 = y^2 \times z^2$

13) Il polinomio $10x^3 - 4x^2$ si scompone nel prodotto:

A. $2x^2(5x - 2)$
B. $2x^2(5x - 1)$
C. $2x^3(x - 2)$
D. $2x^3(5x - 2)$
E. $x^2(5x - 2)$

14) Il sistema di due equazioni in due incognite $\begin{cases} x + y = 1 \\ 2x - 2y = -4 \end{cases}$:

A. ha come soluzione $x = -1/2$, $y = 3/2$
B. ha infinite soluzioni
C. ha come soluzione $x = 2$, $y = 1$
D. ha come soluzione $x = 0$, $y = 0$
E. ha come soluzione $x = 1$, $y = 0$

15) L'insieme delle soluzioni della disequazione seguente $\dfrac{x}{1-x^2} \geq 0$ è:

A. $[0, 1)$
B. $(-\infty,-1)\cup(0,1)$
C. $(-1, 1)$
D. $[0,+\infty)$
E. $[0,1)\cup(1,+\infty)$

16) Quanti sono i numeri naturali di quattro cifre dispari distinte?

A. 60
B. 20
C. 625
D. 5
E. 120

17) Il valore calorico dei seguenti componenti alimentari è (kcal/grammo): carboidrati 4; grassi 9; proteine 4. Un campione di formaggio contiene 19,5 g di proteine, 0,5 di grassi e 2,0 g di carboidrati. Il valore calorico totale del campione ammonta a kcal:

A. 50,2
B. 78,0
C. 4,5
D. 94,6
E. 90,5

18) Se l'equazione $x^2 + ax + b = 0$ ha soluzioni 5 e 1, il discriminante vale:

A. 6
B. 56
C. 16
D. 4
E. 29

19) Con riferimento alla figura, sapendo che *ABOC* è un quadrato, che *BDC* è un arco di circonferenza centrata in *O* e che la distanza di *A* da *O* è 2, quanto vale l'area della regione ombreggiata?

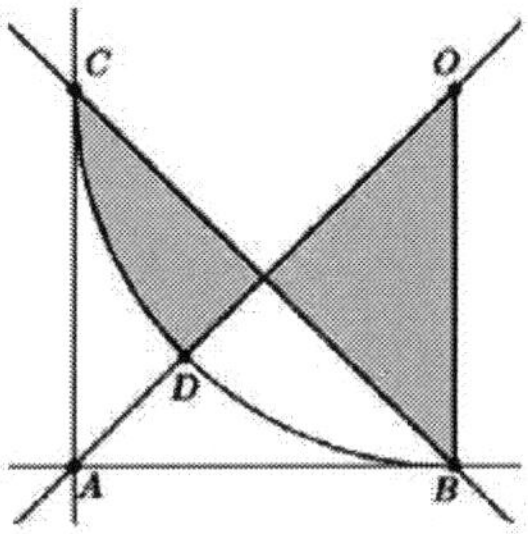

A. $\frac{\pi^2}{16}$
B. $\frac{3}{4}$
C. $\frac{1}{2}$
D. $\frac{\pi}{4}$
E. $\frac{\pi}{3\sqrt{2}}$

20) Un terreno a forma rettangolare di lati *AB* = 60 m e *BC* = 80 m è stato diviso in tre appezzamenti equivalenti per permettere ai tre eredi di accedere alla fonte d'acqua posta in *P*. Sapendo che *P* appartiene alla diagonale *AC* del rettangolo, qual è il rapporto di *AP* rispetto alla diagonale *AC*?

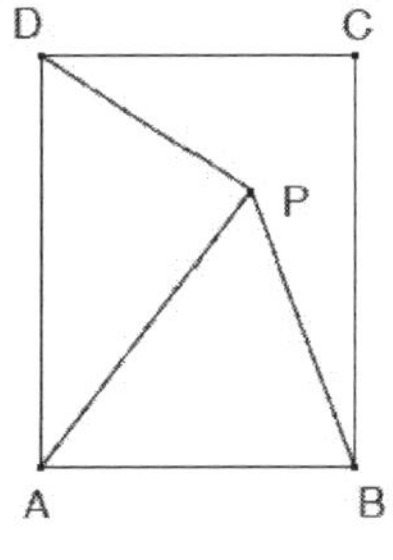

A. 3/4
B. 5/7
C. 5/8
D. 7/10
E. 2/3

Logica

21) "Se e solo se studio con impegno, supero l'esame di Stato". In base alla precedente informazione, quale delle seguenti affermazioni è certamente vera?

A. Supero l'esame di Stato solo se finisco di studiare i miei appunti
B. Se supero l'esame di Stato, non significa che ho studiato con impegno
C. Non è sufficiente che io studi con impegno perché io superi l'esame di Stato
D. Anche se studio con impegno, non supero l'esame di Stato
E. Se supero l'esame di Stato significa che ho studiato con impegno

22) "Se Sara segue le spiegazioni, allora il professore non la respinge all'esame". Se l'argomentazione precedente è vera, quale delle seguenti è certamente vera?

A. Se il professore respinge Sara all'esame, vuol dire che Sara non ha seguito le spiegazioni
B. Se Sara non segue le spiegazioni, allora il professore non la respinge all'esame
C. Se il professore non respinge Sara all'esame, vuol dire che Sara ha seguito le spiegazioni
D. Se Sara non segue le spiegazioni, allora il professore la respinge all'esame
E. Se il professore non respinge Sara all'esame, vuol dire che Sara non ha seguito le spiegazioni

23) Se P viene prima di Q; O viene prima di Q; Q viene prima di R; O viene prima di P, quale tra queste affermazioni non è corretta?

A. O viene dopo R
B. Q non è l'ultima della serie
C. L'ordine è alfabetico
D. O non è la seconda lettera della serie
E. O viene prima di P

24) Marco ha quattro carte e le dispone sul tavolo una di fianco all'altra in questo modo: il re è di fianco all'asso; la carta di cuori è di fianco a quella di quadri ma non a quella di picche; la dama di picche è la prima carta, la seconda è una carta rossa; la carta di fiori è di fianco all'asso, ma non al fante. Qual è la terza carta?

A. L'asso di quadri
B. L'asso di cuori
C. Il fante di cuori
D. Il fante di fiori
E. Il re di quadri

25) Il gruppo teatrale del Pinguino sta disegnando una brochure per pubblicizzare una nuova produzione. La brochure sarà composta da un foglio di carta piegato in quattro, per ottenere un triangolo retto, raffigurato qui sotto. Quale delle seguenti forme potrebbe essere il foglio di carta che si è utilizzato per produrre la brochure?

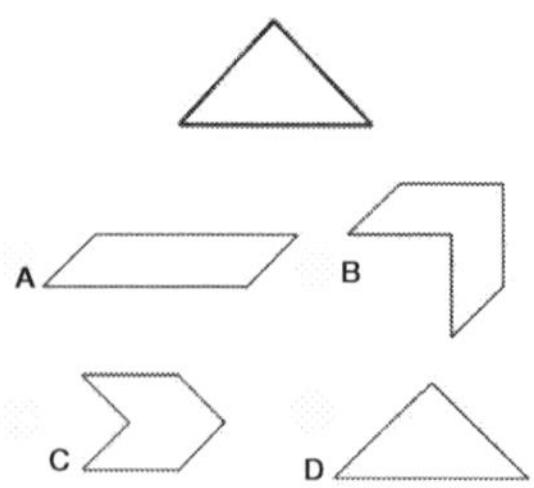

A. Nessuna delle alternative è corretta
B. Figura B
C. Figura D
D. Figura C
E. Figura A

26) Se l'affermazione "tutte le porte sono aperte" è FALSA, allora necessariamente:

A. poche porte sono aperte
B. molte porte sono chiuse
C. tutte le porte sono chiuse
D. nessuna porta è aperta
E. almeno una porta non è aperta

27) "Se Anna riceve un rimprovero a scuola, piange. Se nessuno rimprovera Anna a scuola, la sua vicina di banco le fa i dispetti. Ieri Anna non ha pianto". Se le precedenti affermazioni sono vere, è possibile dedurre che ieri:

A. Anna ha ricevuto un rimprovero a scuola e la sua vicina di banco non le ha fatto i dispetti
B. Anna non è andata a scuola
C. Anna non ha ricevuto un rimprovero a scuola e la sua vicina di banco le ha fatto i dispetti
D. Anna non ha ricevuto un rimprovero a scuola e la sua vicina di banco non le ha fatto i dispetti
E. Anna ha ricevuto un rimprovero a scuola e la sua vicina di banco le ha fatto i dispetti

28) "Se Davide dorme al pomeriggio, allora Erica va al cinema con le amiche". Se l'argomentazione precedente è vera, quale delle seguenti è certamente vera?

A. Se Davide dorme al pomeriggio, Erica non va al cinema
B. Se Davide non dorme al pomeriggio, allora Erica non va al cinema con le amiche
C. Se Erica non va al cinema con le amiche vuol dire che Davide non dorme al pomeriggio

D. È impossibile che al pomeriggio Davide ed Erica vadano al cinema insieme
E. Se Erica va al cinema con le amiche significa che Davide dorme al pomeriggio

29) Una banda musicale marcia formando un quadrato di 6 × 6 elementi. Arrivata in piazza, si dispone su 3 file, formando un rettangolo, per suonare. Di quanti elementi è composta ciascuna fila?

A. 6
B. 9
C. 12
D. 24
E. 16

30) Nella sala riunioni del mio club di cricket ci sono quattro tavoli, tutti della stessa forma, raffigurata di seguito.

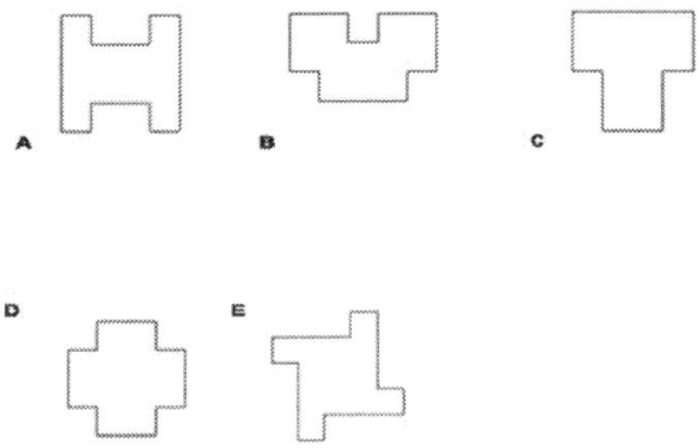

Quale delle seguenti disposizioni non è possibile ottenere mettendo insieme i quattro tavoli?

A. Figura B
B. Figura A
C. Figura D
D. Figura E
E. Figura C

Scienze

31) Nel Sistema Internazionale la temperatura si misura in:

A. ohm
B. gradi Reamur
C. gradi Celsius
D. Kelvin
E. gradi Fahrenheit

32) Delle quattro grandezze sottoelencate, una sola ha carattere vettoriale. Quale?

A. Nessuna delle altre risposte è corretta
B. Potenziale
C. Impulso
D. Energia
E. Temperatura

33) Un tram sta viaggiando lungo dei binari dritti e orizzontali ad una velocità di 12,0 m s^{-1} quando vengono attivati i freni. A causa di questo, il tram decelera con un tasso costante di 1,50 m s^{-2} fino a fermarsi. Qual è la distanza percorsa dal tram nel tempo totale in cui ha decelerato?

A. 18,0 m
B. 96,0 m
C. 48,0 m
D. 108,0 m
E. 216,0 m

34) In un moto circolare uniforme esiste accelerazione?

A. No, mai
B. No, trattandosi di un moto che si svolge su un piano
C. Sì, dovuta al fatto che la velocità cambia continuamente di direzione
D. Sì, ma solo se la traiettoria giace su un piano verticale
E. Non si hanno elementi per rispondere

35) Un corpo di peso 5 N è tenuto in equilibrio da due corde di massa trascurabile, come mostrato in figura. Una delle due corde crea un angolo di 60° con la verticale che punta verso l'alto, mentre l'altra corda è orizzontale. Qual è il valore della tensione della corda orizzontale?

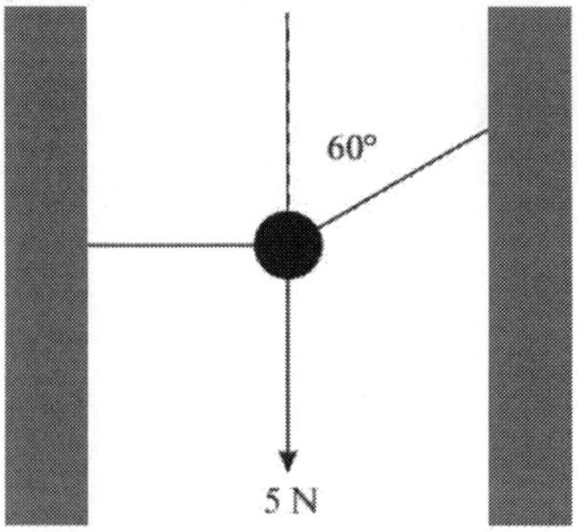

A. $1{,}25\sqrt{3}$N
B. $10\sqrt{3}$N
C. $5\sqrt{3}$N
D. 5 N
E. 10 N

36) Citosina e timina sono:

A. amminoacidi
B. nucleotidi
C. basi puriniche
D. basi pirimidiniche
E. zuccheri

37) L'unità strutturale e funzionale dei viventi è:

A. la cellula
B. il genoma
C. il DNA
D. l'RNA
E. la molecola

38) Un contenitore chiuso di volume *V* e alla temperatura *T*, contiene tre sostanze gassose, *A*, *B* e *C*, in uguale numero di moli. Quali delle seguenti affermazioni è FALSA?

A. $p_A = p_B = p_C$
B. $p_A = \dfrac{P \cdot n_A}{n_A \cdot n_B + n_C}$
C. $m_A = m_B = m_C$
D. $P_t = p_A + p_B + p_C$
E. $P_t = (n_A + n_B + n_C) \cdot \dfrac{RT}{V}$

39) Quale fra le seguenti è l'equazione bilanciata?

A. $2Na_{(s)} + H_2O_{(l)} \rightarrow NaOH_{(aq)} + H_{2(g)}$
B. $2Na_{(s)} + H_2O_{(l)} \rightarrow 2NaOH_{(aq)} + H_{2(g)}$
C. $2Na_{(s)} + 2H_2O_{(l)} \rightarrow 2NaOH_{(aq)} + 2H_{2(g)}$
D. $Na_{(s)} + H_2O_{(l)} \rightarrow NaOH_{(aq)} + H_{2(g)}$
E. $2Na_{(s)} + 2H_2O_{(l)} \rightarrow 2NaOH_{(aq)} + H_{2(g)}$

40) Quale dispositivo fa sì che una reazione avvenga attraverso una corrente elettrica applicata esternamente?

A. Cella galvanica
B. Cella elettrolitica
C. Cella elettrochimica
D. pHmetro
E. Cella chimica

Comprensione verbale

In questa prova sono presentate serie di brani, tratti da vari testi. Leggere i brani e rispondere a ogni quesito collegato solo in base alle informazioni contenute.

Specialità olimpiche

Una certa specialità olimpica prevede che, a ogni edizione dei Giochi, vengano assegnate esattamente tre medaglie (oro, argento e bronzo) ad altrettanti atleti. In ciascuna edizione, ogni Stato partecipante ha diritto a partecipare a questa competizione con uno e un solo atleta. Sempre con riferimento alla medesima specialità olimpica, è inoltre noto che:

1) considerando le ultime tre edizioni dei giochi, l'Austria ha ottenuto nel complesso tre medaglie, mentre Belgio e Canada hanno ottenuto due medaglie ciascuno;
2) nell'ultima edizione, la medaglia d'argento è andata alla Danimarca;
3) nella penultima edizione, la medaglia d'oro è andata all'Estonia;
4) nella terzultima edizione, la medaglia di bronzo è andata all'Austria;
5) considerando le ultime tre edizioni dei Giochi, nessun Paese ha mai vinto due volte la stessa medaglia.

41) Nella terzultima edizione quali Stati hanno occupato il podio? (L'ordine non deve necessariamente coincidere con quello di premiazione).

A. Austria, Belgio e Canada
B. Austria, Canada e Danimarca
C. Austria, Belgio e Danimarca
D. Austria, Danimarca ed Estonia
E. Austria, Belgio ed Estonia

42) Considerando le ultime tre edizioni dei Giochi, il podio è stato occupato esclusivamente da nazioni europee:

A. solo in occasione dell'ultima edizione
B. solo in occasione della terzultima edizione
C. in due edizioni, ma è impossibile determinare quali
D. in una e una sola edizione, ma è impossibile determinare quale
E. solo in occasione della penultima edizione

Farmaci per i più poveri

Il sistema dei brevetti sui farmaci e la corsa al profitto delle società farmaceutiche hanno spesso l'effetto di impedire ai più poveri l'accesso alle cure e di bloccare la ricerca su farmaci per le malattie diffuse nel terzo mondo, come la malaria. Oggi qualcosa sta però cambiando. La multinazionale GlaxoSmithKline ha annunciato che rinuncerà al brevetto sui suoi farmaci anti AIDS, compreso l'avanzato Abacavir, per lasciare che siano prodotti come farmaci generici e venduti a basso prezzo. Metterà inoltre in comune i risultati delle sue ricerche con la Pfizer (USA) per accelerare i tempi. L'istituto Cambia (Australia) ha messo a disposizione software e strumenti di ricerca per rendere i brevetti più accessibili. La multinazionale Novartis sta sviluppando con enti no-profit farmaci contro la diarrea che è il principale killer dei bambini in Africa.

(da: "Focus")

43) Quale dei seguenti NON è uno degli effetti benefici del nuovo atteggiamento delle case farmaceutiche?

A. La rinuncia alla ricerca del profitto
B. L'agevolazione allo sviluppo di farmaci
C. Alcuni farmaci potranno essere prodotti come farmaci generici
D. Alcuni farmaci potranno essere prodotti a basso prezzo
E. La condivisione dei risultati delle ricerche effettuate

44) Il nuovo atteggiamento delle case farmaceutiche:

A. consentirà anche ai più poveri di accedere alle cure più agevolmente
B. permetterà di aumentare il numero delle società no profit
C. ha determinato la scomparsa del sistema dei brevetti
D. ha reso più accessibili i farmaci contro la diarrea
E. ha reso possibile la distribuzione gratuita di farmaci anti AIDS

45) Dalla lettura del brano è possibile dedurre che:

A. condizione necessaria e sufficiente per consentire ai poveri l'accesso alle cure è eliminare il sistema dei brevetti sui farmaci
B. la Pfizer ha effettuato ricerche sui farmaci anti AIDS
C. senza software adatti non è possibile sviluppare farmaci avanzati
D. i profitti di GlaxoSmithKline e Novartis si sono oggi ridotti
E. solo le multinazionali detengono i brevetti su farmaci per malattie come la malaria

Maastricht

Maastricht ha un reticolo di strade acciottolate illuminate da vecchi lampioni, con le case affacciate direttamente sulla Mosa. Il centro è pieno di piccoli alberghi di lusso, gallerie d'arte, boutique e ristoranti eleganti. Le facoltà sono sparse all'interno di ville, chiese e conventi rimessi a nuovo. I potenziali studenti in visita con i genitori si riconoscono molto facilmente. I ragazzi portano i capelli stile boy band, mentre i padri borbottano dei costi contenuti delle rette.
Callum Bramley è venuto a Maastricht con la famiglia. Hanno tutti l'aria smarrita. L'idea di scegliere i Paesi Bassi è venuta al nonno del ragazzo, che ha visto un documentario in tv sull'università di Maastricht in cui si spiegava che i costi sono molto più bassi che in Gran Bretagna. "È una grande opportunità", commenta il padre di Callum. A Maastricht la retta annuale dell'università è di 1.700 euro. Il costo della vita è basso (250 euro al mese per un appartamento, quattro euro per una birra) e se uno studente accetta di lavorare per otto ore alla settimana, l'amministrazione locale olandese gli paga un sussidio di 265 euro al mese (in qualità di "residente non nativo economicamente produttivo"). Callum potrà laurearsi senza contrarre debiti. Sua madre Janet si augura che Maastricht gli dia un vantaggio. "Spero che Callum abbia spirito d iniziativa", dice, "e che impari un paio di lingue". Quando gli chiedo se pensa di mettersi a studiare l'olandese, Callum mi risponde con aria nervosa: "Forse".
Il presidente dell'università di Maastricht è Martin Paul, un imponente professore di farmacologia clinica. Gli chiedo perché uno studente straniero dovrebbe scegliere Maastricht. "Istruzione, istruzione e ancora istruzione", esclama. "Dal primo giorno insegniamo agli studenti a risolvere i problemi e ad affrontare più situazioni alla volta". All'università di Maastricht si usa la didattica chiamata "apprendimento per problemi": le lezioni consistono in una serie di domande a cui gli studenti devono rispondere lavorando in gruppo. È così che oggi lavora la maggior parte delle aziende.

(da: "*Matricole in fuga*", Internazionale n. 954)

46) Quale tra le seguenti affermazioni NON è deducibile dal brano?

A. Maastricht è una città lussuosa ed economicamente poco accessibile
B. Il metodo di studio usato nell'università di cui parla il brano prepara al metodo di lavoro di molte aziende
C. Maastricht è una città universitaria
D. In Olanda gli studenti stranieri sono aiutati economicamente se sono disponibili a fare un lavoretto part-time
E. Laurearsi in Gran Bretagna è molto costoso

47) A quanto può ammontare, per uno studente, l'affitto mensile nella città di Maastricht?

A. Le informazioni contenute nel brano non consentono di rispondere
B. A nulla, perché viene sovvenzionato dall'amministrazione locale
C. 1.700 euro
D. 265 euro
E. 250 euro

48) Con l'espressione "potrà laurearsi senza contrarre debiti" l'autore del brano intende dire che:

A. grazie al sussidio olandese, Callum potrà vivere e pagarsi la retta dell'università a Maastricht
B. se rimanesse a studiare in Gran Bretagna, Callum pagherebbe molto di più i propri studi
C. il titolo di studio conseguito all'estero sarà riconosciuto dal proprio Paese d'origine
D. Callum Bramley potrà godere di un sussidio inglese se studierà all'estero
E. lavorando per un numero necessario di ore, uno studente riceve un sussidio che gli consente di pagare sia la retta dell'università, sia vitto e alloggio

Tornano in piazza i "reclusi del welfare"

I disabili di tutta Italia si sono dati appuntamento oggi a Roma, piazza Montecitorio, per protestare contro lo smantellamento dei fondi destinati alle politiche sociali, con tagli che superano il 90% e mettono a rischio il futuro di 3,7 milioni di persone. Con l'azzeramento del fondo per la non autosufficienza viene infatti cancellata la speranza di emanciparsi di quanti sono costretti a pesare sulle proprie famiglie o a rinchiudersi in costose strutture di assistenza, anche quando non è necessario. Potrebbero uscirne grazie ai "progetti di vita indipendente", che assegnano direttamente ai disabili gravi le risorse per gestire la propria assistenza, garantendo recupero sociale e risparmio per lo Stato. Il nostro Paese ha fatto la legge 14 anni fa ma non ha poi erogato i finanziamenti per metterla in pratica, scaricando l'onere di spesa sugli enti locali, che, salvo rare eccezioni, sono costretti a respingere le richieste dei disabili.

Ecco perché, a oggi, i progetti avviati sono appena un migliaio. E con una spesa pro-capite per i servizi alla disabilità di soli 23 euro contro i 125 della media europea, il welfare italiano rimane a carico delle famiglie che pagano un prezzo altissimo al disimpegno dei governi. Paragonate alle altre famiglie, infatti, sono più povere: il reddito dei nuclei con almeno una persona con disabilità è sotto la media, mentre già nel 2007 il 40% di queste famiglie dichiarava di non poter affrontare una spesa imprevista, contro il 28% delle famiglie senza membri disabili (dati Istat). Una realtà ben lontana dagli impegni sottoscritti nel 2009 dall'Italia con la ratifica della convenzione Onu sul diritto all'autodeterminazione delle persone con disabilità.

Al di là dei dati che fotografano una situazione drammatica, il punto è che i progetti di vita indipendente sarebbero un affare per lo Stato. Ma l'affare, chissà perché, lo fa qualcun altro. Gli studi e le analisi sulla spesa per l'assistenza indicano chiaramente che se a scegliere e retribuire chi lo assiste è direttamente il disabile, lo Stato risparmia fino a un terzo di quanto spende. Molto meno dei 380 milioni di euro che finiscono direttamente nei bilanci delle cliniche che hanno in cura 21mila invalidi, il cui onere principale ricade soprattutto sui Comuni.

(da: F. Baraggino, T. Mackinson, *Disabili, fondi azzerati. Protesta in piazza: "L'aiuto diretto costa meno dei ricoveri"*, Il Fatto Quotidiano)

49) I "progetti di vita indipendente":

A. hanno un costo pro-capite di 23 euro
B. sono un elemento importante per i disabili di tutta Europa, mentre in Italia manca ancora una legge
C. nessuna delle alternative è corretta
D. sono a carico delle famiglie
E. costano moltissimo al governo

50) Quale tra le seguenti affermazioni NON è deducibile dal brano?

A. L'Italia spende molto meno per i disabili rispetto alla media europea
B. Lo Stato ha tagliato il 90% dei fondi destinati alle politiche di welfare
C. L'aiuto diretto ai disabili è più costoso, per lo Stato, delle sovvenzioni alle grandi strutture
D. I tagli alle politiche sociali colpiranno quasi 4 milioni di persone
E. Le famiglie con un membro disabile sono più povere delle altre

RISPOSTE CORRETTE

1) D	11) E	21) E	31) D	41) A
2) E	12) D	22) A	32) C	42) D
3) E	13) A	23) A	33) C	43) A
4) D	14) A	24) B	34) C	44) A
5) E	15) B	25) C	35) C	45) B
6) C	16) E	26) E	36) D	46) A
7) E	17) E	27) C	37) A	47) E
8) C	18) C	28) C	38) C	48) B
9) C	19) D	29) C	39) E	49) C
10) C	20) E	30) D	40) B	50) C

TEST 7

Matematica

1) Nella figura si vede un sistema di assi cartesiani, sui quali non sono riportati i valori delle coordinate, e si vede inoltre una circonferenza, che rappresenta l'insieme delle soluzioni di una delle seguenti equazioni. Quale?

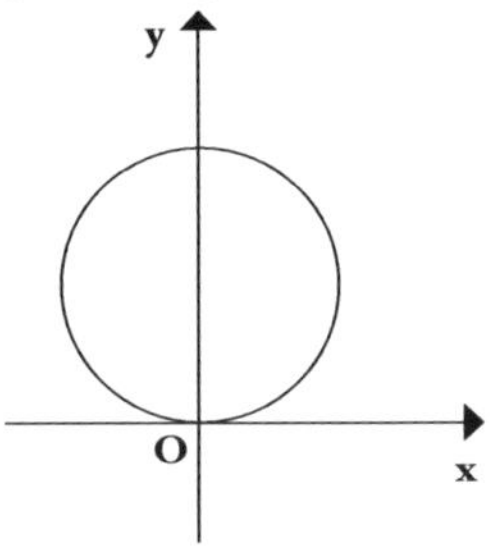

A. $x^2 + (y + 1)^2 = 1$
B. $x^2 + (y - 2)^2 = 1$
C. $x^2 + (y + 2)^2 = \pi$
D. $x^2 + (y - 1)^2 = 4$
E. $x^2 + (y - 2)^2 = 4$

2) In un piano cartesiano, quale delle seguenti equazioni descrive una circonferenza con raggio nullo?

A. Nessuna
B. $y + x = 0$
C. $(x + y)^2 = 1$
D. $(x + y)^2 = r^2$
E. $x^2 + y^2 = 0$

3) Quale dei valori sotto riportati costituisce la migliore approssimazione della radice quadrata di 814.420?

A. 9000
B. 900
C. 81442
D. 90
E. 407270

4) Su una speciale carta geografica 8 centimetri rappresentano una distanza di 5 chilometri nella realtà. Quindi, su quella carta, quanto distano in centimetri due punti che nella realtà si trovano a 11 chilometri fra loro?

A. 18
B. 17
C. 17,6
D. 17,2
E. 16,8

5) Un triangolo rettangolo è anche isoscele. La sua ipotenusa è lunga 1 m. Quanto vale l'area del triangolo?

A. $1/4\ m^2$
B. $1\ m^2$
C. $1/8\ m^2$
D. $1/2\ m^2$
E. $2\ m^2$

6) Stabilire quale dei seguenti punti giace nel terzo quadrante:

A. (1, 2)
B. (–2, 1)
C. (–1, –2)
D. (1, –2)
E. (–1, 2)

7) $sen^2\alpha + cos^2\alpha = 3$ per:

A. tutti i valori di α
B. α positivi

C. alcuni valori di α
D. nessun valore di α
E. α negativi

8) Per quale dei seguenti angoli il coseno NON è nullo?

A. 360 gradi
B. 270 gradi
C. 630 gradi
D. 90 gradi
E. 450 gradi

9) Il lato di un quadrato è uguale al diametro di una circonferenza (o cerchio). Il rapporto tra la misura della diagonale del quadrato e quella della lunghezza della circonferenza è:

A. maggiore di π
B. uguale a 2
C. uguale a π
D. uguale ad 1
E. minore di 1

10) Quale dei seguenti valori equivale al numero $\log_{16} 4$?

A. $1 - \log_{16} 4$
B. $\log_4 16$
C. $\log_{10} 4 - \log_{10} 16$
D. $\log_4 1$
E. $\log_4 16 - 1$

11) Stabilire, nell'intervallo $[\pi, 2\pi]$, quale delle seguenti relazioni è vera.

A. $\text{sen}(x) < 0$
B. $0 \leq \text{sen}(x) \leq 1$
C. $\text{sen}(x) = -\sqrt{1-\cos^2(x)}$
D. $-1 \leq \text{sen}\,(x) \leq -\dfrac{1}{2}$
E. $\text{sen}(x) = \sqrt{1-\cos^2(x)}$

12) Consideriamo la funzione $f(x) = \sin(x) + \cos(2x)$, definita per ogni x reale. Determinare quale delle seguenti affermazioni relative alla funzione $f(x)$ è FALSA.

A. Non assume valori maggiori di $5^{1/2}$
B. $f(\pi) = 1$
C. Non assume valori minori di -3
D. Non si annulla mai
E. È periodica

13) L'espressione goniometrica $\text{sen}(9\alpha) - \text{sen}(3\alpha)$ equivale a:

A. $1/2\ (\cos(6\alpha) - \cos(12\alpha))$
B. $3(\text{sen}(3\alpha) - \text{sen}(\alpha))$
C. $6\text{sen}(\alpha)$
D. $\text{sen}(9\alpha)\cos(3\alpha) - \text{sen}(3\alpha)\cos(9\alpha)$
E. $2\cos(6\alpha)\text{sen}(3\alpha)$

14) Nell'intervallo $[0, 2\pi]$, $\text{sen}(x) = \dfrac{\sqrt{3}}{2}$ se:

A. $x = \dfrac{\pi}{3}$ oppure $x = \dfrac{2}{3}\pi$
B. $x = \dfrac{7}{6}\pi$ oppure $x = \dfrac{11}{6}\pi$
C. $x = \dfrac{4}{3}\pi$ oppure $x = \dfrac{5}{3}\pi$
D. $x = \dfrac{\pi}{4}$ oppure $x = \dfrac{3}{4}\pi$
E. $x = \dfrac{\pi}{6}$ oppure $x = \dfrac{5}{6}\pi$

15) L'espressione $\text{sen}(x + y)$ vale, per ogni x ed y reali:

A. $\cos(x)\ \cos(y) + \text{sen}(x)\text{sen}(y)$
B. $\text{sen}(x)\ \cos(y) - \cos(x)\text{sen}(y)$
C. $\text{sen}(x) + \text{sen}(y)$
D. $\text{sen}(x)\ \cos(y) + \cos(x)\text{sen}(y)$
E. $\cos(x)\ \cos(y) - \text{sen}(x)\text{sen}(y)$

16) In un piano riferito a coordinate cartesiane ortogonali l'equazione $x + y^2 - 4y + 3 = 0$ rappresenta:

A. una funzione $y = f(x)$ simmetrica rispetto alla retta $x = 1$

B. una funzione $y = f(x)$ simmetrica rispetto all'asse x
C. una parabola di vertice $V(1; 2)$
D. una funzione $y = f(x)$ definita per ogni valore di x
E. una iperbole di centro C $(-3; 0)$

17) Per fare il 30% di un certo lavoro ho impiegato un'ora e mezza. Per completarlo, lavorando alla stessa velocità, mi mancano:

A. 230 minuti
B. 180 minuti
C. 300 minuti
D. 250 minuti
E. 210 minuti

18) In figura è rappresentato il grafico di una funzione $f:[-6,6]\to\mathbb{R}$. Qual è l'insieme degli x tali che $f(x) \leq 2$?

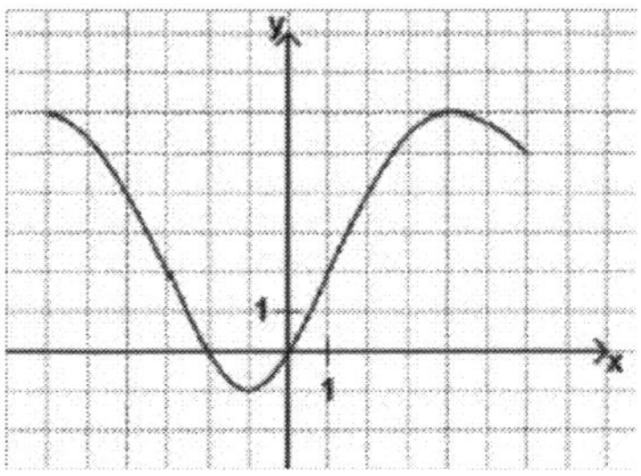

A. $[-3, 1]$
B. $[-1, 6]$
C. $[-6, -3] \cup [1, 6]$
D. $[-6, 4]$
E. $[-6, 1]$

19) Mario utilizza delle piastrelle bianche quadrate di 6 cm × 6 cm per ricoprire interamente una superficie rettangolare che misura 38 cm × 20 cm, ma vuole posizionare una piastrella diversa dalle altre esattamente al centro del rettangolo, come rappresentato nella figura seguente:

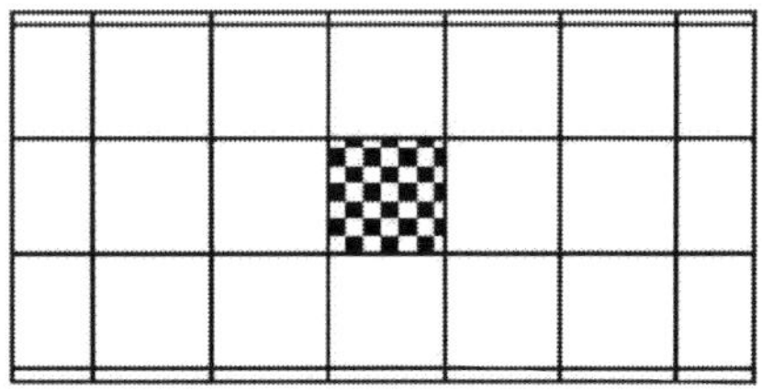

Mario sa tagliare perfettamente le piastrelle nel numero di pezzi necessari per realizzare il progetto, senza alcuno spreco, in modo che i bordi delle piastrelle tagliate combacino con quelli delle piastrelle intere.

Qual è il numero minimo di piastrelle che Mario dovrà tagliare per realizzare la parte perimetrale del rettangolo composta da piastrelle tagliate?

A. 15
B. 3
C. 9
D. 11
E. 7

20) Il palo verticale schematizzato in figura è posto in una zona piana. I raggi del sole formano un angolo di ampiezza α con il suolo e l'ombra ha lunghezza L. Allora la distanza dal suolo del punto del palo che si trova alla massima altezza è uguale a:

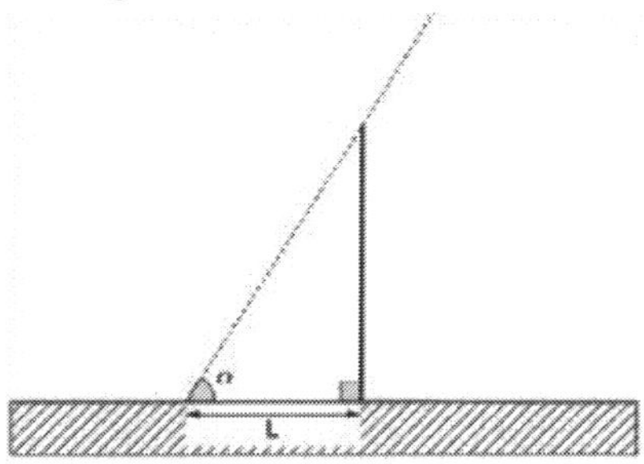

A. $L\sin\alpha$
B. $L\cos\alpha$
C. $\dfrac{L}{\tan\alpha}$

D. $L\tan\alpha$

E. $\dfrac{L}{\sin\alpha}$

Logica

21) Matilde ha tre sorelle, Francesca, Simona e Antonietta, e due fratelli, Domenico e Vincenzo. Si sa che:
I) Domenico è il maggiore di tutti;
II) Vincenzo è più grande di Simona e Francesca (non necessariamente in quest'ordine) ma più piccolo di Matilde e Antonietta (non necessariamente in quest'ordine).
In base alle informazioni precedenti è FALSO affermare che:

A. Matilde è più grande di Simona
B. Antonietta è più grande di Simona
C. Francesca è più piccola di Antonietta
D. Antonietta non può essere la terza in ordine di età
E. Francesca è più piccola di Matilde

22) La prossima settimana Anna deve incontrare: Loredana, Roberta, Marisa, Paola, Gianni e Simona e ha a disposizione solo le sere di venerdì, sabato e domenica. Anna decide quindi di incontrare due amici ogni sera. Per organizzare gli appuntamenti si deve, però, ricordare che: I) Roberta e Simona non vogliono incontrarsi tra di loro; II) Paola non può uscire il venerdì sera; III) Gianni può solo la domenica sera; IV) Marisa e Loredana escono solo insieme. In base alle precedenti affermazioni, per poter incontrare tutti e sei gli amici, quale delle seguenti persone incontrerà sicuramente il venerdì?

A. Paola
B. Roberta
C. Simona
D. Roberta o Simona
E. Loredana

23) "Alle persone sensibili piace la musica di Mozart. Paola è un medico. I medici sono persone sensibili". Se le precedenti informazioni sono vere, quale delle seguenti affermazioni necessariamente NON è vera?

A. A Paola piace la musica di Mozart
B. A tutti i medici piace la musica di Mozart
C. Paola è una persona sensibile
D. Le persone a cui non piace la musica di Mozart non possono essere medici
E. A Paola può non piacere la musica di Mozart

24) Si consideri la seguente affermazione: le discoteche aperte fino alle sei del mattino non influiscono sugli incidenti stradali. Infatti, nella cittadina Music l'apertura della discoteca XY è stata prolungata quest'anno fino alle sei del mattino e il numero di incidenti stradali rilevato quest'anno è stato il più basso degli ultimi anni. Tutte le seguenti affermazioni rappresentano valide obiezioni all'argomentazione precedente a eccezione di una. Quale?

A. L'apertura prolungata delle discoteche fino alle sei del mattino provoca gravi disturbi del sonno e inevitabili cali di concentrazione sconsigliati ai guidatori
B. I costi dell'apertura prolungata della discoteca XY hanno determinato un raddoppio del biglietto di ingresso che ha fatto crollare il numero di avventori
C. La musica ad altissimo volume, il consumo di alcol e di eventuali sostanze non lecite provocano danni alla forma psico-fisica delle persone abbassando i livelli di attenzione
D. Seppur quest'anno nella cittadina Music il numero di incidenti stradali sia diminuito, di contro è aumentato

il numero degli incidenti che hanno coinvolto i giovani avventori della discoteca XY

E. L'apertura fino alle sei della discoteca XY è accompagnata dalla direttiva comunale della cittadina Music di non vendere alcolici dopo la mezzanotte

25) In base all'informazione "tutte le tartarughe marine sono molto grandi", quale delle seguenti affermazioni è necessariamente vera?

A. È impossibile negare che esista almeno una tartaruga marina piccola
B. Le tartarughe marine sono più grandi di quelle terrestri
C. Non esistono tartarughe più grandi di quelle marine
D. Non esistono tartarughe marine piccole
E. Le tartarughe terrestri sono più grandi di quelle marine

26) Un gruppo di studenti sostiene due test, uno di storia dell'arte e l'altro di matematica. Per entrambi i test i punteggi sono calcolati in centesimi. Nel grafico sottostante ogni punto rappresenta i risultati di ciascuno studente per entrambi i test.

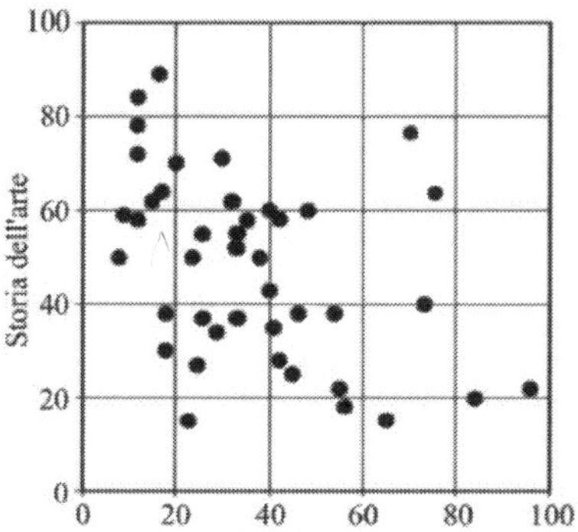

Quale tra le seguenti affermazioni può essere dedotta dal grafico sopra?

A. Gli studenti hanno trovato il test di matematica più facile di quello di storia dell'arte
B. In generale gli studenti hanno ottenuto risultati simili in entrambe le materie
C. Uno studente che ha ottenuto un buon punteggio in storia dell'arte ha generalmente ottenuto un buon punteggio anche in matematica
D. Uno studente che ha ottenuto un buon punteggio in matematica ha generalmente ottenuto un buon punteggio anche in storia dell'arte
E. Pochi studenti hanno ottenuto un risultato sopra la media in entrambe le materie

27) Identificare, tra le coppie proposte, quella che completa la successione data.

G, E, ?, A, B, D, ??, H

1	2	3	4	5
? = P ?? = C	? = C ?? = F	? = L ?? = M	? = F ?? = C	? = C ?? = P

A. Figura 5
B. Figura 1
C. Figura 3
D. Figura 2
E. Figura 4

28) L'immagine sotto riportata mostra la sezione di uno dei piatti di Barbara:

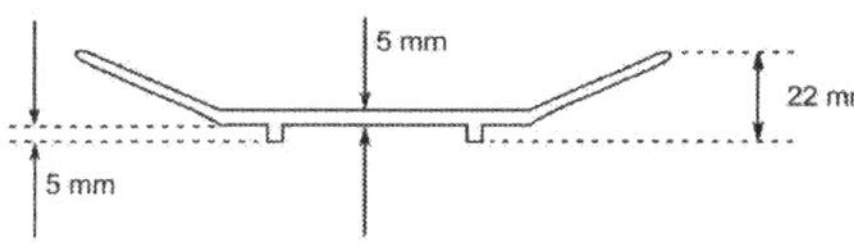

Barbara intende aggiungere un ripiano all'interno della sua credenza. Prima di aggiungerlo, vuole assicurarsi che, sotto questo nuovo ripiano, vi sia spazio sufficiente per riporre uno sopra

l'altro 8 piatti (come quello mostrato in figura) e inoltre vuole assicurarsi che rimangano 5 mm di spazio tra l'ultimo piatto e il ripiano.
Quale tra i seguenti indica il valore minimo dello spazio che Barbara deve lasciare sotto il ripiano?

A. 106 mm
B. 92 mm
C. 87 mm
D. 97 mm
E. 111 mm

29) Una bambina vuole comporre un puzzle di sei tessere, ma ne ha smarrita una. I cinque pezzi rimanenti sono raffigurati qui sotto:

Quale tra le seguenti tessere è quella che la bambina ha smarrito?

1 2 3 4 5

A. 2
B. 4
C. 3
D. 5
E. 1

30) Il premio "Alunno dell'anno" verrà assegnato secondo i seguenti criteri:

- **il premio non verrà assegnato a chi è arrivato in ritardo per più di 2 volte e nemmeno a chi non ha consegnato più di 2 compiti assegnati a casa entro la data prevista;**
- **il premio verrà assegnato all'alunno con il minor numero di voti inferiori al 9 nei compiti assegnati a casa.**

I finalisti sono i seguenti:

Studente	Classe	Assenze	Ritardi	Totale di compiti assegnati a casa	Compiti consegnati entro la data prevista	Compiti con un voto pari o superiore a 9
Andrea	IC	4	1	60	56	58
Carla	IIB	2	2	56	56	53
Enrico	IA	6	2	59	56	58
Greta	IIID	6	3	58	57	56
Ilaria	IVB	10	2	54	53	52

Sulla base della tabella sopra riportata, a chi verrà assegnato il premio?

A. Andrea
B. Ilaria
C. Carla
D. Enrico
E. Greta

Scienze

31) Osserviamo un oggetto posto a qualche metro di distanza: l'immagine dell'oggetto che si forma sulla retina dei nostri occhi sarà:

A. reale, invertita, rimpicciolita
B. reale, diritta, rimpicciolita
C. virtuale, invertita, rimpicciolita
D. reale, invertita, ingrandita
E. virtuale, diritta, rimpicciolita

32) Quale delle seguenti affermazioni è sicuramente FALSA?

A. La resistenza di un conduttore ohmico è inversamente proporzionale alla sua sezione
B. La resistenza di un conduttore ohmico dipende dal materiale di cui è costituito
C. La resistenza di un conduttore ohmico dipende dalla sua temperatura
D. La resistenza di un conduttore ohmico è direttamente proporzionale alla sua lunghezza
E. La resistenza di un conduttore ohmico è inversamente proporzionale alla sua temperatura termodinamica assoluta

33) Due bambini, R e S, sono seduti su un'altalena nelle posizioni indicate nel diagramma.
L'altalena è lunga 4,00 m, è uniforme e ha il fulcro posto al suo centro. R pesa 800 N mentre S pesa 1200 N. L'altalena non è in equilibrio.

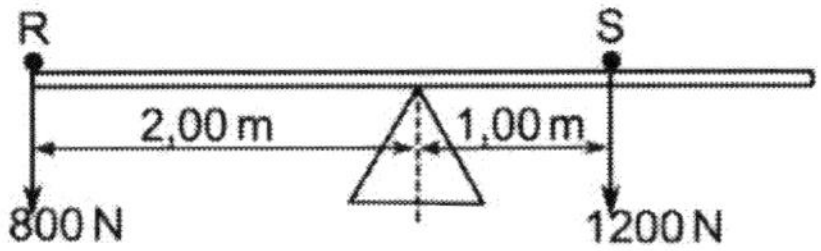

Uno dei due bambini si muove in modo che l'altalena risulti in equilibrio. Quale tra i seguenti spostamenti porterebbe l'altalena ad essere in equilibrio?
In ognuno degli spostamenti solo un bambino si muove, rimanendo dalla stessa parte del fulcro.

A. S si sposta a 2,00 m dal fulcro
B. S si sposta a 0,75 m dal fulcro
C. R si sposta a 1,50 m dal fulcro
D. R si sposta a 1,75 m dal fulcro
E. S si sposta a 0,50 m dal fulcro

34) Nel moto circolare uniformemente vario, il vettore velocità è:

A. costante in modulo, variabile in direzione
B. costante in direzione e modulo
C. variabile in direzione e modulo
D. costante in direzione, ma non in modulo
E. variabile in direzione, ma non in modulo

35) Le forze di attrazione Terra-Luna e Luna-Terra sono:

A. opposte in modulo ma uguali in direzione
B. uguali in modulo, direzione e verso
C. la seconda maggiore della prima
D. uguali in modulo ma opposte
E. la prima maggiore della seconda

36) La cellulosa è:

A. un monosaccaride con funzione strutturale
B. un polisaccaride con funzione di riserva energetica
C. una catena di peptidi
D. un polimero del β-glucosio
E. un polimero dell'α-glucosio

37) Quando due o più elementi si combinano tra loro si formano:

A. elettroni
B. protoni
C. atomi
D. composti chimici
E. miscugli

38) Nel sistema periodico, gli elementi sono incasellati:

A. in ordine di A crescente dal basso verso l'alto in colonne parallele
B. in ordine di elettronegatività decrescente da sinistra verso destra in file orizzontali
C. in ordine di massa atomica crescente da destra verso sinistra in file orizzontali, andando a capo quando inizia il riempimento di un nuovo livello energetico
D. in ordine di numero atomico decrescente da sinistra verso destra in file orizzontali, andando a capo quando inizia il riempimento di un nuovo livello energetico
E. in ordine di Z crescente da sinistra verso destra in file orizzontali, andando a capo quando inizia il riempimento di un nuovo livello energetico

39) Una soluzione satura di glucosio in acqua, in presenza del soluto indisciolto, rappresenta un esempio di:

A. sistema omogeneo
B. sistema monofasico

C. emulsione
D. individuo chimico
E. sistema eterogeneo

40) I protoni di un atomo determinano:

A. il peso
B. il numero di massa
C. il numero atomico
D. il peso atomico
E. il numero quantico

Comprensione verbale

In questa prova sono presentate serie di brani, tratti da vari testi. Leggere i brani e rispondere a ogni quesito collegato solo in base alle informazioni contenute.

La fragilità emotiva del malato

Nel mondo del malato, le emozioni regnano sovrane; la paura è lì, a un passo. La grande fragilità emotiva del malato si basa in parte sull'illusione di essere invulnerabili. La malattia – soprattutto se grave – manda in pezzi quell'illusione, sferrando un duro attacco alla nostra rassicurante convinzione di un mondo tutto nostro, protetto e sicuro. Improvvisamente ci sentiamo deboli, impotenti e vulnerabili.
Il problema si presenta quando medici e infermieri ignorano le reazioni emotive dei pazienti, anche quando si prendono gran cura delle loro condizioni fisiche. Questa indifferenza verso la realtà emozionale della malattia ignora i dati, sempre più numerosi, che dimostrano come lo stato emotivo possa avere a volte un ruolo significativo nella vulnerabilità dell'individuo alla malattia e nel decorso della convalescenza. Troppo spesso l'assistenza sanitaria moderna manca di intelligenza emotiva.
Per il paziente, ogni interazione con un'infermiera o con un medico può rappresentare un'occasione per ricevere informazioni rassicuranti, conforto e sollievo oppure, se lo scambio è gestito in modo infelice, può tradursi in un invito alla disperazione. Ma troppo spesso medici e infermieri sono frettolosi e indifferenti al disagio e alla sofferenza dei pazienti. Sicuramente, ci sono tra loro persone compassionevoli che trovano il tempo di rassicurare e informare oltre a quello di somministrare medicine. Ma la tendenza corrente sembra portare a un universo professionale nel quale il personale sanitario sia del tutto ignaro della vulnerabilità dei pazienti, o comunque troppo sotto pressione per occuparsene. Dovendosi confrontare con la dura realtà di un sistema sanitario nel quale i tempi sono sempre più spesso scanditi da contabili e ragionieri, le cose sembrano andare peggiorando.

(da: "Intelligenza emotiva", di D. Goleman, Rizzoli)

41) Quale delle seguenti è una ragione per cui il personale sanitario spesso non provvede a rassicurare i pazienti?

A. Vi sono poche persone compassionevoli tra di loro
B. La mancanza di tempo
C. La formazione professionale di medici e infermieri non è adeguata alle realtà emotive di un ospedale
D. Il personale sanitario con il tempo diviene indifferente alle sofferenze altrui
E. La sottovalutazione sistematica delle conseguenze degli stati emotivi

42) Quale delle seguenti è una causa della fragilità emotiva del malato?

A. La mancanza di tempo del personale sanitario

B. La perdita della sensazione di sicurezza
C. La malattia, che colpisce la psiche non meno del corpo
D. Il disinteresse del personale sanitario
E. Il mondo odierno, troppo protetto e sicuro

43) Quale delle seguenti conclusioni è autorizzata dal brano?

A. L'assistenza emozionale gioverebbe, per la guarigione, non meno di quella medicinale
B. L'assistenza sanitaria moderna è sotto qualche punto di vista peggiore di quella precedente
C. L'economicità del funzionamento del settore sanitario è considerata un'esigenza fondamentale, infatti il ruolo dei contabili e dei ragionieri è sempre più rilevante
D. Vi è sempre minor attenzione per la sofferenza emozionale dei pazienti
E. Il personale sanitario spesso non è all'altezza del compito affidatogli

Il cinema e i fatti di dolore

Giovani, belli, ricchi, non soffrono ma muoiono sempre. Perlopiù anziani, non ricchi, lancinati dai dolori, ma sopravvivono nel 60% dei casi. Sono i malati di cancro secondo il cinema e come invece sono nella realtà. Dopo la peste e altre epidemie nella letteratura, la tubercolosi nel teatro e nell'opera lirica, e la medicina di emergenza in tv, tanto per fare qualche esempio, è arrivato il momento del cancro nel cinema e le ricerche, qualche anno dopo, scoprono quanto l'arte non rispecchi la realtà.
Proprio il rapporto fra la malattia legata a tumori e la sua rappresentazione cinematografica è l'oggetto dello studio presentato al congresso della Società europea di oncologia medica (Esmo) a Vienna. L'indagine è stata condotta da due italiani che hanno censito 82 film sull'argomento, prodotti dal 1939 (l'anno in cui è uscito il primo "Dark Victory" dove Bette Davis moriva per un tumore al cervello) al 2012: "Abbiamo rilevato una notevole differenza con la realtà della malattia, ha spiegato uno degli autori dello studio, Giovanni Rosti, dell'ospedale Cà Foncello di Treviso. Nei film i malati sono più giovani rispetto alla realtà, intorno ai 40-45 anni massimo, appartengono alle classi sociali elevate, hanno tumori poco frequenti o rari, quando vengono dichiarati, e alla fine muoiono".
Secondo i due medici, sarebbe meglio che il cinema trasmettesse un'immagine del tumore meno "strappalacrime" e più vicina alla realtà. E quindi raccontasse fatti di dolore (che solitamente nei film si percepisce ma non si vede, mentre nella realtà abbonda e viene curato poco, specie in Italia); ma anche delle cure sempre meno tossiche, delle più lunghe sopravvivenze e delle sempre più frequenti guarigioni. L'intenzione ora è di proseguire la ricerca per scoprire come invece viene raccontato il cancro nelle serie tv, con l'obiettivo di capire meglio l'immaginario collettivo dominante e contribuire a migliorare la comunicazione.
"Oggi – hanno osservato alcuni oncologi – rispetto al passato i pazienti interagiscono molto di più con i medici e l'avere in testa degli stereotipi sbagliati li può limitare nelle aspettative e nelle richieste da fare al dottore".
(da: Umberto Veronesi, "La Repubblica")

44) L'autore del brano sostiene che nella realtà i malati di tumore:

A. muoiono giovani ma senza dolori
B . guariscono molto raramente
C. sopravvivono nel 60% dei casi

D. adottano terapie del dolore inefficaci nonostante le cure siano meno tossiche
E. appartengono alle classi sociali elevate e alla fine muoiono

45) La frase "Dopo la peste e altre epidemie in letteratura, la tubercolosi nel teatro e nell'opera lirica e la medicina di emergenza TV ... è arrivato il momento del cancro nel cinema" significa che:

A. la malattia è spesso stata scelta come soggetto nelle opere narrative ed espressive
B. il cinema è il mezzo di comunicazione privilegiato per trattare le problematiche riguardanti i malati di tumore
C. le arti tradizionali non hanno mai affrontato il problema del cancro: finalmente, grazie al cinema, anche questa malattia ha avuto il risalto che le spetta
D. finalmente, dopo molte resistenze culturali, si può trattare il cancro attraverso il cinema
E. parlare delle malattie del passato nella letteratura e in teatro non è più di moda

46) Secondo l'autore del brano avere stereotipi sbagliati:

A. induce i pazienti a pensare che il cancro sia sempre mortale e che colpisca prevalentemente gli anziani
B. può limitare il paziente nelle richieste da fare ai medici
C. può indurre il paziente a immedesimarsi con il protagonista malato di cancro di un film
D. può impedire al malato oncologico di sottoporsi con fiducia alle terapie consigliate
E. può indurre il paziente a non avere più aspettative

47) Al congresso della Esmo di Vienna due ricercatori italiani hanno presentato:

A. i risultati di una ricerca che mette in relazione le rappresentazioni letterarie e cinematografiche delle malattie che hanno caratterizzato un'epoca
B. i risultati di un'indagine relativa alla rappresentazione cinematografica di persone colpite da tumore
C. una ricerca sulla rappresentazione del cancro nel cinema e nelle serie TV
D. una ricerca relativa alla rappresentazione cinematografica delle malattie e delle epidemie nei film prodotti dal 1939 al 2012
E. una ricerca per invitare il personale medico a intraprendere cure più efficaci e meno tossiche per i malati di tumore

La radio

Nel 1894 Guglielmo Marconi conduce a Bologna i primi esperimenti che provano la possibilità della comunicazione a distanza in codice morse attraverso le onde hertziane. Nel 1901 egli realizza il primo collegamento senza fili attraverso l'Atlantico. Nel 1908 si ha la prima trasmissione a distanza della voce umana che parte dalla Tour Eiffel a Parigi. Agli inizi la radio ha un'importanza che è soprattutto civile e militare. Sarà soltanto negli anni '20 che nasceranno i programmi di trasmissione al pubblico. Era il 3 novembre 1920 quando la stazione KDKA della Westinghouse iniziò a trasmettere regolarmente. La radiodiffusione, negli USA, si rivelò presto un buon affare grazie agli introiti pubblicitari. Per questo essa poté affermarsi ed entrare nelle abitudini quotidiane della gente. Il risultato fu un sistema di mercato. In Europa fu invece seguita un'altra strada: quella di un monopolio pubblico sul tipo della BBC (British Broadcast Corporation), che si finanziava tramite abbonamenti. Nella storia dei mezzi di comunicazione di massa, la radio rappresenta un vero e proprio salto evolutivo. Essa è un media del tutto nuovo rispetto a quelli precedenti, sia per quanto riguarda il tipo di apparati che si rendono necessari, sia per il tipo di pubblici a cui dà vita. A differenza del cinema, infatti, la radio permette potenzialmente di rivolgersi a milioni di persone in ascolto contemporaneo e di far loro sentire parole e suoni nel momento stesso in cui vengono prodotti, cosa che prima soltanto la comunicazione orale poteva fare. È l'inizio della comunicazione in diretta. Cambiano perciò gli stili di comunicazione ed anche il pubblico della radio cambia forma sociale, perché questo mezzo raggiunge gli ascoltatori a casa propria, dando vita ad una enorme platea formata da persone separate le une dalle altre, che stanno da sole o sono riunite in piccoli gruppi familiari. Inoltre, fatto da non trascurare in quell'epoca, essa "parla" anche agli analfabeti e può far arrivare i suoi suoni e le sue voci anche nelle zone più lontane e sperdute del pianeta. Le generazioni più anziane ricordano ancora con emozione la suggestione quasi magica che si provava, quando la televisione ancora non era stata introdotta, nel cambiare la sintonia e nel ricevere stazioni lontane, da cui provenivano, in mezzo ai ronzii, parole in lingue sconosciute e musiche esotiche.

Negli anni '60, poi, la diffusione dei transistor alimentati a pila consente la fruizione dei programmi anche fuori casa, potenziando le occasioni comunicative (notiziari, sport, musica) dello strumento.
Dagli anni '80, infine, la liberalizzazione delle frequenze porta alla nascita delle radio private e al moltiplicarsi delle emittenti e delle offerte di programmi.

48) La nascita della radio:

A. si colloca negli anni Venti del XX secolo
B. è opera della Westinghouse
C. è avvenuta a Bologna
D. è resa possibile da studi di Guglielmo Marconi
E. è stata possibile grazie alla BBC

49) La diffusione del mezzo di comunicazione "radio":

A. segna l'inizio della comunicazione in diretta
B. è una logica conseguenza dello sviluppo degli altri mezzi di comunicazione
C. avviene dopo gli anni '80
D. è parallela allo sviluppo del cinema
E. annulla la differenza esistente tra nuovi media e la comunicazione orale

50) Dal punto di vista della comunicazione, l'invenzione della radio:

A. è contemporanea a quella della televisione
B. dà vita alle prime forme di monopolio pubblico
C. non rappresenta una innovazione rispetto al cinema
D. rappresenta un salto evolutivo
E. aiutò a combattere l'analfabetismo

RISPOSTE CORRETTE

1) E	11) C	21) D	31) A	41) B
2) E	12) D	22) E	32) E	42) B
3) B	13) E	23) E	33) C	43) D
4) C	14) A	24) E	34) C	44) C
5) A	15) D	25) D	35) D	45) A
6) C	16) C	26) E	36) D	46) B
7) D	17) E	27) D	37) D	47) B
8) A	18) A	28) D	38) E	48) D
9) E	19) E	29) D	39) E	49) A
10) A	20) D	30) B	40) C	50) D

TEST 8

Matematica

1) In un piano è dato un sistema di coordinate cartesiane x, y. L'insieme dei punti $P = (x, y)$ tali che $\log_2 (x^2) = 0$ è:

A. una coppia di rette parallele
B. un punto
C. una circonferenza
D. l'insieme vuoto
E. una coppia di rette perpendicolari

2) Ho a disposizione tre aste rigide, che hanno lunghezza l_1, l_2, l_3. Vorrei utilizzare le tre aste per formare un triangolo. Posso farlo in uno solo dei casi indicati, quale?

A. $l_1 = 100$, $l_2 = 90$, $l_3 = 100$
B. $l_1 = 1$, $l_2 = 2$, $l_3 = 3$
C. $l_1 = 4$, $l_2 = 10$, $l_3 = 5$
D. $l_1 = 10$, $l_2 = 10$, $l_3 = 30$
E. $l_1 = 600$, $l_2 = 200$, $l_3 = 300$

3) Per quale valore di a i punti $(-5, -3)$, $(2, a)$ e $(12, 31)$ del piano cartesiano sono allineati?

A. 1
B. Per nessuno dei valori indicati nelle altre risposte
C. –1
D. 17
E. 11

4) In figura sono rappresentati una semicirconferenza di centro O e raggio 1 e due suoi punti A e B; sappiamo che l'angolo AOB è retto. L'area della regione ombreggiata è:

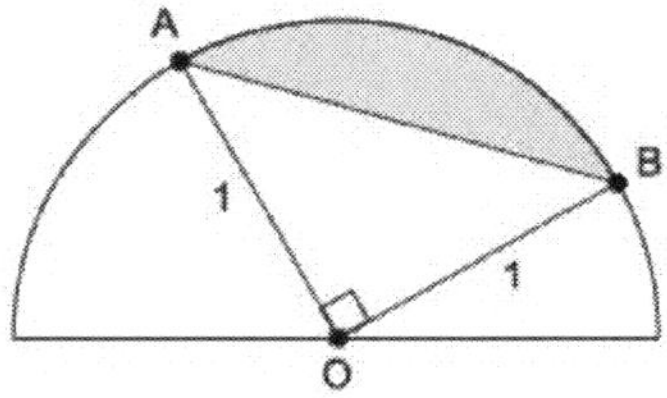

A. $\frac{\pi}{4} - \frac{1}{2}$
B. $\frac{\pi}{2} - \frac{1}{\sqrt{2}}$
C. $\frac{\pi}{2} - \frac{1}{2}$
D. $\frac{\pi}{4} - 1$
E. $\frac{\pi}{4} - \sqrt{2}$

5) Bisogna creare un libretto di otto pagine a partire da un singolo foglio di carta su cui è stato precedentemente stampato il contenuto di ogni pagina. Come mostrato in figura, inizialmente il foglio viene tagliato a metà (Figura 1) e la parte inferiore del foglio, senza modificarne l'orientamento, viene sovrapposta a quella superiore. I due foglietti sovrapposti vengono poi piegati (Figure 2 e 3) in modo tale che il foglietto sovrastante risulti essere all'interno del libretto.

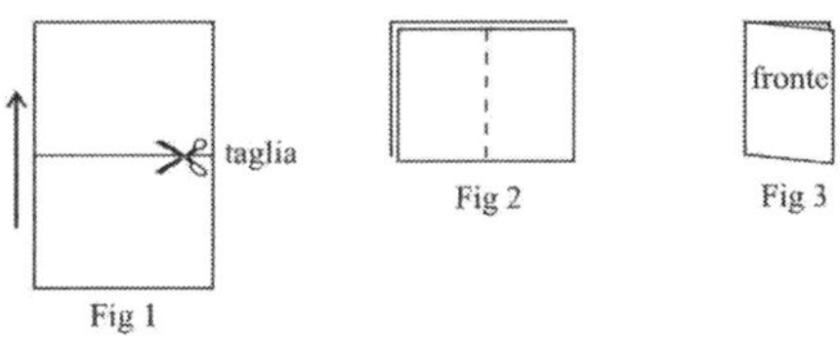

La prima pagina del libretto viene contrassegnata con una F (fronte), le pagine successive vengono numerate da 1 a 6 e l'ultima viene contrassegnata con una R (retro).

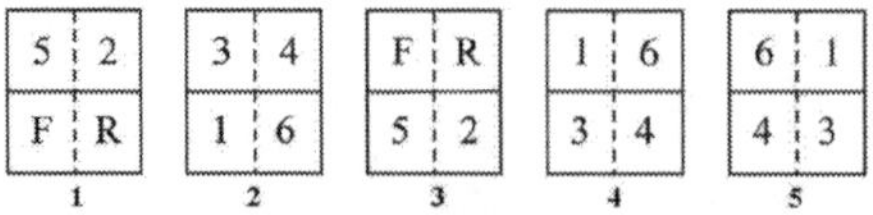

Quale tra le figure proposte mostra l'ordine corretto di lettere e/o numeri che dovrebbe apparire sul foglio prima che venga tagliato e ripiegato?

A. 2
B. 1
C. 4
D. 3
E. 5

6) Un triangolo ha i lati lunghi 10 cm, 10 cm e 12 cm. Qual è la sua area?

A. 1200 cm^2
B. 60 cm^2
C. 48 cm^2
D. 96 cm^2
E. 50 cm^2

7) Un parallelogramma ha un angolo acuto di ampiezza α e i lati di lunghezza 2 e 3. L'area del parallelogramma è:

A. $6\sin\alpha$
B. $5\sin\alpha$
C. $6\cos\alpha$
D. $2\sin\alpha + 3\cos\alpha$
E. $6\sin\alpha\cos\alpha$

8) Quante soluzioni ha l'equazione $(x^2-\pi)(x^2-1)=0$?

A. 1
B. 2
C. 4
D. 3
E. 0

9) Due grandezze positive m e v sono legate dalla relazione:

$$m=\frac{1}{\sqrt{1-v^2}}.$$

Allora v è uguale a:

A. $\sqrt{1-\frac{1}{m}}$
B. $\sqrt{1+\frac{1}{m^2}}$
C. $\frac{1}{1+m^2}$
D. $\sqrt{1-\frac{1}{m^2}}$
E. $1-\frac{1}{m}$

10) Il sistema $\begin{cases} 2x+\sqrt{y}=1 \\ x-3\sqrt{y}=-10 \end{cases}$ ha un'unica soluzione $(\bar{x},\bar{y})$. Quanto vale $\bar{x}+\bar{y}$?

A. 10
B. 0
C. 8
D. –10
E. –8

11) Quale tra le seguenti equazioni ha soluzioni reali?

A. $x^4 + 1 = 0$
B. $\frac{1}{x^2-1}=0$
C. $x^4 = x^4 + 1$
D. $x^4 = 2x^4$
E. $(x^2+1)^3=0$

12) L'espressione $(\sqrt{1000})^3$ è uguale a:

A. $10^4\sqrt{10}$
B. $100\sqrt{10}$
C. 10^5
D. $10\sqrt{1000}$

E. 10^4

13) Sia $f(x) = (x^2 - 1)^{1/3}$, allora $f(3)$ vale:

A. 1
B. 4
C. 2
D. ± 2
E. $2\sqrt{2}$

14) Sono date le funzioni $f(x)=\sqrt{x}$ e $g(x)=\frac{1}{x}$. L'insieme delle soluzioni della disequazione $f(x)<g(x)$ è:

A. $(1,+\infty)$
B. $(0, 1)$
C. $(-\infty,1)$
D. $(0, 1)\cup(1,+\infty)$
E. $(0,+\infty)$

15) L'espressione $\frac{1}{0,2}$ è uguale a:

A. $2 \cdot 10^{-1}$
B. 5
C. 1/5
D. 2
E. 0,02

16) In una palestra 41 persone seguono il corso di judo, 48 quello di karate e 28 quello di yoga. Si sa che 26 persone partecipano soltanto alle lezioni di karate, 14 seguono sia judo che yoga, 12 seguono sia yoga che karate; inoltre solo 8 persone iscritte alla palestra seguono tutti e tre i corsi. Quante persone seguono un solo corso?

A. 57 persone
B. 45 persone
C. 99 persone
D. 53 persone
E. 83 persone

17) La biblioteca del dottor Pietro contiene 160 libri così suddivisi per materia: biologia 20%; medicina 30%; letteratura 35%; chimica 5%; storia 10%. I libri di quali materie, tra loro sommati, sono 64?

A. Quelli di chimica e quelli di storia
B. Quelli di medicina e quelli di letteratura
C. Quelli di medicina e quelli di biologia
D. Quelli di letteratura e quelli di storia
E. Quelli di medicina e quelli di storia

18) In una piantina geografica disegnata in scala 1:500.000, a quanto corrisponde ogni centimetro?

A. 50 metri
B. 500 metri
C. 50000 metri
D. 5000 metri
E. 50 kilometri

19) Nell'equazione di secondo grado $x^2 - ax + 2a = 0$ la lettera x rappresenta l'incognita mentre a è un parametro reale. L'equazione ammette $x = \pi$ come soluzione se e solo se:

A. $a = \pi^2$
B. $a = \pi/(1 - \pi)$
C. $a = \pi - 2$
D. $a = \pi^2/(2 + \pi)$
E. $a = \pi^2/(\pi - 2)$

20) La frazione $x/(x^2 - 1)$ esiste:

A. per x diverso da 1
B. per x diverso da 1 e x diverso da -1
C. per $x > 1$
D. per ogni x reale
E. per x diverso da zero

Logica

21) Cinque amici, Antonio, Vincenzo, Luigi, Diego e Sandro, sono nati in cinque città diverse: Perugia, Bari, Catania, Genova e Venezia, non necessariamente

in questo ordine. Tutti hanno un'età diversa: 28, 26, 25, 24 e 22 anni, non necessariamente in questo ordine. Si sa che: Diego è il più giovane ed è nato in una città meridionale; Luigi è il più anziano ed è nato a Venezia; chi è nato a Catania ha 2 anni meno di Luigi e non si chiama Antonio; Vincenzo proviene da Perugia e ha un'età divisibile per 5.
In base alle precedenti informazioni, quanti anni ha Antonio e in quale città è nato?

A. 26 anni ed è nato a Genova
B. 24 anni ed è nato a Genova
C. 24 anni ed è nato a Bari
D. 26 anni ma non si può stabilire dove è nato
E. 26 anni ed è nato a Bari

22) "Francesca è alta. Le bionde sono tutte carine. Le persone alte sono agili". Se le precedenti informazioni sono corrette, quale delle seguenti informazioni addizionali NON consentirebbe di concludere che Francesca è carina?

A. Francesca è bionda
B. Le persone alte sono bionde
C. Le persone alte sono carine
D. Francesca è agile
E. Le persone agili sono bionde

23) In un ateneo, degli studenti iscritti, il 62% è di sesso maschile, il 36% è fuori corso ed il 9% è lavoratore. Quale delle seguenti affermazioni è necessariamente vera?

A. C'è almeno uno studente di sesso maschile fuori corso
B. C'è almeno uno studente di sesso maschile che non è né lavoratore né fuori corso
C. Non ci sono studenti lavoratori che non siano fuori corso
D. C'è almeno una studentessa in corso e non lavoratrice
E. C'è almeno una studentessa lavoratrice

24) "È necessario sapere parlare l'inglese molto bene per poter lavorare nell'azienda gamma". Se la precedente affermazione è vera, allora quale tra le seguenti lo è sicuramente?

A. Se Alberto parla l'inglese meglio di Angelo, verrà assunto nell'azienda gamma al suo posto
B. Se Alberto parla male l'inglese, allora non può lavorare nell'azienda gamma
C. Se Alberto parla bene l'inglese, potrà scegliere in quale azienda andare a lavorare
D. Se Alberto lavora nell'azienda gamma, allora parla l'inglese molto male
E. Se Angelo parla l'inglese meglio di Alberto, verrà assunto nell'azienda gamma al suo posto

25) In base all'informazione "Tutte le videocamere digitali sono molto sofisticate", quale delle seguenti affermazioni è necessariamente vera?

A. Le videocamere digitali sono più sofisticate delle altre
B. È impossibile negare che esista almeno una videocamera digitale poco sofisticata
C. Esistono alcune videocamere molto sofisticate
D. Solo le videocamere digitali sono molto sofisticate
E. Non esistono videocamere digitali poco sofisticate

26) "È sbagliato non ammettere che la scarsità di neve non è bastata per impedire lo svolgimento regolare della gara sciistica". Basandosi sulla precedente affermazione, individuare quale delle seguenti alternative è esatta.

A. Bisogna ammettere che la gara sciistica non si è svolta regolarmente
B. La gara sciistica si è svolta regolarmente nonostante la scarsità di neve
C. Si può affermare che la scarsità di neve è stata sufficiente a impedire lo svolgimento regolare della gara sciistica
D. La scarsità di neve ha di fatto impedito lo svolgimento regolare della gara sciistica
E. Grazie all'abbondanza di neve la gara sciistica si è svolta regolarmente

27) Dire che la frase "tutti loro non lavorano" è FALSA significa dire che:

A. uno tra loro non lavora
B. almeno uno tra loro lavora
C. nessuno di loro lavora
D. tutti loro, tranne uno, lavorano
E. tutti loro lavorano

28) Alla finale di una gara ciclistica la classifica dal 1° al 7° posto è la seguente: Aldo, Beatrice, Fausto, Ilaria, Claudio, Enrico, Gaia. Cinque di questi sette ragazzi hanno le ruote lenticolari e si sa che ad avere le ruote lenticolari sono tre tra i primi quattro classificati e tre tra gli ultimi quattro classificati. Si può essere certi che ad avere le ruote lenticolari è:

A. Enrico
B. Claudio
C. Beatrice
D. Ilaria
E. Fausto

29) Se è falso che "nessuno degli abitanti di un condominio ha almeno due automobili" allora si può dedurre che:

A. ogni abitante del condominio ha almeno due automobili
B. c'è un abitante del condominio che ha una sola automobile
C. c'è un abitante del condominio che ha esattamente due automobili
D. ogni abitante del condominio ha meno di due automobili
E. c'è un abitante del condominio che ha almeno due automobili

30) "Se i candidati si applicano, conseguiranno l'iscrizione". Sulla base dell'affermazione precedente, quale delle seguenti affermazioni è vera?

A. Se un candidato si applica, conseguirà il massimo risultato
B. Se un candidato è stato iscritto è possibile che si sia applicato
C. Tutte le altre affermazioni sono vere
D. Verranno iscritti solo candidati che si sono applicati
E. Se un candidato non si applica, verrà escluso

Scienze

31) Una massa appesa a una molla si muove oscillando lungo la verticale attorno alla sua posizione di equilibrio stabile. Di seguito sono riportate 4 affermazioni riferite al moto della massa.
1. La velocità è massima alla posizione di equilibrio.
2. L'accelerazione è massima alla posizione di equilibrio.
3. L'accelerazione è diretta verso la posizione di equilibrio.
4. L'energia cinetica è massima nelle posizioni di massimo spostamento dalla posizione di equilibrio.
Quale/i di queste affermazioni è/sono corretta/e?
A. Solo 2 e 4
B. Solo 1, 3 e 4
C. Solo 4
D. Solo 1 e 3
E. Nessuna

32) La forza di 24 N applicata a una massa di 3 kg produce un'accelerazione pari a:

A. 3,14 m/s^2
B. 72 m/s^2
C. 8 m/s^2
D. 3 m/s^2
E. 21 m/s^2

33) Sapendo che l'accelerazione di gravità vale 9,8 m/s^2, qual è il peso di una valigia con massa uguale a 10 kg?

A. 9,8 N
B. Nessuna delle altre risposte è corretta
C. 980 N
D. 98 N
E. 0,98 N

34) Per COMPRIMERE una molla di 10 cm rispetto alla posizione di equilibrio è necessario compiere un lavoro $L = 1{,}7$ J. Il lavoro necessario per ALLUNGARE la molla di 10 cm rispetto alla posizione di equilibrio è:

A. $L = -1{,}7$ J
B. $L = 1{,}7$ J
C. $L = 0$ J
D. $L = -3{,}4$ J
E. $L = 3{,}4$ J

35) Un pezzo di alluminio è appeso ad una bilancia a molla, la quale indica che il peso del pezzo di alluminio in aria è di 13,5 N. La bilancia viene abbassata fino a che il pezzo di alluminio è immerso completamente in un liquido inerte di densità 1,50 g/cm^3. Quale peso indica ora la bilancia? [Si consideri la densità dell'alluminio pari a 2,70 g/cm^3 e si trascuri l'immersione della bilancia a molla]

A. 7,5 N
B. 8,5 N
C. 6,0 N
D. 0 N
E. 13,5 N

36) Quale tra i seguenti rapporti definisce correttamente la densità?

A. peso/massa
B. energia/volume
C. massa/volume
D. massa/lunghezza
E. peso/larghezza

37) Considerando le proprietà del legame ionico, quale fra le seguenti affermazioni è ERRATA?

A. Il punto di fusione di un composto ionico è generalmente molto inferiore rispetto al punto di fusione di un composto molecolare
B. La differenza di elettronegatività fra gli elementi che costituiscono un composto ionico è elevata
C. L'unità molecolare di un composto ionico non è definibile
D. La conducibilità elettrica di un composto ionico allo stato fuso è elevata
E. Il cloruro di sodio è un composto ionico

38) Quale fra i seguenti sistemi NON contiene ioni?

A. Cloruro di sodio solido
B. Cloruro di sodio fuso
C. Soluzione acquosa di idrossido di calcio
D. Soluzione acquosa di acido cloridrico
E. Glucosio

39) Due soluzioni, non elettrolitiche, separate da una membrana semipermeabile, si dicono isotoniche:

A. se contengono sostanze differenti ma in concentrazioni uguali
B. se le concentrazioni delle soluzioni rimangono invariate

C. se contengono la stessa sostanza in concentrazioni differenti
D. se il soluto passa dalla soluzione più concentrata a quella più diluita
E. in nessuno dei casi indicati nelle altre alternative

40) Qual è il pH di una soluzione di HCl 0,00001 molare?

A. 1
B. 5
C. 7
D. 9
E. 4

Comprensione verbale

In questa prova sono presentate serie di brani, tratti da vari testi. Leggere i brani e rispondere a ogni quesito collegato solo in base alle informazioni contenute.

La decadenza moderna

Una chiara differenza tra il mondo antico e l'epoca in cui viviamo oggi è la velocità del progresso tecnologico e l'applicazione immediata dei risultati delle ricerche scientifiche, grazie ad una tecnologia sempre più sofisticata. Mentre l'eolipila inventata da Erone di Alessandria, considerata l'antenata della macchina a vapore, rimase un giocattolo, le scoperte degli scienziati e degli inventori moderni sono state immediatamente utilizzate a fini pratici. A questo riguardo il XIX e il XX secolo differiscono dalle epoche precedenti "per l'elevato numero di scoperte scientifiche che hanno trovato un'applicazione utilitaristica; si tratta di un numero così elevato da non avere precedenti nella storia dell'umanità".
Il fatto che il progresso tecnologico prosegua e sia sempre più veloce non permette di cogliere il declino della nostra epoca, anche se questo declino non ha assolutamente raggiunto il grado di sterilità culturale della Roma del III e del IV secolo d.C. La nostra situazione è più simile a quella dei Greci, la cui fiducia nel progresso, soprattutto nella tecnologia e nella medicina, proseguì dal periodo d'oro del V secolo fino al IV secolo a.C.; analogamente, una simile fiducia nel progresso e in particolare nella tecnologia e nella medicina si ritrova a partire dal XIX secolo fino ad oggi. Non ci fu tuttavia "alcuna diminuzione dell'energia creativa": fu l'epoca dei più grandi oratori e filosofi, si svilupparono nuove forme di arte e letteratura, furono compiuti importanti progressi in matematica e in astronomia. Ma, come nel nostro caso, "almeno qualcosa dell'antica fiducia era andato perduto".
Oggigiorno il progresso scientifico e tecnologico prosegue senza sosta e l'esplorazione dello spazio ha condotto a straordinarie scoperte astronomiche. La creatività che ha dato vita a nuove forme di cultura – i romanzi di fantascienza, l'impressionismo in arte e in letteratura, i risultati raggiunti dal cinema, dalla radio e dalla televisione – continua: siamo molto lontani dalla sterilità culturale che regnava a Roma nel IV secolo d.C.
Ciò che, invece, minaccia questo sviluppo culturale e che più assomiglia alla situazione dell'antica Roma è l'architettura contemporanea. Nel III secolo l'ordine classico si era dissolto in pareti spoglie e facciate nude, allo stesso modo in cui le nostre abitazioni in vetro e cemento hanno preso il posto degli edifici del XIX e dell'inizio del XX secolo, così variegati nello stile e nelle decorazioni.
In scultura, Thorwaldsen, Gibson e Bates, uniti al fascino spensierato di Carpeaux, segnano il tramonto di una lunga tradizione, sebbene alcuni elementi di essa permangono nelle forme voluminose di Maillol e Henry Moore.

Con Rodin qualcosa di nuovo è comparso: il suo "Balzac" riflette lo spirito e la personalità del soggetto per mezzo di effetti di chiaroscuro, illusioni ottiche che si sostituiscono a forme ben delineate, oppure nell'argilla modellata per dare corpo alle sue figure umane dotate di una plasticità che permane nella colata di bronzo e persino nella copia di marmo. Questo stile ricorda la scultura impressionista del III secolo ed è proseguito con molti esperimenti moderni di natura più o meno astratta. A questo proposito poi il ruolo giocato dal disegno astratto può essere equiparato alla varietà di motivi non-figurativi del post-classicismo e del periodo bizantino, più tardi intensificato dall'iconoclastia e dall'influenza dell'Islam. Le tendenze eterogenee e anarchiche dell'arte contemporanea sono espressione dell'angoscia dei tempi moderni – ciò si vede maggiormente negli stili pittorici che rompono con la forma classica, fino alla successiva corrente artistica rappresentata da Picasso, dal naturalismo all'astrattismo e al simbolismo.
L'imminente angoscia dell'epoca è espressa, nel XIX secolo, da artisti come Van Gogh, in particolare nei suoi autoritratti, nei suoi paesaggi tormentati e angosciosi e nell'"Urlo" di Munch del 1893. Quasi un secolo prima Goya dipinse il suo "3 maggio 1808". Nei "Disastri della guerra" e nelle "Pitture nere" dell'ultima fase della sua vita egli presenta la guerra e ogni sorta di malvagità in un modo completamente diverso dal classicismo accademico. Un altro secolo dovette trascorrere prima che il crudele spreco e la mutilazione di giovani vite giungesse alla coscienza pubblica nei terribili anni che seguirono le entusiasmanti aspettative dell'agosto 1914. Goya, tuttavia, aveva già ritratto gli effetti della guerra negando l'umanità tra corpi in decomposizione, donne stuprate e i gemiti dei loro figli. La sete di sangue, il male sadico è rappresentato nelle "Follie" – in esse non vi è spazio per il riso – e nei volti lascivi e nel mostruoso satanismo del "Sabba delle streghe" e in altre raffigurazioni del lato oscuro dell'esistenza umana. Anche Johann Heinrich Füssli guarda alle forze occulte che prendono potere, ma la completa visione di questa minaccia con cui il XIX secolo si è aperto è lasciata a Goya: l'inizio sinistro di una fase della storia, con tutte le sue torture, olocausti e massacri di soldati, il suo terrore e inumanità, comincia a rivaleggiare, nelle vite e nelle morti di milioni di individui, con le miserie dell'ultimo secolo a.C.

41) Quale tra le seguenti NON è una caratteristica dell'età contemporanea?

A. Una tecnologia sempre più sofisticata
B. Nuove forme di cultura
C. Una diminuzione dell'energia creativa
D. Tendenze anarchiche nell'arte
E. Un'architettura priva di decorazioni

42) Quale tra i seguenti fattori NON caratterizza la decadenza dell'arte nell'antica Roma?

A. I motivi non-figurativi
B. La scomparsa dell'ordine classico in architettura
C. La scultura impressionista
D. L'iconoclastia e l'influenza dell'Islam
E. L'arte divenuta sterile

43) Rodin segna uno snodo nello sviluppo della scultura moderna perché:

A. lavorava il bronzo e il marmo
B. ha rifiutato il fascino spensierato di Carpeaux
C. nelle sue opere non c'è continuità con il passato

D. il suo stile anticipa le scelte formali di Maillol e Moore
E. ha utilizzato illusioni ottiche e chiaroscuri per riflettere la personalità del soggetto rappresentato

44) Prendendo in considerazione i lavori artistici menzionati nel brano, la cosiddetta *"angoscia dell'epoca"* è stata espressa in pittura per la prima volta:

A. nei paesaggi di Van Gogh
B. negli autoritratti di Van Gogh
C. nell'"Urlo" di Munch
D. nelle opere di Füssli
E. nei "Disastri della guerra" di Goya

45) Per quale aspetto l'età contemporanea è più simile alla Roma del IV secolo d.C.?

A. La vita nell'antica Roma era culturalmente sterile così come nella nostra epoca
B. La fiducia nel progresso, soprattutto nella matematica e nell'astronomia
C. Ci sono delle similitudini tra l'architettura di Roma e quella della nostra epoca
D. L'arte dell'antica Roma ha continuato a svilupparsi così come accade nella nostra epoca
E. Sia a Roma che nella nostra epoca vi è fiducia nel progresso

La rivoluzione della new economy

L'era industriale si caratterizzava come un mondo di forza bruta, corpi e sudore; un'epoca in cui l'uomo pensava e costruiva macchine gigantesche per scoprire, estrarre e trasformare la materia, e farne bei materiali; un'epoca in cui i risultati dell'attività umana venivano misurati in altezza, peso e densità, nella convinzione che "grande" fosse anche "bello".
Nell'era industriale, l'uomo ha colato cemento su ogni spazio disponibile della crosta terrestre, per creare un gigantesco pavimento fra se stesso e il mondo naturale; ha tracciato autostrade nei grandi spazi; ha costruito fino all'altezza delle nuvole e oltre la linea dell'orizzonte, trasformando intere aree naturali in proprietà lottizzate. L'odore pungente della combustione dei materiali fossili, le nubi degli scarichi industriali che oscurano il cielo e il suono inarrestabile delle macchine che sibilano, martellano e ronzano incessantemente sono i simboli del gigantesco esperimento faustiano con cui l'uomo ha creduto di poter trasformare il mondo a propria immagine e somiglianza. Egli ha poi ricostruito un simulacro di natura attraverso la giustapposizione di minuscoli frammenti di proprietà privata, trasformando ogni individuo in un dio minore, padre e padrone del proprio Eden in formato tascabile, stipato all'inverosimile di totem e simulacri della creazione primigenia. In un'era di proprietà e di mercati intrisi di valori materiali, essere onnipresenti era ciò che rendeva l'uomo simile a Dio; ed essere in grado di espandere la propria presenza fisica, impadronendosi quanto più possibile dell'esistenza materiale, era ciò a cui tutti tendevano. Si trattava davvero, come cantava Madonna, di un "mondo materiale".
La nuova era, al contrario, è più immateriale e cerebrale; è un mondo di forme platoniche, di idee, immagini, archetipi, concetti e finzioni. Se l'individuo, nell'epoca industriale, si preoccupava di possedere la materia per manipolarla, il rappresentante tipico della prima generazione dell'era dell'accesso è assai più interessato alla manipolazione delle menti. Nell'epoca dell'accesso e delle reti, in cui le idee sono il fondamento dei commerci, essere onnisciente è ciò che rende l'uomo simile a Dio; ed essere universalmente connesso, in modo da poter dare forma alla stessa coscienza

umana, è quello che muove l'attività economica in ogni settore.
L'uomo si nutre di idee e di pensiero come di pane e di vino. Se l'era industriale ha nutrito il nostro essere corporeo, l'era dell'accesso alimenta il nostro essere mentale, emotivo e spirituale. Mentre l'era che sta volgendo al termine si caratterizzava per il controllo dello scambio di beni, la nuova era si caratterizza per il controllo dello scambio di concetti. Nel ventunesimo secolo, le imprese saranno sempre più coinvolte nello scambio di idee e, a loro volta, gli individui saranno sempre più propensi ad acquistare l'accesso a tali idee ed all'involucro materiale in cui saranno contenute. La capacità di controllare e vendere pensiero diventerà la forma più sofisticata di abilità commerciale.
I bilanci sociali raccontano la storia. La proprietà di beni materiali sta diventando meno importante e contribuisce sempre meno alla creazione di valore; la proprietà intellettuale, invece, è la nuova ricchezza. Nella nuova era, la mente domina la materia. Prodotti più leggeri, miniaturizzazione, contrazione degli spazi di lavoro, scorte just-in-time, leasing e outsourcing sono le prove della svalutazione di una visione materiale del mondo che ha posto l'accento sulla fisicità. Questo, però, non deve creare l'illusione che egoismo, avidità e sfruttamento stiano per scomparire: anzi, l'età dell'accesso rischia più che mai di nascere sotto il segno dello sfruttamento.
Nel mondo di oggi, controllare le idee dà più potere del controllo sullo spazio e sul capitale fisico: la disponibilità della comunità finanziaria ad investire nel capitale intellettuale nella sua forma più pura, a colpi di centinaia di miliardi di dollari, testimonia il cambiamento delle priorità del sistema capitalistico, la cui identità troppo a lungo è stata vincolata al capitale fisico.

46) Con la new economy il sistema capitalistico:

A. ha soltanto cambiato le sue priorità
B. potrà rimuovere avidità e sfruttamento
C. è ancora vincolato al capitale fisico
D. ha ridotto il proprio controllo sulla società
E. si è dissolto nella globalizzazione

47) Un paradiso in formato tascabile è:

A. un frammento della proprietà pubblica
B. un parco naturale lontano dalle grandi città
C. un rifugio dallo stress della vita cittadina
D. un luogo dove abbondano le merci
E. un piccolo spazio privato, artificiosamente naturale

48) L'equivalenza: "grande" uguale "bello"

A. è un giudizio condiviso da tutte le epoche
B. rispecchia la mentalità dell'era dell'accesso
C. è un aforisma che caratterizza l'era industriale
D. è un paradigma estetico della new economy
E. è tipica di una mentalità ingenua o infantile

49) Nell'era dell'accesso la ricchezza:

A. è strettamente legata all'industria
B. nasce dal controllo delle merci
C. si fonda sulla proprietà intellettuale
D. dipende sempre dalla buona fortuna
E. è basata sul possesso dei beni materiali

50) L'era industriale è chiamata faustiana perché in essa, come Faust, gli uomini hanno:

A. cercato di ottenere successo e potere ad ogni costo
B. voluto dominare la natura trasformando il mondo
C. cercato di trarre piacere da esperienze sempre nuove
D. intrapreso grandi opere per il bene della comunità
E. stretto patti infernali per oltrepassare i limiti naturali

RISPOSTE CORRETTE

1) A	11) D	21) B	31) D	41) C
2) A	12) A	22) D	32) C	42) D
3) E	13) C	23) B	33) D	43) E
4) A	14) B	24) B	34) B	44) E
5) C	15) B	25) E	35) C	45) C
6) C	16) D	26) B	36) C	46) A
7) A	17) E	27) B	37) A	47) E
8) C	18) D	28) D	38) E	48) C
9) D	19) E	29) E	39) A	49) C
10) C	20) B	30) B	40) B	50) B

TEST 9

Matematica

1) Delle risposte date a un questionario, 8 sono sbagliate e l'80% sono esatte. Quante risposte sono state date?

A. 40
B. 48
C. 57
D. 88
E. 72

2) Determinare quale dei seguenti numeri coincide con la formula riportata.

$$\frac{1}{\sqrt{2}}+\frac{1}{\sqrt{2}}+\frac{1}{\sqrt{2}}+\frac{1}{\sqrt{2}}$$

A. 2
B. $4/4 \times 2^{1/2}$
C. $8^{1/2}$
D. $1/4 \times 2^{1/2}$
E. 1/2

3) Indicare quale fra i polinomi di primo grado elencati è fra i fattori di $2x^3 - 3x^2 - 11x + 6$.

A. $x - 3$
B. $x - 2$
C. $x - 1$
D. $x + 4$
E. $x + 1$

4) Siano x e y due numeri reali, allora:

A. $x^2 + y^2 = (x + y)^2$
B. $x^2 + y^2$non si può ridurre ulteriormente nel campo dei numeri reali
C. $x^2 + y^2 = (x^2 - 2xy - y^2)$
D. $x^2 + y^2 = (x - y) \cdot (x + y)$
E. $x^2 + y^2 = (x + y) \cdot (x + y)$

5) Quale delle seguenti relazioni rappresenta una identità trigonometrica?

A. sen x = 1 + cos x
B. sen x = 1 – cos x
C. sen2 x = 1 + $\cos^2$ x
D. sen x = cos x · cotg x, x diverso da kπ, con k numero intero
E. sen x = cos x · tg x, x diverso da π/2 + kπ, con k numero intero

6) Il volume *V* di un cilindro retto a base circolare di raggio *R* e di altezza *H* vale:

A. $V = 2\pi RH$
B. $V = 1/3\ \pi R^2H$
C. $V = \pi R^2H$
D. $V = 2\pi R^2H$
E. $V = \pi R^2H^2$

7) Il 1° Gennaio un orologio indica correttamente le ore 15:06. Alla stessa ora del giorno successivo indica invece le ore 14:54; qual è l'errore in percentuale nella misura del tempo da parte dell'orologio, calcolato in questo intervallo di 24 ore?

A. 1,67%
B. 1,20%
C. 10,0%
D. 20,0%
E. 0,83%

8) Disponendo di 7 lettere dell'alfabeto, tutte diverse, il numero di parole con 4 lettere che si possono formare

potendo ripetere 2 o 3 o 4 volte la stessa lettera è:

A. 44
B. 49
C. 47
D. 77
E. 74

9) In un rombo una diagonale è il doppio dell'altra e l'area vale 36 cm^2. Quanto vale il lato del rombo?

A. Non si può determinare
B. $6 \times \sqrt{2}$ cm
C. 6 cm
D. $6 \times \sqrt{5}$ cm
E. $3 \times \sqrt{5}$ cm

10) Quanti sono i numeri naturali formati da al più quattro cifre dispari distinte?

A. 30
B. 205
C. 180
D. 120
E. 625

11) La sommità di un palo verticale rettilineo di altezza 6 m è collegata con un punto del terreno per mezzo di una fune tesa, in modo che questa formi con la direzione orizzontale un angolo di 30°. Qual è la lunghezza della fune?

A. $6 \times \sqrt{2}$ m
B. 18 m
C. $6 \times \sqrt{3}$ m
D. 15 m
E. 12 m

12) La funzione $y = \cos x / \text{sen}\, x$ ha periodo:

A. $\pi/6$
B. $\pi/4$
C. π
D. $\pi/3$
E. $\pi/2$

13) Rispetto ad un sistema di riferimento cartesiano ortonormale nel piano le coordinate dei punti A e B sono (1, 1) e (3, 2). Quale dei seguenti punti è allineato con A e B?

A. (3, 3)
B. (–1, 0)
C. (2, 3)
D. (1, 3)
E. (2, 1)

14) Una miscela di acqua e zucchero ha un valore energetico di circa 50 kilocalorie per 100 millilitri. Lo zucchero ha un valore energetico di circa 400 kilocalorie per 100 grammi. Un cucchiaino di zucchero ne contiene circa 5 grammi. Una lattina contiene 330 millilitri di miscela. Quanti cucchiaini di zucchero sono contenuti in una lattina di miscela?

A. 7
B. 7,5
C. 6
D. 6,5
E. più di 8

15) Il logaritmo decimale di un numero compreso fra 1 e 10:

A. è compreso fra –1 e 0
B. non si può calcolare
C. è maggiore di 1
D. è compreso tra 0 e 1
E. è minore di –1

16) Le ampiezze degli angoli di un quadrilatero sono proporzionali ai numeri 3, 5, 6 e 10. Quale delle seguenti quaterne rappresenta le ampiezze dei quattro angoli del quadrilatero?

A. 30° 50° 60° 220°
B. 48° 78° 90° 144°
C. 36° 75° 108° 144°
D. 45° 75° 90° 150°

E. 48° 72° 108° 132°

17) In un villaggio turistico si organizza un torneo a squadre miste di 12 persone, ognuna composta per metà da donne e per un terzo da persone di età superiore ai 40 anni. Qual è il numero massimo di uomini di età inferiore ai 40 anni che possono essere presenti in una squadra?

A. 7
B. 6
C. 3
D. 4
E. 5

18) La retta passante per il punto (1, –1) e ortogonale alla retta di equazione $2x + y + 6 = 0$ ha equazione:

A. $x + y - 3 = 0$
B. $y + 2x - 1 = 0$
C. $2y - x - 3 = 0$
D. $2y - x + 3 = 0$
E. $y - 2x + 1 = 0$

19) Sia k un numero reale. L'equazione $x = (k - 1)y$ rappresenta:

A. una iperbole
B. una retta non passante per l'origine
C. una retta passante per l'origine
D. una parabola
E. una circonferenza

20) Un rettangolo di area 192 cm^2 ha un lato di 16 cm. Stabilire quale delle seguenti affermazioni è falsa.

A. Le due diagonali sono uguali
B. L'altro lato misura 12 cm
C. La diagonale misura 20 cm
D. Il perimetro misura 56 cm
E. Il rettangolo assegnato è un quadrato

Logica

21) "Veronica è una brava studentessa. Tutti gli studenti di Farmacia sono bravi studenti. Tutti i bravi studenti sono preparati". Date tali premesse, si può dedurre che:

A. solo alcuni studenti di Farmacia sono preparati
B. Veronica è preparata
C. tutti gli studenti preparati sono bravi studenti
D. Veronica è una studentessa di Farmacia
E. solo alcuni bravi studenti sono preparati

22) "Se e solo se leggo tutti i giorni un quotidiano, sarò aggiornato sull'attualità". In base alla precedente informazione, quale delle seguenti affermazioni è certamente vera?

A. Leggo tutti i giorni un quotidiano solo durante le vacanze estive
B. Anche se non leggo un quotidiano tutti i giorni, sono aggiornato sull'attualità
C. Se sono aggiornato sull'attualità significa che leggo tutti i giorni un quotidiano
D. Se leggo un quotidiano è perché voglio aggiornarmi sull'attualità
E. Se anche leggo tutti i giorni un quotidiano, potrò non essere aggiornato sull'attualità

23) "Le ricerche sul luogo dell'aggressione non hanno escluso che l'agente sia stato ferito da più di una persona". In base alla precedente affermazione è certamente vero che:

A. l'agente è stato certamente ferito da più di una persona

B. l'agente potrebbe essere stato ferito da più di una persona
C. nessuna delle altre alternative è corretta
D. se l'agente non fosse stato aggredito da più di una persona, non sarebbe stato ferito
E. l'agente non è stato ferito nonostante l'aggressione di più persone

24) "Tutti i carpentieri sono nerboruti. Matteo è un carpentiere". In base alle precedenti informazioni quale delle seguenti affermazioni è necessariamente vera?

A. Nessuna delle altre alternative è corretta
B. Matteo non è nerboruto
C. Tutti gli uomini nerboruti sono carpentieri
D. Tutti gli uomini nerboruti si chiamano Matteo
E. Matteo è nerboruto

25) Se Marina mi telefona, andiamo insieme al cinema. In base alla precedente affermazione, è necessariamente vero che:

A. se io e Marina non siamo andate insieme al cinema, vuol dire che Marina non mi ha telefonato
B. bisogna che Marina telefoni perché andiamo al cinema insieme
C. se Marina non telefona, io e Marina non andiamo insieme al cinema
D. io e Marina andiamo insieme al cinema solo se Marina mi telefona
E. se io e Marina andiamo insieme al cinema, significa che Marina mi ha telefonato

26) Un corteo è composto da 18 file di persone. Ogni fila contiene 5 persone in più della precedente. Se nella prima fila ci sono 3 persone, nell'ultima fila ci saranno:

A. 71 persone
B. 88 persone
C. 83 persone
D. 93 persone
E. 79 persone

27) Lungo un marciapiede rettilineo sono parcheggiati una motocicletta, un'auto, un monovolume, un furgone e la bicicletta del guardiano. L'auto è posteggiata prima del furgone e della motocicletta e quest'ultima viene dopo la monovolume e prima della bicicletta del guardiano. Scegliere l'ordine corretto in cui possono essere parcheggiati i veicoli.

A. Bicicletta del guardiano – furgone – monovolume – motocicletta – auto
B. Monovolume – motocicletta – bicicletta del guardiano – furgone – auto
C. Auto – furgone – monovolume – bicicletta del guardiano – motocicletta
D. Auto – furgone – monovolume – motocicletta – bicicletta del guardiano
E. Monovolume – motocicletta – auto – furgone – bicicletta del guardiano

28) Immaginando che l'orologio in figura sia stato costruito per funzionare in senso antiorario, che ora segnerebbe tra 95 minuti?

A. 2:10
B. 9:50
C. 9:55
D. 5:20
E. 9:45

29) "È da escludere che le migrazioni stagionali dei volatili non siano guidate da un istintivo senso dell'orientamento". Basandosi sulla precedente affermazione, individuare quali delle seguenti alternative è esatta.

A. Le migrazioni stagionali dei volatili non sono guidate dall'istinto
B. L'orientamento dei volatili è istintivo
C. I movimenti migratori non ci sarebbero senza una buona dose di istinto
D. Le migrazioni non istintuali sono da escludere dal novero di quelle possibili
E. Nessuna delle alternative proposte soddisfa la richiesta del quesito

30) "Gli studenti del corso sono contenti di avere ulteriori spiegazioni ogni volta che le chiedono. Il professore spiega loro che approfondire eventuali dubbi sortisce spesso un effetto benefico". Se le precedenti proposizioni sono vere allora è vero che:

A. il professore fornisce spiegazioni sempre e solo se richieste
B. gli studenti chiedono frequentemente ulteriori spiegazioni
C. il professore non si ritrae innanzi ad alcuna richiesta degli studenti
D. nutrire dubbi su un argomento è condizione necessaria e sufficiente per capirlo
E. nutrire dubbi su un argomento può essere condizione favorevole all'apprendimento

Scienze

31) Per una cottura rapida di alcuni cibi si utilizza la pentola a pressione il cui uso prevede di inserire nella pentola il cibo da cuocere immerso in una certa quantità d'acqua. Dopo avere chiuso ermeticamente la pentola e averla messa sul fuoco, a un certo punto l'acqua inizia a bollire e il vapore fuoriesce dalla valvola di sicurezza. In queste condizioni, entro la pentola:

A. la temperatura dell'acqua in ebollizione dipende dall'intensità della fiamma che scalda la pentola
B. la temperatura dell'acqua in ebollizione dipende dalla quantità di acqua immessa nella pentola
C. il coperchio ermetico conserva meglio il calore fornito
D. la temperatura dell'acqua in ebollizione è 100 °C
E. la temperatura dell'acqua in ebollizione è maggiore di 100 °C

32) Un corpo ha una massa di 30 g e un volume di 50 cm^3. Ponendolo in acqua, che cosa succede?

A. Galleggia
B. Resta sospeso in prossimità della superficie
C. Nessuna delle altre alternative è corretta
D. Viene sommerso in profondità
E. Affonda

33) Il sistema circolatorio porta il sangue nelle varie parti del corpo. Di quanto aumenterebbe la pressione del sangue nella testa se ti mettessi a testa in giù? Supponi di essere alto 1,70 m e considera la densità del sangue uguale a quella dell'acqua ($d_{acqua} = 10^3$ kg/ m^3) e $g = 9{,}8 m/s^2$.

A. $5{,}7 \times 10^3$ Pa
B. $1{,}67 \times 10^4$ Pa
C. 16,7 Pa
D. $1{,}67 \times 10^6$
E. 1,67 Pa

34) Per sollevare di 10 metri un ascensore di massa totale uguale a 800 kg, utilizzando un motore di potenza ugua-

le a 8.000 W, saranno approssimativamente necessari:

A. 10 secondi
B. 20 secondi
C. 1 minuto
D. 80 secondi
E. 5 secondi

35) Una palla da golf viene lanciata con inclinazione di 30° rispetto al piano orizzontale e, trascurando gli attriti, percorre una traiettoria parabolica. Quale delle seguenti affermazioni è corretta?

A. La componente orizzontale della velocità è costante
B. La componente verticale della velocità è costante
C. L'accelerazione della pallina è diretta verso l'alto
D. L'accelerazione della pallina è nulla lungo tutta la traiettoria
E. Al culmine della traiettoria la velocità è nulla

36) Gli isotopi 12 e 14 del carbonio differiscono tra loro per:

A. un protone
B. due neutroni
C. due protoni
D. un protone e un neutrone
E. il numero di elettroni

37) La molecola biatomica del cloro (Cl_2) contiene un legame:

A. dativo
B. covalente eteropolare
C. covalente omopolare
D. ionico
E. covalente doppio

38) Quale tipo di reazione avviene quando un metallo subisce corrosione?

A. Neutralizzazione
B. Combustione
C. Saponificazione
D. Polimerizzazione
E. Ossidoriduzione

39) Durante la fermentazione del mosto d'uva, quale dei seguenti fenomeni NON avviene?

A. Si sviluppa anidride carbonica
B. Aumenta il grado alcolico
C. Parte degli zuccheri viene trasformata in alcool
D. Viene assorbita anidride carbonica dall'ambiente
E. Parte degli amminoacidi viene trasformata in alcool

40) Gli amminoacidi si legano tra loro per formare:

A. i polimeri acidi
B. i polisaccaridi
C. le proteine
D. le ammine
E. le ammidi

Comprensione verbale

In questa prova sono presentate serie di brani, tratti da vari testi. Leggere i brani e rispondere a ogni quesito collegato solo in base alle informazioni contenute.

La storia del cavallo poliploide

Si dice che ancor oggi per gettare nell'imbarazzo i signori del premio Nobel basti menzionare i cavalli poliploidi. Vero o no, verso la fine degli Anni Ottanta il dottor P.U. Posif, il grande genetista erewhoniano, ricevette il premio per le sue manipolazioni del DNA del comune cavallo da tiro (*Equus caballus*). Si disse che egli aveva apportato un grande contributo all'ancor giovane scienza della trasportologia. In ogni caso vinse il premio per aver creato (nessun'altra parola potrebbe render giustizia a un'operazione di scienza applicata che quasi usurpava l'attività divina), creato, dico, un cavallo di dimensioni esattamente doppie di quelle del comune Clydesdale. Era lungo il doppio, alto e largo il doppio: era un poliploide, con un numero di cromosomi quadruplo del normale. Posif sostenne sempre che c'era stato un tempo in cui questo animale straordinario, quando era ancora un puledro, poteva reggersi sulle quattro zampe. Dovette certo essere uno spettacolo fantastico! Fatto sta che quando fu esposto al pubblico e ripreso e immortalato da tutti gli strumenti di comunicazione della civiltà moderna, il cavallo non si reggeva affatto in piedi. Per farla breve, era *troppo pesante*. Pesava, naturalmente, otto volte un normale Clydesdale. Per le sue comparse in pubblico o alla televisione, il dotto Posif faceva sempre chiudere gli idranti, che erano altrimenti costantemente necessari per mantenere l'animale alla normale temperatura di un mammifero; ma c'era sempre il timore che le parti più interne cominciassero a cuocere. Dopo tutto, la pelle e il pannicolo adiposo della povera bestia erano spessi il doppio del normale, mentre la sua superficie era solo quattro volte quella di un cavallo comune, sicché esso non si raffreddava adeguatamente. Ogni mattina il cavallo doveva essere sollevato sulle zampe con una piccola gru e infilato in una sorta di scatola a ruote dove poggiava su una serie di molle, calibrate per alleggerirlo di metà del suo peso. Il dotto Posif sosteneva che l'animale era straordinariamente intelligente. Aveva, naturalmente, otto volte più cervello (in peso) di qualsiasi altro cavallo, ma io non ebbi mai l'impressione che si occupasse di problemi più complessi di quelli che interessano gli altri cavalli. Aveva pochissimo tempo libero, tutto preso com'era sempre a sbuffare in parte per raffreddarsi, in parte per ossigenare il suo corpo ottuplo. Dopo tutto la sua trachea aveva una sezione soltanto quadrupla di quella normale. Poi c'era l'alimentazione. Ogni giorno doveva ingerire in qualche modo una quantità pari a otto volte quella sufficiente a un comune cavallo, e doveva far scendere tutto quel cibo lungo un esofago che aveva un calibro solo quadruplo del normale. Anche i vasi sanguigni avevano dimensioni relativamente ridotte, e ciò rendeva più difficile la circolazione e imponeva al cuore un lavoro supplementare. Una bestia infelice! Questo apologo mostra ciò che inevitabilmente accade quando interagiscono due o più variabili le cui curve siano discrepanti. Questo è ciò che produce l'interazione tra cambiamento e tolleranza. Ad esempio, la crescita graduale di una popolazione (di automobili o di persone) non ha effetti manifesti su un sistema di trasporto finché *improvvisamente* la soglia di tolleranza viene superata e il traffico s'ingorga. Il cambiamento di una delle variabili rivela un valore critico dell'altra. Nel caso del cavallo immaginario, lunghezza, superficie e volume (o massa) sono in discrepanza perché le loro curve di crescita hanno caratteristiche mutuamente non lineari. La superficie varia come quadrato della lunghezza e il volume come cubo della lunghezza, sicché la superficie varia come volume elevato alla potenza di 2/3. Per il cavallo (e per tutte le creature reali) la faccenda si fa più seria, poiché per rimanere in vita devono essere assicurate molte dinamiche interne. C'è una logistica interna del sangue, del cibo, dell'ossigeno e delle scorie, e una logistica dell'informazione, sotto forma di messaggi neurali e ormonali. Nelle cose viventi il fenomeno della crescita aggiunge un ulteriore ordine di complessità ai problemi della grandezza. La crescita altererà le proporzioni dell'organismo? I problemi relativi ai limiti della crescita sono risolti in modi assai diversi dalle diverse creature. Un caso semplice è quello delle palme, che non modificano la circonferenza per compensare l'altezza. Una quercia, che tra il legno e la corteccia ha un tessuto che cresce (il cambio), si sviluppa in altezza e in larghezza durante tutta la sua esistenza. Una palma del cocco, invece, dove il tessuto soggetto a crescita si trova solo all'apice del fusto (la cosiddetta insalata dei miliardari, e ottenerla significa uccidere la palma), presenta solo uno sviluppo in altezza accompagnato da un lento ingrossamento alla base del tronco. Per quest'organismo la limitazione dell'altezza è semplicemente un normale aspetto dell'adattamento a una nicchia. È la pura e semplice instabilità meccanica provocata da un'altezza eccessiva non compensata da una circonferenza adeguata che normalmente la conduce alla morte.

41) L'autore del Testo si propone di mostrare che:

A. i processi di crescita di vegetali ed animali trovano un limite esclusivamente nel tempo di invecchiamento delle cellule
B. le difficoltà di ossigenazione e di smaltimento del calore corporeo del cavallo poliploide derivavano da diverse natura e conformazione degli organi interni
C. il cavallo poliploide non riusciva a reggersi sulle proprie zampe perché il suo corpo aveva dimensioni eccessive rispetto a quelle delle zampe
D. quando, in un qualsiasi fenomeno, vi sono parametri legati da leggi non lineari, uno di questi non può variare a piacere, senza rendere impossibile la sussistenza del fenomeno stesso
E. i parametri che legano tra loro i diversi aspetti di un fenomeno fisico sono sempre tra loro indipendenti

42) Il cavallo poliploide pesava otto volte un cavallo normale, e non riusciva a reggersi sulle zampe, perché:

A. il cavallo era troppo alto, e le zampe si flettevano per carico di punta
B. il cavallo si debilitava per l'insufficiente smaltimento del calore corporeo
C. il peso è proporzionale al volume, ed il volume è proporzionale al cubo della lunghezza
D. le zampe del cavallo non avevano articolazioni adeguate
E. la quantità di cibo necessaria a nutrire un corpo così grande era tale da appesantirlo eccessivamente

43) Il cavallo poliploide, quando era ancora un puledro, riusciva a reggersi in piedi sulle proprie zampe, poiché:

A. faceva meno fatica a respirare
B. aveva dimensioni adeguate a sopportare il peso corporeo
C. essendo giovane, aveva più energia
D. da giovane, aveva una muscolatura più resistente
E. aveva meno calorie da smaltire

44) Secondo quanto è affermato nel testo, a cosa si deve il limite della vita di una palma?

A. Al fatto che l'apparato radicale non si sviluppa adeguatamente
B. Al fatto che la chioma non si sviluppa a sufficienza per mantenerla in vita
C. Al fatto che la palma cresce più in altezza che in diametro del tronco
D. Al deperimento organico delle funzioni vegetative

E. All'indebolimento progressivo del legno

45) Quale tra le seguenti cause concorre a determinare l'infelicità del cavallo?

A. Non era amato dal suo padrone
B. Aveva dimensioni e peso simili a quelle di un cavallo normale
C. Aveva sempre freddo
D. Non poteva riprodursi
E. Faticava ad ingoiare il cibo

Lo spazio, protagonista dell'architettura

Il carattere per cui l'architettura si distingue dalle altre attività artistiche sta nel suo agire con un vocabolario tridimensionale che include l'uomo.

La pittura agisce su due dimensioni, anche se può suggerirne tre o quattro. La scultura agisce su tre dimensioni, ma l'uomo ne resta all'esterno, separato, guarda dal di fuori le tre dimensioni. L'architettura invece è come una grande scultura scavata nel cui interno l'uomo penetra e cammina.

La scoperta della prospettiva, cioè della rappresentazione grafica delle tre dimensioni – altezza, profondità e larghezza – poteva far credere agli artisti del XV secolo di possedere finalmente le dimensioni dell'architettura e il metodo di rappresentarle. Tuttavia, nell'ultimo decennio del XIX secolo, la mente dell'uomo scoprì che, oltre le tre dimensioni prospettiche, ne esisteva una quarta. E fu la rivoluzione dimensionale cubista. Un pittore nel 1912 fece questo ragionamento: io vedo e rappresento un oggetto, per esempio una scatola o un tavolo, lo vedo da un punto di vista. Ma se giro tra le mani la scatola, o vado attorno al tavolo, ad ogni passo cambio il mio punto di vista e per rappresentare l'oggetto da quel punto devo fare una nuova prospettiva. La realtà dell'oggetto dunque non si esaurisce nelle tre dimensioni prospettiche; per possederla integralmente, dovrei fare un numero infinito di prospettive dagli infiniti punti di vista. C'è dunque un altro elemento oltre alle tre dimensioni tradizionali, ed è appunto lo spostamento successivo dell'angolo visuale. Fu così battezzato il tempo, "quarta dimensione".

La quarta dimensione sembrò rispondere esaurientemente al quesito delle dimensioni dell'architettura. Ogni opera di architettura, per essere compresa e vissuta, richiede il tempo del nostro cammino, la quarta dimensione.

Senonché una dimensione che è comune a tutte le arti non può essere evidentemente caratteristica di nessuna, e perciò lo spazio architettonico non si esaurisce nelle quattro dimensioni. Questo nuovo fattore "tempo" ha poi due significati antitetici in architettura e in pittura. In pittura, la quarta dimensione è una qualità rappresentativa di un oggetto, è un elemento della realtà dell'oggetto che un pittore può scegliere di proiettare sul piano, e che non richiede nessuna partecipazione fisica dell'osservatore. Nella scultura avviene la stessa cosa: il "moto" di una forma di Boccioni è una qualità propria della statua che contempliamo e che dobbiamo rivivere psicologicamente e visivamente. Ma in architettura il fenomeno è totalmente diverso e concreto: qui è l'uomo che muovendosi nell'edificio, studiandolo dai successivi punti di vista, crea, per così dire, la quarta dimensione, dona allo spazio la sua realtà integrale.

Per essere più precisi, la quarta dimensione è sufficiente a definire il volume architettonico, cioè la scatola muraria che racchiude lo spazio. Ma lo spazio in sé – l'essenza dell'architettura – trascende i limiti della quarta dimensione.

Allora quante dimensioni ha questo "vuoto" architettonico, lo spazio? Cinque, dieci. Infinite, forse. Ma, ai nostri fini, basta stabilire che lo spazio architettonico non è definibile nei termini delle dimensioni della pittura e della scultura. È un fenomeno che si concreta solo in architettura, e che di questa costituisce perciò il carattere specifico.

46) Dalle informazioni ricavabili nel brano, che cosa indusse gli artisti del XV secolo a credere di possedere le dimensioni dell'architettura?

A. La collaborazione tra architetti e pittori
B. La scoperta della prospettiva
C. La scoperta della quarta dimensione
D. La nascita di nuovi stili architettonici
E. Il rinnovato interesse per l'arte e la cultura umanistica proprio dell'epoca

47) Dalle informazioni ricavabili nel brano, la rivoluzione dimensionale cubista ha introdotto:

A. l'uso della prospettiva in pittura e in scultura
B. il ritratto di un oggetto nelle sue tre dimensioni (altezza, profondità e larghezza.
C. la rappresentazione di oggetti di uso quotidiano quali scatole e tavoli
D. un vocabolario tridimensionale che include l'uomo
E. il tempo, ovvero la "quarta dimensione"

48) Secondo l'autore del brano, la partecipazione fisica dell'osservatore è indispensabile:

A. nella scultura e nella pittura
B. solo nella scultura
C. solo nella pittura
D. solo nell'architettura
E. nella scultura e nell'architettura

49) Dalle informazioni ricavabili nel brano, in architettura la quarta dimensione è sufficiente a definire:

A. il volume architettonico che racchiude lo spazio
B. una qualità rappresentativa di un oggetto
C. il moto di una forma che dobbiamo rivivere psicologicamente e visivamente
D. una tecnica che consente la rappresentazione prospettica
E. la realtà totale di un oggetto

50) Secondo l'autore del brano, qual è l'essenza dell'architettura?

A. Il tempo
B. La coesistenza delle quattro dimensioni
C. La quarta dimensione
D. Il punto di vista prospettico
E. Lo spazio

RISPOSTE CORRETTE

1) A	11) E	21) B	31) E	41) D
2) C	12) C	22) C	32) A	42) C
3) A	13) B	23) B	33) B	43) B
4) B	14) E	24) D	34) A	44) C
5) E	15) D	25) A	35) A	45) E
6) C	16) D	26) B	36) B	46) B
7) E	17) B	27) D	37) C	47) E
8) E	18) D	28) B	38) E	48) D
9) E	19) C	29) B	39) D	49) A
10) B	20) E	30) E	40) C	50) E

TEST 10

Matematica

1) Se si raddoppia il raggio di una sfera, il suo volume:

A. raddoppia
B. aumenta di 9 volte
C. aumenta di 4 volte
D. aumenta di 3 volte
E. aumenta di 8 volte

2) Per *a* e *b* entrambi positivi, log (*a*/*b*)

A. $\log (a - b)$
B. $\log a - \log b$
C. $\log a / \log b$
D. $\log a \times \log b$
E. $\log a + \log b$

3) Sia *r* la retta di equazione $x + 2y - 1 = 0$. Quale tra le seguenti è l'equazione di una retta perpendicolare a *r*?

A. $y = 2x$
B. $y = -x$
C. $y = (1/2)x$
D. $y = -2x$
E. $y = (-1/2)x$

4) L'equazione della retta passante per i punti (0,0) e $\left(\sqrt{2}, 4\sqrt{2}\right)$ è:

A. $y = 4x$
B. $y = 4x + 1$
C. $y = 1/4x - 1$
D. $y = 1/4x + 2$
E. $y = 1/4x$

5) Se il coefficiente angolare della retta che congiunge il punto *A*, di coordinate cartesiane (*a*, 2), con il punto *B*, di coordinate cartesiane (4, *b*), è uguale a 3, qual è la relazione che lega *a* con *b*?

A. $b = 12 - 2a$
B. $b = 14 - 2a$
C. $b = 14 - 3a$
D. $b = 12 + 3a$
E. $b = 12 - 3a$

6) Un quadrato ha il lato *L* uguale al raggio di una circonferenza. Il rapporto fra il perimetro del quadrato e la misura della circonferenza risulta:

A. dipendente dal valore che assume *L*
B. > 1
C. $= 1$
D. $= 2$
E. < 1

7) Un soggetto abituato a bere un quarto di vino al giorno deve osservare una dieta che prevede al massimo un quinto di litro di vino al giorno. A quale quantità giornaliera minima di vino dovrà rinunciare?

A. 10 ml
B. 25 ml
C. 75 ml
D. 50 ml
E. 100 ml

8) In una scuola elementare, frequentata da 240 alunni, sono stati attivati due corsi pomeridiani. Si sa che 191 alunni frequentano il corso di spagnolo, 171 il corso di nuoto, 29 nessuno dei due corsi.

Quanti alunni frequentano entrambi i corsi?

A. 151
B. Non si può stabilire perché i dati sono insufficienti
C. 142
D. 20
E. 40

9) La funzione cotg*x* ha periodo:

A. $\pi/2$
B. π
C. nessuna delle altre risposte è corretta
D. $\pi/4$
E. 2π

10) L'espressione $\frac{1}{x^2}-\frac{1}{y^3}$, definita per *x* diverso da zero ed *y* diverso da zero, è uguale a:

A. $\frac{x^2-y^3}{x^2y^3}$
B. $\frac{1}{x^2-y^3}$
C. $\left(\frac{1}{x}-\frac{1}{y}\right)\left(\frac{1}{x}+\frac{1}{y}\right)$
D. $\frac{y^3-x^2}{x^2y^3}$
E. y^3-x^2

11) Per *a* diverso da 0, è $1/a + 1/(2a) + 1/(4a) =$

A. $(7a)/3$
B. $3/(7a)$
C. $7/(4a)$
D. $8a$
E. $(1/8)a$

12) Le radici dell'equazione $x^2 + 3x = 28$ sono:

A. due, di segno diverso
B. una sola
C. due, negative
D. due, positive
E. tre

13) Il logaritmo decimale di 99,99 è:

A. compreso tra 0 e 1
B. minore di 0
C. compreso tra 1 e 2
D. compreso tra 10 e 100
E. compreso tra 3 e 10

14) La funzione $f(x)=\sqrt[4]{x(x^2-4)}$ ammette come campo di esistenza:

A. $x \le -2,\ 0 \le x \le 2$
B. $-2 < x < 0;\ x > 2$
C. tutto R
D. $-2 \le x \le 0,\ x \ge 2$
E. $-2 \le x \le 2$

15) Quanti sono i numeri di quattro cifre che hanno come cifre un solo 1 e un solo 2 e due volte la cifra 3?

A. 18
B. 24
C. 12
D. 60
E. 9

16) Sono dati gli insiemi $A = \{1, 2, 3\}$ e $B = \{a, b, c, d, e\}$. Quante sono le funzioni $f: A \to B$ tali che $f(2) = c$?

A. 32
B. 16
C. 25
D. 15
E. 8

17) Un padre ha 50 anni e il figlio 26. Quando l'età del padre è stata o sarà tripla di quella del figlio?

A. Fra 14 anni
B. Fra 21 anni
C. 14 anni fa
D. Mai
E. Non è possibile stabilirlo

18) I possibili resti della divisione di un numero per 10 sono:

A. tutti i numeri naturali > 10
B. qualsiasi numero naturale
C. 0, 1, 2, 3, 4, 5, 6, 7, 8, 9
D. 0, 2, 3
E. tutti i numeri naturali < 9

19) Una potenza perfetta è un numero intero che si può scrivere nella forma a^b, con a e b interi maggiori o uguali a 2. Determinare quale dei seguenti interi NON è una potenza perfetta.

A. 500
B. 1000
C. 2500
D. 125
E. 216

20) L'espressione $\left(x+\frac{1}{x}\right)^2$, definita per x diversa da zero, è uguale a:

A. $x^2+\frac{1}{x^2}+2$
B. $x^2+\frac{1}{x^2}$
C. $x^2+\frac{1}{x^2}+1$
D. $x^2-\frac{1}{x^2}$
E. $x^2+\frac{1}{x^2}-2$

Logica

21) "Non tutti i visitatori escludono il fatto che sia stato il lavoro dell'allestitore a evitare l'insuccesso della mostra". Basandosi sulla precedente affermazione quale delle seguenti alternative è necessariamente vera?

A. Secondo molti visitatori la mostra è stata un insuccesso nonostante il lavoro dell'allestitore
B. Evidentemente non è stato il lavoro dell'allestitore a evitare l'insuccesso della mostra
C. Almeno un visitatore ritiene possibile che il lavoro dell'allestitore abbia evitato l'insuccesso della mostra
D. Alcuni visitatori ritengono che l'insuccesso della mostra sia da imputare all'allestitore
E. Alcuni visitatori ritengono che l'insuccesso della mostra sia stato evitato grazie al lavoro dell'allestitore

22) Se l'affermazione "tutti i piloti sono persone colte" è FALSA, quale delle seguenti proposizioni è necessariamente vera?

A. Alcuni piloti non sono persone colte
B. Almeno un pilota non è una persona colta
C. I piloti leggono poco
D. Almeno un pilota è colto
E. Nessun pilota è una persona colta

23) "Tutti coloro che usano la posta elettronica sanno accendere il computer; Antonio sa accendere il computer; chi usa la posta elettronica sa navigare in Internet". Se le affermazioni sopra riportate sono vere, quale delle seguenti è necessariamente FALSA?

A. Esiste almeno un utente di posta elettronica che non sa accendere il computer
B. Chi sa navigare in internet sa accendere il computer
C. Chi sa accendere un computer può navigare in Internet
D. Antonio non ha una casella di posta elettronica
E. Antonio non ha mai navigato in Internet

24) Francesca afferma che "tutti gli studenti di Ingegneria Biomedica hanno

partecipato almeno una volta al test di Medicina". Sapendo che l'affermazione di Francesca è falsa, determinare quale delle seguenti situazioni è sicuramente verificata.

A. Almeno uno studente di Ingegneria Biomedica ha superato il test di Medicina
B. Almeno uno studente che ha partecipato al test di Medicina non si è iscritto a Ingegneria Biomedica
C. Almeno uno studente di Ingegneria Biomedica non ha mai partecipato al test di Medicina
D. Almeno uno studente di Ingegneria Biomedica ha partecipato al test di Medicina
E. Nessuno studente di Ingegneria Biomedica ha mai partecipato al test di Medicina

25) Dall'analisi delle risposte fornite ad un esame per il conseguimento della patente di guida, emerge che, per ognuna delle 40 domande, c'è stato almeno un candidato che ha fornito la risposta corretta. Determinare, sulla base di questa sola informazione, quale delle seguenti situazioni si è necessariamente verificata.

A. Esiste un candidato che ha risposto in maniera errata a tutte le domande
B. Esiste un candidato che ha risposto correttamente a tutte le domande
C. Esiste almeno una domanda a cui tutti i candidati hanno risposto correttamente
D. Nessuna domanda è stata lasciata senza risposta da tutti i candidati
E. Tutti i candidati hanno risposto correttamente ad almeno 30 domande

26) Individuare il numero mancante:

3	2	4	3
5	3	2	4
30	12	16	(?)

A. 14
B. 18
C. 22
D. 36
E. 24

27) Ho due cugini, uno è nato un anno prima di me, il 3 giugno, l'altro è nato un anno dopo di me, il 28 aprile. Il mio compleanno è il 15 maggio. Per quanti giorni all'anno ho la stessa età di uno e/o dell'altro dei miei cugini?

A. 38
B. 37
C. 39
D. 36
E. 35

28) Un'enciclopedia è composta di 8 volumi, ognuno di 600 pagine. Se i volumi sono disposti normalmente affiancati in una libreria, quante pagine ci sono contando tutte le pagine nell'intervallo fra l'ultima pagina del secondo volume e la prima pagina del sesto volume?

A. 3.600
B. 4.200
C. 3.000
D. 2.400
E. 1.800

29) Carlotta ha 5 braccialetti apparentemente identici, uno dei quali è però più pesante degli altri. Avendo a disposizione una bilancia a due piatti, quante pesate saranno sufficienti per essere certi di individuarlo?

A. 4
B. 2
C. 5
D. 3
E. 6

30) Lo scorso sabato 40 bambini, 100 adulti e 60 anziani sono andati in piscina. Per stabilire quanto tempo ciascun utente è rimasto in acqua è stato effettuato un sondaggio, i cui risultati sono riportati nei seguenti grafici:

Quale tra i seguenti diagrammi a torta illustra il risultato complessivo calcolato sulla totalità degli utenti?

A. 

B. 

C. 

D. 

E. 

Scienze

31) Quale delle seguenti grandezze ha come unità di misura kg m2 s^{-3} nel Sistema Internazionale?

A. Pressione
B. Quantità di moto
C. Potenza
D. Forza
E. Energia

32) Qual è approssimativamente il lavoro compiuto dalla forza di gravità su una noce di cocco di 2 kg che cade da una palma alta 10 metri?

A. 20 J
B. 100 J
C. 200 J
D. 5 J
E. 10 J

33) Abbiamo due palline che si muovono su due circonferenze di raggio diverso, compiendo entrambe un moto uniforme. Quale delle seguenti affermazioni è corretta?

A. Se hanno lo stesso periodo, l'accelerazione centripeta è inversamente proporzionale al raggio
B. Se hanno la stessa accelerazione centripeta, la velocità è inversamente proporzionale al raggio
C. Se hanno la stessa velocità, hanno anche lo stesso periodo
D. Se hanno la stessa velocità lineare, l'accelerazione centripeta è inversamente proporzionale al raggio
E. Se hanno la stessa accelerazione centripeta, la velocità è proporzionale al raggio

34) Un gas perfetto, inizialmente in uno stato di equilibrio, subisce una trasformazione ignota (non necessariamente

reversibile) sino ad arrivare ad un nuovo stato di equilibrio in cui la temperatura è il doppio di quella iniziale e il volume il triplo di quello iniziale. Cosa possiamo dire della pressione finale?

A. È due terzi di quella iniziale
B. È sei volte quella iniziale
C. Niente, non avendo specificato la trasformazione
D. È tre mezzi di quella iniziale
E. È un sesto di quella iniziale

35) Una massa *M* appesa ad una molla di costante elastica *K* compie oscillazioni di ampiezza *A*. Se si raddoppia l'ampiezza delle oscillazioni, quale delle seguenti affermazioni è corretta?

A. Il periodo delle oscillazioni raddoppia
B. Il periodo delle oscillazioni si dimezza
C. La frequenza delle oscillazioni raddoppia
D. Lo spazio percorso dalla massa in un periodo raddoppia
E. La frequenza delle oscillazioni si dimezza

36) La teoria VSEPR può essere utilizzata per prevedere la geometria e la polarità di una molecola. Quale dei seguenti composti ha un momento di dipolo diverso da zero?

A. NF_3
B. BeF_2
C. CCl_4
D. PF_5
E. SF_6

37) Un liquido bolle:

A. quando la temperatura oltrepassa i 100 °C
B. quando la tensione di vapore è zero
C. quando la tensione di vapore eguaglia la pressione atmosferica
D. quando si formano abbondanti bollicine
E. a 100 °C

38) Indicare la soluzione MENO concentrata tra le seguenti:

A. 1 mole di soluto in 3 litri di soluzione
B. 1 mole di soluto in 8 litri di soluzione
C. 2 moli di soluto in 8 litri di soluzione
D. 1 mole di soluto in 1 litro di soluzione
E. 2 moli di soluto in 10 litri di soluzione

39) Quale dei seguenti composti organici presenta nella sua molecola un triplo legame C-C?

A. $C_2H_5NH_2$
B. CH_4
C. C_2H_2
D. HCOOH
E. CH_3NH_2

40) 5,00 g di un sale vengono sciolti in 100 mL di acqua. 10 mL della soluzione così ottenuta vengono prelevati e diluiti a 100 mL.
A quanto corrisponde il peso del residuo secco di questa seconda soluzione?

A. 0,05 g
B. 5,00 g
C. 2,00 g
D. 1,00 g
E. 0,50 g

Comprensione verbale

In questa prova sono presentate serie di brani, tratti da vari testi. Leggere i brani e rispondere a ogni quesito collegato solo in base alle informazioni contenute.

La torbiera?

Un ambiente pericoloso, minaccioso, oscuro. Persino Frodo, il protagonista del *Signore degli anelli*, ha corso il rischio di morire in una torbiera (le "Paludi morte"). Eppure, visti con gli occhi di un ricercatore, pochi ambienti sono più af-

fascinanti di queste distese di muschi in decomposizione, di piccoli cespugli e di specie vegetali e animali molto adattate. E le torbiere non sono neppure ambienti marginali: coprono infatti 400 milioni di ettari delle terre emerse, in gran parte nelle nazioni più vicine al Polo Nord, come Russia e Finlandia, e rappresentano circa il 50% delle zone umide del mondo. Le torbiere si creano quando il territorio umido, come un lago non molto profondo o una palude, è lentamente ricoperto da uno strato di muschi che, nel giro di migliaia di anni, vanno a riempire l'intero bacino. L'ambiente che si forma è una strana combinazione di morte e vita, perché il muschio, di solito del genere *Sphagnum*, è sepolto nelle profondità a mano a mano che i suoi piccoli steli crescono verso la luce. Si forma così un tappeto di piante vive che ricopre metri e metri di materiale spugnoso che si decompone a fatica. Lontani dall'ossigeno dell'aria, infatti, i muschi e i resti organici sepolti rimangono intatti per secoli. È un ambiente a volte estremamente acido, che quindi ospita specie adatte a un ecosistema particolare. Le piante, per esempio, devono riuscire a sopravvivere con poco azoto, che si trova solo nei terreni ricchi di materiale organico decomposto. Per questo nelle torbiere vivono spesso piante carnivore come la Drosera, che estraggono l'azoto dalle loro prede: piccoli animali come insetti o ragni.
L'estrema immobilità delle torbiere le ha trasformate in un vero e proprio archivio vivente. Scavare nello strato, profondo metri, di stagni morti o in via di decomposizione, permette di risalire, quasi anno per anno, ai cambiamenti di vegetazione avvenuti nel corso dei secoli (spesso la torba ha cominciato a depositarsi oltre 10 mila anni fa). Il polline, le foglie o i fiori delle piante testimoniano le modifiche nel clima della regione. E a volte è possibile trovare corpi umani, le "mummie delle torbiere", che secondo alcuni studi sono abitanti locali dell'età del ferro, forse sacrificati durante misteriose cerimonie.

(M. Ferrari, «Focus»)

41) La torbiera viene definita come una combinazione di morte e di vita perché:

A. insetti e ragni si nutrono di piante morte
B. in superficie vi sono piante vive e in profondità materiale in lentissima decomposizione
C. le specie animali che vi si trovano si nutrono di materiale in decomposizione
D. in superficie vi è materiale in lenta decomposizione e in profondità piante vive
E. le specie vegetali che vi si trovano prosperano grazie al materiale in decomposizione

42) Quale delle seguenti affermazioni sulle torbiere è FALSA?

A. Non vi si trovano piante d'alto fusto
B. Costituiscono circa la metà delle zone umide del mondo
C. Coprono più di 300 milioni di ettari delle terre emerse
D. Spesso costituiscono un ambiente acido
E. Sono tipiche di zone particolarmente ricche di luce

43) Dal brano si può dedurre che:

A. il vaiolo è la più antica malattia nota, risalendo al Neolitico
B. il vaiolo resiste in Bangladesh e in Somalia
C. prima che venisse debellato si conoscevano almeno due forme di vaiolo
D. attualmente gli ultimi ceppi di vaiolo sono custoditi nella sede dell'OMS

E. l'esercito si è aggiudicato le ultime dosi di vaccino disponibili contro il vaiolo

44) Dalla lettura del brano si può ragionevolmente desumere che:

A. si teme un'epidemia di vaiolo imminente nell'esercito USA
B. i ceppi superstiti del virus del vaiolo si trovano solo in un laboratorio
C. non ci sono più stati casi di vaiolo successivi al 1977
D. la ditta Dynport ha numerose sedi negli USA
E. non ci sono più stati casi conosciuti di vaiolo successivi al 1975

45) Quale delle seguenti affermazioni può essere dedotta dal brano?

A. La ditta Dynport è fornitrice attuale della U.S. Army
B. L'interruzione della vaccinazione della popolazione mondiale non è anteriore al 1977
C. La ditta Dynport ha stretti rapporti con l'OMS
D. Dato che la popolazione mondiale non è più vaccinata contro il vaiolo, la notizia che quest'anno l'esercito statunitense riceverà trecentomila dosi di vaccino contro il vaiolo non ha senso
E. I fautori della non distruzione degli ultimi ceppi del virus del vaiolo erano animati da mero interesse scientifico

L'educatore

Ogni riflessione che riguardi l'educatore dovrebbe opportunamente iniziare con un'accurata ricognizione attorno alla figura professionale, cioè attorno alle origini, al ruolo, alle competenze, alle normative di riferimento, ai percorsi formativi e altro ancora. Sarebbe una ricognizione indispensabile per delineare con precisione l'oggetto di studio, facendolo diventare un punto fermo iniziale, dal quale far discendere ogni ulteriore, più o meno originale e organica, riflessione.
Fare ciò sarebbe opportuno, auspicabile e, in un certo qual modo, esaustivo se ci trovassimo al cospetto di una figura professionale definibile con completezza e precisione nei suoi tratti teorici e solare nelle sue manifestazioni operative. Una figura, cioè, esente dal dover obbligatoriamente affrontare (per convincere se stessa e gli altri della propria essenzialità e originalità) alcune annose e difficili questioni. Per esempio, la questione dei valori dei quali dovrebbe, o non dovrebbe, essere portatrice, testimone, e divulgatrice; la questione del rapporto esistente tra l'agire educativo "spontaneo" e quello "artificiale", il problema della ricerca e della dichiarazione delle fonti che la legittimerebbero a "formare" i soggetti in un certo modo e non in altri e via discorrendo.
Inoltre, la figura dell'educatore professionale è una figura costitutivamente incerta, alle volte quasi sfuggente, costantemente in via di definizione, restia a qualsiasi tentativo di stabilizzazione all'interno di una rassegna esaustiva di compiti e funzioni: una figura – parafrasando Zygmunt Bauman – liquida, malgrado i tentativi di pensarla e descriverla come solida, ma non per questo una figura eterea. Quella dell'educatore è una "debolezza" strutturale, non eludibile da qualsivoglia riflessione e non eliminabile a seguito di qualsivoglia riflessione. Ma è una debolezza essenziale e salutare, che rappresenta anche la sua (paradossale) intrinseca forza, se interpretata come una costante apertura di possibilità, una ricerca ininterrotta sul senso dell'agire educativo, una costante messa in discussione del proprio orizzonte di finalità, degli obiettivi, dell'universo dei soggetti e delle esperienze di vita ritenuti destinatari e/o co-costruttori dell'azione educativa.

L'educatore è incerto perché l'educare (professionale e non) è stato ed è sempre incerto, ma anche perché, oggi, la figura professionale è la risultante di molte chiamate in causa, di molte assunzioni di responsabilità. E questo sia per il ventaglio di compiti progressivamente attribuiti alla figura (riabilitazione, prevenzione e promozione educativa), sia per soggetti (individuali, collettivi, comunitari) di riferimento: dalle famiglie problematiche a senza dimora, dalla depravazione culturale di contesti territoriali agli anziani portatori di Alzheimer, dagli ex detenuti agli studenti "normali". Tant'è che oggi possiamo affermare – con tranquilla inquietudine – che tutta l'esistenza di tutte le persone è potenzialmente interessabile dal pensiero e dall'azione dell'educatore professionale.

46) Con quale aggettivo viene definita nel brano la figura dell'educatore?

A. Solida
B. Sintetica
C. Spontanea
D. Eterea
E. Liquida

47) Per definire in modo esaustivo la propria figura, l'educatore professionale, oggi, dovrebbe:

A. saper trasformare in punti di forza le sue debolezze strutturali
B. rinsaldare le proprie finalità e i propri obiettivi evitando di mettere continuamente in discussione il proprio orizzonte di esperienze educative
C. interrogarsi sulla capacità della propria figura professionale di promuovere e veicolare valori
D. stabilire che tipo di formazione personale sia più idonea per ricoprire il proprio ruolo professionale
E. stabilire chiaramente se sia più sensata una cultura dell'educazione in senso pianificato, e quindi artificiale, o interattivo, e quindi spontaneo

48) Nel brano si afferma che la figura dell'educatore professionale:

A. è una figura marginale nei compiti e nelle mansioni
B. ha precise e definite mansioni operative
C. si incarna, per natura, in una persona indecisa
D. si inquadra agevolmente all'interno di una rassegna esaustiva di compiti e funzioni
E. è una figura in continua evoluzione e definizione

A casa con i genitori

La dilatazione temporale del periodo di dipendenza dalla famiglia d'origine ha causato un diffuso orientamento delle giovani generazioni a posticipare sempre di più la conquista dell'autonomia abitativa. I dati a livello europeo mostrano il consolidamento e la diffusione di questo comportamento in tutti i Paesi dell'Europa meridionale (Italia, Spagna, Grecia e Portogallo) e con peculiarità specifiche rispetto alle altre nazioni dell'Unione Europea, tanto che si è consolidato l'approccio che contrappone due modelli di transizione alla vita adulta: il modello mediterraneo e quello nordico. A questi due modelli Galland aggiunge il modello britannico, caratterizzato dalla maggiore precocità nel raggiungimento delle varie fasi. La transizione dei giovani britannici, quindi, è contraddistinta dal precoce accesso al mercato del lavoro e da una più giovane età media di matrimonio, mentre, all'opposto, la maternità e la paternità sono eventi tendenzialmente rinviati. Il modello mediterraneo, di cui l'Italia è l'esempio più emblematico, è caratterizzato da un accentuato prolungamento della transizione e, soprattutto, del periodo di permanenza nella famiglia d'origine. Il modello nordico, diffuso nei Paesi dell'Europa centro-settentrionale, si presenta più complesso perché meno lineare, in quanto alcune fasi possono sovrapporsi ad altre e avere un carattere transitorio. Una delle differenze più rilevanti con il modello precedente è che l'abbandono della casa dei genitori avviene precocemente, in quanto prevale l'adozione di diverse strategie abitative, anche solo in via sperimentale. Le convivenze con il/la partner o con amici, la vita da single o la sistemazione in residenze universitarie per tutta la durata degli studi sono forme residenziali molto diffuse tra i giovani. Per il loro carattere temporaneo, tuttavia, non sempre danno esito all'acquisizione definitiva dell'autonomia abitativa. In Italia e negli altri Paesi del Sud Europa, invece, lasciare la famiglia d'origine impone quasi sempre una scelta definitiva, motivata, nella maggior parte dei casi, da eventi socialmente legittimati, quali il matrimonio o un cambiamento di residenza per ragioni di lavoro.

49) In base a quanto scritto nel brano, quale elemento caratterizza il modello nordico rispetto a quello mediterraneo?

A. Il precoce abbandono della famiglia d'origine in favore di altre strategie abitative
B. Una maggiore linearità oltre che una maggiore precocità nel raggiungimento delle varie fasi (accesso al mercato del lavoro, matrimonio, maternità e paternità ecc.)
C. La precoce acquisizione di una definitiva autonomia abitativa
D. L'abbandono della casa dei genitori motivata dall'acquisizione di un nuovo stato civile
E. Un accentuato prolungamento della permanenza nella famiglia d'origine

50) Il cosiddetto modello mediterraneo, secondo quanto affermato nel brano, comporta fra l'altro:

A. che l'autonomia abitativa, prima di diventare definitiva, è raggiunta anche in modo temporaneo
B. la sperimentazione di soluzioni abitative diverse, come la convivenza sia di coppia sia di gruppi di amici
C. che l'autonomia abitativa venga raggiunta, per lo più in coincidenza con eventi socialmente rilevanti quali trasferimenti per lavoro
D. che l'autonomia abitativa viene raggiunta spesso mediante trasferimento per motivi di lavoro nell'Europa centro-settentrionale
E. che gli studenti universitari raggiungano un'autonomia abitativa più tardi rispetto ai coetanei lavoratori

RISPOSTE CORRETTE

1) E	11) C	21) C	31) C	41) B
2) B	12) A	22) B	32) C	42) E
3) A	13) C	23) A	33) D	43) C
4) A	14) D	24) C	34) A	44) C
5) C	15) C	25) D	35) D	45) B
6) E	16) C	26) E	36) A	46) E
7) D	17) C	27) D	37) C	47) A
8) A	18) C	28) C	38) B	48) E
9) B	19) A	29) B	39) C	49) A
10) D	20) A	30) A	40) E	50) C

TEST INGLESE

TEST 1

1) Choose the correct answer to this question: Where's Strasbourg?

A. It is French
B. It is in French
C. It is in France
D. It in France
E. It is in Germany

2) Choose the correct question for this answer: Yes, he is. It's bedtime.

A. Does he want to sleep?
B. Does he have sleep?
C. Is he sleep?
D. Is he sleepy?
E. Is he at home?

3) I can't remember the name of the museum we visited in Madrid. Was it __________?

A. The Prado Museum
B. Prado Museum
C. Prado
D. Museum Prado
E. The museum of Prado?

4) __________ three girls __________ the bus stop.

A. They are / next
B. There is / in
C. There are / at
D. There are / on
E. They are / over

5) Choose the correct answer to this question: Hasn't Henry got your e-mail address?

A. No, he not has it
B. No, he hasn't
C. No, he hasn't got
D. No, he doesn't
E. No, he has got not

6) Choose the correct answer to this question: How old is this building?

A. Yes, it's old
B. It's got 30 years
C. It's 30 years
D. It's 30 years old
E. It's old 30 years

7) Choose the correct reply to this statement: Rose has got a new hairstyle!

A. Yes, her hair are horrible
B. Yes, her hair is horrible
C. Yes, her hairs are horrible
D. Yes, her hairs is horrible
E. Yes, her hairs are new

8) Choose the correct answer to this question: Does Jane have any tickets for us?

A. No, she doesn't
B. No, not
C. No, hasn't she any
D. No, she hasn't got none
E. No, she has not

9) All the rooms are fully equipped __________ business meetings.

A. at
B. with
C. for
D. without

E. on

10) Do you know ________ who can speak Spanish?

A. if anyone
B. is someone
C. if someone
D. anyone there
E. if there is

11) Mark and Joe ________ squash together two or three times a week.

A. are playing
B. play
C. played
D. were playing
E. playing

12) I'm quite lazy, so I ________ much at weekends.

A. don't do
B. can do
C. wasn't doing
D. I'm not doing
E. do nothing much

13) My ________ names are Pat and John.

A. mother's and father
B. parent's
C. mother and father's
D. parents'
E. parent

14) Choose the correct sentence:

A. How much does cost?
B. How much it cost?
C. How much it costs?
D. How much cost it?
E. How much does it cost?

15) Choose the correct sentence:

A. Who does play tennis with Katie?
B. Who plays tennis with Katie?
C. Who Katie plays tennis with?
D. Who play tennis with Katie?
E. Who with Katie play?

16) Choose the correct sentence:

A. What time does the last train usually leave?
B. What time the last train usually leaves?
C. What time leaves usually the last train?
D. What time usually the last train leaves?
E. Usually what time leaves the last train?

17) Choose the correct sentence:

A. Why she wants to stay home?
B. Why wants she to stay home?
C. Why is she wanting to stay home?
D. Why does she want to stay home?
E. Why she wants staying home?

18) Choose the correct sentence:

A. Don't leave children in the kitchen on them own
B. Don't leave children in the kitchen on theirs own
C. Don't leave children in the kitchen on their own
D. Don't leave children in the kitchen on themselves
E. Don't leave children in the kitchen on there on

19) Choose the correct sentence:

A. Good friends respect themselves
B. Good friends respect each other
C. Good friends respect them other
D. Good friends respect their others
E. Good friends respect each others

20) Choose the correct answer to this question: Does she like her job?

A. Yes, she does
B. Yes, she likes
C. She would like to be a dancer
D. No, she don't
E. Yes, she like it

21) Choose the correct sentence:

A. Jamie meeting the boss after lunch
B. Jamie meets the boss after lunch
C. Jamie is meeting the boss after lunch
D. Jamie meet the boss after lunch
E. Jamie is meet the boss after lunch

22) Choose the correct sentence:

A. Are you knowing Dylan?
B. You know Dylan?
C. Do you know Dylan?
D. You do know Dylan?
E. Does you know Dylan?

23) Choose the correct sentence:

A. Why do you not coming with me?
B. Why do you not come with me?
C. Why you not come with me?
D. Why don't you come with me?
E. Why don't you are coming with me?

24) Choose the correct question for this answer: He's a photographer.

A. What Tim does?
B. What is Tim doing?
C. What does Tim do?
D. What do Tim does?
E. Which does Tim do?

25) Choose the correct reply to this sentence: It's cold in here.

A. I'm agree
B. I agree
C. I'm agreeing
D. I'm agreed
E. I'm agreeable

26) Ben __________ very cooperative at the moment.

A. not is
B. isn't
C. doesn't be
D. isn't being
E. don't is

27) Choose the correct reply to this sentence: We've got a dog.

A. So do we have
B. So do we
C. So we have
D. So we've got
E. So have we

28) Choose the correct answer to this question: Do you think Kevin knows Stewart?

A. I don't think so
B. Yes, he knows
C. No, I'm thinking
D. Yes, I think
E. Yes, I do think

29) I wonder who __________; do you know that man?

A. Beth is talking
B. is talking Beth
C. Beth is talking to
D. is Beth talking to
E. Does Beth talk to

30) Choose the correct answer to this question: Is Mark coming to the cinema with us tonight?

A. I'm thinking so
B. I don't think so
C. I think not
D. I think yes
E. I doesn't so

RISPOSTE CORRETTE

1) C	11) B	21) C
2) D	12) A	22) C
3) C	13) D	23) D
4) C	14) E	24) C
5) B	15) B	25) B
6) D	16) A	26) D
7) B	17) D	27) E
8) A	18) C	28) A
9) C	19) B	29) C
10) D	20) A	30) B

TEST 2

1) Choose the correct answer to this question: Has Sarah gone into town?

A. Yes, she has gone
B. Yes, she has
C. Yes, she has been
D. Yes, she gone
E. Yes, she went

2) Choose the correct sentence:

A. Where you did grow up?
B. Where did grow up you?
C. Where you grew up?
D. Where did you grow up?
E. Where have you grown?

3) Why __________ to Australia?

A. have Bob and Lucy went
B. have Bob and Lucy gone
C. Bob and Lucy have gone
D. have gone Bob and Lucy
E. had Bob and Lucy gone

4) My sister __________ to stay with me for a few days.

A. has come
B. came
C. has been coming
D. has came
E. has to come

5) Choose the alternative which means the same as this sentence: He's never spoken to me before.

A. He can't speak when I'm present
B. It's the first time he's spoken
C. He doesn't like speaking
D. It's the first time he's spoken to me
E. He never speaks first to me

6) Richard __________ me this week.

A. hasn't been phoning
B. hasn't phoned
C. didn't phone
D. hadn't phoned
E. never phones

7) Have you __________ got your old skis?

A. yet
B. still
C. again
D. once more
E. ever

8) How much of __________ she says is true?

A. things
B. that
C. which
D. what
E. whom

9) It is surprising how __________ little errors of fact are published by journalists.

A. many
B. much
C. lots
D. few
E. several

10) You __________ flu because you haven't got a temperature.

A. can't be having

B. must have
C. should have
D. can't have
E. will have

11) Sue used to __________ speak Arabic fluently.

A. be able to
B. could
C. can
D. was able to
E. ably

12) I __________ have something to eat before I go out. I'm starving.

A. would
B. can
C. could
D. need
E. must

13) You __________ write on the walls.

A. don't have to
B. mustn't
C. needn't
D. don't need
E. should

14) Choose the alternative which means the same as this sentence: I think Jane has gone out with Sean.

A. Jane is probably out with Sean
B. Jane went out with Sean
C. Jane and Sean never go out together
D. I don't know where Jane is
E. Jane is usually not out with Sean

15) Choose the correct sentence:

A. Bess told me that I went out
B. Bess told me go out
C. Bess told me to go out
D. Bess told me I go out
E. Bess told me that I went out

16) Choose the alternative which means the same as this sentence: The house was upside-down. They must have left in a hurry.

A. I think they left in a hurry
B. They were obliged to leave in a hurry
C. They didn't have to leave in a hurry
D. They needn't have left in a hurry
E. They were going out in a hurry

17) Choose the alternative which means the same as this sentence: We don't have to take an entry test.

A. We shouldn't take a test
B. It isn't necessary for us to take an entry test
C. It is prohibited to take an entry test
D. We mustn't take an entry test
E. We shouldn't have taken an entry test

18) Choose the alternative which means the same as this sentence: She had to change a tyre by herself.

A. She needed to change a tyre by herself
B. She should have changed a tyre by herself
C. She had a tyre to change by herself
D. She was obliged to change a tyre by herself
E. She had changed a tyre by herself

19) Choose the alternative which means the same as this sentence: She can't have picked flowers in the park.

A. She shouldn't have picked flowers in the park
B. She was forbidden to pick flowers in the park
C. I'm sure she didn't pick flowers in the park
D. She didn't have to pick flowers in the park
E. She wasn't obliged to pick flowers in the park

20) Choose the alternative which means the same as this sentence: Place your order at the bar and we will call your order number.

A. The bar might serve you food
B. The bar will call your number when your food is ready
C. You should give your order number to the bar
D. The bar will call your number to order food
E. The food will be ready if you call the bar

21) I __________ to Michael by George at a party several years ago.

A. was being introduced
B. have been introduced
C. introduced
D. was introduced
E. was to be introducing

22) I remember __________ quite often at school.

A. getting punished
B. to be punished
C. get punished
D. punishing
E. I were punished

23) __________ enough help by his company when he became ill.

A. For Andrew wasn't offered
B. Andrew wasn't offered
C. Andrew didn't offer
D. At Andrew wasn't offered
E. To Andrew it was offered

24) If I'd caught an earlier train, I __________ for so long on the way to work.

A. might have no delay
B. might not delay
C. might not have delayed
D. might not have been delayed
E. might having no delay

25) If the police think a driver has been drinking they __________ a breath test.

A. let him take
B. make him to take
C. ask him to take
D. get him to take
E. want to take him

26) I wonder what time __________ tomorrow.

A. was to be the meeting
B. is the meeting
C. will be the meeting
D. will the meeting be
E. the meeting is

27) Gary __________ Charlotte that there were some emails for her.

A. informed
B. advised
C. said
D. explained
E. talked

28) Ted admitted __________ the Chinese vase.

A. dropping
B. to drop
C. drop of
D. dropping
E. to dropping

29) He told me __________

A. to not move
B. not to move
C. don't move
D. that I don't move
E. that I had not to move

30) The concert was __________ because several of the singers were ill.

A. held off
B. called off
C. taken off
D. turned off
E. erased

RISPOSTE CORRETTE

1) B	11) A	21) D
2) D	12) E	22) A
3) B	13) B	23) B
4) A	14) A	24) D
5) D	15) C	25) C
6) B	16) A	26) E
7) B	17) B	27) A
8) D	18) D	28) D
9) A	19) C	29) B
10) D	20) B	30) B

TEST 3

1) Towards the end of the XIX century, cities were __________ more crowded.

A. becoming
B. coming
C. continuing
D. developing
E. expanding

2) William rang __________ an ambulance when he discovered his mother had broken her leg.

A. to
B. for
C. off
D. with
E. out

3) The world's first film __________ of short, simple scenes.

A. held
B. contained
C. belonged
D. consisted
E. included

4) With the arrival of television in the 1950s, __________ people went to see films.

A. other
B. fewer
C. each
D. any
E. more

5) I used to have picnics in a wood which was __________ of wild flowers.

A. complete
B. busy
C. crowded
D. full
E. covered

6) The Phoenicians' alphabet was improved by the Romans and is now used __________ throughout the world.

A. deeply
B. broadly
C. widely
D. hugely
E. mostly

7) Choose the correct answer to this question: What do you study?

A. I'm a student in the third year at high school
B. I do many different subjects
C. I really hate Maths
D. After I've done my homework, I usually do sport
E. History is my favourite subject

8) He worked hard and, over the __________ twenty years, he expanded the business.

A. next
B. later
C. last
D. final
E. following

9) Last week, Tom __________ a letter from Jane.

A. fetched
B. got

C. arrived
D. gave
E. came

10) To be a costume designer, you have to be ________ in theatre, film and drama.

A. pleased
B. interested
C. keen
D. excited
E. liked

11) There are ________ ways of learning how to be a cook.

A. much
B. lots
C. plenty
D. several
E. number

12) The company wants to ________ the sales of the product.

A. correct
B. increase
C. rise
D. create
E. make up

13) Nowadays, we see many different ________ of advertisements.

A. kinds
B. systems
C. ways
D. methods
E. manners

14) The Galapagos are a national park. This ________ it possible to protect their natural beauty.

A. allows
B. gets
C. puts
D. makes
E. permits

15) ________ group of tourists has to be accompanied by a guide.

A. One
B. Some
C. All
D. Each
E. Any

16) You must not ________ anything from the room.

A. receive
B. remove
C. fetch
D. place
E. bring

17) Choose the correct ending for this sentence: If I had a lot of money, ________

A. my father bought me a motorbike
B. I had a party every month
C. I'll go to the coast more often
D. I'd go to South America
E. I was not going to work

18) He was bored with the picnic ________ he started digging a hole.

A. although
B. because
C. so
D. but
E. however

19) I ________ my sister to post my letter on her way to the bus stop.

A. explained
B. remembered
C. suggested
D. reminded
E. ordered

20) The ________ of people going to university is rising each year.

A. number
B. sum
C. total
D. quantity
E. amount

21) I didn't like Mara when I first met her, but in the ________ we became good friends.

A. conclusion
B. final
C. end
D. finish
E. termination

22) We went along the narrow ________ which led to the waterfall.

A. route
B. path
C. walk
D. road
E. street

23) Why not ask your family for a loan? After all, blood is ________ than water.

A. thinner
B. denser
C. heavier
D. thicker
E. better

24) Choose the correct answer to this question: Is Paul enjoying his new job?

A. Yes, he does
B. No, he does
C. Yes, he is
D. Yes, he likes it
E. Yes

25) Choose the correct question for this answer: Yes, he is. It's lunch time.

A. Does John want to eat?
B. Does John have to eat?
C. Is John eating?
D. Does John feel angry?
E. Is John at school?

26) How long have Mary and Bill known ________?

A. both
B. themselves
C. them
D. one another
E. each other

27) Last winter it was very cold and ________ was a lot of snow.

A. there
B. their
C. it
D. them
E. theirs

28) People drive too fast on the road. I think ________ a speed limit.

A. their would be
B. there would be
C. they may have
D. there should be
E. they would have

29) I don't want ________ to drink. I'm not thirsty.

A. much
B. anything
C. something
D. nothing
E. everything

30) It was such a beautiful day we ________ to go to the beach.

A. did
B. were
C. wanted
D. went
E. decided

RISPOSTE CORRETTE

1) A	11) D	21) C
2) B	12) B	22) B
3) D	13) A	23) D
4) B	14) D	24) C
5) D	15) D	25) C
6) C	16) B	26) E
7) B	17) D	27) A
8) E	18) C	28) D
9) B	19) D	29) B
10) B	20) A	30) E

TEST 4

1) They surrounded the enemy and forced them to ________

A. give out
B. give in
C. give over
D. give up
E. give off

2) Since I've given up smoking, I feel as fit as ________

A. an athlete
B. a fighter
C. a frog
D. a fiddle
E. a horse

3) He had a soft ________ for his granddaughter and spoilt her.

A. way
B. heart
C. spot
D. smile
E. point

4) The day after the office party, Jack had a terrible ________

A. feeling
B. conscience
C. hangover
D. anxiety
E. pain

5) Don't you find this lesson really ________?

A. boredom
B. bored
C. bore
D. boring
E. board

6) The famous actor ________ an Oscar for lifetime achievement at the Academy Awards ceremony.

A. was given
B. had given
C. will give
D. gave
E. should be giving

7) We decided to go to Paris for the weekend on the ________ of the moment.

A. spike
B. spur
C. point
D. blade
E. spot

8) Unless we do everything by the ________, we'll get into trouble.

A. book
B. page
C. police
D. law
E. order

9) I was sixteen when I got my ________ job.

A. primary
B. first
C. one
D. only
E. individual

10) I was proud to be able to pay for everything I wanted _________ of asking my parents for money.

A. against
B. instead
C. except
D. without
E. in spite

11) Choose the alternative which means the same as this sentence: All prices include tax and delivery.

A. Tax and delivery are charged separately
B. You must pay more if you want things delivered
C. We add tax to your bill when you pay
D. There is a tax for the delivery of the goods
E. This shop doesn't charge extra for deliveries

12) The invention of the escalator _________ its name from the Latin word "scala".

A. lends
B. fetches
C. carries
D. takes
E. brings

13) Choose the correct answer to this question: Hasn't Mary received your postcard?

A. No, she not has it
B. No, she hasn't
C. No, she hasn't it
D. No, she doesn't
E. No, she has got not

14) Choose the correct answer to this question: Would you like to be a teacher?

A. Yes, I would
B. Yes, I like
C. Yes, I will like
D. Yes, I do
E. Yes, I should like it

15) Frank is a student _________ Liverpool University.

A. in
B. for
C. at
D. with
E. to the

16) Choose the correct answer to this question: Does Anne have any candies for us?

A. No, she doesn't
B. No
C. No, hasn't she any
D. No, she hasn't got none
E. No, she has not

17) Joe and Diane _________ together around Europe at the moment.

A. are travelling
B. travel
C. travelled
D. were travelling
E. travelling

18) I can't understand people _________ are cruel _________ animals.

A. whom/against
B. who/to
C. which/with
D. whom/about
E. who/for

19) Lisa has lost her book. Have you seen it _________?

A. somewhere
B. everywhere
C. nowhere
D. anywhere

E. elsewhere

20) Choose the correct sentence:

A. Does Gary working in a restaurant?
B. How does Gary work in a restaurant?
C. Does Gary work in a restaurant?
D. Is Gary to work in a restaurant?
E. Does work Gary in a restaurant?

21) Choose the correct sentence:

A. Some cars have four doors and some have two
B. Any cars have four doors and some have two
C. Some cars have four doors and none have two
D. No cars have four doors and all have two
E. All cars have four doors and all have two

22) Choose the correct sentence:

A. A few years ago I worked like a taxi driver
B. A few years ago I worked such as a taxi driver
C. A few years ago I worked the same as a taxi driver
D. A few years ago I worked as a taxi driver
E. A few years ago I worked in a taxi

23) Choose the correct sentence:

A. Its nice to travel around, but there's any place like home
B. It's nice to travel around, but there's no place like home
C. Its nice to travel around, but there's no place such as home
D. It's nicer to travel around, but theirs no place like home
E. It's nice to travel around, but they are no place like home

24) Choose the correct sentence:

A. We went to a concert at the Royal Festival Hall
B. We went to a concert in the Royal Festival Hall
C. We went to a concert to the Royal Festival Hall
D. We went to a concert inside the Royal Festival Hall
E. We went to a concert within the Royal Festival Hall

25) Choose the correct answer to this question: Do they speak German?

A. Yes, they do
B. Yes, they don't
C. No, they'd like to
D. No, they doesn't
E. Yes, they speak

26) Choose the correct sentence:

A. I wasn't tired, but my friends we're
B. I wasn't tired, but my friends were
C. I wasn't tired, but my friends where
D. I wasn't tired, but my friends weren't
E. I didn't was tired, but my friends were

27) ________ children learn very quickly.

A. Every
B. Any
C. Some
D. Anyone
E. That

28) Choose the correct reply to this sentence: Can you read a newspaper in English?

A. Yes, I can
B. Yes, I may
C. No, I couldn't
D. Yes, I might
E. No, I will not

29) _________ fire, please leave the building immediately.

A. With a fire, please leave the building slowly
B. When there is a fire, please enter the building immediately
C. In case of fire, please go inside immediately
D. If there are fires, please leave the building immediately
E. In case of fire, please leave the building immediately

30) Choose the correct reply to this sentence: Aren't they ready yet?

A. Yes, their're
B. Yes, they were
C. Yes, they are
D. Yes, they yet are
E. Yet, they are

RISPOSTE CORRETTE

1) B	11) E	21) A
2) D	12) D	22) D
3) C	13) B	23) B
4) C	14) A	24) A
5) D	15) C	25) A
6) A	16) A	26) B
7) B	17) A	27) C
8) A	18) C	28) A
9) B	19) D	29) E
10) B	20) C	30) C

TEST 5

1) Mary is ________ on a pink jacket in a shop.

A. Mary is wearing on a pink jacket in a shop
B. Mary is trying on a pink jacket in a shop
C. Mary is buying on a pink jacket in a shop
D. Mary is purchasing on a pink jacket in a shop
E. Mary is putting a pink jacket in a shop

2) Choose the correct sentence:

A. Diane is a good friend of your
B. Diane is a good friends of yours
C. Diane is a good friend of yours
D. Diane is a good friend of you're
E. Diane is a your good friend

3) Choose the correct sentence:

A. I found Sue in my room reading my letters
B. I discovered Sue in my room reading my letters
C. I thought Sue in my room reading my letters
D. I believed Sue in my room reading my letters
E. I listened Sue in my room reading my letters

4) Choose the correct answer to this question: Are your children at school today?

A. Yes, they went
B. Yes, there are
C. Yes, they do
D. Yes, they are
E. Yes, their are

5) You don't know when Helen is arriving this week, ________?

A. don't you
B. is she
C. do you
D. are you
E. aren't you

6) We met some people ________ car had broken down.

A. We met some people which car had broken down
B. We met some people whose car had broken down
C. We met some people whom car had broken down
D. We met some people with the car broken down
E. We met some people the car of which had broken down

7) I ________ to walk to work in the morning ________ I'm in a hurry.

A. I like to walk to work in the morning unless I'm in a hurry
B. I adore to walk to work in the morning provided I'm in a hurry
C. I hate to walk to work in the morning unless I'm not in a hurry
D. I'm pleased to walk to work in the morning if I'm in a hurry
E. I like to walk to work in the morning when I'm in a hurry

8) There isn't ________ to start a new lesson today.

A. no time
B. enough weather
C. enough time
D. little time
E. few time

9) We stayed in a very nice hotel ________ we were ________ Amsterdam.

A. We stayed in a very nice hotel where we were at Amsterdam
B. We stayed in a very nice hotel when we were in Amsterdam
C. We stayed in a very nice hotel whenever we were in Amsterdam
D. We stayed in a very nice hotel wherever we were by Amsterdam
E. We stayed in a very nice hotel while we were inside Amsterdam

10) They have ________ money ________ us.

A. They have more money than we
B. They have more money that us
C. They have much money than us
D. They have more money than us
E. They have most money than us

11) What's the ________ river ________ the world?

A. What's the longest river of the world?
B. What's the longest river in the world?
C. What's the longer river in the world?
D. What's the longest river for the world?
E. What's the river in the world longest?

12) Some words are difficult to translate ________ one language ________ another.

A. Some words are difficult to translate from one language towards another
B. Some words are difficult to translate of one language into another
C. Some words are difficult to translate by one language to another
D. Some words are difficult to translate one language into another
E. Some words are difficult to translate from one language into another

13) I first met Robert at school. I ________ him for twenty years.

A. have been knowing
B. knew
C. have known
D. had known
E. known

14) He has not come yet. He ________ something in the car.

A. must have forgotten
B. can have forgotten
C. will have forgotten
D. should have forgotten
E. should

15) Fill in the blank. "________ bag is this?".

A. Where
B. Whose
C. Who
D. To whom
E. His

16) Fill in the blank. "What will you do if you . her this afternoon?".

A. see
B. saw
C. will see
D. are going to see
E. could be seeing

17) What is the following advertisement about? "Get away for less".

A. How to save money

B. A low-cost travel offer
C. Increased bus fares
D. A flea market
E. A garage sale

18) Fill in the blank. "One of _________ days you will have to clean up your car".

A. these
B. this
C. those
D. the
E. that

19) Jack will be able to do it. He always gets _________ a difficulty.

A. in
B. on
C. up
D. over
E. at

20) The part of the following sentence between square brackets contains one or more mistakes; choose the correct form. "[All guests have danced] and were tired".

A. All guests is dancing
B. All the guests are dancing
C. All the guests have been danced
D. All guests were been dancing
E. All the guests had been dancing

21) Fill in the blank. "Please, leave me alone. _________ to concentrate".

A. I did try
B. I'm trying
C. I didn't need
D. I won't trying
E. I tried

22) The adverb "angrily", as an adjective is _________

A. angry
B. hungry
C. hurry
D. anger
E. angr

23) Fill in the blank. "It _________ made any difference".

A. can't
B. isn't
C. didn't
D. hasn't
E. haven't

24) Choose the correct alternative. "Please do not talk to the driver".

A. at the cinema
B. at the restaurant
C. at the museum
D. at a travel agency
E. on the bus

25) What does "take after somebody" mean?

A. to make warm
B. to look like a relative
C. to receive into one's home
D. to speak angrily
E. to speak slowly

26) Fill in the blank. "_________ is he thinking about now?".

A. Why
B. How
C. When
D. What
E. Where

27) Choose the group of words which best completes the sentence. "We've got enough plates, but we must buy some_________".

A. plastic knives and forks
B. knives and forks of plastic
C. any plastic knives and forks
D. plastic knife and fork

E. pencils and pens

28) Fill in the blank. "________ you help me, please?".

A. Want
B. Musting
C. Must
D. Have
E. Could

29) Fill in the blank. "If I ________ the truth, now we would still be together".

A. would have known
B. would know
C. had known
D. know
E. knew

30) "Shall I send it tomorrow?" would be reported as:

A. She said if she will send it tomorrow
B. She enquired whether she should have sent it the next day
C. She asked whether she should send it the following day
D. She asked if she sends it the following day
E. She asked if she had sent it the previous day

RISPOSTE CORRETTE

1) B	11) B	21) B
2) C	12) E	22) A
3) A	13) C	23) D
4) D	14) A	24) E
5) C	15) B	25) B
6) B	16) A	26) D
7) A	17) B	27) A
8) C	18) A	28) E
9) B	19) D	29) C
10) D	20) E	30) C

Printed by Amazon Italia Logistica S.r.l.
Torrazza Piemonte (TO), Italy

23083651R00295